从妈妈的角度出发，来帮助女儿解决成长过程中发生的各种烦恼和问题，解答了青春期女孩有关生理、心理、情感、学习和人际交往等各方面的困惑。

妈妈写给青春期女儿的书

田　萍◎编著

中国华侨出版社

北京

图书在版编目(CIP)数据

妈妈写给青春期女儿的书 / 田萍编著. —北京：中国华侨出版社, 2014.12
（2018.12重印）

ISBN 978-7-5113-5090-9

Ⅰ.①妈… Ⅱ.①田… Ⅲ.①女性—青春期—健康教育 Ⅳ.①G479

中国版本图书馆CIP数据核字（2015）第001573号

妈妈写给青春期女儿的书

编　　著：	田　萍
出 版 人：	方　鸣
责任编辑：	文　慧
封面设计：	李艾红
文字编辑：	史　翔
美术编辑：	吴秀侠
经　　销：	新华书店
开　　本：	720 mm × 1020 mm　　1/16　　印张：28　　字数：550千字
印　　刷：	北京市松源印刷有限公司
版　　次：	2015年3月第1版　　2018年12月第2次印刷
书　　号：	ISBN 978-7-5113-5090-9
定　　价：	68.00元

中国华侨出版社　北京市朝阳区静安里 26 号通成达大厦 3 层　邮编：100028

法律顾问：陈鹰律师事务所

发 行 部：（010）58815874　　　　传　　真：（010）58815857

网　　址：www.oveaschin.com　　　　E-mail：oveaschin@sina.com

如果发现印装质量问题，影响阅读，请与印刷厂联系调换。

前言

　　青春期，一个听上去充满朝气与活力的词语，然而对很多父母来说简直就是一道令人头疼的紧箍咒。它的科学定义是由儿童发育成为成年人的过渡时期。这个时期的孩子生理上逐渐发育成熟，同时也有了与儿童明显不同的社会心理特征，但他们又不同于真正的成年人，他们虽然有一定的独立性，但还没有完全独立，这种介于儿童和成人的过渡阶段的地位，使得青春期的孩子成为社会学上所说的"边缘人"。他们的地位的不确定性和社会向他们提出的要求的不确认性，使他们面临着前所未有的生理变化和诸多特殊的心理问题。他们对有关于"性"的话题充满好奇甚至跃跃欲试，他们对师长、对社会总是怀有莫名的反叛情绪甚至充满敌意。在这成长的关键时期，如果师长因为无所适从而听之任之，或是因为恨铁不成钢而简单粗暴地对待孩子，很容易亲手把花季少年变成问题少年；如果孩子们得不到科学、有效的指导与帮助，也许会因一念之差而毁了自己的人生。因此青春期教育已经不仅仅是一个简单的教育问题，而变成了不可逃避、亟待解决的社会问题。

　　很多母亲都有这样的体会，自己的女儿进入青春期突然变得陌生起来。她开始在意脸上的小痘痘，开始向往精致的高跟鞋，开始悄悄试用妈妈的化妆品，开始和心仪的男孩子"谈恋爱"，甚至开始跟父母强调起了"自由"，追问起了未来；不可避免的，她也不再愿意把所有的小秘密都告诉妈妈，不再把老师的话当"圣旨"，不再坚定地认为"学习"是自己唯一该做的事，甚至专挑那些师长反对和禁止的事来做，似乎只有这样，才能证明她的存在与长大。

　　因为自己曾同样经历过这段"成长的烦恼"，所以母亲最能理解女儿面临各种情形时心中的不安与困惑，了解女儿充满疑问，却又无人可问的无助与迷茫。可以说母亲是青春期女儿最合适的老师。但事实上，并不是每个母亲都是合格的老师。一方面是因为我们面对女儿突然的变化，自己没有做好充分的准备，所以在与女儿沟通时显得不得要领、不知所措，只能端起家长的架子强硬管教。这种方式对于敏感、叛逆的青春期孩子简直是火上浇油，不但不会起到帮助女儿的作用，反而会导致自己贴心多年的"小棉袄"不愿意再跟你亲近，甚至与你针锋相对；另一方面，女儿进入青春期后，面对自身产生的种种变化，或紧张、或尴尬，很多问题即使面对母亲也羞于启齿，再加上那种自以为成年的心理让她开始有意识地保护起了自己的隐私，跟妈妈的知心话也越来越少了。这两方面的原因导致原本亲昵无间的母女，在最需要沟通交流的时候却产生了严重的障碍。母亲作为"过来人"的经验、教训，没有办法以最恰当的方式教给女儿。

其实，很多时候方法决定效果。换一种交流方式也许会有一个意想不到的结果。为亲爱的女儿编写一部"青春期百科全书"怎么样？既然口传心授不适用，不如把所有我们经历过的、我们想到的、我们看到的困扰女儿的种种情形和问题列举写出来，并给出最佳答案和解决方法，相信没有一个女儿不愿意收到这样一份来自母亲的温暖礼物。

《妈妈写给青春期女儿的书》是一本专属于青春期女孩儿的百科全书，从生理变化到成长烦恼，从自我防卫到心理剖析，从学业指点到修养提升，从形象气质到礼仪交往，几乎无所不包，面面俱到；它也是一本能够让妈妈和女儿一起阅读的亲子书，一字一句都凝结着母亲的疼爱与呵护，让女儿感受到母亲的浓浓爱意与细致入微的关怀；它还是一本送给天下父母的青春期女儿成长笔记，让父母可以从中得知女儿那些不肯讲出来的烦恼和秘密，理解女儿产生种种变化的原因，面对女儿的教育时不再束手无策，成为女儿青春期最知心的良师益友。

青春期是人生中最美丽的成长岁月，让女儿度过一个安心、无忧的青春期，绽放出炫丽的光彩、留下动人的回忆，是所有父母的心愿。希望这份妈妈送给女儿的"礼物"让天下父母如愿以偿。

目录

第一章

生理 & 变化——给悄悄变化的你

胸部变化的小秘密

总是觉得胸部胀痛，甚至发痒

彤彤平时在家里，遇到困难会向爸爸妈妈说，但是这几天彤彤感觉有些不舒服，不敢告诉爸爸，也不敢告诉妈妈，只能自己忍着，咳！

原来，彤彤的胸部最近总是感觉有一种轻微的胀痛，这是之前从来没有过的，别提多难受了。是不是我生病了呢？她自己不知道，也不敢和妈妈说，多不好意思啊。

不过，在私下里，彤彤会和自己的好伙伴说，她才知道原来在她的小伙伴们也有的会感到疼，而且还说这是正常的现象，女孩乳房发育的时候都会感到胸部有胀痛，而且有的还会有"痒痒"的感觉。同伴说得特别肯定，让彤彤大吃一惊。奇怪，她们都是从哪里听到的这些呢？

不过，和伙伴们交流之后，彤彤的心中毕竟释然了许多：原来不只自己一个人难受啊，这下可算是放心了。不过这种疼痛究竟要持续多长时间呢？还是无从知晓。

妈妈告诉我

彤彤，看着你一天一天地长大，真的从心里感到为你高兴。

很多女孩进入了青春期之后开始乳房发育，在乳房发育的过程中会出现一些轻微

1

的胀胀的疼痛或是痒痒的感觉，感觉很像是伤口结疤或愈合时的那种又痛又痒的感觉。不要怕，这是乳房生长过程中的正常现象，过一段时间就会好的。

不过，在这段时期要注意对乳房的保护。无论是在体育课上，还是到任何公共场所中，比如乘公交、去商场等，要小心不要让别人或坚硬的东西碰撞到乳房；在读书、写字的时候，身体要与桌子保持合适的距离，不要把前胸紧贴桌沿，以免挤压到乳房；当感觉乳房又疼又痒的时候，千万不要用手去捏或者去抓痒，防止伤害到乳房。

乳房中好像有硬硬的包块

元元晚上感觉到胸部有点微微的胀痛，她不禁用手按了下去。奇怪，摸到了一个硬块的东西，而且碰到了之后会感到很痛。

这个硬硬的包块究竟是什么呢？

元元很好奇，以前从来都没有感觉到过。

🚢 妈妈告诉我

元元，那个硬硬的包块，它有自己的学名，叫作"乳核"。

一般来讲，女孩乳房的发育，是一个时间比较长的过程。最初在从 9 ~ 10 岁左右乳头开始长大的，并且出现"乳蕾"，乳头周围的色素开始沉着，乳晕向周围开始扩大。女孩在这时一般不会感觉到有明显的疼痛，所以也不太会注意到乳房正在发育。

到了 11 岁左右的时候，乳腺就开始发育了，这时的女孩才会逐渐感觉到胸部的变化：乳头周围颜色较深的彩晕部分开始隆起，觉得胀胀的，痒痒的。同时在这一时期形成乳核——就是你摸到的那个硬硬的小包块。

不过不要紧，随着乳房的进一步发育，乳核会慢慢消失的。

当你看到自己的乳房渐渐隆起成为半球形，明显高出胸部且富有弹性的时候，那说明你的乳房已经发育成熟了。

我该穿文胸了

一天妈妈下班回家后，直接走到丹丹的屋里来。

"丹丹，这是妈妈买给你的。"妈妈笑盈盈地对丹丹说着，从书包里掏出来一个袋子，里面是白色的胸罩。

"呃……"丹丹显得有点不好意思了。

妈妈说："女孩在胸部发育到一定程度时，就应该开始穿文胸了。否则的话胸部就有可能下垂，影响美观。"

于是，在妈妈的指导下，丹丹开始学习如何穿戴文胸，还真是有点麻烦呢。首先，要用手将松散的胸部收到胸罩罩杯中，然后再将内衣最突起的地方与乳头重合，使整个乳房被覆盖，最后再把被扣扣上，把肩带调整到松紧适当。

丹丹穿好衣服之后走到镜子前照了一下，觉得自己漂亮了很多，不像从前那样的邋遢了。

穿上胸罩，虽然好看，但是不舒服，感觉有点透不过气来。妈妈说，这可能是刚开始不太适应的缘故，以后就能慢慢适应了。

呵呵，丹丹觉得自己长大了。

妈妈告诉我

丰满的乳房能够衬托出女性特有的曲线美，而佩戴文胸是保护乳房最便捷的方法。

乳房发育的初期，是不需要佩戴文胸的。一般说来，当女孩子的乳房发育到乳头变得明显，跑动时会感到乳房摇动的时候，就说明她应该佩戴文胸，保护逐渐发育的乳房。

可能在最开始，你对于佩戴文胸感到很不习惯，觉得穿戴起来太费事，而且穿上之后又不舒服。不过，妈妈还是希望你能够坚持佩戴，因为佩戴文胸有很多的好处：

1.佩戴文胸能够有利于乳房保持清洁。

2.佩戴文胸可以起到支持和衬托乳房的作用，使其血液循环畅通，有助于乳房的发育。

3.能够避免行走、运动或劳动时乳房的过度摆动，防止乳房松弛甚至下垂。

4.可以促进乳房内的脂肪集聚，使乳房更丰满，还可以弥补乳房过小等生理缺陷。

怎样选择文胸

这天，小青青穿上了文胸来到学校，课间的时候，妙妙看到小青青穿上了文胸，跟她说："小青青，你现在变得有型多了。"

小青青望着妙妙，似乎明白了她的心意，对她说："其实，你也可以穿啊。"

"你陪我去内衣店，我也想去买。"妙妙把心里话掏了出来。

"好。"

就这样，两个小家伙来到了内衣店，只是看到了满屋挂满了各种各样的内衣，这两个"小不点"不禁眼花缭乱，不知道买哪一个好。这时，导购小姐走了过来："请问您需要什么款式的内衣？"

妙妙也不知道她需要什么样的，因为她之前也没有穿过嘛。于是问小青青："你穿的是哪一种啊？"

妙妙的这个问题真把小青青难住了，因为小青青的妈妈也没有对她讲过。

于是小青青就指着妙妙，对导购的小姐姐说："您看她能穿什么样的？"

导购小姐打量一下妙妙，娴熟地为她推荐了几款文胸。妙妙挑了一个自己喜欢的买了下来，然后，她们两个人高高兴兴地回家。

只是在回家的路上小青青一直在想："妈妈帮我选的文胸到底是哪一种呢？"

🏠 妈妈告诉我

小青青，妈妈为你选择的是"运动型文胸"，穿上去会很舒服。不知道白天你带着妙妙买的是哪一种，我真担心你们会买错了。

如今市场上有各种不同材料的文胸可以选择，青春期时候的女孩子比较好动而且新陈代谢旺盛，建议你们最好选择纯棉质地、透气性好、吸汗的文胸，这样不仅穿着起来很舒服，还可以防止汗液聚集。

要提醒你们注意的是，不要选择带有厚海绵垫和钢圈的文胸，因为这种文胸适合我们大人，并不适合你们。青春期少女的乳房还在发育中，需要给它留出足够的发育空间才行。如果佩戴那种带钢圈的文胸很有可能会压迫到胸部的血管，影响正常的血液循环。

至于文胸的尺寸，可以在购买的时候请售货员阿姨帮助量一量，这样就可以选择合适的尺码。由于你们这个时候的乳房还在发育，所以肩带的宽度不要窄于 2 厘米。

对了，有一个事情妈妈忘了提醒你们，穿上文胸之后，每天晚上睡觉之前要记得把它摘下来，并做几次深呼吸和伸展运动，让胸部彻底放松。

清洗文胸的时候要注意什么

思思是个好孩子，从来都是自己的衣服自己洗。

周日的时候，思思把换下来的脏衣服，包括穿脏的文胸，都一股脑地扔进洗衣机，然后再倒入一些洗衣粉和足够的水，机洗 15 分钟。

妈妈看到了思思这样洗文胸，就仿佛看到了恐龙，她急忙上前阻止思思说："思思，快把你的文胸拿出来，不可以那样洗。"

啊？为什么？思思感到很诧异。

妈妈拿过来一个盆，把思思的文胸放进去，跟她说："文胸不可以和其他的衣服放在一起洗，而且最好是要手洗才行。"

看到妈妈在那里示范怎样洗文胸，思思不禁在心里抱怨："文胸真是个麻烦的东西。"不过抱怨归抱怨，还要听妈妈的话，自己动手洗文胸吧。

🏠 妈妈告诉我

思思，文胸是贴身穿的内衣，怎么可以和其他的衣服混在一起洗呢？这样很不卫生，所以一定要和其他的衣服分开单独洗才行。而且，文胸的一个重要作用就是塑形，如果用洗衣机洗的话难免用力太猛，这样很容易使文胸变形、松垮，所以最好是用轻柔的手洗。

在洗文胸的时候，选择什么样的洗涤物品也很关键，最好不要使用含磷的洗衣粉，因为洗衣粉中的磷会对皮肤有刺激性的影响，甚至会使皮肤产生一种灼热的感觉，所以千万不要使用含磷洗衣粉清洗内衣，可以用肥皂或者是无磷洗衣粉来代替。当文胸清洗干净之后，还要用清水把它冲洗干净，最大限度避免洗涤成分残留。

还要注意的是，洗好的文胸要放到通风、干燥的地方阴干，然后收好。

乳房在发育过程中，应该注意些什么

进入中年的女人是否都有爱唠叨的习惯？

兰兰观察了一下自己的妈妈：嗯，这绝对是铁的定律。

吃饭的时候，妈妈会在旁边唠唠叨叨："兰兰正在长身体，所以不可以挑食。"说着，就把一块最容易让人发胖的牛扒放到兰兰碗里；写作业的时候，妈妈又在旁边唠叨："兰兰，身体和桌子不要贴得太近，那样会压到胸部。"一边说着一边走过来帮兰兰矫正姿势；走路的时候，妈妈会依然在兰兰旁边唠叨："兰兰，走路一定要挺胸抬头，这样才会保持良好的身姿，否则的话就变成鸵鸟了。"

玩电脑的时候，妈妈还在唠叨："兰兰，不可以总是猫在家里玩，要有固定的时间出去锻炼身体，会使身体更加健美。"

……

总之，不管兰兰在做什么，妈妈总会在旁边唠叨几句。兰兰不禁向苍天问道：这是为什么啊？

🍁 妈妈告诉我

兰兰，女孩乳房发育的时候，要懂得如何保护自己的乳房，这对乳房的丰满健康，以及身材的美丽优雅来说，都很重要。

1.注意饮食均衡。有些女孩进入青春期之后，总是拒绝吃油腻的东西，怕自己会变得不漂亮。适量地多吃一些，不仅不会发胖，而且可以增加适量的脂肪，保持乳房的丰满，不要片面地追求"苗条"而过度节食，这很不利于乳房的生长发育。

2.注意身体姿势。很多小女生对乳房发育感到很害羞，就会含胸驼背，这样不利于乳房的生长发育。平时走路的时候要保持抬头挺胸的姿势，保持背部是平直的；坐下的时候也要挺胸端坐；睡眠的时候也要讲究姿势，最好是仰卧或者是侧卧，不要俯卧，以免压迫到乳房。

3.注意锻炼身体。多做一些胸部健美运动，比如：每天清晨或夜晚多做几次深呼吸，可以使胸部得到充分的发育；适当地做一些扩胸运动或俯卧撑，会使胸肌均匀发达，乳房健美而有弹性。要提醒你的是在运动的过程中注意保护乳房，不要被撞击或是被挤压。

4.多做胸部按摩。洗澡时要注意避免用热水刺激乳房，盆浴的话不要在水中浸泡太久，以免乳房的软组织松弛。在洗澡的过程中适当地按摩乳房，促进血液循环，促进乳房的生长。

兰兰，你明白妈妈为什么这样唠叨了吧。养成良好的生活习惯，你才会更加健康地成长。

甩不开的"大姨妈"

下边出血了，我该怎么办

今天，薇薇经历了一件重大事故：早上起床的时候发现内裤上面沾满了血！

这是怎么回事？

过了大约半个小时，薇薇隐约感觉到又在流血，赶快跑到卫生间里"观察"一下：真的，流血没有结束，还在继续。

薇薇忍不住惊慌害怕起来：这别再是什么不治之症的前兆吧？如果自己生病死了怎么办？

想到这里，薇薇拿出自己最心爱的大号 SNOOPY 毛绒玩具，准备好要把它送给好朋友。

……

薇薇哭着去找妈妈："呜呜，我下面流了好多血。"

妈妈看到薇薇这副样子，不但没有着急，反而笑着说："薇薇，不要怕，没事的。"

嗯？在薇薇正哭得投入的时候，妈妈这一句话让她感到很诧异，薇薇好奇地望着妈妈。

"薇薇，这是正常的生理现象，每个女孩都会有。它的学名叫'月经'，每个月都会有一次出血。"

"那流的是血啊！"薇薇还是有点难过，"如果血流没了怎么办？"

"不是，流出来的是废的血，对你的身体有好处。"妈妈耐心地为薇薇解释。

听妈妈这样一说，薇薇平静下来点了。

"薇薇，妈妈帮你把卫生巾垫上吧。"

"好。"

妈妈告诉我

薇薇，估计你到现在也没有想明白为什么要有"月经"这种东西吧，让妈妈来告诉你。

女孩的身体中有一个器官叫作"子宫"，就好比一个装东西的空房间。将来当你有一天怀孕生小孩的时候，子宫就是装未出世的婴儿的地方。但是现在，这个子宫一直都处于空闲的状态。我们平时在生活中都有这样的常识，当房间很久不住人的时候，就需要打扫，否则就会很脏。子宫也就好比是这个房间，隔一段时间就需要打扫一下。所以，子宫内膜的保护层在每隔28天的时候会自动脱落排出，于是就造成了月经。对于"月经"的到访，你应该感到欣喜和高兴才对，根本用不着担心害怕。

大部分的女孩在11～15岁这段时期经历第一次月经，以后就会逐渐规律，每隔一个月左右就来一次。每个女孩的"月经周期"都不尽相同。

在一般情况下，月经周期是从一次月经开始的日子，到下一次月经开始的那一天为一个周期，一般在22～32天，多数人约为28天。在月经期间，出血时间一般是3～7天，多数人是4～5天，其中第二天、第三天的出血量会比较多一些。

接受这个"新朋友"吧，以后每隔一个月左右，它便如约而至，和你相会。

为什么月经周期不规律

那次的"出血事件"险些把薇薇吓得半死，后来听妈妈一说才明白，原来每个女孩都会遇到这个"小麻烦"。

虽然"月经"有点麻烦，但毕竟是成人的自然现象，再说以后它每个月都要和自己会面，所以，无论如何也只好接受这个"伙伴"呀。

薇薇记得上次妈妈跟她说月经的周期是差不多每隔一个月左右就会来一次，距离上次的月经，都过了一个多月了，怎么还没有来呢？

难道是自己的月经不正常吗？薇薇要问问妈妈，妈妈一定会知道的。

妈妈告诉我

薇薇，现在的你，一定在为"好朋友"没有准时到访而感到焦虑不安吧？

其实，这是很正常的现象。月经本来应该是在每个月固定的时候来才算正常，但也是因人而异，有的隔一两个月来，也有的过了半年还不来，还有的一个月会经历两次。尤其是女孩在初潮之后的月经都是不太准确的，所以你不要过于担心。

在月经初潮的时候，由于卵巢的功能和调节机制都不稳定，所以在月经初潮后的半年到一年时间内，月经不一定按照规律每月来潮，初潮后，有的隔几个月、半年甚至是一年才会有第二次来潮。而且每次月经的时候经血量的多少也不一样。这些都算是正常现象，并非病理现象，因为身体的发育受很多因素的综合影响，而且月经对于女孩来说也是一个大的转折，需要一段时间来发展完善。一般来讲，从不规律的月经逐渐到规律、正常的月经，这个过程所需要的时间，最多不会超过2年，以后你就会逐渐按月规律地来潮。

当然，对于月经的早来与晚来，其他的因素也有很多。比如月经对周围的环境就很敏感，如果近段时间你的心情太过于紧张，月经往往就会跳过不来了，还有就是如果你现在正在进行"魔鬼减肥计划"或者是"野外大探险"之类的活动，身体忙于适应这种新的生活环境的时候，月经也会跳过不来。再告诉你一点小常识，如果肚子里怀有宝宝的时候，也不会来月经。

可见，月经与我们的心理和周围环境有很密切的关系。

肚子疼啊

那天放学之后，几个小伙伴原本计划要去旁边新开的"鲜酿酸奶刨冰"那里尝尝味道，而小琴却提前撤了，说道："你们去吧，我要先回家。"

同伴们都觉得很奇怪，这太不符合小琴的性格，要知道，她可是个好奇心很强的女孩，如果是在以前，她怎么会轻易放弃品尝新鲜的机会呢？

小谷走过去问她："你怎么不去呢？"

小琴对小谷说："大姨妈来了，肚子疼啊。"

"大姨妈来你家啊，哦。"小谷于是依文解义道，"以前从来没有听说过你还有个姨妈。"

"不是……"小琴看着小谷好像是在盯着一块木头，"每个月都要来的，那个……来了。"

小谷一听便乐了，原来月经还有这么个"雅称"啊。

此姨妈非彼姨妈也。

"还不错嘛，有个姨妈，月月都来看你，哈哈哈哈。"小谷拿她打趣。

"我肚子很疼啊，你居然拿我找乐。"小琴对小谷说的话很是不满，故作深沉地说道："哎！交友不慎啊。"

看小琴急了，小谷的话也收住了，关切地问她："很疼吗？"

"嗯。"小琴跟小谷说："是啊。肚子又疼又涨，腰酸，特别难受。"

"你真可怜，那回去好好休息吧。"

转天，小琴准时来到学校上课，却没有迟到，小谷暗自佩服她的精神。

课间的时候小谷去找小琴："你的那个姨妈，还疼吗？"

"好了，不疼了。"小琴笑了笑，"昨天回到家，妈妈帮我放了一个热水袋在肚子上，喝了很多热水，睡了一觉，今天就好了。"

看到好朋友不难受了，小谷的心也舒服很多。看来，肚子疼不是病，疼起来要人命。

妈妈告诉我

小琴，在月经期间，很多女孩都会感到不同程度的下腹胀痛或腰部酸痛，这些是正常的现象。

在月经期间，由于子宫内壁的肌肉会不断收缩，以便排出萎缩脱落的子宫内膜和经血，所以在行经的第一二天，会出现腹痛、腰痛等现象。在经期的后期，伴随着子宫内充血的减轻，这些不适的症状就会自然缓解了。

如果在月经期间感到腹痛的话，最便捷的方法是多喝热水或者姜糖水，也可以在肚子那里放一个热水袋，躺在沙发或床上休息。在月经期间不要做剧烈运动，但是轻微的运动可以有助于排出子宫内的充盈物，缓解疼痛。需要注意的是寒冷、淋雨、洗凉水澡这些因素都会加剧腹痛，所以应该在经期尽量避免。

一般的经期腹痛等不适，不需要特别地治疗，也不会影响到正常的学习和生活。但是有些女孩子在经期会出现下腹剧烈疼痛，并伴有头晕、出冷汗等症状，以致无法进行正常的学习生活，那就是痛经了。

痛经要人命

这一天，樱兰经历了一场灾难。

从中午开始，樱兰的肚子感觉有剧烈的胀痛，而且浑身开始出冷汗。实在是没有办法听课，樱兰只好趴在了桌子上，紧闭着眼睛，默默地忍受这一切。

"樱兰，上课不要睡觉，起来回答问题。"老师以为樱兰在课上睡觉，故意把她叫起来。

樱兰强忍着痛，无精打采地站了起来。

老师好像发现到樱兰有一些异常，走过来问她："是不是有些不舒服呢？看你的脸色煞白煞白的。"

"嗯。"樱兰疼得近乎麻木，发出一个鼻音回应老师。

"哦，那就继续趴着休息吧。"老师良心发现，谢天谢地。

下了课之后，樱兰实在是忍受不住疼痛，只好麻烦同伴陪着她，回家休息。

疼啊！但愿以后不会每个月都这样疼吧！

妈妈告诉我

樱兰，看你难受的样子，一定是痛经在困扰你吧。

有些女孩在月经的前几天，下腹部、腰部都会出现剧烈的胀痛、绞痛甚至阵痛，有时还会伴有恶心、呕吐或出现头晕、面色苍白、手脚冰凉、全身出冷汗甚至突然晕倒的现象，这就叫痛经。

引起痛经的原因比较复杂，主要有以下几种：

1. 生理因素。由于子宫内膜前列腺素增多，使子宫收缩过度或不协调，子宫局部缺氧导致痛经。

2. 心理因素。来月经的时候，恐惧的心情会加重疼痛感。

3. 饮食习惯。有的女孩特别喜欢吃冷的食物，导致子宫内的充盈物凝滞在一起无法排除，导致痛经。

4. 受到寒凉。由于天气寒冷或者穿的衣服太少，使身体受寒，也会加重疼痛。

发生痛经之后，首先不要紧张，消除对月经的恐惧和紧张情绪，保持精神愉快。还可以请周围的人帮你准备热水袋或者热毛巾盖在肚子上面，按摩小腹，多注意休息，这些做法都能有效地缓解经痛。同时，忌食刺激和生冷的食品，注意身体保暖也是非常有用的。

如果在短时间内，痛经无法通过以上的方法缓解或长期出现经痛者，应该去看医生，并在医生的指导下服用适量的止痛药物，可以达到治疗痛经的目的。

痛经是青春期女孩子中比较多发的症状，以后伴随着子宫的充分发育以及内分泌功能的稳定，痛经自然会有好转，所以樱兰，你不必过于担心。

"特殊时期"可以游泳吗

学校的游泳馆建好了，大家都想在第一时间过去体验。

"露露，下午我们一起去游泳馆吧。"媛媛和露露商量着。

"嗯……"露露正要答应，"不行，我的大姨妈来了。"

"我有办法，你可以戴上卫生栓，这样就没有问题了。"媛媛帮露露想出一个好主意。

"好，那我和你去看看吧。"看媛媛实在是太想去了，露露想就先陪她过去吧。

来到学校新盖的游泳馆，真气派啊！游泳池里已经有很多同学了。媛媛换好了泳衣，跳下水去游了起来。看着她舒展的动作，怪不得媛媛的身材那样好。据说游泳是对减肥最有效的运动了。

"露露，快下来啊。"媛媛兴冲冲地冲着露露喊。

露露看着下面凉丝丝的水，心里不觉有点打怵。上次来事的时候，那种疼痛让她十分后怕。不行，不能下去。露露在上面冲着媛媛喊道："我不下去了，在上面等你。"

露露和自己搏斗了半天，最后，理智告诉露露，还是不要沾凉水为好。

回到家一定要把这件事告诉妈妈，到底在这种关键时刻可以游泳吗？

妈妈告诉我

露露，妈妈为你做出的判断感到高兴，你是个为自己负责的好孩子，这样妈妈也会很放心。

确实，在月经期间绝对不可以游泳，经期前后几天也不可以，最好是在经期结束三天之后再去游泳。

因为经期游泳很容易引起生殖系统的安全，而且极容易导致月经失调。游泳池中的水都会使用消毒药，具有强烈的刺激性；而且游泳池是公共场所，存在着交叉感染的问题。有的女孩自认为：只要戴上安全栓就 OK 了，其实这种方法并不可取。经期从子宫流出的血本身就是病菌繁殖的培养基，而且在月经期间的子宫都是开放的。卫生栓被水浸湿之后，病菌极容易透过棉层进入体内，造成生殖系统的感染。同时，游泳池中的水温一般都是低于身体的温度，冷水会刺激腹部紧缩带来不适。

月经期间不仅不要游泳，最好连凉水都不要沾。因为女孩在月经期间身体相对比较弱，再者经期使用凉水容易引起风湿。

当然，经期可以洗澡，但是不可以用凉水洗澡，也不可以用盆浴。因为在这个时候子宫口是张开的，容易受到污染，所以洗澡最好还是采用淋浴。经期阴部容易产生异味，尤其是在夏天，如果条件允许的话，每天都要洗个热水澡。

能上体育课吗

柔柔爱玩，但是偏偏不喜欢上体育课，每当"大姨妈"来的时候，她就会名正言顺地请假休息，自己跑到一边玩去了。

当大家都列队整齐地站在那里，跟着老师，照猫画虎一般地学习太极拳，柔柔在一旁坐着看同学们打拳的样子，在那里笑个不停。

"喂，有那么好笑吗？"看到她笑，柔柔的好朋友京京反而倒不自在了，把大家都当成了动物园里的猴子。气！

下了课，柔柔便跑过来跟京京说："京京，你们打太极拳的样子太可爱了。哈哈，笑得我肚子疼。"

"哼哼。"京京不服气，"下次体育课，我也请假，看你打拳，样子肯定不比我好看。"

终于等到了京京来"大姨妈"的时候，她也大大方方地向老师请假了，不过京京没有看柔柔她们打拳，而是干脆回家看电视去了。

妈妈看京京回家这样早，很奇怪："京京，你怎么这么早就回来了。"

"下午是体育课，我正好来事，所以就请假了。"

"哦，那你的肚子很疼吗？"

"没有啊，不疼，我就是不想上。还有，老师说了，来例假的同学可以不上体育课，所以我就回家了啊。"

听京京这样讲，妈妈皱了一下眉："京京，原来你是偷懒，故意不上体育课啊，这样不好哦。"

"嗯嗯。"估计老妈又要对京京进行说教了，京京应声附和着。

"不要因为'大姨妈'的光临就可以偷懒而不敢活动，这样会变得更加无精打采。我还是建议你可以根据自己的情况适量做一些轻微的活动，对你是有好处的。比如散散步、练练瑜伽之类的慢活动。"

🚢 妈妈告诉我

京京，月经不但不影响日常的活动和运动，而且做适量的运动有助于调节疲倦感。比如做体操等可以使腰部灵活，而不至于有疲倦感，轻松的户外运动可以给人带来一些好心情，转移了对月经过多的注意力，减轻了经期的不适应。

但是在这一段时期，注意不要做过于剧烈的与活动。那么，在月经这段特殊的时间内，在做运动的时候都有哪些要注意的呢？让妈妈来告诉你吧：

1. 经期可以运动，但是要注意控制运动量，月经期间并不是说要禁止一切运动，但是高强度、大运动量的运动（比如长跑、跳跃、仰卧起坐等）在月经初期还是应该要尽可能避免或减少，以免加重痛经或增加出血量。

2. 运动之后要注意保暖，避免运动后大量出汗而受风感冒。

3. 如果在运动过程中感到头晕、恶心、心慌、则应该立即停止运动。

哪些因素可以使经期改变

学校组织大家这个周末去郊区的自然保护区旅游，听说晚上还有篝火晚会，尔竹真盼望这一天能快点到来。

可是，一算时间发现，那天，正好会赶上她生理周期中的"那几天"，这让尔竹很是沮丧。如果中途累了跟不上队伍怎么办？有没有一种方法可以把这几天提前或者错后？嘻嘻，很想"调度"一下啊。

尔竹的同学对她说："好像是有一个偏方，喝一瓶醋，越酸越好……建议你喝山西老陈醋。"

"真的管用吗？"听了同伴的话，尔竹有点半信半疑。

"这我也说不好了，我又没喝过，你试试呗。"

那还是算了，尔竹可不想试试！喝一肚子醋，比痛经还难受呢！

还有一个同学对尔竹说："咳！我想到了一个好方法，可以到药房去买点避孕药，就可以推迟经期。"呵呵，这个主意还挺靠谱的。只不过，自己还这么小，可以买避孕药吃吗？这件事情，还是回家问问妈妈吧。

🚢 妈妈告诉我

尔竹，妈妈想告诉你的是，你没有必要因为这样的小事就想到要推迟月经周期，月经是自然的生理现象，凡事顺其自然的规律才是最科学的，人为的改变并不一定就是最好的。

有些女孩子，她们因为经期赶上了大考或是有其他特殊的原因，怕经期的生理反应影响成绩，希望通过服避孕药来改变周期，使之错过考试。其实在一般的情况下，经期的生理反应不会对学习生活造成太大的影响，只要自己注意调节心情、注意休息就可以了。

如果使用药物不当或者使用的次数过于频繁，就会影响生理上调节功能的正常运转，引起月经失调，反而会对身体造成不利的影响。至于你的好朋友说喝醋可以改变月经周期，更是没有任何科学道理的说法。

通过擅自服用避孕药等方法人为地将原本正常的月经进行调整，这样的做法是不可取的。如果你真的有比较严重的痛经问题，可以告诉妈妈，妈妈会带你到医院去就诊，请医生给予帮助。

好像情绪有点不稳定

依风最近两天脾气特别不好，自己都能把自己吓住了。

早上起床有点晚了，手忙脚乱的，依风急急忙忙地洗脸刷牙，妈妈在旁边匆匆帮助她准备好了早餐。可是，豆浆实在是太烫了，依风根本就无法喝到嘴。也不知道从哪里冒出来一股火，她竟然怒冲冲地对着妈妈喊了起来："都是你害的啊！我上学要迟到了啊。"话音刚落，匆匆背上书包往学校赶去。

来到教室，谢天谢地，总算没有迟到。不过，同桌正在收拾东西，把他的书本都堆到依风这里，看到这乱糟糟的样子，依风又忍不住又发脾气了："弄得这样乱，拿走！全都拿走！"同桌看到她的情绪这样激烈，一个上午都没敢和她说话。

其实依风自己也感到很奇怪，怎么最近脾气这么大呢？伤害了最疼爱她的妈妈，还有陪伴她共同成长的同学，实在是太不应该了。

🚢 妈妈告诉我

依风，我知道你这几天为什么情绪这样不稳定，估计你的"好朋友"快来了吧。不过，这也不是特别严重的问题，你不要过去担心，通过自己慢慢地调适，以后会好的。

曾经有心理学家研究发现，世界上约有近一半的女性在月经期间会出现情绪上的变化。一般这种变化会出现在月经来潮的前两天，除了身体有不适应的症状之外，还会出现不同程度的情绪反常，如情绪低落、心烦意乱、好发脾气、注意力不集中等现象，有些女孩容易变得火冒三丈。

看你发脾气的样子，真是有点吓人呢。这次，妈妈原谅你，妈妈给你支招，让你有效地控制这些症状，保持经期愉快：

1.尽量减少刺激。

在来潮之前应该有意识地避免一些不愉快事情的刺激，谨慎从事，不跟人争吵、斗嘴，少接近那些性格粗暴的人。

2.学会自我控制。

在生活中有时挫折难以避免，有时会遇到令人气恼的、不顺心的事，在这时要学会自我控制，多做自我批评，多替别人着想，不要意气用事。在有了不良情绪的同时可以有意识地想些方法转移注意力，比如可以找好朋友聊聊天，宣泄一下，或者也可以看看电视、听听音乐，读一些幽默的作品，从而淡化不愉快的感情。

3.调节饮食习惯。

这一段时间要注意不可以吃太咸的食物，因为过咸的食物会使体内的盐分和水分储量增多，从而造成在月经来潮之前发生头痛的症状。这段时间建议你多吃一些开胃助消化的食物，比如枣、面条、粥之类。

赶走"月球表面"，还回纯净的脸

不再当"满天星"，我要祛痘

不知为什么，枫枫的脸上新长出来很多红色半透明的疙瘩，用手摸一摸，有点痛。如果只是痛的话枫枫也能忍，最烦人的是它确实让枫枫"破相了"，这些疙瘩密密地分布在枫枫的脸上，同学都笑她，说她是"满天星"。

实在是气愤，怎么搞的！

回到家，枫枫闷闷不乐地告诉妈妈这一切，妈妈不但没有替她打抱不平，反而开心地笑了出来。

原来这种疙瘩叫"青春痘"，貌似不是青春年少的人还长不出来哩。

唉！

妈妈告诉我

枫枫，青春痘是青春的象征，也是走过青春的痕迹，为什么要怨恨青春痘呢？不要着急，让妈妈告诉你一些好方法，帮助你正确地去掉青春痘吧。

你们现在正处在长身体的时候，所以新陈代谢的速度很快，皮肤大多数都是油性的，很容易形成油脂包，而油脂包会堵塞住毛孔，就逐渐形成了青春痘。

所以，对待青春痘，最好的方法就是要做好皮肤的清洁工作。

平时妈妈总是提醒你，洗脸一定要洗干净，洗仔细，不要像小花猫那样用手抹抹就算洗完了。否则的话，脸上会滞留很多的油脂和细菌，增加青春痘发生的可能。当脸上正遭遇着青春痘的时候，应该在每天早晨起床后和晚上临睡前，认真彻底地清洁面部皮肤。要注意的是，选择清爽型的洁面乳对皮肤有益，尽量不要使用含有油脂的洗面乳。如果脸上的"痘况"实在是很不乐观的话，你可以试试到药店去买一些药膏涂抹在发炎的部位，这样可以使发炎的部位变干，然后用凉水清洗干净。坚持每天用药膏清洗发炎部位，能帮助你的皮肤更快地恢复正常。

怎样有效地预防青春痘呢

这两天枫枫的心情格外的爽，为什么这样讲呢？因为前段时间那个嘲笑她是"满天星"的女生，脸上也开始连绵不绝且以泛滥成灾的速度长痘了，那架势，绝不亚于凹凸不平的月球表面。

看到那个女孩一副可怜的样子，枫枫不禁动了恻隐之心。要知道，这是个很漂亮的女孩，她有高高的鼻梁，薄薄的嘴唇和白皙的皮肤。可能是由于皮肤太好的缘故吧，所以一颗颗的痘格外显眼。

长了一脸痘的女孩，失去了往日的神气，不再像从前一样咋咋呼呼，可能是担心大家看到她的痘痘。

枫枫最近的状况还好，可能是由于从前每天晚上她都要向妈妈抱怨的缘故，妈妈也因此更加注意她的饮食搭配、睡眠休息还有卫生清洁方面，痘痘得到了很好的控制。

枫枫只求自己永远都不要长痘。

妈妈告诉我

亲爱的枫枫，妈妈最近一直都很关注你的皮肤呢。首先想劝你的是，不要在心理上有压力，青春痘的出现是自然的生理现象，心地平和地接受现实，顺其自然就好了。毕竟，这是每个花季少女都无法躲开的，到了20岁以后，往往就不治自愈了。

如果你想预防和减少痘痘的发生，最重要的是从日常的清洁、护理以及饮食上注意：

1. 如果你能保证每天用温水洗脸1～2次，洗掉脸上的油脂和灰尘，就会大大减少长青春痘的机会。因为面部的清洗使毛囊口的排泄通畅，使脸部皮肤可以呼吸到新鲜的空气。

2. 青春期女孩的皮肤是最娇艳动人的，所以根本没有必要做任何修饰。尽量不要使用彩妆，在选择护肤品要注意不要使用香脂类和油性的产品。

3. 不要自己动手挤破痘痘，以免发生感染，留下疤痕。

4. 注意饮食要尽量清淡一些，多吃水果、蔬菜，少吃油腻食物或甜食，枫枫你平时最喜欢吃甜的零食，你要注意克制啊。因为含油多和含糖高的食物会使皮脂腺皮脂增多。还有就是不吃或少吃辛辣刺激性食物，减少对皮肤的刺激。

5. 养成按时排便的习惯，并保持大便通畅，及时排出体内毒素。

6. 为了防止感染，可以使用蘸有酒精的棉签涂抹长痘痘的地方，也可以涂抹少量的红霉素软膏；如果痘痘数量较多或伴有局部红肿和炎症的话，要及时去皮肤科治疗，千万不要自己随便处理，否则很可能会弄巧成拙。

7. 养成良好的卫生习惯。个人的卫生、生活习惯，决定了青春痘在脸上停留的时间，因为青春痘形成的一个重要原因是新陈代谢混乱。所以你要努力做到早起早睡，生活规律，保证充分睡眠。

8. 夏天的时候要做好防晒措施。因为阳光中的紫外线，一旦经过了青春痘的伤口直射穿透表皮层，就会在伤口部位形成黑色斑点。

9. 愉快的心情是治愈青春痘的良方。不要以为天下只有你长了青春痘，正确地对待它，别让它干扰你的生活，这是最重要的。

枫枫，如果以上这些你都能做到的话，青春痘会自然而然地远离你的。

雀斑能治好吗

青春期不仅仅是"战痘的年代"，也会有其他的状况出现。最近莎莎又开始出了新的状况——脸上长出了一些小黑点，那形状就像是一粒一粒的小芝麻。几天之后，脸上又多了两个小黑点。如果以这样的速度进展下去，用不了多长时间，莎莎的脸就会成为地道的"芝麻饼"。

"Hi，莎莎，看到你的脸，我口水都流下来了，真想吃一口。"莎莎仿佛又听到了同学的嘲笑。

莎莎自认为自己是个苦命的孩子。那天晚上做了个噩梦，梦到自己脸上的小黑点越来越多，直到整个的脸都变成了黑颜色……

早上醒来，莎莎还记得前一天夜里的梦，起身小心翼翼地照照镜子，还和以前一个样子。莎莎不禁倒吸了一口凉气，梦里的样子实在是太可怕了。

莎莎赖在床上。

"长得丑不是你的错，出来吓人可就不对了。"老师同学会不会在背后笑话自己呢？正当莎莎在犹豫还要不要去上学。

这时妈妈走了过来："莎莎，这都几点了，你怎么还不起床，上学快要迟到了。"

莎莎可怜巴巴地望着妈妈："我不想去上学了，你看我的脸上都长满了小黑点。"

妈妈凑过来看看莎莎的脸，说道："是比前段时间多了不少。但是不能因为这点小事不去上学啊。"

莎莎还是赖在床上，一声不吭。

妈妈又安慰莎莎说："以前我的脸上也长过雀斑，后来，你姥姥教给我一种民间偏方，一用就好。怎么样，晚上你放了学回来，我告诉你。"

莎莎的眼睛一亮："哈，真的有吗？那妈妈现在就告诉我。"

妈妈故意卖了个关子："听话，先去上学，要不然的话我就不告诉你了。"

"嗯嗯。"莎莎听了之后，高兴地起床了。

妈妈告诉我

莎莎，你不用担心。你脸上长的那种像芝麻一样的小黑点，叫作雀斑。

雀斑是一种很常见的皮肤病，它是由于皮肤的色素沉着而形成的，所以对身体健康没有任何影响，但有可能会影响到容貌。雀斑从少年儿童的时期就会出现，但到青春期的时候就会明显增多。所以不仅仅是你，相信你班上有很多女孩也和你一样遭受着雀斑的困扰。

造成雀斑的原因主要有以下几种：一种是遗传因素，如果父母就患雀斑，那很可能下一代也会有雀斑。妈妈小的时候就长雀斑，所以你现在也长雀斑。有的时候，即便是父母没有雀斑，而爷爷奶奶外祖父母有雀斑的话，也会隔代影响到你们这一代。还有一种原因是有的女孩皮肤对阳光很敏感而导致的雀斑。

妈妈在年轻的时候也有雀斑，当时你姥姥教给了一些有效的民间偏方，我到现在还记得，你也可以试一试：

方法一：可以养成喝柠檬水的习惯。因为柠檬中含有大量的维生素C、钙、磷、铁等，不仅可以美白肌肤，还可以起到祛斑的效果。

方法二：可以在每天晚上洗完脸之后，敷一些黄瓜汁或柠檬汁40～50分钟，然后用清水冲掉，再涂上护肤霜。连续涂抹20天，可以起到很好的祛斑效果。

方法三：还有一种方法就是可以用干净的茄子皮敷脸，过一段时间后，脸上的小斑点就没有那么明显了，很管用的。

使用妈妈告诉你的"独门秘籍"吧，相信你很快就可以战胜雀斑了。

用药物治疗雀斑管用吗

看到老妈给开出了这么多的药方，莎莎战胜雀斑的信心大增。

那天莎莎发现好朋友木木的脸上也开始长雀斑了，就把妈妈教的好方法告诉木木了，而木木却笑笑对莎莎说道："没关系，我买了一种祛斑霜，听说特别好用，抹几回就没有斑了。"

这么轻易就可以把斑去掉吗？看着莎莎很怀疑的样子，木木笑着说："不信，你用我的试试看，真的很管用。"

怀着强烈的好奇心，莎莎试着在脸上涂了一点，期待着有奇迹发生。

转天早上，莎莎醒来之后的第一件事就是去照镜子，看看那种祛斑霜灵不灵，结果脸还是和平常一样没有丝毫的起色，貌似又长出了两颗。

"根本就是骗人嘛。"莎莎气呼呼地自言自语。

妈妈走过来问："莎莎，谁骗你了？"

"木木给我用了她的祛斑霜，说是很管用。你看，这就是涂抹祛斑霜的效果。"

妈妈听了很关切地告诉莎莎说："不可以在脸上乱抹东西哦，抹坏了的皮肤怎么办？尤其是那些杂牌子的祛斑霜，更是不可以滥用。还是坚持用妈妈告诉你的方法试试看。"

嗯，莎莎决定再也不用祛斑霜了。

🚢 妈妈告诉我 ─────────────

莎莎，知道你用了祛斑霜之后，我很为你担心呢。因为处于青春期的女孩皮肤是那样娇嫩，如果不经过医生的指导而胡乱涂抹外用药物，难免会伤害到皮肤。

雀斑是一种很难治的皮肤病，连皮肤科的大夫都这样讲，跟遗传、内分泌都有很大关系，一般的药物治疗、化妆品祛斑都很难得到理想的效果，所以根本就没有必要进行药物治疗。

雀斑的治疗虽然不那么容易，但是你也不要灰心，可以通过一系列的方法进行预防和控制，避免雀斑的加重。

祛斑有它独特的"行为习惯"，一般来讲，在夏天经过日晒后，脸上的雀斑颜色会加深，而且数目容易增多，冬季则相反。所以你如果想防止雀斑的加重，就要尽量避免日光的照射，在春夏季节外出时戴遮阳帽，涂防晒霜。

此外，合理的饮食也是防止雀斑的重要途径。对于正处在青春期的你来说，规律的作息、愉悦的心情，都有助于防止雀斑加重。

实际上，雀斑并不影响健康，也不影响美丽。听说在俄罗斯国家，有雀斑的女孩被视为活泼可爱、天真烂漫的天使，甚至那些没有雀斑的女孩会专门到美容院里画雀斑呢。所以，女孩子的可爱美丽在于青春活泼、开朗大方、充满朝气和阳光，不必过于在意自己脸上的雀斑，更不要因此而产生自卑的情绪，那实在是傻女孩的做法。要知道，拥有快乐的心情和丰富多彩的生活是多么的宝贵啊。

我可以用用化妆品吗

慧慧那天去参加一个同学的 Party，发现所有的女孩们个个都打扮得非常漂亮，木木涂了鲜艳的炫彩口红，花花涂上了肉粉色的指甲油。夸张的是葱头，她居然抹上了紫色的眼影，穿着艳丽的裙子，好像这里真的变成了交谊舞会。

再看看素面朝天的自己，像是埋没的灰姑娘一样，没有丝毫光彩，慧慧的心情也不禁有些黯然了。

回到了家，慧慧还在想着 Party 上一个个靓丽的倩影，不知自己化妆之后的效果怎样，真想试一试。

慧慧有一个端庄又高贵的妈妈，她的镜台前摆了很多优质的化妆品，嘻嘻，慧慧想应该可以偷偷用一用的吧。于是乎，慧慧一个人坐在妈妈的镜台前，像个小大人一样独自打扮起来，一边忙活，还在心里抱怨：妈妈真是的，她有这么多好看的化妆品，为什么从来都不会分给自己的女儿用呢？

正在自我陶醉的时候，慧慧听见有人拧钥匙的声音。

不好！妈妈回来了。慧慧想赶快躲到卫生间去洗掉，但是已经来不及，还是被妈妈发现了。

"慧慧，你在做什么？"妈妈叫道，"这些东西你是不可以用的。"

慧慧心里感觉很委屈啊，忍不住要和妈妈辩论："为什么妈妈可以用，我就不可以用？"

"妈妈是大人，所以可以用。你还小，没有必要化妆。"

"为什么大人可以化妆，小孩就不可以化妆呢？"慧慧还是不依不饶。

妈妈无奈地看看慧慧，说道："你现在的年纪是皮肤最好的时候，如果遮盖住了多可惜啊。"

慧慧不信，凑过去仔细看看妈妈的脸，其实真的是这样啊。妈妈的脸色偏黄，皮肤有轻微的褶，眼睛旁边有很多细碎的纹路。

忽然间，觉得妈妈一下沧桑了很多。

🚢 妈妈告诉我

慧慧，妈妈有的时候也很羡慕你呢。你是这样的年轻，有朝气，多好啊。当然，爱美之心，人皆有之，你对化妆的渴望，妈妈很理解。但是，我相信你并不了解化妆的意义吧。

　　为什么世上自古以来都是女人在化妆，很少有男人在化妆，原因是什么？你是否思考过呢？因为男人和女人相比而言，气血充足，所以不需要化妆脸色也一样是红润润的。女人则不是，女人和男人生理结构的不同造成女人的气血不像男人那般充足，所以女人更容易憔悴变老，成年女子如果不经过化妆的话，脸色就会比较难看，所以女人化妆是合情合理的。

　　通过化妆，女人可以把美好展示给别人，一样美丽动人，让人看到会很舒服，这也是礼仪的一种恰当表示。

　　而你现在正值花季，是一生中最美丽的时候，有什么美能抵得过自然之美呢？少女的肤色柔和、自然，时时体现着健康之美。多少人都羡慕青春的面庞，而你却怎么会想把这样的年轻藏在脂粉里面呢？如果化妆是出于流行，处于从众的心理，那就没有任何意义了。

　　一般来讲，18 岁以后的女孩就可以用化妆品了，20 岁以后最适合用面膜。而你现在的皮肤正处在自我调节能力的最佳状态，如果用太多的化妆品反而会使成年以后的皮肤变得更差。所以，青春期的女孩只要用一些温和的宝宝霜就好了。此外，你还要知道，所有的化妆品无一例外都是由化学物质组成的，对人体健康或多或少都有些影响。比如说口红的质量，参差不齐，有的口红中甚至含有有毒物质，如果随饮食进入体内，久而久之会造成不小的危害。

　　至于涂指甲油，一样也会对健康产生不小的影响。当指甲油覆盖在指甲上面，会阻断指甲的"呼吸"。并且在洗掉指甲油的同时还会带走指甲的天然保护层，使指甲变得脆弱、易折断、失去天然的光泽。

　　所以，慧慧，你要明白，并不是妈妈不愿意给你买那些化妆品，而是不愿意伤害你的天然美，你能够理解到妈妈的一番好意吗？

怎么变成了"小毛孩"

长"小胡子"了

　　很多人都羡慕茜茜有一张洁白细腻的脸，有一次在学校与同学一起吃饭，那位同学一边吃饭一边在赞美茜茜：

　　"茜茜，你的脸很白，也很细腻。"那位同学很认真地对茜茜说。

听到有人这样夸奖，茜茜高兴地笑了笑。

"还有，你的牙齿很白，而且长得很齐。"那位同学仔细观察了一下，再次发言。这下茜茜哈哈大笑起来："我还有些什么优点，你一气都说了吧。"

"嗯，是这样，你的整张脸看上去都非常和谐。"那位同学推了一下眼镜，很肯定地对茜茜说。想必当时的茜茜觉得自己的知己一定是非她莫属了吧。

不过最近，茜茜洁白细腻和谐的脸上出现一些不好的动静——在鼻子下面，也就是嘴的上面，长出了很多细细的毛毛。这不禁让茜茜联想起来了爸爸脸上的胡子。

"哇！长胡子了！"茜茜觉得这实在是一件很恐怖的事情，该怎么办？

妈妈告诉我

茜茜，你脸上长出来的，不能叫作胡子，只是体毛比较重而已，这也是青春期发育的正常现象。

你之所以会长出所谓的"胡子"，那是你身体内雄性激素起的作用。正常的女性，不只是分泌雌激素，也会分泌少量的雄激素促进女性特征的发育。在这些雄性激素的作用下，女性的面部就会长出毛毛。曾经有过数据统计显示：在 15 ~ 44 岁的正常女性中，有 30% 的人有"小胡子"，9% 的人面颊部分汗毛明显，6% 的人面部两侧的毛发较重。

所以，这些都是正常现象，你不要担心，这些变化不会影响到你的容貌。如果你不相信的话，可以去看看你的同学，她们肯定也有"小胡子"呢。

当然，这种"小胡子"的变粗也有可能是病理性表现，但是极为少见，而且会有其他的现象伴生：身体其他部位的体毛不断增加，额角的发鬓后缩、喉结突出、声音粗闷、阴蒂肥大、月经不调，这就很可能是卵巢功能异常，应该及时到医院检查。

我是不是小猿人

看了《十万个为什么》，妮妮才知道人类的进化需要漫长的时间，人类的祖先，和类人猿长得很像呢。其实，妮妮的身体也长很多的毛毛，除了"小胡子"之外，身上都长有汗毛，而腋下和阴部这些地方长的毛则是又黑又长。

人类还是没有进化好吗？可能百万年之后的人就不会长毛了吧。

妮妮最羡慕的是班上的小白，她就没有这么多的毛毛，还得意地抬起胳膊向大家炫耀："你们看，我从来都不会长那些黑乎乎的毛，多难看啊。"

妮妮想，小白可能就是从猿人进化的比较彻底的那一类吧。

"我不认同。"有同学否认妮妮的想法，"小白一点都不聪明，学习成绩也不好，怎么可以说是进化的彻底呢？"

看来，衡量进化是否彻底的标准是有分歧的：是以长毛的多少来衡量，还是以智商为衡量的标准？

回到家，妮妮把白天讨论的问题跟妈妈讲了讲，妈妈听了之后笑得前仰后合，"我的孩子啊，你们怎么会想出这么龌龊的问题啊？"

"人家不懂啊，问问嘛。"妮妮噘着嘴，对妈妈的反应表示抗议。

妈妈接下来耐心地对妮妮讲道："女孩在进入青春期之后就开始长体毛，首先在外阴处长出'阴毛'，这是女孩们进入青春期之后最先注意到的变化。所以，你不是什么小猿人，这是每个女生都会有的正常现象。"

"嗯，原来是这个样子啊。"妮妮继续问妈妈，"不过这些毛毛有点……不雅观啊。"

妈妈温和地摸摸妮妮的头，对她说："当女孩的生殖器官逐渐发育成熟时，外生殖器附近开始长出阴毛。有的少女会和你现在的反应一样，对阴毛产生厌恶的心理。其实，每一个人都会有，又有什么可感到害羞的呢？在欧洲，有人称阴毛这个部位叫'维纳斯丘'，听起来还很美妙呢。"

听罢妈妈的讲述，妮妮豁然开朗起来。原来，身上长的毛，和进化没什么关系啊！

🚢 妈妈告诉我

妮妮，我猜你会以为"阴毛没有什么用"，实际上你不知道，阴毛就是为了保护我们的身体而长出来的，它能够吸收这些部位分泌出来的汗和黏液，所以有利于身体的健康。

在过去的古代，民间流传着这样的说法，老人们都把不长阴毛的女人称为"白虎"，把不长阴毛的男子成为"青龙"，认为这是不祥之兆。这个迷信的说法也从侧面反映出不长阴毛的人是多么的少见。

像你们这个时候所长出来的那些毛毛，相对于成人来说，显得细而且短，也比较少。

人类的种族、气候、地域、性别、营养以及情绪等，都可以影响毛发的生长。及时是同一个种族的人，毛发的生长也有早晚、快慢、多少、出息、长短以及颜色深浅的区别，这些都属于正常的现象。

身上的汗毛好像越来越重了

和阴毛和腋毛相比，妮妮四肢的汗毛就显得清淡多了——当然，这也只是相对比较而言。夏天里的女孩都喜欢穿漂亮的裙子，妮妮当然也不例外。

经过了一个夏天，妮妮忽然发现自己的汗毛变长了。记得以前的汗毛很细小微弱，现在看起来变得茁壮了很多。

"你看，我的汗毛是不是重了很多？"妮妮把一只胳膊伸到同桌的面前。

"呵呵，是不是因为你太爱出汗，所以汗毛就变重了呢？"同桌眨巴眨眼，这样问妮妮。

"出汗多和汗毛重，有必然的联系吗？"妮妮真的很纳闷同桌的理论。

"当然有关系啦！你想，汗毛就好比是一株植物，当你流的汗水很多，就相当于给它浇花了，汗毛当然会长得很茂盛啦。这都是被滋润出来的。"

居然有这种理论！

"不对，不对，你瞎扯，怎么可能。"妮妮摇摇头。

同桌很不服气："那你说，你的汗毛是怎么变重的呢？"

这个，妮妮也说不上来。

🚢 妈妈告诉我

妮妮，呵呵，你和好朋友的辩解真是有趣。怎么说呢，你想，你的身体在不停地长大，汗毛也在长大，这有什么奇怪的呢？

处于青春期发育阶段的女孩，由于体内激素的分泌不平衡，雄激素水平较高，刺激了毛囊，会使胳膊和腿上的汗毛很重，包括你的"小胡子"也会变得更重。于是，有些女孩夏天不敢穿裙子或短袖衬衣，并且还会想方设法消灭这些毛毛，甚至会担心自己是不是有病了，整日忧心忡忡。

一般说来，因为青春期激素分泌的不平衡造成的这种多毛现象，经过了一段时间，等到激素的分泌趋于稳定之后，体毛就不会变重。而且随着年龄的增长，人的体毛也会慢慢减少，这是自然规律。

有狐臭怎么办

每天早上，芸芸都会坐公交车去上学，今天也是。

站在芸芸旁边的是一个打扮入时的年轻小姐姐，看上去优雅端庄。而芸芸，恰好就站在她的旁边。立定之后，芸芸总感觉有一股难闻的气味隐隐飘过来，于是顺着这股味道闻了过去。啊，原来"发源地"竟然是那位面容姣好的小姐姐。

芸芸晕了！

芸芸对她的美好印象马上打了五折。

回到学校，芸芸对好朋友说："今天站在我旁边的，是一个严重的狐臭患者，我忍了一路，还好挺过来了。"

"那恭喜你啊，闯关成功。"好朋友一脸的坏笑，"其实我也曾经遇到过那种有严重狐臭的人，而且那个人还在不停地和我说话，我想躲她远点都不行。"

芸芸的内心有点暗自庆幸：还好，幸亏自己没有狐臭。

妈妈告诉我

芸芸，在人体中分布着许许多多的汗腺，其中腋窝是大汗腺比较集中的地方之一。汗腺的分泌有一定的气味，但个人的气味有所不同。

处于青春期的女孩一般腋下的大汗腺都很发达，尤其是到了炎炎夏季，汗腺的分泌更加旺盛，如果不能及时地蒸发和清洁，在细菌的作用下会产生难闻的气味，这种味道就是你闻到的那股"狐臭"。

妈妈曾经见到过很多女孩子，因为自己有狐臭，所以感到很自卑，就有意地远离他人，不愿意和人交往，长此以往，肯定会影响到心理健康。

腋臭的味道，其实是可以制止的。如果有轻微的腋臭，只要做到勤换内衣内裤、勤洗澡，然后在腋下部扑洒适量的爽身粉或芳香剂就可以有效地去除异味。在日常的生活中，要注意及时擦去腋下的汗水，也可以很大程度减少异味，对于去除腋臭有很大帮助。

如果有的女孩腋臭实在是严重，用以上的方法都无法去除，那就应该大大方方地去医院咨询医生，医生会根据具体情况帮助你选择治疗的方法，现在常用的去除腋臭的治疗方法有注射疗法、放射疗法或手术治疗。不过建议如果腋臭不是极其严重的话，没有必要。

呀，掉了好多头发

这两天，小雪总是一副闷闷不乐的样子，她精致的脸上展现出愁容，让人看着也怪心疼的。

"小雪，你怎么了？"奕奕不禁关切地问她。

"奕奕，你看我的头发，每天都会掉一把。再这样掉下去，我的头发没有了怎么办？那样谢顶的脑袋多难看啊！"小雪说着说着就把嘴巴撅了起来。

奕奕感到大事不妙，必须打断她的话，生怕小雪会哭出来。

其实奕奕觉得小雪多虑了，再怎么掉头发，也不置于谢顶啊。

晚上回到家，奕奕从电脑里翻出一张小雪的照片，用 PS 的方法把照片上的头发去掉，得到一个谢顶的小雪，然后独自欣赏了好半天，伴有傻笑……

奕奕不觉得自己是"小坏孩"，谁叫小雪她总是杞人忧天呢。

"奕奕，你在干吗？"妈妈可能是听到了屋里有动静，所以走进来观察一下。

"妈妈，你看，如果小雪没有头发了，她就会变成这个样子。"奕奕指着自己的"杰作"对妈妈说，"小雪这几天可郁闷了，就因为掉了几根头发，居然担心自己会谢顶。"

"奕奕，你真是太淘气了。"妈妈对奕奕的行为感到很无奈，"小雪爱美，掉了头发心里当然难过啦。你呀，要体谅她才对。"

"嗯，我也没有说她什么啊。"奕奕明白妈妈的意思，同学之间不可以开过头的玩笑，毕竟大家都是好朋友嘛。

妈妈告诉我

奕奕，飘逸的长发是少女青春美丽、生机盎然的象征。而处于青春期的少年，导致脱发的原因有很多，也很复杂。根据现代医学的研究，青春期脱发主要是由以下原因所引起的：

1. 遗传因素。脱发与遗传因素有一定的关系，如果父母脱发，其子女也会出现脱发的现象。

2. 营养失调。头发的生长发育状况与蛋白质、维生素和矿物质有着密切的关系。而由于有的女孩为了预防肥胖，采取了不当的节食措施，很容易使机体内营养失衡，某些必要元素的摄入不足是导致脱发的一大致因。

3. 内分泌紊乱。少女进入青春期之后，体内的各种激素水平开始发生重大变化，无论是雄性激素分泌过多，还是雌性激素分泌过少，都会引起脱发。

4. 过度用脑。青春期的女孩一般都有很大的课业负担，以至用脑过度。大脑长久处于紧张状态，致使头部血液主要集中于脑部，头皮的血液相对减少引起脱发。

5. 疾病因素。如果患有真菌感染、头发湿疹、贫血等症状都会导致脱发、秃发。

基本上所有青春期的女孩都有脱发的现象，因为一个人的头发大约有 10 万根左右，时时处于新陈代谢之中，每昼夜脱落 20 ~ 40 根头发仍是很正常的。即使头发脱落得过多，有些也是暂时性的。

对于脱发的女孩，应该注意的是要保持健康心理，学习之余注意休息，多吃一些富含铜、铁、氨基酸的食物。

富含铜的食物有核桃、榛子等；含铁的食物有蛋类，菠菜等；芝麻、核桃、花生等食物富含硫氨酸和胱氨酸，多食用可以毛发迅速生长。

身心健康，愉快成长

怎样可以帮助我长高

今天的体育课上，同学们组织了一场小型的篮球比赛。

在这场比赛中，成绩最好的要算是蒜瓣了。也难怪她的成绩好，因为她长得很高，而且平时又热爱运动，所以只要轮到她投篮，十有八九会投进。况且，蒜瓣投篮的姿势可帅了，竟然引来好多小女生在旁边为她喊："蒜瓣，加油！蒜瓣，加油！"

"不公平哦，人家全靠长得高嘛。"媛媛一脸的不服气。

确实如此，身高当然是优势，不仅可以使女孩子看起来亭亭玉立，还可以在篮球比赛上获得优势。

冬冬的海拔低得可怜，也只好和媛媛一起哀叹起来。不过，看到蒜瓣的英姿飒爽，居然希望自己也可以长得很高。

冬冬觉得很奇怪呢，要说自己的爸爸妈妈，都长得很高啊，为什么偏偏自己会长得这样矮呢？

回到家，冬冬迫不及待地问了妈妈："妈妈，我想长高一点，您有好办法吗？"

"就你这样，怎么会长得高。"妈妈说话明显带出了抱怨的口气，"整天这个也不吃，那个也不吃，又不喜欢锻炼。要想长高，就要多吃多运动。"

"你现在正处在生长发育的关键阶段，这时候身体对能量和各种营养素的需求逐渐加大。人体 50% 的体重、15% 的身高在此期间获得，体内脂肪开始积累，骨骼增长加速，上下肢比躯干长得快，肩宽和骨盆开始增大，从少年状态开始转变成青年、成人状态。营养不良的孩子青春期发育可以推迟 1 ~ 2 年，所以呀，你现在就是营养不良了。知道吗？你如果想长高，以后就要好好吃饭，还要多运动。"

🚂 妈妈告诉我

冬冬，在人的一生中，只有两个快速生长时期，第一个是在婴儿期，第二个就是青春期。青春期的女孩一般从 9 ~ 11 岁开始，身高每年增加 6 ~ 8 厘米，甚至有的可以每年加高 10 ~ 12 厘米，是人生一个重要的生长高峰。过了青春期，身体各方面基本发育成熟，骨骼完全钙化，身高也就停止增长，到那个时候要是再想增高就比较困难了，所以冬冬，如果你想让自己变得更高，一定要好好把握这几年啊。

你要知道，人体的长高，是全身性的增长，但是最突出的是四肢的增长，尤其是下肢的增长。而组织学家认为，人体的长高关键在于长骨的增长。长骨的两端骨骺和骨骺板与身高的进展关系极为密切。软骨的骨化不断地在骨骺和骨骺板内进行。骨骼内的骨化不断地向干骺方向延展，从而使骨长轴增长，人也就长高了。而一旦骨骺的骨化完成以后，骨骺板与骨骺同骨干就会完全融合，自此以后，人也就再不可能长高了。

10 ~ 16 岁是女孩的黄金发育期，16 ~ 25 岁，是长高的关键冲刺阶段。这时的女孩明显长高，对钙离子需要量也特别多，每多吸收 3 万毫克的钙离子，身高便可多长 1 厘米。

所以，冬冬你现在就需要特别注意饮食，只要你遵照妈妈告诉你的饮食方法，一定有助于你长高：

首先，应该多吃蛋白质，尤其是含有氨基酸的食物，比如：面粉、小麦胚芽、豆类、海藻、牛奶、乳酪及深色蔬菜等。

其次，像白米、糯米、甜点这些食品则应该尽量不吃。可乐与果汁也应该少吃为妙，因为过多的糖分会阻碍钙质的吸收，吃多了不利于骨骼的发育。盐也是增高的大敌，所以要养成少吃盐的习惯。

我是不是得了焦虑症

晶晶最近比较烦，比较烦，比较烦。

"晶晶，全市数学竞赛，老师已经帮你报名了，这个周六要记得去参加。"数学老师和蔼的笑容中透出了期待。

"嗯，谢谢老师，我一定争取好成绩。"晶晶嘴上这么说，其实心里别提有多郁闷了。因为，这个时候，她还要同时准备一场朗诵比赛。

调节一下，换个彩铃吧："学校的生活实在太枯燥，我学学这个学学那个忙得不得了；我的烦恼又有谁能知道，学得太累学得太多消化不了。"

晚上 12 点了，爸爸妈妈都已经睡觉了，而晶晶却在灯下苦苦进行"题海战术"。外面施工的声音隆隆不绝，恰巧这个题目无论如何就是想不出来。

晶晶一时气不打一处来，紧皱了眉头，咬着笔杆，抓着头发……终于忍不住了，把手中的笔使劲地摔在桌子上。心里突然产生了强烈的怨恨：都怪老师不好，一点都不体谅我们这些做学生的，交代给我这么多事情，叫我做得完吗？外面的人也太缺德了，这都晚上几点了，还制造这么大的噪音，还让人休息吗？讨厌！还有，爸爸妈妈也是，根本就不应该把我送进这所学校里面来。总之……一切都很令人生厌！

过了半个小时，终于安静下来了，外面也不吵了，晶晶洗洗脸，准备清爽一下再重新想想这道做不出来的题目，可是，墙上的钟表却一直"滴答""滴答"响个不停，烦人！

这个钟表的响声也太大了啊！扰乱了晶晶的思路，真讨厌。算了，还是去睡觉吧。

晶晶关上了台灯，飘到自己的小床上睡觉，可是无论怎样就是睡不着。她翻来覆去，很长时间过去了还是睡不着，于是就使劲地踢被子，床上发出"嘎吱""嘎吱"的声音。

半夜的时候，妈妈中间醒过一次，顺路来到晶晶的房间看看她。其实这时晶晶还没有睡着，看到妈妈来了，不禁带着哭腔说："妈妈，我睡不着啊，难受死了。"

妈妈看到晶晶这个样子，温和地拍拍她："晶晶，恢复平静的情绪，你很快就可以睡着了。"

晶晶暴躁的脾气停了下来，和妈妈说："我要准备朗诵比赛，还要准备数学竞赛，这个周末还有考试，每天作业又这么多，想起来就觉得头都炸了啊。"

"嗯，妈妈知道晶晶很辛苦，不过事情要一件一件来处理，我们只要尽力了，就不要去想结果，抱着这样的态度，最后的效果可能会更好些的。如果你听妈妈的话，就先冷静下来，不想这些事情，只管好好睡觉，明天早上起来我们一起制定一个合理的学习计划，好不好？"

妈妈的话就像一颗定心丸，让晶晶一下感觉放松了许多，真的不一会儿就睡了啊。

🚢 妈妈告诉我

晶晶，青春期是焦虑症的易发期，由于在这个时期个体的发育加快，身心变化处于一个转折点。随着第二性征的出现，可能有些女孩对自己的体态、生理和心理等方面的变化，会产生一种神秘感，甚至不知所措。好奇和不理解往往会出现恐惧、紧张、羞涩、孤独，引起自卑和烦恼，还可能伴发头晕头痛、失眠多梦、眩晕无力、口干厌食、心慌气促、神经过敏、情绪不佳、体重下降和焦虑不安等症状。

青春期焦虑症可能会严重地危害青少年的身心健康，但是晶晶，你要相信自己能够战胜它。如果长期处于焦虑状态，会使神经衰弱，所以必须及时予以合理治疗。一般是以心理治疗为主，下面妈妈介绍给你几种不错的方法：

1. 暗示疗法

自信是治疗青春期焦虑症的必要前提，所以即便患病的是女孩也要相信这并不可怕，而是要暗示自己树立信心，正确认识自己，相信自己有处理社会性事件和完成各种工作的能力，坚信通过治疗可以完全消除焦虑疾患。通过暗示，患者每天多一点自信，焦虑程度就会降低一点，同时又反过来使自己变得更自信。通过这种良性的循环就可以摆脱焦虑症的纠缠。

2. 深度松弛疗法

如果能够学会自我深度松弛，就会出现与焦虑症所见相反的反应，自我深度松弛对焦虑症有显著的疗效，比如：患者在深度松弛的情况下去想象紧张情境。首先出现最弱的情境，重复进行，患者会慢慢在想象出的任何紧张情境或整个事件过程中，都不再体验到焦虑。

3. 分析疗法

也许有时你会有这样的反应：成天忧心忡忡、惶惶犹如大难将至，痛苦焦虑，不知其所以然。此时，患者应分析产生焦虑的原因，或通过心理医生的协调，把深藏于潜意识中的"病根"挖掘出来，必要的时候可以进行发泄，这样，症状一般可以消失。

4．刺激疗法

如果你感觉自己总是胡思乱想、坐立不安、痛苦不堪，此时患者可采用自我刺激，转移注意力。如在胡思乱想时，找一本有趣的能吸引人的书读，或从事自己喜爱的娱乐活动，或进行紧张的体力劳动和体育运动，以忘却其痛苦。

5．催眠疗法

如果有睡眠障碍怎么办呢？难以入睡或从梦中醒来的时候，如果想恢复平静，可以进行自我催眠，比如可以闭上眼睛，进行俯瞰："我现在躺在床上，非常舒服……我现在开始做腹式呼吸……呼吸很轻松……我的杂念开始消失……我的心情平静了……眼皮已经不能睁开……手臂也很重，不想抬了，也抬不起来……我的心情十分平静……我困了……我该睡觉了，我能愉快地睡着……明早醒来，我的心中会非常舒畅。"你可以试试，也许会很管用呢。

我得了"健忘症"

英语对乐乐来说是个老大难，这是公开的秘密，英语单词她就是记不住，无论背多少遍都不行。

Fox 还是 box？

masic 还是 basic？总之，乐乐总是分辨不清。

无数个临考试的早上，都可以看到乐乐在教室里埋头苦背的身影。一个小小的单词，任凭乐乐多么的努力，就是记不住。

所以，乐乐给自己下了个论断：原来自己的记忆力不是很好。

而且，近来乐乐发现自己的健忘症越来越严重。

那天下午，妈妈对她说："乐乐，家里面没有醋了，去帮妈妈们买一瓶，好不好？"

"好吧。"乐乐立即换好衣服，心里美滋滋地打着小算盘，心想可以捎带着给自己买点零食回来。

到了超市里，乐乐先跑到零食货架上，平时最喜欢吃果冻，拿了一盒。"啊，对，还有酸奶。"乐乐想起一件重要的事情，直奔乳品区，提了一包"大果粒"。

买完果冻和酸奶之后，乐乐又看到新口味的巧克力派在促销，乐滋滋地就过去拿了一包。

看着自己满载而归，乐乐准备结账回家了。

"好像不对哦，妈妈让我来干吗？"乐乐自己心里嘀咕了好半天，才想起来：对啊，妈妈是让自己来买醋的啊！

咳！怎么把正事忘了，多亏及时想起来了。

看，这个乐乐是不是真的很健忘呢？

话说有一个故事，就是讲一个小朋友很健忘：妈妈告诉他说，去市场买花椒大料，于是这个小男孩一路就跑着去了，他怕自己忘了，一边跑一边在嘴里念叨："花椒大料，花椒大料。"没想到被一块石头绊倒，重重地摔在地上。小男孩站了起来之后，竟然忘记了自己当初念叨的是什么，他反复回忆了半天，最后高兴地说："我想起来了，是飞机大炮。"

乐乐从前只听说过有老年人才会患健忘症啊，为什么像自己这样的小孩子也有健忘症呢？

这个问题，也许妈妈会告诉自己吧。

🚢 妈妈告诉我

乐乐，可能你的健忘是由于你性格原本就很马虎造成的，其实只要你做什么事情都能养成细心加倍的好习惯，我想你的健忘症会很快"痊愈"的。

此外，希望你也能注意到：记忆也是心理过程的重要组成部分，所以平时你不要老是对自己说："我的记忆力差，我的记性不好。"不信你试试，如果你经常给自己这样的心理暗示，相信用不了太长的时间你就会真的变笨了呢。

妈妈想介绍给你一些帮助恢复、提高记忆力的方法，希望你好好去改变，把"健忘"的帽子甩掉吧。

1. 培养积极健康的生活方式，平时要有规律地生活。

2. 正确进行自我调节，注意保持乐观的情绪和积极向上的心态。

3. 把物品放在固定的位置，使用后放回原处，对于一些重要的事情可以采用用笔记录的方式，养成良好的生活习惯。

4. 造成记忆力低下的元凶是甜食和咸食，多吃含维生素、矿物质、纤维质丰富的蔬菜水果可以提高记忆力。记住像玉米、小麦、黄豆、蘑菇这些食物对提高记忆力很有帮助，要多食用。银杏叶提取物可以提高大脑活力注意力，对记忆力也有一定的帮助；至于咖啡，它可以在短时间内使大脑兴奋，如果需要我们集中注意力、记忆力做事，可以事先喝一杯咖啡。

5. 勤奋的工作学习往往可以使人的记忆力保持良好的状态，所以希望你能够对新鲜事物保持浓厚的兴趣，敢于挑战自己。平时可以开展一些益智的活动，比如下围棋、象棋等，可以使脑细胞处于活跃状态、从而减缓衰老。

6. 良好的情绪可以帮助神经系统与各个器官、系统的协调统一，使机体的生理代谢处于最佳状态，从而反馈性地增加大脑的活力，对提高记忆力颇有裨益。

7. 适量的体育运动可以调节和改善大脑的兴奋与抑制过程，能促进细胞的新陈代谢，使大脑功能得以充分发挥，延缓大脑衰老。

8. 大脑中存在着管理时间的神经中枢，即我们常讲的生物钟，所以工作、学习、娱乐以及饮食要有一定的规律，一面造成生物钟的紊乱、失调。尤其要保证睡眠的质量和时间，睡眠使脑细胞处于抑制状态，消耗的能量得到补充。

9. 探索一些适合自己的记忆方法，对一定要记住的事情写在笔记本或是写在便条上，外出购物或出差时列一个单子，将必须处理的事情写在日历上，等等。

神秘的处女膜

"安青，你有没有发现，电视里也有些情节我们看不懂？"梅子神秘地问她。

"啊！"安青觉得梅子这话问得有点二乎，"梅子，难道你看电视都看不懂吗？这智商……"

"不是，我讲给你听。那个故事的情节是这样的，就是说一个女的和一个男的，他们结婚之后的转天早晨，床单上什么痕迹都没有，然后那个男的就怒了，把那个女的大骂了一顿，还说她不规矩，不守妇道之类的。你说，这是为什么呢？"梅子把故事的来龙去脉原原本本地给安青讲述了一遍。

听了梅子这么一说，安青也是一头雾水："梅子，这个我也不知道。"

"啧——"梅子冲着安青扮了个鬼脸，"居然说我智商低，你也不知道吧。"

面对梅子的得理不饶人，安青也只好再装深沉。

不过，这个问题也勾起了安青的好奇，究竟是个什么道理呢？

🚢 妈妈告诉我

安青，如果你想解开上面的疑团，只需要找到一把钥匙，而这把钥匙，就是女人特别珍惜——女性的处女膜。

处女膜属于女性生殖器官的一部分，在胎儿 3 ~ 4 个月的时候就已经开始出现，并在以后的日子里逐渐发育。处女膜是女性位于阴道口与阴道前庭的分界处，环绕阴道口的一层薄膜状组织。处女膜中间通常会有一个小孔，当女孩子月经初潮到来以后，经血便是顺着这个小孔流出体外的。

这可不是一个简简单单的薄膜，它对女性的身体健康起着重要的保护作用。当女孩子在进入青春期之前，生殖器官发育并不完善，阴道的黏膜较薄弱、酸度也较低，这时候很多有害物质很容易侵入体内，而这时候的处女膜虽然还比较小，但是很厚，这就能有效地阻拦细菌的侵入，对女性生殖器起到很好的保护作用。当然，当女孩子进入青春期后，生殖器官逐渐发育完善，阴道已经具有抵抗细菌侵入的作用了，而这时候的处女膜也变得大而薄，保护作用也就不明显了。

回到最初我们的疑问，床单上的血是从哪里来的呢？绝大多情况下，这是女性在第一次性行为之后处女膜破裂所导致的。长期以来，女性处女膜的完整性通常被认为是女性婚前贞节的证明，如果新婚后的床单上有血渍，则说明女性在新婚前依然是处女；反之亦然。因为处女膜破裂时会有血渍流出。

那么，仅仅用这床单上是否有血来验证女性是否为处女是否科学呢？这对女性是否公平呢？

其实，这种验证方法是不科学的。因为每个人的处女膜都是不相同的，有些人的处女膜较厚且弹性很好，在第一次进行性行为时处女膜可能不会破。也有的人很特殊，根本没有形成处女膜，当然，这样的人比较少见。所以，将新婚之夜床单上是否见血作为判断女性是否为处女是不科学的。

平时大家也要格外注意，生活中存在很多因素可能导致女性处女膜的破裂。很多人都知道的是女性在第一次性行为的时候通常会使处女膜破裂而出血，但是在很多意外情况下，处女膜都有可能会破裂。例如，女性在参加很多剧烈的体育运动——跳高、骑马、武术等时可能会导致处女膜破裂，或是当女性在清洗外阴部使用内置式棉条不当，或是手淫，或是从事繁重的体力劳动等都有可能导致处女膜的意外破裂。

中国传统文化熏陶下成长起来的男性总是希望自己的妻子是处女，在自己之前从没与别的男子发生过性行为；而他们也大多从处女膜是否破裂来判断身边的她是否还是处女，这也就是所谓的"处女膜情结"。当然，男性的"处女膜情结"对女性来讲不一定公平，但是对于女孩子来说，生活中还是应该自珍自爱，不要轻易与男性发生性关系，同时也要在日常生活中注意保护自己，防止非正常情况下处女膜的破裂。因为处女膜对女性生殖器的保护是有很重要的作用的。

对于刚刚步入青春期，对爱情、对性尚且朦胧的少女们一定要细心守护自己的处女膜，用自尊自爱守护自己的这一块纯洁地带，然后等待属于自己的爱情季节。

为什么会有"性幻想"

那天晚上玉竹的小伙伴不舒服，所以玉竹只好自己一个人去上晚自习了。平时习惯了这个小伙伴，突然没有人陪她，还真觉得有点不习惯。

不过很巧啊，班上的男生 S 君恰巧也去上自习，玉竹正好与他一路同行。S 君是班上一个颇有争议的人物，大家对于他的传奇故事都多少略略有所了解。比如他每天早上 6 点钟起床，来到学校偏僻的小树林里面练习剑法，既可强身又可防贼。玉竹的小伙伴们还曾经把 S 君当作笑柄，多次相约将来有机会一定秘密跟踪他，领受"大侠"的剑法。

不过，和 S 君交谈几句，玉竹发现他并非八卦人物，侃侃而谈又很幽默风趣，那个晚上过得很愉快。直到晚上睡觉之前，玉竹还会想起 S 君说的笑话，很愉快地入睡了。

早上醒来之后，玉竹朦朦胧胧中好像觉得 S 君就在自己的身旁……

天啊！都在想些什么！玉竹马上坐了起来，深呼吸一口气。

气定神闲，不要胡思乱想，玉竹收拾了一下乱糟糟的情绪，要赶快准备上课去。

妈妈告诉我

玉竹，处于青春期的女孩，常会想入非非，把曾在电影、电视、书刊等社会传播媒介中看到过的性爱镜头或故事，通过大脑的重新剪辑移植到自己身上，或者用丰富的想象，虚构遇见自己爱慕的异性交往的种种情景，从而满足自己的性欲望。这种带有性爱色彩的梦幻心理就称为性幻想。性幻想是性生理发育的产物，它是在人的清醒状态下，虚构出带有一系列性爱情节的心理活动。

青春期是人一生中生长发育最旺盛的时期，随着性生理的成熟，产生了性欲望和性冲动。但是在现实生活中，青少年不能以合乎道德、法律的途径来满足对性的欲望和需求。一般来讲，从性成熟到以婚姻形式开始正常的性生活有 8 ~ 10 年的过渡时期。在这期间，有性爱的主观愿望，而无性爱的客观可能，就容易导致青少年展开丰富的想象，以梦幻取代现实。

性幻想在处于青春期的中学生中普遍存在，只是有的想得多一些，时间长一些，有的想的少一些，时间短一些。一般女孩比男孩要多，尤其是思想活跃、感情丰富又闲暇舒适的女孩发生的概率会更加频繁。性心理学家蔼里斯曾指出，对于先天遗传有艺术家倾向的人，性爱的白日梦所消耗的精神和时间比较多些，而艺术家中尤以小说家为甚。

性幻想在人入睡之前及睡醒之后卧床的时间里，或在闲暇时较多出现。有人把性幻想称作"白日梦"，就是即便是在白天的时候，有时是在上课、走路，甚至在听别人说话的时候，脑海里会浮现出与眼前的实际情况毫无关系的图像和情节，如同在过电影。性幻想在入神的时候，有些人可能出现性兴奋。

其实，就性幻想的本质而言，它是青春期男女以至未婚成年人的一种自慰行为，是在没有异性参与的情况下进行自我满足性欲的活动。性幻想的过程中反映了幻想者强烈想实现又不能得以实现的愿望，这种幻想起到了一种补偿作用，以达到宣泄内心的压抑，满足心灵的渴求，对心理冲突起平息和抚慰的作用，可以说是性幻想的积极作用。

所以，玉竹，对于性幻想，你要有一个正确的认识，消除不必要的焦虑。性幻想在人类性心理中占有重要的地位，它对人类性心理的发展也具有一定的积极意义。所以一个人具有一定的性幻想是正常的，也是必需的。

虽然说青年人的性幻想是一种正常现象，但还是给许多女孩带来烦恼和困惑。如果女孩过分沉溺在性幻想之中，以至于整天都是昏昏沉沉的，在自己的幻想中度过，有些可能会变成"单相思"，或"钟情妄想"，以致分不清幻想和现实，影响正常的工作、生活、学习和休息。所以年轻女孩应学会善于控制自己，以减少过多的性幻想。

要做到这些并不十分容易，不过妈妈这里有几条好建议，最关键的就是让自己的生活丰富起来，不会空虚无聊，思路才会逐渐清晰。

1. 不要过分地沉迷于言情小说、淫秽物品和影视之中，而应多阅读一些内容深刻、健康的文艺作品。

2. 多参加丰富多彩、有益于身心健康的活动，特别是户外的体育锻炼。

3. 可以适量学习一些关于心理方面的知识，加强心理的自我调节，尽量避免把注意力集中在性问题上。

任何性行为都有后果

放学之后冬莲和同学一起走在回家的路上，看到了路旁的安全套自动售卖机。

"在学校门口放安全套售卖机，难道是鼓励我们作乱吗？"一个同学开始发表异议，"这种导向也太不正确了。"

"明天我们一起写匿名信举报吧，我从来还没有写过匿名信的。"另一个同学表示赞同。

"我看到这些感到很不爽，而且就固定放在学校的门口。"冬莲也觉得这样做有点不合适。

"你们听说了吗？好像在学校附近有的小卖部里，能偷着买到迷魂药还有安全套呢。"冬莲旁边的一个同学告诉她这个小道消息，让冬莲足足吸了一口凉气。

"是不是这样干就可以不留后患，干净利落？"冬莲问道。

"我们没有经验。"周围的几个女孩异口同声地回答。

回到家，冬莲把这件事对妈妈讲了，妈妈听了之后也觉得不太合适："是啊，现在的生意人只为了赚钱，别的都来不及考虑了。冬莲，你要知道，一个女孩最重要的做人原则就是自重，自己看重自己才对啊。"

"嗯。"冬莲点点头。

妈妈接着说："如果不负责地任意发生性行为，最后吃亏的一定是女孩，而且即便是对身体没有什么伤害，也一定会在心理上留下阴影，后果肯定不堪设想。"

听妈妈这样一讲，冬莲觉得写匿名信那个不靠谱的主意其实也挺对的，要不，明天找个同学商量商量，一起写个匿名信举报吧！这样做也许能够挽救更多无知的女孩。

妈妈告诉我

冬莲，先让妈妈给你讲一个真实的故事吧。

阿美是大家公认的小公主，她有着乌黑飘逸的长头发，一双水汪汪的大眼睛，虽然刚满 15 岁，身材却已经发育得很好了。阿美从小就得到了大家的宠爱，不但因为她长得漂亮，更因为她是一个懂礼貌的好孩子，小嘴总是像抹了蜜一样甜，叔叔阿姨都特别喜欢阿美。

阿美喜欢琼瑶的小说，尽管同学们都说那些爱情故事是如何如何的老土，可阿美却对小说中那种"生死相许"的爱情羡慕得不得了，希望自己在某一天邂逅自己的白马王子。

后来，阿美终于收到一个男孩写的情书，男孩在信中不停地说着他对阿美是如何的爱慕与欣赏。这种"情书攻势"一直持续了 2 个月，阿美终于心动了，她心里面暗暗觉得这个男生通过了自己的考验。这天，他们约好了见面。在校园旁边的公园里，阿美终于见到了自己的"王子"——原来，他竟是高年级的学长，是学校学生会的外联部长。两人就这样相互微笑着凝望，阿美对他简直就是一见钟情。

接下来发生的故事，还真有点如琼瑶小说里面的情节：两人放学一同回家，两人星期天一起去逛街，一起去爬山……让阿美最激动的是，男孩那天吻了她，这种感觉如小说里面描写的一样，天旋地转。阿美沉浸在浓浓的幸福当中。

可是，两人自从有了拥抱、亲吻等亲密动作后，阿美渐渐觉得自己竟然有了性冲动，而且每当男孩拥抱她的时候，她似乎也感觉到男孩的身体在颤抖，他似乎也有性冲动。有一天，阿美到男孩的家里玩，男孩的父母正好不在家。两人说笑着，接着就互相挠对方，阿美忍不住痒，滚到了床上。此时，男孩紧紧抱住了阿美，在耳边说道："我爱你，我要照顾你一辈子……"阿美浑身发热，颤巍巍地点了点头，她就这样把自己完整地献给了男孩。

过早地偷食爱情的禁果。阿美的爱情也并非像她想象的那样甜美、幸福。自从那次之后，他们又经常趁着父母不在家时，发生了好几次性关系。

不好的事情终于发生了，阿美在学校的一次身体检查中，被查出已怀孕 3 个月。懵懵无知的少女竟然完全不知道自己已经怀孕了。学校给予了阿美严厉的处分，阿美的父母听到这个消息差点没有当场晕过去。在父母的陪同下，阿美去医院做了人流手术。

那个男孩从此不再来找阿美了，后来一打听，她的那个"王子"居然已经转学了。阿美欲哭无泪，看到同学们老在自己身边指指点点，看到妈妈那失望与悲伤的眼神，看到院子里面原来那些疼爱自己的叔叔阿姨们异样的眼神。阿美心理防线终于彻底崩溃了，某个晚上，阿美服下了一整瓶安眠药……

目前，有相当一部分青少年按捺不住，发生婚前性行为。诸多事实已证明婚前性行为不可取，而且少女做流产，对身心带来有害影响，故应采取措施防范。一些研究结果表明，夫妻婚前有性行为者，婚后不和睦的发生率高。婚前性行为往往会导致性关系随便、道德观念淡薄、性生活紊乱以及性病的传播等。爱情之花是圣洁的，只有到了一定年龄，遇到能正确理解它，懂得珍惜它的人，才能栽培并以真诚之水浇灌，使之永远盛开。对于正值青春期的女孩来说，在爱情生长的土壤还不具备的时候，最明智的办法是筑好防线，集中精力学习，树立正确的人生观，培养高尚的情操，学会自尊、自重、自爱和自制，使自己的行为符合社会道德规范，用健康的思想和法制观念来指导自己的行动。

正值青春萌动的少女一定要认识到，任何性行为都是要承担后果的，而这些后果往往不是尚且稚嫩的自己所能够承担的。过早涉足禁区，留给自己的只能是无可挽回的伤害。

爱情无疑是美好的，但是，那也是一朵需要等待、需要精心浇灌的花朵。学会用自尊、自爱、自重来守护自己的爱情园地，相信，在属于自己的爱情季节里，这个园地里一定会盛开出更美丽的花朵！

第二章

成长 & 烦恼——给满腹疑问的你

爸爸听我说，妈妈听我说

爸爸妈妈，请你们理解我

媛媛是个"乐天派"，平时总是让大家哈哈大笑，很少有生气的时候，可有一天她却哭得非常伤心。原来，她和妈妈刚刚大吵了一架！

夏天来了，媛媛去品牌店买了一件自己早就看上的白色的上衣，准备和好朋友芳芳来一个"姊妹装"，芳芳的那件也是白色的，她觉得穿着特别精神。可媛媛自己买的那件衣服却引起了妈妈的强烈不满，不是因为贵，而是因为式样不好。那件衣服后面的布料整个都是透明的薄纱，穿上之后，内衣带都可以看得一清二楚。

媛媛觉得自己穿上小背心就没问题了，没想到妈妈反应如此激烈，不由分说直接拿剪刀把那件衣服毁掉了。"这件衣服是用我自己节约的零花钱买的，她凭什么剪了？"媛媛气呼呼地对好朋友说。"而且我还没有来得及说明自己不是穿在外面的，她就……"媛媛越说越委屈，开始数落起妈妈的毛病来：

"她从来就是这么不讲道理的人，每次只要是我喜欢的她就反对，我看她就是故意的。以前我小的时候，什么都听他们的，但是现在我都已经长大了，什么都不能做主，活着真没劲！"

媛媛越想越气，竟待在好朋友家不肯回家了。害得妈妈打出打电话问女儿的下落，同学们个个都知道了媛媛与妈妈之间的这场剪衣风波。

妈妈告诉我

每个人在长大的过程中必定会从依赖父母走向独立和成熟，而这个过程中也必定充满许多误解和挑战。第一次自己做主买衣服，第一次自己选择异性朋友，第一次去书店买与课文无关的书回来，这些都是独立的开始，但也往往是矛盾的开始。因为很多的父母还没有适应孩子的变化，他们依然会按照以往的习惯，为孩子安排好一切，也许这看上去有点"多管闲事"了，其实都是因为满腔的母爱使然。

媛媛对妈妈的数落实在太严重了，她觉得妈妈从来不讲道理，那是她当时的心情太差，所以对父母产生偏见甚至仇视，这让妈妈的心里多么难过。在现在的很多家庭中，中年父母与青春期子女之间有一些强烈的冲突都是不可避免的。尤其是40多岁的母亲，其实也一样处在一个特殊的阶段，就是"更年期"。更年期中的妈妈脾气会比平时更躁一些，个性也会变得更加固执。如果我们希望别人理解处于青春期的自己，那么妈妈同样也可望被理解。所以，当某一天妈妈和你发生了冲突，请你也先原谅妈妈的暴脾气好不好？希望被理解的心情是一样的，而只顾自己发脾气，对任何一方都是不利的。

著名的爱国将领林则徐小时候也经历过脾气暴躁的年纪，据说他因为自己才情高，对周围的人都不太客气。后来他自己意识到发脾气对自己、对别人都不好，于是就在自己的客厅里挂了一块"制怒"的匾额，提醒自己不要轻易发火。

人人都是凡夫俗子，都会发脾气。但要努力克制自己，在平静的时候好好沟通，什么样的隔阂都会很快消失。

我也是家庭的一员

亚男的家里只有一台电脑，每个人都需要它。爸爸会用它来玩"拱猪"，妈妈喜欢用它来做展示PPT，而亚男则更是喜欢和电脑在一起。所以每每会出现"用脑紧张"的状况。

据于此，爸爸提议：家里是否应该买一台新的电脑。

"好啊！"还没有等妈妈表态，亚男就开始投了自己的关键一票。

"我的意思是先不用买了。"妈妈想了想，说出了她的看法，"我觉得咱们家里并非特别需要买一台电脑。首先，虽然一台电脑是不够用，但是将就着也可以，不会太耽误事。而且我还怕有了新电脑之后亚男贪玩，成绩掉下来怎么办？"

"怎么会啊？有了电脑，我的学习效率会提高得更快哦。"亚男很不服气妈妈的说法。

妈妈和善地对女儿说："好女儿，不是妈妈看轻你哦。你看平时你坐在电脑旁总是岿然不动的样子，如果将来玩电脑上瘾了怎么办呢？"

"怎么会呢？妈妈你一点也不相信我，还要翻旧账。"接下来，妈妈每说一句，她都要反驳，而且是据理力争。不过几轮舌战下来，妈妈确实是被亚男惹恼了，她压住了心中的不悦，说道："亚男，你有自己的想法是对的，可是，你这样的态度很不好。你等妈妈说完了，再发表自己的看法好吗？妈妈知道你喜欢表达自己的观点，但是你也应该理解别人的想法是不是？"

"嗯，妈妈。其实，我只是想表述我非常想买一台电脑，所以……"这时亚男才知道自己刚才有点不礼貌，不好意思地低下了头。

"是啊，我们确实需要一台新的电脑呢，我也相信孩子一定能自觉地安排自己的时间。"还好有爸爸关键一票的支持，家里的电脑讨论会最终在"友好"的氛围下顺利解决了，亚男此后对妈妈也不再那样据理力争了。

妈妈告诉我

孩子能自主起来是一件令做母亲的高兴的事情。其实，妈妈不是为了让孩子一直需要而存在的，而是为了让孩子有一天可以不需要妈妈而存在的，也就是说，让孩子独立是做母亲的责任。但是，因为觉得有道理，就和长辈不依不饶的，这样的表现也比较不令人满意。

要知道，固执己见地反驳别人，并不是表达自己意见的最佳方法。

著名的作家龙应台女士，本是一个习惯和别人在报章上辩论的人。但当她进入仕途之后才发现，争论并不能解决问题。当有人朝她大喊大叫、冤枉他、给她扣上各种莫须有的骂名时，她忍住火气，并对别人指出来的自己的错误道歉。有一次开会，很多人迟到了。她没有声讨那些浪费大家时间的人，只是请乐队来了一曲交响乐，在听音乐的过程中抗议那些不守时的人。无声的抗议，有时会更让对方自觉和自省。

妈妈想给你提点小意见，当你要表达自己的意见时，不妨注意以下几个方面：

在发表意见的时候要端正自己的角色。尽管我们任何人在发表意见之前都经过了反复推敲、深思熟虑，但是难免是一己之见，在常人看来可能是有些肤浅，不值得听。如果能认识到这一点的话，你在发表意见的时候就不会咄咄逼人了，要想根据自己的角色位置做出自然得体的发言，首先要按住性子，不唐突发言；其次是发表意见，不要长篇大论占过多的时间；再次要注意语气谦和，尽量以探询、请教的口吻面对大家，不要自以为是、态度乖张。

如果你确实有自己独到的见解时，当然应该大胆发表出来，但为了不致造成误会，取得更好的接受和领会效果，应该注意阐述的角度和方式：其一，从侧面说，把自己的意见折射出来，让别人悟出本意所在，这容易得到人们的谅解和接受。其二，采用探询商讨的方式，引导听者参与其中：一则意见可以得到进一步验证；二则可给人深切透彻的感受，从而把意见阐述得更正确，更易取得他人认同。

日记被父母偷看怎么办

"妈妈，这几天我回家会比较晚哦。"陈果和妈妈提前打了招呼，就去学校了。陈果想要做什么呢？

原来，她已经和死党约好，这几天每天晚上都要去学校的广场练习肚皮舞的跳法。肚皮舞是一种很有争议的舞蹈，据说古代只有妓女才会练习，不够端庄，陈果担心妈妈反对她学习，就偷偷地进行。

"果果，你为什么每天都这么晚回来呢？"

"我晚上和囡囡在一起。"

"你们都干什么了？"妈妈穷追不舍地问道。

"在学校的操场，我们练习长跑了。"陈果编了一个谎话，企图瞒天过海。

一天，陈果回家之后看到妈妈脸色很难看地说道："果果，你今天晚上去做什么了？"

"去操场长跑了。"

"你不要骗我，你们根本就没有在操场，我刚刚从操场回来。说吧，你做什么了？"

眼看纸里包不住火，陈果怒气冲冲地问妈妈："为什么我做什么都要告诉你呢？我又不是三岁小孩。"

"你去跳舞妈妈又不会反对，为什么要对妈妈撒谎？"看着妈妈手里拿着自己的日记本，陈果哇的一声哭了出来。

🚢 妈妈告诉我

有人说如果你想要知道什么是提心吊胆的滋味，就养一个女儿吧。我们总是习惯将女孩子看得很娇弱，因为事实证明，女孩子就是比较容易上当受骗。晚上不按时回家，难怪妈妈会提心吊胆，毕竟你已经长大了，又不好问来问去，只有通过看日记的极端方式来解决了。

其实妈妈也有错，如果平时对你无话不谈，你也不会对妈妈隐瞒什么。妈妈知道看别人的日记是不对的，妈妈向你道歉，请你原谅妈妈。

为了不让这样的事情再发生，我们约定，以后以诚相待。偷看你的日记，这是头一次，你要相信妈妈的本意并不是伤害你，理解妈妈对你的期望，妈妈实在是太害怕你有一点闪失了，否则的话，我又为何要提心吊胆地去看你的日记呢？

我们常说一个巴掌拍不响，其实你的做法也很不妥当呢。你有什么事情不主动跟父母谈，这样也不对啊。既然都有责任，那就都为自己的错误承担这个小小的争吵吧。无论什么时候都要记住，女儿对妈妈是可以毫无保留的。

我也想多做些家务

今天看到葱头穿上了漂亮的裙子，不禁让雯雯的眼球一亮："葱头，新裙子很漂亮啊。在哪里买的？"

"好看吧！"葱头得意地炫耀了一番，"我和妈妈在那条意式风情街买的，好贵呢。"

"哈，你妈妈舍得给你买这么贵的裙子，你是怎么磨的，教教我。"别说，看到了葱头的裙子，雯雯从心里喜欢。

"没有，我怎么会让妈妈给我买呢？这完全是我的劳动所得换来的。"

什么？不是听错了吧？劳动所得？"葱头，你到外面打工了吗？哪里找到的工作？"雯雯问道。

"没有啊，我是给妈妈打工，然后妈妈付给我报酬。"葱头得意地笑笑。"现在我在家里可勤快了，洗碗啊，扫地啊，样样都抢着做，因为我每做一样事情，都是有工钱的。现在是市场经济，什么都要讲究效益的，你也可以试试看啊。"

雯雯一听心里痒痒了，没有想到这也是一条生财之道啊，回家和爸爸妈妈商量看看成不成。

晚饭后，雯雯正式向妈妈宣布："从今天以后，我每天抽出一个小时来为你们做家务好不好？"

"好啊，当然好啊，女儿变得懂事了。"妈妈显得喜出望外。

"嗯，行啊……就是有个条件……"要提到关键点，雯雯还真有点不好意思。

"什么啊？你还有条件啊？"妈妈貌似察觉出来这里有"猫腻"。

"嗯，是啊。你要不要给我算报酬作为奖励啊。"

妈妈听明白她的意思了，笑着说："连你都懂得市场经济啦，呵呵。那我们反过来算一算，现在包括以前，我每天都在为你和爸爸打工，你们要给我算多少钱的工资呢？"

让妈妈这么一问，雯雯马上像跑气的皮球一样——瘪了。是啊！妈妈每天都为这个家任劳任怨，几时提到过回报呢？

"嗯，那这样吧，妈妈，我以后每天要抽出时间帮你们做家务，工钱我一分不要了好吧。"

老妈听她这样一说，欣慰地笑了。

妈妈告诉我

雯雯，起初听到你的这个建议，妈妈特别高兴，因为做家务对于你来讲，实际上是必需的功课。为什么这样讲呢？妈妈想告诉你的是：通过做家务，可以锻炼很多能力，你信么？

首先，通过做家务可以培养你的独立生活能力。当你掌握的生存技能越多，你的独立性也就越强，也就增强了生活的自信和对生活的适应能力。当你面对生活中的很多难题之后，就可以去努力克服解决了。

其次，通过做家务劳动还可以锻炼一个人的身体协调能力、动手能力，有助于锻炼一个人的逻辑思维能力以及对事情的分析、判断、安排、统筹的能力，多做家务可以帮助你更好地认识事物。

还有就是，通过做家务，可以锻炼一个人与人交流、合作的能力，以及团队的意识。在家务劳动中，我们会面对共同的劳动任何和目标，经过相互的沟通，然后分工合作，最后在各自的努力中达成目标。在这个过程中锻炼了一个人的分析能力，沟通的能力，培养了合作的意识和团结的精神。通过做家务还可以增强智力，激发创新能力。劳动让人的双手灵活，有益于左、右脑的开发。劳动的过程中还会带给你很多灵感，让你不知不觉就想到很多好点子。如果你能把家务做好，以后很多事情妈妈也就都放心地交给你了。因为你已经有了责任心，有了创造能力和统筹的能力。

让妈妈每天的劳动而不觉得累的原因，就是你和爸爸。我感到自己正在做对你们有用的事情，想想就会觉得很开心。同样，当你为你在乎的人做一点点事情的时候，你也会觉得开心的。每个人都不光是为自己活着的，也是为别人活着的。劳动能让我们体会到活着的意义。

也许你会觉得惊讶，一个小小的家务劳动而已，妈妈怎么想得这么多。不错，不要小看劳动，要知道，人类所有的文明都是人们劳动创造出来的。所以有很多人宁愿自己在家做饭而不是去餐厅点点菜，因为劳动有金钱换不来的感情体验。

雯雯，妈妈希望你明白，帮助别人与获得报酬的劳动是不同的。帮助人是为了给人以快乐，并不是为了获得金钱。你要明白干家务活是体谅、帮助父母，是家庭成员应尽的义务。

另外，妈妈还想告诉你的是，适量的家务劳动还能使你变得更加快乐呢。

美国哈佛大学历时 40 年研究，发现了一个值得注意的问题，适量劳动可以使人快乐。研究人员在波士顿市旧市区内研究过 456 名青年的生活。当他们到了中年的时候，研究人员发现：不论智力、家庭、收入、种族背景或教育程度如何，那些童年时参加过劳动，甚至是简单的家务劳动的人，也比那些小时候不做事的人生活得愉快。

所以，雯雯，妈妈希望你也成为一个更加快乐的孩子，好吗？

父母为了忙事业，我们无话可说怎么办

悦悦的爸爸和单位里的叔叔们一起出差去了，要好多天才能回来，而妈妈这几天又偏

巧天天加班，要到很晚才能回家。

以往晚上回到家，迎接悦悦的必定是一桌丰盛的晚餐，还有妈妈细致的点点关怀："悦悦不要偏食，多吃一点蔬菜。"但是现在每天回到家，迎接她的是那些放冷了需要在微波炉里面加温的饭菜，还有那张毫无色彩的便条，上面写着加班、聚会等的话。

"为什么他们会那么忙？在他们的心目中事业比我还要重要吗？"这样一想，悦悦的心里就凉了半截，觉得自己像是一只流落在黑暗角落里的小猫……

晚上快十点钟，妈妈才回来，看到悦悦还没有睡，她轻描淡写地问了一句："这么晚了，还没不睡觉，明天你还要上学呢。"

"嗯。"悦悦轻声应了一下，看到妈妈疲惫的身影，不知道说些什么好。

也许妈妈确实是累了，她不声不响地草草收拾一下，对悦悦说："你不要学到太晚，妈妈先去睡觉了。"

哎！悦悦多希望妈妈能过来和她聊聊天，或者多问问她最近的情况也好啊。想到自己的好朋友和妈妈的关系都跟亲姐妹似的，只有自己和妈妈越来越陌生，悦悦就感到难过。

"我觉得自己的家里已经很久没有听到欢笑了……"悦悦开始拿起笔，记下了自己此刻的心情。

妈妈告诉我

悦悦，有一天，妈妈在下班回家的路上看到一对母女有说有笑地从身边经过，才发现我们已经好久没有谈心了。

最近妈妈工作太忙，爸爸又不在家，所以把你撂在了一边，你一定很不习惯吧。可能你有一点怨恨，我很理解你的心情，平时学习紧张、忙忙碌碌，爸爸妈妈都不在身边，不能及时给你更多的关心和照料，可能你会觉得我们之间产生了隔阂，这都是很自然的事。

其实，在一个家庭中，产生与家人关系疏远的原因主要是缺乏交流，彼此之间不了解，所以自然无话可说。妈妈是多么的希望你能够敞开心扉，把心里的故事讲给妈妈听，可是看你总是很沉闷的样子，真不知道你心里在想些什么。

妈妈还是希望你能和我多交谈，希望你能够主动地向我们介绍你的生活状况。你每天在学校都遇到了什么好玩的事情，周围的环境发生了什么变化，只要你留心观察，每天都会有新感觉。把你每天的所思所想记录下来，讲给妈妈听，这不是很有意思吗？

或者等到妈妈休息的时候，妈妈愿意和你一起去学校里面走一走，看看你学习的环境如何。以后再听你说到学校里那些好玩的事情，肯定感觉更不一样了。

不过，妈妈想给你提个小建议：回家的时候你可否对我笑一笑？我太需要你的笑容了，如果你整天都把自己闷在小屋里，对妈妈很冷淡，让妈妈以为你很忙，那妈妈也不好打扰你啊。

有的时候可能妈妈工作太多，没有更多的时间陪你。但是我还是希望你能够回到家里来向妈妈多少讲一点学校里的故事，哪怕只有一件事情。因为如果人与人长期不交流的话，太多的话即便是想说也不知道应该从何说起了，想想还是不说了。如果这样长此下去只能造成恶性循环，所以要强迫自己开口。

父母要离婚，我该怎么办

有一个可怜的小女孩点点，平时她总是独自一人在角落里学习，写作业，不爱和大家在一起玩。听别的同学说她的父母一直在闹离婚，都三年了法院还没有下最后的判决，想必点点的心也一定是备受煎熬吧。

如果不是这样，为什么她总是独自一人默默不语？为什么她总是独自一人望着窗外的风景发呆？为什么她的微笑看起来那样的彷徨？

可怜的点点，她幼小的心里一定装了数不尽的难过。同学们从来都没有看到过点点的父母在她放学的时候接她回家，点点她心里也一定有种说不出的滋味。她很害怕同学们谈起自己的父母，因为那个时候她会觉得自己和别人不一样，自己是个被抛弃的孩子。

有时候她很想找人说说话，但同学们都像有点躲避她似的，不爱和她交流。点点越来越觉得自己和别人交流困难，有时候还没有说清楚事情，脸就红了，或者结巴地说不上来。

"为什么别人都有完整的家庭，只有我什么都没有呢？"点点痛苦地问妈妈，这一次，妈妈也流下了眼泪。

🚢 妈妈告诉我

妈妈和爸爸分开，既不是你的错，也不是惩罚你。爸爸妈妈只是想要换一种生活方式，这是对我们都好的选择。但妈妈知道你希望有一个完整的家庭，你会很在意这件事情，妈妈能理解。

其实，单亲家庭的孩子和别的孩子没有任何区别，一样能得到父爱母爱，一样可以争取好成绩，考上自己喜欢的学校，读自己喜欢的书。只是有的人觉得单亲家庭的孩子很可怜，让你也会怀疑自己是不是真的很可怜。

点点，不要怀疑妈妈对你的爱，妈妈永远爱你，爸爸也永远爱你。不要在意那些不了解你的人的看法，我们唯一个要在意的，就是珍惜自己的人。

如果有人瞧不起你，不要难过。那只是说明你们不适合做朋友，你会遇上理解你的人，和那样的人成为朋友不是更好吗？

其实，很多优秀的人也是出自单亲家庭，例如美国总统奥巴马，从小就和妈妈一起生活，他不但没有觉得自卑，反而非常自信，成了美国总统！

西方说当上帝关上一扇门的时候，一定会为我们打开一扇窗。失去某一样东西，那么你就会在另一方面得到补偿。父母的婚姻失败了，但你可以更理解父爱和母爱的珍贵，你会比其他人更懂得珍惜亲人之间的感情，不是吗？

无法接受继父或继母，怎么办

夏曼不愿意回家，因为夏曼有一个后爸。

"夏曼，你的新爸爸来接你咯！"淘气的男生在窗外喊了一声，夏曼的脸顿时红了。"讨厌，谁要他来接我！"夏曼在心里想："还怕我在学校不够丢脸吗？"夏曼一脸不高兴地和继父回家了。

路上，继父说妈妈今天有事情不能来，刚刚下了雨，他才来的。平时他也不会过来。夏曼想："真是谢天谢地，要是经常来，我都没脸上学了。"

后爸问她最近怎么样，她嗯嗯啊啊地说还行。然后两个人就一直没有话了。后来，继父说后排有一本新书，是送给她的，听说很不错。夏曼一看，原来是自己最近正迷着的动漫，心中很高兴，但还是克制着没有显示出来。"他就想收买我，没门。"

夏曼有几个死党，老给她分析问题。她们都说要对后爸后妈防着点儿，特别是女孩子的后爸，要保持距离。所以，她从来不和后爸出去玩，也从来不理他的。

但有时候夏曼也会想，其实他这个人并不坏。

🚢 妈妈告诉我

人生在世，最难的是什么？就是和人打交道。平日在学校，同学之间、师生之间总免不了会发生一些矛盾，闹出些别扭，可能会让我们觉得很烦很烦，可是说到底，大家并没有很密切、很长远的利害关系，所以即使有些不快，也比较容易化解。但是如果在家庭内部闹了矛盾，那滋味就不一样了，因为彼此之间虽然互不相容，却还要在一个屋檐下朝夕相处，那种精神上的痛苦实在是难以名状的。

成长在一个破碎之后又另行组合的家庭中，对你来说是一件不容易的事情，对我们来说也是如此。毕竟你是孩子，有很多可以随心所欲的地方，但你也要想一想，如果大人都只顾自己的脾气，家里会是什么样子。

其实，我感觉到你还是喜欢现在的爸爸的，只是你不能平衡新爸爸和亲爸爸之间的爱，总觉得只能喜欢其中的一个。亲人之间不是那种非此即彼的关系，不要逼迫自己做选择。

　　不过，要是你真的像你表现的那样对新爸爸不欢迎，那么请你也至少做到尊重。就像你希望得到别人的尊重一样，他也需要你的尊重。

　　小曼，尽管你还姓夏，你也永远属于亲爸爸的家庭，但你同时也是属于妈妈现在的这个家庭的。我们是一家人。你可以不刻意地委屈自己，但也不要刻意地表现出那些并不是自己内心真实的想法。不要听别人的闲言碎语，毕竟，只有你自己知道自己是否幸福。

生活中的酸甜苦辣

同学在背后说我的坏话，我怎么办

　　海琼的英语很差劲，但是语文成绩异常优秀，以至于每到考试的时候，同学都希望能和她坐得近一点，还会和她商量着："海琼，一会考试的时候就拜托你啦。"甚至会有同学在考试之前找海琼借笔，说一定要"沾沾喜气。"

　　有一次考试，坐在海琼旁边的同学一直疯狂地抄袭，由于他没有干扰海琼答题，所以海琼也就没有理会他，任他一直抄下去。但是，老师却都看在眼里了，并且记住了那个同学的名字。

　　试卷判完之后就发了下来，海琼的成绩又是全班第一。话说抄她卷子的那个同学，却只得了54分，那个同学也觉得有点不对劲，他把海琼的卷子拿了过来，和海琼试卷上的答案一一核对，发现老师把他的分数算错了。

　　下课之后，这个同学居然就跑去找到了老师："老师，您看，我的这个题目答案和海琼的一样，都是一样的答案，您把分数给我算错了。"

　　海琼坐在下面哭笑不得，心想：这个同学可真是够呆的，这种问题居然好意思找老师问。而且把自己也抖了出来，要知道自己可不是协助他作弊啊。

　　没想到老师连理都不理他，自己收拾好课本走出了教室……

　　从那天以后，海琼发现有几个同学好像看到她之后眼神怪怪的。还有一次，海琼在课间写作业的时候不经意间抬起了头，忽然发现有四个女生眼睛齐刷刷地往她这里盯着看，海琼的汗毛直竖。

　　"究竟是为什么呢？好像是有人在背后说我坏话了吧。"海琼的心里暗自嘀咕。

　　果然不出她的所料，海琼的一名"铁杆战友"向她透露，有的人在背后说老师偏向她呢。

这……海琼觉得，真是令人无语……

妈妈告诉我

海琼，俗话说得好：好话不背人，背人没好话。如果有同学在后面议论你的话，你要做的是首先要反省自己，如果确定自己确实没有错的话，大可不必担心，凡事只要正大光明就好。

对于你同学的那些行为，你大可不必为此劳心费神，更不必大动干戈，妈妈给你提了一些意见，相信会对你有帮助：

1．敬而远之，泰然处之。如果你觉得从没有招惹他们，自己也是于心无愧的话，那就是他人的问题了。其实在生活中还是有这种人的，他们喜欢有意拿人讥笑，求得自己的欢乐，这种人不值得交往，那就对他们敬而远之。他们有议论的自由，那么我们也有不听的自由，对他们背后的坏话，大可不必斤斤计较或是费心去打听。他们在背后议论是非，有损的是他们的形象，与我们无关。

海琼，你要知道，没有一个人是可以通过贬低别人能够抬高自己的，你只要泰然处之、安心学业，对这样的人不去理会，时间长了，他们自己就会觉得没趣，而你呢，却丝毫不受影响。更关键的是，同学都看在眼里，记在心上，说不定到那时你的威望还会提高呢。

2．公开说话，以求心理平衡。如果你自己觉得有被人议论的话题，或是得罪了某人，就应该主动和他们去沟通，诚心诚意地去征求他们对你的看法，有话当面说，隔阂一定可以消除，除非他们进行人身攻击，有意中伤，甚至触犯了法律，那就又另当别论了。如果是你自己有做的不周到的地方，那么要先把自己的缺点改掉，改得越快越彻底，他们就没有在背后议论的素材了。总之自己要把握好的是：不看别人做的对不对，先要看自己做的对不对。

3．保持一点洒脱和达观。一个巴掌拍不响，只要你不去拍另一个巴掌，洒脱一点，矛盾就不会被激化。生活中碰到的厌烦事常常都有，问题是如何来面对它们，最好的方法是在清醒中求快活，去解除无可奈何的烦恼，我们既不求能糊里糊涂地浪费时光，也不必对一切事物都过分认真苛求，最好的态度是在认真严肃的一面之外，仍要有洒脱达观的一面。

海琼，一个肯向上的人，有崇高理想的人，是不会把时间浪费在这些鸡毛蒜皮的小事上的，对于你现在的处境，妈妈希望你不要往心里去。对别人的非议，宁肯不屑一顾，也绝不肯轻易浪费自己宝贵的时间和精力去斤斤计较，这才是真正的聪明之举。"走自己的路，让别人说去吧！"这句话，你一定听说过吧。

勤工俭学会被人瞧不起吗

秀影在垃圾箱旁边寻找可以卖钱的塑料瓶的景象又一次被大家发现了，为了不想让别人过多地关注她，秀影只好绕开走了。

秀影从小爸爸就过世了，生活的重担完全由她的妈妈一个人来承担，可想而知，家里的境况应该不会太好。对于秀影，同学对她更多的是同情，也很佩服她的精神，为了求学，她忍受了很多常人想象不到的艰辛。为了节省几元钱的车钱，她会选择步行来上班，为了想让自己多一些工作赚钱的机会，她经常会在学校的公告栏处寻找兼职的信息，甚至还会自己从小商品市场去批发一些小文具，在学校的生活区兜售。

对于秀影的行为，同学们褒贬不一。一般说来大家都比较同情她，对她也很友善，然而也有一些同学则对她充满了鄙视，甚至是嘲笑。所以秀影脸上的表情总是木然，她的内心一定被自卑和忧伤笼罩着。

很多不喜欢她的同学在背后议论她，说她小小年纪就知道赚钱，浑身沾满了铜臭味。这样的讲法对吗？也许，生活在那些生活条件相对比较好的环境中的孩子，是无法体会到秀影的处境吧。

🚢 妈妈告诉我

秀影，说真的，你真是一个了不起的好孩子，在经济那样困难的情况下还以如此积极的心态坚持求学，要知道，和你同龄的孩子，不知道有多少事情需要父母来代劳才行。你和那些孩子们相比，不知道要比他们强多少。

毫无疑问，勤工俭学对这些家庭环境贫寒的学生来说是正当而且是非常必要的。因为他们需要倚靠自己的劳动来获得一定的收获，以维持自己的求学生活，为父母分忧。其实这在他们的人生路上要迎接的一场挑战，半工半读比中途辍学来得更有勇气。

人最怕有享受的念头，因为由俭入奢易，由奢入俭难，那些嘲笑你的同学，可能是仰仗着自己目前的家庭状况比较好而气焰嚣张，但是将来很有可能比不上你呢。秀影你也要记住，艰苦的生活既是一种磨难，又是一笔财富；那既是命运对你的挑战，又是命运给予的恩赐。勤工俭学的日子虽然苦，却可以帮助一个人在意志、能力等方面得到磨炼，为将来的生活、事业打下基础。那些温室里的花儿们永远也没有机会"利用"这一切。所以，抓住这特别的机会努力吧！一个人生命中经历的磨难越多，体验欢乐的能力才会越强。

世界唯一不变的是永不停止的发展和运动，情绪的起落自然会如风如云。要在别人的关注和议论中走自己的路，而且要走得心静如水。再说走艰难的路肯定不会有太多的好心情，烦躁与不安是雕琢性格的刀，想成器，别怕疼，如果能够承受苦难的岁月，还怕接受苦难的心情吗？

同学总是嘲笑我怎么办

梦舒是一个看上去还算是可人的小女孩，除此之外，她还有一个大优点就是——她的成绩很稳定——每次考试都是全班倒数第一名。每当总结考试的时候，老师就会说："梦舒，希望你以后能够取得进步，不要多，只要前进一个名次，对你而言就是一个纪录。"

课间休息的时候，就会有几个调皮捣蛋的小男生小女生过来起哄：

"梦舒，这次又是你考倒数第一，你的底盘够重的啊，我们挪都挪不动了。"

同学的奚落给原本安静的教室气氛活跃不少，同学们在旁边听到了这些都忍不住想笑出声音来，只是那个可怜的梦舒成了大家谈笑的笑柄。

这个班里，似乎没有梦舒的话，同学中间会少了很多欢乐。只是这一点都不好玩。

不过梦舒很老实，对待大家的奚落，她从来都不还击，有时只是走过去，笑一笑，看上去确实过于柔弱。难道学习成绩差的孩子就理应遭受这种待遇吗？梦舒有的时候也在这样想，觉得实在是不公平不合理。

那天，几个淘气的女孩居然把她的文具盒还有书包，顺着教学楼的窗台扔到楼下去了，而梦舒居然什么都不说，只是乖乖地跑到楼下把东西拣过来了。

同学们很少看到梦舒和其他的同学在一起玩，因为她道他们肯定会嘲笑她。

可是即便是在课间的时候没有什么事情做，梦舒也不敢在这个时候写作业，因为如果她在学习，肯定会有同学过来奚落他。所以，她只好在课间的时候一个人闭目养神。

那天梦舒请同学们吃饭，可能是为了求他们不要再欺负她了吧，那些同学不客气地接受了她的邀请，然后还是一如既往地欺负她。梦舒觉得自己很孤独，很难过，因为在班上没有一个好朋友和她玩，相信她的心内也一定很痛苦，很挣扎……

🚢 妈妈告诉我

梦舒，其实每个人都有他各自的优点和缺点，像你班上的那些同学都这样对待你，可是你从来都不发脾气，这本来就是很难得的优点啊！也许是因为你觉得自己的成绩差，所以理所应当接受别人的嘲笑，这就是你的认识有误区了。人最重要的是首先是自己不能看不起自己，更不能自卑，要先找到自己的优点，还有就是要正确对待自己的缺点。成绩对于学生来说固然重要，但也不是说成绩就可以说明一切，比如说一个人的品德、能力、素质等，那怎么是单凭成绩可以衡量的呢？像班上那些欺负你的同学，成绩虽然比较好，但是能说他们是品德高尚的人吗？他们将来会成为社会上有能力的人吗？

当周围的人都比自己强的时候，处于自尊心可能会感受到有压力，觉得别人怎么都是这样厉害，觉得自己很孤独，好像是被抛弃了，其实大可不必这样想，因为每个人都有无限的潜力，只要通过自己的努力，成绩一定会有所提高。以前妈妈的班上就有一个女同学，起初她的学习成绩特别不好，她的上进心很强，就放弃了自己很多玩耍的时间，每天在家里暗自努力，最后考上了重点学校。所以首先要对自己有信心，加上付出的努力，才会使人对你刮目相看。

还有就是，人生中遇到什么样的挫折都是有可能的，当遇到困难的时候，如果用逃避来解决问题，这一定是最愚蠢的做法。最重要的是不可以自暴自弃，也不要轻易否定自己，比如你的那些同学，他们素质真的是特别低，又爱嘲笑人又爱欺负人，这样的人也不值得去交朋友，所以不要因为他们而对生活失去信心，在我们周围还是有很多人关心我们的。

和老师发生了顶撞冲突，该如何收场

雅芙的英语老师有一个美丽的绰号名为"三丽"，为什么这么说呢？因为她第一节上课的时候就向大家这样做自我介绍："My name is Lilili."依娜听到了，在下面直接跟了一句："好家伙，直接叫三丽算了。"所以，"三丽"的雅称由此而来。

有一次上课，雅芙感觉后面有同学碰了她一下，之后递给她一张纸条，上面写着"给依娜"，于是，雅芙就顺手递了过去。

这一幕让"三丽"老师看到了，她对着雅芙说："上课不许传纸条。"

"是别的同学给我的。"雅芙很不服气，本来嘛，之前那么多的同学在传，为什么单单只说她呢？

"我就看到了是你在传纸条。"老师一口咬定是雅芙。当着全班同学的面，雅芙感到特别的难为情，依娜在雅芙旁边说了这么一句："嘿！快别说了，三丽要怒了。"在她说完这句话之后，"三丽"把目光从雅芙这里转向了依娜。

"你刚才说什么？"老师向依娜问道。

"我是告诉雅芙，不要再和老师顶嘴了。"依娜一脸真诚地告诉老师。

"三丽"那一双又圆又亮的眼睛狠狠瞪了她们两个人一下，继续讲课。

"好险！"依娜长舒一口气。

可是，雅芙还是感到委屈，这件事情，真的并不怨她啊……

🚢 妈妈告诉我

如果在学校里老师和同学的关系处理不好，直接会影响一个学生的生活和学习，发展下去还会影响身心健康。

我们要明确的是，老师也是人，是有感情的，当然更喜欢相处和谐的人，不喜欢同自己闹别扭的人，即使自己是学生，也不例外。美国的口才大王卡耐基曾经有一个观点就是说：一个人事业上的成功，只有15%靠他的专业技术，另外85%是靠人际关系，这种估计可能夸大了，但也足见人际关系的好坏，在很大程度上影响一个人事业的成功。

如果在学校中想处理好与老师的关系，必须做到以下几个方面：

1．学生要懂得尊敬老师。师生关系是教育与被教育的关系。老师是教育者，又是长者，阅历丰富，学有所成。而学生则是被教育者，年龄小、阅历浅，许多事情不懂不会。虽然我们常说，老师学生是平等的，无高下之分，但这主要是指在人格方面。在学识、职位和年龄方面，老师就是老师，学生就是学生。我国历来都有尊师的好传统，如"一日为师，终身为父"，"师徒如父子"。把师生关系说成是父子关系，就是说要一个学生要像是尊敬自己的父亲那样尊敬自己的老师。你想，如果在学生的眼中作为老师一点尊严都没有，他能教育好自己的学生吗？反过来说，做学生的要向老师学习知识，却不虚心，甚至全不把老师放在眼里，那学生又能学到什么呢？所以作为学生一定要对自己的老师有恭敬的心，才能虚心受教。

2．要了解你的老师。人们常说"千人有千脾气"。老师也不例外，也有自己的生活习惯、工作习惯、业余爱好、待人方法、喜怒哀乐等情绪。了解了老师的这些特点，你才有可能准确地把握老师对你的态度、意见或是对事物的看法，不至于产生误解，甚至费力不讨好。有的老师很严厉，批评起来如疾风骤雨，过后就云开见青天，对于这种老师的批评，就不要太介意，做错了只要改便是，没有必要搞得自己心情沉重；而有的老师批评人很含蓄，语言委婉，甚至寓批评于故事之中，这也并不说明他对你意见不大。有的老师性格粗放，不拘小节，那你只要大事不糊涂就好了；有的老师管理细致，你就要一丝不苟，认真仔细。总之，要因人而异。

3．要善待老师的缺点。老师并不是圣人，也不是完人，老师也一定有自己的缺点，对此要有分析，区别对待。如果老师的缺点与工作无关，则没有必要去管它；如果有碍工作的话，可以适当提醒。老师之所以是误认为你做错了事，一是工作不细心，二是有可能与你有类似缺点有关。何况你的强硬态度使老师下不来台，难免关系弄僵。

4．要以诚对待。作为学生，应该真心实意地尊敬老师，对老师讲实话，维护老师的威信。这样老师才能做出正确的决策。有时对老师进行一些适当的赞扬，会使他增加信心，对班级工作有好处。这与为谋私利的阿谀奉迎不是一回事儿。

所有的老师都希望自己的学生早日成才，即使最严厉的老师也有一颗善良的心，天下没有一个老师不希望自己的学生能够取得好的成绩。与老师相处不快的时候，要学会"换位思考"，假若我是老师我会怎样？这样使很多不快就会烟消云散。师生感情是世界上最纯洁的感情。而且，如果你能够结识并深交一位品德高尚、学识渊博的老师，对你一生将有大的裨益。尊重老师，就是尊重知识，也是尊重你的未来。我建议你主动与老师谈心，承认顶撞老师是不对的，请求老师的谅解，并说明真相，消除误会，把你心上的石头放下来。这样，你就会放下思想包袱，满怀信心地去迎接明天的太阳。

不懂得如何拒绝别人，怎么办

在很长的时间里，雪莉都有过这样的困扰：她从来都不懂得如何拒绝，不知道这算不算是自己的缺点，只要是别人向她提出要求，在雪莉力所能及的范围之内，她都会毫不犹豫地应允。

有时雪莉觉得自己太过于软弱，也有可能是因为她太过于在乎别人的感受，所以在面对别人的请求时，她总是不忍心说"不"。即便别人提出什么无理的要求，她也会一口答应，事后往往又特别后悔，对此，雪莉的心中也是充满了矛盾，而且曾经不止一次要下决心拒绝别人，可每次面对别人求助的目光，她又一次次地退缩了。

有的时候，她会与妈妈倾诉自己的痛苦，而妈妈每次都会给她这样的回答："乐于助人是很好的习惯，但是你也要有你自己的原则啊。有的时候，学会拒绝别人，这是一种技巧。不应该答应别人的事，就要毫不犹豫地拒绝。不是说宽容就是无限制地迁就别人，哪里有这种道理呢？"

"嗯。"雪莉觉得妈妈说的是正确的，觉得有必要试图改变自己，按照妈妈的忠告来处理事情，可是成效往往不大。不过，终于有一天，她做到了，她拒绝了一个无理的请求。虽然它暂时会给雪莉带来了烦恼，但她还是觉得自己做对了。

"雪莉，快点把你的作业本给我，我看一道题目。"旁边的同学从她的身边擦过，还没有等雪莉来得及反应，那个同学就已经把雪莉的作业本牵走了。

雪莉本心不想把作业借给那位同学抄，真的，那个女生实在是太笨了，每次抄雪莉的作业总是抄得一模一样，连稍稍的改动都没有，老师总是一眼就能看出来。

"咦，等等，等等，我还有道题目没有写完。"用这种方法，雪莉委婉地把作业本要了过来。都是好伙伴，怎么可以直接向人家说"不借"，这种话要雪莉怎么说出来呢？

雪莉似乎能够感觉到了那位同学的焦急和沮丧。这时，妈妈的那些嘱咐又在她的耳边响起，她深吸了一口气，终于鼓起勇气，咬了咬牙对那位同学说："没关系，其实这些作业很好写，你等我的时间自己就做完了，不信你试试看。"那个同学听出了雪莉话里的意思，觉得很失望，又跑到别的地方借作业本了。

雪莉相信这只是暂时的，她相信早晚有一天，那位同学会明白她的一片心意，她真的是善意。想到这里，雪莉心中的包袱终于卸了下来，这种无愧于心的感觉真好，一下就变得轻松了。

后来，再遇到别的同学提出什么不合理的要求，雪莉都可以很大方地婉言拒绝了。其实刚开始的那些阶段很难熬，因为她的拒绝在别人的眼中是无情的，有的朋友还曾经渐渐疏远过雪莉，让她感觉有点孤单。但经过了这次借作业本事件之后，雪莉的决心也越来越坚定，她想，真正的朋友是不会因为合理的拒绝而疏远自己的。

正像妈妈告诉她的那样："拒绝不是每个人都可以做得到的，因为委婉的拒绝也需要很大的勇气。拒绝有时不是冷漠，不是生硬，也不是不近人情，相反，它是一片善意，是智慧的体现。"

学会了拒绝，改变了自己的优柔寡断。生活仿佛变得有滋味了，并且对于自己也更加自信。

🚢 妈妈告诉我

雪莉，随着你逐渐地长大，人际交往也会越来越频繁，人与人之间也免不了互相照应，助人为乐当然是人的美德。但是，面对所有人的请求，难道你都要答应吗

如果有同学在考试的时候想让你帮助他作弊，你要答应吗？如果有同学想侥幸地不写作业，通过抄袭来蒙骗老师，你要答应吗？有的同学找你借钱去打游戏机，你要答应他吗？这些事情的背后都会关系到你是否助长了不正的风气，所以需要你的细心体会。

说真的，拒绝别人实在不是一件容易的事。可能在你想要拒绝对方的时候，会感到不好意思，所以不敢直白地拒绝，甚至使对方摸不清自己的意思，产生许多不必要的误会，同时也容易给自己心理造成压抑。

学会拒绝，是人际关系中的重要一环，我很高兴的是，你已经走出了学会拒绝的第一步。

还想提醒你的是，在帮助别人的前提下要考虑自己的能力是否能达到。

在现实生活中，万能的人是不存在的。尽管你的心肠很好，而当他人有求于你的时候，你也只能遵循量力而行的原则，不可以为了帮助他人而给自己找麻烦。如果这件事情你办不到，也不一定能办得好，在这种情况下就要想办法拒绝，而并不是要硬着头皮接受下来。人们都有这样的一个普遍的心理，当自己的求助被对方接受的时候，也就寄希望在对方的身上。只要你对对方求助的事自知力不能及又不加拒绝，勉为其难，这样不仅会给自己带来种种的麻烦和困扰，还会因为无法把事情办好而耽误

对方。

勉为其难，本来是出于怕得罪人或者是逞能，结果没有把所接受的事情办好，这样的效果岂不是更糟糕吗？不仅自己觉得没有面子，反而会给人留下"吹牛""自夸"的不良印象吗？

因此，当他人有求于你的时候，你必须要有自知之明，力所不能及的事情一定要果断、诚实地加以拒绝。这样不仅可以给自己减少麻烦，而且也是对他人负责，以便让对方另找途径解决。

当然，拒绝也要讲究艺术。人家满怀希望、带着自信而来，你却只给人家一个"不"字，岂不是给人家泼冷水？

妈妈认为，比较好的拒绝方法，还是以诚相告，把话说清楚了，让对方明白你对这件事情确实是无能为力。如果在你坦白了自己"无能为力"之后，能够给他推荐一两个可以帮助他的人，那就更好了。这样的拒绝，好在以诚相告，真实而不虚伪。

我不是丑小鸭

怎样克服自卑感

美莲最近心情总是沉闷的，格外的郁闷，老是觉得自己比不过别人。

她有一次和同伴调笑说：套用刘邦的那句话，就是"夫论聪明伶俐，油头滑脑，吾不如小 A；善解人意，出谋划策，吾不如小 B；时尚靓丽，吾不如小 C。呜呜……"

（想知道当时刘邦是怎样说的吗？"夫论运筹帷幄之中，决胜于千里之外，吾不如子房。镇国家，抚百姓，给馈饷，不绝粮道，吾不如萧何。连百万之军，战必胜，攻必取，吾不如韩信。此三者，皆人杰也，吾能用之，此吾所以取天下也。"）

美莲不知当时刘邦怎么这样自信，如今这话从自己嘴里说出来的时候，只剩下悲伤的眼泪了。

是的，美莲确实很自卑，觉得自己的心路历程很郁闷，不知自己何处有所长。

回到家，她居然莫名其妙地问妈妈："妈妈，我是不是毛病特别多？"

"没有啊，很多叔叔阿姨都很喜欢美莲。"妈妈很诧异地望着美莲，却不知道怎样来安慰这个孩子。

"嗯，那就好。"

可能是由于美莲想得太多了吧，为什么总是对自己不自信呢？

🚢 妈妈告诉我

美莲，其实你的这种心理，在现在的生活中大有人在。有许多像你这样年纪的女孩性格孤僻、害怕与人交往，常常觉得自己是茫茫大海上的一叶孤舟，喜欢一个人顾影自怜，或是无病呻吟。他们不愿投入火热的生活，却又抱怨别人不理解自己，不接纳自己。这种封闭自己的自卑心理，后来就会衍生出一种与世隔绝、孤单寂寞的情绪体验，也会感到自己越来越孤独。孤独的人往往将自己封闭于一个自我的狭小范围内，独自在这块小小圈地里品尝寂寞，并且拒绝他人的善意介入。这样的人，到头来损失最多的还是他自己。

美莲，妈妈不希望你变成这样的人，年轻人应该是朝气蓬勃，蒸蒸日上的。妈妈想用一个故事来启发你，想让你明白，自卑的人总是觉得一切对她而言都毫无意义，最终也不会创造出多彩的生活。

有位自卑的孤独者倚靠着一棵树晒太阳，他衣衫褴褛，神情萎靡，不时有气无力地打着哈欠。这时有一位智者由此经过，好奇地问道："年轻人，如此好的阳光，如此难得的季节，你不去做你该做的事，懒懒散散地晒太阳，岂不辜负了大好时光？"

"唉！"孤独者叹了一口气说，"在这个世界上，除了躯壳外，我一无所有。我又何必去费心费力地做什么事呢？我的躯壳，就是我做的所有事了。"

"你没有家？"

"没有。与其承担家庭的负累，不如干脆没有。"孤独者说。

"你没有你的所爱？"

"没有。与其爱过之后便是恨，不如干脆不去爱。"

"没有朋友？"

"没有。与其得到之后失去，不如干脆没有朋友。"

"你不想去赚钱？"

"不想。千金得来还复去，何必劳心费神动躯体？"

"噢！"智者若有所思，"看来我得赶快帮你找根绳子。"

"找绳子？干吗？"孤独者好奇地问。

"帮你自缢！"

"自缢？你叫我死？"孤独者惊诧了。

"对。人有生就有死，与其生了还会死去，不如干脆就不出生。你的存在，本身就是多余的，自缢而死，不是正合你的逻辑吗？"

孤独者无言以对。

"兰生幽谷，不为无人佩戴而不芬芳；月挂中天，不因暂满还缺而不自圆；桃李灼灼，不因秋节将至而不开花；江水奔腾，不以一去不返而拒东流。更何况是人呢？"智者说完，拂袖而去。

你看，如果一个人如果不能把自己打败，那谁也救不了他。

造成自卑的原因多而复杂，比如学习上的挫折，缺乏与异性的交往，失去父母的挚爱，周围没有朋友等。此外，自卑心理的产生，也与人的性格有关。比如有的人情绪易变，常常大起大落，容易得罪别人，因而使自己陷入一种自卑的状态。

至于如何克服自己的自卑心理，妈妈给你提出以下的几个小建议吧：

1. 用补偿心理超越自卑。

补偿心理是一种心理适应机制，从心理学的角度来分析，这种补偿其实就是一种"移位"，克服自己生理上的缺陷或者是心理上的自卑，把更多的精力用于发展自己其他方面的长处、优势，赶上或超越他人的一种心理适应机制。这种心理机制的作用，使自卑感反倒成为许多成功人士的动力，他们的自卑感越强，寻求补偿的愿望就越大，成就大业的本钱也就越多。

2. 用乐观的态度来面对失败。

在自我补偿的过程中，还需要正确的面对失败。要知道，人生的道路上，一路顺风的人少，曲折坎坷的人多，成功是由无数次失败构成的，美国通用电器的创始人沃特曾经说："通向成功的路，就是把你失败的次数增加一倍。"

面对挫折和失败，唯有乐观的心态，才是正确的选择。其一，做到坚忍不拔，不因挫折而放弃追求；其二，注意调整、降低原先脱离实际的目标，及时改变策略；其三，用"局部成功"来激励自己；其四，采用自我心理调适法，提高心理承受能力。

自己的相貌平常怎么办

凌薇相貌平平，大大的脸盘，一双单眼皮，不算白嫩的皮肤，不算纤长的眉毛，毛躁的头发，实在算不上漂亮。

不过凌薇的同伴会说话，经常会哄凌薇说："凌薇，你不懂了，我看相书上说的，女孩的脸有两种，一种是乍一看不好看，越看越好看的；还有一种是乍一看很好看，然后越看越难看的。你是前面的那一种，而且第一种女孩的命比第二种女孩要好。"

凌薇这一张再普通不过的脸，在同伴那巧嘴的包装下，霎时变得鲜艳动人起来。

"好久没有人把牛皮吹得这么清丽脱俗了。"

当然，凌薇承认了，自己的脸看第一眼真不觉得好看，这不就已经招了吗？至于后来越来越好看之说——混得脸熟了呗。

　　毕竟，在凌薇的内心深处，她一直都为自己的相貌而苦恼，因为她不漂亮。可是凌薇的妈妈却是很美丽，也很端庄。让凌薇最为不服气的是，既然自己是她的女儿，为什么一点也不像她呢？

　　走在街上，凌薇会一次次地看那些漂亮的女生，心里充满了羡慕。

妈妈告诉我

　　凌薇，妈妈想给你讲一个故事，告诉你即便是作为女孩，外表也不是最重要的。

　　凯瑟琳生活在一个富裕的家庭，她的父亲是一个很有名的商人。凯瑟琳聪明美丽，而且从小就接受了很好的教育。闲暇的时候，她会用那双修长而优美的手弹奏钢琴。她弹奏出的音乐非常动人，得到了很多人的称赞。

　　"我的手是最美丽的！没有任何人的手比我的手更美的了！"凯瑟林常常这样想。一天她对老师说："罗娜老师，玛丽的手看起来好粗糙啊！她的手又红又肿，难看死了。""亲爱的，你只看到了表面的东西。玛丽的手是我们班上学生中最美丽的手。"老师说。

　　"但她的双手又红又肿，好像一把刷子。"凯瑟林有些纳闷地说，"她的手怎么会是最美丽手的呢？"

　　"想知道原因吗？那让我来告诉你吧！"老师说，"玛丽也曾有过一双和你一样光滑细嫩的双手。但她的父亲去世了，她需要帮助她的母亲支撑家庭，每天她都很忙碌。她要生火做饭，洗晒衣物，要用这双手去努力帮助自己穷困的母亲。她还用这双手为妹妹穿衣，有时候还为隔壁生病的小女孩洗头发。她富有同情心，善良地对待所有的动物。我曾看到她用那双又红又肿的手在街上轻轻抚摸疲劳的马和受伤的野狗。现在你明白，为什么玛丽的手是最美丽的了吗？"

　　"哦，罗娜老师！我对我刚说的话感到非常遗憾，也非常抱歉。"凯瑟林羞愧地说。

　　"那么，亲爱的，那就通过你真诚的行动来表达你的懊悔吧！记住，心灵美才是真正的美。"罗娜老师认真地对凯瑟林说。

　　这时候，凯瑟林对老师说："老师，我想邀请玛丽后天晚上来参加我的生日晚会，并且和我共同演奏一曲。"

　　"我想，那一定是一首非常动人的旋律！"罗娜老师高兴地说。

　　凌薇，想必你已经明白了我的意思，青春期的女孩应该都能够感受到一种超越于外表的恒久美丽。妈妈的话并不是告诉你不要注意自己的外表，我们在日常的生活中需要注意自己的外表是否干净清洁、神态是否自然、仪表是否大方，一切只要简简单单就行，没有必要去进行刻意地打扮。"朴素则天下莫能与之争美"，简单朴素才更能够吸引别人的注意。如果一个女孩，她有很好的精神状态和优雅的品行，美丽就会自然溢出，会得到他人的尊敬和爱戴，这样的美丽可以经受住时间的考验，显示出真正的美丽来。难怪人们都说人是因为可爱才美丽。

在平时的生活中，每个人都不能不注重外表的美丽，但是也不要忘记，真正的美是从内心溢出来的。有一件衣服，可以穿的长长久久，而且越穿越美丽，那件衣服，就是一个女孩的优雅。

所以，当你明白了这个道理之后，凌薇，你就应该明白青少年时期的孩子没有必要刻意打扮、彩饰自己，只要举止合理，待人宽厚、善良真诚，别人就会认为自己很美！

长得太矮了，被人笑话怎么办

梦洁已经是个中学生了，可是模样还像个小孩子一样，虽说人长得圆嘟嘟的，但是个头不高，以至于周围的人都把她当作小孩来看。

"梦洁不要看，这个东西少儿不宜。哈哈哈哈……"每当同学们在看什么好东西，梦洁也想凑过去看一看吧，小伙伴们总是喜欢用这样的话来打发她。

最让梦洁受不了的是，常常会有比她年级还要小的女孩叫她"小同学"，实在是让她哭笑不得。

可是有什么法子呢？梦洁总是抱怨自己为什么长得这样矮呢？让梦洁感到奇怪的是，她的爸爸妈妈长得都很高，为什么只有她自己长得这样矮呢？难道自己不是爸爸妈妈亲生的吗？

"妈妈，为什么我长得这样矮呢？我想长得更高一点，您有没有好方法？"梦洁很认真地问妈妈。

妈妈和蔼地告诉她说："你平时这也不吃，那也不吃，又不喜欢锻炼，所以，只有当拇指姑娘了啊。"

"那我该怎么办呢？"梦洁穷追不舍地问道。

"你现在正处在生长发育的关键阶段，这时候身体对能量和各种营养素的需求逐渐加大，人体50%的体重、15%的身高都是在此期间获得，体内的脂肪开始积累，骨骼增长加速，上下肢比例躯干长得也快，宽度和盆骨开始增大，从少年状态开始转变成为青年、成人状态。营养不良的孩子青春发育期可以推迟1～2年，所以呀，你现在就是营养不良了，知道吗？你要长高，以后就要好好吃饭才行。"

听妈妈这样一分析，原来，梦洁长不高的原因全在自己呀。

梦洁立刻向妈妈保证："以后，我一定不再挑食，好好吃饭。"

"嗯，那梦洁很快就会长高了。"妈妈用肯定的语气对她说。

妈妈告诉我

梦洁，妈妈很清楚你现在遇到的问题。如果一个女孩长得过矮确实会很难看。谈起身高，实际包含两个含义，今天社会对身高的标准是，女孩子能有一个"亭亭玉立"的高挑身材。怎样才能使自己增高呢？其实，人的身高与以下的几个要素有关：

1．食物和营养。身高与七大营养要素密切相关：蛋白质、脂肪、碳水化合物、维生素、水、纤维素、矿物质，这七大营养素缺一不可。

2．运动是人体发育的重要条件。运动不等于劳动，后者一成不变的重复动作无益于身高，增高运动是完全协调使身体发育的运动。

3．通过药物增加身高。如果有药物可能使身体长高，可能就会是所有方法中最受欢迎的。在基因时代，科学家们结合人体基因发育工程学原理、现代生物技术及中医理疗方法，可以达到比过去的各种医疗及营养保健品更好的增高效果。

4．生活因素。人的生活方式，还有习惯的坐姿、睡眠的姿势，甚至是家具的高度都与身高有关，比如说，过硬过厚的被褥就会影响到血液循环。

所以如果想要长高的话，就要在日常的饮食、运动、生活习惯等方面多加注意。有一些不良的饮食习惯容易影响长高，妈妈提醒你一下，千万不要出现下面这些不好的饮食习惯：

1．早餐马马虎虎。有很多学生到了上午大课间的时候便感到饥肠辘辘、头昏心慌、四肢无力、记忆力下降。还有的同学逐渐消瘦，得了胃病、贫血症。这些同学往往发育不良，个头较矮，这是什么原因呢？一调查，大多是没有吃好早饭，主要原因是早餐的数量不足，质量较差。

不注意早餐营养。现在你们的年纪正是长个子、长知识的重要时期，也是一生中需要热量最大的时期。他们整个上午连续上四节课，往往主课都安排在上午，所以脑力和体力的消耗都特别大。从头一天晚餐到次日早餐，经过几个小时，体内的血糖已经消耗得差不多了，如果不从早餐中补充热量，血糖浓度继续下降，便会出现低血糖现象，不利于生长发育。为了使一整天都保持较高的血糖水平，必须把早餐当作一日三餐中最重要的一顿。难怪有人说："要想长得高，早餐要吃好。"

怎样搭配早餐是最科学的呢？一般说来，理想合理的早餐应有一定数量的淀粉类食物，即碳水化合物，为身体提供所需要的能量，还应含有足够的蛋白和脂肪，早餐中摄入的蛋白质多，人的精力就旺盛。要做到"主副食搭配""米面混食""粗细配合"将单调的早餐模式向营养模式转化。例如：可以采用稀饭或者面条、豆浆为主加鸡蛋、包子的中式食品，或牛奶、面包、果酱的中西结合模式。将早餐吃得丰盛有营养，才有利于个头长高。

2．从小挑食。在你小的时候，每到吃饭的时候，爸爸妈妈总是要为你伤透了脑筋，一般孩子爱吃的食物你偏不喜欢，有的时候由于没有你喜欢吃的东西，就干脆什么都不吃了。这种不良的摄食习惯叫挑食。很多女孩都有挑食的习惯，以至于身体长得矮小、面黄肌瘦、弱不禁风、经常生病。现在你正处在迅速生长发育的时期，需要的营养物质应该全面，如果长期挑食必然造成某些营养成分的缺乏而生病。如果从小养成什么都吃的习惯，就能使各种食物的营养成分互相补充，取长补短，发挥更高的营养价值，这在营养学上称为"互补作用"。比如肉和蔬菜一起吃，能提高铁质和维生素 C 的吸收率。长期挑食，会导致身材矮小。

挑食不是病，它是环境心理因素引起的一种坏习惯，是可以逐步矫正的。

3．过分节食。爱美之心人皆有之，体形健美是所有人追求的目标。有些女孩为了追求形体美，采用不适当的方式进行节食，过分限制饮食，机体的营养需要得不到保障，会严重地影响身体发育，妨碍长个子。为了保持体温，维持生命活动，人体需要由食物来供应热量。人体需要热量，就像汽车开动时需要燃烧汽油一样。

在女孩青春期的这段时间，需要较多的营养物质，由于这时身体各个器官的发育还都不必成熟，肝脏和肌肉中贮存的糖原不多，加上平时的活动量也不大，消耗的热量多，过分节食，供给肌体的营养物质和热量必然不足，就容易饥饿和疲劳，时间一长，必然影响身体发育，导致增高缓慢。

如果一个女孩子长期节食，还会使消化系统的器官和组织退化萎缩，消化腺分泌的消化液减少，引起严重的消化不良。久而久之，就会形成厌食—消化不良—吸收不良—厌食的恶性循环。

强健优美的体形要通过合理的饮食和经常的体育锻炼才能达到，过分节食的少女，不但不会体形健美，反而会影响身体的成长和发育，长得矮小。

害怕一个人孤独，怎么办

静香其实是个文静漂亮的小女生，平时看上去总是高高兴兴、快快乐乐的。可是有一天，在没有人招惹她的情况下，静香居然一个人偷偷地哭了起来。

"静香，你怎么了？"看到静香在哭，同伴赶快过来安慰她，心里怪难受的。

"呜呜……有的时候，我在想，人活着为什么要有众多的烦恼？我的脑子里经常出现许多离奇的幻想，坐在窗台前，看到蓝天白云，思绪就会如同江水一样伸展到遥不可及的远方。有的时候我会幻想自己走在春光明媚的森林中，清澈的小溪从我的脚下欢快地流过。这时候我的白马王子走了过来，轻轻地拥着我飞过小溪，远方有一匹骏马在等着我们……我只有在幻想的时候，才能看得到很多美好的事物，以至于对周围的人毫无反映。"

啊？听到了静香的这一番陈述，同伴感到不知所云。静香的脑袋里究竟想的都是什么啊！

"静香，其实我也觉得你总是有一种忧郁气质。"同伴小心翼翼地对她说，生怕伤了她的脆弱心灵。

"是啊，我以前总是开朗活泼，现在却越来越怕见人了，一个人整天生活在自己的世界里，觉得在现实生活中的事情没有什么意义。我很想改掉这个爱幻想的毛病，可是怎么也摆脱不了。现在我更喜欢一个人独处，并且喜欢发呆，而且还觉得和任何人说话都有一种畏惧感。"

可怜的静香，她怎么会变成这个样子？

"说真的，我最近都开始怀疑自己是否得了神经病，好像有点喜欢孤独又害怕孤独。我自己也不知道究竟是怎么回事。"

静香自己也不敢相信自己了，会不会真的是在情绪上出什么故障了？

妈妈告诉我

静香，如果妈妈没有判断错的话，你应该是有一些孤独心理在作祟。

处于青春期时期的女孩，一般很容易就会感到孤独，她们都有这样一种体验：觉得自己是大人了，于是总想在一夜之间成熟起来。父母的关系不再像过去那样暖融融地打动心扉，反而觉得唠叨刺耳；老师似乎也失去了往日的威信，就连平时最要好的同学，现在也不是那么亲密无间、无话不谈了，自己一肚子的心事，不知道该和谁诉说，难怪女孩们总是要感叹："没有人理解我！我好孤独。"

这时候的女孩往往不知道自己想干什么、自己能干什么，自己是一个什么样的人。社会赋予的角色一下子增加了许多：不仅要做子女，还要当学生；在同学中，想成为被人接纳和喜爱的人；希望得到成年人的尊重和信任。可是她们又想表现得独立和成熟，一方面又不愿意敞开心扉，所以德国心理学家斯普兰格说："没有谁比青年人从他们孤独的小屋里，更加用憧憬的目光眺望窗外的世界了，没有谁比青年在深沉的寂寞中更加渴望接触和理解外部世界了。"这种孤独感正是青少年自我意识发展的一种表现。

青少年孤独心理的形成，虽然与个人性格发展及生活经历有关，但是起更重要作用的是人际环境的制约作用。所以当一个女孩形成了孤独心理之后，最最需要的是家长、老师、同学的共同协助。所以静香，你更应该多和他人接触，才能改善自己的情绪。

如果想克服孤独感，必须从以下几个方面入手来对治：

1. 放开自我，真诚、坦率地把自己交给别人。要主动亲近别人，关心别人，因为交往是一个互动互助的过程，所以别人也会对你以诚相待。这样你就能扩大社交面，融洽人际关系，不再形单影只，孤独感自然就会消退了。

2．尽量缩小与同龄伙伴的距离。既不自傲清高，做脱离集体、高高在上的"超人"，也不自卑多虑，脱离同伴，做索然独居的"怪人"。从文化教养到兴趣爱好的各个方面，都应该与同代人互相沟通、互相学习。

3．培养广泛的兴趣、爱好。为自己安排好丰富有益的业余生活，把思想感情从孤独的小圈子中解脱出来，投入到广泛的高尚的活动中去。

受到挫折之后有哪些可以调适的好方法

若雨最近的状况真的是可以用"屋漏偏逢连夜雨"来形容，倒霉的事情都连成一串了。首先是，期中考试考砸了，少不了挨批评。家长会后，被爸爸狠狠地教训了一顿。

"若雨，我看你最近是玩疯了，看看你的成绩啊，是怎么考的！"爸爸的眼睛向来很大，那天一瞪眼，活像一只青蛙，把若雨吓坏了。

"嗯……"经爸爸的一番训诫，若雨一句话都不敢说了。

伤心难过之余若雨不禁觉得父母太绝情了，从小爸爸妈妈总是习惯宠着若雨，她哪里有遭受过这样的委屈呢，真是让她伤心欲绝啊。看来应试就是不好，差点把亲情都断了。

哎，若雨心想什么都别说了，到底自己是个学生啊，学习成绩不好当然无法交差。以后只有自己多努力，不要让爸爸再发脾气才好。

不过没想到的是，倒霉的事情还在后面。刚刚挨了爸爸批评的转天，在学校组织的运动会上，若雨在跑步的时候把脚脖子扭伤了。全班因为她的失误丢掉了一个荣誉。虽然没有同学责怪若雨，可是若雨的心里很自责啊，怎么就这么寸啊，偏偏在这个时候把脚扭伤！

一定是自己倒霉透顶，才造成这样的结局，最近真是，倒霉事都赶到一块了。所以，最近的几天中若雨都是闷闷不乐，一蹶不振。

🚢 妈妈告诉我

若雨，妈妈可不希望看到你因为这点小事就变得如此一蹶不振。人生是一个漫长的过程，如果要实现人生的目标需要数十年的奋斗。鲁迅先生在"风雨如磐"的旧社会，特别强调要坚持"韧性的战斗"。许多卓有成就的革命家、科学家、文艺家之所以取得成功，除了他们的才能之外，无一例外都具有意志坚韧这一心理品质。正是这种坚韧，使他们克服种种艰难险阻，百折不挠地向前搏击。而你，怎么会因为这点小挫折就不敢向前了呢？

克雷吉夫人曾经说过："美国人成功的秘诀，就是不怕失败。他们在事业上竭尽全力，毫不顾及失败，即使失败也会卷土重来，并立下比以前更坚韧的决心，努力奋斗直至成功。"有些人遭到了一次失败，便把它看成拿破仑的滑铁卢，从此失去了勇气，一蹶不振。可是，在刚强坚毅者的眼里，却没有所谓的滑铁卢。那些一心要得胜、立志要成功的人即使失败，也不会视一时失败为最后的结局，还会继续奋斗，在失败后重新站起，比以前更有决心地向前努力，不达目的决不罢休。

世界上有无数强者，即使丧失了他们所拥有的一切东西，也还不能把他们叫作失败者，因为他们有不可屈服的意志，有一种坚忍不拔的精神，有一种积极向上的乐观心态，而这些足以使他们从失败中崛起，走向更伟大的成功。在我们学习那些坚忍不拔、百折不挠的生活强者时，我们也能将失败像蜘蛛网那样轻轻抹去，只要我们心里有阳光，只要我们面对失败也依然微笑，我们就能说：命运在我手中，失败算得了什么！

面对迎面而来的挫折，希望你能够坦然地接受，过关了，以后才能承担更重大的责任。有的时候，挫折是慈悲的，如果你永远吃棒棒糖，整天泡在蜜罐里，一帆风顺的，那你也就永远长不大。

妈妈来帮你支招，教你正确地看待挫折：

1. 以正确的心态来面对挫折，将挫折作为人生的新起点。

有句俗话说得好，人道谁无烦恼，风来浪也白头。是说世间的万事万物都有烦恼。拿破仑曾经说过：人生的成功不是没有失败记录，而是能够百折不回。所以失败并不可怕，因为是失败之后的态度和举动才是真正决定你今后的一切。历史上清朝有名的大臣曾国藩，开始带领湘军镇压太平天国运动的时候，由于刚开始战略战术不好，经常被打得打败，有次竟然是全军覆没，曾国藩急得要跳河自尽。师爷急忙拉住了他，同时，还建议把写给皇帝奏章上的"屡战屡败"写成"屡败屡战"，皇帝看到了奏章之后，大大地嘉奖了曾国藩，曾国藩也从那个奏章上看到了希望，从此改变态度，打败了太平军，终于成为一代中兴重臣。你可以想一想，如果曾国藩当时无法接受挫折，一气之下就跳河了，历史还会记住他吗？所以说，对待挫折也要有一个正确的态度，正是我们刹那间的念头，左右或者是决定了我们的人生，面对挫折，勇敢地跳过去，人生将别有一番天地。

2. 通过适当的发泄来忘记痛苦。

据说在国外有一种专门的发泄馆，只要是人有了不高兴的事情，就能够跑出去发泄，通过发泄来释放自己的苦恼，心情也就平静了。虽然现在在中国还没有类似的发泄馆，但我们也可以找到其他的方式来排解心中的挫折感，比如可以做些重体力的运动，找一个没有人的地方，尽情地大吼几声。通过这样的发泄，你的心情就会快乐许多，这种自我发泄不失为一种好方法，它可以在不知不觉中将你的烦恼发泄得一干二净。当然，比如听听歌等各种自己认为满意的方式，都是可以采用的。找你认为恰当又不伤害他人的方法即可。

3. 找好朋友倾诉，丢掉心理包袱。

曾经有一位哲人曾经说：我有一个苹果，你也有一个苹果，我们彼此交换，每人都还是有一个苹果。可是，你有一种思想，我有一种思想，我们彼此交换，每人就有两种思想。同样的道理，你有一份快乐，我有一份快乐，我们彼此交换，每人就会收获两份快乐。但是，当你把你的悲伤倾诉给另外的一个人，你就只有二分之一悲伤。

所以，当我们遭受了挫折，而自己又不能够排遣的时候，我们可以试着将自己的挫折诉说给别人，让他们来替我们解开那个我们自己打不开的心结。倾诉的对象可以是父母老师，也可以是自己的同学或者其他好朋友。不要把挫折和悲伤埋藏在自己的心中，否则的话你只会变得越来越忧郁。

4. 找到用成功来取代挫折的突破口。

之所以感到挫折，是因为我们遭受了失败的打击，由于难以及时走出失败的阴影，所以拿破仑曾经说过"避免失败的最好方法，就是下决心获得成功"。当遭受了挫折且在一定时间内无法排解和战胜的时候，最好的方法就是绕道而行。将挫折暂时搁置，用另外一件事情来代替它。只要你留心，就能够发现，以前的痛苦在今天看来，已经不再是痛苦，我们对此早已坦然面对。

所以当我们遭受痛苦的时候，有时并不一定要急忙去解决这个痛苦，而是采用冷置法，先将痛苦掩藏起来，视而不见。先去做我们认为容易成功的事情。而当我们在其他的领域取得成功的时候，再回过头来看以前的挫折，那时的挫折早已经烟消云散。

金钱，让我欢喜让我愁

钱，怎么这么不禁花呢

"我的奖学金发下来了，有 300 元呢。"寄蓉兴奋地向大家炫耀。

"请客呀，这么大的一笔钱。"向来眼里不揉沙子的花花见缝插针。

寄蓉本来就是一副侠骨柔肠，加之架不住花花的那张利嘴，所以顺理成章地要做东请客了。"那我们去好伦哥吧。"

"不行，一定是必胜客。"原来精明的花花早就想好了地方。

"好伦哥。"寄蓉试图侃侃价钱。

"必胜客。"花花在旁边不依不饶。

最终寄蓉架不住花花的狂轰滥炸，只好把伙伴们召集到了必胜客餐厅。豪爽的寄蓉大方地为大家点菜。

"这么多足够我们吃了。"同伴们看到寄蓉过分好爽，反而觉得有点不好意思了。

而寄蓉却笑着说："多要一点，吃不了兜着走呗。"

最后结账的时候，服务员过来拿了张小票："一共369。"

"啊！"寄蓉不禁大惊失色，"有这么多吗？"她把票拿过来自己点点算算，确实没错。

"我只有300啊。"这时的寄蓉一副很窘的样子，还好她的伙伴们将最后的零头帮她分摊了。

其实，钱是很不经花的，我们往往不觉得自己花多少钱时，它却流走了。就像寄蓉，一个学年的努力得到了这300元，区区一顿饭就报销了。

妈妈告诉我

生活中，不管是电视报道，还是身边的事例，有些情况并不陌生：有的人过分节省、一分一分抠着花，有的人过于奢侈，身上有多少钱花多少钱，还有的人为了消费，于是办了很多信用卡，当把信用卡里银行的钱统统花了，又像奴隶一样想着怎样去还钱。贷款上学、贷款买车、贷款买房，但到最后不去还贷。

这些离我们并不遥远，我们的身上有时也会出现类似的情况。

也许你有一小笔数目可观的积蓄，但却一直存着，分文不动。也许你的零花钱和压岁钱数目不小，但往往眨眼之间就不再属于你。也许你为了证明自己的能力，自己通过各种方式去挣钱，但等到钱拿到了手上，你却一筹莫展，因为面对自己的辛苦钱，你不知道如何合理的利用……

潍坊市有一所中学曾对学生进行了一次"假如我有1000万"的调查，这些中学生的答案五花八门，但不少学生在一两天之内就把1000万"花"完了。

如果他们真的有1000万，也许这一笔财富将眨眼间就化为乌有。

这其实正是在向我们揭示了一个让我们不得不重视的现实：我们严重地缺乏理财意识。

也许有人觉得这是小题大做，根本就不要什么理财，下面的这个故事将告诉你理财的重要。

当杰克还是个孩子的时候，他们家的生活是艰难的，但即使经济不宽裕，他的母亲总是尽一切力量，在可能的时候带给孩子们一些惊喜。无论何时她有了额外的钱，都一定会为孩子们买点什么——或者为杰克买一个新游戏机，或者带他们去看露天电影。杰克认为，他们总是一有了额外的钱就把它花掉，因此他们从来没有多余的钱可以存下来。

当杰克开始赚到很多钱的时候，他注意到一些奇怪的现象，即使他的收入高了许多，但是每到月底仍然是一分不剩。

几年前，杰克第一次想投资置产。他知道他至少需要 3 万美元的现款，但他自己从来没有存过那么多钱。所以他订出一个时间表，想在 6 个月以内存够钱，一个月要存 5000 美元，这个数目似乎很遥远，但是杰克凭着信心开始了。

杰克做的第一件事是把被称作"头期款"的新账单放进抽屉里。每个月 5000 美元的账单看起来似乎很难付清，事实上，在最初一两个月，杰克试着想不理它，不过他还是照计划执行，并且试试看有什么其他方式，能确保这笔额外的账单可以和其他账单一块儿付清。

一件有趣的事随之发生了。因为杰克专心生财并且要保住他赚到的 5000 美元，他愈来愈注意到自己曾经把钱轻率地花掉了。他也开始留意到一些以前没有注意到的机会：他开始冒比较大的风险，要客户为他的服务支付更多的金钱；他为他的产品开发新市场，并寻找利用时间、金钱和人力的方法，以便在较少时间内做完更多的事情。因为"头期款"的账单，他加强、放大了一向拥有的能力。很快的，杰克的财富一步步地累积了起来……

也许对于理财，你现在心中毫无概念，其实，当你面对自己的积蓄时，是拿出一些钱来投入到学习领域，还是和朋友们享受一个欢乐的暑假，这些都属于理财。

理财并不是一件困难的事情，而且成功的理财还能为你创造更多的财富，困难的是你自己无法下定决心理财！如果你不学习理财，终将面临坐吃山空的窘境。

所以，我们要培养正确的理财意识，认真地"思考"着如何理财。对于我们而言，理财可以从"压岁钱"开始。你可以从以下几点做起：

1. 花费要有一定的计划，不能随便乱花，要把钱用到实处，抗拒"现在要享受"的诱惑。

2. 将压岁钱用于娱乐应当适可而止。过节娱乐是必不可少的，但有的同学却无度地吃喝玩乐，不仅伤财，而且伤神。所以，应当避免不必要的开支，养成勤俭节约的好习惯。

3. 将零用钱用于一些有意义的事。例如，购买学习用品和日常生活所需之物，把过年储存的压岁钱拿来交学费，或者向灾区或贫困地区捐款，等等。这些都不失为合理开支的好方法。

网购会上瘾也会上当

"我遇到骗子啦。"平时最喜欢装成淑女样子的诗珊慌慌张张地跑了过来，一副六神无主的样子。

"诗珊，你怎么了？"同伴不禁好奇地问她道，"你先静一静，不要慌张。"一边说着一边安抚诗珊的情绪。

原来，诗珊那天逛了逛网上商店，结果发现了一部心仪已久的摩托罗拉 V3 手机，而且标价只有 800 元，这样令人心动的价格让诗珊高兴得手舞足蹈，她二话不说当即就订购了一台。

由于诗珊平时早已习惯了网上购物，怎么也没有料到自己会上当受骗，不过这次，她确实遇到了骗子。

看中了这部手机之后，诗珊就通过银行给对方的账号上汇了 300 元的首付款。3 天之后她接到了一个陌生人打来的电话，通知她已经到货，不过要自己亲自去取。诗珊无奈，只好自己亲自去。不料那个人却不肯露面，一定要诗珊把剩下的 500 元也打到银行的账号上才可以拿到货物。

尽管这样，对方后来又以各种理由要求加钱，就是不给诗珊交出货物。这个时候，诗珊终于意识到自己上当了。

"唉，诗珊你要知道便宜没好货，好货不便宜啊。天上掉馅饼的事情怎么能相信呢？算了，就算是花钱买个教训吧。"同伴听了诗珊的遭遇之后，在旁边连连开导她。

"太出乎意料了。"诗珊振振有词地说，"我看了他们家的卖家信誉，还是五星的，怎么会是骗子？我以后再也不敢去网上买东西了。"

网络世界中本来一切都是虚拟的，而江湖骗术又是防不胜防，所以小心谨慎才行啊。

🚢 妈妈告诉我

互联网在近些年的高速发展，给我们的生活带来了巨大的便利，但同时也带来了许多新的烦恼。当你在享受丰富的网络资源时，又不得不面对着众多的安全威胁。而随着网络经济的繁荣，网上购物由于其快捷、便利、价格较低的优点，已经成为许多青春期女孩的时尚购物方式。尽管这种购物方式使你享受到了足不出户、送货上门的方便，但一些不法分子利用网络购物行骗也经常令购物者防不胜防。那么，对于缺乏相关安全知识的我们，怎样才能防止自己在享受网络带来的便利时又保护好自己，免受不法分子的侵害呢？

下面妈妈给你介绍一些经验和方法，给你提供一些小小的帮助。

当你在网上冲浪时，你可以采取如下保护措施：

1.用杀毒软件保护电脑，及时更新软件。杀毒软件可以最大限度地保护电脑免遭病毒侵害。同时病毒的发作就像每年的流感病毒一样，新的病毒和病毒变种不断产生，所以一定要保证有规律地升级杀毒软件，例如一周升级一次。

2.不要打开不明来源的邮件。收到了可疑的邮件，最好的处理办法是直接把整个邮件删除，包括其中的任何附件。即使知道是谁发来的邮件，对看起来有点奇怪的或者是预料之外收到的邮件，也要提高警惕。

3.使用较复杂的密码。在网络世界里，即使不告诉别人自己的密码，"黑客"们也能利用一些手段对密码进行暴力破解，因此把密码尽量设置得复杂一些是绝没有坏处的。微软曾推出过一个密码强度测试软件，如果你有兴趣的话不妨试试看。

4.定期下载安全更新补丁。有时程序漏洞会成为他人攻击你的电脑的切入点，因此经常去一些主流软件公司（如微软）的网站看看有没有发布最新安全更新补丁，也是保护电脑的有力措施之一。

网上购物，你也需要注意以下几点：

1.网托诱惑

一般的消费者看到"卖家好评率"和"卖家信用"时，便会放心地把款汇到对方账户。于是卖家往往会找身边的好朋友来当"托儿"，对自己的网店进行留言，网站则根据这些点评生成"卖家的信用等级"。

2.货品标价

在很多网站都会看到一些价格上超乎想象的"宝贝"，进去一看，还确实是好产品，再寻思这个"天上掉馅饼儿"的价格，难免会有消费者动心。但实际上，这类商品往往或者质量有问题，或者是无法保修的"水货"，或者干脆就是商家设下的一个骗局。

3.看图买货

看了图片引起购买欲望的消费者不占少数，但买了之后后悔的也不少。实际上，有的网站对照片没有任何要求，既可以从网上下载，也可以实物拍摄。因此，卖家随意发布产品图片信息，以次充好的事情就总是会出现。

如果选择网上购物，一定要选择那些信誉度比较高的网站，同时，也需要提高自己的鉴别能力，不要在购物的时候让网络骗子得手了。

所以，当我们在体验网购的快速与便捷的同时，一定要学习一些网络安全知识，对于可能出现的各种诈骗方式，自己一定要提高警惕。只有这样，才能在享受网络资源的便利的同时，保护好自己的权益不受侵害。

怎样管理自己的"小金库"

佩宁最盼望的时刻就算是过年了，为什么呢？因为每到这个时候都会有很多很多的红包，红包里有很多很多的钱，有了钱就可以买很多很多的东西……而且，今年妈妈告诉她，这次所有的压岁钱都由她自己来支配，这才是最令佩宁感到高兴的。

要知道在往年，佩宁的压岁钱都是要"充公上交"的，今年终于有自己的"小金库"了，这笔"巨额财产"要如何使用？真的够她琢磨一段时间了。

正当佩宁要暗自窃喜的时候，老妈走了过来问她："你有这么开心吗？"

"嗯，当然。"佩宁点头称是。

"那你打算怎样使用这笔钱呢？很想听听你的理财计划。"听了妈妈的话，佩宁心想不好，老妈一定还在打着这笔钱的主意。

听到妈妈这样说，佩宁不禁有点警觉了，担心地问道："妈妈，您不会是要又变卦了吧？我们已经说好了这笔钱来交给我的啊。"

妈妈被佩宁那认真的模样逗乐了："怎么会呢？你现在已经是中学生了，当然有能力管理自己的压岁钱。我只是想了解一下你如何支配自己的钱，顺便好给你提一些理财的建议。"

妈妈的话就好像给佩宁吃了一颗定心丸，让她虚惊一场，"您放心吧，这些钱我是不会乱花的，我早就已经计划好了，把四分之三的钱存起来，用这笔钱给姥姥买生日礼物，再把用剩下的钱来买学习需要的书，您看这样好吗？"

妈妈听了佩宁的计划，赞许地点点头："没想到，我们宁宁还是很有思路的小孩嘛！"

嗯，是啊，接下来要想一想，给姥姥买些什么礼物了吧。

妈妈告诉我

佩宁，我很高兴你能有如此有意义的"理财计划"。现在，你已经是中学生了，以后你的零花钱计划都会由你自己来自由支配。但与此同时，妈妈也希望你能学会理性消费，正确地理财，能自己有条理地处理零花钱。

下面，妈妈想向你介绍几条理财小建议：

首先，你要学会有计划地使用钱，对花钱有个预算。要给自己的零花钱规定一个数额，最好是把握在自身有能力支配的范围之内，随着你年龄的增长和实际需要再做些适当增加。

然后，你还要养成制定开支计划的好习惯。比如用多少钱可以买多少学习用品，用多少钱买自己喜欢的日用品，用多少钱来买零食。这样提前都预算好可以防止自己乱花钱，还可以让自己养成把钱花在刀刃上的好习惯。

另外，你还要学会存钱。以自己的名义开一个户头，这样可以增强你自我管理的兴趣和能力。

花钱绝不是一件简单的事情，它是一门学问。你如果真的想要成为一名"成熟的大人"，就应该从现在开始，学会正确的消费，学会保管，支配好自己的"小金库"。

最后，妈妈还希望你能够明白"钱"的真正含义：钱只是解决生活问题的一种媒介，它本身并不存在价值，它只是平常之物，钱并不能解决一切问题，应该能够正确地面对它。

我该怎样赚钱

韩巧和妈妈一起去买东西的时候，韩巧习惯于只要看到想要的东西，就会直接丢到购物筐里，而妈妈在挑选一样东西的时候总会比较一下在同类商品中哪一个牌子得更加物美价廉。

"妈妈，不用这样挑啦，差不了多少啊。"韩巧经常会这样跟妈妈说道。

"呵呵，你是不当家不知道柴米贵。在收入有限的前提下，更加俭省才是硬道理。"妈妈耐心地对韩巧说。而韩巧却是不停地摇头。

韩巧心里暗想，如果有一天自己长大了之后，千万不要像妈妈那样买东西挑挑拣拣。只要是自己喜欢的，连价钱都不要问直接买过来，那多爽啊。将来自己要赚好多好多钱，才会得到喜欢的东西。

韩巧也不知道将来自己要如何去挣，才会过上想要的生活。人生不过是如此吧，有梦想，有希望，而中间的主打，不过是努力二字而已。

🚢 妈妈告诉我

韩巧，其实每个人都可以拥有财富梦想，即便是处于成长阶段的你们，如果想实现你的财富梦想，那么有一点非常重要，那就是要拥有财富思维，一种有意义的、健康的财富思维，不妨从现在开始，训练你的财富思维，以便为日后提供有益的帮助。

实践证明，拥有财富思维，这会让人产生一种巨大的力量，如果选择使用这种力量，那将使一个人的财富状况发生变化。然而现实中很多人都没有正确地使用这种力量，从而导致他们成为自己最不愿面对的那种东西的奴隶。他们选择让自己继续在贫困中生活，但却没有意识到这一点。他们没有意识到选择的巨大力量。从来没有人会因为生活节俭而被别人指责。很多人只能精打细算地过日子，否则他们的生活就没法过下去。这些人完全可以选择这种巨大的力量，他们本可以用生活中那些美好的东西来充实自己的大脑。

我们每天都会听到有人在抱怨："我很想买那件东西，但我没有钱。""我要省钱。"

这是事实，但不能这么说，假如你继续说"我没有钱"，那么，"没有钱"将会伴你一辈子。选择一种上进的思想，例如，"我得买下它，我要拥有它。"当要买下它、拥有它的思想出现在你的脑海时，你就逐步地建立了期待的想法，于是你的生活就出现了希望。千万不要毁灭自己的希望。假如你毁灭了它，你就会将自己带进一种无聊、困惑、失望的生活中去。

杰姆是一位十分能干的年轻人，但他却不能挣到一点儿钱，尽管任何事他都做得很成功。人们都不明白这到底是怎么回事。杰姆很有上进心，长相也不错，很讨人喜欢，无奈他一年又一年的奋斗都是徒劳的。在金钱方面，他没有收获。后来，杰姆请求一位智者为他指出问题的所在。他对智者说："我能做好任何事情，除了挣钱之外。"智者为他指点了迷津，当他明白出现在自己身上的问题其实很简单，只不过是自己对关于赚钱的思维选择不对的时候，一切都改变了。他再也不说："我能做好任何事情，除了挣钱。"他开始说："我能做好任何事情，包括挣钱。"以后的几年里，年轻人的财务状况发生了明显的改变，他开始赚到钱，他逐渐在财务上让人刮目相看。现在，人们都认为他已经是个富翁了。

这个年轻人本来很有可能终生面临一个困惑，即能做好任何事情却赚不到钱。但他一旦明白这一切都是因为自己选择了错误的想法后，便立即积极地改变了这种想法，于是，他的财务状况也随之发生了变化，开始朝好的方向发展。选择的力量能够给人带来更好、更有效的赚钱方式。

韩巧，相信你已经能够从上面的这个故事中得到一些启发了，拥有财富思维对一个的重大影响，所以，如果当你怀抱着财富梦想迫切地想实现时，那就尝试着从现在开始做起，有意识地培养一种有意义的、健康的思维吧！

钱要花在刀刃上

蓉蓉习惯于花钱买一些用不到的小东西，并且以此为乐。

"你看，这是我新买的小玻璃瓶，好看吧。"蓉蓉兴奋地向同伴炫耀道。

"前两天你不是已经新买了一个了吗？"同伴看到了蓉蓉手里的新玩意，问她道。

"唔，不一样哦。你看，上次我买的那个是个圆柱体的，这个小瓶子是水滴形的，还是绿色的，多漂亮啊。"正是因为这个原因，蓉蓉的房间里摆满了一堆一堆的瓶瓶罐罐，而绝大多数都是用不上的空瓶。

千万不要以为蓉蓉是个花钱不眨眼的孩子，有的时候她吝啬的很呢。每当老师通知我们交学杂费的时候，意见最大的就是她。

"学校真是太不讲理了，大家都是集体定的书，为什么没有折扣。哼，花这么多冤枉钱买的教材真浪费，我一个学期下来也看不了两眼啊。"

蓉蓉就是这样一个时而大方，时而吝啬的孩子。她喜欢花钱买那些和生活不相关的东西，却不舍得花钱来投资教育。

🚢 妈妈告诉我

蓉蓉，花钱要用智慧，用最少的钱办最多的事，需要把钱花在刀刃上。

以前有这样一个传说：三个小伙子同时向一位姑娘求婚，姑娘开出条件：谁能用最少的钱装满一间仓房，不论任何东西，就答应嫁给他。

第一个青年想了好久，发现稻草最便宜，便买了许多稻草，装满一屋。姑娘没吭声。第二个青年运了许多泥土，装满一屋，只花了点搬运费，代价最低，以为胜券在握。仍遭姑娘拒绝。第三个青年把姑娘带到空空的房里，用火镰打着灯芯，霎时满屋生辉。终于赢得了姑娘的芳心。

由此可见，怎么花钱也需要智慧。

现在人们的生活水平有了很大的改善和提高，在你的同学中间也许有很多人的消费观念陷入了新的误区——高消费。校园高消费表现在哪些方面呢？

第一，反映在"吃"上。学生时代，是身体发育的最佳时期。父母们出于对孩子身体健康的考虑，尽可能地为孩子提供各种营养保健品。除了一日三餐要保证丰富之外，更增添了第四餐、第五餐。于是，校园内外的商店里堆满了五花八门的小食品，让人看了眼花缭乱。

第二，表现在穿上。有些学生课下聚在一起，谈论的不是功课，也不是难题，而是一个个脱口而出的名牌：阿迪达斯、彪马、开拓、耐克、金利来、鳄鱼、老人头等。上千元一件的皮衣，四五百元一身的套服，两三百元一双的皮鞋，在当今中学生中已不足为怪。

第三，表现在玩乐上。如今"圣诞节""愚人节"已经成为学生们必过的节日，"生日 Party"的火爆程度更是众人皆知。"Party"的形式更是多种多样，最常见的是请朋友到餐馆吃一顿，酒足饭饱后，还要请大家一起去娱乐一番，溜冰场、电子游戏厅在这时就成了最受欢迎的地方。这样一个生日下来，花去几百元也不足为怪。

第四，名目繁多的礼尚往来。我过生日你送我一张音乐卡，你过生日我便不能再送贺卡，转而赠送精美的小礼物。下一轮便须打破上一轮的记录，变成你送我一只三四十元的小狗熊，我送你一个五六十元的大洋娃娃，出手越大方，友谊越牢固，情义无价。

学会花钱，也是致富的一个必要条件。世界上最会赚钱的人，无不是最会花钱的人。小气，并不是讽刺，这是有钱人的看家本领。精打细算，不乱花钱，是大富翁的真正风度。

高消费不仅是一种恶习，也表明了这些人还没有理财的能力，不能够自立。理财是现代社会每个人都必须具有的能力，如果只懂得怎么拿钱，而不知道怎么花钱，怎样去管理好自己的钱财，那样的花费只是挥霍。

要知道，精力要用在最重要的事情上，钱要花在最关键的地方。钱不能只用来满足自己的口腹之欲，不能只用来购买高价商品，不能只用来支撑自己的铺张浪费，钱要花得有意义，真正做到物有所值。

不能有计划地合理消费，会将自己的财富过早地耗尽，陷入穷困潦倒甚至举债的境地。

"量入为出"，计划用钱，是从小就要培养的好行为。我们可以依据自己的需要和家庭负担的能力，确定每月可以由自己支配的钱数（数目要恰当，不宜太多），同时和父母一起制定开支计划，和父母约定，自己要按计划开支，节约下来的钱也可以归自己。这样，你有自己支配的资金，满足了你的经济需要，也满足了你要求自立的心理需要。因为钱是"自己"的，数目是有限的，所以你就能够自觉控制自己开支，并能有效地防止你乱花钱的毛病。

对金钱的诱惑提高警惕

"晓珊，跟你商量个事，帮我写篇作文吧，回来给你20块作为报酬，好吗？"有一个同学找晓珊过来，居然想让她帮忙写作业。

"这个……我自己的作业也写不完，恐怕不能帮你了。"晓珊小心翼翼地回绝。

"要不这样，给你30块，行吗？求求你，帮我这一次吧。"那个同学一看晓珊不太想答应，于是开始给她"加工资"。

"你自己的作业不完成，我如果再帮你写作业的话，我不就也犯错误了吗？"晓珊这样跟那位同学说道，"而且，我自己也有很多作业没有完成，你找别的同学吧。"跟这位同学讲清楚之后，晓珊就走了。

回到家之后，晓珊和妈妈提到了这件事，妈妈夸奖了她。

"晓珊，你这样做对、否则的话，即便是我们得到了一点钱，那是很被人看不起的。"

"当时我真有点动心了呢，不过一想都是同学怪不好意思的，而且我确实不愿意给别人写作业。"晓珊把自己的真实想法跟妈妈说了。

"晓珊，要知道在这个世界上没有人不喜欢钱，用钱可以买到很多我们喜欢的东西。但是，如果为了钱，失去了自己的原则和立场，甚至失去了自己的道德底线，你觉得这样心安吗？"妈妈的话如同警钟一般，一下把思维迷糊的晓珊敲醒了。

"嗯，这样一讲，多亏当时我没有答应，呵呵。"晓珊感到十分庆幸。

"所以，晓珊，希望你从现在就能养成自己的立场，在决定事情的时候不要犹豫。认定是自己该做的，即便是难度再大都阻挡不了，认定是自己不该做的，即便是金山银山当前也不为所动。"妈妈悉心教导她。

"嗯，一定，谢谢妈妈。"

妈妈告诉我

晓珊，在现实生活中，你有没有过这样的体会？某同学上学是父母的轿车接送，而自己只能搭公交车或骑自行车，就觉得自己脸上没面子；班级组织郊游，某同学穿的是高级登山鞋，背的是高档运动包，带的是很贵的零食和饮料，而自己只穿着普通球鞋、背着普通背包，只带了面包和矿泉水，没面子；当同学聚会时，某同学一出手就是几百元，而自己为那30元钱还要苦苦向妈妈讨要，没面子。你想想，这些都是因为他有钱，而你没有钱，于是你深感不平衡。如果真的是这样，你就要小心自己的虚荣心了。

要知道，所有的这一切都只是由于他家更富裕一些，而这并不能说明你和他之间有什么差别。父母的钱是靠他们的辛劳和汗水换来的，你不能也没有权力拿着父母的钱大吃大喝、大摆阔气。要知道，自己现在拥有的一切都是父母给予的。你从出生就要花钱，穿衣吃饭要花钱、长大上学要花钱。父母为了你已经付出了太多太多。所以我们要学会体谅父母、关爱父母，而不是蛮不讲理地向父母索要什么。

这些，绝不是对幼儿的说教，而应是陪伴你一生、指导你一生的行为准则。

别人的钱再多、东西再好，也与自己没有太大关系，如果说有些关系的话，只能说这些应该是你奋发向上、努力学习的动力，而不应当成为你自卑甚至为此而犯错的诱因。每个人都希望能够挣更多的钱，让自己和家人过上更富裕更舒适的生活，这是责任感的一种表现，是无可厚非的。但获取金钱的方法有多种，"君子爱财，取之有道"，应当通过完善自身的素质与能力，将来有能力工作之后通过努力奋斗来改善自己的生活，而不能整天想着要摆阔，这样做，非但得不到幸福，还会得到惩罚。

第三章

心理 & 秘密——给躁动不安的你

我就是要最出众

我希望自己永远是最漂亮的

南南和妈妈走在街上碰到街坊邻居，阿姨总会和妈妈寒暄几句："和女儿一起出去走走啊。""你们家的南南长得越来越漂亮了。"每次听到这句话，南南心里都美极了。

是啊，妈妈有时也会看看南南，说："南南确实是越变越好看了，也变得秀气了。以后脾气再温和一些就更好了。"

"妈妈，您也很漂亮啊。"南南对妈妈说道。

妈妈笑着摇摇头："上了年纪，你看我的眼角都有了皱纹，皮肤上的色斑也增多了。再看看你的皮肤多么光泽，呵呵，你们现在正年轻嘛。"

"嗯，"南南看看妈妈的脸，确实，虽然经过了修饰但是依然抵挡不住岁月的痕迹，"妈妈，我想让自己看上去永远都年轻漂亮。"

"是啊，"妈妈说道，"女孩子 20 岁的时候漂亮是天生的，而以后年龄大了依然美丽那就是修行来的了，所以在日常也要注意保养，不仅是保养自己的皮肤、身材，还有气质。"

"嗯，妈妈你多介绍给我一些保养经验吧，我想让自己永远是最美丽的。"南南央求妈妈道。

"好，好，"妈妈说，"让我来给你讲讲名人的保养经验吧。"

妈妈告诉我

南南，怎样让自己永远保持最漂亮呢？妈妈给你介绍张曼玉的保养秘籍吧，也许你就会得到答案了。张曼玉，刚出道时是以青春无敌、清纯可爱取胜，只是那时的美似乎来得有些单薄，经不起推敲，毕竟这个世界上从来不缺少漂亮的年轻女孩。而张曼玉不同于别人，她的美经得起时光雕琢，岁月似乎只是给她时间，让她一丝丝地绽放出那份独特的韵味。

著名导演王晶谈到张曼玉时，他说：张曼玉的美丽是一种很自我的美丽，"不伤害别人的自我"，是那种美丽得男人都喜欢，女人也都很喜欢的类型。

罗大佑对张曼玉的评价似乎更为贴切，他说："张曼玉年轻的时候，她外表美丽却很不懂事，即使漂亮也是从角色里透出来的；如今虽然年华已逝，但她的美丽却由内而外地散发出来，即便在角色中，大家也能清晰地看到那就是张曼玉自己。"

听听张曼玉自己的话吧，她说："魅力是一点一滴经营的，绝非一朝一夕之功。的确，完美肌肤也需要坚持不懈地呵护，只有长期为肌肤进行基础保养和调理，才会尽可能长久地保持肌肤完美的状态。我不赞成采用那些快速见效的美肤方法，那样与自然不符。美最重要的是一个人开心、自信的状态。"这是张曼玉对美的看法。

1. 保养

银幕上的张曼玉皮肤光滑洁净，媚眼如丝，风情万种，但是日常生活中的她也会遇到皮肤困扰。张曼玉的T区有很多小痘痘，是由于经常化妆造成的，所以，她很注意皮肤清洁，除了卸妆必须使用深入清洁的乳液外，日常清洁只用洗面液和清水。

为了保养皮肤，在饮食方面张曼玉也很注意。她很少吃煎、炸、辣的东西，不吃容易上火和对胃会产生刺激的东西。而且每天早上起床后，张曼玉都会喝两大杯温水，她很形象地表示：早上喝过温水以后好像是冲走了前一天吃过的不好的东西。

还有就是睡眠，张曼玉说："要尽量避免熬夜造成的伤害，珍惜夜晚的黄金时间，让肌肤进行自我修护。无论工作多繁忙，时间安排多么紧张，我都不会缩短睡眠的时间。而且，在任何时候我都会保证睡眠时空气畅通，这样才能使皮肤更加充分地呼吸。"

她还总结道："我觉得心态很重要，保养皮肤关键是心态。第二是自己照顾自己好一点儿，睡眠好，多吃一点儿好的东西。第三是心情，我觉得笑容和眼神是从里面出来的，这是保养所不能做到。"

2．瘦身

高挑的张曼玉身高足有 1.7 米，身材一向匀称得让人羡慕。不过张曼玉说自己是那种很容易发胖的人，稍不注意就会出现发福的迹象。为此她专门拟订了一套瘦身计划：对油炸、脂肪类以及厚味食品等退避三舍；少吃加工食品，多吃有益健康的食品和清淡新鲜的食物。她还说，作为演员，通常要吃得很少，因此一定要保证营养。比如每天喝 3 杯牛奶，用来补充人体所需的营养，还可以为女性补充钙质，是很好的瘦身和滋养佳品。

另外，张曼玉早上起床一定要先用盐水清肠，她认为人身诸恶莫过于肠毒，肠毒去除干净了，人也会变得身材苗条。她的早餐常常是一杯果汁配上面包、鸡蛋或者黄油。至于午餐，她通常选择果汁、水果或一小块三明治。晚餐就尽可能简化。她还认为吃饭的时候一定要细嚼慢咽，把吃饭的速度减慢下来，再加上每天早晚两次称体重，就是控制体重的妙方。

张曼玉反对不健康的减肥方式，她说："长期坚持不健康的减肥方式，消化系统就会受到严重的破坏，身体健康也会受到影响。减肥最好的方法就是依靠自己的意志力，在少吃的情况下多运动。为了一生都能健康美丽，旁门左道还是少用为妙。"另外，早睡早起、饮食定时、勤练健康舞也是她保持身材的法宝。

其实，张曼玉真正的美丽还在于她内心的丰盈，她认为美女不光要长得好看，自信、修养、知识也很重要，她说："（知识）会让女人变得更加自信，尤其是随着年龄的增长，更应该随时跟社会保持联系，通过学知识来'保养'自己，不与时代脱节！"这种通过学习培养起来的知性气质是永远不会老的，这或许也是张曼玉越来越美的秘诀之一吧。

怎样让自己更美丽

兰兰刚才因为一件小事大为恼火，自己一个人气嘟嘟的样子。

妈妈走了进来安慰兰兰："你看，妈妈给你一面镜子，照照你现在的样子吧。"

兰兰拿过镜子看了一眼自己，发现镜子里的自己变得特别难堪，脸涨得红红的，而且表情也扭曲得很恐怖。

"不看了。"兰兰扔下镜子。

"呵呵，"妈妈笑着说道，"所以一个想让自己美丽的女孩不可以随便生气，要不然会变丑的。"

"嗯，真的是这样。"兰兰并不否认妈妈的话，"只是刚才我真的忍不住了。"

妈妈对兰兰说："因为情绪的变化会影响到人的整个新陈代谢系统，而且有研究表明在发脾气的时候人的体内会分泌一种毒素，对身体产生不好的影响。而且，你想，一个情绪不好的人，肯定面相也不会很好，久而久之，人就变丑了啊。"

原来是这个道理，听了妈妈的话，兰兰恍然大悟："那我以后不可以发脾气了，否则就会变丑了。"

"这就对了，"妈妈说道，"聪明的女孩一定会让自己保持好脾气，这是美丽永驻的秘诀呢。"

兰兰决定以后再也不发脾气了。

妈妈告诉我

哪个女人不怕自己有天会变成"黄脸婆"？所以她们想尽各种办法来挽救自己的容颜，买高级护肤品，去美容院做美容，还想方设法找偏方，其实只要你保持一个乐观平和的好心态，就可以让你的肌肤焕发出靓丽的光彩。因为心情的好坏，直接影响到皮肤尤其是脸色的好坏。

现代生理学研究表明，人在心情愉快时，其内脏器官活动会发生改变，如心脏跳动更均匀有力、肺活量增加、肠胃平滑肌蠕动加快，呼吸、消化、循环系统都得到很好的开发，机体免疫功能增强，人就会容光焕发。

"人逢喜事精神爽"，这句话也道出了一个人的心情与其精神、气色的关系，心情好，精神、气色自然就好。因此，对人谦让宽容、性情豁达，会令你散发出迷人魅力，小美女就不会变成黄脸婆了。

医学研究表明，怒伤肝，肝伤了，就更容易怒。因为肝主情志，喜疏泄，不能有郁积之气。肝郁气滞必然血行不畅，也就容易引发女性常见的血淤症，使人面无光泽，并出现色斑。

可是人不可能遇事永远都会心平气和，遇到让自己不愉快的事怎么能不生气、不发怒呢？除非是神仙，作为凡人的我们要学会将这种怒气宣泄出去，这样就不会伤身了。

1．舒肝解郁

想拥有美丽肌肤的你可以选择玫瑰花茶，如同时有腹胀，可在茶中加入橘络。另外，按摩太冲穴可排解烦闷之气。

2．慎待月经

不要小视经前紧张综合征及月经不调，要注意保暖，补充钙及B族维生素；月经期间可少量服用益母草、红糖茶，促使经血排出；月经后需养血，多服用红枣、当归、乌骨鸡等补气血之物。

3．运动

约上几个朋友爬山、跑步、打篮球都可以解除不良情绪，因为运动可以流汗，流汗可排出人体内过高的肾上腺素，肚子里的怒气也会随之发泄出去。

4．目标不要太远大

人从紧张到放松是有一个周期的：目标出现→身体分泌肾上腺素→身体紧张→达到目标→脑部分泌多巴胺→人感到松弛及满足感。如果你把这战线拉得太长，迟迟不犒劳紧张的身体，没到终点你就顶不住了。最好设定短期目标，时时奖励自己。不要说：等宝宝大了、等我有足够的钱了……没等到那时候你就成黄脸婆了。

5．其他

情绪不佳时，你可以找人倾诉，及时将心中的不快吐露出来；或是听听减压音乐，舒缓一下相对紧张的状态，等等。此外，还可以采取一些心理防御手段暂时缓和有害情绪，如迁怒、投射、退避、否认以及补偿等。而对于某些自身情绪已经偏离情绪平衡点较远的人们来讲，如果没有能力进行自我调节，这时就应该积极寻求心理医生等专业人士给予帮助。

心情好，自然会散发出女人的魅力，爱生气的女人不可爱，更不会美丽，所以女人们不要动不动就情绪化。

怎么变得越来越爱照镜子了

如果秋珊要一个人到野外去生存，随身必带的东西一定会是镜子。镜子是秋珊最亲密的伙伴，话说爱美之心人皆有啊，秋珊当然不例外。只不过，秋珊最近有点过分地爱照镜子了，有的时候会因为照镜子的时间太长而耽误上学的时间。

就拿今天早上来说吧，秋珊在洗脸的时候，发现在额头上长了一颗痘痘，天啊！这怎么得了！秋珊灵机一动，决定把刘海梳下来，这样一修理，就可以把痘痘隐藏在里面看不到了。等秋珊把刘海梳好以后，又照一下自己的新形象，哎，这样一点也不好看，本来自己的脸就是圆圆的，这样一弄之后就变得更圆了，活像一个樱桃小丸子。不行，这个样子绝对不行，到了学校要被同学笑死的。要不，还是把额头上的那颗痘痘露出来算了……

就这样，秋珊对着镜子左照照，右照照，直到妈妈过来喊她："秋珊，你在里面已经十多分钟了，还要不要出来，难道你不要上学了是吗？"

妈妈的话提醒了秋珊：差点忘记要去上课哇！秋珊只好依依不舍地离开了镜子。

到了学校，上课的时候，秋珊依然惦记着自己的额头上的那颗"小痘痘"，于是索性掏出随身携带的小镜子仔细地"端详"它，不知什么时候，老师来到了她的身边。

"秋珊，把镜子给我。"老师严厉地批评了秋珊，并且毫不留情地没收了她心爱的镜子。

唉！这些都是照镜子惹的祸。

可是尽管是这样，秋珊还是对照镜子特别的热衷，说真的，要是没有什么特别的"干扰"，秋珊保守估计，自己可以在镜子面前照上半个小时吧。秋珊是如此爱照镜子，以至于老妈经常会半开玩笑地对她说："以后你就拎着镜子出门吧，走到哪里都可以照了。"呵呵，这倒是一个挺好的主意呢，就是有点太沉了。不过，秋珊的心里也嘀咕，是不是爱照镜子也是一种怪癖呢？传说中白雪公主的后妈就特别爱照镜子的。

🚢 妈妈告诉我

秋珊，正处在青春发育期的女孩。爱照镜子并不是什么大问题，但是任何行为都要有一个"度"。俗话说：女大十八变，越变越好看。爱美也要有一个限度，这也就是对环境的适应。你本身就有着青春期的自然美，每天只要干净整齐去上学，就已经很美了。即便是不照镜子，你的美丽也绝不会跑掉；但你不停地照镜子，并不会为你的美"加分"。

我们要考虑一个行为它的价值几何，如果是因为照镜子浪费了许多时间，分散了学习精力，又在不适当的场合照镜子受到非议，不仅会影响你的学习，也容易让别人对你产生偏见，这就会 你的公众形象"减分"了，你说这样是不是很不值得呀？妈妈建议你今后早上梳洗完毕，就不要带镜子去学校了。

在青春期的女孩容易出现情绪上的不稳定，而且可能安全感比较差，或是对自己的某些缺点、劣势、幼稚等存在着担忧，这才是你总爱照镜子的真正原因。但只靠照镜子，并不能帮助你走向成熟，反而更显得你不自信和幼稚，所以，你必须积极调整自己的行为。有许多办法可以让你不心慌，变得镇定和成熟起来。

有照镜子的工夫，不妨试试做下列活动：与同学聊天，参加体育、文娱活动，听音乐，朗读你喜欢的诗歌或小说；在课堂上专心听讲，认真做笔记，积极回答问题……

对于周围的其他女生，你应该多多观察，为什么别人不会像你一样那么爱照镜子？应多与同学交谈沟通，同学都可以给你帮助，同时也要多关心同学伙伴的喜怒哀乐，为集体、同学做一些自己力所能及的事情，会使你感到快乐和满足。

一个人要走向独立，就必须在同龄人群体中找到自己的位置，只有这样才能摆脱不自信的状态。

"青年心理学"中有一个理论认为：同龄人团体是青少年"心理断乳期"的"哺乳室"；也就是说，同学伙伴会告诉你怎样变得自信和自强。而"镜子"不会说话，并不能做你的"心理奶瓶"，反而会加重你的心理负担。"以人为镜"，才是你的唯一出路。

为什么老想照镜子？镜子能够告诉你什么？你为什么不能放下镜子？照镜子给你

带来了什么？是好处还是坏处？什么时间、场合照镜子才合适？你要自己勇敢面对这些问题，认真思考，也应该敞开心扉，你的"镜子依赖症"便一定会不治自愈了。

最后，妈妈还建议你应该为自己制定一个时间表和计划表，让自己逐步建立起自信：

1．要让自己逐渐减少照镜子的次数，保证外出的时候不带镜子，可每天做一个记录。

2．转移注意力，探索尝试有益的"替代行为"，为他人和集体多做一些有意义的事情。

3．强制自己摆脱对镜子的依赖，记录自己的心情和生活学习情况。

4．最后让自己完全消除想照镜子的念头，像普通人一样自然地使用镜子。

学大人化妆、穿着奇装异服会变漂亮吗

公园里的杏花已经开放，同学们三三两两地相约在周末一起到公园里去照相。

欣欣穿着"盛装"准时出现在同学们的面前，从她远远的走过来，就吸引了不少人的驻足观看：她的上身穿着一件翠绿色的小毛衫，而下面却搭配一条米黄色的超级小短皮裙，还有一双黑色皮靴。

等她走近了，同学们才注意到她的打扮更加吓人：她的眼睛周围抹上了流行的烟熏妆，脸上却涂抹了一层又一层的白色。美白加烟熏妆让人联想起什么呢——骷髅。

"为什么这样看我，我为了拍照特意换了一件衣服。"欣欣面带微笑地对大家说道。

可是同学们都不喜欢欣欣的衣服，更不喜欢过路的人由于关注欣欣而连带着关注她们。

"欣欣这个样子真的是丑死了。"一定有很多同学会这样认为。

妈妈告诉我

女孩在进入了青春期之后，都会有很强烈的爱美之心，整天不知道会拿出镜子照多少次。我们经常可以看到有些女孩会把各种各样合格或者是不合格的化妆品往脸上堆，穿着的牛仔裤一定要扎个窟窿才算入时，裙子已经短得不能再短，而头发却偏偏要染成五颜六色的"冰淇淋"。原本这个年纪的女孩是出水芙蓉，可是却偏偏喜欢把自己打扮成妖艳皇后。

有的时候，妈妈也在私下里问过这些女孩究竟是什么心理，为什么喜欢奇怪的穿着，她们说这样的穿着就是为了表达内心对生活的反叛，为了追求自由的最大化。这些女孩极尽自己的所能打扮自己，希望让自己靠近女性的时尚圈，她们认为只有想穿什么就穿什么是对生活平凡乏味的对抗。

青春期的女孩在生理、情绪、思维能力等方面都处于急剧变化的阶段，尤其是性

意识、自我意识的觉醒和日渐成熟，让这些女孩对外在的形象感知变得特别敏感，同时希望得到更多异性的关注。根据英国的一项研究发现，许多年轻女孩为了让自己显得更加性感迷人，受到周围人尤其是异性的关注，就会去大胆地尝试暴露的服装，传达出她们已经是一个性成熟的女性了。

英国著名的剧作家莎士比亚曾经说过"如果我们沉默不语，衣裳和体态会泄露过去的经历。因此，无论你追求个性，还是追赶潮流，最好还是选择符合自身年龄、身份的装束，这样才能为美丽加分。"如果因为夸张的打扮让人对你的身份产生了不好的联想，那就说明你的装扮很不合时宜。

为什么喜欢在男孩面前大声说话

夏瑶本来就是一个喜爱炫耀的女孩，只是如果有男孩子在旁边，她会炫耀得更厉害。

有一次夏瑶和几个女孩围在一起说话，有一个男同学坐在了离她们不远的地方。这时夏瑶故意地抬高了自己的声调："你们看爸爸新给我买的镯子好看吗？是翡翠的呢。"

夏瑶一边说话一边用眼睛瞟了一下旁边的男同学。

"你们知道吗？翡翠分为好多种呢，有 ABCD 四种货，爸爸给我买的是 A 货呢，纯天然没有经过人为加工的，所以很珍贵。"夏瑶用她的大嗓门继续说道。

"真的很漂亮呢。"一个同学在旁边夸奖道。

"哼，市场上卖的好多翡翠都是不值钱的，我一眼就能看出货色来呢。"夏瑶得意地炫耀。

这时，坐在她们旁边的那个男孩子走了。夏瑶一下失去了刚才的亢奋。

妈妈告诉我

现在的时代变化很大，女孩子不再像从前那样被要求"笑不露齿"或是只能文静、柔弱了，她们和男孩子一样渴望能更多地探索这个世界、了解这个世界，也在与很多男孩子共同的学习、生活中发现他们身上的很多优点。比如：勇于冒险、敢于尝试、兴趣广泛、知识丰富，又比较开朗大度，和男孩子在一起能避免很多女孩子之间的小冲突、小矛盾，没有那么多斤斤计较，"小心眼"的麻烦。所以，很多性格比较外向、活泼开朗的女孩子常常喜欢和男孩子在一起玩。

到了青春期以后，也会有女孩子"一反常态"地喜欢在男孩子面前表现自己。比如，当有男孩子在场的时候，会特别注意自己的发型、衣着，会有意大声说话或者是说些自认为是很深奥、很吸引人的话题，或是大声唱歌、扭动着身体走来走去等。其实，这与男孩子调皮捣蛋、出洋相一样，是为了吸引异性，尤其是自己喜欢的异性的注意。

情愫徜徉心间

老师说我们进入了"危险年龄"

小丝的老师在卫生课上讲过：青春期是女孩在成长过程中的一段"危险年龄"。

为什么这样说呢？

因为，首先，在进入青春期之后，很多同学的思想、情感和性意识开始萌动，但是又常常非常的不成熟，还不能很好地分辨是非、分清优劣，容易受到周围的人和环境的影响。如果一旦遭遇到不良的引导和蛊惑，很容易会接受错误的观点。

再有一点就是进入青春期之后的女孩会出现越来越强烈的独立意识，使女孩的逆反心理加强。在小丝的班上就有很多同学不愿意接受爸爸妈妈的管教，也不愿意与他们多交流，暴露自己的思想，甚至是故意去违背他们的意愿以示"反抗"，或者是以"隐私"为借口拒绝大人的指导和帮助。

女孩觉得自己长大了，总会时不时地自以为是，所以说进入了"危险年龄"。因为，一个涉世未深的孩子，本来对是非善恶没有太强的辨别能力，如果不愿意听从父母长辈的教导，那将是件危险的事情。

在小丝的同学当中就有这样的，他们什么事情都不愿意和父母沟通，认为父母太唠叨，认为父母的观念过时了，认为父母过多的管束制约了他们的成长，这样的同学大部分脾气比较易怒，甚至在晚上彻夜不回家，家长都不知道他们去了哪里。

不过还好，小丝一般不怎么发脾气，小丝觉得自己有一个好妈妈，她还能在生活上给自己很多的帮助和指导，感谢都来不及，怎么可以发脾气呢？

🚢 妈妈告诉我

小丝，很多女孩都会有这样的体验，进入了青春期就不再有"乖乖女"。青春期的情绪，有时像一轮冉冉升起的朝阳，总是充满着无限的活力、希望和快乐；有时又像一艘难以驾驭的航行在茫茫大海里的航船，随时都有遭遇风暴袭击的危险。很多女孩子进入青春期后不仅身体见长，脾气也见长，言语和行为上都有很大的改变，尤其是批评不得，常常不讲道理地乱发脾气。难以驾驭的情绪变化、冲动易怒的脾气和随之而来的烦闷心情，这不正是处于青春期的女孩们最典型的情绪特征吗？

从生理上来说，据国内外专家的研究，青少年性激素的分泌，比其性发育前增长了 8 ~ 16 倍。成长的加速度就是一种"生理能量"，同时有些孩子神经系统本来属于"强型"，例如，心理学中所说的"胆汁质"或"多血质"的气质类型，当然就更是"不由自主"地容易冲动了。从心理特征上来看，孩子进入青春期以后；成人感和独立意识渐渐成熟，所以这个时期的孩子们总是想在自己的事情上自己做主，想得到别人的理解和尊重。与此同时，日渐多元的社会文化和时尚观念无时无刻不吸引着成长中的女孩们。他们渴望参与精彩的社会生活，期望体验各种时髦的东西，常常会与父母、老师"对着干"。

一方面，"生理能量"如果没有健康的释放渠道，就可能转化为一种"心理行为能量"，正如平日所说的，"有劲没处使"，这种能力释放的破坏作用是非常危险的。冲动易怒、脾气暴躁是一种极其消极的情绪，这不仅对个人的身体健康、个性培养不利。而且也会对身边的朋友、亲人造成伤害，走向社会后更是影响着人际关系，影响着一个人的进步和成才。

相信青春期的你们也会有这样的烦恼——"总爱发脾气怎么办？"方法是多种多样的，只要你真的用心去尝试。

要勇于承认自己爱发脾气，以求得他人帮助。如果周围人经常提醒、监督你，那么你的坏情绪会得到抑制。同时，意识控制就是一种很好的方式。当情绪即将爆发之时，可以进行自我暗示，提醒自己保持理性，暗暗告诉自己"别发脾气，以免伤己伤人"。相信每一个有涵养的人都可以做到。更重要的是，凡事要将心比心、推己及人，如果任何事情你都能够站在对方的立场来想一想，那么你会觉得似乎没有理由再发脾气。另外，宽容永远是一种高贵的美德，当你能够做到"笑口常开""大肚能容"时，冲动易怒的坏毛病也就自然消失了。所以试着从现在开始，学会克制、学会宽容、告别冲动易怒的"小刺猬"吧！要相信，深厚的涵养足以使一个人获得良好的人际关系并赢得众人的尊重，也可以使一个人从此具有一种人格的魅力、一种高贵的光芒。

为什么会莫名其妙地多愁善感

涵涵这几天就像是一只病病歪歪的小动物，变得不像从前那样爱笑了。奇怪，一向阳光的涵涵怎么突然抑郁了呢？是不是出了什么事情？

"涵涵，看你不是很高兴，你没什么事情吧。"同学蕾蕾关切地问她。

涵涵被蕾蕾这么一问，实话实说了："我最近一直都挺好的，什么事情也没有发生。最近我在听电子音乐，都是很苍凉的那种，听上去很有沉重的感觉，可能是因为这个原因吧。"

确实，音乐确实能够改变一个人的情绪，看来涵涵的忧郁不是不正常的现象。

听涵涵这样一解释，蕾蕾松了一口气。

"其实涵涵，你可以试着听乡村音乐，那个调子比较欢快。"蕾蕾提出了建议。

"我那里有很多调子轻快的音乐，只不过沉重的音乐听起来更有感觉，呵呵没事。"涵涵向蕾蕾解释说。

蕾蕾记得以前妈妈曾经教育过她"年轻人不可以有衰丧气"。正因为年轻，所以才应该是朝气勃勃的，如果一个年轻人却总是暮气沉沉的样子，那是很忌讳的。所以，蕾蕾也习惯了高兴的样子，后来发现，一个习惯真的可以形成一种性格，因为一旦习惯了高兴，所以人就看上去很开朗。

蕾蕾觉得莫名其妙的多愁善感，难免会给周围的人造成压力。希望涵涵努力做个快乐的人吧。

🚢 妈妈告诉我

林黛玉是忧郁的，也是美的，但是正是她的忧郁美，害得她在如花的年龄里过早地离开人世，留给后人无限的惋惜。

忧郁不独文学作品里有，现实生活中，忧郁似乎更是如影随形。根据世界卫生组织的研究发现，平均每一百人中就有3人罹患忧郁症，其中因为忧郁症所带来的身体疾病，甚至自我毁灭的例子比比皆是。继癌症、艾滋病后，忧郁症已成世纪三大疾病之一。

很多女孩当遇到学业退步，与朋友吵架、和家人冲突时，都很容易有疏离感而导致忧郁。多数忧郁的女孩，或多或少会在言语、行动上流露蛛丝马迹，例如，觉得"我觉得没什么未来""生活不可能好起来了"；严重的甚至有"活着没意思""我不会再烦你了""没有我，你们会过得更好""我很希望一觉就不再醒来"。所以，当女孩突然写信、把心爱的东西送走、告诉朋友师长绝望想放弃的感觉、有自伤的行为、对药物或武器的来源突然感兴趣等状况，就有可能走入自我伤害的歧途。

抑郁症在西方社会被称为"精神上的流行性感冒"，其传播范围之广，受其影响之容易，可以从"流感"二字看出来。在东方社会，抑郁症也并不少见，尤其是中国人，性格内向，往往真实想法不愿暴露，宁愿被抑郁情绪折磨，也不愿找精神病专家进行心理咨询。如此发展下去，可由抑郁情绪跨入抑郁症患者的行列，有的人便以自杀了结。

如果你们持续两个星期以上表现出以下5个甚至更多的症状，你就需要就医或咨询心理健康专家了：

1．心神不宁或急躁不安。

2．躯体症状持续对治疗没有反应。

3．注意力难以集中，记忆力下降，决策困难。

4．疲劳或精神不振。

5．持续的悲伤、焦虑，或头脑空白。

6．睡眠过多或过少。

7．体重减轻，食欲减退。

8．失去活动的快乐和兴趣。

9．感到内疚、无望或者自身毫无价值。

10．出现自杀或死亡的想法。

忧郁是成功之路上最不受欢迎的敌人，它是悲观的孪生姐妹。一个人整天沉浸在忧郁的阴影中，还有什么乐观、积极向上的心态去追求成功呢？最重要的就是不要去看远方模糊的幻象，而要做手边清楚的事。

忧郁是一道无形的网，它不仅网住了你的思想，还网住了你的行动。如果你心中梦想的是成功，那么请你尽快地走出忧郁的低谷。

这里介绍几种帮助青春期女孩走出忧郁的方法：

1．问你自己：可能发生的最坏情况是什么？如果你必须接受的话，就准备接受它。然后想办法改善它。

2．忧郁的人往往变得邋遢，你应反其道而行之。服装整洁，理理发，洗个澡，多对自己笑一笑。

3．反复地说出自己的名字，给自己打气。说："这没有什么了不起！"这是一种积极有效的心理暗示术。

4．尝试着改变交往的对象，结识新朋友。

5．多做做自己感兴趣的事，如跑步、唱歌、听音乐等。

帮助别人，做一些公益性的事。你将会找回自我的价值，感受到生活中有比个人忧愁更为重要的事。

还有其他一些方法，例如，让自己忙碌。卡耐基说，忧郁的人一定要让自己沉浸在自己喜爱的事情、工作里，否则只有在绝望中挣扎。

青春期的女孩正如含苞待放的花朵，应该享受的是阳光的照耀。不要让忧郁蒙住了自己的眼睛，尝试走出忧郁的沼泽地，你会收获温暖的快乐，温暖的美丽。

老师说我大喜大悲

"夏楠，45分；白雪，49分；花花，53分……"老师在班上念每个同学的分数，一直都没有一个人及格。

"杨凡——"念到杨凡的名字的时候，老师又仔细地看了一眼试卷，"75分。"

"耶——"杨凡情不自禁地在自己的座位上抓狂起来，难道自己的成绩是全班最高分吗？

"杨凡，淡定。"老师的脸上没有表情，继续念了下去，"黄岩，78分；葱头，82分……"

原来事情是这样的，老师按照成绩从低到高的顺序念试卷，班上的最高分是89分，而且，一向语文成绩不错的杨凡这次的考试结果并不理想。

杨凡想起自己刚才还在班上得意地大叫，忽然觉得这样很丢脸，一时情绪不稳定，眼泪止不住地"啪嗒啪嗒"落了下来。

"这一次考试说明不了什么问题，成绩不理想的同学希望以后能继续努力，争取好的成绩。"难道老师的话是在安慰自己吗？杨凡心想。

放学之后杨凡想一个人走回家，觉得自己今天的表现实在是不正常，在十分钟的时间内，一会大哭一会大笑，似乎脸变得也太快了些。再说了，这有什么可丢人的？不就是没控制好情绪叫了一声吗？也不至于难受得要哭啊？杨凡越想越觉得自己奇怪。

妈妈告诉我

情绪是人对事物的一种最浮浅、最直观、最不用动脑筋的情感反应。它往往只从维护情感主体的自尊和利益出发，不对事物做复杂、深远和智谋的考虑，这样的结果，常使自己处在很不利的位置上或为他人所利用。本来，情感离智谋就已距离很远了（人常常以情害事，为情役使，情令智昏），情绪更是情感的最表面、最浮躁的部分，凭情绪做事，焉有理智？不理智，能有胜算吗？

"东边日出西边雨"不仅是对一种自然现象的客观描述，而且也是对青春期女孩情绪特点的形象比喻：一边是情绪逐渐地趋向成熟、愉悦、平静、稳定，积极的情绪因素不断增加；一边是情绪问题陆续地出现，厌学、抑郁、焦虑、冷漠，诸如此类的情绪给我们的成长与发展罩上了阴影。有的阴影随着时间的推移而自然消逝，可有的阴影却需要施加人为的驱散力量，促使各类情绪问题的顺利解决。

我们现在正处于身体发育或社会经验形成的增长时期，情绪波动比较大，所以容易发怒。我们正像是一部正在磨合的汽车，对情绪的控制远远没有到达得心应手的境界，经常会因为一点小事耿耿于怀，也经常由于"不顺心""不如意"而怨天尤人、意志消沉。

这些都是正常的现象，因为我们正处在思维以及人生观的"大碰撞"时期；另外，这些也是不正常的现象，因为人若是不能有效地控制自己的情绪，就变得和动物没有什么分别了。

其实，我们情绪的"开关"就掌握在自己手上，是我们自己而不是别人在控制我们的情绪。在同样的负担下，谁的情绪更好、身体更健康，取决于谁更善于控制这些"开关"，从而保持一种积极健康的情绪。

控制情绪不是一件非常容易的事情，因为我们每个人心中永远存在着理智与感情的斗争。自我控制、自我约束也就是要求我们按理智判断行事，克服追求一时情绪满足的本能愿望。一个真正具有自我约束的人，即使在情绪非常激动时，也能够做到这一点。

我们每个人都在努力做使自己生活更有意义的事，并且在向着未来的目标奋进。但是，生活在现实的世界中，我们绝不应该采取仅使今天感到愉快而丝毫不顾及明天可能发生的后果的态度。我们的情绪大都容易倾向于获得暂时的满足，所以我们要善于做好自我约束。因此，在追求一种有意义的生活时，我们应当努力控制自己的情绪，使自己向好的一面发展。

问一问自己，你常常头脑发热吗？你曾经因冲动犯傻吗？你试过控制自己的情绪吗？

还是介绍几种控制自己情绪的方法吧：

1. 正确评价自己。

任何情绪和情感的产生都有其根源，有时它隐藏得很深，我们很难觉察，但是它却似一只无形的手，牢牢地把握着情绪的方向和发展，我们只有紧紧抓住这只无形的手，才能从被动转为主动，才能使情绪控制在自己理智所及的范围之内。有时候，情绪和情感发生的原因十分简单和明显，但我们却可能故意避开这种伸手可及的原因，找出许多次要的无关宗旨的理由，因为要正确地找出某些情绪的原因常常是使人痛苦的。例如，当我们内心受到严重的伤害时，我们不敢也不愿承认自己之所以受到伤害是由于自己本身的脆弱和无能，我们可能曲折而迂回地从外界去找原因，或把自己完全置于无辜的位置，以求得内心的平衡。不敢正视自己，不敢正确评价自己，阻碍着我们对自己进行理智的认识和评价。我们一定要克服这种毛病。

2. 转移注意力，换个环境。

当我们受到无法避免的痛苦打击时，长期沉浸在痛苦之中，既于事无补，不能解决任何问题，又影响自己的学习和工作、损害健康，所以我们应该尽快地把自己的注意力转移到那些有意义的事情上去，转移到最能使你感到自信、愉快和充实的活动上去。

这一方法的关键是尽量减少外界刺激，尽量减少它的影响和作用。

3．品尝各种愉快的生活体验。

每一个人的生活中都包含各种体验，建议你可以多回忆积极向上、愉快的生活体验，这有助于克服不良情绪，保持乐观的心理状态。比如说一次考试失利，不要总是沉浸在懊丧里自怨自艾。也许有些题目你的答案正确，可是分数高的同学却没有做出来，这说明你还是有能力的，成绩不好不过是暂时的。在这种情况下，振作精神，客观冷静地找出原因要比灰心丧气好得多。

同样，我们要有意识地搜集能让我们快乐的生活片段，将它们剪辑到我们的记忆中，并时时在脑海的荧幕里播放。

4．学会换位思考。

有一句话说得好，保持情绪的最好方法就是多看看比我们还不幸的人。悲观的失败者视困难为陷阱，乐观的成功者视困难为机遇，结果就有两种截然相反的生存轨迹。

凡事从好处想，就会看到希望，有了希望才能增添我们生存的勇气和力量。面对不良情绪困扰的时候，我们不妨换个角度想想，别人能做到的，我们为什么做不到呢？

越来越在意别人如何看待自己

放学之后，顾兰闷闷不乐地回家了。妈妈看到顾兰这副样子，感到很奇怪。

"平时总是爱说爱笑的小女孩，今天怎么一脸的愁苦呢？遇到什么困难了？让妈妈来帮助你吧。"妈妈在一旁关切地询问＋安慰＋加油打气地对女儿说。

"妈妈，我从今天以后对自己再也没有自信了，原来我的缺点这么多。"顾兰说着说着，眼泪就快要掉下来了。

"怎么了？我们家的顾兰是个很好的小女孩啊！谁说顾兰不好啦？"妈妈看顾兰这个样子，更加纳闷了。

"是这样，今天评选三好学生，老师将名单贴在班上进行公示，让同学们踊跃地提出我的优点和缺点。结果，我得到了一大堆的缺点。"

顾兰把一张纸拿给妈妈看，那是同学对顾兰的评价的所有汇总：

优点：开朗喜欢笑，对同学很友善；勤奋好学，而且也刻苦努力；团结同学，从不会和同学吵架或闹别扭。

缺点：学习成绩不稳定，忽高忽低；对同学不够一视同仁；不能积极主动热情地帮助同学；有时打扫卫生不认真。

妈妈看了顾兰的那张评价之后，笑着说："顾兰，你的优点也不少啊，你怎么没有看到？"

"他们说的优点我觉得都说得对啊，关键是他们给我提的缺点让我心里有点难过，原来在同学的眼中，我有这么多的毛病。"

"哦，呵呵我明白了。"妈妈笑着帮顾兰分析问题，"你也是只喜欢听好话的孩子吗？有一种小孩只喜欢听别人夸，不喜欢听别人说他的缺点，这样的孩子还会有进步吗？"听妈妈这样一讲，顾兰不好意思地笑了。

"如果你觉得别人对你的评价是对的，就应该虚心接受，即便是觉得他们说的不对，也要好好反思自己，是什么原因造成别人对自己的这种印象，这样想的话才不会辜负同学给你提的这些意见，对吗？"妈妈问顾兰。

"嗯。"顾兰点点头。

"不论别人如何评价我们，都不要对自己丧失信心。缺点是人人都会有的，不要因为别人的评价而丧失了对自己的自信，那损失就大了。"妈妈笑着对顾兰说。

听了妈妈的话，顾兰的心里不再难过了。

🚢 妈妈告诉我

顾兰，驾驭自己就是要相信自己，对自己充满自信，永远保持一颗坚定的心，这样你的未来就会在你的掌控之中，那种前途未卜的庸人自扰的想法也就灰飞烟灭了，还有什么可担心的！

保持信心就如同争取高贵的名誉一样重要，信心是走向成功的最有力的保障。因为生活就是这样，有时决定你成败的不是能力的高低，而是你是否有信心，是否相信"我能行"。每个人的能力大小虽然各不相同，但如果一个人具有成功的信念，肯定会对他的能力产生影响。

生活中，一个缺乏信心的人，就如同一根受了潮的火柴，是不可能擦亮希望的火光的。在生活中，才能并不出众、表现平平、安分守己的人占大多数，但平凡不等于平庸，连古人都说"天生我材必有用"，难道我们就那么在乎别人的眼光，只能坐以待毙等待别人的评价吗？

无论一个人多么聪明，多么有才华，如果他对自己的聪明才智不能给予肯定，没有一点自信，那么他实际上什么都没有，只不过是一个摆设而已。

任何一个成功的人都对自己的能力、实力等有一个准确的定位，他会对自己所具备的能力非常的自信，也有足够的能力说服自己、认可自己。

英国历史学家弗劳德说："一棵树如果要结出果实，必须先在土壤里扎下根。同样，一个人首先需要学会依靠自己、尊重自己，不接受他人的施舍，不等待命运的馈赠。只有在这样的基础上，才可能做出成就。"

有一位书法家把自己的一幅佳作送到画廊里展出，他别出心裁地放了一支笔，并附言："观赏者如果认为这幅字有欠佳之处，请在画上做记号。"结果字面上标满了记号，几乎没有一处不被指责。过了几日，这位书法家又写了一张同样的作品拿去展出，不过这次附言与上次不同，他请每位观赏者将他们最为欣赏的妙笔都标上记号。当他再取回作品时，看到上面又被涂满了记号，原先被指责的地方，却都换上了赞美的标志。

这位书法家不受他人的操纵，所以在任何情况下，都不会迷失自己，都会有完全的自信。正像林润翰先生所言，他"自信而不自满，善听意见却不被其所左右，执着却不偏执"。

美国前总统罗纳德·里根曾立志要当总统，并相信自己一定可以成为总统。

从22岁到54岁，里根一直在文艺圈中，对于从政完全是陌生的，更没有什么经验可谈。但当机会到来时，共和党的保守派和一些富豪们竭力怂恿他竞选加州州长时，里根毅然决定放弃大半辈子赖以为生的原职业，坚决地投入到从政生涯中。最后，里根成为美国第39任总统。

天底下最难的事莫过于驾驭自己，这绝对是个很大的挑战，怎么才能不虚度一生呢？怎样才能知道自己选择了合适的职业或恰当的目标呢？与其让双亲、老师、朋友或经济学家为我们制定长远规划，还不如自己来了解一下我们"擅长"做什么。

明确了目标后，行动不可能是一帆风顺的，但是我们要学会适应，就是把困难作为正常的东西加以接受。生活中的逆境和失败，如果我们把它们作为正常的反馈来看待，就会帮助我们增强免疫力，防御那些有害的、具有负面影响的反应。

其实，驾驭自己最重要的是有勇气有自信改变自己的命运。

种瓜得瓜，种豆得豆，我们所得的报酬取决于我们所做的贡献。你一定会为自己在生活中的位置或者荣获赞誉或者蒙受耻辱。有责任心的人们关注的是那些束缚自己的枷锁，在关键时刻，宣告自己的独立。

从现在开始，把自己的命运掌控在自己的手中吧，做自己的主宰，用自己的奋斗营造自己的未来，这将是人生中最有意义、最有价值的一件事。

一说话就脸红，我也觉得窘

历史老师风趣幽默，同学都很喜欢他，霜霜自然也不例外。她很想找机会亲近这位可爱的老师，可是不知道该怎么办比较好。

霜霜的同伴给她出了一个好主意："你想个问题问他，他一定会很耐心地给你解答。这样的话你不就可以和老师近距离的接触了吗？"

霜霜觉得那个同学说的有道理，于是苦思冥想了很长时间，终于想出一个可以向老师请教的问题。

这天等到老师下了课，夹起他的教案正要走的时候，霜霜快步上前拦住了他："老师，我有一个问题想问您。"说到这里，霜霜开始感到自己脸上有点发热了。

老师静默地站在那里等待霜霜提问。

"是这样，那天您上课的时候讲东汉时期我国出现了瓷器，而在讲商朝的历史时又说那是出现了原始青瓷，这两种说法是否矛盾？"霜霜在提问的时候还在想思考这种问题似乎有点钻牛角尖。

"不矛盾。"老师很肯定地告诉霜霜，"商朝出现的原始青瓷，只是在材料的使用、烧成的温度、具有挂釉的特征这三个方面有瓷器的特征，而关于瓷器的其他特征比如吸水率、显气孔率等都没有达到标准，所以不是真正的瓷器，而只能成为原始青瓷。"

"可是，老师，"霜霜听了老师的一大堆术语，居然没有听懂，而且还想和老师多套两句话，就继续胡搅蛮缠地对老师说，"如果这样说的话也不对，因为后来明朝、清朝制造瓷器的标准在汉朝的时候也达不到的，为什么不把汉朝的瓷器也归结成为原始青瓷？"

"汉朝的瓷器已经达到了瓷器的标准，所以才将汉朝作为瓷器历史的开始。"老师绕开了霜霜无聊的问题。

霜霜眨眨眼睛看着老师，胡乱地抓抓头，冒冒失失地说了这么一句："不明白……算了我不问了。"

老师温和地看她，居然笑了出来。霜霜觉得更不好意思了，匆匆地回到了自己的座位。

🚢 妈妈告诉我

霜霜，你碰见陌生人时觉得害羞吗？当你问人问题时，觉得害羞吗？如果你必须在讲台上演说，你会害羞吗？如果你忽然看见一棵可爱的树、一朵纤美的花，或是一只在巢中唱歌的鸟儿，你会觉得有点不自在而又想静静站着观赏吗？你知道，害羞是一件好事。但是对大部分人来说，害羞隐藏着难为情。过多地关注自己，势必把自己装在一个精神的茧壳里。

害羞是一种难以描绘的情感屏障，是人人都能触及的精神茧壳。而人往往又在这种心理的网罗下，作茧自缚，所以，要破茧成蝶，就要打开束缚，勇敢地面对生活。

假想你现在正在参加一个酒会，你只认识少数的几个人，你和他们交谈了几句以后，他们就走开去和别的朋友谈话。这时，你发现有一群人还颇吸引你，你会怎么做呢？微笑着走过去，然后介绍你自己？还是站在这一群人旁边，等他们发现你？或是另外去找你已经熟悉的人？还是找个充分的理由离开这个酒会？

如果你不太容易向陌生人介绍自己——即使只是假想自己在宴会里会碰到陌生

人——你就可能有点害羞了。就像成千上万的其他人一样，你总是有点害怕见到陌生人——甚至连你已经认识的人也怕见到。你最害怕的情况可能是参加宴会，也可能是其他具决定性意义的场合，譬如应征工作进行面谈，或拜见未来的岳父母。或许，你常会因为害羞而变得退却。你可能在一个地方工作了几个月以后，想认识一下其他办公室的人，但又觉得不好意思，而打了退堂鼓。或者，你发现一个很吸引人的异性，却不知道怎么接近他。或许，你不敢去看医生或理发，因为你不知道该怎么告诉他你的情况和要求。

"真的，我本应该非常快乐。"一位女孩曾经这样说道，"但是，我并不快乐。一种可怕的害羞使我每次发现他人看着我的时候都会羞红了脸。我该怎样做呢？"

马克·吐温说，人类是唯一会害羞的动物，人类有时也需要害羞一点。可是，人们却不应该在正常行事的过程中害羞，同样也不应该在一个连动物都会害羞的场合下无动于衷。

害羞有时会是一种痛苦。它是一个令人麻烦的东西，使我们变得懦弱、不安、不快。我们会感觉自己很愚蠢，像一只被观赏玩弄的动物一样。但是，害羞是可以克服的。当然，这不是一蹴而就的事情，否则我们就会发展到一个极端，这是更可怕的，尤其是对别人来说。

萧伯纳年轻的时候就非常害羞。有一次，他到一条街去付账，他在街上来回走，就是没有勇气去敲门。

今天，人们可以对萧伯纳做出很多种评价，但是没有人会说他害羞。他之所以喜欢做惊人之举，从心理学的角度讲，是为了弥补自己的害羞。

在美国有40%的成年人有害羞表情，在日本60%的人为自己害羞，在我国则几乎所有的人都有害羞的时候，连宋代大诗人苏轼也曾有过"归来羞涩对妻子"的尴尬场面。有专家认为，害羞心理并不都是消极的，适度的害羞心理是维护人们自尊自重的重要条件。有人调查表明，害羞的人能体谅人，比较可靠，容易成为知心朋友，他们对爱情比较忠诚，保持自己贞操。女性适度的害羞，可以使之更显得温柔和富有魅力。一个害羞的女大学生对潇洒的男子来说其吸引力可超过一个漂亮的交际花。当然，这里讲的是"适度"，如果过于害羞，那就成了心理障碍。

我们如何才能控制自己害羞的情绪呢？答案就是：不要再考虑自己，下定决心，勇敢地着手做自己不敢做的事情。

下定决心去做自己不敢做的事情，当然，这样做最初是很困难的，但是，如果我们能够勇敢地面对我们感到害羞的事情，我们就可以控制它。摆脱自我的约束即便不是最重要的艺术，也是人生的首要艺术。

面对异性，该怎么办

我总是不敢抬头看男生

曼云开始怀疑自己是否有一些心理障碍，为什么当自己只要一看到男生就会感到特别的紧张和害怕？有的时候，如果有的男同学坐在曼云旁边，曼云从来都不敢抬头看一眼，也不敢同人说话，自己感觉难受，对方也会觉得不自在。

在一次全校举行的运动会上，曼云到现场的时候比较晚，基本上都没有座位了。同班的同学对曼云大喊："曼云，那边有个空位，坐过去吧。"曼云顺着同学指的方向一看，空位旁边是个男同学。曼云宁可自己站着，也不愿意坐过去，多别扭啊！曼云和同学摆摆手，示意自己不过去坐了，要一直站在原地。

那场运动会一直持续了三个小时，而曼云就在那里站了三个小时也不愿意坐过去。其害羞程度可见一斑。

妈妈告诉我

曼云，我能够感受到你在不敢看男生的时候心情很紧张，压力也很大。但是，妈妈想告诉你的是，事情并没有你所想象的那么严重，你应该先让自己放轻松。

你可以选择听听音乐、唱唱歌，或者读点优美的诗词，看点富有哲理的散文，给自己的思想一个自由奔涌的机会，然后坐下来，静静地向日记倾诉，再现一个自然的你。

真的，你实在是不应该自我压抑。一个刚刚进入青春期的女孩，即便喜欢上了班上的某个男同学，也是很自然的一件事情，这种感情不同于儿童，也不同于成人，是非常纯洁的，应该珍惜。

你可以把它作为秘密，甜甜地埋藏在心里，也许永远都不会被人知道，但是不要因自己的这种心理现象而埋怨自己，因为每一个进入青春期的女孩都会多少有这样的情感产生。你之所以看到男孩子会感到紧张，是把这种原本正常的、可以理解的感情，当成了肮脏的、不该有的东西，因而在内心的深处产生了深深的自责。

那么，应该怎样做到既珍惜这种少女之情，又不陷入早恋以致影响到学习和身体健康呢？许许多多的过来人都有一条共同的经验，即是将自己的目标投向了更加美好的未来，为了自己理想的实现，你会将自己的注意力转移到许多有益的事情上来，当你在和男同学相处的时候，可以把他们作为参与竞争的伙伴而在一起坦然地学习，探讨问题或是完成某项事情，如果以性别而论，社会就是由男人和女人组成的，一个自立于社会的女性不仅要掌握现代的科学文化知识，也得具备各种与人打交道的本事。作为成长阶段的中学生，自然是需要全面锻炼自己的，哪能见了男生就不敢抬头呢？

妈妈还想告诉你一个秘密：有不少学生，在异性同学的面前都会有或多或少的不安和紧张呢。不过，他们大多数将自己的情感藏在了心里，努力让自己做到坦然、大方，渐渐地也就真的习惯成自然了，你只要留意调整一下心态，也会变得落落大方的。

男孩子会注意到我们的变化吗

波波从前一直是个"假小子"式的人物，还有很多女孩夸她长得帅来着。有时当波波看到比自己更弱小的女孩，甚至会自然地想到要保护她。从小玩变形金刚、打弹球长大的波波，现在居然变得文静和内敛了很多，自己都不明白这其中究竟是什么原因。

难道只要女孩到了青春期，心理上也会随之而改变吗？再看到陌生的人不会像从前一样疯疯癫癫地无所顾忌，而是学会了含蓄。有时看到了男生，波波也不像以前那样可以从容热情地打招呼了。总之，波波发现自己变化了很多。

记得有一次，波波来到学校迟到了，匆匆忙忙地奔进教室开始慌乱地收拾，无意之间看到有几个男生在那里冲着她笑，心里一下就慌了，后来才知道当时她的头发翘起来一撮。男孩是不是也在观察女孩的变化呢？波波也不知道。只是希望自己能够把握好心态，不要因为这些变化而扰乱了心情。

🚁 妈妈告诉我

北宋大文豪苏东坡写西湖，曾经有"欲把西湖比西子，淡妆浓抹总相宜"的佳句。这句诗既有对西湖的赞美之情，更有对女人一种接近天然之美的由衷感叹。在他的眼中，女人好比西湖，像一幅淡淡的水墨画，呈现在眼前的是一种本色、纯净的美。可见在古人的心目中，男人眼中的女人是清新的，有着春风的柔和，有着春雨的缠绵，更多的是感官上的宜人。女人之美在于淡然的有韵味的遐想。

当男孩喜欢上一个女孩的时候，就会喜欢上这个女孩的一切，包括她的所有缺点。此时，这个女孩的一言一行、一颦一笑，他都会感觉很美。也许是这种极端的表现，恰恰证明了某一阶段的女孩在男孩心目中的位置。

很多男孩在谈到他真正欣赏的女孩的时候，都会提出一些共性的观点。看看这些"男性宣言"就会发现，男孩的要求其实很简单。

"当我指出她使我感到压力时，她能够欣然接受，而不是指责我吹毛求疵。我希望她能够依我们讨论的方法将彼此关系拉近。

"她能承认自己也有自私的一面，我不是唯一以自我为中心的人。此外，我也不希望她潜意识里隐藏着一些对男人的刻板印象及负面感觉。

"她知道沟通应该是双向的。当我们争执后能平静地讨论原因，我希望她知道我的激烈反应有的是受她的影响所致。

"我不希望自己只是去满足她的浪漫幻想，因为我知道现实并非如此，结果可能会令她更失望。

"她不会因我或我们的关系而牺牲她身边的其他事物；因为她这样做，会使我感到被迫付出多于我愿意付出的。

"她能够容许我有自己的意见，不会认为我的意见不当，而强迫改变我。当碰到问题时，她能够与我并肩作战；当我们发生争执时，她能够视它为一种拉近彼此距离的沟通方法，而不会认为我提出问题是在找麻烦。

"她不会过分要求我超越自己的能力去令她快乐。我也不希望她改变自己来迎合我，并希望我为她的牺牲负责。

"她不要只告诉我对我们的关系有何不满，而是要提出一些如何改善的方法。我不希望老是要猜测她的想法，或者现在她是否不高兴？当问题出现时，被告知它的存在是不够的，我更希望她与我一同解决问题。

"我也许是比较自我的人，但我不希望我的动机被误会，更不希望当我有什么做得不恰当时，就被认为是不重视这份感情。

"她能够给予我所希望得到的，而不是她希望我得到的东西。

"她不会过分高估或低估我，我只是一个普通人——有优点也有缺点，我跟她一样也有脆弱的一面。"

由此可见，你不用闭月羞花、沉鱼落雁，你也不用为自己的体形不够完美而自寻烦恼。只要你是个温柔体贴、善解人意的女孩，就会具有无穷的魅力，男孩会无法抗拒你的魅力所散发出的强大吸引力。

暗暗地喜欢上一个男生，该怎么办

晓轩最近有一点魂不守舍的样子，周围的同学都感觉到她有点不太对劲。不仅如此，以前的那股泼辣劲也有所改变，连班上感觉最不敏锐的同学都看出来了，觉得奇怪："晓轩近来温柔了许多。"

那天，晓轩在说话的时候不经意地向大家透露了她的小心思，原来她喜欢了班上的一个男生。

"那道题目他会做，我要去问他。"

"你们觉得他是不是对人有点冷？"

晓轩和同学说话时在拐弯抹角之间还是会透露出自己想去靠近他，想让同学帮助客观地评价她这样的美好愿望。只不过，那个男生看上去像块木头，对晓轩并无半点的感觉。虽然是落花有意，可惜流水无情，弄得晓轩抑郁了很多。

其实同学们都猜到了晓轩的心思，可是晓轩却和大家对此不挑明了说，一个人把心情小心地收藏起来。可以想见，晓轩的内心该有多么的痛苦。

"如果将来我要是喜欢一个男生，我就直接跟他说。喜欢就喜欢，不喜欢就算了，至于这么磨叽吗？把一个好端端的人都整成半神经了。"同学们很想帮帮晓轩，但是却感到无从下手，只是希望她不要耽误了学习才好。

妈妈告诉我

晓轩，青春靓丽的女孩，自然喜欢吸引男孩子的注意。但是你所喜欢的那个男孩，却很可能是一个保守而又内向的人，也很可能因为你不曾与他见过而怯场；虽然他想认识你，但因为顾虑重重，很可能保持沉默。生活中经常会出现这样的情况：一对本来可以相识、相恋的男女，因各自的心理作祟，或者在一个清风习习的早晨，或者在一个月儿朦胧的夜晚，却擦肩而过了。这种情况固然有一种神秘的美丽，但终究没有收获和拥有，是不是感到有一些遗憾？甚至是终身的遗憾？

所以，爱除了心灵的感应与感觉外，还有行动的表白。不论是爱或者被爱，都是一件很幸福的事，可幸福不是等来的，它需要努力，需要创造。

爱，需要勇敢地表白。很多男人在表达爱意时比女人更胆怯，所以，女孩们应该学会鼓励那个自己心中也暗暗喜欢的男孩。

当你遇到一位自己喜欢的男孩，在什么都没有开始时，你要是以为"他不一定喜欢我"，你可能会永远失去他，失去选择的机会。

还有的女孩刚开始就想："如果被拒绝了，那该怎么办？"或者"他态度很冷淡，我如何是好？"

其实大可不必存在这些顾虑，如果每个人都这么想："如果被拒绝，我该怎么办？"那么，你永远也得不到一份真爱！

很明显，问题并不在于会不会被拒绝，而在于如何克服这种自卑不安的想法以及自愧不如人的心理。

假如你很想与自己喜欢的男孩约会，你可能会在电话机旁呆坐半天，拿起电话想拨号却又放下了，就这样反反复复，犹豫不定。

事实上，只要你勇敢地拨一次电话，事情就会完全解决，你也就从此摆脱了那种焦急如焚的心境。即使遭到拒绝，也没有什么大不了的。你只要保持轻松、宽容的心情就会感到焦虑不安是多余的，因为你做了一件值得也应该做的事情。

情场如战场，勇敢地迈出第一步，主动一点，往往就会赢得爱人的心。

如果你真的遇到了一个喜欢的也值得你喜欢的男孩，不要羞涩，要学会发挥自己的魅力，用魅力来垂钓。下面一些技巧不妨试试。

1．记住对方的资料

在男女交往中，免不了互相介绍，这时候你一定要全神贯注，千万要记住他的名字，否则会让他觉得你过于高傲或心不在焉，就可能对你敬而远之。除了对方的名字，他的职业、籍贯、电话号码、兴趣爱好、饮食口味等，都要牢记在心。在适当的时候，不经意地让他知道你对他的小细节记得很清楚，他便会开始留意你。

2．不露声色地展示自己

中国人普遍都有着含而不露的性格特征，男性大多喜欢含蓄、内向型的女性，开放型的女性虽然可以朋友遍天下，但在绝大多数男性心目中，她们容易走近却不容易走进，只可为友却不可为妻。假如你觉得自己没有足够的能力改变他的这种观念，却又无法割舍对他的感情，不妨投其所好，经常让他眼睛一亮，发出由衷的惊叹：原来她是这样优秀！

3．与其他异性交往要把握分寸

事实证明，男人的嫉妒心是一笔可以利用的资源，一个被若干异性爱慕着的女性比落落寡合的女性魅力大得多。只要使用得法，你所钟情的男子会出于对其他异性的嫉妒而对你产生兴趣，但是最好是点到为止。"欲擒故纵"不失为一种好办法，但要记住"物极必反"，你如果过于讨人喜欢，而且来者不拒的话，你的形象将会大打折扣。

4．要做一个"变形金刚"

太阳每天都是新的，人也是一种喜新厌旧的动物，当你心仪的男孩仍对你无动于衷的时候，不要着急，冷静思考一下，是不是自己哪些地方落伍了？也许在忙忙碌碌中放弃了自我更新。你不妨时时改变自己，让他每次见到你都有一种全新的感觉。譬如，改一下打扮，变一下发式……当然，最根本的还是精神面貌的改变，注意万变不离其宗，需要改变的是你的弱点，而不是优点，盲目改变不如不改。

5．鼓励那个自己暗暗喜欢的男孩

有人曾做过一个这样的小测试，如果遇到一个你极满意的异性，你是否会主动搭讪建立联系？答"会"的女人为55.7%，而男人们竟比女人们还低5.7个百分点。

如果不主动与那个自己喜欢的异性联系，有24.3%的女人和28.5%的男人是因为认为这样做有违自己的行事准则，23%的女人和21.3%的男人是因为担心受到冷遇，4%的女人和14.3%的男人怕被笑话。因为缺乏勇气而不与自己喜欢的异性搭讪的男人为

49.9%，女人为30.8%。可见男人在表达爱意时，比女人更胆怯，女孩们应该学会鼓励那个自己心中暗暗喜欢的男孩。

如果你能够掌握以上方法，并灵活运用，相信你心仪的男孩一定会乖乖地到你身边来！

其实，我挺喜欢和男孩子在一起玩

君君特别喜欢和男孩在一起玩，在她看来，和男孩在一起玩的感觉很不错呢。有的时候他们会表现的大大咧咧，还特别会说笑话，如果友好相处的话，真的是不错的朋友呢。

有一段时间，君君迷上了编织中国结，一下子买来很多线，发誓要编100个。君君的同桌对她的爱好也很感兴趣，每天都会凑过来和她一起编。眼看着100个马上就都做好了，他在一旁仔细地帮君君数："一个、两个……"

"奇怪，我算的应该是100个，怎么只有99个，少了一个。"君君纳闷地说，这时，同桌却很幽默地摊开两只手，对君君说："向你保证，我没有贪污！"这样的举动逗得君君哈哈大笑起来。

在君君的眼中，有的时候男生还总是有点爱吹牛，有点爱侃，看上去也是很可爱的，似乎他们是上知天文，下知地理，无所不知，其实说的哪儿都不挨哪儿。有的时候君君感到累了坐在位子上休息的时候，听听同桌胡侃几句，伴随着哈哈哈哈的笑声，疲惫感很快就抛到了九霄云外去了。

君君觉得和男孩在一起，有时他们能带来不一样的快乐，让自己的心情更加开朗，视野变得更加开阔，跳出那些固定的小圈子。

但是君君不知道男孩究竟喜欢和什么样的女孩相处呢？君君很希望自己能在他们的心中留下好印象。

🚢 妈妈告诉我

男孩到底喜欢跟什么样的女孩相处呢？答案当然是有舒适感的女孩！那么，究竟什么样的女孩才能给男人以舒适感呢？男孩心目中的舒适感有什么标准呢？总结起来，我们要注意做到以下几点：

1．随和体贴，善解人意

任何想要与女人愉快相处的人，不管是她丈夫、老板、同事或是3个月的孩子的母亲，都应该更多地关心她表现出来的温柔性情而不是她的过失。要知道：男人们宁可在轻松欢快的气氛中吃方便面，也不愿跟一个哭丧着脸、不断地抱怨唠叨的女人享受美味的大餐。一个单身汉曾经坦白地承认，如果让他在一个出身贫寒但快乐、性情温和的女人和一个出身富有的泼妇之间做出选择，他会毫不犹豫地选择前者！

2．增强适应力

一般情况下，女孩几乎不会因为一时兴起而去做什么事情。因此，男孩永远也不会了解，为什么女孩去看场电影也要在几周前就预先计划好；而当他临时决定打算到郊区时，女孩却经常会以她没有合适的衣服穿等借口加以拒绝。

就算男孩突如其来的想法会让有条不紊地女孩感到厌烦，但是对女孩来说，偶尔尝试一下新鲜的做法也并没有什么损失，有时，反而能增进彼此的理解和快乐。顺应一个男孩的心情，是赢得他的一个万无一失的法宝！

当男孩想到一个主意时，他喜欢马上将它付诸行动！而女孩往往无法及时适应这种冲动，这种情况常常令男孩十分气恼。很早就拥有适应男孩情绪变化能力的女孩，已经在洞悉如何与男孩相处的问题上抢占了先机，能巧妙地化解这个矛盾。

3．做他出色的聆听者

女孩的话太多！这几乎是所有男性的共识，原因是他们认为自己在女孩面前往往难有说话的机会。

其实，聆听别人说话并不只是默不作声或是滔滔不绝地回应！做一个出色的聆听者，并不是一件简单的事，必须注意聆听的"积极性"，听人说话也要讲究"品质"。只有这样，才能真正做到游刃有余。

（1）注意力集中是聆听别人谈话时首先要注意的。此时，最忌讳眼神的飘忽不定，当然，也不必紧张得手心出汗，拘谨得不知所措。千万不要让心思任意漂游，天马行空地胡思乱想。倾听时表情要自然、放松，并随着听到的内容发生变化。没有什么比一个面无表情的聆听者更让说话的人感到扫兴的了。

（2）出色的聆听者意味着心神集中和积极地配合。如果你想要赢得一个男孩的心或者对他施加影响时，千万不要在他需要一个聪慧、机灵的聆听者时拿出装傻、扮天真的本领表现出十分欣赏、崇拜他的那一套把戏。

（3）在聆听时可以把握发问时机，偶尔提出不同的看法。如果你个人非常赞同他的说法，可适时地在他谈话停顿的时候提出来，但不要滔滔不绝。要注意让他掌握谈话的主导权，这样，就不至于造成单调的独白，双方的思想也能得到很好的沟通。

学会正确聆听别人的讲话，不仅能让你与男孩相处得更融洽，也能让你和其他人相处得更好。

4．要能干，但不要表现得太能干

其实，做到男孩心目中理想的女性形象也并不是非常困难。聪明的女孩在上班时会尽量表现出自己就是老板不可或缺的得力助手；下班以后就不再以同样的面貌出现，而是做他温柔可爱的女人。这样他就会对你呵护有加，不离不弃。

5．做真实的自己

一位一向文静内向的女孩突发奇想地有一些怪异的举止，比如在公共场合放声大笑，很显然，她觉得这样做能使自己成为现场众人注目的焦点。不过，男人并没有你想象的那么愚笨，他们懂得判断，也知道如何辨别真伪。

做真实的自己，才是成熟女孩唯一正确的选择！

令人不解的是，很多平时非常聪明的女孩在这方面也会犯糊涂。她们认为仅仅改变自己的装扮风格就能让男人迷惑，让他们不清楚自己到底娶了一个什么样的女人，这种想法既不成熟也不明智。要知道，江山易改，本性难移，任何人都改变不了自己的性格，还不如老老实实地承认它，更何况这些性格并没有什么不好。女孩完全可以发扬自己的优点，改掉缺陷，这样就一定能展现最佳的风采，表现出一个真实的自我。

和男孩交往，要把握什么样的尺度呢

尔容进入了青春期之后，可能是受到了电视剧的影响，和男孩的交往开始变得小心翼翼起来，一说话就脸红，而且语气也娇气了许多，连周围的同学都感觉有点发麻了。

"尔容，你的作业本呢？没有交？"科代表过来找她询问。

尔容看了他一眼，温柔地笑了一下："不好意思啊……嗯……"

课代表大概是着急往老师那里送："你到底带没带啊？什么时候能给我。"

尔容轻轻地说着："嗯……你等等，让我找一下。"说着，脸居然红了。

"快点，快点，还有五分钟就要打铃了。"科代表实在是着急了吧。

只见尔容用轻柔地动作在书包里翻了半天，结果什么也没有找到："我好像没有带……"

"哎呀，明天带过来吧。"科代表说完之后，一溜烟地直奔老师的办公室。

也许是因为尔容太过于敏感，以至于很多男孩都不愿意理她。相比之下，她的好朋友小俊却和男孩在一起玩得很好。因为小俊总会表现得很自然，所以不会像尔容那样让人感觉不自在，在男生那边的口碑也不错，他们有事情都爱找小俊帮忙，比如说，篮球场上缺少一个替补队员。

"嘿嘿，小俊，你比较合适，没有合适的人选了，你上吧。"

"好啊，没问题。"小俊的大大咧咧，看上去很可爱。

🚢 妈妈告诉我

尔容，女孩到了青春期时，由于性生理的发展和逐渐成熟，性意识开始觉醒。在心理上强烈地意识到男女有别，意识到男女之间交往与同性之间的交往，无论在交往方式上，还是在交往的内容上，都会有许多不同。因而，不可避免地产生了对异性的一种朦胧的好奇心，渴望了解异性，不自觉就产生了对异性的一种青涩的爱恋之情。这时的女孩开始有意识地修饰自己的仪表，注意自己的谈吐，希望自己能够引起异性的注意，同时也对异性产生好感。我们在异性面前或是表现为热情、兴奋，用种种方式表现自己；或是表现慌乱、羞怯和不知所措，面对这一切，许多女孩都会表现出极大的不安。这种变化是青春期异性之间相互吸引的表现，是一种正常的心理变化。到了一定的年龄，每个人都会产生与异性接近的欲望，这是人的一种情感需求，并不是病态，也并不可怕。

心理学家认为异性交往会有如下几点互补性：

1．个性互补

单一的同性交往，远不如多和异性交往更能丰富人的个性。

心理学研究表明，社会中的个人，交往范围越广泛，和周围生活的联系越多样，他的社会关系就越深入，精神世界就越丰富，个性发展就越全面。尽管同性间的个性也存在着差异，但如果只和同性人交往，人的个性发展往往很狭隘，因为这种差异远不如异性间的个性差异明显和有意义。

2．心理互励

心理学家发现，大多数人，尤其是青少年，都有心理上的"异性效应"，往往表现为有异性参加的活动，较之只有同性参加的活动，参加者一般会感到更愉快，干得也更起劲、更出色。这是因为，当有异性参加活动时，异性间心理接近的需要得到了满足，从而使人获得程度不同的愉悦感，从而激发出潜在的积极性和巨大的创造性。

3．情感互慰

人际间的情感是极为丰富的，除了爱情之外，还有亲情、友情、同情、敬爱、恩情等。男女之间可以有不带爱情色彩的情感交流，它可以使人感受到温暖，达到心理上的平衡。在"异性效应"的作用下，这种情感的交流更为密切，能达到有效的情感互慰。

4．智力互偿

研究表明，虽然人类智力的高低总体上没有性别差异，但男女之间的智力特质有所区别。以思维能力为例，男性比较擅长离奇、大胆的抽象逻辑思维，善于抽象和概括，更喜欢用综合的方式对待现实；女性则擅长于具体形象思维，比较感性，更适合处理以实践应用和形象思维为支撑的事情。通过异性交往，双方均可从对方那里取长补短，以促进自己的智力水平和学习、工作效率的提高。

但是，青春期的我们毕竟处于一个较为特殊的人生阶段。一个人的价值观、世界观基本上是在这一阶段成熟起来的。在此阶段，人的身心发育还不够完善，情感认识还不够理性，情绪掌控还不够稳定，很容易因为一时冲动而酿下苦果。那么，刚刚步入花季雨季的少女应该怎么做呢？

与异性交往，很重要的一点是互相尊重和理解。男女之间在气质、性格、身体、爱好等方面往往有着较大差异，只有彼此互相尊重和理解，异性友谊才能维持和发展。同时，不论男女，在交往过程中都不要过于随便。真正的异性朋友，自然可以堂堂正正地来往和接触。但毕竟有性别差异摆在那里，一举一动都要大方得体，不能过于随便，否则可能会伤害彼此和身边的其他人，有损友谊的牢固。

在交往的过程中要注意交往场所的选择。异性朋友单独相处时，要注意选择合适的场所，尽量不要在偏僻、昏暗处长谈。如果在房间里单独谈话，不要紧闭门窗。以免引起不必要的误会。

当然，在与异性交往时，特别重要的一点是要分清友谊与爱情的界限。友谊和爱情之间既有联系又有区别。人与人之间的爱情关系和友谊关系都是以彼此之间相互欣赏为基础的。友谊和爱情两者之间有严格的区别：首先是内涵不同。友谊是同学或朋友间的一种平等的、诚挚的、亲密的、互相依赖的关系。而爱情是一对男女之爱，并渴望对方成为自己终身伴侣的关系。其次是对象不同。友谊是广泛的交往，而爱情是在一对男女之间发生的。友谊可以通四海，朋友可以遍天下，人们可以和各种对象发展友谊。而爱情是男女之间的隐私之情，只能是真挚专一、忠贞不贰，如果第三者加入，便会产生嫉妒心理和排除异己的行为。再次是要求不同。友谊关系中，主要承担道德义务。而爱情关系在双方缔结婚姻关系后，不仅承担道德义务，还要承担法律责任。异性朋友一定要注意，不要模糊两者的界限，否则不但会失去友谊，还会失去爱情。因此，与异性交往，要学会正确利用奇妙的"异性效应"，学会彼此欣赏和相互学习，同时要尽量把握好交往的尺度，让自己身边多一些朋友。

早恋，甜甜的苦涩

男孩和女孩不可以交往吗

放学的时候下雨了，而冰海又没有带伞，这下糟糕了，怎么回家呢？冰海只好一个人坐在窗外，心里祈祷着雨能快些停下来。

"冰海，你怎么还不回家呢？"坐在冰海前面的一个男同学问她。

冰海沮丧地说："没有带伞，怎么回家呢？"

"我这里有一把伞，你拿去用吧。"他不知从何处"变"出了一把伞。

"那你怎么回家？"如果冰海把伞拿走，那他用什么呢？冰海不禁关切地问了他一句。他却憨憨地笑了一下，用无所谓的语气说："没事，我就跑着回去。"

听到这里，冰海的心里确实是有点感动，于是就提议到："我们一起回家吧，反正也是顺路。"

他听了之后，乐得直点头。

就这样，冰海和他同时打着一把伞"漫步"在雨中。冰海心想自己从小长这么大，还是头一次和男孩子在一起打伞走路呢。这种只有在电影里面才会常常出现的浪漫电影情节，没想到今天却在自己的身上上演了。

老天似乎在和他们作对，雨越下越大，一把小伞根本就无法遮挡住这瓢泼大雨。他倒是挺绅士的，把雨伞不停地往冰海这边挪，自己瞬间就变成了"落汤鸡"。

这一刻，冰海的心中突然变得暖暖的，有高兴，也有感动。

晚上，冰海躺在床上，怎么也睡不着，脑海里总是浮现着他那特殊的憨憨的笑容，难道自己就喜欢他了吗？唉！也许，女孩就是不应该和男孩交往，只不过是一起走回家而已，为什么自己却会很晚都睡不着觉呢？

🚢 妈妈告诉我

青春期正处在一生中最重要的阶段。无论在生理方面，还是在心理方面，都在迅速发展和变化。身材越来越高大，内脏器官变得越来越成熟。与此同时，知识越来越丰富，认识活动由具体思维向抽象思维过渡，开始对外部世界形成总体的看法和认识。由于体内荷尔蒙的分泌发生了变化，性器官的发育开始萌动，对异性开始产生兴趣。并且开始有了自己是一个成人的感觉，再加上外界、媒体的影响，因此在这一期间青少年朋友出现早恋行为并不奇怪。

有些人对"早恋"有恐惧心理，认为喜欢异性是不正常的，是件不光彩的事情，尤其是家里的好儿子、乖乖女，他们认为喜欢异性就不是好孩子了，会受到谴责。所以，一方面，对喜欢的人放不下，心理又十分矛盾，从而背上了沉重的心理负担。其实大可不必。当我们弄清早恋产生的原因后，就不会过度恐惧、担忧了。

早恋指青春期或青春期以前的少年出现过早恋的现象。早恋习称牛犊恋，多与环境因素引起早熟性兴奋和性萌发有关；一部分也与孤独、空虚、心理上缺乏支持有关。陷入早恋之中的少年男女因受到相互的吸引、互相爱慕、互相支持，情绪是欢愉的，情感是纯真的。由于情感处于主导地位，通常缺乏理性。多数人有肉体和性接触的意向，但不一定都付诸实践。相当多的早恋少年满足于温馨的即景般的情感交流和卿卿我我的言语交流。

早恋是由于受了外部"催化剂"的性早熟的结果，很难指向一个固定的性对象；对某一异性对象的爱慕或倾倒是非理性的。例如有的少年称他所以喜欢班上那个女生，是因为她的一双手长得灵巧美丽；有的则认为对方的声音好听；有的认为他的异性伙伴有部带遥控的玩具汽车。

如果发现自己有喜欢某个异性的倾向，或身边的朋友、同学出现了早恋现象，不要感到震惊和恐惧。早恋并不是道德品质差的表现。早恋不是罪，但早恋却会给青少年朋友带来不好的影响，它会影响到你的学习，恋爱会分散精力，尤其是我们现在还不能很好地控制自己，一旦早恋，很有可能将过多的注意力转移到异性身上，而放在学习上的精力和时间就会不自觉地减少。所以，我们并不提倡早恋。到了一定的年龄，出于正常的情感需求，每个女孩都多少会产生与异性接近的欲望，这不是病态，也不是可怕的事情。但是在与异性相接触的过程中要把握好分寸，才能使自己的身边有更多的好朋友。对于早恋，我们最好不要轻易尝试。

真正的爱情是什么

晓晴早上来到学校，看到班上的同学一阵骚动，难道有什么事情发生吗？同学示意她看了一眼黑板，上面写着"某某，我爱你。"

原来如此，再看看那个女生，她的脸上一阵欣喜，向大家骄傲地炫耀这一切。

"啊！实在是太浪漫了，太动人了！"晓晴掩饰不住内心的激动，相信她一定也很希望这一幕在她的身上上演吧。

回到家，晓晴和妈妈提到了今天的这些事，妈妈却说道："你们这群孩子，你们懂得什么是爱吗？简直是瞎胡闹。"

"为什么？那个男孩可以在黑板上把自己的想法写出来，还让全班的同学都看到的，这是多么需要勇气啊！"晓晴跟妈妈提出异议。

"不管是喜欢，还是爱，那是两个人的事情，没有必要向其他的人炫耀。晓晴你觉得呢？而且，很多时候我们都会对爱有一种认识的误区，以为对某人有了朦胧的好感就是爱，其实是错误的。你想，两个人根本就没有什么了解，就爱了，这不是很草率吗？这样的爱，不过是自己一时情绪上的波动，不会持续太长的时间。你们现在正是学习的大好时候，不要把心思都用在这些方面。"

听了妈妈的话，晓晴感到很汗颜，是啊，"爱"是一个多么沉重的字，怎么可以随随便便就说出来呢？

妈妈接着告诉晓晴说："其实我认为，你们现在小小的年纪，虽然说对异性有好感比较正常，但是却实在不适合谈论爱这个字，因为爱字不仅仅包括两个人彼此的好感，还包含着很多的责任和承担，你们现在太小，根本没有能力去爱。还是把心思都放在学习上，是最好的。"

晓晴明白了，爱，不是可以随便说说的。

妈妈告诉我

晓晴，爱是需要证明的，但爱用什么去证明最有说服力呢？也许你会认为最浪漫的就是拥吻吧，而且最好是当街的那种，众目睽睽之下的那种，这样才足够真诚。太多的小说或电影，描述了这样的场景——女孩慢慢闭上眼睛，微仰着头，男孩缓缓俯下，镜头拉近，完了之后，男孩特温柔地说："这就是我的证明！是我对你的爱的证明！"

人是很脆弱的，没有办法抵挡这种浪漫感觉的诱惑。但是用拥吻来证明爱，实在是太乏力了。当街拥吻，是要告诉别人，你们是很相爱的。可是你们是否相爱，只有你们明白，用不着别人评点。如今情侣之间，转瞬之间的分分合合太正常了，拥吻能代表的东西实在太少太少。

那到底什么可以证明真正的爱呢？玄一点来讲，也许是时间。两个人的世界，会有争吵，会有矛盾，会有伤害，会有坎坷，也许相爱的人会受到诱惑，会遭到信任的危机，会有对人生的困惑，事业上会遭到打击不顺，生活上会有种种的压力和责任，但是两个人不会退缩和逃避，而会手牵手走到最后。当我们看到两个老人相濡以沫，白头到老，忠贞不渝时，我们发现，这是时间给爱证明的证词。但是我们不能等到老成那样才弄明白这到底是不是一份真正的爱。在实际的生活里，两个人是否能够做到换位思考，互相体贴，这非常重要。我们可以从很多很多的细节中感知到爱真诚与否。我们很容易发现，两个人在争吵的时候，开口的第一个字往往是我，而不是我们，其实这是对感情最大的伤害。如果做到始终从"我们"的角度，而不是从"我"的角度思考问题，那么爱情就会变得更加真实一些。

到底什么能证明爱呢？也许网上盛传的"两只小猪的爱情故事"可以解答这个问题。

从前有两只小猪，它们很幸福地生活在一起。渐渐的，公猪爱上了母猪，从此以后凡事处处都让着母猪——吃饭会等母猪吃了，再吃剩下的，喝水也是等母猪先喝了再喝，睡觉也一样，最好的位置让给母猪，夏天为母猪驱蚊，冬天给母猪遮风，母猪开始变得肥胖起来，而公猪只剩一副骨头架子。一天，主人带着收猪的来到了猪圈，指着圆滚滚的母猪对收猪地说："等过了元旦，我把这头肥猪卖给你。"听到这话，公猪开始急了，这可是它爱人啊！于是从这天开始，公猪对母猪的态度开始变了，食来就抢先吃了，该睡觉了，首先占据好的位置，让母猪吹风淋雨，慢慢地，母猪开始消瘦下去，而公猪开始肥胖起来。母猪觉得公猪变了，不爱它了。

主人约好的时间到了，带着收猪的来到了猪圈。结果看到的是肥胖的公猪，最后把公猪带走了，母猪拼命地想要冲出去拦下公猪，但这只是徒劳。无意中，母猪回头，看到了旁边的一行字，终于明白了公猪的良苦用心，眼泪顿时夺眶而出！墙上的那句话是："如果爱情不能用言语来表达，我愿意用生命来证明！"

青春期的女生要知道，爱情是需要爱的行动来证明的！

炫耀异性的爱慕，会伤害他人

小荷的班里有一个绰号叫"小红姐"的女生，是班上所有女生茶余饭后的著名笑料。为什么大家都要嘲笑她呢？完全是她自己自找的。

首先，这个"小红姐"在着装打扮上很喜欢追求"出奇制胜"的效果，所以往往造成轰动效应。比方说，她喜欢穿一身大紫色的长裙搭配一双大紫拖鞋，然后招摇地骑着自行车，吸引大家驻足观看。还喜欢把呼啦圈带到学校里来，大课间的时候在操场上人最多的地方摇呼啦圈，所以"小红姐"是个招牌，学校里尽人皆知。

"同学，请问你是哪个班的？"

"我就是小红姐那个班的。"

这样的对话已经不新鲜了。

对于同学们的注目，小红姐并不感觉到有什么异常。也许她天生是一个乐于展示自己的人吧。最近，她和同年级的一个绰号叫"大叔"的同学谈起了恋爱。

"你们看；我铅笔盒里所有的圆珠笔，还有签字笔，还有橡皮，都是大叔送给我的。"小红姐这样和周围的女孩炫耀道。

"今天放学之后，大叔他会请我到门口的小摊那里吃烤羊肉串呢。"小红姐谈到这里无比地陶醉，"我一个人可以吃30串，小 Case。"

有时到了中午，"大叔"会端着饭盆来找"小红姐"，只看到"小红姐"用勺子将西红柿炒鸡蛋中的鸡蛋挑出来，喂给"大叔"来吃。

这个时候，小荷会感到受不了："我要把椅子换个方向，实在是不想看他们两个。"

而旁边的同学还在津津乐道地围观："嗯，你们快看，有块鸡蛋掉到地上去了，没喂进去。"

哈哈哈哈。还有比这更好玩的事情吗？

🚢 妈妈告诉我

小荷，虚荣心是每个人都多少必备的心理。从根本上说，每个人都不可能逃避这个问题。只是我们每个人都要时刻保持警惕，不要让虚荣心轻易表现出来，否则将会伤害别人，也伤害了自己。

假如你拥有异性对你的爱慕，那固然是可喜的事，因为这代表你有着某种吸引力。你会因为这个变得更加自信。你喜欢跟别人分享自己认为好的东西，但是有时候，不经意间就会表现出一种沾沾自喜的心态，这在旁观者看来，就是一种炫耀。

炫耀异性的爱慕，只不过是自己不自信或不成熟的表现罢了。把异性的爱慕变成提升自己身份的一个筹码，而不是真心地去对待它，这又何尝不是一种虚伪。假如真是一段很好的感情，你们好好经营就好了，幸福是别人能看出来的，而不用你自己去说。假如不是一个很好的开始，你就拿来炫耀，那结束的时候，你怎么办？这种爱慕本身，引起的可能是幸福，也可能是痛苦，但无论幸福或痛苦，一切尽在不言中，没必要去炫耀，也没必要死缠着一个人哭诉。

是的，爱情应该放在心里，让它自然酝酿、生长。这总是比较牢靠，也比较令人心安的，不必说出来表示一番、煽情一番。更何况，这种炫耀，面临着很大的危险。

有一条新闻，内容大概是这样的：一顾客去商店买香烟，店主见此人只肯买价格一元多的低档香烟，便得意地掏出自己抽的高档烟向其炫耀。该顾客正好那晚喝了酒，借酒壮胆，抓起棍子，领着朋友狠打了店主一顿。这个事例与爱情无关，却道出了一个关键，炫耀是很危险的，是需要付出代价的。特别是在爱情上，失意者更为敏感，对那些爱情优胜者的优势感极其气愤。这与当今社会中普遍存在的仇富心理是一样的。也许不是每个人都那么冲动地找你的麻烦，但是当你在他（她）面前炫耀的时候，本来自卑的就会变得更加自卑，对你也会暗中不爽。

还有一种炫耀，是针对前男友或前女友的，这更要不得。剑锋与女友叶然本来是好好的一对情侣，可是发生了一些不愉快的事情，两人经常争吵，最后只能选择分手，是剑锋提出的。叶然好像很是释然，很快又找了一个新男友，比她小2岁。那天在路上，叶然跟新男友走着，偶然见到剑锋正从对面走过来，叶然特意主动跟新男友拥抱着。剑锋看到了这一幕，知道叶然的意思。剑锋后来对朋友说，就因为这个女孩子的行为，这辈子他都无法原谅她。也许这只是一时的气话，可是足见这件事对剑锋的伤害有多深。分手的两个人，本来可以尝试着做朋友，可是由于这个为了满足虚荣心的炫耀，两人变成了"仇敌"。这又何苦呢！

所以，青春期的女孩应该注意，不管是出于什么样的心理，你都要克制住自己的虚荣心，不要为了一时的面子而牺牲其他更重要的东西。

我只想一个人怀念他

诗诗曾经和妈妈一起去参加一个夏令营，有一个大男孩吸引了她的注意。他在那个夏令营里面做志愿服务生，看上去高高瘦瘦，温文尔雅，不知为什么，诗诗总是把他和长颈鹿联系在一起。

有一次，诗诗不经意闯入了这个夏令营的厨房，看到那个像长颈鹿一样的大男孩在那里准备中午的饭菜，当时吃了一惊："原来你的工作就是负责日常的伙食啊。"诗诗很难想象这样一个相貌秀气的男孩为什么愿意把自己放到这样低微的位置上。

而男孩却笑了笑对诗诗说："我们是来这里参加学习，做什么工作不是利益别人呢？立下心来让自己做最基本的工作，才会真正树立服务社会的精神。"

诗诗听他这样一讲，觉得有道理，心里更加尊敬和佩服他了。

以后，诗诗总是会抽时间特意跑到那里去看他在做什么，如果是集合的话，诗诗也会努力希望能够从人群中找到他。有时看到他不忙了，诗诗还会找机会和他一起聊聊天。

"我也在这里当志愿者，好不好？"诗诗问他。

"其实，只要你具有这样的精神，身在哪里都一样，真的。"他一脸真诚地对诗诗说。

"我很想留下来，能多学一些。"诗诗任性地不依不饶。

他看看诗诗："等等，我找点东西给你。"说着，他跑去了一间小仓库，不一会又出来，原来他要送给诗诗一本书。

"我找了半天，只剩下最后一本了，封皮有点破了，不过还好，内容还是新的，你拿回家去好好学习吧。"他把书递到了诗诗的手里。

从夏令营回来之后，诗诗经常会一个人默默地想念他，想起他高高瘦瘦的样子，想起他那张俊秀的脸和在厨房里工作的辛苦，想起临走时他对自己的鼓励，想起了他的出语不凡……总之，诗诗总会想起他，总会在晚上睡不着的时候翻开他送给自己的那本书。

🚢 妈妈告诉我

诗诗，我们每个人都会做梦。

男孩子小时候也许都梦想自己是一个英俊的王子，历尽千辛万苦，终于找到了自己心目中的公主，她美丽大方、温柔体贴，最喜欢的就是她那双会说话的大眼睛；女孩子小时候也许都梦想自己是一个美丽可爱的公主，等着白马王子来迎接自己，他英俊高大、机智幽默，你最喜欢的就是他深沉且略带忧郁的眼神。

之后，男孩和女孩都长大了，并在现实生活中寻找自己的公主和王子。当发现某个人的某种特质与自己梦中的理想对象相符时，就会对对方产生好感，也就是我们说的喜欢。可能你认为这就是爱，而实际上，这两者是有本质区别的。

喜欢是尊重对方，认为对方有其优点值得自己去尊重，且有好评，也认为对方的态度与自己相似。这就是喜欢的情感。而爱情则包含亲密的感情，关怀对方，和情绪上的依赖。由此可见许多人的爱情感觉，其实只是有浓烈的喜欢感觉而已。不只是异性同学，甚至是学校老师，荧幕媒体的明星偶像，都是爱慕的对象，这只是个人产生好感，认为对方某些部分与自己相似而喜欢对方而已。但有些人却将这种喜欢当作爱情，认为对方与自己的关系和别人不同，因此有时候会产生认知的偏差，误以为我对你这么好，你怎么可以不理我，怎么可以和别人嘻嘻哈哈，不是认为自己已坠入爱河，就是自己在单恋，或者失恋。一见钟情也就是这种将对方的某些特质与自己梦中情人特质吻合配对的喜欢情感而已，只不过误以为是爱情。这是时下许多女孩的苦恼来源。因为这种感情欠缺相互亲密的成分。

心理学家认为爱情应该从情绪、动机和认知三种因素来探讨，真正的爱情不只是比喜欢更浓烈，它需要涵盖三种因素，才是真正的爱情。一是在情绪上有亲密的感受；另一是在动机方面要有激情，包含生理需求及冲动；第三种是在认知上要有承诺。情绪的亲密感受会使个体产生喜欢接近对方、相互联系、彼此相互感到温暖的感觉，而不是只有单方面才有这种感觉，否则只是单恋或暗恋。在动机方面的热情，则表现在异性间的吸引力，这种因为生理冲动与需求会有激情的感觉，很喜欢接近对方，碰触、抚摸。但需要自尊自重、自我控制，有些人往往因为这种冲动而不能自制，而造成进一步性关系，而无法发展更进一步的心理分享，也就容易造成日后的分手。除了亲密与激情外，还要在认知上能理性地承诺，这种承诺是自己在理性选择下所做的决定，愿意为维持双方关系而做的决定。有人提出爱就是付出而非占有，意思指双方要相互尊重对方的决定和意愿，不能勉强。有些人往往自己认为我已经对你付出这么多，你相对的也要对我如何如何，否则的话，我就要对你采取什么动作，这就是一种强求手段。那就是误解了感情的含义。

因此从爱情的因素组成来看，亲密、激情和承诺都没有就是无爱，只有亲密时那只是喜欢，只有激情，称为迷恋，只有承诺就称为空爱；缺乏承诺的爱情是浪漫的爱；缺乏亲密的爱情是愚蠢的爱；缺乏激情的爱是友谊式的爱。只有亲密、激情与承诺都具备才是完全的爱情。

仔细想一想，你对他的感情究竟是喜欢还是爱。要把青春期所自然萌动地对异性的喜欢或好感与爱混为一谈。这是两种绝对不一样的感觉，是很不同的心理状态：喜欢就像一条小溪，清澈见底；爱则是一片汪洋，浩瀚无边。你需要用心去聆听，才能将二者分辨出来。如果不经过理性的思考，只是跟着感觉走，就会混淆二者，导致判断失误，以致自作多情，甚至自寻烦恼，耽误了青春和学业。也许现在我们还不成熟，考虑问题还不全面，随着日后知识的增长、视野的开阔、心智的成熟，很容易"见异思迁"。其实并不是你"变心"了，而是本来并没有去爱。爱一个人是要求感情专一的，而喜欢则不是，你可以在不同时间喜欢不同的人，甚至可以在同一时间喜欢着不同的人。

所以，不要轻易说你爱谁。只有弄懂了爱的深层含义，你才有资本说出这个字。爱一个人，是要负责任的，问一问自己，已经做好准备了吗？

好朋友和我喜欢上了同一个男生，怎么办

最近，梦桃和邻班的一个男孩子关系很好。最开始也没有人发现什么异常，后来就感到奇怪了，那个男孩为什么每天都要来到班上找梦桃借作业本呢？难道他们班上就没有人可以借作业本给他吗？

"梦桃，究竟是个什么情况，从实招来。"梦桃的闺蜜威胁她道，"如果有所隐瞒，算你罪加一等，请我去吃火锅。"

梦桃听了这话，笑得像一朵花儿般灿烂："也没有什么，他就是特别喜欢找机会和我说话，其实我也不讨厌他，就这样其实也挺好的。"

看着梦桃甜甜的笑，想必内心一定很幸福吧，呵呵。不过，与此同时，梦桃的同班同学水容却不是那么开心，她也不想和梦桃说话了。原本是两个很要好的朋友，现在却谁都不理谁了，难道水容……谁也不敢乱作猜测。

有一次那个男孩来找梦桃的时候，恰巧梦桃不在，水容却迎了上去，把自己的作业本给了那个男生。

"嘿，水容，那个男孩你跟他熟吗？你们认识吗？"梦桃试探着问她。

"嗯，我们很早就彼此认识啊。"水容不甘示弱地对梦桃说，"梦桃，我特别喜欢他的眼神……我就是喜欢他的眼睛。"

听了水容的话，梦桃倒吸了一口凉气，她真的不希望自己和原本要好的朋友成为情敌啊。

妈妈告诉我

梦桃，年轻女孩对于感情的体验大多是朦胧的，往往悲伤来得莫名其妙，喜悦也到得突然，对异性的喜爱更是如此。这种感情真挚、自然，甚至有些天真。而那位抢好朋友的男朋友的女孩也许也是一样的，她把男孩作为偶像，可能本身就是无意识的选择，所以你不能把它当成成年人的那种成熟的感情来对待，也不要以为她是有意与你为难而断绝朋友关系的。其实只要处理得当，大家还会和以往一样是好朋友，你要知道那个被伤害的女孩在这个时候的感情也一样是十分微妙，也十分脆弱。遇到这种情况，最好是从以下的几个方面来入手：

巧妙地让男孩有一个表态，让他有一个明确的态度。如果他在这件事情中的态度明确，问题就会容易解决的多，否则就会稍稍复杂一些。如果男孩只是把那个女孩当成是他的一个好朋友，那就要注意在这个女孩面前不可以再随便，要庄重一点，要尊

重她，也不要回避她，有机会的话还要向她暗示他的真正想法。暗示的态度要尽量委婉，不可以有丝毫的轻视或是厌烦的表示，因为女孩在这个时候一定会很敏感，男孩的一个暗示或是一个有意的表示她都会明白，如果不慎，那就要会伤害到她。

不要让不相关的人知道她的感情。尤其是男孩子明确表态之后，更需要为她保密。让一些不理解她感情的人知道这件事，对她无疑是一个打击，所以要替她保密。

青春少女的感情是真挚的，但也是不稳定的，这两者并不矛盾，对这种感情的事情最好不要过分限制，任其发展下去，也许会有转机的。相信这个女孩会慢慢调整好自己的心态吧。而我们能帮助她的，只是帮她转移一下感情，帮她进行社交，结交新朋友，引导她把注意力集中到她喜欢做的事情上来，每个人在青春时代都或多或少地步入过感情的误区，大多数人都能走出去，相信你的朋友也会是的吧。

总之，处理人类感情的事情是最复杂的，最需要的是耐心。只要你真诚地理解她、帮助她，你不但不会失去她的友谊，而且还会更多地得到她的尊重和信任。

偷偷喜欢自己的男老师，怎么办

新来的体育老师姓牛，第一节课的时候就向同学们做自我介绍："大家好，我就是牛老师。"雅容在下面接个下茬："有没有猪老师呢？"

不过这个牛老师长得很帅，不单是某个学生这样认为，这可是全班同学一致公认的：他的肩膀宽宽的，个子高高的，穿着天蓝色的运动衫，胸前垂着哨子，手里托着篮球，那样子实在是潇洒。连班上的男生都惊呼："哇！帅哥。"

这位牛老师脾气非常的温和，站在列队前，总是向大家微笑，他笑得那么自然、那么亲切，立刻拉近了他与同学之间的距离。

在篮球课上，他一遍一遍地教给大家做运球、投篮的示范动作，他健美的身姿，实在令人着迷。之前雅容从来都没有摸过篮球，所以在练习的时候笨手笨脚的，牛老师耐心地帮助她纠正动作。以后的课余时间，这位牛老师经常成为全班女生的谈论话题："牛老师的气质，就像是《灌篮高手》里的樱木花道。"

"他也有点像是流川枫。"同学们说什么的都有。

"不过在我的心中，牛老师就是牛老师，即便是樱木花道还是流川枫，都比不上我的牛老师啊！"雅容认真地说道。

雅容的伙伴们早就发现雅容特别喜欢谈论牛老师，问她："雅容，你是不是喜欢牛老师？"

"你们不也很喜欢吗？我只是和你们一样的喜欢而已。"虽然雅容的口头上没有承认，但是在心里已经肯定了，牛老师的一切在雅容的眼里都是那样的完美。只是雅容不知道牛老师是否也同样喜欢自己呢？

妈妈告诉我

雅容，对年轻、有风度的异性老师产生爱慕之情，这是可以理解的，他也许是第一个闯入你心房的具有很大吸引力的年轻男子，与周围的男同学相比他肯定要出色很多。你对他产生好感，是十分正常的心理现象。

然而，坦率地讲，你的这种爱慕之情并不一定是真正的爱情，换句话说，这只是一种对异性，尤其是对优秀异性的一种朦胧的好感，在这一个年龄段的青春期女孩，常常表现出既成熟又幼稚，既清醒又迷糊，既狂热又消沉的矛盾心理，并开始把目光更多地集中在异性的身上，憧憬着梦幻般甜美的爱情生活，但是，这时候的你对于什么是真正的爱情却知之甚少。

爱情是双向的感情投入，爱情不能仅凭感情，还要有思想、道德、学识、性格、气质、习惯、甚至家庭影响等很多方面的考虑，而且需要处理很复杂的人际关系。作为一个学生，你现在能驾驭这么多吗？所以，最明智的选择是及时控制自己的感情，不妨先将这段美好的感情沉积在心底，等你长大之后，随着你眼界的开阔、知识的增长、你会渐渐走向成熟，你会把这段美好的感情作为人生一段珍贵的回忆。

也许你会感到很难控制你的感情，这是肯定的。建议你从以下几点入手试试：

1.改变环境。尽量避开与老师单独向相处的机会，多参与体育活动，多与同学们在一起，将自己融入集体，就不会更多地沉湎于个人的感情之中了。

2.转移感情。发展自己的兴趣爱好，课余时间多读课外读物，参加各种体育活动，多做些社会工作，将自己的生活充实起来，你将会发现一个更加广阔的充满生机的天地，自然也易于从缠绵中摆脱出来。可以在周末的时候约上好朋友，投身到山清水秀的大自然中去，让轻轻的风、柔柔的水、波涛汹涌的海和层峦叠嶂的山启示你人生的丰富多彩，帮助你走出迷茫。

最后，我想，人生最可贵的就是拥有理智，希望你能够理智地控制自己的感情，收获美好的未来。

第四章

安全 & 健康——给需要保护的你

起居生活谨防意外

危险的蜡烛

快要临近考试了，大家都忙着复习，直到考试那天。

那天考场上少了很多人，然然心里都很纳闷：奇怪，怎么那么多人没有过来参加考试呢？

原来，有一个宿舍的同学，他们平时不好好学习，临近考试的时候着急了，临阵磨枪。可是宿舍的管理有规定，晚上 11 点准时熄灯。眼看转天就考试了，还有很多没有看完，怎么办？其中一个同学急中生智，他想到了蜡烛，于是开始了"秉烛夜读"。其他的同学纷纷效法，大家都点起了蜡烛学习，应付转天的考试。其中有一个同学实在是太困了，在看书的过程中没有撑住睡了过去，把蜡烛碰倒了，于是蜡烛把床上的棉被烧了起来……

所以，有很多人没能准时参加考试，然然点点人数，都是那个宿舍的同学。

🚢 妈妈告诉我

现在使用蜡烛进行照明的人家已经很少了，但是如果遇到了停电或者是其他的特殊活动比如红白喜事、烛光晚餐等，还是常常会使用到蜡烛。还有住校的学生，熄灯之后在床上帐里点蜡烛看书的情况也比较多见。日常生活中如果蜡烛使用不当也经常会引发火灾。

使用蜡烛时，应在蜡烛点燃之后牢牢地固定在烛台上，如没有烛台应将其固定在不燃物体上，切不可放置在床头、茶几、纸箱等可燃物体上。蜡烛要放置得当，且周围没有易燃可燃物品，以防碰倒后引起火灾。

点燃的蜡烛必须远离蚊帐、门帘、窗帘、挂历等易于飘动的可燃物，更不能接近摩丝、杀虫剂等这些易燃的物品，这样做的目的是防止受热后会发生爆炸。如果是办丧事，在挽幛、花圈的附近不要放置蜡烛，点燃的蜡烛应该有人专门负责看管。

蜡烛应该放在平稳的地方，防止倒下引燃其他的物品。

如果是在室内使用蜡烛照明，就最好不要放置汽油、煤油等遭遇明火极易燃爆的物品。

外出或是睡觉之前，千万不要贪图方便，而不将烛火熄灭。

还有就是千万不要用蜡烛照明寻找物品。尤其是在仓库、资料室或床下、柜橱以及堆放易燃物的地方，也不要一手拿着蜡烛一手寻找东西，这样的做法都是很危险的。

蜡烛用完后应该及时熄灭。临时停电时用蜡烛，在来电后要及时熄灭。在举办活动时点燃的蜡烛，在活动结束应该及时将其熄灭。

炒菜要小心

今天是妈妈的生日，心怡走过来对妈妈说："今天我亲手炒一道菜给妈妈吃，好不好？"妈妈听了之后，很高兴地就答应了。

心怡找来一本菜谱，决定给妈妈做一道炸鸡翅。

心怡按照书上介绍的方法来操作：首先把油放在锅里，然后在等待油热的过程中，去找来盘子还有需要用到的调料。

正在心怡忙得不亦乐乎的时候，她听到炉灶那边有一阵噼里啪啦的声响。心怡急忙跑过去看，谁知铁锅居然烧着了。

"妈妈！妈妈！锅烧着了！"心怡不禁惊慌失措，大声喊道。

妈妈听到了心怡的叫声，赶忙从屋里跑了出来，急忙拿过来锅盖扣在锅上，又及时把煤气关掉。这时她看到心怡正在用大盆接水："心怡，你要干吗？"

"用水把火扑灭。"心怡说道。

"千万不可以这样做，那样的话火苗会一下蹿得更高。"妈妈告诉心怡说，"让火苗在锅里隔绝氧气而自动熄灭，是最好的方法。这些都是常识，你一定要记得啊。"

"嗯。"心怡不好意思地点点头，原来做顿饭这么困难。

心怡忽然感受到平时三餐都是妈妈来料理，其实是一种多么大的付出。

妈妈告诉我 ···

家庭日常食用油，无论是植物油还是动物油，都属于可燃液体，在锅内被加热到450℃时会发生自燃，火焰一下蹿起来很高。根据食油的这种特性，炒菜时要先把菜洗净切好，然后在锅里放上油，看见锅里有热气，再把菜放下去炒，免得时间过长油在锅里起火。现在有不少人为了炒的菜好吃，总要等到锅里的油冒烟才放下菜去炒。这样的做法有两大危险：一是油温过高容易起火，二是油锅里散发出来的气体有害，过多地吸入容易致癌。当遇到油锅起火时，首先一定要保持沉着冷静，迅速采取补救措施：

1．用锅盖来灭火。用锅盖或能遮住锅的大块湿布、湿麻袋等物，朝前倾斜着遮盖在起火的油锅上，使燃烧着的油火接触不到空气，便会因缺氧而立即熄灭。这种方法相对简便易行，而且还使锅里的油不会被污染，我们也不会被火伤害。

2．将食物倒入锅内。可以拿起旁边可以下锅的蔬菜、米面或其他生冷食物，沿着锅的边缘倾倒入锅内，利用蔬菜、食物与着火油品的温度差，使在锅里燃烧着的油温度迅速下降，因为当油品达不到450℃的燃烧点时，火就自动熄灭了。不过在使用这种方法时要防止烫伤或油火溅出。

要提起警惕的是，当油锅着火千万不能用水进行灭火，这种方法极易引发火灾。比如用冷水往油锅里浇，当冷水遇到高温的热油时，就会发生"炸锅"的现象，使油水到处飞溅，这样极容易形成火灾或造成自伤。还有就是如果用双手端起着火的油，再把油锅放到旁边的水池里，不仅会烫到双手，而且更可怕的是油火遇水会反串上来，烧伤人的面部。

煤气泄漏，我没有看到啊

妈妈下班去学校接红瑾回家。

进屋之后，妈妈感觉屋里有股怪怪的味道："红瑾，你有没有闻到一股怪怪的味道？"

"好像是，有点撞头。"红瑾也感觉到有点不对劲。

"你在门外等等，妈妈进去看一眼出来。"妈妈把红瑾撂在门口，自己先进去了。

"弄不好煤气泄漏了，我们先不要进屋，请安全检查的人过来看一下吧。屋里有味道。"妈妈说着从屋里走出来，马上拨通了煤气站的电话。不一会，就有检查维修的叔叔过来进行测试，原来是早上厨房的阀门没有关紧导致的煤气泄漏。

好险啊！幸亏发现及时，否则说不定还会发生什么意外呢！红瑾和妈妈都很后怕。

妈妈告诉我 ···

家庭中的煤气中毒主要是一氧化碳、液化石油气、管道煤气、天然气中毒这四种，如果家中出现了跑气的现象，而屋内又是门窗紧闭，就很容易发生煤气中毒的事件。

人在煤气中毒时最初感觉为头痛、头昏、恶心、呕吐、软弱无力，但还意识不到已经中毒。当人意识到中毒时，常常会挣扎着下床开门、开窗，但到这时一般很少有人能打开门窗，因为这时的病人会迅速发生抽搐、昏迷的症状，而且两颊、前胸皮肤及口唇部位呈樱桃红色，如果救治不及时，很快就会因为抑制呼吸而死亡。煤气中毒依照其吸入空气中所含一氧化碳的浓度、中毒时间的长短，常分为三种：

1. 轻型：中毒时间短，中毒的早期症状主要是头痛眩晕、心悸、恶心、呕吐、四肢无力，甚至会出现短暂的昏厥，但是神志比较清醒，如果能及时吸入新鲜空气，脱离中毒环境，症状会迅速消失，也不会留下后遗症。

2. 中型：中毒时间稍长，会出现虚脱或昏迷的症状。病人的皮肤和黏膜呈现出煤气中毒特有的樱桃红色。如过抢救及时，可以迅速清醒，并在数天内恢复，一般不会留下后遗症状。

3. 重型：发现时间过晚，吸入煤气过多，或在短时间内吸入高浓度的一氧化碳，病人呈现深度昏迷，具体表现为各种反射消失，四肢厥冷，血压下降，呼吸急促，甚至会很快死亡。一般说来，昏迷的时间越长，就会留下越严重的后遗症，比如痴呆、记忆力和理解力减退、肢体瘫痪等。

如果发现有人出现煤气中毒症状，应及时采取以下措施：

1. 立即打开门窗，马上把人员转移到通风良好且空气新鲜的地方，并注意保暖。找人查找煤气漏泄的原因，排除隐患。

2. 帮助病人松解衣扣，保持呼吸道通畅，清除口鼻内的分泌物，如过发现病人呼吸骤停，要立即进行人工呼吸，并做出心脏体外按摩。

3. 立即给病人足够的氧气，立即转医院高压氧舱室作高压氧治疗，这样不仅可使病者苏醒，还可使后遗症减少。

4. 静脉注射 50% 葡萄糖液 50 毫升，加维生素 C500 ~ 1000 毫克。这样不仅能补充能量，而且有脱水之功，早期应用可预防或减轻脑水肿。

另外，煤气中毒常常是在缺乏相关安全知识的情况下发生的，其实，只要做到以下几点，煤气中毒就会远离你：

1. 平时不要在密闭或通风不良的居室中使用煤炉取暖、做饭。

2. 使用燃气热水器的，要注意检查热水器是否泄气，热水器使用寿命一般不超过 6 年，超过 6 年的要及时更换。洗澡时门窗不能紧闭，洗浴时间不要过长，水温不宜过高。

3. 要经常检查煤气管道是否漏气，开关是否拧紧。

4．当感到呼吸越来越困难，头昏眼花，或是厨房内传出臭鸡蛋气味时，便可判定是煤气泄漏，这时应赶紧打开门窗通风。注意不要划火柴、开关电灯和启闭其他电器。

5．如发现煤气中毒者，应速将中毒者盖好被子，抬到空气流通处，并尽快将其送往医院抢救。

6．煤气中毒者醒后应注意休息，避免活动后加重心肺负担及增加氧的消耗量。

7．对昏迷不醒、皮肤呈青紫色的严重中毒者，应通知急救中心，然后就地进行抢救，及时施以体外心脏按压和人工呼吸。

燃放烟花爆竹，我要躲远点

曼玉爸爸的单位里发了几挂鞭炮，这天吃过晚饭之后，爸爸对曼玉说："曼玉，我们下楼把它放了好吗？"

"好。"曼玉高兴地和爸爸下楼了。

父女两人来到一片空地，爸爸把鞭炮平放在那里，把引线点燃，然后跑出距离鞭炮5米的地方。曼玉就站在爸爸旁边，捂着耳朵，兴奋地看着不远处的火光迸发，听着噼噼啪啪的响声。

这时，好像有一个小火点蹦到曼玉的鼻子尖上，好烫。

"爸爸，我被鞭炮炸到了。"曼玉对爸爸说道。

"哪里？没有啊。"也许是因为户外光线昏暗，爸爸并没有注意到曼玉有什么不同。

放完鞭炮之后，曼玉跑上楼找妈妈："妈妈，我被鞭炮崩了一下。"

"在哪里？让妈妈看一下。"听到曼玉一嚷嚷，妈妈放下了手里的活跑了过来，"可不是吗？你看鼻子上有个小红点。你是不是离鞭炮太近了？"

"没有，我们跑出5米之外的距离呢。还好多亏没有炸到我的眼睛里。"

"是啊，"妈妈说道，"燃放鞭炮，其实是件很危险的事情，所以一定要小心才行。"

🚢 妈妈告诉我

在喜庆的日子，人们往往燃放烟花爆竹，表达喜悦之情，增添欢乐气氛，但是在燃放烟花爆竹的时候需要特别小心：

1．首先要正确选择烟花爆竹的燃放地点，不可以在繁华街道、剧院等公共场所、在有电的设施下以及靠近易燃易炸物品的地方燃放。具体的细则还要遵守当地政府的安全规定。

2．燃放烟花的时候不可倒置。吐珠类烟花的燃放最好能用物体或器械在地面上进行固定之后燃放，如果确实需要手持燃放时，只能用手指掐住筒体尾端，点火后，要将手臂伸直，烟花火口朝上，尾部朝地，对空发射。禁止在楼群间和阳台上燃放。

3．在对喷花类、小礼花类、组合类烟花进行燃放时，平放地面将其固牢，燃放中不得出现倒筒现象，点燃引线之后马上离开。

4．燃放旋转升空及地面旋转烟花的时候，一定要注意周围的环境，将烟花放置于平整地面，点燃引线后，离开观赏，燃放手持或线吊类旋转烟花时，用手提线头或者用小竹竿吊住棉线，点燃后向前伸，身体不要离烟花太近。燃放钉挂旋转类烟花时，一定要先将烟花钉牢在壁或木板上，用手转动烟花，再点燃引线，离开观赏。

5．手持烟花不应朝地面方向燃放。

6．爆竹应在屋外空旷处吊挂燃放，点燃后切忌将爆竹放在手中，燃放双响炮应直竖地面，不得横放。

7．有时在燃放过程中会出现些异常情况，比如遇到熄火现象时千万不要再点火，更不许伸头、用眼睛靠近观看，也不要马上靠拢产品，并停止燃放其他产品，要明确熄火的原因，再进行处理，一般是等15分钟后再去处理。

电灯线起火了

玲玲的学校旁边新开了一家"柳州螺蛳粉"，不出两个月的光景，学校里的学生已经是无人不知无人不晓了。那家店的老板是地道的广西人，所以大家都把他们家的螺蛳粉奉为正宗。由于生意兴隆，每天放学之后，去吃螺蛳粉的人总是浩浩荡荡的。玲玲和同学们也经常去那里。

不过这天玲玲来到学校，好朋友凑过来对她说："玲玲，告诉你一个惊天大消息。"

什么消息？还能惊天的？玲玲笑着对好朋友说："别说得这么玄，快告诉我吧。"

"是这样，那家柳州螺蛳粉，关门了。"听同伴这样一讲，玲玲大吃一惊。

"啊？不会吧，还说再去吃一次呢。因为什么呢？"玲玲急忙问道。

"昨天晚上着火了，幸好没有人员伤亡，不过那家店已经歇业整顿了。你知道是因为什么吗？他们的电灯泡着火了。"

"电灯泡着火？"玲玲感到匪夷所思。

"咱们以前物理实验讲过的啊，就是电线短路了。他们在装修店面的时候，使用的电线是劣质产品，所以就烧短路，然后就火灾了啊。"同伴向玲玲解释道。

"原来是这样，那不就关门了，等他再开张之后，我们还可以再去的啊。螺蛳粉还是可以吃到的。"玲玲长舒了一口气。不过这个安全问题嘛，但愿以后不会发生了。

🚢 **妈妈告诉我** ┈┈┈┈┈┈┈┈┈┈┈┈┈┈┈┈┈┈┈┈┈┈┈┈┈┈┈┈┈┈┈┈┈┈┈┈┈

我们在日常生活中所使用的照明电器主要有白炽灯和荧光灯两种。这两种看似普通的电器灯具，在一定条件下都有可能引发火灾。

　　白炽灯在工作的时候,如果周围的散热条件比较好,灯泡的表面温度与其功率大小成正比。当功率越大的时候灯泡表面的温度就越高。白炽灯的灯丝在接通电源后,温度在高达 2000 ~ 3000℃时发光,灯泡外壳温度也会相应随之升高。在一般情况下,接通电源一分钟后,40W 的灯泡外表温度足有 50 ~ 60℃,100W 的灯泡外壳温度可高达 170 ~ 220℃。如果纸灯罩长时间贴在灯泡的外壳处,甚至会被烤焦着火。还有一点需要注意的是,因为供电电压有一定的电压差,所以当供电电压超过电灯额定电压时,就有可能引起电灯外壳玻璃受热不匀,这时如果有水滴溅上,都会引起灯泡爆炸,高温钨丝带着火星落入可燃物上而发生火灾。

　　日光灯的结构相对复杂,它是由灯管、启辉器、镇流器和灯座等部件组成,镇流器是由铁芯和线圈组成,因其本身耗电且在工作起来具有较高的温度,如果产品制造粗劣会造成散热条件不好,当工作时间过长,镇流器内部就会由于温度升高破坏线圈的绝缘层,造成匝间短路,产生高温,会使积聚在镇流器上的灰尘以及周围可燃物烤焦起火。

　　所以我们在日常使用电灯的时候,应该注意以下几点:

　　1. 安装电灯时一定要正确选用适合的灯具型号。对于发生火灾危险概率较高的场所,要留心选择防爆、隔爆或安全密封型的灯具。

　　2. 电灯与可燃物应保持适当的距离(一般不应小于 0.5 米),更不能紧挨易燃物,以保证安全。

　　3. 电灯最好是安装在绝缘且不易燃烧的基座上,严禁用纸、布或类似的可燃材料做灯罩。

　　4. 选用导线时应注意导线的绝缘强度和截面规格,特别是临时线路更要注意,不要乱拉乱接,防止导线绝缘层受损而产生短路,发生事故。

触电怎么办

　　豆豆拿来一个大号的锥子向莉莉炫耀:"莉莉,你猜这个是什么?"

　　莉莉看了一下:"就是一个改锥啊。"

　　"呵呵。"豆豆笑笑摇摇头,"这个不是普通的改锥,它有一个学名叫试电笔,是观测电源是否有电的工具。"

　　"嗯?"莉莉看看豆豆手里的那个家伙,问道"怎么玩?"

　　"来,我给你做示范。"豆豆拿着这个锥子就往电源里面戳。

　　会不会很危险?莉莉心里一打转。

　　"豆豆,别玩了,我也不想看,太危险了。"莉莉着急地阻拦住了豆豆。

　　"嗯,那好吧。"豆豆看着莉莉很担心的样子,也就不再试验了。

妈妈告诉我

莉莉，你们的经历真的把妈妈吓了一跳，触电极其危险。所以在日常生活中应该特别注意用电安全。生活中，应对随时可能出现的触电现象，你需要掌握以下应对方法：

如果遇到了触电者，首先要帮助触电者脱离电源。若在室内，则应立即切断电源；若在室外，电源无法切断，则应用木棍将电线挑开，或用干的衣服将触电者拉开。

当触电者脱离电源后，应根据其不同情况分别采取不同的紧急救护措施：

若触电者尚未失去知觉，还有呼吸和脉搏（心还在跳），则应立即设法把触电者送往附近医院救治。

若触电者已失去知觉，但呼吸、心跳都没有停止，应在通知医院抢救的同时，将触电者放在平坦、空气流通的地方，然后让他嗅阿摩尼亚（可用尿液代替）；同时可向触电者的身上撒些冷水，再摩擦他的全身，使其全身发热。一旦发现触电者呼吸困难，逐渐变弱，或者断断续续有痉挛现象出现，应立即为他进行人工呼吸。

若触电者呼吸停止，心脏也停止跳动，急救人员要马上为他做人工呼吸，否则，触电者会很快死亡。

最后，妈妈要提醒你们的是，在用电过程中一定要注意保护好自己的生命安全。一旦发现有人触电，切不可慌乱无措，应按照以上步骤对之进行紧急处理，这样能够最大限度地保存他人的生命。

学会安全用电

香香下午在家里闲着没事做，决定去找月月玩去。

"月月，你在做什么？"当香香来到月月家里的时候，看见月月正把一个插线板浸在水里。

"我在洗插线板，刚才我做卫生，发现我的插线板脏了，估计里面也一定脏了，没办法擦，只能用水洗一洗，要不然的话太脏了。"月月笑笑着说。

哎，这个月月也太过于洁癖了吧。"那个……你洗完之后还能用吗？都泡水了。"香香咧着嘴问月月道。

"嗯，没问题的。上次我洗过一次了。"月月胸有成竹地对香香，"等洗好之后，晒干就可以用了。"

晕！

不过，香香还是觉得这事怪危险的呢。

妈妈告诉我

电力是人们生产生活的重要能源，在现代家庭中不可缺少。但是如果不懂得安全用电知识，就容易造成触电、火灾、电器损坏等意外事故，所以，"安全用电，性命攸关"。在日常生活用电的过程中需要注意以下事项：

1. 不要随意拆卸、安装电源线路、插座、插头等。

2. 即使是安装灯泡等简单的事情，也要先关断电源。

3. 当与电线接触时，最好穿上绝缘胶鞋或站在干燥的厚木板上。

4. 不要用铁丝、钉子、别针一类的金属锥体去扎室内电线。

5. 不要用纸、布等包灯泡，也不要让灯泡靠近蚊帐、窗帘等易燃物，因为灯泡难以散热会导致温度升高，使纸、布等达到燃点而燃烧。

6. 不要在电线上晾衣物，因为擦破绝缘皮或使电线断裂，就会造成触电。

7. 使用电器前，必须擦干双手。有漏电情况时，应及时拔掉插头，或以木棍等绝缘物品将插头松脱，避免用手接触而触电。

8. 带金属外壳的电器应使用三脚电源插头。有些家电出现故障或受潮时外壳可能漏电。一旦外壳带电，如果用的是两脚电源插座，人体接触后就有遭受电击的可能。

9. 耗电大的家用电器要使用单独的电源插座。因为电线和插座都有规定的载流量，如果多种电器合用一个电源插座，当电流超过其额定流量时，电线便会发热，塑料绝缘套可能熔化，从而导致漏电。

10. 要选用合格的电器，不要贪便宜购买使用假冒伪劣电器、电线、线槽（管）、开关、插头、插座等。

11. 要选用与电线负荷相适应的保险丝，不要任意加粗保险丝，严禁用铜丝、铁丝、铝丝代替保险丝。

12. 漏电保护开关应安装在无腐蚀性气体、无爆炸危险品的场所，要定期对漏电保护开关进行灵敏性检验。

13. 要将电视机室外天线安装得牢固可靠，不要高出附近的避雷针或靠近高压线。

会"手机中毒"吗

那天晚上，梦露和妈妈正在客厅聊天，忽然听到妈妈的手机响了一下就挂断了。

"妈妈，有人打您的电话，我帮您把手机拿过来吧。"梦露说着就跑去把手机拿了过来。

妈妈看看手机上的号码："奇怪，这个号很陌生，不认识啊。"

"妈妈，您给打回去问问不就知道了吗？"梦露对妈妈说道。

妈妈笑了一下对她说："梦露，不用理会，这很有可能是诈骗电话。"

"啊？"梦露听了一愣，"怎么电话还会有诈骗呢？"

"嗯，不信，我们可以上网查查这个号码的归属地，一定是外地的。"结果梦露和妈妈上网输入这个号码一查，果然显示的是广东潮州。

"这种电话诈骗的方式是拨通其他手机的电话，然后响两秒钟就会挂断，不知情的人一旦回拨过去，就要交高额的电话费。"

啊！原来是诈骗！

妈妈接着说："利用电话诈骗的方式有很多，而且防不胜防，最好的方式就是不要相信陌生人的来电，如果遇到状况及时通知家长，就可以避免受骗。"

妈妈告诉我

手机在现代社会已经得到普遍应用，而手机短信更是人们互相联络的得力助手。可是，手机短信中存在着诸多安全隐患，很多不怀好意的人往往会通过发送诈骗短信来牟取钱财。因此，常与手机短信打交道的女孩们一定要提高警惕，防止自己掉入不法分子的短信陷阱里。梦露，妈妈想向你介绍一些常见的电话诈骗方式：

骗术一："手机号为13*********，您的朋友为您点播了一首歌曲，以此表达他的思念和祝福，请您拨打9**** 收听。"遇到这种情况，你最好不要拨回电话接听歌曲，因为这样很有可能会给你带来高额话费。

骗术二：听到铃声响起，一旦你接听，电话会马上挂断。当你按照号码回拨后，听到的可能是这样一段电话录音："欢迎您致电澳门六合彩……澳门中心竭诚为广大彩民爱好者提供信息，透露密码。联系电话1395983****。"遇到这种情况，你也一定不要回拨，因为这是以非法"六合彩"招揽客人，如果你回拨电话，既可能会损失话费，又很容易上当受骗。

骗术三："您好，移动通信公司现在将对您的手机进行线路检测，请您暂时关闭手机3个小时。"此种情形很可能是机主因为某种原因泄露了家庭电话号码，行骗者可能会在机主关机的时候，以"要求汇款"等事由诈骗事主的家人和朋友。所以，有关这一点，要格外留意，防止上当受骗。

骗术四：当你收到开头为0941或0951的未接来电，一回拨即收费500元。因为这是典型的利用0941、0951加值型的付费电话。对此种来电，你一定要格外小心。

而黑短信诈骗通常会采取以下4个步骤：

1．首先发送虚假消费短信，提示你"您在某地刷卡消费多少多少元，如有疑问，请拨某某银行信用卡服务部电话查询"。

2．当你按提示电话号码回拨，接电话人会自称是某个银行工作人员，谎称你的卡出了问题，并指示你按其所提示步骤将钱转入所谓保密账户。

3．这时你很可能会按照"银行工作人员"所提示的步骤，将所持卡上的钱转入所谓"保密账户"。

4. 通过电话获得受害者的卡号和密码后，不法分子会迅速将你卡上的所余金额转走。

刚刚步入青春期的女孩会相对缺乏社会经验，而彼此间的联系又多是通过手机或手机短信进行的，这就给那些不法分子提供了很多可乘之机，这就需要在平时注意提高警惕，面对这些手机或短信诈骗，要提高自己的防护能力。

自己拉响安全警钟

"当当当——"屋外有人敲门，但却不说话。

"是谁？"妮妮问了一句，当时屋里只有妮妮一个人，可是外面没有人搭话。

那个神秘的人拧开了妮妮家的防盗门，直接敲妮妮家的木门。

糟了，妮妮这才想起来妈妈出去的时候她忘记了锁防盗门。

"当当当——"声音听起来这样刺耳。可是这个人到底是谁啊？妮妮躲在屋里，有点害怕了。她再次鼓起勇气大喊一声："你到底是谁啊？"

可奇怪的是外面的那个人仍然不说话。

妮妮心想让他在外面敲门吧，不理他就是了。

可是，如果这个人把家里的门撬开了怎么办？妮妮一个人在屋里，越想越害怕。情急之下，妮妮马上拨通了妈妈的电话：

"妈妈……防盗门没有锁……有个人在一直敲门不说话……我害怕……他在撬门。"

"妮妮，你冷静一点，我就在楼下，马上回家。"

原来，妈妈就正在回家的路上，而且确切地说就在楼下，妮妮心里一下踏实了，跑到门口听听一会儿妈妈会和那个神秘的人说什么。

"请问您找谁？"不一会儿，妮妮就听到了外面妈妈的声音。

那个人依旧不说话，不知在外面做什么，然后就走了。

妈妈在外面喊："妮妮开门吧。"

妮妮打开门，马上就问妈妈："刚才外面的那个是个什么人，吓死我了。"

"他是个聋哑人，而且看样子是从很贫穷的地方来，只是想讨一点钱，没有别的恶意。"妈妈向妮妮说道，"不过，妮妮你这样做是对的，对待陌生人一定要多几分防备才行。害人之心不可有，防人之心不可无啊。"

🚢 妈妈告诉我

"小妹妹，我是修水表的，你爸妈打电话让我现在过来，给我开门吧。"

"小同学，你看，我手机没电了，我又急着找我儿子，他在上大学，我找他有急事，你手机借我用一下行吗？用完了就还你。"

很多情况下，我们往往是不假思索地就相信了对方，开了门、递给对方手机，而却没有意识到要保护自己，这不能不说明我们自我保护意识太过于薄弱。

1998年11月18日是"流星雨之夜"。凌晨3点多钟，北京市八里庄地区14岁的女中学生马某和她表弟在看完流星雨回家的路上，遇到了罪犯庞某。庞某自称是联防队员，要察看马某的证件。当马某的表弟被支走回家取学生证时，庞某以去派出所为由将马某带上出租车，随后诱骗到一公园内隐蔽处，猛然将马某摔倒在地，并用木棍殴打马某的头部，见马某昏死过去，便对其进行流氓活动。当庞某发觉马某已经死亡，便用草覆盖尸体后逃逸。

据庞某交代，他将马某带走的路上，曾不止一次遇到行人，当时他心里很紧张，但马某并没有呼喊求救。另外，罪犯遇到马某姐弟的地方，离马某的家不过300米！距离凶案现场却有很长一段路程，庞某还打了一辆出租车。事后据那位出租司机反映，当时马某是自己打开车门上的车，一路上，她也一直没有向司机示警或求救。那位司机说"这个小姑娘死得太可惜了，其实当时只要她有一点暗示，我肯定会帮助她。"

女孩的死给我们以警醒，我们也不难看出正是因为她毫无自我保护意识才给不法分子提供了以可乘之机，悲剧也由此展开。这样的事例不在少数，这其实也要求我们一定要时刻提高警惕，并增强观察、识别能力，不被坏人的甜言蜜语所迷惑，谨防上当受骗。

不光如此，我们还要学会在适当的时机与歹徒巧妙周旋、斗智斗勇，尽力保护自己，以增强感性认识和自我保护能力。如何帮助自己树立强烈的自我保护意识并尽可能地实行自我保护呢？不妨从以下几个方面做起：

1．遇事要冷静，不要让所谓的哥们义气害了自己，也害了朋友。学会拒绝不正当要求，坚决不与坏人同流合污。

2．不要随意泄露个人及家庭情况，以免不法分子利用。

3．独自在家时，不要给陌生人开门。如有人撬门爬窗，应立即大声呼救或电话报警。

4．平时尽可能多地学一些法律知识，学会用法律武器保护自己的合法权利。

5．遭到严重暴力侵害时如绑架、劫持、伤害等，一般不要与其硬拼，但更不要吓得不知所措，屈服于恶势力。这时要镇静、机智地与之周旋，以寻找机会脱身并报警。

生活有美好、阳光的一面，但生活中也处处存在着危险。我们正处于成长时期，阅历相对简单，社会经验相对不足，鉴别是非的能力也较弱，所以更应该加强自我保护意识，从而将伤害降低到最小。

外出游玩安全第一

东西要自己看管好

今天馨馨和媛媛一起出门，经历了惊险的一幕。

两个人在公交车上原本是有说有笑，这时馨馨突然发现旁边有一个人把手悄悄地伸进了媛媛的包里，而媛媛却毫无察觉，继续和馨馨有说有笑。

馨馨很着急，用眼神向媛媛示意，可是媛媛并没有留心注意，继续讲那个她认为很好笑的故事。

她怎么还没有反应？馨馨一着急，拉了她一下："媛媛，我们站这边。"可是媛媛丝毫没有猜到馨馨的意思，还在接着讲她的故事。

"媛媛，你的包……"馨馨无奈之下，面对这个木讷的伙伴，只好当面揭穿。如果再不说破的话，估计媛媛包里的东西就要被人顺走了。

媛媛这下才意识到，回过头看了一眼：好家伙，那个人已经翻到了钱包，正在往外拿了。媛媛狠狠地瞪着他："你……"

"看什么看，有什么好看的，哼！"那个人眼看阴谋没有得逞，居然理直气壮地把媛媛训了一通，似乎媛媛是个贼……

🚢 妈妈告诉我

现在人们的生活条件普遍优越，一个十几岁的女孩，往往都会拥有几件比较大件的贵重物品。在携带物品外出的时候，就要防止他人的抢夺或是盗窃。千万不要以为在白天就没事了，那样的想法只能说是侥幸心理的作怪，培养自己的防范意识才是最安全的。

如果是把财物放在包中外出，要尽量做到包不离身，包不离手。最好是把包挎在身上，如果是不能斜挎的侧背包，要用手捂住包或用手臂夹住包。如果是手提包，就要紧紧地抓住包，不要松手，防止歹徒趁人不备把包抢走。

骑自行车外出，如果是把包放在车筐里，要记得把包带缠牢在车把上。假如发现了车轮出现故障转不动，首先要把车筐里的包抓在手上，然后查车轮故障，防止坏人趁机拿走你的包。

贵重物品的最佳保管方法还是锁在抽屉、柜子里，这样可以最大限度地防止顺手牵羊或者是乘虚而入者盗走。如果是长时间离开学校，应该将贵重物品随身带走或者是找个可靠的人保管，最好不要留在寝室。如果是住在学校宿舍一楼，睡前应该将现金及贵重物品锁入抽屉，防止被人从窗外"钓鱼"钩走。寝室的门也最好能换上保险锁，比较容易翻越的窗户应该加护栏，门钥匙不要随便乱放或丢失。在价值较高的贵重物品、衣物上，最好有意识做一些特殊记号，即使被偷走，将来找回的可能性也要更大一些。

现金最好的保管办法还是存入银行。尤其是数额较大的要及时存入，千万不能怕麻烦。不过，我们正处在上学的年龄，完全没有必要带太多的现金，所以用不到的钱还是放在家里或者交给父母最为安全。

想敲诈？没那么容易

放学之后，婷婷背着书包独自一人往家走，经过一个自由市场，突然有一个叼着香烟的大孩子从旁边擦了过去，重重地碰了婷婷一下，随之听见"咣当"的声响，一个MP4摔在了地上。婷婷当时并没有在意，继续往前走。

而这个大孩子却把婷婷拽住了："喂，你把我的MP4碰掉了，摔坏了。你要赔偿！"

面对这个大孩子的威吓，婷婷反而感到奇怪："我并没有碰你啊，是你自己撞上来的。"

"你居然狡辩，这个MP4是我自己新买的，花了我600元，难道我要自己把它摔坏吗？你赶快把钱给我，否则的话我就和你玩命。"他一边说，还朝婷婷瞪圆了眼睛，挥着他的拳头。

看他这副样子，婷婷想自己一定是遇到了碰瓷的，这分明就是敲诈啊！怎么办？婷婷绞尽脑汁想解决的办法。

"我身上没有这么多的钱，你让我回家拿给你好吗？"婷婷和他商量。

"回家？"这个大孩子似乎识破了婷婷的伎俩，"等你回了家，我上哪里去找你啊？你现在有多少钱就都给我吧，要不然的话，今天就别想回家。"

婷婷心里有点着急，这可怎么办呢？这时婷婷想到了要报警。

"我想起来了，我的卡里有钱，你等等我去取好吗？"婷婷再次和他商量。

大孩子满意极了："嗯，行啊，我在这里等你。"

婷婷趁这个机会赶快跑进了取款机厅，并请周围的人帮助她报了警，然后，她假装在取钱，然后稳稳当当地走了出来。

"你可真磨叽，把钱给我就走人吧。"

"真对不起，我卡上没有钱了。我现在钱包里只有10块钱，都给你吧。"婷婷开始和他周旋。

"嘿！你怎么回事，惹急了我揍不死你！老实点，让我翻翻你的钱包。"大男孩有点急眼了。

"要不这样吧，你看看我的书包吧。"婷婷一边说着，把书包里的书，还有作业本，还有文具袋，一个一个不紧不慢地翻给他看。其实这时婷婷心里可着急呢：警察叔叔，你们快点到啊。

不一会，婷婷就听见了警车的声音，大声喊道："在这里，这里。"

大孩子一看不妙，转身就跑，但最终没有逃过警察叔叔的身手敏捷。

原来，这个大孩子经常用这种方法来欺诈小同学的金钱，已经有十好几次了。看来，婷婷今天不仅成功保护了自己，还立了一个大功呢！

🚢 妈妈告诉我

社会上有一些人心术不正、好逸恶劳，于是虚张声势，专做讹诈蒙骗的恶事，极尽拙劣表演之能事。路遇讹诈，和他们相比我们一般处于弱势，此时要保持清醒的头脑，分析问题，不要被讹诈者的强横声势吓坏，盲目屈从而被骗钱财。应据理力争，巧妙地向旁人、父母、警察求救。

青春期女孩缺乏社会经验和防备心理，往往容易受到骗子的欺诈而丧失钱财，因而外出时，必须特别小心谨慎。诈骗作案的手法多种多样：有的歹徒以做好事为幌子骗走你的钱财，如利用帮助你购买车（机）船票或者提取行李包裹之机，把你的钱骗去，把包拎走；有的歹徒冒充车站码头工作人员，以查验车票为由，用短途票换走你的长途票；还有的骗子故意在你附近丢下财物，由其同伙捡拾后，强拦住你分钱，然后骗子以失主身份查验你的钱物，乘机偷盗作案。

也许，很多女孩在遭遇了敲诈之后会一时感到茫然不知所措，那么，在此时要切忌哪些要点呢？

1. 保持镇静，不要害怕，不要脑子发热，更不能鲁莽行事。要在人身安全确实有保证的前提下，采取必要的措施。

2. 善于分析问题，镇定自若。遇到突然的情况，不要被骗局所迷惑。善于从不同的角度分析问题，在细微地方发现狐狸尾巴。

3. 灵活机动，果断处置。如果当时环境复杂，情况对自己不利，也可以运用缓兵之计，先答应条件，确保安全脱身后，再及时报警。

路遇抢劫须镇静

这一天美林独自一人走在回家的路上，突然有一个大汉横在她面前，挡住了美林的去路，大汉对她说："把你的钱全部都掏出来。"美林心里不禁有点后怕，自己只是一个学生，能够有什么钱呢？看到大汉一脸杀气的样子，美林支支吾吾地说："我……没有钱。"

而大汉并不吃这一套，他不由分说，直接抢过美林的书包，利索地翻了起来，拿走了美林钱包里的所有零钱，还有爸爸新给美林新买的电子词典。

抢劫结束之后，大汉冷冷地对美林说："孩子，今天算你倒霉，回家去吧。"然后把书包往地上一扔，就跑没影了。

美林心里又害怕又难过，两腿发软，却一路跑回了家。到了家之后，就把这件事情从头到尾和妈妈说了一遍。

"天啊！我的孩子，你没有什么事吧？"妈妈关切地问美林，可能是怕她受到惊吓，不住地摸她的头。

"没事。他把我的钱还有电子词典抢走了。"美林向妈妈抱怨。

"美林，你是不是走的地方很背静，很偏僻？"妈妈问道。

"嗯，是走了另一条路。"

"他的容貌特征，你有记住吗？走，妈妈现在带你去报警。"妈妈说着，带着美林去了派出所。

妈妈告诉我

美林，遇到歹徒的时候，你千万不要慌张，首先要冷静地分析一下歹徒的目的。如果他们要的是钱，先给他们，同时仔细记下歹徒的相貌、身高、口音、衣着、逃离方向等，事后立即向民警或公安部门报告。

如果遇到凶恶、带有杀机的歹徒，自己又无法脱离危险，就一定要奋力反抗，免受伤害。反抗时，要大声呼喊以震慑歹徒；动作要突然迅速，打击歹徒的要害部位，在此过程中要不断寻找脱身机会。应切记，不到迫不得已时不要轻易与歹徒发生正面冲突，最重要的是要运用智慧，急中生智，随机应变。

在放学回家的路上要提高警惕。要做到：路上不单独行动，尽量结伴而行；路上不要多耽搁；不去偏僻的地方；不走人迹稀少的小路。

还有在平时，我们应该多了解一些自护知识，以备不时之需。

1．如歹徒拦住你的去路，千万不能惊慌失措，应迅速判明歹徒的身体状况和周围的环境条件，再确定防卫方法。

2．学会"呼救脱身法""周旋脱身法""恐吓脱身法""对犯罪分子进行说服教育法"等脱险方法。

3．若歹徒是迎面而来，等到歹徒靠近后，猛地提起膝盖向他胯下猛撞；亦可迅速抬起并拢的手掌直击其喉头。乘他慌张之机，就可立即逃跑。

4．面对迎面而来的歹徒，迅速丢下手中的物品，两指成"V"形，直插歹徒的眼睛。

5．若歹徒从后面突然勒住你的脖子，并试图抓你右手时，你可微微转身，并以腾出的左手猛力向歹徒肋骨撞去，待其松手时，立即逃跑。若前一招没有使歹徒松手，你可迅速改变招式，用力踩歹徒的脚面，或狠踢其小腿骨，待他松手时，可马上逃跑。也可握紧拳头，举起手臂，用力向后撞击其腹部，使他喘不过气来，待他松手时，自己便可脱身逃跑。

6．伞和其他长的硬物都是很好的自卫武器。当歹徒靠近时，可用双手紧握雨伞，用伞尖猛击匪徒的胯下，或猛刺他的脸部，乘他疼痛难忍之机，迅速逃跑。

走路也要讲究安全

那天夏寒和同伴一起去公园玩耍，走到一个路段的时候走不过去了，上面写了一个牌子"前方施工，请绕行"。

"唉！真麻烦，我们要是绕行的话，就走得远了。"夏寒无奈地抱怨道。

夏寒的同伴一拍脑袋瓜："我想起来了，要不这样，我们顺着下面的河走吧，能少走很多路。"

"这样会不会比较危险？"夏寒担心地问道。

"不会，即便掉下去也没关系啊，我们一定再把你拉上来，不会不管你的。"同伴冲着夏寒一脸的坏笑。

"不好，不好，我们还是绕远走吧。"夏寒实在是不敢走河边，如果不小心掉下去呢。

"夏寒，如果我们抄近道的话，可以提前半个小时到公园，你忍一忍，我们走河边吧。"同伴一个劲地怂恿我。

夏寒实在是感到很为难，最后同伴也不好再为难她的，还是决定重新选择了一条安全的路。

🚢 妈妈告诉我

夏寒，也许你忽视了这一点呢，其实在走路的过程中也是要注意安全的。在走路的时候，要选择平整、坚实、安全的道路行走，尤其是在晚间走路的时候更要小心，不要为了急于赶时间而抄近道，也不要为了图省事而行走坎坷不平的路，或者是跨越小溪赶路，甚至在冬天的时候在冰上走路，这样的做法都是非常危险的，因为在这样的地方走路，容易跌倒摔跤，掉入水中，沉入河底，危及生命。

还有些女孩，在路上与伙伴行走的时候喜欢追逐打闹，这样的做法也是很危险的。因为在打闹的过程中，注意力就不能集中，所以极容易发生失足摔跤、皮肉受伤、甚至发生骨折、亡命等不安全问题。

现在学生上学和放学大都是在清晨和傍晚，而这两个时间段人流量少，有一些违法犯罪分子就抓住这个时间，往往乘机实施拦路抢劫等暴力犯罪。这类案件在农村的发生率会更高一些。

犯罪分子实施此类犯罪，一般有两种手段：一种是尾随伺机下手；另一种则是在某个固定地点守候，一旦目标出现就立即采取袭击。对于第一种犯罪，一般来说比较好对付，当发现有形迹可疑的人一直尾随你的话，你可以走到人群密集的地方，然后停下来对尾随者大喊一声："你想干什么？"尾随者因做贼心虚，一般都会撒腿而逃，否则也会引起周围的成年人的警觉和干预。对于第二种犯罪手段，如果一旦遭遇到歹徒的袭击，首先应保持冷静，不要惊慌失措；要善于观察，如果发现周围有砖头、木棍之类的东西，可以捡起来作为自卫武器，震慑对方；假如你觉得自己年幼力薄，那么应该尽量记住歹徒的体貌特征，以便事后向公安机关侦破提供线索。当然，这只是不得已的情况下采取的自卫手段，如果能做到防患于未然就更好了。

怎样做到防患于未然呢？一般说来，女孩子最好不要在夜间出行，如果有事一定要出行，也应该结伴而行。如果不得不独自夜行，那么千万不要贪近而走乡间小道，因为一些惨无人道的奸淫案常常发生在这些人烟稀少的地方。如果是在夏天夜行，要尽量选择路灯较亮、行人较多的道路行走，最好也是结伴而行。

学学旅游保健知识

学校要组织春游了，小鹿一高兴，买来一条新裙子。

"宁宁，你看我的裙子漂亮吗？"小鹿在家里穿上之后得意地向宁宁炫耀。

"嗯，好看。"宁宁随口附和，投其所好。

"真的，你真有眼光。"小鹿高兴极了，"春游的时候，我就穿这个吧。"

"等等，小鹿，我们要去爬山啊，你准备穿裙子呀！可要考虑好了啊。"宁宁提醒了一下她。

小鹿一听到宁宁的提醒，想起来大家是要去爬山的，不是去公园，一下子为难了："那可惨了，我的新裙子没有用武之地了。我就是想穿上新裙子，照相的时候好看哇！宁宁，你说我们要爬什么样的山，如果那个山像平地一样，会不会穿裙子就可以了？"

小鹿为了要穿裙子，居然希望山上能开出一块平地来。

"那里我之前也没有去过，你最好考察一下地形。不过像平地一样的山毕竟比较少。"

"真是为难，如果不穿裙子的话，我还要另外准备衣服，还要另外想穿什么鞋子。嗯……"小鹿一脸的不情愿。这个小鹿啊，真是臭美的有点可爱了。

妈妈告诉我

小鹿，外出旅游，掌握一些有关的保健知识，对于健康和安全都是十分有益的。这些保健知识主要包括：外出旅游时间、衣着、饮食以及随身携带保健药物选择，等等。

外出旅游的时间，以选择气候适宜、风景优美的春秋两季为宜。冬天气温低，天寒地冻外出旅游容易冻坏身体；夏日赤日炎炎，室外活动过长，容易中暑。如果不是出于特殊的目的，一般来说，夏天适宜在北方旅游，冬天适宜往南方出行。这样，可以减轻不良气候对身体健康带来的负面影响。

此外，在感到身体不舒服或者是在患病期间，也不适宜外出旅游。如果身体不适却勉为其难外出旅游，很可能由于中途劳累而降低免疫力，导致生病，影响身体健康。而身体在患病期间坚持外出旅游，将会妨碍疾病的正常治疗，延缓康复的时间，甚至会使病情加重，造成更严重的后果。

还有就是紧张的考试刚刚结束时，也不宜外出旅游。因为在连续考试阶段，人的大脑和神经高度紧张，可能有的女孩会错误地认为，考完试之后应该出去旅游，松弛一下神经，有利于迅速调整、恢复神经。但实际上，这种做法是有害身体健康的。医生告诉我们，人的中枢神经系统要想从一高度集中的状态松弛下来，需经过几天的休息调整。而随后的外出旅游会使体力大量消耗，造成劳累，这对学生的身体素质影响很大，极易致病。

外出旅游的衣着，应该根据季节、气候的变化和旅游活动的特点而有所选择。春秋两季早上气温较低，外出时最好是多穿一件外套，以免受寒。夏秋之交和秋冬之交，气温由高转低，有时变化无常，隔日如隔季，温差很大，应该随身多带一两件衣服，以防气温骤降冻坏身体。爬山越岭，不要穿太宽松的服装，女孩最好不要穿裙装；如果是到度假区休息，则不妨考虑穿得宽松休闲。在参加体育锻炼性活动，最好是穿运动服。

在旅游过程中，若因步行、登山等剧烈活动浑身冒汗，可把外套衣服衬衫纽扣解开，停下来休息一会儿，不能为了贪图一时的凉快而急忙脱衣换装，也不可以到风大的地方去吹风解热，要知道这样的一冷一热，体质不强的学生是很容易着凉生病的。

外出旅游穿鞋也是有讲究的。切忌穿高跟、中跟皮鞋或塑料底鞋去旅游，因为穿这样的鞋子走路不会太稳，特别是走在台阶上或坡路上，容易摔伤、扭伤，而且如果是长时间的行走，容易造成双足的疲劳。外出最好的选择旅游鞋或者是球鞋，因为这些鞋子首先是平跟的，而且质地较软，具有弹性，穿着舒服，可以预防在山地或坡路上行走时扭伤，而且有助于缓解因长时间步行后双足产生的疲劳。

还有就是，旅行中的饮食也关乎我们的健康，健康是愉快旅游的前提，所以不可以忽视。最关键的一条原则是，在饮食中要讲究卫生和营养科学。

1. 不可以吃腐败变质、生冷或者是被苍蝇污染过的食物，这些食品中含有大量的消化系统致病菌，吃了会患上肠道感染之类的疾病，如果发现带的食物中有异样的变化，一定要抛弃，以免因小失大。如果是到饭店用餐，应该挑选卫生条件较好的店家，不可以为了省钱而到价格便宜但是卫生条件较差的饭店用餐。

2．无论是在什么地方用餐或吃零食，都不要用脏手直接拿着食品吃。因为手上占有大量的细菌病毒，切忌病从口入，引发疾病。

3．不要喝生水。生水中往往含有伤寒、痢疾杆菌等病毒，如果喝了这种生水，或者是食用了这种生水洗涤过的瓜果、凉拌菜，都会引发肠胃痢疾。

4．不要吃过多的饮料和冰棍雪糕。饮料和冰棍雪糕都是冷食，而且含有过多的糖分。冷食吃得过多，会刺激肠胃，引起疼痛。糖分在体内消化时需要水分，食用饮料、冰棍过多，反而会感到更加口渴。所以，长时间外出旅游者，应带上冷开水供解渴引用，或者购买质量可靠的矿泉水，以备饮用。

不管外出者怎样注意身体健康，也不管外出旅游者原来的体质如何强健，在旅途中都不可避免会犯点小毛病，所以外出旅游的学生应该根据自己的体质情况，有针对性的带上一些保健药物，以防病时能随即进行简单的自我治疗。

感冒是一年四季都可能患上的疾病，以冬秋两季为多，俗称伤风。在旅行的过程中可以携带感冒片、银翘解毒片、羚羊感冒片等。

在天气较热的时候外出旅游，极有可能会发生中暑。人如果中暑，轻则无力言语，无力动作；重则突然晕倒，不省人事。为了防止外出旅游中暑，可带人丹、清凉油等，在身受暑热侵袭感到不适的时候，随即服用。若已中毒，可服用暑湿正气丸、解毒片等药物。

野外迷路怎么办

暑假来临，航航很想出去来一次户外探险，她把她的想法和小伙伴们一说，没想到她们比航航还支持户外旅行。其实大家心里都很想去啊，既然志同道合，马上一拍即合。

那天，几个人把目标选定在附近郊区的一座海拔 800 米左右的山上。进入景区，大家一阵兴奋。

"既然是探险，那我们就不走寻常路了，好吧？"其中一个同伴建议道。

"那你想怎么个走法？"航航问道，"难道你想自己开路啊？"

"你怎么这么明白呢？我就是这个意思，你们觉得好吗？"那个同伴得意地征求大家的意见。

"嗯，听起来是很好玩，可是如果迷路绕在里面了，那就不好玩了。而且在山上，手机有时都没有信号，我们没有任何方法与外界保持联络。"航航凡事都会想得很周到，善意地提醒她说。

"哈，我早就想好啦，你们看，我都带好了工具。"那个队友得意地拿出了一捆长长的尼龙线，"我们走到哪里就把线缠在哪里，然后在沿途做上记号，这样保证万无一失。"呵呵，原来早就"预谋"好了啊。

"那太好啦。"航航高兴极了，"那让我们来一次与众不同的探险吧。"

"注意安全，如果发现不对头我们马上往回走。"

"圈K，出发！"

🚢 妈妈告诉我

航航，和朋友一起结伙到户外去探险旅行，本来是增长见识和团队精神的好方式，也是提高解决问题能力的好途径。但是，由于对地形的不熟悉，有时难免会出现迷路或者是找不到同伴的现象，这在户外是非常危险的。因为爱好探险的人都有这样的体会，当顺这小路登上山顶之后，往往想希望走下一条从来没有走过的新路线下山，所以会经常迷路，甚至会被困在山里。如果在旅行的过程中万一迷路了，该怎么办呢？妈妈来给你们提一些小建议，以备不时之需。

1. 迷路之后，应该立即往回走，争取回到原来有旅游山路的那座山上去。即使你们已经走到了谷底，即便有多么疲惫，也要咬牙爬回去找到原来的路线。这是性命攸关的时候，不可以偷懒，也不要存侥幸心理去试别的路线。

2. 如果你们已经回不到原来的路了，那就要仔细观察周围的环境，争取能找到一条小溪，并顺着溪流走。在一般情况下溪流会把你们带到山下去。如果在顺着溪流的过程中遇到了瀑布的阻隔，也要想尽办法绕过瀑布继续沿着溪流前进。

3. 如果你们既找不到原来的路，又看不到溪流，那就比较麻烦，不过还是有可以解决的办法，怎么办呢？这时你应该做的，仍然是想办法能登到山顶上，根据太阳或找到远方的参照物（比如远处山下的一些建筑等），辨别出大致的方位，并在这个方位上选定一个距离合适、也相对容易辨认的目标山冈，向着目标山冈前进。

如果你们一起迷路的人数很多且都在一起的话，可以考虑把人员分成两组。将第一组人员留在原地山顶，第二组人员下山，向另一处选好方向的山冈前进。下山的第二组人员要时常回头和第一组人员保持沟通，征询留在山顶的第一组人员对自己前进方向的意见。如果第二组人员在行进的过程中偏离了正确方向，山顶的第一组人员要用声音或手势提醒他们改正行进路线。当第二组人员登上另一个山冈时，再指挥原来留守山顶的第一组人员下山前进。用这种"接力指挥"的方式交叉前进，可以使全部人员转移到安全的地方啊，而不是在原地打转。

4. 如果迷路的只有你一人的话，那么你唯一可以做到的，就是在辨别好方位下山时，在向着自己选好的目标山冈行进的过程中要不断抬头看着目标，防止偏离正确路线。这个时候千万不要慌，只要你沉着冷静地想办法，一定可以走出大山，脱离险境的。

如果你们以后再遇到了迷路的状况就不会手足无措了吧？那么，在外出旅行的时候怎样才能避免迷路受困呢？是不是要配齐装备，带上指南针、地图，就不会迷路了呢？对于那些缺乏野外活动经验的一般登山旅游者来说，这些用处实际上都不特别大。最稳妥的办法还是沿着旧路走，千万不要冒失地离开原有的路线而从"新路"下山。如果你是有意去走新路"探险"的话，一定要提前做好充分准备，在出行前告诉家人及朋友，并带上充足的食品及饮水，在沿途做好醒目的路标，以备走不出去时原路退回。

野外，求救

"我们该远路返回了，因为我手里的线用完了。"那个原本做好了一切准备的同伴不无遗憾地对大家说。

"啊？我们只走了一个多小时，还没有碰到好玩的，你的线就用完了。我们再往前走一点吧。"航航有点意犹未尽，她执意要求再往前走走。

"航航，我也想再往上爬一段呢。"同伴说道，"只要不走太远，一会儿我们再按照远路下来，一定会看到这根线的。"

"那……好吧，不过千万不要走太远，否则我们极有可能迷路，你们看，周围既没有路可走，也没有人可联络。"航航谨慎地提醒我们，"要不这样好了，我建议再往上走15分钟，然后就下来吧。"

"好"，意见达成一致，大家继续往前走。但是说说笑笑间居然把航航的建议忘掉了。

"妈呀，咱们赶快回去吧。"航航看看表，原来大家又走了半个小时。为了避免迷路，大家赶快原路返回，不过麻烦的是，大家试图按原路返回，走了半个小时，却找不到原路了。

"莫非是遇到了鬼打墙，那根白线找不到了，我们怎么下山啊？"航航急得大叫。

"糟了，这可怎么办？"一路同行的队友一时也慌了，哎！刚才只顾了玩，居然把安全抛在了脑后，如果被山中的豺狼吃掉可怎么办？再也回不了家……

"别急，别急，这个时候要赶快想办法，不然等到了天黑那就更不好玩了。"航航从容地安慰大家，脸上现出一丝镇定，"你们看，这周围有矗立的铁牌'保护森林，严禁烟火'，我估计一定会有巡山的人。我们可以点一堆火，也许会有人发现我们的。"

"要不这样，我们可以做一个火棒，拿在手里，一边求救一边往山下的方向走，好不好？"其中一个小伙伴借着航航的思路发挥。

事到如此，只能这样做了。这几个伙伴，往山下的方向走。

"你们是干什么的？"大家正走在路上，听到远处一声粗重的声音，她们声音找过去，看到一位农民模样的老大爷。

"你们快把火灭了，快点。"那个人又喊了一声。

大家一阵欣喜："这个人应该是巡山的人，是强盗的概率近乎 0。"

废话，那是因为大家都分明看到了那个人肩上的红袖章。

"我们迷路了，能不能把我们带下山去？"航航大声喊道。

就这样，我们成功获救了。哦耶！

🚢 妈妈告诉我

航航，如果在探险的过程中自己和队伍出现困难，需要借助外界的力量救助时，应该懂得一些基本的求救方法。在此，妈妈向你介绍一下有哪些便于操作的信号求救方法以及如何使用信号求救：

1. 点燃火堆或者是放烟火

可以就地点燃三堆火，这三堆火中间的距离最好相等，是最常用的求救方法。如果是在白天，火堆的亮度不是很明显，这种情况下可以在火堆中加入橡胶片、生树叶、苔藓、蕨类植物、青草等可以产生浓烟的物品，以便通知外界。在夜晚点火最好是在开阔的空地上，以免造成火灾，并且向可能的居民区方向点火，用火光传达求救信号。

2. 用声音求救

可以大声呼救，或者借助其他的物品发出响声，不过这种方法不宜过多使用，在这种情况下更重要的是保存体力。

3. 利用光传达信号

如果是在白天进行信号求救，利用回光反射信号，也是不错的很有效的方法。可以利用的反光物品可以是金属信号镜、罐头皮、玻璃片、眼镜等。以前曾经有人做过测试，白天用镜子借助阳光反射的光信号，可以传播至 16 公里远。

具体操作的方法是用一只手瞄准应传达的目标地，另一只手持反光镜调整反射的阳光，并逐渐将反射光向瞄准的指向即可。

4. 在地面上做标志

如果周围有一片比较开阔的地面，比如在草地、海滩、雪地上，可以制作地面标志。把青草割成一定标志，或者是在雪地上踩出一定标志；也可用树枝、海草等拼成一定标志，这样做的目的是与空中取得联络。例如：

SOS（求救）

HELP（帮助）

LOST（迷失）

INJURY（受伤）

通过以上的一些方法，可以增加我们被人发现的概率，及时获救，将损失降低到最小。

远离赌博，警惕赌性

幼男和周围的几个好朋友在一起打扑克，玩得不亦乐乎。

"幼男，你来洗牌吧，这把牌你赢了。"牌友说道，"大毛不洗牌，死了没人埋。"

幼男听了之后，乐呵呵地洗牌，然后发牌。

不知大家玩了有多久，梦梦进来了："好啊，聚众赌博啊！"

"什么聚众赌博，我们又没玩带钱的？说话真难听！"幼男急忙纠正梦梦的用词不当。

"我们正好三缺一，要不要和我们一起啊？"幼男企图拉梦梦"下水"。

"好啊。"梦梦听了之后欣然接受邀请，大家愉快地在一起继续玩。

🚢 妈妈告诉我

幼男，俗语说得好："赌博赌博，越赌越薄。"可就是这么一个让人越来越"薄"的"赌"，却使一些孩子走向了歧途。因此，青春期女孩有必要认识清楚赌博的危害。

赌博是以扑克、麻将等工具，用财物作赌注争输赢的行为。目前，在青少年之中，这种不良行为具有很高的发生率。而青少年赌博的危害性极大是毫无疑问的。

赌博会导致学习成绩下降，并会诱发失眠、神经衰弱、记忆力下降等症状，造成心理素质、道德品质下降，伴随而来的是社会责任感、耻辱感、自尊心都会受到严重削弱，更严重的是赌博还会导致违法犯罪，现实生活中有许多青少年因为赌博引起暴力犯罪。

麻将桌旁发生的一则则悲喜剧说明对麻将的成瘾完全不亚于吸毒。南方一城市的麻将桌上发生过这样的事：由于两人输了要扳回来，另外两人赢了还想再多赢一些，结果，两夜三天的鏖战使得一人因中风死亡，一人因憋尿而死，还有一人因中风而半身不遂。

那么，陷入赌博中的问题女孩该如何与赌博说再见呢？

首先，应该清晰地认识到赌博的危害性。寻找其他更为丰富的娱乐活动比如钓鱼、看书、打球等，以代替赌博这种娱乐活动。

其次，应该认识到十赌九输的特点。不要抱有侥幸心理，输了别想去捞回，赢了不要还想赢。平时生活中避免出席任何赌博场合，培养其他可取代赌博的嗜好，打消赌博的念头。可以选择定时做运动（如缓步跑）及学习松弛的技巧（如冥想或瑜伽），或进行休闲活动（如听音乐、与朋友逛街），借此驱走闷气，舒缓紧张的情绪。

赌博是一种习惯性行为，戒除赌博并非是容易的事情，但如果你拥有坚定的意志，就一定能够克服赌博问题。青春期女孩正处于身体和心理成长的关键时期，人生中很多良好的习惯和性格的养成都是在这时候打下基础的。那么，对于这一时期的少女来说，健康趣味的养成会成为自身一种无形资本，并会使其在以后的人生中受益无穷。

拥挤状况突然来临时镇静自护

梦曼和好伙伴们相约一起去电影院看电影，由于几个人去晚了，只好随便找个空位坐下了，大家都散开来坐。

直到影片结束，观众都开始散场的时候，影院中的灯才打开，梦曼终于目测到她的好伙伴。

"梦曼，我在这里啦。"伙伴们冲着梦曼大喊。

只见梦曼逆流而上，往同伴们这边跑过来，和往影院出口方向走的观众正好相反。

同伴们看到她走过来特别吃力，又大声对她喊："梦曼，你先出去吧，我们在外面集合。"

好不容易走出了偌大的电影院，终于又重见天日了。梦曼看到大家都在那里等着她。

"人太多，太挤了。我实在是过不去。"梦曼说道。

"呵呵，所以我们要到外面集合。"

大家在一起讨论刚才演的那些好玩的片段，说着笑着去找地方吃饭了。

🚢 妈妈告诉我

梦曼，以前妈妈曾经听说过一件类似的事情。某县一所中学第二节课下课铃响后，部分班级的同学像往常一样，争先恐后赶往操场，准备做课间操。当时学校正在修理升旗台，操场上堆放着建筑材料，于是广播通知课间操暂停。听到通知后，已经到达操场准备做操的学生开始跑回教室，后面一些下课晚的班级的学生没有听清广播，继续朝楼下跑。一时间，在一楼中间的楼梯口挤满了学生，混乱中多人被挤压、踩伤。

拥挤状况突然发生时，不管是人流同向涌出，还是交汇混杂，都要保持镇定，克服慌张心理。可以躲在障碍物的后面、门背后或贴在墙边，也可以紧紧拉住固定物，防止自己跌倒，被人踩伤。在集体统一通过狭窄的通道时，不要制造恶作剧或开恶意玩笑，以免场面混乱，最好等候人流高峰期过后再行通过。

如果遭遇拥挤现象，自己要学会一些自护措施，采取的任何行动都要以确保自己的生命安全为前提。

出现拥挤时，应伸出双手，随时准备应对紧急情况。不要将双手交叉着放在胸前，最可怕的姿势是双手插在口袋里被挤倒。同时尽量靠右走路。

尽量不要拿过重过沉的东西在楼道中走动，以免遮住自己的视线而不能看见道路和迎面而来的人。

在拥挤的人流中，不要俯身捡拾东西或提鞋、系鞋带等，防止被挤倒在地而被踩伤。在突然被大多数人裹挟向一个方向行动时，不要因为任何原因逆向行动，也许人流前进方向与你要去的目的地背道而驰，也不要做逆流而动的尝试，以免被众人挤伤。

由于拥挤现象并不鲜见，所以更应该掌握一些应对拥挤的方法，这些方法能够使你在突然遭遇拥堵时能够保持镇定自若，及时地帮助你走出困境。

不参与低级趣味的娱乐活动

"最近小枫在看什么好书，看得这么入迷？"一贯琐碎的小枫近来变得不爱说话了，这引起了朋友们的好奇。只见小枫手里捧着一本装帧精美的小说，跟大家说："我在看一本好看的书。"说完，把书的封皮在同学的眼前一亮：《和校花在一起的幸福日子》。

"你们想看吗？等我看完了，就借给你们。"小枫对大家说道。

大家都为小枫的行动之光明正大所"折服"，如此低级趣味的书，可以如此大张旗鼓地拿到班上来，不怕老师没收啊！

妈妈告诉我

小枫，妈妈想劝劝你远离那些思想不好的图书。所谓"低级趣味"，就是与文化、文明、道德相悖的趣味。譬如，饭桌上讲黄段子，手机发黄色短信，就是低级趣味。

再如举办接吻大赛、鼾声大赛、喝酒大赛等，也属低级趣味。虽然确实热闹非凡，新闻效应不错；但你只要稍加留意，就会发现，参赛者绝不会有高雅之士，围观者也尽为无聊闲人，举办的地方又多是缺乏文化氛围的小城镇。

某些报纸也总追求"低级趣味"，譬如特别钟情明星绯闻，明星的红杏出墙，明星的移情别恋，写得津津有味、绘声绘色，甚至于不惜捕风捉影、道听途说，将不曾有过的事情写得栩栩如生。这样做，据说就是为了满足某些乐于"低级趣味"的人。

在生活中我们也面临着太多的诱惑，低级趣味娱乐活动就是其中的一个。当你与之遭遇时，一定要坚决抵制。如果有不好的朋友请你去一些不健康的娱乐场所时，你应态度坚定地拒绝。平时的课余活动安排，可以采用读书、画画、郊游等活动方式，多与道德高尚的人接触，以他们为楷模，"谈笑有鸿儒，往来无白丁"，久而久之，耳濡目染，自己也会近朱者赤，逐渐变得谈吐文雅、举止文明、行为高尚，成为一个情趣高雅有品位的人。要从现在开始就做一个"脱离低级趣味"的人，对低级趣味活动做到不听、不看、不参与，从思想上筑道"防火墙"，加强对自己的保护。

网络爱情，拜拜

"花花，怎么一副魂不守舍的样子，上课又走神了吧。"老师在课上同着全班同学批评了花花。

确实如此，最近花花是点不太对劲，突然一下子变得温柔了许多。

原来，花花买了一台新电脑，然后学会了网上交友。在网上，她认识一个叫"一水隔天"的网友，逐渐两个人就聊上了。

这个"一水隔天"在网上和花花坦白，他是个无业青年，但是花花却觉得他很诚实，一心认定他是一个难得的人。

"花花，你是不是刚才又在想那个一水隔天了？"下了课，同学紫兰跑到了花花那里，想问个究竟。

"紫兰，你看。"花花拿出了一个精美的小本子，上面记满了"一水隔天"给她的绵绵情话：

"你是天上的月亮，我就是陪伴在你身边的星星。"

"你知道我时刻在想你吗……"

看着这些情意绵绵的词句，紫兰觉得浑身发软，更不要提那个已经深陷其中的花花。

"紫兰，我想和他见面，好吗？"花花问道。

"反对，你了解他吗？"紫兰问道，毕竟是旁观者清。

"怎么不了解？你知道吗？我每天用在和他聊天的时间不少于3小时。"

紫兰心里觉得汗！怪不得她最近成绩下滑得这么厉害。

不管紫兰什么态度，花花执意要和那个"一水隔天"在公园见面，而且还想把他介绍给大家。

有一次，紫兰和花花在回家的路上不经意看到了"一水隔天"。

"花花，你快看，快看啊！"花花顺着紫兰手指的方向，看到了他在和另一个女孩在一起。

"啊！"花花一下子就傻了，随后大颗的泪珠落了下来。

🚢 妈妈告诉我

花花，青春期女孩对社会及爱情的理解还很肤浅，判断力、成熟度较差，容易被那些虚构的凄美动人的网恋小说、网恋故事所感动。于是，不少女孩在网络聊天室寻觅"知音"，自认为拥有网上知音是一种精神刺激和满足，是心情自由放飞的空间，沉迷于网上交友，模仿着小说中的恋爱故事。先是出于好奇，进而模仿，发展到后来就不能自拔了。在虚拟的网上与人谈情说爱，这是很危险的事，会使人沉迷于虚幻的情爱之中，想入非非，无法与现实接轨，造成情绪异常，甚至会引发严重后果。在网上谈恋爱、"结婚"不仅会影响青春期女孩世界观的形成，还会影响他们对未来婚姻的态度。在这种虚无缥缈的感情里游走，只会让人变得玩世不恭、萎靡不振。

对与刚刚迈进青春期的女孩来说，情感开始萌动本是一件自然的事情，无可厚非，但是，在这个敏感的时期，一定不要陷入网恋的情感旋涡中。少女们在平时要认清网友的真面目，拒绝与网友交流生活、感情、私密的问题，注意防范人身安全。在日常生活中，要经常与家长或所信赖的亲友、师长沟通，感受来自周围的温暖关爱。

步入青春期的女孩需要知道，爱情是一个奇妙的东西，它会在属于自己的季节如期到来。而在它到来之前，每个人都需要仔细守护自己的情感地带，切不可因为网恋而伤害了自己。

不容忽视的急救、自救常识

那边有人溺水啦

柔柔和同伴们一起来到了美丽的城市中心公园，暖风习习，吹得人很舒服。

柔柔向大家建议："我们去坐游艇，好不好？"

正当同伴们要表示赞同的时候，忽然发现一只游艇意外地掀翻了，船上的游人都纷纷落下了水。

"啊！你们快看，那里有一只游艇翻了！"一个同学失声大叫起来。

"那船上的人可怎么办呢？"柔柔看到了心里一阵着急，"我们都不太会游泳，怎么办？"

不过还好，很多人注意到了那边有落水的人，而且正巧的是在不远处有一群游泳爱好者在锻炼身体，当他们看到有人落入了水中，都游了过去，过不了太长的时间，大家都获救了。

真是惊险的一幕，柔柔和同伴们也都长舒了一口气。

"那，我们还要不要坐快艇？"柔柔再次征求大家的意见。

"嗯，咱们还是玩脚踏船吧。"大家不约而同地换了主意。

妈妈告诉我

柔柔，溺水对生命最大的威胁是水能堵住人的呼吸道，造成窒息缺氧死亡。溺水往往具有发生突然、危险进程快的特点，一般情况下4～6分钟就可能因呼吸和心跳停止而死亡。所以如果是自己不慎落入水中，应该采取一些自救方法：

1．保持镇静，采取仰面位，即在水中头向后仰，口鼻向上并尽力露出水面。

2．呼吸要注意做到呼气浅而吸气深，并防止发生呛水。

3．不要向上伸手臂进行挣扎，这样只能使人加速下沉。

4．因腿抽筋不能游动导致下沉时，应及时呼救；如附近无人，应保持镇静，设法向浅水或岸边靠近。

这是自己不小心掉入水中之后应该采用的方法，如果我们看到有其他的人落入了水中，应该怎么办呢？

发生的溺水事件的时候，有不少的溺水者都是由于没有得到及时有效的救助而延误了抢救时机，甚至为此丧失了性命。那么如果当我们发现有人溺水了，应该怎么样呢？如果是一个会游泳的人，可以下水去救，而如果你并不会游泳，就没有必要下去了，而且即便是下水也帮不上什么忙，甚至威胁到自己的安全。

1．找会游泳的人下水救人。

发现有人溺水时，如果你不会游泳，就应该尽快用竹竿、木条或绳子等把溺水的人捞上来。如果会游泳的话，能到水里就到水里，但是需要注意的是在水中尽量不要从其正面游过去，而是要从其背后过去。靠近溺水者以后，用手拖住溺水者，让其头部露出水面，然后送往岸上进行抢救。

2．让溺水者吐水。

当把人救出水面以后，如果附近就有医务室的话，应该及时送往医务室。如果没有的话，救人者就应该快速进行现场的抢救工作：首先要做的事情是要把溺水者胃里和肺里的水倒出来，救人者一腿跪地，一腿曲起，把溺水者头朝下放在大腿上，让膝盖和腿顶着其胃部，然后挤压其背部，让溺水者把水吐出来。

3．进行人工呼吸。

当溺水者将脏水吐净之后，应马上对溺水者进行人工呼吸，这是抢救工作中最为关键的一个环节。最常用的方法是口对口地进行人工呼吸——把溺水者平放在地面上，头向后仰，救人者托住其下巴，然后深深地吸一口气，捏紧溺水者的鼻子对着嘴巴用力吹，吹完以后要松开鼻子。

4．为溺水者做胸外按摩。

在进行人工呼吸的过程中，还要对病人进行胸外按摩：双手交叉，用手掌根部放在病人胸前往下压，每分钟要做 60～80 次，如果溺水者是年龄较小的小孩或者婴儿的话，做的次数就要适当增加。在做胸外按摩的时候，力量不可以太猛，不然容易对病人的身体造成损害。

抢救工作最好有两个人一起来进行，这样能保证人工呼吸和胸外按摩同时进行。如果只有一个人进行抢救的话，这两项工作就要轮流进行，即每人工呼吸一次就要胸外按摩 3 到 5 次。

5．在抢救的过程中注意保暖。

在把溺水者救醒后，马上要对溺水者进行保暖，喂热茶、热糖水之类的，有条件的话还可以给其打抗生素，最后还要送医院接受进一步的治疗。

啊！蛇

"我昨天去看大蟒蛇啦。"幻灵得意地向全班同学炫耀。

原来，幻灵在周末的时候和姐姐一起去动物园，就是要专门观看特地来巡展的泰国蟒蛇。

"我看了又看，觉得不过瘾，又摸了摸它，然后还觉得不过瘾，就抓起一条蛇放在脖子上照了相片留个纪念。蟒蛇是一种很乖很听话的动物，比班上那些调皮的女孩安静很多。"幻灵一边说，一边掏出照片让大家开开眼。

"简直是变态，哼，恶心扒拉的，请我我都不去呢。"班上一个很小巧的女孩直言不讳地表示自己对于蟒蛇没有什么好感。

"那里只有蟒蛇吗？"有同学问道。

"不，还有毒蛇。"幻灵继续向大家介绍说，"那个毒蛇比蟒蛇长得可漂亮多了，只是我实在不敢拿着它照相。实际上越是外表漂亮的蛇其实越毒，真的。我很替那些和蛇朝夕相处的人担心，因为他们整天都和蛇在一起，如果有一天万一被咬到怎么办？那不就会被毒死了吗？"

"幻灵，有时间我们也去看那些蛇呢。听你这样一讲，挺有意思的。"

"嗯，好啊。"幻灵点点头，"不过你们要提前做好预防工作，不要被蛇咬到"。

🚢 妈妈告诉我

我国的毒蛇种类很多，而且多分布在长江以南的广大省份。毒蛇咬伤多发生于夏、秋两季。如果一旦不幸被蛇咬伤，首先要判断咬伤自己的是否为毒蛇。一般的毒蛇有如下特征：头部呈三角形，身上有彩色花纹，尾短而细。毒蛇咬伤的伤口表层通常会有一对大而深的牙痕，或两列小牙痕上方有一对大牙痕，有的大牙痕里甚至留有断牙。且伤口的颜色会在较短时间内变成深色甚至乌色。如果一时无法判断是否被毒蛇所伤，为了安全起见，还是要按照毒蛇咬伤进行处理。下面是被毒蛇咬伤后的处理措施：

首先要防止毒液扩散和吸收。被毒蛇咬伤后，一定不要惊慌失措、奔跑走动，这样会促使毒液快速向全身扩散。被毒蛇咬伤者应立即坐下或卧下，自行或呼唤别人来帮助，迅速找来一些鞋带、裤带之类的绳子绑扎伤口的近心端，如果是手指部位被咬伤要绑扎指根，手掌或前臂被咬伤可绑扎肘关节上，脚趾被咬伤可绑扎趾根部，足部或小腿被咬伤可绑扎膝关节下，大腿被咬伤可绑扎大腿根部。绑扎的目的与止血目的不同，仅在于阻断毒液经静脉和淋巴回流入心，而不会妨碍到动脉血的供应。故绑扎无须过紧，它的松紧度掌握在能够使被绑扎的下部肢体动脉搏动稍微减弱为宜。绑扎完成后还需要注意，接下来要每隔30分钟左右松解一次，每次1~2分钟，这样可以避免血液循环受阻，造成组织坏死现象。绑扎完成后，接着要迅速排除毒液。这需要立即用凉开水、泉水、肥皂水或1：5000高锰酸钾溶液冲洗伤口及周围的皮肤，以洗掉伤口外表毒液。如果伤口内有毒牙残留，应迅速用小刀或碎玻璃片等其他尖锐物将之挑出，使用前最好用火烧一下刀片以对之进行消毒。器物准备好以后，以牙痕为中心作十字切开，深至皮下，然后用手从肢体的近心端向伤口方向及伤口周围反复用力挤压，以促使毒液从切开的伤口排出体外，同时要边挤压边用清水冲洗伤口，冲洗挤压排毒需持续20~30分钟。如果随身带有茶杯此后可以对伤口作拔火罐处理。拔火罐时，要先在茶杯内点燃一小团纸，然后迅速将杯口扣在伤口上，使杯口紧贴伤口周围皮肤，利用杯内产生的负压吸出毒液。如无茶杯，也可用嘴吮吸伤口排毒，这种情况下一定要注意，吮吸者的口腔、嘴唇必须无破损、无龋齿，否则就有中毒的危险。吸出的毒液要随即吐掉，吸后要用清水漱口。排毒完成后，伤口要湿敷，以利毒液流出。必须注意，蛇毒是剧毒物，极小量就可致命，所以绝不能因惧怕疼痛而拒绝对伤口切开排毒的处理。去野外旅行的时候，最好随身备一些药，这样一旦被毒蛇咬伤就可立即口服以解内毒。伤者如出现口渴，可以给予足量清水饮用，切忌不可饮酒精类饮料，因为这样可能会加速毒素的扩散。经过切开排毒处理的伤员要尽快用担架、车辆送往医院做进一步的治疗，以免出现在野外无法处理的严重情况。转运途中要安抚伤者，尽量使其保持安静。

在野外，为了避免被蛇咬伤中毒，应做好以下预防工作：在野外时，尤其在夜间，最好穿长裤、蹬长靴或用厚帆布绑腿。持木棍或手杖在前方左右拨草将蛇赶走，夜间行走时要携带照明工具，防止踩踏到蛇体招致咬伤。选择宿营地时，要避开草丛、石缝、树丛、竹林等阴暗潮湿的地方。在野外应常备解蛇毒药品以防不测。

惹火烧身，好疼

蕊蕊听说前一天班上一位同学家着火了，虽然火势不算很大，但也给他们家带来不小的损失。当时正值晚上 6 点，正是交通拥堵的时候，所以消防车到得稍稍有点晚，还好没有人员伤亡。

看到同学很落寞的样子，蕊蕊过去安慰了她："你有被烧到吗？"

那个同学回答说："嗯，没有被烧伤，但是当时就在一片火场里，很热而且感觉呼吸困难，还好我们逃得及时。当时我用一条湿毛巾捂住了鼻子和脸，所以没有感到很难受。"

蕊蕊以前听妈妈说过，当发生火灾的时候，完全寄希望于消防车也是不可取的，因为很有可能当消防车到了的时候一切都有点晚了。平时自己有意识学习一点自救知识，才能更好地配合消防工作，也给自己的生命多一份保障。

妈妈告诉我

火是一把双刃剑，一不小心就会引火烧身。所以不要随意玩火，遇到火灾，一定要保持冷静，不要慌。

如果不幸遭遇火灾，应采取正确有效的方法自救逃生，减少人身伤亡。

一旦身受火灾威胁，千万不要惊慌失措，要冷静地确定自己所处的位置，根据周围的烟、火光、温度等分析判断火势，不要盲目采取行动。

身处平房的，如果门的周围火势不大，应迅速离开火场。反之，则必须另行选择出口脱身（如从窗口跳出），或者采取保护措施（如用水淋湿衣服、用温湿的棉被包住头部和上身等）以后再离开火场。

身处楼房的，发现火情不要盲目打开门窗，否则有可能引火入室。不要盲目乱跑，更不要跳楼逃生，这样会造成不应有的伤亡。可以躲到居室里或者阳台上。紧闭门窗，隔断火路，等待救援。有条件的，可以不断向门窗上浇水降温，以延缓火势蔓延。

在失火的楼房内，逃生不可使用电梯，应通过防火通道走楼梯脱险。因为失火后电梯竖井往往成为烟火的通道，并且电梯随时可能发生故障。

因火势太猛，必须从楼房内逃生的，可以从二层处跳下，但要选择不坚硬的地面，同时应从楼上先扔下被褥等增加地面的缓冲，然后再顺窗滑下，要尽量缩小下落高度，做到双脚先落地。在有把握的情况下，可以将绳索（也可用床单等撕开连接起来）一头系在窗框上，然后顺绳索滑落到地面。

逃生时，尽量采取保护措施，如用湿毛巾捂住口鼻、用湿衣物包裹身体。如身上衣物着火，应迅速脱掉衣物，或者就地滚动，以身体压灭火焰，还可以跳进附近的水池、小河中，将身上的火熄灭。总之要尽量减少身体烧伤面积，减轻烧伤程度。

火灾发生时，常会产生对人体有毒有害的气体，所以要预防烟毒，应尽量选择上风处停留或以湿的毛巾或口罩保护口、鼻及眼睛，避免有毒有害烟气侵害。

如果外出活动被困在商场等高楼里，应当利用周围一切可利用的条件逃生，记住要利用消防电梯、室内楼梯进行逃生，普通电梯千万不能乘坐。同时发生火灾时，商场可能会乱成一团，所以逃生时应紧紧地抓住楼梯扶手，以免被混乱的人群撞倒；另外，也可以利用阳台、过道以及建筑物外墙的水管进行逃生。

如果在野外游玩时碰上火灾，一旦发现自己身处的森林着火了，应当使用沾湿的毛巾遮住口鼻，附近有水的话最好把身上的衣服浸湿，这样就多了一层保护。然后要判明火势大小、火苗延烧的方向，应当逆风逃生，切不可顺风逃生。

灾难是不期而遇的，但是只要做好准备，没有什么可怕的，你的力量是薄弱的，但你的智慧是无穷的，只要有足够的准备加求生的欲望，再大的灾难也能躲过去。

地震来了，该往哪里跑

"我们国家在地震安全教育方面还需要加强一下。"上课的时候老师向同学们讲道。

世界上对于地震的预防和安全知识宣传最为到位的莫过于日本。因为日本是个岛国，而且下面地壳的运动频繁，所以会经常发生地震。而日本又是一个地少人多的地方，所以高层建筑很多。如果不进行到位的安全宣传，一旦发生地震，后果不堪设想。和日本孩子比起来，中国孩子对于地震的应急能力就要差一些了。我们总是以为地震离我们很远，而实际上做好应急防范的准备，无论何时何地，都是有必要的。

妈妈告诉我

自然灾害是可怕的，灾难可能明天降临，你将怎么办？面对自然灾害，人类是非常脆弱的，非常渺小的，但是我们还必须沉着面对！

从地震发生到房屋倒塌，一般有12秒左右的时间，要在12秒内做出正确躲藏的抉择，保持镇静和避免惊慌非常重要。

强烈地震发生时，人们往往会茫然若失，条件反射地采取本能行动，即恐慌和乱跑。这时候，至关重要的是要保持清醒的头脑和镇静自若的态度。只有镇静，才有可能运用平时学到的地震知识判断地震的大小和远近。

1．当你正在学校上课时发生地震怎么办。

如果发生地震时，你正在教室里上课，最好是就地避震。这时候应该蹲在课桌下，"蹲下"的姿势使自己能躲到桌子或写字台下，同时将一个胳膊弯起来护住眼睛不让碎玻璃击中，另一只手抓紧桌腿或写字台的一边。地震时在椅子之间蹲下也是安全的。在学校中某些书桌实际上是扶手上带有一块写字板的椅子，高中生或大学生实际上是躲不到书桌下面的，但他们却可利用排椅来保护自己。在大型课堂，排椅提供了一个非常好的藏身之地，学生们可以躲到座位下，也可躲在排椅之间。

如果地震的时候，你正在操场或室外，可原地不动蹲下，双手保护头部，注意避开教学楼及附近高大建筑物，不要马上回到教室去。

2. 当你正在楼房内时发生地震怎么办。

如果发生地震的时候，你正在楼房里，要保持头脑清醒，迅速远离外墙及门窗。可选择厨房、浴室、厕所、楼梯间等开间小而不易塌落的空间避震。千万不要从楼上跳下，也不能使用电梯。因为事实证明，地震时一些严重伤亡者正是那些朝室外匆匆逃出的人。不可站立和蹦跳，要尽量降低重心。地震过后要迅速撤离，撤离时要走楼梯。

3. 当你正在户外时发生地震怎么办。

如果你在户外，就停留在户外，不要因为你的家人还在屋里，就冒着大地的抖动进屋去抢救，你要相信他们在屋里也会做好应急保护的。即使震后将家人压埋在废墟下，你在外面还可以及时抢救，将他们营救脱险。国内外很多震例表明：在地震发生的过程中，在短短的几十秒内，人们匆忙进入或离开建筑物时，砸死砸伤的概率最大。在户外的时候，要停留在开阔的地方，要远离可能掉下东西的建筑物或有高压电线的地方。

总之，当我们遇到地震发生时，一定要做到：

1. 争分夺秒最要紧。地震时，门框会因变形而打不开，所以在防震期间，最好不要关门。夜间地震时，要争分夺秒向安全地方转移，不要因寻找物品和穿衣而耽误时间，如有可能，要立即拉断电源，关闭煤气，熄灭明灯。震时照明最好用手电筒，不要使用蜡烛、火柴等明火。

2. 一旦被埋要保存体力。地震时，如已被砸伤或埋在倒塌物下面，应先观察周围环境，寻找通道，千方百计想办法出去。若无通道，则要保存体力，不要大喊大叫，要静听外面的动静，如听到有人走过的声音，可敲击铁管或墙壁使声音传出去，以便救援。同时要在狭小的空间里，寻找食物维持生命，创造生存条件，耐心等待救援。

3. 地震时不要急。破坏性地震从人感觉振动到建筑物被破坏平均只有12秒钟，在这短短的时间内你千万不要惊慌，应迅速根据所处环境做出保障安全的抉择。

我会人工呼吸

今天在卫生保健课上，老师向同学们介绍了人工呼吸的重要性和适用性。以前莎莎对于人工呼吸并不是很了解，觉得这种急救方法实在是离自己太遥远了。其实，好好掌握一些急救方法的要领，在关键的时刻可以救人呢，这样一想，学习急救知识也是一件很有意义的事情。

人工呼吸的适用范围很广，如果一个人休克了，可以使用人工呼吸；煤气中毒了，可以使用人工呼吸；药物中毒了，可以使用人工呼吸；溺水了，可以使用人工呼吸；触电了，可以使用人工呼吸……可见，人工呼吸是一件神通广大的本领。

回到家，莎莎向妈妈兴奋地炫耀白天的学习收获："妈妈，我真希望能在近期遇到个什么人出现点状况，我就可以过去试试我的人工呼吸法好用不好用了。"

妈妈听了莎莎的话，严肃地说："莎莎，你的愿望是善良的，但是急救是性命关天的事情，怎么可以试呢？人工呼吸在操作的过程中是有很多的细节需要注意，如果忽略了，那做人工呼吸也不会起到任何有益的效果。也许因为这些小的疏忽，会把一个原本可以保全的生命的人耽误了。你敢保证自己把这些要领都掌握了吗？"

妈妈这样一问，莎莎才恍然大悟：是啊，自己只是看看课本上的简单介绍，怎么就以为自己会做人工呼吸了呢？这里面一定还包括很多技巧吧。

"妈妈，你给我好好讲解一下人工呼吸都有哪些需要注意的地方吧。"莎莎诚恳地向妈妈"拜师"。

"好啊。"妈妈的态度和缓了，"你也应该多了解一些相关的知识，以备日后的不时之需。"

🚢 妈妈告诉我

人工呼吸的方法有很多，最常用的是口对口吹气法、俯卧压背法、仰卧压胸法这三种，其中以口对口吹气式人工呼吸最为方便和有效。

1．口对口吹气法：这是最容易掌握的人工呼吸方法，而且气体的交换量比较大，接近正常人呼吸的气体量。对大人、小孩的效果都很好。

操作方法：

（1）让仰卧平躺，即胸腹朝天的姿势。

（2）救护人站在病人头部的一侧，自己深吸一口气，对着伤病人的口将气吹入，造成吸气。在做这个动作的时候要注意两嘴对紧不可以漏气。为了使空气不从鼻孔漏出，此时可用一手将病人的鼻孔捏住，然后救护人嘴离开，再将捏住的鼻孔放开，并用一手按压病人的胸部，以此帮助呼气。这样反复进行，每分钟做 14～16 次。

如果病人的口腔有严重外伤或者牙关紧闭，可对其鼻孔吹气，即为口对鼻吹气，在做此动作的时候务必把口堵住。救护人吹气力量的大小，应该依病人的具体情况而定。一般以吹进气后，病人的胸廓稍微隆起为最合适。口对口之间，最好放一块叠二层厚的纱布或一块薄手帕，但注意不要因此影响气流的出入。

2．俯卧压背法：这种方法的应用普遍，是人工呼吸中一种较古老的方法。由于病人取俯卧位，舌头能略向外坠出，不会堵塞呼吸道，救护人不必专门来处理舌头，节省了时间以便及早进行人工呼吸。这样使气体交换量小于口对口吹气法，但抢救成功率相对更高。在抢救触电、溺水时，现场还多用此法，但对于孕妇、胸背部有骨折者不宜采用此法。

操作方法：

(1)伤病人取俯卧位躺下，即胸腹贴地，腹部处可以微微垫高，头偏向一侧，两臂伸过头，一臂枕于头下，另一臂向外伸开，以使胸廓扩张。

(2)救护人面向其头，两腿屈膝跪地于伤病人大腿两旁，把两手平放在其背部肩胛骨下角，大拇指靠近脊柱骨，其余四指稍开微弯。

(3)救护人俯身向前，慢慢用力向下压，用力的方向是向下、稍向前推压。当救护人的肩膀与病人肩膀将成一直线时就不再用力。在这个向下、向前推压的过程中，即将肺内的空气压出，形成呼气，然后再放松回身使外界空气进入肺内，形成吸气。

(4)按照上述的动作，反复有节律地进行，每分钟做 14～16 次。

3．仰卧压胸法：用这样的方法便于观察病人的表情，而且气体交换量也接近于正常的呼吸量。但这种方法最大的缺点是，伤员的舌头由于仰卧而后坠，阻碍了空气的出入。所以做本法时要将舌头按出。这种姿势，对于淹溺及胸部创伤、肋骨骨折伤员不宜使用。

操作方法：

(1)病人取仰卧位躺下，背部处可稍加垫，使胸部凸起。

(2)救护人屈膝跪地于病人的大腿两旁，把双手分别放于乳房下面，大拇指向内，靠近胸骨下端，其余四指向外放于胸廓肋骨之上。

(3)向下稍向前压，其方向、力量、操作要领与俯卧压背法相同。

如何及时抢救被雷击者

刚才下了一场异常猛烈的雨，顿时天昏地暗。

同学们在屋里看到都感觉很害怕。

因为是阵雨，所以不一会儿天气放晴了。小英很想出去观察一番，她做梦都想亲眼看到雨后七色的彩虹。

不过事实并不如小英所愿，她不仅没有看到彩虹，反而看到庭院里那棵雪松被雷劈倒了。一棵好端端的树，从中间被斩断，上面的那一部分都垂了下来。雷劈的地方，很明显还带有烧焦的痕迹。好多同学看之后感到一阵后怕。还好，伤到的是树，而不是人。

小英想起了以前自然课上学到的一个知识，避雷针是富兰克林发明的，装上它之后，再遇到雷雨天气安全系数就大大地有了保障。不过后来听说有一个地方在安装避雷针的时候出现了差错，以致避雷针从性质上变成了招雷针。

从这个典故中可以得到两点启示：其一，雷电似乎喜欢招惹那些与平均高度相比更高的物体；其二，雷电更喜欢亲近金属。

所以，在户外遇到雷电的时候，也要注意这两点：其一，不要让自己比周围的人或物更高；其二，身上不要佩戴金属的饰品。

妈妈告诉我

当雷雨天气增多的时候，遭雷击身亡的事故便会时有发生。雷电对人体的伤害，有电流的直接作用以及高温作用。当人遭受到雷击的一瞬间，电流会迅速通过人体，可导致人体心跳加快、呼吸停止，甚至出现脑组织缺氧而死亡。另外，被雷击时产生的火花，也会对人体造成不同程度的皮肤灼伤。所以我们在日常应该能够多掌握一些安全自救常识，在电闪雷鸣的时候，就能够有效避免不幸事故的发生。

如果我们看到有其他人遭到了雷击，第一时间的救助十分重要，如果雷电击中的是头部，并且通过躯体传到地面，会使人的神经和心脏停搏，就很有可能致命。当人受到雷电电流冲击之后，心脏不是停止跳动，就是跳动速率极不规则而发生颤动。这两种情况都会使血液循环中止，造成脑神经损伤，人在几分钟内就会死亡。所以，对于触电者的急救分秒必争。这时应该一边进行抢救，一边紧急联系送往医院治疗，在送往医院途中，抢救工作不能中断。以下有几种现场急救方法：

1. 如果伤者衣服着火，应该让伤者马上躺下，使火焰不致烧及面部。不然的话，伤者就有可能死于缺氧或烧伤。也可以往伤者身上泼水，或者用厚外衣、毯子裹住身体扑灭火焰。

2. 如果遭雷击者已经陷入了昏迷，呼吸停止，应就地平卧躺下，解开衣扣，立即进行复苏抢救，一个人对其进行口对口人工呼吸，另一个人同时进行胸外心脏按压，动作要领是：两手重叠平放在胸骨中下三分之一处，进行垂直按压。进行人工心外按压 30 次，再口对口人工呼吸 2 次，如此交替进行，直到恢复呼吸和心跳为止。

3. 如果是遭受雷击被烧伤或严重休克的人，应马上让伤者躺下，扑灭身上的火，立即进行抢救。若伤者虽失去意识，但仍有呼吸和心跳，则自行恢复的可能性很大，应让伤者舒适平卧。安静休息后，再送医院治疗。

4. 在送往医院的途中，要注意给伤者保温，若伤者有狂躁不安、痉挛抽搐等症状时，要为伤者作头部冷敷。对电灼伤的伤口或创面，不要用油膏或不干净的敷料包敷，要用干净的敷料包扎。

5．在现场抢救的过程中，不要随意移动伤员，如果确实需要移动，抢救中断时间不应超过30秒。将伤员送往医院时，除应使伤员平躺在担架上并在背部垫以平硬阔木板外，应继续采取急救措施，在医护人员未接替前急救绝对不能中止。

发生雷击确实很可怕，所以我们应该注意在雷雨天气的时候做好防护工作，做到防患于未然。

如果这时你在室内，需要注意的是：

1．关好门窗，以防止球形雷蹿入室内造成危害。

2．拔掉室内电视机、音响、电冰箱、空调机等电器设备的电源插头，避免产生导电现象引起火灾。

3．打雷时，坐在房间的正中央最为安全，不要停留在电灯的正下方，更不要靠在墙壁边、门窗边，以避免在打雷时产生感应电而发生意外。

4．不要靠近室内的金属设备，如暖气管道、自来水管、钢柱等，以防雷电电流经它们蹿入人体。

5．不要穿湿的衣服和拖鞋。

6．不要接听和拨打手机，普通电话也应避免在雷击时使用。

如果这时你在室外，需要注意的是：

1．立即停止室外活动，不要在山顶或者高丘地带停留，也不要行走或站立在空旷的田野，这时应该尽快寻找避雷场所，可以到低洼、干燥或背风的房屋或山洞里躲避。但不能进入茅棚屋、岗亭等无防雷设施的低矮建筑物躲避。

2．如果遇到雷雨时正在空旷的地方，应该双手抱膝蹲在地上，胸口紧贴膝盖，低头看地，因为头部最容易遭雷击。这时千万不要用手撑地，这样会扩大身体与地面接触的范围，增加遭雷击的危险。

3．不可以到大树下躲雨，因为当强大的雷电流通过大树流入地下向四周扩散时，会在不同的地方产生不同的电压，而人体站立的两脚之间存在着电压差而造成伤害，通常称为跨步电压伤害。

4．不要撑带金属伞柄的雨伞行走，还是穿雨衣比较安全。不要接触铁轨、电线，不能在雷雨中跑动，也不能骑自行车或摩托车。

5．禁止在江边、湖里和河里游泳、划船、垂钓等，因为水的导电率很高，容易吸引雷电而使人受伤。

6．如果此时正在驾车，应该停留在车内。车壳是金属的，因屏蔽作用，就算是闪电击中汽车，也不会伤人，车厢是躲避雷击的理想场所。

7．千万不要穿凉鞋或拖鞋，最好穿橡胶底的鞋或长靴。

8. 最好把戴在身上的一切金属物拿下来，摘下手表、腰带，尤其带金属框的眼镜一定要摘下来，以免产生导电而被雷电击中。

食物中毒的预防和急救要领

海鲜也有毒

"我不喜欢吃海鲜，每次都会拉肚子。"妍妍说，"虽然海鲜好吃，可是肚子是自己的啊，所以我基本上都不敢吃海鲜。"

"嗯，我吃海鲜会过敏。"方方不甘示弱地说，"每次吃完虾之后，我的脸上都会起很多红色的疹子，要很长时间才能恢复。不过即便如此，我还是挡不住美食的诱惑。"

了解方方的人都知道，在方方看来，形象比任何都重要，她居然会为了口腹之欲而放弃自己的形象，实在也不能不算作是一种大义凛然啊。

由吃海鲜而引起的症状还远不止于此呢。妍妍听说有的人吃过海鲜之后会呕吐，有些人吃过海鲜之后会肚子疼，有些人吃过海鲜之后会浑身发痒，总之，不同的人吃海鲜，总会有各种各样的不适应症。

所以，人们都说，海鲜实际上是有毒的。所以在日常的俗语中，人们用"敢于第一个吃螃蟹""敢冒死品尝河豚"这样的说法来评价一个人的有魄力和勇敢，也是不无道理的吧。

🚂 妈妈告诉我

海产品含有丰富的营养物质，但是不宜多吃。因为受到海洋污染的影响，海产品免不了会含有毒素和有害物质，过量食用一定会导致脾胃受损，引发胃肠道疾病。如果食用方法不当，还很可能会发生食物中毒。所以食用海产品要注意适量适度，一般每周一次即可。

对于不同种类的海鲜，在食用之前应该做好处理，将有毒或有菌的部分剔除掉，保证食物的安全：

1. 海鱼：在吃之前一定要洗净，去掉鳞、腮及内脏，无鳞鱼可用刀刮去表皮上的污腻部分，因为这些部位往往是海鱼中污染成分的聚集地。

2. 贝类：在煮食之前，应该用清水将外壳洗擦干净，并浸养在清水中 7～8 小时，这样，贝类体内的泥、沙及其他脏东西就会吐出来。

3．虾蟹：清洗并挑去体内的脏物，或者用盐渍法，即用饱和盐水浸泡数小时后晾晒，食前用清水浸泡清洗后烹制。

4．鲜海蜇：新鲜的海蜇含水较多，而且还含有毒素，需用食盐加明矾盐渍 3 次，使鲜海蜇脱水 3 次，才能让毒素随水排尽，为了保险起见，在食用海鲜之前不要怕麻烦，一定处理干净后再食用。或者清洗干净，用醋浸泡 15 分钟，然后热水焯，就可以放心食用了。

5．干货：海鲜产品在干制和加工的过程中容易产生一些致癌物，所以在食用虾米、虾皮、鱼干之前最好用水煮 15 ～ 20 分钟再捞出烹调食用，将汤倒掉不喝。

食用海鲜的最佳方法：

1．用高温加热食用：细菌大都具有怕加热的特点，所以烹制海鲜，一般用急火熘炒几分钟即可安全，螃蟹、贝类等有硬壳的海鲜种类，则必须加热彻底，一般需煮、蒸 30 分钟才可食用。

2．与姜、醋、蒜一起食用：海产品性味寒凉，姜性热，与海产品同食可中和寒性，防止身体不适。而生蒜、食醋本身具有很好的杀菌作用，对于海产品中一些残留的有害细菌也起到了一定杀除作用。

3．将海鲜产品酥制：将鱼做成酥鱼后，鱼骨、鱼刺就会变得酥软可口，连骨带肉一起吃，不仅味道鲜美，还可提供多种必需氨基酸，维生素 A、维生素 B、维生素 D 及矿物质等，特别是鱼骨中的钙是其他食品所不能及的。

不宜采用的食用海鲜方式：

1．生吃：生的鲜海产中往往含有大量的细菌和毒素，生吃极易造成食物中毒，而且海鱼中含有较多的组氨酸，生吃更容易导致过敏。

2．熏烤：熏烤的温度往往达不到海鲜杀菌的要求，只是将表面的细菌杀死，中心部分依然存在未杀尽的虫卵和细菌。

3．涮食：有的人为贪求求鲜嫩的口味，将海鲜放入火锅涮食时间极短就拿出来食用，而在半生不熟的海产品中，如果不将寄生的虫卵杀死，食用后被感染的概率会高出很多倍。

4．腌渍：用酱油、烧酒等调料腌制或炝制海鲜，这种做法不具备杀灭细菌的功能，即使腌制 24 小时后仍会有部分虫卵存活，这样制法的海鲜几乎等同于生吃，实在是对健康不利。

鱼刺把喉咙卡住了

"喝醋是可以软化血管，但是喝醋可以软化鱼刺吗？"小枫想起了一个怪问题。

"好像不管用，有一次我的喉咙里卡到了刺，喝了很多醋都没有效果，最后还是吃了一块馒头才把鱼刺咽了下去。"米米聊起了自己的经验之谈。

"那是不是因为你喝的醋不够酸？"小枫问道。

"不是啊，山西陈醋，最酸的一种醋了。"米米辩解道。

"昨天我就被鱼刺给卡住了，难受。"小枫说道，"而且我发现喝醋的说法不是对每种情况都完全适用。"

"那你是怎么治的？"米米问。

"爸爸妈妈直接带我去的医院。"小枫说道，"我吃饭的时候聚精会神地看电视，所以有一颗很大的刺我吃下去了居然没有感觉，所以卡住了。我妈妈说以后再也不让我吃饭的时候看电视了。"

"如果是我妈也不会在让我吃饭的时候看电视的。"米米说道。

"然后我就和我妈谈判了一下，我说以后只有在吃鱼的时候不看电视了好不？她终于同意了。"小枫说完之后，狡猾地眨眨眼。

"以后建议吃鳕鱼，是很有美德的一种鱼，全是大块的肉啊。"米米建议说。

"我们一会儿就去吃好不好？"看来，小枫比米米还着急。

🚢 妈妈告诉我

鱼肉营养丰富，含有丰富的蛋白质，所含的必需氨基酸的量和比值最适合人体需要，是我们日常生活老少皆宜的食物。但是如果在进食的时候，一不小心把鱼刺卡在喉咙里，这个时候该怎么办呢？不用急，让妈妈教你一些鱼刺卡在喉咙里的简单处理方法，来学学吧。

1. 如果是较小的鱼刺，有时随着吞咽，自然就会顺着食管滑落到肠胃中去了，我们有可能都会浑然不觉。如果在吃鱼的时候感觉到有刺痛，可以用手电筒照亮咽部，并用小勺将舌背压低，主要检查一下喉咽的入口两边，因为这是鱼刺最容易卡住的地方，如果鱼刺不是特别大，并且扎得不深，就可用长镊子将其夹出来。

2. 如果是较大或扎得较深的鱼刺，无论怎样都不能使疼痛减弱，并且在喉咙的入口两边及四周都看不到鱼刺，那就应该马上去医院治疗。

3. 当鱼刺卡在嗓子眼里时，千万不能囫囵吞咽大块的馒头、烙饼等食物。因为这样的做法有时可以把鱼刺除掉，但有时不仅没把鱼刺除掉，反而使其刺得更深，更不宜取出，严重时引起感染发炎就麻烦了。

4. 如果大口咽饭鱼刺仍不掉时，自己就不要再采取其他的措施。有时鱼刺已经掉了，但还遗留有刺的感觉。所以要等待观察一下，如果仍感到不适时，一定要到医院。

在一般情况下，鱼刺、骨渣及果壳等异物最容易刺入的部位主要是扁桃体下端、舌根部等部位，枣核则容易卡在食道中。卡了异物，人的咽部会感到刺痛，很难受，如果异物较大的话会连吞咽都很困难。如果异物刺激到了喉黏膜，则会引起剧烈的咳嗽，并因反射性喉痉挛及异物阻塞而出现呼吸困难，可能会有不同程度的喘鸣、失声、喉痛等。最严重的是，如果异物较大，而且嵌在声门上，则很快会造成窒息死亡。

蔬菜一定要洗干净

"妈妈，请问，在炒菜之前是要先洗菜还是要先切菜？"兰兰一本正经地向妈妈提问。

妈妈很差异地望着兰兰说："当然是先洗菜然后再切菜，如果菜还没有洗就切的话，那样很不卫生。兰兰，你不会连这点常识都不懂吧，看来以后真的要让你干点家务了，居然连这都不知道了。"

"呵呵，这个问题不是我不知道，而是我的同学不知道。"兰兰笑着跟妈妈说，"那个同学在家里，家长这样宠她，这样的问题她不懂，很正常啊。"

"哦，你们这一代的孩子啊，就是应该要加强锻炼喽。"妈妈说道，"兰兰，正好你帮我把这捆菠菜洗了吧。"

兰兰抓起这捆菠菜，放到不锈钢盆中，跑到水池边，简单地冲了冲就拿了过来："妈妈给你我洗完了。"

"这么快！"妈妈面对兰兰的"火速"也觉得很吃惊，"兰兰，看你洗得一点都不干净，你看这里还有黑色的泥，这里也有……这些根都是应该拔掉的。你看看你，粗心了吧。"

兰兰一看，还真是怪脏的。

"兰兰，你不要小瞧洗菜，如果洗不干净，我们怎么能保证到健康饮食呢？"妈妈说道，"而且这菜里的泥沙也都没有洗干净，一定会影响到口感。看来，你也需要练一练洗菜了。"

"嗯，我再去洗一遍。"

妈妈告诉我

兰兰，农药残留是指使用农药后，残存在植物体内、土壤和环境中的农药原体及其有毒代谢物和杂质的总称。如果在择菜洗菜的时候清洗不彻底就很可能对食用者的身体健康造成危害。农药对人的毒性可分为急性和慢性两类，我们把没有洗干净的蔬菜水果拿过来食用，是一种慢性中毒，时间长了对身体健康极为不利，下面可以通过6种方法有效降低水果蔬菜中的农药残留。

1. 选择安全的蔬菜。来路不明的蔬菜水果尽量不买，目前市场上供应的无公害蔬菜水果以及绿色农产品基地生产的蔬菜、瓜果很安全。

2．用清水浸泡洗涤蔬果。这种方法主要用于叶类蔬菜，比如菠菜、生菜、小白菜等。最好是先用清水冲洗掉表面的污物，剔除很明显的污渍过多的部分，然后将剩下的蔬菜用清水漫过5厘米左右，浸泡15～30分钟，再用清水冲洗2～3遍即可。

3．用碱水浸泡清洗。大多数有机磷类杀虫剂在碱性环境下，可以迅速分解。一般在500毫升清水中加入食用碱5～10克配制成碱水，将初步冲洗后的水果蔬菜放置在碱水中，根据菜量多少配足碱水，浸泡5～15分钟后用清水冲洗水果蔬菜，重复洗涤3次左右效果会更好。

4．将蔬菜清洗后烹饪加热。这种方法常用于芹菜、圆白菜、青椒、豆角等。由于氨基甲酸酯类杀虫剂会随着温度升高而加快分解，一般可以将清洗后的水果蔬菜放置于沸水中2～5分钟后立即捞出，然后用清水洗1～2遍后置于锅中烹饪成菜肴即可。

5．清洗蔬果的时候去掉外皮。对于带皮的水果蔬菜，可以用削皮器去掉外皮，这种方法的目的是为了能够去掉残留在外皮上的农药，只食用肉质部分。

6．储存一段时间再食用。如果有条件的话，可以将某些适合于储存保管的果品买回家存放一段时间，大约4～5天即可，食用前再清洗并去皮。这样去除残留农药的效果会更好。

如果我们在食用蔬果的时候意外发生了食物中毒事件，应该采取以下方法进行急救。

一旦发生蔬菜水果农药残留中毒后，要立即对中毒者进行催吐。在患者神志清楚且能合作的时候，让患者喝300～500ml的温水，然后用手指或筷子戳进刺激咽喉后壁或舌根，这样可以诱发呕吐。如此反复进行，直至胃内的容物完全吐出为止。记得要将呕吐物用容器或者塑料袋装下以备检验用。将中毒者简单处理后应立即送往医院急诊治疗。必须注意的是，如果中毒者已经处于昏迷、惊厥状态时，绝对不能催吐，以免因呕吐物进入气管导致窒息而引发生命危险。

酒精中毒要人命

在节日的聚会中，蕾蕾和家人享受着丰盛的美味。

蕾蕾的爸爸很高兴，拿出了珍藏多年的老酒，请最喜欢酒的邻居叔叔过来品尝。

"蕾蕾，你现在也是个大孩子了，喝一点酒没事。"邻居叔叔居然想劝蕾蕾喝酒。

妈妈及时地帮蕾蕾拦住了："她太小了，怎么能让她喝酒呢？蕾蕾，你只能喝饮料。"

"嗯。"蕾蕾点点头。

"哎呀,其实小女孩喝点没事。将来走上社会,不会喝酒怎么行呢? 像我们平时工作和客户谈生意,都是在酒桌上谈成的。"叔叔也许是好意吧,这样劝蕾蕾的妈妈,"现在她还小,不让她多喝,也要让她逐渐适应,要不然等到长大了不会喝酒,会被人笑话的。"

爸爸在旁边笑了:"蕾蕾现在就想学习,离将来工作还远。再说了,一个小女孩,还是滴酒不沾的好。"

等聚会结束之后,蕾蕾问妈妈:"为什么要喝酒? 喝酒很不好吗? "

妈妈严肃地对蕾蕾说:"蕾蕾,邻居叔叔的话你千万不要听啊,他是有名的酒鬼,记得有一次,他在外面和别人喝醉了,居然躺在楼下,你说这样子是不是很丑? "

啊,原来是这个样子啊,蕾蕾庆幸多亏有妈妈提醒,否则的话自己都被绕糊涂了。

"我们是小女孩,应该自重自爱,你希望自己喝得醉醺醺地不省人事吗? 到时候就会被人利用或者是上当受骗了。你看爸爸,他平时从不喝酒,只有逢年过节的时候,喝一小盅,尝尝醇厚的滋味而已。至于你现在,身体正在发育,智力也正在发育,酒精对人的发育都有不利的作用,所以你不可以喝酒,明白吗? "

"嗯,明白,明白。"蕾蕾说,"我也一直奇怪,酒有什么好喝的呢? 还是汽水好喝。"

妈妈告诉我

蕾蕾,青春期的女孩充满好奇心,对一切的新奇事物都想尝试,但是由于对事物缺少防备心理,往往会上当受骗,酗酒也就成了健康杀手。酗酒不仅影响我们的身体健康,还影响着学习、生活等方面。

上海儿童医院陈付国博士曾遇到过一位9岁的小"酒仙",只要有人让他喝酒,不论什么酒端起来就下肚,颇有点"千杯不醉"的味道。原来只是亲友聚会时,家长为了逗乐,让其敬酒或陪大人喝,后来孩子渐渐对酒成瘾,最终因为经常头痛被送入医院。

据介绍,酒精进入人体内主要由肝脏进行解毒,最终代谢产物为二氧化碳及水,对机体亦不能提供任何营养成分。一次过量饮酒可对肝、肾造成损害,并影响脑细胞代谢。青少年正处于生长发育阶段,各脏器功能还不是很完善。此时饮酒对机体的损害尤为严重。有人做过试验,青少年即使饮少量的酒,其注意力、记忆力也会有所下降,思维速度将变得迟缓,严重影响智力发育。除此,青少年对酒精的代谢解毒能力低,饮酒过量轻则会头痛,重则会造成昏迷甚至死亡。

不少人认为少量酒精刺激能使人注意力集中,但是这是一个误区,实际结果并非如此。少量酒精仅有一些镇静作用,摄入较多则对记忆力、注意力等有严重伤害。饮酒太多会造成口齿不清，视线模糊，失去平衡力；对于肝脏来说，长期大量饮酒，几乎无可避免地会导致肝硬化或急性胰腺炎的发作；从皮肤方面说，酒精是血管扩张剂，可使身体表面血管扩张，身体组织过分散热，造成天冷时全身冰冷，体温过低；大量饮酒的人还会发生心肌病，更会导致严重胃炎及胃出血，给人体造成极大伤害，也给公共安全增添隐患。

由此可见，酗酒对青春期女孩的成长绝对是个毒害，我们千万不要自以为青春年少，朝气蓬勃，认为疾病离我们还很远，就随心所欲，放纵自己，本着对自己负责，对社会负责，赶紧远离酗酒的毒害吧！

吃错药了

晚上，曼曼一个人躺在床上翻来覆去地就是睡不着，折腾了好半天，拧亮台灯——已经是半夜一点多钟了。可是曼曼一点也不觉得困。

反正也是睡不着，还不如坐起来看看书算了。曼曼从床上爬起来，坐到书桌前准备看看书。可是却感觉头晕晕沉沉的，难受极了。

曼曼的心里顿时感到烦躁，躺下吧就是睡不着，看书吧头又发重，那该怎么办呢？

这时曼曼想到了家里的药箱有安眠药，曼曼走了过去，拉开箱子，准备拿出一点吃。吃完药之后曼曼顺利地入睡了。

转天，妈妈在旁边一直叫曼曼起床："曼曼，快点起来吧，要迟到了。"

估计是药劲还没过去，曼曼在迷迷糊糊中听到了妈妈的声音，可就是睁不开眼睛。

"妈妈，我再睡会儿，困啊……"曼曼的嘴里嘟嘟囔囔的。

妈妈看实在是拽不起来曼曼，只好作罢。

可想而知，这一天曼曼上学迟到了。

晚上回到家，妈妈对曼曼说："曼曼，昨天晚上是不是你吃安眠药了？"

"嗯，我一直睡不着，所以就吃药了。"

"那是药，不可以随便乱吃。你只不过是有点失眠，只要安静下来肯定就可以睡着了，根本就没有必要吃药。安眠药有很大的副作用，而且对人体有很多的不利影响，人如果习惯于吃安眠药，那就会养成依赖性，一天不吃药就一天睡不着，那将是十分可怕的。"

原来，吃安眠药有这么多不好的，曼曼以前从来都不知道呢。

"嗯，我不知道的。妈妈放心，以后我绝对不会乱吃药了。"曼曼向妈妈保证。

妈妈告诉我

曼曼，妈妈很理解你的难处。一个人黑夜躺在床上翻来覆去难以入眠，这是痛苦难熬的。导致失眠的原因很多，如情绪变化、环境改变、用脑过度、神经衰弱、神经官能症、更年期综合征、疼痛等，如若为了解除失眠的痛苦，在对症治疗的前提下适当用些安眠药来改善睡眠质量是可以的，但不能无所顾忌。是药都有副作用，失眠患者在服用安眠药时，需遵照医嘱，谨慎服用。

青春期的女孩正处于多梦而迷茫的年龄，青春期的发育，美妙的幻想，加上紧张的学习，容易产生烦恼和压力。如果意志薄弱、耐不住挫折，甚至幻想从药物中求"安定"，是很危险的选择。当然，也有的女孩是出于无知和好奇，什么都想试一试。

安眠药属于二类精神药品，按照规定的剂量服用，可以改善患者失眠、精神紧张等症状，大剂量或长期服用，有可能会导致中毒。青春期女孩的大脑和中枢神经系统发育尚不成熟，滥用安眠药等镇静药物，会造成生理上和心理上的一系列损害。

在服用安眠药的时候，有一些禁忌是必须要注意的：

1. 绝对不可以过量。

生活中我们会遇到一些失眠的人为了睡得更好而长期超剂量服用，他们以为这样的效果会更佳，实际上这是医盲药盲的做法。长期超量服用安眠药既损害肝肾等器官的正常功能，又会增加药物的耐受性和毒副作用，使原本虚弱的身体变得更衰弱，有百害而无一利，只会给精神上增加更多的痛苦。

2. 不可以长时间服用。

不论什么种类的安眠药，都多少含有一定配量的毒品，如果长期服用一定会成瘾，而一旦有了药物瘾，没有安眠药便无法入睡，这就造成了一种恶性循环。可以这样说，服药的时间越长，身体受损失越大。

3. 在服药期间不可以吸烟，也不可以饮酒，喝茶叶、咖啡、可乐等刺激性很强的饮料。

4. 在失眠的时候不要轻易救助于安眠药。

即使经常有些失眠的状况，如果能不吃安眠药就尽量不要服用。失眠多是由于神经衰弱所致，最好的解决方法是从改善神经功能入手。此外，还有一些有效的调节方法可供选择，比如练习气功、太极拳、睡前用热水泡脚等，都会产生不错的效果。如果这些方法都不能奏效，再考虑服用小剂量的安眠药也为时不晚，而且一定要听从医师的建议。

5. 安眠药并不是适应所有种类的失眠，切忌药不对症。

安眠药对于神经官能症、神经功能紊乱、精神病以及环境改变或情绪变化等引起的失眠比较适宜。而对于肺炎、支气管哮喘、肺心病、疼痛及其他慢性病引起的失眠，服用再多的安眠药也不会有多大效果。

服用安眠药会产生一系列的副作用，比如：

1. 长期服用安眠药会引起对药物的依赖，为了防止这种现象的发生，可采用多种安眠药交替服用的方法来加以缓解。

2. 有的人在服用安眠药之后会引起皮疹、多形红斑等过敏反应，一旦发现，应该马上停止使用。如果以前就有药物过敏史的人，最好不要服用安眠药。

记住，药是不可以随便吃的。你还不是大人，所以要和大人多商量，他们多请教，这样才是最好的自我保护。

传染病的预防和突发性疾病的急救

感冒真难受

"涛涛，上课不要无精打采，你来说说这道题的解题思路。"

老师在课上，看到涛涛眯在那里有气无力的样子，把她叫了起来。

涛涛站起来，木木地看着黑板，摇摇头。

"你是不舒服吗？"老师似乎看出来她有点不对劲。

涛涛轻轻地点点头。

老师走下讲台，摸了摸涛涛的额头："怎么这么烫！你发烧了，快回家打针吃药吧。"

"嗯，下了课我就走。"涛涛一直撑到了下课，才收拾书包回家休息。

放了学之后好朋友去看望涛涛："你好点了吗？"

"嗯，其实刚开始不难受的，就是到了后来越来越难受，终于发烧了。如果刚开始注意一下呢，也许不会这么糟。"

感冒看似是小病，如果发展成为高烧，那也是很严重的。

🍂 妈妈告诉我

涛涛，当人体温度超过39℃以上，病人面色潮红、皮肤烫手、呼吸及脉搏增快时，要立即采取急救处理。

1. 冷敷。用冰袋或冰块外包毛巾敷头部。

2. 酒精擦浴。用酒精加冷水（无酒精时可用白酒）擦拭病人头部、颈部、四肢、腋窝和大腿根部。

3．多饮凉开水。

4．口服退热药物。

5．针刺 10 个指尖出血可泻热降温。

6．出现抽搐，可针刺人中、合谷、涌泉穴。

7．立即送医院就诊。

预防禽流感

"自从爆发了禽流感，我就再也不吃鸡肉了，连鸡蛋都吃得很少，因为这种动物已经不正常了。"凡凡说道。

"其实用不着这样担心，妈妈告诉我说只要是做熟了吃，是没有问题的。"燕燕安慰她说。

"真的吗？"凡凡有点怀疑。

"当然是真的，扒鸡店的生意现在好着呢，我们家门口还新开了一家烤鸭店，每天都有很多人排着队去买。如果大家都像你一样，那连肯德基也早都关门了吧，呵呵。"燕燕安慰她说。

"难道大家都不担心被传染上疾病吗？"凡凡觉得很纳闷。

"不是的。这个道理是，得禽流感并不一定要通过吃禽类的肉才会传染上，只是可能的一种。如果你真的想预防的话，还要多从几个方面做好防护，只是戒掉鸡肉是不管用的。"其实，燕燕看凡凡傻起来也挺可爱的。

"原来是这样，燕燕。哎！其实我早就想去买烤翅了，就是不敢去。"凡凡不打自招，把实话兜了出来。

"那好，我们一起去吧。"

"好。"

妈妈告诉我

凡凡，禽流感是禽类流行性感冒的简称，是由甲型流感病毒所导致的传染病，高致病性禽流感是其中较为严重的一种，发病率和死亡率都很高，危害极大。由于目前还没有治疗人禽流感的特效药，所以只有在日常生活的各个方面做好防护，在衣食住行各个方面都多加注意。

第一，在饮食方面，一定将禽类的肉煮熟煮透之后再食用。

第二，要养成良好的个人卫生习惯，做饭时一定要坚持生食与熟食分开，比如切生肉的案板和刀就最好不要再去切熟食，否则直接入口的熟食就容易沾上病菌，假如这只生鸡正好是一只病鸡，那么人就很可能被传染上禽流感。

第三，就是不要喝生水，鸡肉、鸡蛋之类的食物一定要煮熟了吃。因为禽流感病毒对低温抵抗力比较强，在22度水中可存活4天，即便是在0度的水中也可以存活30天以上，在粪便中可存活3个月。但是禽流感病毒对热比较敏感，100度以上的沸水里煮2分钟即可灭菌，所以用高温是消灭禽流感病毒的最好方法。

第四，养成勤洗手的习惯，把可能存在的病毒清洗掉。因为在公共场所里很可能会接触到病毒，如果不及时洗手清除掉，被传染上的概率就比较大。

第五，居住的环境最好经常开窗通风。每天最好都要定时开窗通风换气两次。因为在直射阳光下特别是在紫外线的照射下，可以迅速破坏感染性。而且新鲜的空气有稀释病毒、清洁室内空气的作用。

人患禽流感的潜伏期一般是在7天以内，早期症状主要与其他流感非常相似，主要表现为发热、流涕、鼻塞、咳嗽、咽痛、全身不适，部分患者有恶心、腹泻、腹痛、细水样便等消化道症状，有些患者会有眼结膜炎，体温大多持续在39度以上，一些患者胸部X线还会显示单侧或双侧肺炎，少数患者伴有胸腔积液。一旦出现以上的症状应该及时就医，以免延误治疗时机。

艾滋病毒很恐怖

体检的时候需要抽血，安安最讨厌挨针扎。

等轮到安安的时候，她居然这样对大夫讲："大夫，我可以拒绝抽血吗？我很担心会传染上艾滋病。"安安镇定地对大夫说。

面对安安这一突如其来的提问，大夫顿时愣住了，可能她从来都没有想过这个问题，她对安安说："同学，你不用怀疑我们的医疗器具，都是经过了严格消毒的。"

"如果万一被传染上怎么办？我害怕……"安安和大夫泡起了蘑菇，以至于把班主任老师招了过来。

"安安，你是不是害怕打针啊，过来过来，我给你治治，不要难为大夫。"老师一针见血地拆穿了安安的阴谋。

安安无奈，只好把一只胳膊伸了出来，摆出一副英勇无畏的架势："来吧，你抽我吧。"

哈哈！

同学们在一旁看到她这个样子，很好笑呢。

就这样，一场闹剧总算是结束了。

其实安安以前是听说过类似的事故，有一些小医院的确会通过输血等途径将艾滋病毒传播给病人，所以也不能不小心啊。

妈妈告诉我

安安，艾滋病是人体免疫系统被 HIV 所破坏而引起的一种严重传染病。当艾滋病病毒感染者的免疫系统受到病毒的严重破坏，以至不能维持最低的抗病能力时，感染者便发展成为艾滋病病人，出现原因不明的长期低热、体重下降、盗汗、慢性腹泻、咳嗽等症状。艾滋病毒在侵入人体之后会破坏人体的免疫功能，使人体发生多种难以治愈的感染和肿瘤，最终导致死亡。

艾滋病病毒对外界环境的抵抗力较弱，离开人体后，常温下只能生存数小时至数天。高温、干燥以及常用消毒药品都可以杀灭这种病毒。但是目前还没有能够治愈艾滋病的药物，已经研制出的一些药物只能在某种程度上缓解艾滋病病人的症状和延长患者的生命。积极接受医学指导和治疗，可以帮助艾滋病病人缓解症状、改善生活质量。

艾滋病主要通过性接触、血液和母婴三种途径传播：

1．在世界范围内，性接触是艾滋病最主要的传播途径。艾滋病可通过性交的方式在男性之间、男女之间传播。性接触者越多，感染艾滋病的危险越大。

2．共用注射器是经血液传播艾滋病的重要危险行为。输入或注射被艾滋病病毒污染的血液或血液制品就会感染艾滋病。使用被艾滋病病毒污染而又未经消毒的注射器、针灸针或其他侵入人体的器械会传播艾滋病。

3．有三分之一感染了艾滋病病毒的女性会通过妊娠、分娩和哺乳把艾滋病传染给婴幼儿。大部分感染了艾滋病病毒的婴幼儿会在 3 岁以前死亡。

怀疑自己有可能感染艾滋病病毒的女性，应在孕前到有条件的医疗机构做艾滋病病毒抗体检查和咨询。怀疑或发现感染艾滋病病毒的孕妇，应到有关医疗机构进行咨询，接受医务人员的指导和治疗。

除此之外，其他的一些行为不会造成艾滋病毒的传染，比如：

1．与艾滋病病人及艾滋病病毒感染者的日常生活和工作接触不会感染艾滋病。

2．在工作和生活中与艾滋病病人和艾滋病病毒感染者的一般接触不会感染艾滋病。

3．艾滋病不会经马桶圈、电话机、餐饮具、卧具、游泳池或公共浴池等公共设施传播。

4．咳嗽和打喷嚏不传播艾滋病。蚊虫叮咬不传播艾滋病。

即便是如此，我们也应该树立一些意识来预防艾滋病：

1．洁身自爱，遵守性道德。避免与 HIV 感染者、艾滋病病人及高危人群发生性接触。

2．在输血、注射、使用血液和血液制品的时候，必须要进行 HIV 检测。进行穿破皮肤的行为时要确保用具经过了严格的消毒。禁止共用注射器和针头。

3．当献血、献器官的时候要做 HIV 检测。

讲究卫生，防止肝炎

班上新来了一个新同学倩倩，性格很内向，和大家都不怎么说话。

下了课，香香向自己的好朋友们透露了小道消息："听说那个倩倩小的时候得过乙肝，现在治好了。我们还是尽量少和她说话吧，如果一不小心被传染了怎么办。"

"如果只是说说话，也不至于传染吧。她是新来的同学，如果不理她的话，那样也很不友好。"冰冰说道，"况且，如果你真不想得乙肝的话，我劝你最好从今天开始少吃那些小摊小贩的食物，那些东西不干不净的，最容易传染上乙肝呢。记得有一天，那里刮了好大的风啊，我看你一个人站在马路边上吃铁板鱿鱼，那简直就是吃铁板加沙子啊。"

香香觉得比较没有面子："我只是好意提醒你们，无所谓啦。我就是喜欢吃铁板鱿鱼，日日如此，而且风雨无阻。"

香香回到家之后马上就这个问题问了问妈妈："妈妈，我们班上新来的一个同学，听说以前得过乙肝，您说，我们如果和她在一起玩，会不会被传染呢？"

妈妈告诉她说："不要和她共用东西，最好也不要在一起吃饭。平时一起说说话，玩一玩，那没有关系啊。"

"哦，"香香长舒一口气，"那就好，可把我吓了一跳。"

"还有，香香。虽然说我们与她保持一定的距离，但是还是要和她友好地相处。毕竟生病不是她的错，而且我们只要不和她过于亲密接触，是不会被传染的。当她遇到困难的时候，我们也要想尽方法来帮助她，你说是不是呢？"

"嗯，妈妈我知道。"香香使劲地点点头。

后来，大家才知道，这个倩倩还是个小才女呢。她参加全区的演讲比赛，获得了第一名的好成绩。

🚢 妈妈告诉我

香香，肝炎是肝脏受到损害，出现肝功能异常的肝脏炎症性疾病的统称。其中以病毒性肝炎最为常见。病毒性肝炎是由肝炎病毒所引起的，目前主要有甲、乙、丙、丁、戊、己、庚七种类型，具有传染性强、传播途径复杂、流行面广泛、发病率高等特点。

1.病毒性肝炎的患者主要有食欲减退，乏力，恶心，厌食油腻，肝脏肿大以及肝功能异常等症状。有些人还会出现发热和黄疸等症状，极少数病人表现为重症肝炎。急性肝炎和慢性肝炎是根据黄疸的有无、病情的轻重和病程的长短划分的。

2.急性肝炎分为甲型和乙型。二者的临床大致相似，早期症状主要为乏力、食欲不振，恶心。腹胀、发热、黄疸以甲型肝炎为多见，乙型肝炎比较少见，另外肝区胀痛也是重要症状。

3.慢性肝炎又分为慢性迁延性肝炎和慢性活动性肝炎两种，其病程常超过半年，有的长达10年以上，迁延性症状较轻，活动性症状较重，发展较快。

乙型肝炎的传染源主要是急、慢性病人和病毒携带者。传播途径包括：

1．在输血的过程中或者在血制品的使用过程中，使用了污染的注射器或针头。

2．与乙肝病人在生活上的密切接触。

3．母婴垂直传播。

对于乙肝病毒，我们应该在平时就做好积极的预防工作：

1．严格控制传染源。对急性甲型肝炎病人应采取早期隔离措施。

(1)与健康人不可以在一个床上睡眠，健康人的被、褥、衣物要与病人的分开，并进行消毒。

(2)健康人的食具、脸盆、毛巾、便盆等生活日用品也与病人的分开使用。病人吃剩下的食物最好不要给他人吃。我们也不要接受病人赠予的食物。

(3)病人的书报、刊物、玩具等最好不要借给他人传阅、玩耍，如果一定要用的话，一定要经过消毒处理后才能转借别人。

(4)在病人生病和隔离期间，邻居和亲友不要到病人家串门，尤其要看好自己的孩子不要与病人一起玩耍。

(5)在病人患病期间不要串门、不要到公共场所，更不要和把病人带到饮食部门用餐。

2．想办法切断肝炎病毒的传播途径。

(1)提倡用流动的水洗手，不使用他人生活用具，搞好个人卫生。

(2)非必要时不要输血及血制品；输血员要进行筛选。

(3)消毒也是切断传播途径，控制、消灭传染源的另一方法。肝炎病人确诊后，病家应及时做一次较彻底的消毒，食具、漱口用具、毛巾等要煮沸30分钟，家具、物体表面、地面要用3%漂白粉液擦拭。

3．通过药物进行预防。可选用以下任何一方水煎服，连服7～10天，可以起到预防乙肝的效果。

(1)茵陈蒿30克，生甘草10克。

(2) 决明子 15 克，贯众 15 克，生甘草 10 克。

(3) 茵陈蒿 30 克，凤尾草 30 克。

(4) 茵陈蒿 30 克，大枣 10 枚。

可怕的狂犬病

"平平，你的这本复习资料真好。"妮妮看到平平这里有一本不错的书，赞不绝口。

"呵呵，我现在不用，你先拿去看吧。"平平对妮妮说道。

妮妮高兴地要拿走，不过她好像想起了什么："还是先放在你这里吧，我家里的狗和猫厉害得很，尤其是猫的爪子特别厉害，稍微看不住的话，会把你的这本书抓烂的。"

"哈。你家的动物真厉害啊。"平平听妮妮这样一说，感到很有趣。

"是啊，有一次晚上我收拾书包却找不到卷子，之后发现是家里的猫咪拿它来垫窝用了。"

"哈哈哈哈！"平平爽朗的笑声打断了妮妮的话。

"平平，你不知道我家的那条狗，比猫还吓人。它平时安安静静的，你以为它很乖，它会随时变脸，一副凶凶的样子。有一次我差点被它咬到。"

"啊！"听妮妮这样一讲，平平感觉养动物一点都不好，太麻烦了，"那你要小心啊，如果被狗咬到了可不好，听说狂犬病是一种传染病。"

"是啊，"妮妮淘气地跟平平讲，"而且，如果我一旦被狗咬了得狂犬病，平平，我会用咬你的方式来表达我对你的喜爱，哈哈哈哈。"

"妮妮，你快饶了我吧。"

🚢 妈妈告诉我

平平，狂犬病毒主要存在于受到狂犬病毒感染的狗及狼、狐、猫、蝙蝠、鹰、熊等动物体内，当这些动物咬人、抓伤人、或以舌舔人皮肤时，病毒没有被及时地杀死，就可以通过擦伤的皮肤，经过毛细血管，由血液带入人体内。

需要注意的是，平时千万不要随便接近自己不熟悉的宠物。许多宠物会在生疏的情况下，"受宠若惊"一反常态，显得非常狂野。也不要随便的逗狗、猫、鹰、刺猬、蝙蝠等动物，特别是来路不明的野狗、野猫及其他动物，更不能随便把野外抓到的动物带回家。要远离疯狗。在接触狂犬病人时，要小心病人的唾液，对病人沾染过的用品进行消毒；要谨防自己的皮肤及黏膜被感染。

有些动物看起来很健康，但没有接种过疫苗，有可能是狂犬病的携带者。被动物咬伤的伤口一旦感染就会有生命危险。

买回或者带回宠物后，要及时到防疫部门进行检疫，注射疫苗，进行预防接种。

在宠物面前，不要突然惊吓它，否则容易被抓伤。

如果不幸被咬伤、抓伤，应立即用针刺伤口，使之出血，或用拔火罐拔毒，并用20%的肥皂水冲洗伤口，然后到就近的医院用过氧化氢或0.2%的新洁尔灭溶液反复冲洗伤口，彻底清洗，再用硝酸银、碳酸或碘酒烧灼伤口，最后用95%的酒精冲洗伤口，除去药液。还必须注意的是，伤口禁止包扎。

处理好伤口后，可到当地防疫部门联系注射抗毒血清和狂犬疫苗。

休克的急救

文文新装了一种电脑游戏，据说特别的刺激好玩。花花知道之后特别的兴奋，两个人相约要在游戏中一决胜负。

这天，花花把她的新电脑拿到了文文的家，插上网线，两个人开始了对决。

"花花，你的生命点只剩下两个了，赶快吃红色的营养，否则就没有命了。"文文提醒她。

花花显得很焦虑，她生怕自己的生命点全部消耗光，她瞪大了眼睛，全心投入到游戏中，此时的她正在和敌人搏斗，如果她赢了，就可以把敌人的生命吸过来。

屋里的气氛顿时安静下来，只见花花在那里拼命地敲键盘……

过了一会儿，花花长舒了一口气，兴奋地说："生命点，十个啊！"然后突然晕在了那里。

"不好，花花打游戏打得缺氧了。"文文连忙放下键盘，跑过去把她扶到床上，让她平躺。

不一会花花睁开了微弱的眼睛，说的第一句话是："还有几个点？"

文文无语了……

🏅 妈妈告诉我

文文，休克现象十分危险，如果不采取迅速有效的急救和治疗，会引起重要器官停止工作，从而导致休克病人死亡。

对休克病人应采取以下急救措施：

1．注意给体温过低的病人保暖，但对于伴有高烧的感染性休克病人应给予降温。

2．对于伴有昏迷的病人，应保持其呼吸道通畅。方法是将病人颈部垫高，下颌抬起，使其头部最大限度地后仰，同时头应偏向一侧，以防呕吐物和分泌物误入呼吸道。

3．如果病人休克因骨折所致，应给予止痛及骨折固定；情绪不稳定的病人可令其服用适当的镇静剂；心源性休克者应给予吸氧等。

4．如果病人休克是由内出血引起，应使其平卧，下肢略抬高以利于静脉血回流，也可以抬高病人双腿使其高于头部。如果病人呼吸困难，可以将其躯干和头部抬高，这样有利于呼吸。

5．家庭的抢救条件毕竟有限，所以，应尽快拨打 120，马上送医院抢救。对休克病人搬运越轻越少越好，送到离家最近的医院为好。在运送途中，应有专人护理，随时观察病情变化，最好在运送中给病人采取吸氧和静脉输液等急救措施。

第五章

学校 & 学习——给苦练"内功"的你

正确的信念——相信我能行

女生真的不如男生聪明吗

听说玩魔方玩得好的人往往是很聪明的人。

不知道这个谣言是从哪里传来，最近班上还真的刮起了一阵玩魔方的风气。

只要一到课间，就看见男生们几乎人手一个五颜六色的魔方。他们常常三两个聚在一起，好像吵架一样争个不休："你这玩法不对，是这样的！"

"看我的！看我的！这一步我玩得比你快！"

"我才不信呢！"

"要不咱俩比比！"

……

刚开始的时候，女孩子凑过去看，他们根本不让。

小军甚至用讥讽的语气说："这是男孩子们玩的游戏！你们女孩子有那么聪明吗？能玩得了这个吗？"

"你凭什么这么说！别以为你们男生会玩个破魔方就有多了不起了！居里夫人还拿过两次诺贝尔奖呢！有几个男的能获得这样的荣誉？"宁宁很好强，她的优越感容不得别人轻易否定女生。

"有几个科学家是女的？居里夫人全世界不也就是那么一个？再说了，你是居里夫人吗？有本事你把我手上的魔方拼回去了，我就服你！"小军也不甘示弱。他平时被宠惯了，家里拿他当小皇帝一样地待着。真可以"用含在嘴里怕化了，捧在嘴里怕摔了"来形容他们家对他的溺爱程度。

宁宁一听小军拿这样的话来激她，急得抢过来小军手里的魔方就拼。可是不管她怎么拼，也没能拼出六面都分别是同一个颜色图案出来。

眼看着课间十分钟就过去了。宁宁急得什么似的，可是又无可奈何。

小军得意地拿过魔方，临了还不忘补一句："我就说你们女生没男生聪明吧。还不信！"教室里弥漫着一股浓厚的硝烟的气味。

只见宁宁气得眼泪都快出来了。

"宁宁，是英语课吧？"同桌故意岔开话题，好分散地的注意力。话音刚落，英语老师夹着书面带微笑地进了教室。

"Good morning！Everyone！"可怜的张老师对刚刚发生的教室里一触即发的没有硝烟的战争毫无察觉，她正笑眯眯地看着大家，开始分发试卷呢！

"老师要特别表扬王小军同学，这次英语测验，小军同学拿了十分优秀的成绩。"

自从国家提倡素质教育后，老师们都变得委婉了，从不在课堂直接说最高分是谁谁谁，或者某某同学得了多少多少分，而换成上面这种说法。不过时间久了，大家也心知肚明，这意味着王小军又拿了最高分！

得意的王小军忍不住回头挑衅地看了一眼满是怒火的宁宁，眼神好像在说："看吧，我说得没错吧？女生怎么能聪明过男生呢！"

接下来有更气的。只听张老师在讲台上说："这一次测试，男生总体平均分高过女生。女孩子们要加油啊！"

这下气得宁宁直接趴在桌子上哭起来："难道女生真的不如男生聪明吗？"就这样，宁宁迷迷糊糊地听完老师对试卷的分析。放学后，她垂头丧气地回家了。心里却一直在问："女生真的不如男生聪明吗？"

🚢 妈妈告诉我

宁宁，你千万不可以这么想。女生在智力上和男生是没有本质上的区别的。很多事情证明，女生和男生一样，可以十分优秀。

首先，妈妈要告诉你：王小军同学错了。

他以自己某一方面的优秀就否定其他同学，甚至还加上性别区别来把大家分类对待，这是很不友好的做法，而且，单单说到这一点，他就不能算得上是个聪明的男生。

真正聪明的人是谦虚好学的人，而不是骄傲的，总是一副居高临下、不可一世样子的人。你不是喜欢看武侠片吗？那些争强好斗，总是找人挑战，想夺得天下第一称誉的人，往往不是真正的天下第一。真正的高手常常是既有高超的武艺，更有超然的武德，像你最喜欢的《笑傲江湖》里的风清扬老前辈。

人的聪明与否，不是性别决定的。大家表现得不一样，大多是因为各自的兴趣不一样，从事的工作领域不一样，所以取得的成就也肯定不一样。这和是男生还是女生是没有什么关系的。

最后，魔方游戏虽然是一个益智游戏，但和其他的游戏没什么本质的不同。只要是游戏，学会了规则，就可以玩，之前没学过，当然就不会玩，并不能由此证明男生比女生聪明。如果你想学怎么把魔方拼成六面都各自是同一个颜色，这很容易啊，妈妈可以告诉你，因为妈妈很小的时候就会玩这种游戏了。当然，前提是你有兴趣学。

难道女孩就学不好理科吗

"学好数理化，走遍天下都不怕。"这句不知道是何时流传开来的俗语，一直流传着，也不知道要流传到何时。

可能由于这个原因，理科的实用性已经深入人心。

也是慢慢地，学校出现了文科生多女生，理科生多男生的现象。

不仅是这样，好像男生学理科真的要比女生容易而且学得好。于是大家又开始流传这样的话：男生比女生更能学好理科。

小玉说："要面对文理分班了，这下可怎么办啊？我一直很喜欢很喜欢理科，可是听说女孩往往不容易学好理科。而我现在的文科成绩也不差。果果，你说我该怎么办？要不，抛硬币决定好不好？"

对于小玉，果果太了解她了。从小学开始，小玉的数学成绩就总是超过语文成绩。到了初中，她的数学成绩便几乎每次考试都是满分了。后来学校陆续开了物理课和化学课，虽然这两科的成绩不如数学好，但是比起她自己的历史、政治什么的，那也是好出了很多了。比如，她的物理、化学可以打到80分以上，而历史、政治只能在30或者40分左右徘徊。

果果曾经问过小玉为什么历史和政治成绩那么低，她不好意思地说："要记的东西好多啊，我太懒了，不想记。"

后来她克服了"懒"的畏难情绪，慢慢的，政治、历史也能拿七、八十分了。

现在的小玉不再偏科了，而且通过自己的努力，她的理科成绩和文科成绩都齐头并进，不相上下。有时，文科成绩甚至还比理科成绩要好。面对文理分科，小玉感到很为难，不知道要选自己一直喜欢的理科，还是改选后来居上的文科。

果果跟她说，选择自己喜欢地去学就好了，到底有什么好担心的？

而小玉却答非所问地说："女孩会不会真的学不好理科？"

🚢 妈妈告诉我

小玉，妈妈觉得你的好朋友果果说的对，选择自己喜欢的去学就好了。不存在女孩学不好理科的定理。如果有，也没有人能证明这个定理是个正确的定理。

我们的人生会面对很多选择。中考的时候选择念什么高中，文理分班的时候选择文科还是理科，大学的时候选择在南方还是北方，工作的时候选择在公司上班还是自主创业……可以毫不夸张地说，人生有时候就是很多选择的组合体。

而在你做出了种种选择之后，你再回过头来看，就可以发现你和别人不同，往往仅仅是由这一个又一个的选择日积月累地表现出来的。就像比尔·盖茨选择做电脑软件，最后成为世界首富。我们的差别日益显现出来。而这些差别，都是由曾经的选择决定的。那些曾经的选择，最重要的是要看自己的兴趣，让我们觉得自己的努力是值得的，是在为自己喜欢的事而努力。现在的妈妈觉得自己很幸福，因为这是我一步一步选择的生活。也许妈妈永远不会和比尔·盖茨一样富有。现在你面临的正是文理分科的选择题，那么就要好好地思考一下自己以后想要做什么了。妈妈记得你说过你长大了想当一个像白求恩大夫一样的能救死扶伤的医生。在中国，想成为一名医生，可以学中医，也可以学西医。如果是中医，那文理学生都可以报考；如果是西医，那只有理科学生可以报考了。所以，妈妈想要知道的是，你是不是还是坚持这个梦想。如果你还在坚持，就应该毫不犹豫地选择自己一直喜欢的理科。不要怀疑女生学不好理科，清华大学里，那么多的女生，她们有很多都是理科班数一数二的好学生。而且科学研究表明，性别对文理科学习的影响几乎是可以不计的。

在历史上，有很多在理科这样的自然科学上做出了很大成就的女性。众所周知的有著名的居里夫人。从 1901 年首次颁发诺贝尔奖到 2008 年为止，有 35 位女性获得过诺贝尔奖，其中除居里夫人外，获得医学奖或者物理学奖的有 7 位。虽然数量不多，但是可以看出，女性通过自己的努力，也是可以学好理科一类的自然科学的。甚至有少数还能获得世界顶级的荣誉。

社会上会出现在理科上男生普遍比女生优秀的现象，很大程度上是因为男生学理科的人数比女生多。学的人多了，自然出色的人也多。就像一些偏文科的大学或学院，由于女生多，美女自然也多，一样的道理。

既然你一直很喜欢理科，又励志要成为一名优秀的西医，这是很好的人生梦想。有梦想，就要去追求；选择了，就要坚持走下去。

在成功的路上，迎难而上，有坚定的信心和切实的计划，那么成功就不是没有尽头的路，而是路上的小石子般可以弯腰捡起的东西。

开始厌学了怎么办

不知道什么时候开始，彤彤觉得每天都只是在做一件事：学习，学习，还是学习。每天的生活也似乎变成了三点一线的简单重复：课堂，食堂和寝室。

英语课开始，彤彤打开英语教科书，老师开始讲一堆英语语法点，带读课文，然后做练习，再讲解；轮到数学课，打开数学教科书，老师又灌输一大堆数学公式，然后是似乎总不会完结的应用题，做题，再讲解；再到语文课，打开语文教科书，老师写了一堆不认识的汉字——就不明白，为什么从小学学到现在一直有不认识的字，怎么也学不完？然后讲解段落大意，揣测作者的写作意图（彤彤暗自揣测，作者为什么要这样做关自己什么事呢？），总结中心思想，布置作文，自己写……

彤彤感觉自己很像个重复作业的机器，不明白这样做有什么意义，也不知道这个机器的零件哪天就要坏掉，停止不走。真是讨厌这样没有目标，没有方向，不知所谓的学习啊！

更糟糕的是，之前一直制订的学习计划和目标一直完成不了。上次月考的成绩又出来了，彤彤的名次不但没有提前，反而落后了。这可怎么办啊？

越来越不想学习了！

彤彤怀疑是不是自己的智力比别人低？还是根本不适合学校的学习生活啊？

妈妈告诉我

彤彤，你说的这个现象，有个专门的名称：厌学。

厌学是个很普遍的现象，彤彤用不着担心是因为自己的智力问题，因为厌学和智力水平是没有关系的。也就是说，彤彤，或者你们班的其他同学如果也出现了这种厌学的情绪，不是他们不聪明，不适合学校的学习，相反，如果能像你现在这样思考问题，反而证明了你的智力水平没有问题，因为你懂得了反思，懂得去思考学习的意义，只是因为一时没有找到答案而苦恼。妈妈说得对不对？

厌学常常主要是由于非智力因素的原因，比如如兴趣、动机、意志、情绪等心理方面的原因，还跟家庭、学校、社会都有一定的关系。比如彤彤，你就是因为对学习暂时缺乏动机和兴趣，不知道为什么要学而厌学的。这是心理的原因，是内在原因。

总的来说，厌学的原因有两类：内在原因和外在原因。内在原因常常是由于你们在学习过程中的消极情绪体验和自我认识存在偏差；而外在原因则往往是社会、学校、家庭等外部环境的不良影响。

妈妈发现，无论是哪个年级的哪个班，班里都多多少少的有一些厌学的学生。他们日常表现为对学习失去兴趣；不认真听课，不完成作业，怕考试；甚至恨书、恨老师、恨学校，旷课逃学；严重的还发展到当老师在课堂上管教他时，他能公然的反抗甚至辱骂、殴打老师。彤彤，除了对为什么要学习这个问题，求而不解产生厌学外，还因为自己制定的学习目标短期内得不到实现，产生了焦虑情绪，所以进一步加重了厌学的想法。那么，又该怎样消除厌学情绪呢？

首先，彤彤，你应该找到学习的乐趣。因为，假如学习是你的乐趣所在，那学习的意义就是乐趣。假如你认为它是负担，那它就变成负担。关键是你自己怎么认为的。学习相对游戏，确实是一件枯燥的事情，可是它绝不是你想象的枯燥而无意义的重复。要知道，知识在于积累。正是我们在青少年时期，有了对各科知识的踏实的日复一日地慢慢积累，才有我们日后对知识的应用和创新，才有可能成为对社会有用的人才，也才有可能实现自己的梦想。

再说到你成绩不进反退的事情。你是订好了计划，可是有没有切实地按计划执行呢？就算你按计划执行，认为自己很努力了，可是排名还是在往后掉的话，你又有没有想过，别人也许比你更努力？学习有时候会出现"高原效应"，也就是说有一段时间学习看上去进步很慢，甚至几乎停滞不前。处于高原效应的学生有的在很短的时间内，比如一两周，就能走出来，有的则要很长，甚至要一两年。这个视个人情况而定。不过你不要害怕，暂时性的退步，不代表什么，也不意味着你就进入可怕的一两年的"高原效应"了，更不能因此而产生厌学心理。

你想想反正也要学，怀着高兴的心情也是学，怀着厌恶的心情也是学，为什么不怀着高兴的心情学呢？而且心理学家也说了，怀着高兴的心情吃饭，有利于消化。连吃饭都是这样，学习就更是如此了。而且，就算出现了学习上的"高原效应"，只要调整计划，放松心情，然后切实地坚持计划，那么恭喜你，走出"高原效应"的时间不会很长，并且你一旦走出，成绩将会更上一个台阶！

我上课又走神了

小梅一下课就冲到思思的课桌上着急地喊："思思，思思！快把你上课笔记借我抄抄！我上课又走神了！"

小梅一边急急忙忙地抄着笔记一边沮丧无比地自言自语："思思！你看怎么办才好啊。我怎么这么多内容没听到啊？这抄了也没用啊，你还是给我讲讲好不？"

说到这儿，她停下笔，抬起头，露出一副十分可怜的样子。

"小梅，你怎么回事啊？最近上课怎么总是走神啊？你这样下去可怎么办？"思思一边替小梅暗暗焦急，一边责怪她上课不用心。

"我也不知道怎么回事。"小梅又继续埋头苦抄，"思思，你说是不是人大了心也大了，所以精神就不容易集中了啊？"

"你都想些什么啊？"思思疑惑看着小梅。

"我也不知道自己想些什么，就是无缘无故地听着听着，老师的声音就像催眠曲一样，和我的耳朵就共鸣了，然后我就不知不觉走神了。"小梅无不委屈地说道。

"其实我有时候也走神，但像你这样一走就连笔记都抄漏了的情况还是和在冬天看见荷花开一样，是十分罕见滴……"思思说道。

"思思，你就别嘲笑我了，我难过着呢。可能越是这样，我就越着急，越着急，结果就越走神。思思，你说我是不是老了啊？"小梅认真地问道。

"哈哈，你胡说什么啊！还没到20呢，老什么老！"思思半开玩笑地说，还顺便用手拍拍她的肩膀，"我们正是花一样的季节，呵呵。抄完了没？抄完了我们快看看吧。待会儿又要上别的课了！"

"好好好！快讲快讲……"小梅的表情终于是雨过天晴了。

思思一边讲，一边注视着时而皱眉，时而微笑的小梅，心里在想："我一定要帮助小梅分析分析她走神的原因，然后找到解决上课走神的办法。"

对！回家问妈妈去！

妈妈告诉我

呵呵，思思，其实你大可不必那么紧张。上课偶尔走神是正常的，只要不是太严重，就没必要太害怕。不过如果总是走神，到了小梅的地步，都影响到学习了，就要好好查查原因了。

人的注意大致可分为有意注意和无意注意两种。而你们上课时，就要求调动积极的有意注意，尽量延长有意注意的时间，而缩短无意注意的时间。小梅走神就是一种无意注意。

小梅经常上课走神也许是以下几个原因中的一个，或者兼而有之：

第一，晚上没睡好，所以精神不好。睡眠不足会影响人的注意力集中度，如果前一天晚上没有好好休息，第二天课堂就有可能会走神。如果是这个原因，你可以告诉小梅让自己调好生物钟，按时作息，保证充足的睡眠，这样上课才有精神。

第二，上课前没有好好预习。要想课堂上能够取得最好的学习效果，莫过于带着问题听讲。那么怎样才能发现问题呢？最好的办法是课前预习。在预习的过程中，可以粗略地把容易理解的，一知半解的和完全不知所云的东西用不同的标记方法标记出来，这样就可以在有一定的背景知识（那些理解了的）的情况下，专心去听那些一知半解和完全不知道的知识点，这样做，不仅心里有底，也是带着一定的问题和目标去学习，那么上课走神的情况就会得到根本性的减少，甚至会没有。这种做法也是妈妈最推荐的"有意注意"加强法。

第三，就是不要胡思乱想。上课的时候，要跟着老师走。具体的做法是，老师板书的时候，认真看板书，老师讲解的时候，可以注意老师的眼睛。当然，这里说要跟着老师走，并不是说思想也被老师牵着鼻子走，而是要养成边听边思考的习惯。比如：老师打算怎么解决这个问题呢？我之前的想法和老师有什么地方的不同呢？其实做到第二点，这第三点也就自然而然地能做到了——因为你一直在记着为自己的疑问从老师那里、从课堂上寻找答案，这时哪里还有心思走神啊？

不知道，小梅听到了这些，会有什么想法？

当学生会主席真的会影响我吗

新一届的学生会就要举行改选了，青文很想去参选学生会主席。因为她一直觉得自己很优秀，学习成绩很好，而且一直以来在班上担任学习委员，后来又担任班长。现在她想要到一个更大的锻炼自己的地方——学生会。

青文是个很有上进心的女孩，她总是既想把成绩搞好，也希望自己的人际交往能力有所提高。学生会主席在她看来，就是一个很好的锻炼机会。可是她在参选的前一周又开始犹豫了，因为她打听到学生会主席需要做很多的事情。像制定这一年的任期内对各个部门展开工作的规划啦，召开各个学生部门部长级别的会议啦，参加各个部门组织的活动啦……而且好像有谣言说，前两届担任学生会主席的学姐学长成绩都下滑了。

虽然不知道谣言是不是空穴来风，但是一想到这些，一向把学习放在首位的青文开始犹豫了：如果当了学生会主席，真的会影响我吗？我会不会和传说中的他们一样呢？

这个问题一直纠结着青文，她甚至连上课都开始走神了。

竞选大会马上就要到了，究竟要不要去切实履行这个从一年级开始就有的小小的梦想呢？青文实在拿不定主意了，她找自己的好伙伴聊了两个小时，还是没能做出决定。

🚢 妈妈告诉我 ....

青文，这其实是没有绝对的事情。当学生会主席就一定影响学习的推论就像当学生就一定会成绩好一样是没有道理的。究竟会不会影响，那要看个人怎么处理。

青文，你一定听过"凡事预则立，不预则废"的古训吧？现在你面临的问题其实只有两个难关需要解决：一、信心。二、计划。也就是我刚刚说的"预"。

我们先说说信心。信心在做任何事情时都是十分重要的。人只有首先相信自己了，才能相信自己即将做的事会向成功的方向走，而不是相反。青文你在这样的时候犹豫不定，其实是缺乏自信的表现。你从不知道哪里听来的前两届学姐学长当了学生会主席成绩变差的结论，推断出自己也可能会像他们一样影响到自己的成绩，这是你不自信的表现之一。别人做得不好，且不管是真是假，就算是真的，就能说明自己也将会做得不好吗？如果这样，中国奥运会的第一块金牌恐怕就不能在 1984 年摘得了——因为之前一直也没人拿过啊。

不单单是这样，你不是一直想着要做学生会主席，想锻炼自己的管理能力和人际交往能力吗？既然是一个梦想，为什么走到眼前了却没有胆量去面对它、实现它呢？岂不是现代版的叶公好龙？

你如果一直犹豫不决，就可能错失机会，如果迟迟不递交参选材料，就算她曾经想了多久，并且为之努力了多久，最后也是不能实现的。因为梦想不会眷顾对自己怀疑，缺乏信心的人的。

当然，如果没有一个良好而切实可行的计划，新增加的任务无疑会影响你的学业。

刚开始时，你一定要知道，万事开头难，起步阶段肯定会占用一定的学习时间和精力。但是如果你始终把学习放在第一位，每天该学的时候都学了，而且给自己规划好切实可行的学习时间，然后雷打不动地坚持下去，该学习的时候学习，该处理学生会工作的时候就认认真真处理事务，这样就一定不会影响到学习。

而且担任学生会主席也不是说就是主席一个人要管理所有的学生部门的工作，具体的部门工作是交给各个部长处理的。学生会主席其实不纯粹是对事的管理，更主要的是对人的管理。

妈妈觉得你一直一直很优秀，能当好学委和班长，妈妈相信，只要你能放下心理压力，相信自己，并好好规划自己的时间，就一定也可以当好学生会主席的同时而不影响学习。你说，是吗？

求学的方向在哪里

学习到底有什么用呢

含云最近不知道怎么回事，在社会上老是听到"念书无用论"的调调。班上甚至有同学直接辍学，说要去工作挣钱，说起来理由还一套一套的：什么念了大学又怎么样？出来工资还不是一两千？有的甚至都比不上农民工。

来自农村的小华甚至还给含云举例，说他的表哥小军去年大学毕业，在一家私企上班，每个月的工资才 1500 块，还不如他在外面给人粉刷墙壁的爸爸，每个月有 4000 呢！表哥全家人就培养出那么一个大学生，都指望着他大学毕业拿比村里人都高的工资，期望着高收入高回报呢，谁知道竟是这样？早知道就不念大学了，白白花了好几万，耽误青春不说，光是花掉的钱都不知道哪一年才能挣回来。

小华说还有更严重的，他们隔壁村有个大学生毕业都快一年了，至今都没有一份像样的工作，每个月还得靠家里往外寄钱，过着和大学生差不多的生活。加上在外工作，不比在学校念书，房租相对低廉，父母寄的生活费有时甚至比以前还更多了。

大家听到小华这样说，都纷纷发表意见，说得最多的是读书无用，不知道要读来干什么。

时间久了，一些同学甚至开始厌学，课前也不预习了，上课也不认真听讲了，课后就更不用说了，看小说的看小说，玩游戏的玩游戏。反正也没目标了，这学还念个什么劲啊。

看到大家这种厌学的情绪一天高过一天，班里学习的氛围则是一天低于一天，含云都开始感到迷茫了：学习到底是为了什么？或者说学习到底有什么用呢？

妈妈告诉我

含云，听没听过一句话：学习也是一种信仰。

你们班上有极少数同学辍学去工作是心太急，跨了阶段去提前做了一些不该在青少年阶段做的事情。这有点像你们小时候学的一个寓言故事里说的"揠苗助长"，他们过早地把自己从学习的阶段拔到社会的阶段，是错误的行为，日后某个时期，不管过了多久，或长或短，他们多多少少会为自己当年草率的行为后悔的。

而且，社会上所谓的"读书无用论"也是完全站不住脚的。你想想，那个只拿1500的大学毕业生才出来工作多久？而那个拿了4000的给人刷墙的爸爸又有了多少年的工作经验了呢？所以这样两种情况根本就不具有可比性。

一个很简单的例子，妈妈20年前的工资才300块呢，现在已经有了3000多了。你能说我当时拿那么少的工资是因为当时妈妈念的书没用吗？

再说说小华邻村那个总是找不到稳定工作的大学生。这两年经济危机让很多人失业，大学生就业形势严峻也是众所周知的事情，国家正在大力解决大学生就业的问题；而且能不能找到工作，或者能找到什么样的工作，与个人能力也是很相关的，并不能就此推断读书是无用的。如果这样，那些优秀的大学生，像我们隔壁的真真姐，她也是大学毕业，一个月工资有1万多，那听到这个消息的小华，是不是又会认为读书还是有用的呢？

问题的关键之处不在于读书有用没用，这是个不容讨论的问题。我们必须读书，而且要有终身学习的想法，就像我前面说的：学习是一种信仰。因为读书本来就不是和钱直接挂钩的，我们当然也就不能根据以后工作挣钱多少来判定现在读书是否有用。读书应该是培养一个人的知识储备、素质涵养、思考问题、解决问题的能力以及具备怎样的视野等综合素质的一个过程。

我们每个人都有一个成长的过程，在成长的过程中，我们都要学习一定的基础知识和技能。只有当我们的知识储备和能力达到了一定的水平后，我们的人生梦想才有可能实现的一天。

人的一生是分阶段的，到了什么阶段就应该做什么事，而不能提前预支自己的能力。当然了，更不能停滞不前，故步自封。

你应该知道有句古语叫"欲速则不达"吧？说的就是做事也好，为人也好，都要一步一个脚印，慢慢地来。你们现在正处在读书的阶段，以后走到社会，这样一心只读书的机会将会越来越显得弥足珍贵，所以，该好好学习的时候为什么不好好学习，而要去想些看不着的明天呢？我们只有把握好了今天，把握好了能把握住的今天才能有更好的将来。何况，我们也只能活在今天。

什么专业才是我真正适合的

"有谁知道哪个专业最挣钱？"

"'工商管理'是什么，有没有知道的？"

"'土木工程'怎么样？"

"计算机专业好像也不错。"

"不是都说市场饱和了吗？赶快别选那个了！"

"以后想念什么专业啊？这也太难为人了，选自己喜欢的吧，爸妈说冷门；选个热门的吧，也不知道几年后，就业形势是不是还会这么热？愁死了……愁得我现在都开始冒热汗了！"

"是啊！我也不知道将来学什么专业好呢。可是这就要文理分科了，总不能先分科，后考虑以后的专业吧？那万一我想学的专业不能报就惨了！这个一定得先定！"

果果的班上马上就要文理分科了。这些天一到课间，大家几乎把所有的课余时间都用在讨论将来选什么专业的问题上。不过，由于大家大多对各个专业并不了解，也不知道要如何去了解，所以，答案依旧没有，问题仍在讨论。

妈妈告诉我

果果，专业的选择确实是件很重要的事情。

那么，在专业的选择上，究竟什么才是最适合自己的呢？

妈妈认为：选择自己喜欢的专业，才是最适合自己的。

因为很大的可能，你选择了一门专业后，以后的学习也好，生活也好，工作也好，都与你的专业紧紧连在一起。试想，如果一个人选了自己不喜欢的专业，不管他当初出于什么初衷，大家说是热门专业也好，老师说的是容易上的专业也好，还是父母说会有稳定工作的专业也好，最后要面对这个专业的不是别人，而是正在从事专业本身的你。天天与那个专业打交道，却发现每天都觉得那么讨厌，这日子还怎么过？恐怕只有得过且过了。

所以，专业的选择就显得尤为重要。要是能一次选好永不后悔，无疑是再好不过的。

那么，怎样才能最大限度地确保一次就选好呢？

首先，要确定人生目标，多问自己几个什么？比如，你究竟想成为什么样的人？你想要过什么样的生活？你能为你的目标做些什么？

在问了若干个这样的"什么"之后，接下来容易理清思路了。你需要做的事就是想尽一切能想到的办法了解将要选择的专业究竟学的是什么，你对它是不是真的感兴趣，它是不是真能帮你解决之前问到的几个"什么"，比如，学了之后是否能获得关于以后想做的工作的知识和能力等。

那么，有什么办法或者渠道了解到那些想选的专业呢？

第一，可以上网搜索。举例说，你只要输入专业名称，然后点击"百度百科"，就很容易知道你要学的专业将开设什么课程，学的大致内容和方向是什么。

第二，问父母。父母永远是我们随时可以寻求帮助的老师之一。如果父母博学多闻，征求父母的意见无疑是最安全可靠的，但是，也不排除父母对我们想要学的专业知之甚少，或者根本不知道的情况，这个时候，或许要倒过来，和父母好好沟通，把你想学的专业究竟是什么和他们说说，并说说自己的打算，只要不是太离谱，父母都会支持的。这可是一种可观的精神支持力量哦。

第三，问学长或者学姐。能找到正在念这个专业的前辈，听听他们的看法和可观评价，当然是最好不过的了，他们兴许还能给专业方面的意见呢。

第四，问亲朋好友。当然是对这个专业有所了解的亲朋好友，如果有从事这个专业工作的，那更好了。

第五，问老师。老师也不是随便逮着哪个就问哪个，选择有经验的老师来问，相对比较好。因为有些老师带过很多毕业生，那些毕业生可能在各个不同的专业学习，或者不同的领域就业，他们会和这些老师有联系，有沟通。不过，很多情况下，聪明的老师不会给你明确的选择，而只会给你参考意见。能给出比较好的参考意见的老师，就已经很不错了。

……

总的来说，千万不能稀里糊涂，随波逐流，看见大家选什么，自己也跟着选什么，或者大家不选什么，自己偏选什么。理性的思考很重要。

我们的人生我们做主。既然这样，何不从专业选择开始就理性做主呢？

是学文科好呢，还是学理科好呢

"要文理分科了！没想到高二上学期这么快就要结束了！可是我还不知道下个学期要选文科还是理科呢！"姗姗跑过来和春春说话，一副找到救星的样子，"你看我烦的，我们班的同学我都差不多问遍了，他们也不能给我个答案！听说你是个小小'万事通'，所以我来向你咨询来了。呵呵……"

"你也太高看我了。哪里是什么'万事通'啊。只是喜欢和大家聊聊自己的感受罢了。"春春当然要谦虚一下，姗姗的性格她是知道的，只要是把自己贬低，姗姗反而会认为对方说的是对的，至少，是诚恳的。

事实证明春春的推断是正确的。

因为姗姗一屁股坐在春春可怜的同桌的凳子上，全然不顾人家正在写作业。她笑嘻嘻地说："我有重大问题要问春春。你不介意我占用你的凳子十分钟吧？"

同桌无奈地笑笑："没关系，我刚好有个题目要和莉莉商量，你坐吧，我去莉莉那儿。"可怜的同桌拿着作业本往莉莉那儿去了。

"春春！你打算选什么？"

"文科。"春春的视线从同桌那里转回来。

"为什么？"姗姗穷追猛打，"她们都说文科要背的东西很多，很难记的！你不怕啊？"

"那理科好了。"春春又笑了笑，改了答案。

"听说理科要做很多很多题目，很多理科生都要每晚奋斗到 11 点，有的甚至到 12 点呢！"姗姗又发难了。

"啊？这样啊。那还是文科吧。"

"春春！你到底要选文科还是理科啊！怎么改来改去的，我都被你弄晕了！"姗姗开始后悔她一来就说的"我终于找对人了"。

"好像是你要选文科还是理科的问题啊，怎么改成问我了？"春春其实心里早就想好了，只是不知道姗姗犹豫不定的原因在哪里，所以就故意兜了几个圈。

"也是哦。我倒不是怕文科的背诵理科的题目，就是不知道以后哪个就业更好，我会更喜欢哪个……"姗姗一脸的犹豫。

妈妈告诉我

春春，你可真调皮！人家姗姗已经很着急了，你还在那里兜圈子。看把姗姗急的。

不过，你的做法也没有错。弄清犹豫不决的原因，才能对症下药，做出正确的选择。

选文科还是选理科，是每个学生在求学的路上迟早必须要面临的一次重要选择，关系到你们的未来。从这点看，姗姗没说错，文理分科确实是件重大的事。对于大多数像姗姗这样的孩子来说，他们考虑得太多，想到了文科的困难，也考虑了理科的负担，更想到了以后的自身发展。想得适当长远一点是好事，但如果想不明白自己的心思，那好事就可能变成坏事。这也是他们犹豫不决的主要原因。

要想明白自己的心思，其实不难。妈妈认为想好两个方面就行了：

第一，自己喜欢什么。

第二，自己擅长什么。

喜欢的不一定擅长，但是不喜欢的就一定不会擅长。

要想弄明白自己喜欢什么，那首先要客观地了解所要面对的事物。

有人认为，普通高校招收文史类专业的人数要比理工类专业少得多。所以，为了方便好考，有些喜欢文科的学生最后逼着自己改学了理科。他们总认为文科不好考，理科好考；文科出路窄，理科将来就业机会多。

实际上这种看法是没有道理的。文科固然招的人少，但报文科的人数也比理科少得多，文科的升学率并不比理科低。具体到个人，意思就是，不管学文科还是学理科，都是需要努力的，都是有竞争的，事实是：文科理科都不轻松，不要以为学文科只是背，历史中的很多分析题都是很需要逻辑思维的。想挑简单的事做，在学习中是没有的，如果有，那只能是不做。

至于说文科面窄，这种说法就更没有道理了。目前我国经济正在迅速发展，经济越发展，需要的管理方面的人才就越多，而这些人才大多数来自文科院校。因此近几年重点文科院校的学生就业趋向非常好。

事实上，普通高等学校的文科和理科专业的设置是根据社会发展的需要定的。无论读文科还是读理科都是国家需要的，都能为国家建设做出自己的贡献，毕业后都可以找到好的出路。文科和理科本身并无好坏优劣之分。

所以，妈妈认为，选科一定要是自己喜欢的，不然读起来会很痛苦。

如果很不幸，你没有相对更喜欢的学科。那就选自己擅长的学科。看自己哪些科目的基础知识比较好，是文史地，还是数理化。最好把以前的试卷拿出来，做一次客观的分析，看看总体成绩和平均成绩哪些科目的平均分和排名比较好和相对稳定。如果自己不知道怎么判别，也可以让老师，比如班主任，或者父母帮助分析分析。

如果这个还不行，你的文科和理科成绩不相上下，你不知道哪个会学得更好，那你就可以考虑一下自己以后想学的专业是从属文科，还是理科，然后再正确地做出选择。这样依次把问题考虑清楚，文理分科的选择就不是看起来很难抉择的"重大"的事情了。

希望你的朋友姗姗早点做出自己喜欢的选择。

我考不上名牌大学，好苦恼

"看我这成绩，考名牌大学是没希望了！不念大学吧，爸爸妈妈肯定不同意；念吧，自己觉得难度实在是太大了。"思蓝和好朋友有一搭没一搭地聊着。

"不光光是面子问题，我都在想，名牌大学和普通大学的差别会不会很大啊？"思蓝发表自己的见解，"真是郁闷啊。这破成绩不上不下的，恼死人了！"

"你说咱非得上名牌大学不可吗？那么多普通大学就不是大学了？那么多普通大学毕业的毕业生就都没有名牌大学的学生优秀？"文文当然也有自己的见解。

"我看不一定吧。再说了，不是有一句话是这样的吗：师傅领进门，修行在个人。"思蓝居然表现出自信来，"不过考不上名牌大学确实是件让人沮丧的事，起码高兴不起来。我都不知道接下来的日子要拿什么做奋斗目标。哎，都怪自己一直以来不够努力，才到今天这个地步……"

这两个好朋友就如同很长一段时间没有说话一般。上课铃声很快就响了，她们也都各归各位，停止了谈话。

看着老师在黑板上讲得有声有色，思蓝却一点都提不起兴趣来。因为她在想，"是啊，名牌大学那么少，而成绩优异的人最终毕竟是少数。那那些考不了名牌大学的学生，他们该怎么办呢？该怎么面对这种残酷的优胜劣汰的选拔性考试呢？"思蓝陷入了沉思中……

🚢 妈妈告诉我

思蓝，你问得很好。问到了问题的根本矛盾，就是：不是每个人都能上名牌大学，即使大家都想上名牌大学。

你还有好朋友文文的苦恼正是由于存在的这个矛盾产生的。也许你们也知道自己可能上不了名牌的原因：以前没能好好努力。既然知道问题产生的原因，那就从原因下手好了：现在开始努力。

什么事情，只要现在开始努力都不算晚。

也许到最后你们还是上不了名牌大学，但至少，你们努力过，可以问心无愧了。

我们把事情往不好的，也是相对现实的地方讲，大多数人是上不了少数的名牌大学的。其中你们就很有可能是在这大多数人中。就算结果是这样，也没有关系。普通大学也是大学，和名牌大学一样，它们也是国家培养优秀人才的地方。中国有很多的企业家、领导人等成功人士就不是名牌大学毕业的。可是他们通过自己的努力，都取得了事业的成功。

大学的存在，应该是以培养出完美的人格，增强人的现代公民意识为目标。可以说，专业知识的学习是相对最为基础而更需要学生自己付出努力的地方，与学校是否是名牌关系不大。

而且以后到社会上就业，公司在录用人员的时候，绝不是凭你一纸文凭来判断要不要录用你。是名牌还是不是，对你的事业并无影响。进了大学后，将是一个完全不同于高中阶段或者九年义务阶段的学习模型。更多的时候，你将会自己决定要学什么，要成为什么样的人。

可以说，进入了大学，大家又重新站到了同一条起跑线。

而四年后，你要成为什么样的人，决定于大学四年期间你对自己人生规划的确定和切实的努力。优秀与否很大程度上与学校的品牌无关，而与你对大学意义的认识和实际行动密不可分。

所以，如果上不了名牌，就大大方方的上普通大学，如果上不了普通大学，就上大专或者职业技术院校，如果还是不行，就去学自己感兴趣的东西，并且制定目标，越细越好，然后真正地全身心投入。

记住了，每一个新的开始，你都不比别人差，你们都将站在同一条新的起跑线上。如果最后，你还是落于人后，那是因为你停止了奔跑。

不喜欢的老师讲课就是听不进去

"这次一定要在老师讲了 10 分钟后再睡觉！"看着讲台上嘴巴一张一合的化学老师，芸芸在心里暗暗下定决心——他才讲了 5 分钟不到，睡眠又开始向芸芸袭来。

如果说人会睡眠，是因为有与耳膜频率共振的外界声音的话，那么可怜的化学老师的声音可能刚刚好与芸芸的"耳膜睡眠频率"产生共振——也就是他们可能在同样的时间内有一样的振动次数。不然，为什么每次他一讲课，芸芸就想睡觉，听不进去呢？

芸芸都对自己无语了。

化学课，并不是芸芸讨厌的课。可是那并不意味着，化学老师也不是她讨厌的老师。

也不知道什么原因芸芸特别不喜欢这位化学老师。

这位化学老师并不像英语老师，看见成绩好的学生就笑眯眯，看见成绩差的学生就板着脸，他对大家一视同仁，所以，在这方面，芸芸并没有理由讨厌他；他也不像数学老师，动不动就莫名其妙，毫无准备地点名让你上去解数学题，而且还好像知道你哪道题不会似的，专挑你不会的让你解，然后当众让你出丑——拿着粉笔在台上下不了台；他也不像语文老师，总让大家分男女两组，比赛谁读得好，幼稚得和小学生一样……

芸芸想了好久，到底为什么不喜欢化学老师呢？好像没有原因。这真悲哀，不喜欢的原因都找不着。不喜欢就是不喜欢，要怎么办？

关键是，要是一直这样下去，芸芸的化学肯定挂了——以后她还想学好理科呢！化学可是理科的科目之一啊！

决不能让化学拖了自己的后腿哇！

妈妈告诉我

芸芸，就像你说的，你并不讨厌化学，而是不喜欢化学课的老师。可是这还不是全部的事实，全部的事实是：继续这样下去，终有一天连化学都不会被你喜欢的。

每个人在漫长的求学生涯中都会遇到这样或那样的老师，他们的性格气质、为人处事、教学的风格等不可能是每个学生都喜欢的，因此，大家都可能遇到自己不喜欢的老师。但是怎样才能不让这种对老师的不喜欢不影响到自己的学业呢。

妈妈要你记住一句话：永远想到绝大多数的老师是一心一意为学生好的。没有哪个老师希望自己被学生讨厌，也没有哪个老师不希望自己的所有学生都能学好自己教的课程。永远记住：没有哪个老师会特意去为难你。如果你有这种错觉，那么学好那门功课，成绩好到让教那门功课的老师对你加以特别注意。

语文老师让大家分组比赛，只是一种手段，希望能引起大家好胜的心理，学好语文。我们在做一件事的时候，总想比别人做得更好，这是人之常情，语文老师正是考虑到这点人之常情来做的。简单点说就是，不要去讨厌你的老师，没有什么用，到最后只会影响自己的学习，除此之外，没有任何别的用处。老师不会因为你的不喜欢而不在学校继续工作，他/她会每月领同样的工资和奖金。

你可以想想老师的好：比如，老师十分辛苦，每次都认真备课，课后看全班同学的作业，批改试卷，找出大家不懂的地方，重点讲解……

如果这样，还是不行，那么，你不要注意老师，只要是你喜欢的课就要认真地去学习。

因为学习的好坏，最终还是取决于你自己，而不是老师。

用最少的时间，获得更多的收获

时间是挤出来的

"怎么这么多作业！又是数学试卷，又是英语试卷的！还让不让人活啊！"铭铭大发牢骚。

"是啊！这次连语文老师也来凑热闹。居然让我们写什么'我最难过的事'，还从500字提升到800字！我看啊，写完这些作业就是我目前最难过的事了。"程程也跟着起哄。

"写作业倒不是我最难过的。"铭铭很想阐明说明自己的意图。

"那什么才是你最难过的啊？"程程莫名其妙地朝媛媛发问。

"时间啊！我都不知道时间怎么够用？恨不得一天有 48 个小时。"铭铭看上去真的一副很焦虑的样子。

"倒也是，我们怎么忙也忙不过你。又要去见你的钢琴老师吧？"程程同情地说。

"可不是。就要考过级考试了，本来就要练曲子，又加上这么一堆的作业，看来，和朋友出去春游的事这段时间都不用想了。"铭铭说得可怜兮兮的，"之前约好的，看来又要推掉。"

🚢 妈妈告诉我

铭铭，随着我们年龄的增大，要面对的事情也会越来越多，那么如何分配好自己的时间，在有限的 24 小时内做好自己需要做的事情呢。妈妈可以送给你一个字：挤。

没错，就是要挤时间。时间是挤出来的。

不相信吗？你不仅要完成老师布置的作业啊。除此之外，还要练习钢琴曲，如果不挤时间，又怎么做得到呢？即便希望自己有 48 个小时，这当然不可能，爱因斯坦虽然提出了相对论，不过他也做不到。那么怎么挤时间？它又不是我们沙发上的靠椅，看不见，摸不着啊。

很简单，为时间做一份详细的计划表。而且计划表最好能够分等级，比如说大的等级可能是这一年内我要实现什么目标：比如语文成绩提高 20 分。接下来就是一些更细的计划：为了年末的语文成绩能提高 20 分，我要全面提高基础知识部分的得分，估计为 5 分；作文部分的得分，力求提高 10 分；阅读理解部分的得分，也是提高 5 分。

然后，怎样才能提高基础知识的得分呢？每月学习 30 个新字新词，平均下来每天一个字或词。每月看一本世界名著或者中国名著。这个可以计划为每天放学后阅读半个小时或者一个小时，具体时间看书的厚度和页码来定。每月自己给自己加 10 个阅读理解的练习，每隔两天做一次，每次时间大约为半小时，定在吃中饭后午休前的休闲时间。

有一个对待读书的看法，我们需要改变：就是太把读书当一回事儿。

中国人常常由于把读书看得太重，而多多少少浪费了一些可以利用起来的时间。把读书看得重，虽然不是件坏事，但在妈妈提倡的"挤时间"学习法上可能也不能算是一件好事。比如很多人觉得，读书就一定要有大把大把固定的时间，然后专心致志地坐在书桌前什么也不做，只看书。人们难以想象 10 分钟，或者 20 分钟可以拿来看看书。其实，在美国人那里，他们甚至在马桶旁边都放着书，这些书绝不是我们很多人认为的乱七八糟的杂志，而常常是文学名著啊，新闻早晚报啊之类的书刊——当然，这样容易引起便秘，所以妈妈也不提倡。还有些人，在书包里随时放一本近期想看的书，在等公交车或者乘坐地铁的时候拿出来阅读。这样积累下来的时间，对一个天天要坐地铁的人，甚至可以在一周内看完一本小散文随笔。

如果真能做到这样，那可是真正地算"挤"时间了，而且把学习融入生活中了。这种心态就是妈妈所说的"太把读书当回事儿"。说得简单点，就是心无旁骛、见缝插针地随时学习。

现在我们回头再来看看上面的计划，算是很详细而且有层次。从年到月再到天，甚至小时。计划这么细而全的好处是，既能保证做到切实可行，又能有目标。人们在做一件事情的时候一旦有了目标，就不会觉得盲目而不知所从了。

大目标，比如这里的年计划，需要很强的意志力和耐心去坚持，而这些坚持只要每天认认真真地完成一个一个的小目标就可以了，这样算下来，大目标变得不再遥远而不可为了。你要做的，就是脚踏实地地做好每一步。

当然，在计划执行的时候，常常会碰到意外情况，这可能会打乱你已经做好的计划。那怎么办呢？

首先，要冷静，不要浮躁。如果可以，最好每个月，调整一下计划，并且在计划里预留一些可能会发生的意外情况，别把时间排得太满，比如，某个中午该做阅读的时间，临时去做数学老师发的试题去了，那么就改为第二天中午，或者当先下午。总之，尽量不要破坏整个计划的进度。如果你订的那个计划，执行了一周，发现很多地方都完成不了，那么可以在周末，利用放假时间，好好调整原有计划，重新制定一个可以落实的。

要能落到实处，是制订计划的首要原则。不然，订了等于没订，就可能给自己带来沮丧感。

另外，制订计划的又一个原则是：充分利用白天的时间。科学研究表明，白天学习一个小时几乎等于晚上学习一个半小时。白天学习的效率还是很高的。所以，白天能做的事，别拖到晚上再去做。

当然，"身体是革命的本钱"，这句话什么时候都不过时，所以，再怎么挤时间，也不能挤了应该休息的时间，能吃能睡，才能好好学习嘛。

睡觉前后，我能做点什么

"我说，寒寒，这些天，我晚上总睡不着，怎么办啊？"华华着急地问道。

"你也是啊？最近我也总这样呢！一躺下去就是半个小时都睡不着，有时候甚至要等一个小时才能入睡，急死我了。又不知道怎么办才好。大把的时间就这样白白浪费掉了！"听了华华的话，寒寒就像是找到了知音，一个劲地抱怨着。

看来由于快期中考试了，大家压力都很大，开始有了轻度失眠的现象，寒寒对此也是深有同感。

"睡不着还算好的。我现在是晚上该睡的时候睡不着，早上该起来的时候起不来。"华华接着寒寒的话，两人好像比赛着谁更能失眠一样。

"晚上睡不好，早上自然不想起。"寒寒笑了笑，看来她比华华稍微好点，早上不存在起不来的问题。

"就是就是！我躺在床上吧，想起来，又想着，再睡一会儿吧，还没到时间呢。可是妈妈在厨房做饭的声音都能听到。觉得自己老是迷迷糊糊的。"华华说，"要是能做点什么就好了，这样也太让人难受了。"

🚢 妈妈告诉我

华华，其实你们遇到的事，很多像你们这么大的孩子都会遇到，就是入睡前常常要过上近半个小时，睡醒后又有点"赖床"，不想立刻起来。这不用太紧张，不算是失眠症状。不过，你们不必过于担心这个问题。华华说得好，要是能用这些时间做点什么，比如学习，会不会很好呢？

答案是肯定的。

据心理学家试验研究表明，在睡前和刚刚醒来后学到的东西，保持记忆的时间最长。我们完全可以利用这些片段的时间来学些东西。科学上叫作"睡前醒后学习法"。

那么，为什么睡前醒后的记忆相对能保持得最长呢？

研究发现，人的大脑在睡眠期间，大脑皮层的神经细胞会受到抑制，转入抑制状态，也就是大脑皮层的活动比起人醒着的时候要缓慢得多。所以，入睡前，如果学习一些东西，这些信息会因为神经细胞的抑制而不受到干扰，清晰地记在大脑皮层上。如果睡醒后，我们试着去回忆入睡前看到的知识，会发现能很清楚地分辨出自己记住了哪些，遗忘了哪些。

这个原理其实也可以根据记忆的干扰理论来解释。记忆的干扰理论认为：先学习的材料会对人们回忆后学习的材料产生一定的干扰作用。当然了，后学习的材料也有可能对先学习的材料起一定的干扰作用。在这里，干扰作用不利于我们记忆东西。

而我们睡觉休息的时候，由于大脑皮层的活动规律，早晨醒来后，大脑还没有接受外界刺激的时候，我们便去回忆前天晚上临睡前学到的东西，这时记忆的干扰作用降低，从而使记忆量保持最大。

有的认知神经科学家说，人在半睡半醒的时候的记忆是隐性记忆，耗能少，效率高。这可能也是某些学生在临睡前对一个数学题冥思苦想都得不到接到的方法，等睡了一觉，第二天醒来，竟奇迹般地想通了，会做了！可能睡眠中，记忆也在帮忙呢。

所以，你看，我们完全可以用这段时间来学习一些较难的记忆内容，比如背外语单词，背语文课文，记数理化公式。妈妈还推荐用这睡前睡后的半个到一个小时来收听英语广播。

如果是记忆外语单词的话，妈妈建议，量不要过多，20到30个就行。并且最好能做到把常用的搭配及用法——做动词还是形容词或者名词使用——记住，同时建议临睡前看着英文中文含义。而到第二天早上起来，还是复习这些单词。最好先仍然从英文想中文含义，并且尽力回忆他们相关的常用搭配和用法，然后再多做一步，从中文想到英文。到了第二天晚上，重复一遍中文到英文的过程，这样，这20到30个单词的记忆就会非常牢固。

如果是语文课文呢，就没这么复杂，重复背诵就好了。

数学公式等也是这样。当然，可以想想白天老师是怎么推导这些公式的，以及通常在解答什么类型的题目时需要用到这些公式，这样，就不会出现单纯地为了背公式而背公式，到最后，背出了公式仍不会用的情况。

至于用它来听英语广播，有的专家甚至认为，如果是播放效果好的工具，可以让它整夜开着，这样会不知不觉提升英语的语感。不过，最好别戴耳机，因为久了可能会造成听力下降。所以，最好是外放。声音也不能太大，不然不仅吵到别人，你自己也可能半夜被惊醒。

其实，像你们这么大的孩子，每天满足8个小时的睡眠就可以保证学习时所需要的精力了。如果能把每天躺在床上发呆的时间或者数绵羊的时间用来学习，长期坚持下去，你会发现有意想不到的收获。

不过，不能走极端，把睡觉的时间"挤"出来学习哦，不然就得不偿失了。

到了睡觉的点，有困意的时候可以随时放下书本安心睡觉。

抓住最佳时间，获得最高学习效率

"同学们，请大家安静一下，我有话要讲！"梦安和同学们正在热闹地早读，班主任张老师冲进来打断了大家。

"今天早上大家都来得很早，并且来了之后能就认真地读书。有读语文的，有读英语的，读得很认真。这很好。说明大家的很有上进心。可是……"张老师说到这，顿了一顿，知道她的重要观点一般都出现在"可是"这样的转折之后，班上的同学都停下来，齐刷刷地看着张老师，"我好像发现有学生在早读的时间做数学试题。"

"谁啊？谁啊？"

……

大家都开始左右乱看。

"你们别问了，也别看了。做数学题的那位同学刚刚经过我的提醒，已经把练习册收起来了。老师也不会说出他／她的名字的。"张老师一副十分镇定的样子，"老师也不是要针对某个同学，批评更不是老师的目的。只是，我想提醒大家的是，不同的时间，应该学不同的东西。比如，早上，就比较适合大声朗读。我们要善于抓住最佳的时间，来学最容易学到的东西，这样才能获得最高的学习效率。不光是早读，最近，我还发现，有些同学上甲课做乙事，这都是很不好的。希望大家以后引起注意。好了，继续读书吧。"

教室里静了那么半分钟，又开始一片琅琅书声。

梦安却一直在回想张老师的话：善于抓住最佳的时间，获得最高的学习效率。

妈妈告诉我

梦安，你们张老师说得很对。在学习中，确实有个最佳时间的问题。就好像我们要在7点到8点之间吃晚饭，12点到1点吃中饭，晚上要睡觉，白天要工作一样，做什么事情都有它的最佳时间。学习也不例外。

大家的学习时间是宝贵而有限的。那么什么才算是这些宝贵又有效的最佳的时间呢？

像你们张老师提到的那位同学，应该早读的时候做数学题，这就不是利用了最佳的时间。而那些上英语课做化学题的学生就更不是利用了最佳时间了。就像妈妈刚刚说到的，到什么时候做什么事，这就是最佳时间。

也就是说，早读的时候早读，上英语课的时候听英语，上化学课的时候听化学，自习课的时候做习题。

一个人应该要有计划地好好安排自己的学习时间，具体来说，可以这样做：

1. 老师讲课的45分钟要全神贯注，不要开小差，或者用来埋头做自己想做的题目，这样只会得不偿失。很多同学分不清主次轻重，老师在上面讲课，他在下面一会儿翻书了，一会儿做题了，看上去很认真的样子，可是学习效果不见得好。

为什么呢？因为他没有抓住听课的最佳时间。

也许老师讲的东西你觉得太简单，或者已经知道了，但是就没必要听了吗？妈妈的观点是：未必。老师要讲一堂45分钟的课时，备课的工作量往往超过90分钟，那就意味着，很多东西在老师那里讲出来已经是被挑出来的精华的部分了，在这每句话后面都有一定的背景知识在做支撑。

也许你做了预习，看懂了教科书，但你不见得也看到了老师那些背后的背景知识。而且在课堂上，老师可能随时会提问，这会引发大家的积极思考，从而对所学的东西思考得更深入，理解地更透彻，如果你埋头去做自己的事情，那么就可能错过这些更深邃的东西。当然，妈妈也不是说，要记住老师上课的每句话，这没有必要，而且也不可能。妈妈的意思是，该老师讲学生听的时候，就应该带上耳朵，用心地听讲。看书应该是课前预习做的事。

课堂 45 分钟的听课，如果能够保证吃透老师讲解的基础知识，弄懂自己的疑问所在，就算是高效率，好过你自己课后花 90 分钟或者更多时间去冥思苦想。

2. 找自己学习的最适时间点。比如你要背诵一个材料，你可以通过平时的观察，看看自己是属于"夜猫子"型的，还是"百灵鸟"型的。所谓"夜猫子"型，就是指那些在晚上记忆力相对较好，思维较活跃的；而"百灵鸟"型，就是指早上或者上午记忆力相对比较好，能集中精力学习和思考的；当然还有第三类，"混合"型。这些同学对具体的时间没有太严格的要求，只要他们想学习，都能集中精力来学习。那么，那些晚上记东西记得牢的，不妨晚上睡觉前试着记一些要记的东西；而那些早上或者上午记忆力比较好，那么早上早读的时候多记一些东西。

最适时间点还包括学习时间的长短。有些人学习的注意力可能是 3 个小时，有些则可能有 6 个甚至 7 个小时，但是一般人的最适合学习的时间长度不会超过 5 个小时。所以，过度学习，也可能造成疲劳效应，得不到学习的高效率。

3. 不管是什么时间学习，下面这些事，在学习的时候最好别做：

第一，边学边想别的事。

第二，学一下，吃点东西，上上厕所，或者找找东西。

第三，一边聊天一边学习，或者一边写信一边学习。

第四，在笔记本上乱写乱画。

第五，学一下，睡一会儿。

第六，边听音乐边学习。

最佳的时间，应该心无旁骛，专心学习，这样，才能有高效率的学习。

专心致志地学，开开心心地玩

雅致正在一心一意地背着历史老师李老师留给大家每天必须完成的任务。

"还给我 10 分钟，就可以搞定这个历史题了！"雅致在心中默念着，很高兴地再一次忍不住去翻自己抄写的历史笔记。

她惊喜地发现：按照李老师要求地去做，每天花半个小时记住十个小题和两个大题是件多么容易的事！她已经不知不觉背了大半本历史书了！

这些题都是李老师每天的历史课抄给大家的。他说："我和你们一起加强记忆。"所以，从第一天要求大家准备一个历史"背诵本"时，他就坚持把这些题一字不漏地板书在黑板上，而不是用幻灯片打出来。

他说："这样，显得我们大家都干了一样的活，很公平。呵呵。"

李老师说到做到。尽管大家都知道，粉笔字写起来远比钢笔字要吃力。

也可能正是因为感念李老师的辛勤工作，大家对他要求的每天完成的背诵任务基本没有怨言。

每天中午，午休时间一过，大家便不约而同地拿出前一天抄写的历史笔记开始背诵。

这样的习惯形成后，李老师开始每天抽背一些学生，表示对大家的鼓励。

历史课上总会听到李老师对当天抽背的学生的表扬。

良性循环发生了作用。班级的历史成绩发生了翻天覆地的变化。由上个学期的平均30分上升为平均60分。而这只花了半个学期的时间。

毕竟，就快考试了，大家都明白，每分钟都应该踏踏实实地学点什么。

就在雅致完成今天的背诵任务，并高兴地松了一口气时，一张小纸条递到了她的手里。

上面写着：雅致，你是怎么静下心来的？我有点着急，看不进书了。你教教我。

雅致笑不起来了。因为她知道纸条是好朋友花花写的。好朋友的笔迹她一眼就看出来了。

关键是雅致和花花已经有近一个月没讲话了。她们吵架了。

现在花花主动求援，看来她是真的急了。

雅致知道，花花心事重，性格温和，是个犹豫不决的人。她常常在学习的时候想着要去哪里哪里玩，而玩的时候呢，又担心自己没做完的功课。

上次吵架就是因为雅致说了一句"你到底想怎样？"把花花彻底惹怒了。

面对这张纸条，雅致很替朋友着急，因为一眼就看出来的不仅是好朋友的笔迹，还有泪痕。

看来面对期末考试，花花的心静不下来了。

"我该怎么帮她？"雅致暗自揣度，"她看不进书，我现在比她还急。"

🚢 妈妈告诉我

雅致，你真是个好女孩。看到朋友有困难，首先想到的是想办法帮助朋友，而不去计较之前的过节。再说到花花现在面对的困难，其实你可以把自己是如何集中精力做到专心致志学习的想法理清楚再原原本本地告诉花花就很好了。

你说得很对，花花的心不静，她太浮躁了。

面对升学，每个人都有压力。更何况是以前基础很差，现阶段需要大量背诵的科目，这就更需要大家踏踏实实地去学习，去积累。玩的时候想着学习，学习的时候又想着玩，这种"人在曹营心在汉"的心情最后只能学也学不到什么，玩也玩得不开心。对花花来说，这个时候，良好的心态特别重要。

首先花花要弄清楚一个问题。如果学习的时候，心里想着课间或者周末去哪里玩，又或者想着其他的什么别的事，这样时间会停下来说："你先想吧，我等你想好了，再继续往前走吧"吗？不会！你在胡思乱想的时候，时间仍在毫不留情地继续往前走，时间在流失。说得严重一点，你在浪费自己的时间。而在浪费时间的时候，你什么也没学到，什么事也没做，唯一做的就是：浪费光阴。

有句名言是"浪费时间等于浪费生命"。所以，一定要善待时间，珍惜时间，就像珍惜自己的生命一样。

就像生命只有一次一样，某一年某一月某一分某一秒也只有一次。在这一去不返的时间里我们所能专心做的事也只有一件。花花应该明白这个道理。

那么学习的时候怎样做到专心致志呢？花花可能会想：糟了，我已经落于人后了，我赶不上大家了，怎么办？这样想又有能有什么用呢？只是让自己更着急而已，反而加重思想压力，难以取得好的学习效果。

不要害怕，做什么事情，只要我们愿意开始，都不算晚。

既然觉得自己落于人后了，那么就只能追赶。

制定好计划：比如别人每天背10个小题和2个大题，我大不了背15个小题和3个大题。这样每天都多出来一些，如果总共只有1000个小题和100个大题，就算别人已经背到第200个小题和40个大题了，那么40天后，你们会重新站在同一个起跑线上：大家都将背完600道小题和120道大题。就是这么简单的一个计算。

只要有计划，有目标，并切实地去努力实践它，再加上对自己的自信心，剩下的就是去完成这些小而具体的计划了。这个时候，你每天关注的只是自己必须要完成的事，想不静下心来学习都是很难的事了。

但是，在学习的过程中，可能会觉得很无聊。这时可以给自己设一些完成任务的小奖励。比如：40天后如果完成这次背诵计划，奖励自己放假一天，好好地约上死党们疯狂地玩一天。

又或者，每天在枯燥的学习时，告诉自己：如果一小时内搞定这些，就奖励自己吃一颗棒棒糖，或者，听一首喜欢的音乐。这些奖励都可以帮助自己减轻对即将面临的学习任务的压力感和枯燥感，使每次学习都看起来那么具有诱惑力。

专心于事，而不是好高骛远，踏踏实实地想着手边的东西，那么心自然能静下来。不仅学习是这样，以后的工作也是这样。

真能如此，学得踏实了，玩起来还有不踏实的道理吗？那是从未有过的事。因为你的心里再不会有牵牵绊绊让你不安的事了。

一目N行

"这该死的英语报纸，怎么这么多内容啊！让人怎么看得完？"佳佳读不下去了，气得把报纸摔到了一边。

"不是吧，你每个字都看吗？"惠惠看到佳佳发脾气了，马上停下自己正在阅读的

《英语周报》。

自从英语老师杨老师提倡大家最好人手一份英语报纸以后，每每到了休息时间，就能看到勤奋的学生拿着英语报在那里津津有味地"啃"着。

不过，报纸来得有点勤，每周都准时到，比墙上时不时停摆的大钟还准，从来就是星期一早上，大家刚到教室，学习委员就抱着一大堆报纸进来了，然后喊着："谁来帮忙接一下，快累死我了！"她不累才怪！班上60个同学，就是60份报纸，每份报纸都是4张16开的版面，这加起来就有240张。就算一张10克，也有2400克，整整近5斤呢。

"古人读书有'一目十行'之说，你听说过吧？"惠惠狡黠地笑笑，"我们现在流行的可不是'一目十行'了……"

"什么东西啊？"

"有些东西呢，要学会'一目N行'，知道不？并不是所有的学习材料都要像被语文书那样去背……"惠惠一语道破天机——难怪她订了两份报纸还能看得比别人快！

🚢 妈妈告诉我

佳佳，恭喜你，又听到一种好的阅读方法："一目N行"泛读法。

其实这种方法，中国古时候就有了，只是那个时候它还不叫这个名字，而叫"不求甚解"读书法。我们晋代的伟大田园诗人陶渊明就提倡这种方法。

惠惠说得很对，有些学习材料需要像背语文课文那样背诵。这种形式可以被归为"精读"。像这类学习材料呢，一般要求我们能了解，并且最好能说出它们的主要内容，也就是要理解，在理解的基础上要求背诵。这种精读法用在很多的日常学习中，可以让你们的基础打得更牢固，学到的知识更容易转化为自己的东西，从而达到为我所用。

当然了，还有一些材料呢，则只需要我们泛读就好了。泛读，简单点解释就是泛泛而读。这种材料，没必要弄清里面的每一个字或者词的意义。所以我们的速度就可以加快，古人说的"一目十行"并不是一次看十行，而是指加快看书的速度，能够同时扫视多行的意思。所以，也有人把这种阅读方法叫作"快速阅读法"或者"高效阅读法"。

这种阅读方法很适合今天这个信息爆炸的时代。

人们每天都接收到那么多的新信息，如果没有这种阅读方法，那么这些新的信息怎么被一个人在一天之内基本接触到将是一件不可思议的事。更何况，每天几乎都有新信息。

怎么做到"一目N行"呢？在面对什么样的材料时"一目N行"呢？这是个问题。

首先看怎么做到"一目N行"。

根据心理学家实验观察表明，我们在阅读时，眼球的运动常常不是按字一个一个连着看下去的，而往往是抓住一些字精读然后再移到下一些关键字上。在移动的间歇，眼球会有短暂的停顿。也就是说，我们的眼球是跳跃式地移动的。而每次眼球停顿时，我们所能看到的文字信息量的大小常常和视觉广度有关。我们一般人的视觉广度大可以达到 6 ~ 7 个字，小可以达到 3 ~ 4 个字。如果我们阅读时，回过头去看已经看过的内容，所占用的时间就会加长。

在泛读的时候，还有一点需要注意：千万不能出声。因为如果一出声音，所需的时间就立刻加长，有人粗略估计，这样读所需的时间可能是无声阅读的时间的 4 倍。因为，人发出声音时，需要运行发音程序，文字要由视觉神经传送到大脑，这就浪费了时间。

当然，"一目 N 行"的阅读在刚开始的时候，可能速度没那么快。而且可能抓不住所看的文章的阅读重点。不要心慌，慢慢练习就可以提高。况且，这种技能也和一个人的知识水平和对所看材料的背景知识的熟悉度等很有关系。

具体有哪些要注意的呢？

第一，不要反复浏览。读过的就放过。如果你觉得有必要，第二遍再重来。第二，筛选最想知道的信息来读。第三，不要出声。这点前面已经提到过，不再赘述。第四，身体坐正，视线与所读的材料成垂直线，这样可以保证扫视的更多。第五，全神贯注。一定不能开小差。

知道了这些注意事项，还有一点就是要弄懂读什么时可以"一目 N 行"。像英语阅读类的报纸就可以，另外广告，新闻类信息等。如果碰到重要的或者自己喜欢的，也可以放慢。并不是说所有可以"一目 N 行"的材料都应该被"一目 N 行"，主要看阅读者自己的需求而定。

爱读书不如会读书

选最精华部分诵读

"每天早上都读读读，你说，咱读的什么啊？"丛丛放下正在朗读的语文课本，回头问洋洋。

"老师好像说这几段最重要，写得很棒。"洋洋马上回答，"可能这样才让我们背诵的吧。"

"关键是读了好多遍后背倒是能背了，不多久就又给忘了啊。"丛丛说，"你说着背诵有用吗？"

"应该有用吧。不是说'书读百遍其义自见'吗？"洋洋知道丛丛准是又背不下来，钻牛角尖了。索性不背了，把书放下来打算听她说会儿。

"那人家是说读书，没让背书啊。"丛丛开始抗议，"我一想到要背东西，就有压力，怎么也背不下，读读还行。"

"实在背不了也没关系吧。老师不是说了吗，一定要在早自习上大声朗读，就算背不了，熟读也行。"洋洋为她支招。

"诵读真的有用吗？"丛丛怀疑地自问了一句。

🚢 妈妈告诉我

丛丛，你们语文老师说得对。文章中的精彩部分是应该大声多朗读几遍，也就是诵读。

当然，诵读的次数多了，可能自然而然就能背下来；也有可能像你一样，怎么也背不下。但是，没关系。书总是读得好，不然怎么说"读书"，而不说"看书"呢？

洋洋说得没错。"书读百遍其义自见"。就是说，书读得次数多了，文章的意思自然而然就明白了。

诵读就是很好的读书方式。

诵读，说得通俗点，就是大声地朗读。这种方式很适合需要记忆的材料。比如诗词、古文、散文等文学作品，还有外语、科技书籍等的精华部分。

通过诵读，往往不仅帮助人记忆，在读的过程中，也会让人思考所读的材料的思想内容和中心主题，可以通过诵读时的气势节奏，抑扬顿挫的读音来更深刻地理解材料。

比如一首诗歌。它被写在纸上和被吟诵出来，可能给你两种完全不的感觉。光用眼睛看，觉得就仅仅是文字而已，可能一不留神还看漏字，或者看串行了。而诵读就不一样了，它要求每个字都通过视觉系统先进入到大脑，然后大脑进行一系列的传输，指示发音系统发出声音。这个过程，大脑被更大程度地调动了积极性和主动性，所以，理解上和记忆上也会跟着启动。

不仅如此，诵读还可以锻炼培养口才，提高演讲的能力。

有些人，可能看了很多东西，也学了很多东西，可是一到跟别人说的时候，往往发现很多都是话到嘴边就没了，说不出什么来。出现这种情况通常是因为平时缺乏训练或者锻炼的机会。这样久而久之，可能出现"茶壶里煮饺子——有嘴倒不出"的现象。

那么，在这样一个社会，一个不善于表达自己的人，要想获得成功比起那些善于自我表达的人来说，也许就要困难许多。

有句话说，有机会我们一定要成功；没有机会，我们创造机会也要成功。

其实有时候，机会就在我们身边，能不能抓住就看你平时准备的是否充分。

训练自己的口才，可以通过平时的诵读来得到提高。

不过，诵读也不单单只是大声地朗读一件事。在做到眼到、口到的同时，还得做到心到。不能像个菩萨念经一样，有口无心。就算一段材料再怎么是精华，怎么精彩，如果只是像个复读机一样充当复读的功能，最后也达不到诵读的目的。

其次，诵读的时候也是讲究方法的。

如果以背诵为目标，一般分为三个步骤。

首先观察要背诵的有多少个段落。如果有两个或两个以上的段落，先通读一遍。通过第一遍诵读，解决认识的生字生词，并且能知道整个要背诵部分的大概意思。

然后，最好是一个段落一个段落地解决。如果一次就想把整个段落背下来，那也是不切实际的做法，就如同想一口吃个大胖子一样，是办不到的事。要一口一口地吃。做好的做法是一句话一句话地记忆。如果一个句子太长，则按逗号分开的地方记忆。记好一句话后，再记下一句话。当第二句也记好了时，不妨及时复习，尝试着把第一句和第二句一起记忆。就这样，一句一句地往下记，每次多记一个句子。滚雪球地往下记，直到记完一个段落。

这时及时复习刚记完的那个段落。觉得准确无误了再按照同样的方法记第二段落，第三个段落……直至更多。

注意：在记第二个段落或者之后的段落时，不用重复上一个段落，一个段落为一个整体。

最后，就能由整段整段的记忆试着去记所有连在一起要记忆的段落。在段落之间，可能会卡在下一段的第一句话上。别担心，试着去回忆，如果实在记不起，可以看看书本，并有意识地提醒自己下次背到这里时加以特别注意。

这样整篇地记忆大概两到三遍，基本上就能十分熟练了。那么，你的背诵任务也就顺利完成了。

当你认真地完成一个背诵任务时，你会不知不觉地发现，学习又进了一步。

这段文字需要仔细推敲

"扬扬，你知不知道这段话讲的是什么意思啊？我怎么觉得看来看去都看不懂呢！"冰波捧着被她画了很多红的蓝的的语文书，一副焦急的样子。

"其实我也不是很清楚，呵呵。"扬扬又开始傻笑。

"那你现在在做什么？"冰波一把抢过扬扬正在写的作业本，"读——后——感！"

"老师布置的作业。"扬扬看自己遮也遮不住了，只好不打自招。

"你不是说你不是很清楚吗？那怎么还写读后感啊？"冰波觉得自己看到了迄今为止最不可思议的事情，吃惊地连用了两个问句。

"就是不懂才要写读后感嘛，这叫仔细推敲。懂不？"扬扬还颇以为得意，完全不把冰波的疑惑放在眼里。

妈妈告诉我

冰波，不管扬扬对她要写的段落是不是真的理解，不过，妈妈很赞成她的做法。至少，她对学习是十分用心的。

在学习上，我们要做个有心人。"做个有心人"，这句话听起来似乎很容易，不过，很多时候，做起来并不是一件很容易的事。

我们碰到的学习材料常常可以分成以下三类型：

第一类：知道了解型。这一类材料，往往要求学习者能够知道，了解。别人说起的时候知道对方说的是什么。比如学习物理、化学等科目，老师介绍的某个理论的首创者和发展过程等。

第二类：记忆背诵型。这一类材料对学习者的要求相对较高，要求学习者能对所学的材料熟记于心。比如语文、英语等科目中常常有这类要求。

第三类：灵活应用型。这一类材料对学习者的要求最高。学习者面对这种材料，不仅要能记忆，更重要的是能用学到的知识解决以后碰到的问题。比如语文中的写作，解答数学应用题等。

扬扬针对她不理解的那段文字，打算通过自己的思考，写一点读后感的做法就属于第三类。这样做，不仅可以通过对文字的仔细推敲加深对课文的理解，帮助记忆消化，也可以锻炼她的写作水平，可以说是一举三得。

那么，"推敲"是什么意思呢？

"推敲"通常用来比喻写文章时，字斟句酌，反复琢磨。说得不好听点，你也可以认为是"咬文嚼字"。这样的情况常常出现在下面的语文思考题中。比如老师可能这样提问："在鲁迅的《祝福》里，有这么一句话'你放着罢，祥林嫂！四婶慌忙大声说。'请大家思考这里为什么用了'慌忙'，而不用'惊慌'？"这实际上就是对文字的仔细推敲的一个典例。

这也符合"推敲"一词的最初来源。

"推敲"这个词语其实是从一个故事里发展出来的。

这个故事是这样的：唐代诗人贾岛骑着驴去北京赶考。一天，他一边走，一边吟诗，忽然想到了两句诗："鸟宿池边树，僧推月下门。"

贾岛自己觉得这两句还不错。不过呢，他又觉得下句"推"字不够好，既是月下的夜里，门早该关上，恐怕推不开了，不如改为"僧敲月下门"。他心里这么琢磨着，嘴里也就反复地念着"僧推……""僧敲……"，右手也不知不觉地跟着表演起来：一会儿伸手推，一会儿举手敲。正在这时，著名的大作家、京兆尹兼吏部侍郎韩愈恰巧从这儿经过。按当时的规矩，大官经过，行人必须远远回避让路，否则就算犯罪。贾岛这时正沉迷在自己的那句诗里，根本没有发觉，等到韩愈的车走近了，他想回避也来不及了。所以他当即就被差役们扭住，带到了韩愈的马前。韩愈问明原委，不但没有责备贾岛，还很称赞他认真的创作态度。

过了一会儿，韩愈说："还是'敲'字好。"

于是，两人并骑而行，还谈了一些关于诗文写作的问题，并且从此成了朋友。

"推敲"的出现，就是由于这个故事。后来，这个词用来形容反复地研究措辞、斟酌字句，以便取得最好的表达效果。

文学作品本来是借文字来表现作者的思想感情的，可是文字有时候可能含糊不清或者晦涩难懂。这时候，就需要通过"推敲"来对文字进行筛选、修正、审定，从而起到调整文章思想感情的作用。作者在写的时候是这样思考的，那么我们读者在读的时候也可以来个逆向思维：对某些含义隽永的文字进行细细"推敲"，从而理解作者为什么要挑这些文字。很多时候，这些文字往往是通篇文章中的画龙点睛之笔，也就是文章的"文眼"！

一般人也许根本不了解文字与思想感情的密切关系，以为随意更改一两个字，能够使一篇文稿基本通顺就行了。其实，修改了文字，往往就同时修改了作者所需要表达的思想感情，内容和形式都有可能发生本质的变化。因此，我们无论是阅读文章还是写作，推敲的"腹稿"工夫是需要我们逐渐养成的好习惯。

那么，在对文字进行推敲的时候要注意些什么呢？

首先，要弄懂这些字的字面意思。这是最基本，也是必须要做的一步。

然后，要结合上下文，主要看所要仔细推敲的文字的前后几句所要表达的意思，这样来确定作者为什么要这么写。有时候甚至要联系全篇来看。前后看明白了，意义也弄懂了，并且也清楚了为什么非用原文中的词不可的时候，"推敲"的任务也就完成了。

这个时候，如果有什么心得体会，不妨写下来。相信善于推敲的你，如果真能努力探求语言文字上的精炼贴切，你的文字也一定能够随着思想感情而喷射出来，写作也就成了轻而易举的事了。

边读书边做笔记

"宛秋，你在写什么呢？"阅览室里，大家都捧着书在看，只有宛秋，边看还边写。小雪觉得好奇，凑过去问了问。

"做笔记呢。"宛秋停下来，抬头笑了笑了，算是回答。

"看小说还做笔记啊？"小雪很不理解宛秋的做法。

"'不动笔墨不看书'，听说过吧？"宛秋得意地说，"这叫随时读书，随时笔记，知道不？"

"那边读边写岂不是很浪费时间？"小雪看来不大赞同宛秋的做法。

"可是你光读了不写，还不知道自己最后能学到多少呢。说不定看完了，也忘完了。"宛秋毫不退让地反驳道。

🚢 妈妈告诉我

小雪，宛秋真是个会读书的好孩子。

她说得没错，随时读书，随时笔记。善于读书的人，往往也是善于记笔记的人。

当然，不是说，看到什么就记什么，那样简单的机械劳动对做好笔记，读好书基本起不到作用。记笔记是讲究方法和策略的。

那么，如何来做笔记呢？怎样记笔记才算是好的笔记呢？

虽然说文无定法，但是我们还是有一些规律可以参考的。

首先，标记法。就是在读书的时候，把自己认为的重要的部分用不同形式的标记圈点出来。当然了，在图书馆里看书，不能用这个方法，因为那是公共财产，不是你一个人的书本。

其次，摘录法。有些书，我们可能是借来的，不能在上面随便地写写画画，而其中有些地方我们觉得十分精彩有用。这时候，就可以准备一个笔记本，有目的、有选择地摘抄所需的材料。摘抄也是分情况的：第一种情况，把相关的材料通读，找出需要抄写的部分；第二种，边读边写，如果怕遗漏，旁边可以夹些小纸条或者书签之类的东西；第三，如果是没有目的的阅读，比如看小说、散文或者杂文之类的，可以摘抄其中的典故、幽默词句或者名人名言，警句格言等，拣喜欢的抄就行。

如果这时，自己对所读到的材料有自己的见解或者感受，对某个观点或论点想发表一下自己的看法，那么也可以随手把它记到笔记本上。说不定哪天要写什么读后感或者心得笔记的东西的时候就能用得上。即使用不上，通过表达自己的想法，也可以起到巩固记忆，启迪思路，引发创意的作用。

再次，提要法。这常常是对一本书或一个章节的内容而言。比如在读哲学书的时候，可以根据书的编排体例，自己在笔记本上列个小提纲，下面用括号注明每一章节的主要哲学派别，代表人物，年代和该哲学派别的主要言论观点等。如果自己对这些观点有不同的理解，可以顺势在旁边注上。这样，整本书读下来，大体的脉络将十分清楚。

这种方法在学数学时也是十分适用的。不过，花括号后面的内容将改为数学思想和公式。

最后，速写法。常常用在记录一闪而过的想法方面。比如，平时想到什么好的句子，或者对某个问题突然产生了疑问，而这时又想不到将来哪篇写作中可能用到这些句子，或者一时找不到问题的答案，这个时候，可以把这些想法先记在笔记本上。因为不记下来，这些一瞬间产生的灵感可能就永远消失了。

各个科目最好有一个笔记本，笔记本的大小和颜色以选择与相应的教科书对应为最好。比如，红色封面的教科书配红色封面的笔记本，A4 大小的教科书配 A4 大小的笔记本，这样不仅方便区别，也方便提取。

不管用什么方法，读书的时候记好笔记，都有助于我们在读书时充分调动自己的积极主动性，让我们开动智慧的机器，而不是看了就看了，什么也没留下。

而那些在读书中记录下来的笔记，将帮助我们整理出书中的要点和线索，为我们进一步学习提供方便。相信，随着时间的流逝，在边读边写的过程中，你的知识会不断得到积累和成长，最终积沙成塔，集腋成裘，取得意想不到的良好效果。

书中落满了我的圈圈点点

尔露发现，波波读书有个奇怪的习惯：手里总是拿着三种颜色的水笔，一支红的，一支蓝的和一支黑的。

而且她经常读一会儿就停下来，拿着那三支笔在书上画着什么，有时候，旁边还夸张地放了类似日记本那样的东西，整个书桌上去，除了书就是笔记本了。

这样观察了一段时间，尔露在想：波波为什么总是一只手拿着三支笔呢？她到底在做什么？况且这怎么好写字啊？难道她根本不是在写字，而是在书上画画吗？

尔露越想越觉得有蹊跷，在好奇心的驱使下，她忍不住在某节课的课间趁波波不在的时候跑去问花花。

花花说："应该是做笔记吧。"

"三支笔怎么做笔记？"尔露还是觉得奇怪。

"要不，我们偷偷地看一眼她的书？"花花悄悄地建议。

"这不好吧，人家不在看人家的东西。"

尔露有点犹豫。

"没关系啦，看看语文书，又不看她的日记本。"花花边说边去找波波的语文书。

"你们干什么？"没想到，波波这么快就从洗手间出来了，把尔露和花花逮了个正着。

"没……没干什么。"尔露脸涨得通红，只剩下结巴的分了。

"就是语文笔记抄漏了，想借你语文书看看。"还是花花反应快。

"没关系，看吧。"波波大大方方地说，"左边第三本。要我给你们拿不？"

"不用了，谢谢。我们找到了。"幸好波波不介意，不过尔露心里想：下次还是别做这种事了，提心吊胆的，难受死了。

一翻开书，尔露就惊呆了。只见书上随处可见不同颜色的标记，有些空白的地方还用这些颜色的水笔做了很详细的注释——难怪波波的语文成绩一直是班里数一数二的！

🚢 妈妈告诉我

尔露，下次记得要动别人东西前先和对方商量，征得别人同意后才用，这是基本的礼貌问题，是对别人隐私的尊重。波波很大方，不介意把笔记借给你们看，但是并不代表笔记就不是一个人的隐私了。当然，后来你们是在征得波波同意下看的，这很好。你自己也意识到这点了，妈妈就不多加批评了。

妈妈想说的重点还不是这个。妈妈最想说的是波波的读书笔记的事。

相信你也看到了做笔记的好处。虽然波波的语文成绩好，并不一定就全是因为她笔记做得好，但是笔记做得好，才有可能把所学的东西弄懂弄透了。俗话说：好记性不如烂笔头。所以，学会边读书边做笔记对学习很有帮助。

那么，做一份好的标记，需要注意哪些方面呢？

首先，要对自己所要使用的符号体系有一个完整而系统的规划。比如，下面画红色波浪线的为重点记忆部分或者关键词句，下面画蓝色直线的为新学的知识点，下面画黑色双横线的为理解时要注意的地方。又或者前面标有三角形的为泛读的，只要知道的地方，标有红色五角星的为重点段落和篇章，带蓝色问号的是存有疑惑的需要等待老师进一步讲解的地方。

建议用红色代表需要重点学习的地方，因为红色相对课本中的黑色印刷字比较醒目，容易引起人的视觉注意。

不管怎样，总的原则是，自己心里明白什么图形标记代表什么意思，何种颜色表示需要重视的程度，并保持这些规则不变。如果总是更改颜色符号标记代表的意思，最后就可能失去了做笔记的原本的意图，书上只剩下连自己都不懂的花脸"大花猫"了。

其次，并不是说在书上做了标记后就完事大吉了。要适时对做过标记的地方加以整理。比如认为是提纲挈领的重点内容的地方，可以找个笔记本摘抄下来。以前打了蓝色问号的地方已经找到了答案的，可以把答案标注在课文旁边的空白处。也有些同学特别爱惜自己的教科书，不喜欢在上面写写画画，那么可以仍旧用蓝色的笔把这些已经解答了的问题抄到笔记本上。等到以后复习的时候，一看颜色，心里就明白了：当时在这个地方我是不大明白的。然后再对照现在心里是如何理解这个问题的，慢慢地，你就会发现，当初有疑问的地方已经通过你的重点注视，并顺利得到解决了。

最后，需要强调的一点是。不仅可以用颜色来给所学的知识分类，那些小符号也可以，比如空心的小三角形，小圆圈，小五角星或者像"※""？"等这样的符号。只需要注意一点就是：符号越简单越好。不然，如果弄得过于复杂，最后自己都可能会被自己当初划的符号搞得晕头转向，到时候，别说起提醒作用，恐怕只剩下让人头疼的费解了。

标记做得好，常常是在对文章很好地理解的基础上的。所以，未理解前在书上随意乱画一气的做法是不可取的。光有标记，没有用心思考，也难以取得最好的效果。

如果在理解了之后，又有好的标记，那么复习时就可以提高效率，这时，你想学不好也不是件容易的事。

厚薄互返的读书法

"海蓝，你看看'椭圆'的定义，这里有没有什么问题？"媛媛拿着数学课本过来问海蓝。

"不是吧？这又不是哲学课本，是数学课本，你干吗去抠什么定义啊，知道椭圆长什么样子不就行了？"海蓝还没说话呢，同桌嘉嘉就把的海蓝的话给抢去了。

"谁说数学课本就不能抠定义了？它好歹也是一个概念，我要是不弄清楚'椭圆'的概念，接下去我要怎么计算椭圆方程呢？"媛媛不甘示弱，"海蓝，你说我说得对吧？"

"死抠半天概念又怎么样？最后还不是要能解答出应用题才算数。"嘉嘉看媛媛不理她，有点生气，"题目做多了，自然概念就理解了。"

"你说的是没错。不过，如果先不搞定概念，我可能就解答不出相关的题目。所以，海蓝，你给我解释解释这里吧。"媛媛果然好脾气，对自己认定的东西就是要追求到底，对自己认定的不懂的问题就更要追问到底了。

妈妈告诉我

海蓝，媛媛说得没错，不论是学什么，首先要弄懂人家在讲什么，也就是涉及的概念是指什么。读书来不得半点捷径，知道就是知道，不知道就是不知道，谁想"和稀泥"来过关斩将，恐怕结果只能自己被和了。媛媛这种踏踏实实，一步一个脚印的做法：比如每个概念都彻底地搞清楚，一条定理，已知条件和结论都了然于心，然后在证明中使用哪条定理等，都弄得十分明白的话，下次如果遇到相关的概念，也就不容易搞混淆，不容易出错。不过，这样一来，本来很薄的一本书，可能由于学习者每条都抠得很严而变得厚实起来，这种学习过程，成长叫作由薄到厚的过程。

可以说，每门科目，不管文理，在初学的时候，都要经过这样一个过程。

在这个过程中，刚开始会有很多的疑问或者不明白的地方，这些地方常常需要查一些其他的资料才能让自己理解得更加透彻。查资料的过程，其实也是把原来薄薄的一本教科书加厚的过程：有了更厚重的专业知识背景。这个过程必不可少，它可以帮助你理解那看似简单的几句话的真正的分量，有利于学习和记忆。

这个过程也许比较慢，要花一点功夫，但是经过一段时间的训练，比如说，理解了数学中的某个定理，然后做了大量的习题，并且同类型的题目都能保证准确无误。这时，你就会发现，原来它是要告诉我这样一个概念或者定理啊！原来用起来这么简单！

这个学习过程就是嘉嘉说的由厚到薄的过程。

这两个过程放在一起常常被人们说成是"厚薄互返读书法"。这个读书方法其实是我国著名数学家华罗庚的首创，是他总结归纳出的一种读书规律和方法。实际上，通过"由薄到厚"的学习、接受过程到"由厚到薄"的消化提炼过程，你学过的知识已经内化为自己所有的知识了。

那么这两个过程具体该怎样做呢？

第一步：确定该读的内容。没有目标的阅读有时候就像没有指南针的航海船不知道自己向哪个方向开，这是很危险的做法。所以，先得有个大致的目标范围和方向。

第二步：明确重点。内容定下来后，并不是所有的都需要你去抠。而是要明白在这些众多的内容中，哪些是重点要解决的对象。这时，可以用到做笔记的一些方法对重点部分加以标记，以便下一步更仔细地学习。

第三步：反复理解、领会、记忆应该储存到脑子里的部分内容。万事开头难，尤其是阅读文科性质的材料时，刚开始的时候，可能有些地方不怎么理解，想记也记不住，不过别担心，继续往下看就好了，往往后面可能解答你起初的疑惑。数理化等在了解了概念的基本含义后则要多做练习题。

第四步：归纳概括。每学完一个章节都应该有一个归纳概括的步骤。这时可以用做笔记的提要法来进行归纳，最好用自己的话把主要观点和内容表达出来。

第五步：适时复习。对学过的需要重点记忆的知识点，往往不是记一次就能一劳永逸的，所以，常常还需要大家根据记忆和遗忘的规律适时地加以记忆。

切实做到这些，具体来说：文科知识，回答自己提出的几个纲领性的问题；理科知识，能应用原理和公式解答应用题。这时，一本书就让你给完全读薄了：只剩问题和原理公式了。

那么，知识也就真正地学到手了。

休息也是学习的一部分

看电视也是一种学习

"采儿！猜猜我是谁？"一天晚上，采儿突然接到一个国际长途，里面还莫名其妙冒出来这么一句。

"你是谁啊？快报上名来，好不？那么多人，我哪记得啊。"采儿没心思和对方玩猜名字的游戏，因为还有一大堆作业要做呢。

"娜娜啊！你不会连我都忘了吧？"娜娜在电话那边开始不满，"你小学的同桌兼死党——"

"娜娜！是你啊？"采儿高兴得不得了，"怎么才打电话过来？在英国还好吧？学习上跟得上不？英语听不听得懂啊？"

"你十万个为什么啊？一口气问那么多，我怎么回答你啊。"娜娜开始笑开了。

"到底怎么样吗？"采儿也乐了。

"采儿，你知道不，刚来英国上课的第一周，我可沮丧了。每节课能听懂老师讲的单词的没几个。可是没办法啊，谁让我过来了呢，只好硬着头皮听了。"娜娜开始诉苦，"到了第二周就好多了，大概能听懂七八成。不过街上听当地人讲话，还是叽里咕噜的，不知道讲什么。后来我没办法了，只好没事就把电视机打开，不看的时候也放着。你知道的，全是英语台，开始的时候，也和听老师讲课一个感觉，只能听懂几个单词，我也没管它，连睡觉都开着电视机……"

"那岂不打扰到别人啦？"采儿打断娜娜的话。

"不会，我把声音调得刚刚好，关上门，只有我自己听得到，也能睡得着。这样听了一个月，有一天我突然发现，里面的单词几乎每一个都能听懂了！你说神奇不神奇？电视居然还有这种学习功效！"娜娜在那边激动地说着。

🚢 妈妈告诉我

采儿，娜娜说得没错。其实不光是语言可以通过看电视来学习，还有很多知识都可以通过看电视来学习呢。人们啊，通常把这种学习方法叫作电视学习法。

相比较起广播学习法来，用电视来学习的最大好处就在于，它增加了视觉在学习中的作用。

可别小看视觉的作用哦。现代心理学试验证明，多种感觉器官一起上阵参加学习，要比一种感觉器官单独学习的效果好。而且多个器官同时使用时，并不是简单的数学相加。比如，人从听觉器官获得的知识，能够记住15%，而从视觉获得的知识能够记住25%，把听觉和视觉结合起来，则能够记住所获得知识的60%，而不是40%，神奇吧？

所以，如果可以，在学习过程中，我们提倡多器官共同参与学习，以提高学习效率。

可是，很多家长或者老师认为：看电视可能导致学生学习成绩下降。这个结论经过调查研究证明是不可靠的。因为看电视与学习成绩其实并无直接的关系。电视只是众多媒介工具的种类之一，广播、书籍、电子游戏机等也属于学习的媒介工具。而且学生的学习成绩好坏，常常受许多因素的影响，比如教师对儿童的态度、家庭关系、儿童的成就需要、儿童的自我接纳程度、儿童的同伴关系等，电视不能直接决定孩子学习成绩的好与坏。

那么是不是就提倡无节制地看电视呢？

当然不是。

每种东西都几乎有其两面性，要如何利用它们为我所用，达到我们想要达到的目标，怎么达到我们要实现的目标，这才是问题的关键所在。

要想利用好电视这个媒介来帮助我们学习，要做到以下几点：

第一，正确引导。电视可以说是某种程度上的双刃剑，可以让孩子变得聪明，也可以让孩子变笨。所以，我们有时候就要有意识地去挑选一些能让自己变聪明的节目去看。比如，你想学习英语，就可以每周锁定中央二台的《希望英语》，也可以选择中央九台，也就是中国国际频道，这个频道全天都用英语播放节目，是非常好的学习英语的电视资源。

第二，掌握好度。每件事情往往都有它自己的规律，也就是"度"。要想做好一件事情，我们常常要掌握一个尺度，既不能太过，又不能不足。利用电视来学习也是这样。不整成天都只在看电视，这样就过度了。对于一般的青少年儿童来说，最好是每天看电视的时间不超过2个小时。过了时间，就要有这个自制力将电视关掉。

因为看电视的过程往往是心智被动接受的过程。看太多的电视，就可能剥夺孩子的自我创造力、自我信赖、学习和其他社会互动的时间。据研究表明，看电视容易造成脑部"惯性思考"的发展，容易使攻击行为增加、容忍度降低，集中注意力的时间减少。

所以，给自己规定每天看电视的时间点和时间长度，到点了就关机。如果做不到，可以请爸爸妈妈来监督管理。

第三，不养成不好的习惯。比如，边看电视边吃饭或者做作业。看电视的时候就安安心心看电视，吃饭的时候就认真吃饭，一心两用的结果常常是两件事都得不到最好的效果。

第四，制定一个可行的电视学习时间表。详细列出自己每天想看的节目以及节目播出的时间和长度，甚至可以制定出一天完全不看电视，选择户外活动。这样可以检测自己对电视的依赖程度究竟有多少。

如果能够做到这些，相信电视学习法能让你取得良好的学习效果。

读图比读字更直观

"菲菲，你这草稿本上怎么全是图片啊？你在学画画吗？"婷婷随手拿起菲菲手边的草稿纸，发现上面很多奇奇怪怪的图画，有鱼啊，鸟啊，甚至飞机的简笔画。

"没有啊。我没学画画。不过喜欢画画倒是真的。"菲菲笑了笑，从婷婷手里接过她的草稿纸，"看我画得好不？"

"还挺不错的。这个鸭子好像是一笔画成的吧？你怎么做到的啊？"婷婷接着问。

"画久了就会了呗。"菲菲得意地说。

"这是什么意思呢？"婷婷还是觉得不解。

"我们昨天不是学了'丑小鸭的故事'吗，我画它来帮助记忆的。"菲菲边说边给婷婷解释，"看见没？这里还有个小池塘呢，'丑小鸭'到池塘和大家一起游泳，大家都不理它，我用了个箭头表示它们和丑小鸭走了相反的方向，然后丑小鸭一天天长大，接着发现自己长成了白天鹅。在这儿呢——美丽的白天鹅。怎么样，思路很清晰吧？"

"行啊，菲菲，真有你的！"婷婷边看着图边听故事，觉得自己也一下子就记住了，"很形象啊。"

🚢 妈妈告诉我

婷婷，确实是这样。图形比起文字来，有一个十分明显的优势：就是直观。直观的最大的好处就是便于记忆。所以你随手去翻翻你们的教科书，常常在课文后配有相关的图片。尤其是小学的教科书，上面更是几乎每篇文章都配有插图。这样做，就是为了方便小朋友们更好地记忆学到的东西。

再看看现实生活中的例子：路边醒目的广告牌，报纸上刊登的广告等，常常是大幅大幅的图片配上少量的文字。商家们这么做，也是利用了这一点，希望人们能够记住他们的广告，从而去购买他们的产品。

菲菲真是应用了这种方法来帮助记忆。

其实每段文字材料，往往都是某种客观事物的反应。如果一篇课文结构清晰的话，常常表现的就是一个很好的场景。我们如果要在头脑中背诵或者复述的话，就可以用这种图形法构造一个良好的语言环境，通常，人们把这种语言环境叫作人工语言环境，以便帮助人们记忆相对比较复杂的、大量的文字材料。

相对人工语言环境而言，还有一种叫自然语言环境，说简单点，就是我们每天生活在某种语言社会里，每天用自己的母语与别人交流、沟通的这个环境。构造一个人工语言环境，可以比自然的语言环境更规范、更浓缩，从而更具有学习的价值。这就是人们为什么要用图片来帮助记忆的原因。

另外，从生理结构上来说，人类右脑对于图像有强大的记忆功能，所以我们大可以利用这种强大的功能来学习和记忆。

人的大脑分为左右两个半脑，即左脑和右脑。他们的分工是有些不同的。粗略地讲，左脑部分主要负责语言、逻辑、数学和次序等，而右脑部分主要处理节奏、旋律、音乐、图像和幻想等。传统的机械记忆，人们往往只用到了左脑，而浪费了可以利用的大好资源的右脑。

如果能通过图片将记忆内容与相关的画面联系起来，那么我们就是同时使用了左右脑来进行记忆，这将大大有利于提高记忆力和记忆效果。

图片记忆法，不仅可以用于记忆大段大段的文字材料，还可以用来记数理化公式，英语单词，生物的遗传变异规律等。

在应用这种方法时，使用的图片与内容越直接相关越好。同时，还可以在这些图片的旁边适量地写些字词，画些表示先后顺序或者关系的线条，作为记忆时的关键提示。

图形学习法，可以将抽象的难记的知识转化为形象的、直观的、便于理解和记忆的图形，是一种很好的记忆方法，也是一种很好的学习方法，值得一试。

读万卷书，行万里路

"小洁！小洁！你知道我暑假去哪儿玩了吗？"茜茜神秘兮兮地跑过来问小洁。

"哪里啊？"听到茜茜的吵闹声，小洁放下正在写作业的笔。

"湖南长沙！"茜茜十分得意的样子。

"去那里干吗？"

说到玩，小洁可开心了，不知道茜茜在那边看到什么好玩的东西了，那么兴奋。

"你还记得我们学古文的时候，学到'棺'和'椁'的区别不？"茜茜又开始装出一副自己很懂的样子。

"当然记得了。语文老师不是说了吗？'椁'也是棺材的一种，比棺大而已。"小洁也不甘示弱。

"你知道大多少吗？"茜茜穷追猛打。

"那我倒是不记得了。反正很大就是了。对棺材没概念。"小洁的自信心备受打击，说真的，当时老师教的时候，她就半懂不懂的，什么棺啊椁的，古代人怎么那么能折腾，埋个死人还整那么多事儿，它们区别到底在哪啊。当时就简单扫了一眼，也就没管它了。

"我这次去长沙看'马王堆女尸展'的时候就亲眼看见椁了。好家伙，那个叫大！"茜茜边说边比画，"那个椁有我们的教室这么高，宽比我们教室还宽，长就没这么长了，不过也已经很长了。我才明白什么叫'椁是周于棺'的意思，说白了，就是一个大盒子里面套一个小盒子。只不过那个大盒子啊，和一间房子一般大。原来这就是以前的达官贵人所说的厚葬啊。以后啊，再也不会把棺和椁弄混了。"

"看来你这趟旅行还真值啊。"看茜茜说得眉飞色舞，小洁看了她就想笑。

"可不是，难怪古人说，读万卷书，行万里路啊……"茜茜高兴坏了，古人的话都引出来了，"以后我有机会的话，要去更多的地方，好好地实地考察考察。"

🚢 妈妈告诉我

小洁，茜茜其实也很爱学习啊，连出去游玩都想着书本上的知识。其实，事实也是这样，知识来源于实践嘛，生活中只要留心，处处都有值得我们学习的地方。这可能也是古人说的"读万卷书，行万里路"的意思。

不过，行万里路，并不是说要去走上一万里，而是说要多把学到的知识和身边接触到的现实生活联系起来，这样才是真正的学以致用，也可以巩固提高我们对所学知识的掌握和理解，为以后能更好地学习更难的知识和灵活应用所学的知识打下坚实的基础。

我们都知道，中国古代交通并不发达，信息的传递也没有现代社会迅速，人们常常要通过艰难的长途跋涉才能搜集到自己想要的资料。比如写《徐霞客游记》的徐霞客，写《本草纲目》的李时珍，写《史记》的司马迁等，他们为了能得到准确可靠的第一手资料，可以说是真的走了"万里"路。

可是人类的精力是有限的，尤其是在学校接受专业教育念书的青少年，不可能每学到一样新的知识都去亲自验证，不管千山万水，那是做不到的，也是没有必要的。

所以，妈妈在这里想强调的是：书不怕多读，路未必真要多走。这里的路是具体的路程。但这不表示，妈妈就同意"只读书，不实践。"其实学校里的物理课、化学课和生物课上做的实验，就是"行万里路"的一种方式。说得更直白点，就是学习的时候要自己动手去实践，去思考。

读书的时候不能装模作样，为读书而读书。读书的目的很多情况下是为了增加大家的知识，扩大大家的视野，打开大家的思路，所以，不要总是照搬书本读死书，而要敢于实践灵活读书。

具体该怎么做呢？

第一，碰到新概念新名词，想尽办法去理解并试着动手做一做。比如老师教圆的定义时，在黑板上画了一个圆，自己不妨也动手，用圆规在草稿本上也画一个。

第二，不同的书，用不同的阅读方法。不要每本书都精读，或者每本书都泛读，有选择性地读，才是真正地会读书。

第三，读书的时候，要抱着实在向作者学习的态度。不是说只读你喜欢的，不喜欢的就不读，要扩大阅读面，加以观察和对比。文章好，好在哪儿？为什么同类型的文章这篇就好。读书的过程多思考。

第四，读到的东西如果能在生活中得到检验的可以在生活中检验一番。比如学了物理，别人希望你估测一下一个水杯的盛水量，可以利用数学的体积公式来计算水杯的体积，然后利用密度和质量公式计算出水杯里水的重量。这样学下来的知识，往往很扎实而难以忘记。

这就是人们常说的学以致用。

不管你怎么做，最后可以这样总结：亦有可能，就不断地用实践来检验自己所学到的知识，并且通过实践去获得更多的知识。如果生活中你处处用心，学习就能真正地成为生活的一部分，从而践行"终身学习"的座右铭。

以文会友，沙龙交流

"莎莎！这周末该到你家了吧？"莹莹跑上去问。

"是啊，还是周六下午三点开始吧。别迟到了！"莎莎背了书包往教室外走去。

"莹莹，你们神神秘秘地每个周六聚在一起干什么吗？"葱头过来一把拽着正要背书包走人的莹莹。

"一起做作业。"莹莹的书包被葱头一拉都快掉下去了。

"一起做作业？我看不像吧。上个礼拜我看你们拿了一大堆的草稿纸，上面写得密密麻麻的，不知道是什么东西，莎莎还说要交给班主任呢。"葱头立刻否定莹莹的观点，"我们老师布置的作业可不能用草稿纸写吧？"

"当然不能了！"莹莹再次使劲拽了拽书包，终于让它复归原位，可怜的肩膀。

"那你们拿着那些写的什么啊？难道是向老师打小报告了？"葱头尽往不好的地方想。

"莎莎不是那种人，怎么可以胡乱猜测！你别瞎说！"莹莹觉得葱头有时候挺八卦的，而且还总是自己编造八卦内容。

"其实也没什么，就是我和莎莎搞了一个写作沙龙，以文会友的聚会。每周六下午三点到五点去其中一个人的家里，大家把最近看的书的内容说一说，然后说说自己的读书心得和体会，再推荐一些好看的书。"莹莹很快地就解释完了。

原来是这样！

妈妈告诉我

莹莹，你和莎莎的想法很有创意啊，是很值得借鉴的一种学习模式，周末的时候挑个合适的时间在家里搞个读书沙龙活动。

其实不仅学习的方法有很多种，学习的形式也有很多种，学习的对象同样也是丰富多彩的。

我们不仅仅要向书本学习，阅读很多的书籍，也要听老师讲解，解答疑惑不懂的地方。同时，如果能向自己的同班同学学习，大家互相讨论，也是一种很好的途径。

文字也许表达得并不是那么清楚明了，我们看了很多遍，可能仍然有不甚理解的地方，这时，我们该怎么办呢？可以拿给自己的同学看看，也许你不理解的地方，别人恰好理解。

有些同学可能要说，不知道的地方可以问老师啊，为什么要问同学，很丢人的。其实不然，有些地方，就算问了老师也不一定就能弄懂。尤其有些同学胆子小，表达能力又刚好不怎么好，他／她可能连自己哪里弄不懂都搞不清楚或者说不清楚呢，这种情况问老师，老师也不一定能明白他们不懂的关键之处在哪里。

问同学可能就不会出现这种情况。首先，因为对方是同龄人，肯定不会觉得害怕。其次，没必要觉得丢人，说不定对方也有其他不懂的地方，或者大家都在同一个地方犯晕，也说不定呢。只要有一个人先开口，可能情况就不一样了。况且，大家应该这样想：人非完人，谁就能保证自己什么都知道了？而且孔子不是也说了"不耻下问"。问"比自己差的人"都敢问，何况是自己的同学。

最后，问同学的好处还有一点是。由于你们的年龄相似，思维方式也可能不会相差太远，表达出来的时候也可能更符合大家的接受能力，简单点说，说出来的话可能更容易听明白。如果真能找到互相帮助，互相讨论的学习沙龙，不仅可以共同提高学习成绩，还交到不少好朋友，何乐而不为呢？

那么在举办沙龙交流的时候要注意什么呢？

第一，要目标明确。比如大家某一次就哪个方面的内容展开讨论，这个要事先和沙龙的成员说清楚，这样大家好都有一个明确的方向。

第二，和教科书的内容相关联。如果是教科书中某个不懂的地方，当然更好，也可以是和教科书相关的内容。比如教物理的阿基米德原理，大家去搜集阿基米德的相关背景资料：他是哪国人，接受了什么教育等。不要到了一起，最后变成聊天沙龙，就不好了。

第三，要准备自己不懂的问题和试图解决的方案。不能光带着问题，不想着自己去试图解决，那样也不好，难以取得预期的效果。沙龙交流上可以把大家的想法都拿出来分享，然后挑选自己认为的好的方案。这样经过讨论得出的结论往往印象深刻，难以忘记。但是要切记的是，不能因为别人不同的意见就和对方吵起来，要知道，大家是来学习的，是来寻求问题的解决的，而不是通过吵架把事情搞得越来越乱。

第四，讨论的时间不宜过长，一般一到两个小时最好。地点一般固定下来比较好。讨论的主题一次最好为一个，比如准备讨论物理，就集中解决近期遇到的物理方面的疑惑，不要一会儿物理，一会儿数学，结果可能搞得每个问题都没深入，达不到交流的效果。

第五，讨论时可以适当记一下别人的主要观点。如果讨论的最后，问题还是不明白，把不明白的地方记下来，下次可以拿到老师那里去咨询。相信经过几个人的讨论，原来不明白的地方虽然也许仍不明白，但是大家至少知道了哪里不明白，或者哪里是难点，这对学习也是大有裨益的。

有句话叫"他山之石可以攻玉"，说的就是从别人成功的那里学习你不足的地方，这样才可能集众人之长与一身。所以，学会向他人学习，也是我们要学习的一种能力。

让大脑也做做体操

最近课间休息时，大家似乎都不抓紧那十分钟努力做题了，而是听音乐的听音乐，下棋的下棋，有的同学还拿出课外读物，像《小溪流》《读者》《少年文艺》之类的书在阅读。

更奇怪的是，今天上午英语老师下课还放起了英语歌曲！

一向分秒必争的娜娜忍不住放下笔，问旁边的妍妍："妍妍，你在干吗呢？"

"我没干吗，在发呆呢。"妍妍说道。

"发呆？为什么不利用发呆的时间记记英语单词。"娜娜看着妍妍奇怪地问。

"不能总是学习吧？这叫给大脑做体操。"妍妍回答道，"你没听见老师都在课间放音乐了吗？"

"我说吗，怎么最近大家下课了就在教室里弄得闹哄哄的，原来在做什么大脑体操。"娜娜恍然大悟地说。

"那大脑体操都是什么，怎么做啊？"过了大约半分钟，娜娜终于放下面子，决定一问到底了。

妈妈告诉我

妍妍，虽然妈妈不提倡下课在教室里大吼大叫，不过利用课间十分钟适当地让大脑得到真正的休息是很好的。这样能为即将到来的课堂积蓄能力，让精神更集中。现在很流行一个说法就是：给大脑做做体操。

说得更简单点，就是更合理地使用自己的头脑，不要给它施加太大的压力。合理地学习的同时，也合理地休息。

据加州大学洛杉矶分校记忆门诊与老化中心主任斯默尔在所著《让大脑变年轻》报道，预防大脑加速老化，总比想办法修补受损脑细胞容易，对抗大脑老化永远不嫌迟也不会太早。

那么怎样才能延缓大脑老化呢？与其迷信神奇的聪明药，或花大把银子去上大脑补习班，不如试试以下10种在生活中可以简单实践的大脑体操，培养健康生活模式。让自己的大脑更灵光！

第一，玩出创造力。即使是初学者，面对需要动脑思考、判断、布局的游戏（如桥牌、西洋棋、象棋），每一步都能想出10种以上的玩法。纽约市爱因斯坦医学院一项21年的研究发现，每星期至少玩一次游戏（如西洋棋、桥牌等）的老年人，比不玩游戏的老年人减少50％罹患老年痴呆症的机会。

虽然妈妈不提倡在上课期间让大家玩游戏，不过下课了，却可以玩一些简单的游戏，比如在多余的空白作业本上画画五子棋。但是上课铃声一响，必须把游戏收起来，同时把玩游戏的心也收起来。

第二，培养急速反应能力。任天堂等电动玩具、小钢珠能训练快速反应能力，并且在快速集中注意力后得到相对放松。乔治·华盛顿大学神经学教授瑞司塔克建议工作空当时玩丢纸团游戏：背对垃圾桶约六英尺处，手拿纸团快速转身将纸团丢进垃圾桶。不过妈妈不建议大家把教室的字纸篓当训练靶子，用草稿纸来训练，那样教室就有可能出现垃圾遍地的凄惨景象。如果允许，可以和同学玩玩转身后迅速出"剪刀石头布"的游戏。

第三，生活里创造新的经验。一成不变的生活方式会扼杀脑力。杜克大学脑神经生物学家凯兹在《让你大脑 new 一下》中鼓励人们破除生活惯例，创造新经验。例如挑选全新的路线上班上学，搜寻新路上有什么声音、哪种味道、哪种风景；每天到不同的餐馆吃饭尝新滋味等，让感官经验多元。

不过，妈妈不建议随意改变上课路线，因为万一时间来不及，或者就算来得及，转错了方向迷了路，导致上课迟到就得不偿失了。时间充裕的话，观察路边的风景或看看飞过的小鸟还是可以的，不过要保证按时到校。

第四，用音乐放松心情。一些实验表明，音乐对大脑还是有积极的作用的。尤其在人感到疲倦的时候，听听轻柔的音乐，常常会使大脑得到一定程度的放松和休息。不过，如果太累了，最好的方式还是睡一觉。

第五，阅读。阅读是一种全脑活动。阅读时带动视觉皮质，手要翻书，眼睛要动，书本上的字转成音节储存到前脑变成意，阅读提升智能。每读一个字就会激发相关的字，因此也可以提升创造力和想象力。所以上完一届数理化课，可以拿出英语或语文书来读读。这其实也是对大脑做体操。你想象不到吧。

第六，运动。运动能让大脑年轻。运动会刺激天然抗忧郁荷尔蒙脑内啡的释放，减轻压力；而打球或做家务事等工作能压抑掌管情绪的杏仁核，不让坏情绪来捣蛋。有氧运动则会促进身体新陈代谢。伊利诺伊大学脑神经科学家克空比建议，每天15分钟的快走就能保持良好体能状态，并减缓脑神经细胞流失速度。所以，现在我们学校，每到第二节课都要求大家到操场上去做广播体操，这也是给大家的大脑做体操。

第七，留白思考。大脑体操不是让大脑累到不行。斯坦福大学研究发现实验室动物长期暴露在压力荷尔蒙下，会使海马记忆学习中枢有萎缩现象。麻省的威廉斯学院心理学教授所罗门说，压力将使你无法集中注意力，大脑记忆能力也降低。因此，专家建议，工作再忙每天都记得留白半小时到一小时时间，整理思绪，静坐、冥想都是抒压的好方法。其实说白了，就是我们常说的发呆，什么也不想。这种方法有意思吧？

在每次大考过后，不妨用这种方法来试试，给自己的大脑做一做体操哦。

总之，不管用什么方法，学习都要劳逸结合，要学会生活，善待自己。什么时候你学会生活了，那么你才可能真正明白了学习的内涵所在。

第六章

艺术 & 情趣——给灵动聪颖的你

有诗意的女孩会读书

书是我的气质时装

这一周学校开展了"读书月"活动，每个同学都要在一个月之内读几本好书，要不然的话怎么可以叫"读书月"呢？可是关于读什么书，同学们有各自不同的想法。

小茹喜欢读科幻小说，于是她决定在一个月之内，看完两本科幻小说。

宣萱平时就喜欢在家里摆弄电脑，于是她决定在这个月要看一些关于计算机硬件的书。

花花喜欢看漫画，这个月她可高兴了，因为她可以借此机会看许多的漫画书。

不过涵涵和她们相比，要深沉许多，因为涵涵平时很少能看世界名著，所以打算用一个月的时间看看《浮士德》。不同的书是否就给人以不同的人生航向，涵涵想这二者之间应该多少是有联系的吧。因为不久学校做了一个关于同学理想的调查，结果是这样的：小茹将来也想写一部科幻小说。

宣萱将来立志要当工程师。

花花想自己画一本漫画出版，同时想参加签名售书活动。

涵涵将来很想在文学领域有所作为。

看啊！大家的理想，竟然和自己喜欢看的书有着这么贴切的联系。

妈妈告诉我

涵涵，美国著名作家杰克·伦敦在19岁以前，还从来没有进过中学。但他非常勤奋，十分热爱读书，最终通过不懈努力，使自己从一个小混混成长为一代文学巨匠。

杰克·伦敦的童年生活充满了贫困与艰难，他整天像发了疯一样跟着一群恶棍在旧金山海湾附近游荡。说起学校，他不屑一顾，并把大部分的时间都花在偷盗等勾当上。不过有一天，他漫不经心地走进一家公共图书馆，开始读起名著《鲁滨孙漂流记》，他看得如痴如醉，并深受感动。在看这本书时饥肠辘辘的他，竟然舍不得中途停下来回家吃饭。这时候他才发现原来自己那么喜欢文学，于是他决心要当一名文学家。

从这以后，一种酷爱读书的情绪便不可抑制地左右了他。一天中，他读书的时间达到了10～15个小时，从荷马到莎士比亚，从赫伯特斯宾基到马克思等人的所有著作，他都如饥似渴地读着。19岁时，他决定停止以前靠体力劳动吃饭的生涯，改成以脑力谋生。他厌倦了流浪的生活，他不愿再挨警察无情的拳头，他也不甘心让铁路的工头用灯按自己的脑袋。

于是，就在19岁时，他进入加利福尼亚州的奥克德中学。他不分昼夜地用功，从来就没有好好睡过一觉。天道酬勤，他也因此有了显著的进步，只用了三个月的时间就把四年的课程念完了，通过考试后，他进入了加州大学。

他一直渴望成为一名伟大的作家，在这一雄心的驱使下，他一遍又一遍地读《金银岛》《双城记》等书，之后就拼命地写作。到1903年，他已经有6部长篇以及125篇短篇小说问世。他成了美国文艺界最为知名的人物之一。

杰克·伦敦的经历一点都不让我们感到惊讶，是阅读改变了他的人生航向，让他重新发现了自己的人生追求。

哈佛的教授总是这样告诫自己的学生：知识爆炸的年代需要我们每个人学习的东西越来越多，社会知识量的急剧增长也要求我们多读书、多学习，在阅读中把握人生的航向。

读书，可以让我们了解世界，看清自己的未来。通过读书，我们更能正确地把握人生的航向。也许每一个人所需要的书不一样，但人们在阅读中受到的知识熏陶是一样的。读书不一定能改变人生的长度，但它一定可以改变我们对待生命的态度。

人非生而知之、生而能之，知识都是通过不断学习获得的。就算一个天才，他也要通过不断学习、不断读书来充实自己。

那么，正处在学知识的重要阶段的青春期女孩们，更要充分珍惜自己读书的权利，广泛涉猎各方面的知识，这样不仅能开阔自己的视野，还能够为自己的人生导航。

这些都和"书"有关

小颖的姐姐以前是在教育局里面做人事工作的，现在突然要转行做外贸，令小颖十分地惊诧。

"为什么不留在教育局里面工作呢？"小颖好奇地问妈妈，"我和同学说，我有一个在教育局里面工作的姐姐，他们觉得我可风光呢。为什么姐姐要换工作呢？"

"姐姐有她的想法，她觉得想要做自己喜欢做的事情。虽然说在教育局里面的工作清闲收入有保障，但是这不是姐姐想要的生活，所以我们应该佩服她的勇气，对吗？"妈妈说到这些，小颖觉得可以明白，又觉得不太明白。

"可是，姐姐对贸易了解吗？她有准备吗？"小颖问妈妈。

"当然啦，她在大学的时候就自己学习了很多关于外贸的知识，相信姐姐肯定会没有问题的。"

是啊！在小颖的眼中，姐姐是一个很有能力的人，所以她敢于"折腾"，至少在小颖看来，这也算是有胆有识吧，还有就是有一个被书本武装严肃的大脑，想必她早就为自己规划好了下一步。

后来，小颖的姐姐通过自己的努力，找到了一家由斯坦福大学出资开办的公司，写了一份很令人满意的项目策划书，当她在和经理面试谈话的时候，足足有一个小时。

经理感到惊讶，一个如此年轻的人怎么会写出这样的策划呢？不禁对小颖的姐姐刮目相看。

小颖有这样优秀的姐姐，令她感到骄傲。同时小颖知道，如果想和她一样风光，必须要懂得不安于现状，不断地用书本充实自己。

🚢 妈妈告诉我

小颖，现代社会竞争异常激烈，女孩需要懂得不断给自己充电，不断充实新知识，掌握新技能，了解新信息。只有具备真才实学和专长，才能增强自己在职业选择中的竞争力。

小颖，你现在还在安逸的校园中，也许对于这一点理解的还不是那样深刻和透彻，让妈妈给你举个例子来说明吧。

美籍华人李玲瑶在学生时代就好学上进、勇敢干练、聪颖智慧，加上开朗的性格，受到师长的欣赏和同学的拥戴，并常被邀请去电台、电视台主持节目。台湾一家著名杂志称她为"美得耀眼的女生"。中美尚未建交期间，她在华盛顿担任全美华人协会华盛顿分会负责人。1979年，邓小平访美时，她和杨振宁一样，是接待小组成员；中美建交仪式上，她是少数被邀请到白宫观礼的华人代表之一；在中美建交华人庆祝大会上，李玲瑶担任大会司仪。在美国读完计算机学位后，在硅谷做了八年的资深电脑分析员。同时，她丈夫胡公明完成了核物理方面的深造，成为一个颇有造诣的核子工程博士，服务于著名的通用电气公司。

1980 年，他们决定开创自己的事业，在硅谷创办公司。不到两年，他们实现了自己的第一步目标，成为百万富翁。同时，公司也从高科技领域扩展到房地产和进出口贸易领域，并在北京、香港等地建立了办事处。此时的李玲瑶从一个纯粹的文化人发展成为一个干练的企业家。1984 年，李玲瑶被邀请回国参加国庆 35 周年庆典，她决定在内地投资，并说服不少在美华人来祖国投资或为祖国引进新技术。

与此同时，她感觉到自己在经济理论方面的不足。于是，在她 48 岁的时候，她重新进入学校学习，每次上课都坐在第一排的正中间，从不落一次课，认认真真做每一份习题论文。同时，李玲瑶还自学了经济学本科方面的所有课程，硕士加博士的 5 年，她读完了经济学 9 年的课程之后，她又上北大学习，并戴上了北大博士帽，她的事业也越来越成功。

在现实生活中，许多女孩都在追求一种"永恒"的东西，世上有没有"永恒"？有，变化就是永恒。要想让自己永远站在时代的前端，人人都必须不断"充电"，光靠原有的知识坐吃山空根本不行。只有居安思危，不断给自己充电，才能尽情地挥洒自己的智慧和才华，才能脚踏实地地阔步向前。

我有我的读书选择

"柯南翻开那本古老的书，顺着第一个故事从头看下去，突然，他感觉到心里有个人在对自己说话，那是来自一千年前的工藤新一……"

子若在家里，看柯南的动画片，影碟机已经转动了整个下午。

子若心情紧张地盯着电视屏幕上的几个卡通画面，整个脸完全凝固，没有任何表情地盯着电视机。

妈妈这时走了过来，用手拍拍子若的头："子若，看看墙上的表，都几点了！"

"别吵，别吵。"子若完全沉浸在剧情中去，丝毫不想理会妈妈的叮嘱，"等会，再有二十分钟就完了。"

最后一集终于结束了，子若收好碟片，关上了电视机，走出了客厅，来找妈妈。

"子若，妈妈并不是不让你看电视，适当地休息是可以的。可是你看看你，从早上到晚上都看了多长时间了？不觉得荒废时间吗？书倒是买了一大堆，堆在那里都有一层浮土了。子若啊，看书就那么不好吗？"

看书远不如看电视容易上瘾，这是真的。子若也知道读书好，就是有的时候提不起读书的兴趣来。子若的妈妈特别喜欢看书，她可以捧一本书，坐在那里看上半天都不动。

她经常说她可以感受到书中的乐趣，为什么子若就感受不出来呢？

也许妈妈说的有道理吧，把这么宝贵的时间荒废了，确实是不对的。以后子若决定要试试让自己找到读书的感觉吧。

妈妈告诉我

子若，读书真的在妨碍我们找寻快乐吗？

想想看，通常有哪些事会让我们感到快乐呢？是踢一个下午的足球吗？还是参加一次演出、看一场精彩的电影？呵呵，当然了，这些都是愉快的消遣，能让我们彻底放松。可读书是那样的循规蹈矩，上课铃声、下课铃声一点也不能通融；作业、考试样样都得认真。怎一个"累"字了得！

真的是这样吗？

让我们设想一下，现在就甩开书包的束缚，去拥抱书本之外的快乐。如果一个苹果从树下掉下来，不是掉到地上去，而是砸到了你的头上，请不要问为什么；南方发生地震前几个小时，几千公里之外的地方就已经预测出了震级，请不要问为什么；飞机失事后，坠落在大海里的黑匣子帮我们揭开了谜团，请不要问为什么；看到四季轮回、昼夜交替，请不要问为什么……

这样你会快乐吗？或许读书是占去了自由嬉戏的快乐，可它也同时给予了我们求知欲和成就感得以满足的快乐。

求知也是一种快乐。假如有这么多的为什么都得不到解答，天长日久，就好比你自己用黑布一点点蒙住眼睛，你能得到的快乐将越来越少。

怎么办呢？答案就在你读过和将要去读的书里，在一堂堂的物理、自然课上。

人类的视力水平在动物界中并不出众，却早已看到了外星球的美丽。我们学到的知识，就是最好的望远镜和显微镜。

你喜欢看柯南的动画片，你看，柯南能够将一个个悬疑的案情理出头绪，正是所学的知识帮了他的大忙。当然，我们可以在完成学校的学习之后，抽出时间再去柯南的世界里看看，跟着他一起探索，这样你是不是会得到更大的快乐呢？

读书永远不会成为你的负累，相反，它使你成为一个心明眼亮的人，使你越来越有智慧，而智慧会给你带来快乐。

孙中山先生曾说，他一生的嗜好，除了革命之外，就是喜好读书，要是一天不读书，就不能够生活。为买书他从不吝惜金钱，穷困潦倒时身边也总放着书，书是他终生的朋友。可以想象，读书一定是件能给他带来快乐的事，不然他怎么能坚持一辈子呢？让我们也带着发现的眼睛和快乐的心情去读书吧，读书原本就是一件快乐的事。

妈妈给我列的读书单

假期来临，萌萌和同学在一起商量"度假"计划。

"这个假期，我没有办法陪你们了。"花花不无遗憾地说，"妈妈给我买来了一摞的练习题，早就给我规定了假期的任务。唉！还不如不放假。"

媛媛说："我听说儒勒·凡尔纳的科幻小说特别好，我已经买了《80天环游地球》《海底两万里》《格兰特船长的儿女》三本，用几天的时间就可以看完，听说他还写过很多其他丰富的小说，比如《地心游记》，还有《神秘岛》，总之都很好看。"

"对对，"葱头突然想起来什么了，"老师不是给我们布置任务了吗？我们每个人都要写一篇读后感，题目自定，我也要找一本自己喜欢看又方便写读后感的书。"

听到了大家的讨论，萌萌也想找几本好书来看，可是由于平日里她都不怎么爱看书，所以一时想不出要看什么书，总不可以背字典吧！

回到家，萌萌对妈妈说："妈妈，我想利用假期的时间看几本书，您能不能帮我推荐几本女孩必看的书目？"

妈妈看着萌萌，似乎以为太阳是从西边出来了吧，笑着说："萌萌居然要求主动看书了，真不简单。行啊，跟妈妈说说，你想看关于哪方面的书呢？"

萌萌不好意思地抓抓头说："我不知道有什么好书值得看，所以想找您推荐的。我想看一些能够培养女孩优雅气质的书，最好是很经典的名著书。"

"嗯，让我想想。"妈妈沉吟了一会，然后胸有成竹地答应了萌萌，"萌萌，妈妈已经想出来几本不错的书了，晚上我就把书单列出来，好不好？"

"哦！妈妈真是太好啦！妈妈您是大太阳！"萌萌高兴地抱住妈妈欢呼。

🚢 妈妈告诉我

萌萌，爱读书的女孩，不管走到哪里都是一道风景。也许她貌不惊人，但她的美丽却是骨子里透出来的，她谈吐不俗，仪态大方。那是静的凝重，动的优雅；是坐的端庄，行的洒脱；是天然的质朴与含蓄的交融。

爱读书的女孩，她的美，不是鲜花，不是美酒，她只是一杯散发着幽幽香气的淡淡清茶。

没错，书籍是人类的精神财富，书籍更是女孩的最佳美容品。读书带给女孩思考；读书带给女孩智慧；读书会使女孩漂亮的大眼睛里变得层次丰富，色彩缤纷；读书教会女孩在该笑的时候笑，在应该忧伤的时候忧伤；读书还使女孩明白了自身的价值、家庭的含义，明白女孩真正的美丽在哪里。

世界十分美丽，但如果没有女人，就将失掉七分色彩；女人有十分美丽，但如果远离书籍，就将失掉七分内涵。读书的女孩是美丽的，"腹有诗书气自华"。书一本一本被读下肚的时候，书中的内容便化成了营养从内而外滋润着女人，由此女孩的面貌开始焕发出迷人的光彩，那光彩优雅而绝不显山露水，那光彩经得起时间的冲刷，经得起岁月的腐蚀，更加经得起人们一次次地细读。正因为如此，你将不再畏惧年龄，不会因为几丝小小的皱纹而苦恼。因为，你已经拥有了一颗属于自己的智慧心灵，有自己丰富的情感体验，你生活中的点点滴滴，将会书香四溢。

一本好书往往能够给予一个人最初的人生启蒙甚至终生的影响，尤其是那些经典名著，比如，《红楼梦》《飘》《围城》《简·爱》《第二性》，对女性的影响都比较大。

1.《红楼梦》

有人说，一个女人若没读过《红楼梦》，那简直是罪不可恕。大观园中的女子或冰清玉洁，或兰心蕙质，或仪态万方，或柔弱动人……什么才是真正的女人，曹雪芹用一部呕心沥血之作给我们以答案，多少年过去，仍可作为女人最好的生活教材。

2.《飘》

在这部传世佳作中，玛格丽特·密切尔教我们怎样成为成功的女人。书中两个女人——郝思嘉和玫兰妮是两个截然不同的女性典范。郝思嘉像一团烈火，坚强、独立，永远积极进取，永远不会被挫折打倒，她有着男子般的抱负和责任感，敢于把一家人的命运揽上自己柔弱的肩头；而玫兰妮则正像一潭静水，深沉、冷静，她温柔善良而博爱，永远怀着慈悲之心待人，即使对自己的情敌，也只有宽容之情。这两种女人都很伟大，都值得现代女性学习。

3.《围城》

在这部作品中，钱钟书用诙谐幽默的语言描绘了中国男人的劣根性。在今天品读，更可以使女人清楚地认识男性社会，打破对男人种种不切实际的幻想。方鸿渐是最具代表性的"劣质"男人代表，他优柔寡断、不思进取，骨子里又不乏虚荣和可恶的大男子主义，不过，这或许是所有男人的通病，只是被钱先生刻画得特别鲜明生动而已。其他诸如赵辛楣、李梅亭、高校长之流，已能评为"恶劣"级别，女性只有敬而远之了。女人读《围城》，能增加些许生活的智慧，避免在今后走入命运的"围城"。

4.《简·爱》

夏洛蒂·勃朗特塑造了一个生活在社会底层，受尽磨难却不甘忍受压迫，勇于追求个人幸福的女性形象——简·爱。简·爱认为爱情应当建立在精神平等的基础上，而不应取决于社会地位的高低、容貌的美丑和财富的多寡。这种爱情观是积极的，简·爱以无畏的勇气为现代女性树立了良好的榜样。女人都应做爱情的强者，敢于追求属于自己的幸福。

5.《第二性》

这部作品成为西蒙娜·德·波伏娃最成功的著作，被称为"有史以来讨论女人的最健全、最理智、最有智慧的一本书"。它是一本女性的哲学书，揭示了当代女性面临的各种问题，比如，两性的平等。读《第二性》，我们可以看清自己的命运，把握自己的未来。

这些优秀的书籍就像是最好的朋友、最好的老师。在浮华的世界中，打开它们，投入多彩的书中世界，你的心灵将得到最大的滋养。

书香是女孩最好的化妆品，是有品位的女孩生命之外的生命，是她的精神寄托。

书就像一把金钥匙，帮助女人开阔视野，净化心灵，充实头脑。书让女孩变得聪慧，变得坚韧，变得成熟，使女孩懂得包装外表固然重要，但更重要的是心灵的滋润。读些好书，会让女孩保持永恒的美丽。

将读书笔记写在博客里

"蒙蒙，我新开了博客，你有自己的博客吗？"媛媛问蒙蒙。

博客？到目前为止蒙蒙还真是没有闲情来经营它。

"没有。"蒙蒙回答。

"那你也新开一个吧，然后可以把我们两个人的博客链接在一起，我们可以把照片、文章还有音乐分享到博客上，你试试，挺好玩的。"

找个课余时间，蒙蒙在媛媛的指导下，开通了自己的博客。

"哈哈，我也有自己的博客了。"面对刚刚开通的博客，蒙蒙感到很高兴，不过，里面还是空空荡荡的，什么都没有，就像是一片没有开荒过的土地。

"是啊，所以要自己来慢慢经营，把自己的文章还有图片放上去。"媛媛说道，"我们是一个起跑线，看看谁的博客做得最好吧！"

"好！"蒙蒙痛快地答应了。

回到家，蒙蒙开始请教妈妈她的博客是怎么写的，妈妈告诉她说："蒙蒙，其实博客也是一种资源，可以好好利用，比如你读过什么好的书，想和大家一起分享，就可以把自己的想法写在博客上，然后你的朋友就会对你的想法加以评价，既可以相互切磋，又可以培养共同的爱好，增加友情，不是很好吗？你也可以把自己的照片发表在博客上，在每一张照片的旁边写上说明性的文字，就算是留给自己看也很不错嘛。总之，你可以自己动动脑筋，把博客办得风趣多彩。"

听了妈妈的话，蒙蒙决定要好好想一想如何来写博客。

🚢 **妈妈告诉我** ⋯⋯⋯⋯⋯⋯⋯⋯⋯⋯⋯⋯⋯⋯⋯⋯⋯⋯⋯⋯⋯⋯⋯⋯⋯

蒙蒙，妈妈支持你把自己的经历还有一些关于生活的感受写在博客中，这样不仅可以养成一种不错的生活习惯，还可以创造多与朋友交流的机会，甚至会遇到志趣相同的朋友。

我们看到网上有很多博客貌似只是随便写写，但是，如果你想把自己的博客经营好，也是需要很多的技巧的。妈妈把我了解地写博客的技巧告诉给你吧。

1.博客的内容是支撑博客的灵魂。

记住博文的特点是，细节比记事重要，不会有人喜欢看你写流水账一样的文章，而是想看到你对某个细节的感受。去个地方，写"我"在这个地方的发现和感触，远好于一个完整的目的地指南，因为随便买本书都可能比这些文字有用，而自己哪怕只是在北京看到的一片叶子，记下来，才是博客最能打动别人的部分。生活的细节，才是真正能打动人的东西。

在写博文的时候要注意，个人的感受比说理性的文章更能吸引读者。无论自己的喜怒哀乐，无论对于自己再惊心动魄的感情，也大不过古人。这点小小的感情，写出来，给自己看未尝不可。既然公开地写出来，至少要对读的人有一点点帮助。

可能有些东西不便去写。那就不要写。但千万不写一些自己知道是假的东西。

2.把握好博客的更新速度。

博客的更新可以一周一次，可以半个月一次，也可以天天更新，但最好是你的变更能够形成固定的周期，频率不要变化。或许是一天一篇或许是几天一篇，但是维持这个频率，让有兴趣的人可以预测你的频率，他们就会常回来。当他们了解了这个频率，他们的期望和你写的东西就会一致。如果只是写给自己看的，当然不用期待更多的访问量。这不关乎对错，只在于自己的选择。

当自己实在没有办法在某些时候更新，事先告知。而不能及时更新的原因，通常是最有意思的故事。

3.要形成自己的博客风格。

没有人真的关心"你"今天干了什么。不用告诉别人发生了什么，告诉别人为什么这很重要。

写任何东西，只给自己一个写的理由，也给读者一个读的理由。如果找不到任何理由，很有可能写出来的东西，只是无病呻吟。

要充满激情，只有对自己写的东西有兴趣再写，只写真正重要的东西。

4.保护好自己的隐私。

隐私有权利不被了解，任何人可以选择自己公布自己的一切，这是这个人自己的选择。

如果公布别人的任何信息，比如照片、行程、聚会，甚至家庭住址、电话什么的，就是对别人的隐私的侵犯，一定要小心再小心，和当事人确认过才可以。

5. 注意和其他的博友确立良好的关系。

和好朋友的博客尽可能多的建立链接。在有可能的情况下，多给朋友以及不同意见的"敌人"链接。链接是给博友最好的礼物。每个写博客的人都希望被注意。

正确的使用别人的文字。只转述部分内容，并提供到原文的链接，而不全文拷贝。通过给别人链接，让自己的读者到别人的网站上看原文，看原文的评论。这是建立自己的信誉的方式。一个人只有通过给别人他们应得的信誉而建立自己的信誉。

6. 提倡尽量保留所有的留言。

最好是坚持留下所有的评论，只要评论本身是可读的，而不是垃圾留言或者不小心的多次留言，就尽量保留。不允许攻击个人。批评可以，但是攻击个人是不赞成的。基本的原则是，任何人有表达自己权力，但是不能通过人身攻击伤害别人的表达自己的权利。

笔墨纵横间，漫卷清朗气

书法也是书写人生

文霞的妈妈认识一位阿姨学习书法已经有 40 余年，现在受人邀请在学校里面开班授课。文霞听妈妈告诉她说，无论工作是多么的忙碌，这位阿姨也一样是每天坚持练习写字，从不间断。

文霞感到很好奇，难道书法有这么大的魔力吗？怎么会让阿姨如此痴迷，手持一杆毛笔，一写竟是 40 年。

妈妈想把文霞带到阿姨的书法学校里面去，让文霞也接受一下良好的教育。出于好奇心的驱动，文霞也很想去看看。

来到办公室，阿姨热情地接待了文霞："文霞，你好。"

文霞对阿姨说："阿姨您真有魄力，居然一写就是 40 年从不间断。"

阿姨笑笑说："是哦，我从 4 岁的时候开始练习书法，那个时候爸爸对我的要求很严格，一个点要点到上万个，直到全身放松为止。写书法，这里面有无穷的乐趣。通过一幅字，一个人有多少涵养，读过多少书，眼明的人马上可以判断出来。"

文霞听了阿姨的介绍，又喜欢书法，又担心自己会坚持不下去，因为书法并不是一时兴起，随随便便可以学会的，而是要付诸几十年的努力才可以见到效果。书法很高雅，让文霞神往，文霞真的很想试一试，想达到阿姨所说的那种境界。

妈妈告诉我

文霞，书法以其独特的工具材料为表现形式，具有鲜明的民族风格，从萌芽到发展至今绵延几千年而从不中断，一直屹立于世界艺术之林，并享有极高的声誉。书法自古以来是读书人的必修课。但是很可悲的是，现在的人们已经不再重视书法，甚至认为电脑打字可以完全取代汉字。甚至有的人不要说能写一手，就是连一些普通汉字都已经是能读而不会写了。现在，有的日本人要来和我们比赛写毛笔字，不能不说是一种耻辱。

如今的社会在发展，时代在进步，书写方式也由原先传统的毛笔向如今的硬笔转型，甚至有被键盘所代替的趋势，这是社会发展的必需无可厚非。但是，无论社会怎么变，但是作为一个中国人，我们不可以轻易丢掉自己的文化，丢掉祖先留给我们的宝贵财富。俗语说见字如见人，它能直接表现出人的学问、品格、情操、气质、甚至是人的经历与感悟，是我们人生的第二门面啊。

至于写书法，对于我们人格的养成有着很多促进的作用。

第一，有助于提高我们的文化修养。

中国文化的精神就是天人合一，贵在融洽，以求得精、气、神的统一。而书法艺术是生命与人格的表白，蕴涵着生生不息的民族精神，其最高意境是神采、骨力与意韵。要想识透书法的境界，不是一朝一夕的努力可以达到，书法的学习和领悟绝非三五年之功，而是需要毕生的心血来领悟，而在学习书法的过程中，稍稍有名利心、攀比心，就会断送自己的艺术慧命。

书法集中国的哲学、文学、美学于一体，所以每一个书法家都必须具备深厚的中华文化作底蕴，需要植根于中国古典的文学哲学的厚土之上，需要对生活有着深刻的感受。书法作品上面的每一个字都是书法家心绪意念与审美理想的相结合。正如苏轼所说，"退笔如山来足珍，读书万卷始通神"。

书法虽说与绘画音乐并称为姨妹，但艺术成分会更高。因为，书法没有绘画中的色彩映衬和音乐中的声音节奏，是一门纯抽象的艺术，但是它所包含的意韵远远高于绘画和音乐。构成它的元素看似只是简单的疏密、聚散、大小、曲直、黑白等，但是可以产生强烈的视觉冲击感和绵绵流动的气韵。这更需要书法家各方面的修养，特别要通过读书来增加文化涵养，才能做到胸中万壑尽显笔端，甚至达到书论中所描述的那"点似高山坠石，横如千里飘云，竖似高山流水，撇似犀象角鼻，捺如千钧弩发"

的境界。

纵观历史上那些气度非凡而又心境空明的书法家，他们笔下的一幅幅作品诗、书、画相映衬，表现出大象无形的若浩渺之苍穹，流露出氤氲的书卷之气与学者的风骨气貌。

书法也同样是一门审美艺术，创作出来的作品在给人以美的享受同时，无形中也陶冶了自己的思想品德与情操并赋予一种生命向上的活力，提升了自己的胸襟与气质，在这点上古人做得很好，有着很高的心境。所以能真正做到视富贵如浮云，所以，当一个书法批评家评价一幅作品的优劣之时，评判的标准其实并不仅仅局限于看那字的结体与章法，而是更着眼于作品中有没有透视出一种对艺术对人生的理解与那模糊的意象和字外之功……

第二，学习书法有助于我们挥洒感情，陶冶性情。

根据一幅书法作品，我们只要认真观赏就能够感觉到作者当时创作书法时的心态。比如当我们看到一幅楷书作品，上面的点画一丝不苟，端端正正循规蹈矩，这就可以说明了作者当时书写时候的心境一定是平和、悠然、了无牵挂。因为要写字，如果在喧嚣的场所或者是心烦意乱的状态下根本是写不下去，更不可能写好楷书。要知道楷书的字体端正需要笔笔俱到，只要是一点一画出现败笔就会全幅尽废，容不得半点分神、半点马虎。

看一个人擅长写什么样的字，也可以观察出一个人的性格。如果一个书法家的一生专门以楷书见长，那么我们就可以毫无疑问地判断出他的性格相对来说是比较内向，而且做事的态度非常严谨认真，属于那种小心谨慎的人。而一个擅长写行草书的书法家，一般性格比较热情奔放不羁，这种人一般性格积极进取，不会轻易满足于现状。一幅好的行书或草书作品多数是作者在扎实的功底基础之上通过情感、激情迸发的瞬间而完成的。

《祭侄稿》被誉为天下第二行书，它的作者是唐代著名的书法家颜真卿。这幅作品中记载着颜真卿痛惜在"安史之乱"中丧生的侄儿季明而所写的祭文。整篇文章气势磅礴、跌宕多姿、悲怆沉痛之情尽溢出笔端。作品里面的每一个字，都流露出书法家内心情感的起伏波动，是情感真挚的流露，也是心灵的奏鸣，是哀极的心声，也是血和泪的凝聚。撼动了读者心灵的同时，整幅作品也达到一种神高韵远的境界。所以说行书与草书的创作更容易能以生动的形象深刻地表达作者的情感。因为通过行书能够概括出一切书体的笔法，通过笔的中锋侧锋并用，而产生出强烈的节奏感。对于那些能楷书行草书兼写的书法家来说，一般就是具有内向外向双重性格了。书法家成功的背后一定付出了无数辛勤的汗水，是经历过多少次痛苦与失败的煎熬，是经历过多少个冬练三九夏练三伏的努力，才换来自己的成功。完成一张佳作，更是其之妙不能强求，唯有领会于心，应乎于手，没想到写出的作品竟然自然天成。书法之妙，其味无穷。

第三，通过练习书法，可以得到很多做人的道理。

要知道古来有多少书法大家，都是先学做人，再学做书，正所谓"书品即人品"，书法里面透露出来的深层意义和人生的思维模式，以及人生观和价值观。学书法与学做人，二者是不可分割的。学习书法离不开法度，正如我们学习做人离不开规矩。

一个人的品德、内涵、审美、志趣、思想等各个方面都能通过那看似简单的线条得以彰显，也是对人生的一种由衷的表达。唐代的书法大师柳公权说过"用笔在心，心正则笔正"，我们从柳公权的书法中也可以看到起字的气势方正不阿，也可以感受的他本人胸怀坦荡的高尚情操和人品素养。

同时，学习书法也可以培养一个人忍耐性与坚毅的品格，当你全神贯注融入其中的时候，是一种暂时的精神超脱，红尘中的一切俗事歪理都会消失殆尽，灵魂也随之净化。

第四，学习书法可以使我们健康长寿。

自古人们就有"寿从笔端来"的说法。特别是在当今人们生活节奏的加快让很多人的精神都处于紧张，无形中破坏了人的内在系统的平衡，从而影响人的身体健康。而通过练字，可以养心、养性、养神、养生，能调节人的气血以至平和，放松神经，达到心理与生理的平衡，这是任何一种药物都不可以代替的自然医疗作用。

生命在于运动，而写书法也未尝不是一种运动，运动员的剧烈运动是在消耗体力资源，而书画家在练习之中则像是打太极一样，有着异曲同工之妙，通过练习书法，能调节阴阳、调节内脏、疏通经络、消除疲劳，使人能够心境恬淡、形神共养，心灵焕发。现代医学也通过研究证实，那样的静动能使人的神经系统的兴奋达到一种平衡，肌肉与关节得到很好的锻炼。历史上有很多书画名家都是健康长寿。如柳公权活到了 88 岁，文徵明 90 岁，清代刘墉 86 岁，苏局仙 110 岁，近代的大书法家启功先生也活到了 93 岁。可见，通过练习书法对于保健也是功不可没。

书法墨香营造的世界

这位阿姨不仅学问很好，人品也很好，她曾经对文霞说过："其实，书法中也无处不是昭示着做人之道：笔画排列均匀，是要学会以平等心对待一切的人；左右上下对称，体现相处和谐；地基稳固，代表做人要扎稳德行根基；笔画相接处要细，提醒待人接物要谦卑。字里行间，无处不是渗透着做人处世的学问。"这种翰墨的精神让阿姨在经历了几十年的书法学习之后，处世的风格也备受尊敬。

"一个真正的书法家，他的道德人品一定是第一位的。"阿姨这样告诉文霞，"以前有一个年轻人，他倾其所有的钱财用于拜师学艺，想得到真传，但是他花的很多钱打了水漂，而且并没有得到真正的学问。后来，有一个老者为他的真诚所打动，就教给他一种很特别的笔法，而且分文不取。但是在他学会这种笔法之后，老者告诉他说：你现在已经学会了这种笔法，在你将来的生活道路上一定会经历无上的荣耀，但是你记住，当你在名利双收的时候，也是你人生最危急的时刻。如果你不能经历考验的话，那你将会因此而声名倒地。文霞，你要知道，在学习书法的过程中，稍稍有名利心、攀比心，一定就会断送自己的艺术慧命。"

"嗯。"文霞似懂非懂地点点头。

原来要想学好书法，不仅要求人要有毅力和耐心，还不可以有名利心和攀比心，这世界上有几个人能够符合这样的条件呢？

可是看看那些历来书法界的名家，哪一个不是德才兼备？哪一个不是散发着淡淡的墨香呢？

🚢 妈妈告诉我

文霞，中国自古以来，无论是高官还是平民，只要是中国传统的文人，都会在笔墨间流淌出百折千回形态各异的中国文字，更体现出了一种千百年来磨砺而成的文人性格以及生命状态。中国的书法走向一直受到了传统文化和社会思潮的影响，而决定了中国书法基本风貌的首先是儒家思想，所谓"书以明道"，而这个"道"也就是书法所要表述出来的独特气质。

关于书法与做人之间的关系，自古至今一直有很多的论述。明代著名的书法家傅山曾经告诉他的学生说："作字先做人，人奇字自古。纲常判周孔，笔墨不可补。未习鲁公书，先观鲁公诰。"他所提出的"作字先做人"的观点，就是说如果背叛了周礼儒学，连做人都立不住脚，那还学习做书有什么意义呢？即便是写书，也一定会流露出"小人之态"，这种低俗仅仅靠笔墨技巧是无法补救的。傅山通过这句话告诉他的学生，如果做人没有及格，那么学书就是空谈。比如在学习颜真卿的书法之前，必须要看颜真卿这个人是怎么做和怎么说的，就是要先学习颜真卿这种做人的态度。只要胸中有颜真卿的浩然正气，即便是一根小小的笔管也可以写出豪气万丈的书法来。

正因为如此，书法艺术几乎成了封建文人士大夫生命形式的例子不胜枚举。而传统的读书人也乐于用笔墨纸砚、梅兰竹菊来装点自己的生活环境，这是他们追求高洁意境的荣耀象征。唐代诗人刘禹锡在他的《陋室铭》中就曾经用这样的诗句来描述理想中的文人生活："苔痕上阶绿，草色入帘青。谈笑有鸿儒，往来无白丁。可以调素琴，阅金经。无丝竹之乱耳，无案牍之劳形。"古人最重视的就是风骨，这种追求精神超脱的高雅是自古以来文人的崇高追求。

宋代的大学问家苏轼就算得上是一个文豪，也是一位大书法家，当他谈论到学识修养与书法的对应关系的时候，曾这样提道："作字之法，识浅、见狭、学不足三者，终不能尽妙。"一个书法家如果学识浅薄、见识狭隘、学气不足，他的书法是不可以达到尽善尽美的程度的。而苏轼本人就是中国书法史上最富有浪漫个性和学问的书法家，他诗词歌赋、书画音律无所不精。他的书法既有阳刚之美，又有书卷之气。苏轼广博的学识造就了他那种气吞万里的胸襟气度。观苏轼书法，就不由得使人联想起他的"大江东去浪淘尽"的恢宏和豪迈。

书法艺术自古发展到今天，它给我们留下的不仅仅是一幅幅令我们无限追思和敬仰的笔墨宝卷，更重要的是要留给我们一笔沉淀千年的思想和精神财富。站在书法艺术的面前，我们应该感到无限的欣慰和幸福，每当我们停下匆忙的脚步，就可以随时去瞻仰去体会那份古朴优雅和那份博大深邃。

中国的书法艺术已经经历了漫长的积淀代代相传，浸透在民族久远的血液之中。透过那变幻万千的点线形式，我们似乎看到了那种沉浸与笔底，洋溢于案头的生命存在。

书法里的玄机其实很好懂

有一次，阿姨在教课的时候放出来一张幻灯片，文霞坐在下面张口说了一句"那是启功的字"。阿姨在讲台上说道："文霞说得很正确。"对文霞进行了小小的鼓励之后，还对她报以微笑。

下课之后，阿姨走过来招呼文霞一起回去，并问她道："文霞，你怎么知道那个是启功的字，他的字有什么特点你知道吗？"

文霞想了一下，摇摇脑袋："我只是喜欢启功这个人，看他的字看得比较多，所以在课上看到之后一眼就可以认出来，至于他写的是什么字，有什么特点，我都是一点也不了解的。"

"呵呵，"阿姨边看文霞边笑着说道，"那你喜欢启功的字吗？"

"嗯，"文霞使劲地点点头，"可能书法就是可以反映一个人的品德吧，启功的字和他的气质就很符合。看上去又温和又刚强，是一种外柔内刚的字，好像是一个圆乎乎的人里面有根很硬的骨头在戳着。启功就是一个很有骨气的人。他说过，人不可以有傲气，但是不能没有傲骨。所以我特别喜欢他，也喜欢他的字。"

阿姨听文霞的讲述之后，高兴地说："文霞，其实你讲的已经就是在鉴赏一幅书法作品了，只是你自己不知道。启功的字，看上去总是似乎绵软柔弱却源源不可切断，包含着很深的功力。而且不仅如此，启功的人品为时人所称道，这使他成为当今书法界当之无愧的泰斗。"

原来阿姨也很喜欢启功，文霞觉得她和阿姨还挺志同道合呢。

妈妈告诉我

文霞，一幅书法，我们在观赏的时候，最好能够欣赏出它真正好在哪里。下面我介绍一些关于欣赏书法的小常识，只要从以下几个方面来入手，就可以自己试着欣赏书法的美妙了。

首先，要欣赏书法的点画线条。

书法的点画线条具有无限的表现力，这些线条本身是抽象的，所构成的书法形象，却可以把全部的美都囊括其中。所以，在欣赏书法的过程中，要着重欣赏其线条的力量感、节奏感和立体感。

1. 力量感

线条美的标准之一就是有力量感。有了力量感，点画线条在人的心中就会唤起了力的感觉。早在汉代，著名的大学问家蔡邕就对点画线条做出了专门的研究，指出要"藏头护尾，力在字中"，要求点画要深藏锋角，有往必收，有始有终，便于展示力度。在这里需要注意的是，我们强调藏头护尾，并不是说可以忽略中间行笔，以使点画线条浑圆醇和，温而不柔，力含其中。但是点画线条的起至并非都是不露锋芒的。书法中往往需要藏露结合，尤其在草书中，更是千变万化。欣赏书法的这一点时，既要注意起至的承接和呼应，又要注意中段是否浮滑轻薄。

2. 节奏感

节奏感本来是指音乐中的高低、强弱、长短的变化规律。书法由于在创作的过程中运笔用力的大小以及速度快慢的不同，产生了轻重、粗细、长短、大小不等的交替变化，使书法的点画线条产生了节奏。汉字的笔画长短更加强了书法中点画线条的节奏感。一般而言，静态的书体节奏感较弱，动态的书体节奏感较强，变化也较为丰富。

3. 立体感

立体感是在书法过程中运用中锋运笔书写的结果。用中锋写出的笔画"映日视之，画之中心，有一缕浓墨，正当其中，至于折处，亦当中无有偏侧。"这样的点画线条才能饱满圆实，因而中锋运笔历来都很受重视。

其次，要欣赏书法的空间结构。

书法的点画线条在遵循汉字形体和笔顺原则的前提下交叉完成，分割空间，形成了书法的空间结构，包括单字的结体、整行的行气和整体的布局三个部分。

1. 单字的结构

单字的结体要求包括整齐平正，长短合度，疏密均衡。只有这样才能写出错综变化、形象自然的字，于平正中见险绝，险绝中求趣味。

2.整行的行气

书法作品中的字与字上下相连，形成"连缀"，要求上下承接，呼应连贯。楷书、隶书、篆书等静态书体虽然字字独立，但笔断而意连。行书、草书等动态书体可字字连贯，游丝牵引。此外，整行的行气还应该注意大小变化，齐整呼应，虚实对比，以及由此而产生的节奏感。这样，才能使行气自然连贯，血脉畅通。

3.整体的布局

书法作品中要求集点成字、连字成行、集行成章，构成了点画线条对空间的切割，并由此构成了书法作品的整体布局。要求字与字、行与行之间疏密得宜，平整均衡，参差错落，变化多姿。其中楷书、隶书、篆书等静态书体以平正均衡为主；行书、草书等动态书体变化错综，起伏跌宕。

再次，要欣赏书法的神采意韵。

神采本来是指人面部的光彩。而书法中的神采指的是点画线条及其结构组合中透出的精神、格调、气质、情趣和意味的统称。所谓"神采为上，形质次之，兼之者方可绍于古人"。因此，书法艺术的神采实质往往是点画线条及其空间组合的总体和谐。追求神采，书写性灵始终是书法家孜孜以求的最高境界。

要想获得书法的神采，一方面依赖于书法家创作技巧的精熟，这是前提和基础，另一方面，只有创造心态恬然自如，才能够写出真情至性，融进自己的知识修养和审美趣味。

笔墨纸砚，一个都不能少

在阿姨那里上了几天的课之后，文霞的心里有点痒痒，也想学习书法了，于是请妈妈带她去买一些文房用具。

妈妈在路上一边走一边跟她说："文霞，妈妈可以给你买最好的文具，你一定要好好学习，不可以半途而废了啊。"

"嗯，妈妈我会好好练习的。"这个时候文霞信誓旦旦地向妈妈表决心。

到了文具店，他们开始选购需要的用品。

"啊！毛笔有这么多不同的价位，都有哪些的差别呢？"文霞左挑挑，右看看，不知道用哪一个好。

妈妈走过来说："文霞，这些毛笔种类有很大的差别，而且做工也不一样，所以适合于各种写字或是画画的需要。比如说这种白颜色的笔，是用羊毛做的，羊毛比较软，所以适合于写篆书或者是隶书，像那种褐色的，叫作狼毫，由于它的毛较硬，所以也不好驾驭。一个真正写字的人可以驾驭各种各样的笔，但是我们才刚刚开始练习，所以不能随便用笔。妈妈给你选这一种叫作兼毫的笔，这种笔是由硬毫和软毫两种毛制成，软硬适中，适合初学者的学习和使用，你应该买这一种。"

哈！文霞觉得妈妈真是太棒了，把旁边卖毛笔的叔叔都说晕了，嘻嘻。

可是，他们又看到同样的兼毫笔，这里也有很多种，也有不同的价位，妈妈帮文霞挑了一支比较贵的笔。

"妈妈，那个比较便宜。"文霞对妈妈说。

"文霞，我们刚刚开始学习，树立写字的信心也很重要，用好笔写出的效果可以达到最好，可以帮助你树立写字的信心。"妈妈给文霞讲明白了选好笔的道理。

然后，妈妈又开始帮文霞挑选其他的用品："除了笔之外，选墨也很关键。我们要选好笔，也要选好墨。至于砚台，选一般般的就可以。而纸，我们可以选最便宜的来买。"

在妈妈的带领下，他们顺利地买好了需要的物品。而且让文霞感到最难得的是，妈妈知道哪些东西需要买贵的，而哪些东西不必要额外再花钱了。

🚢 妈妈告诉我

文霞，文房四宝发展到了今天不仅依然作为书写工具，而且还具有艺术和收藏的价值。对于我们学习书法的人来说，我们更加重视它对于书写的意义。确立了出发点之后，我们也就能够确定选择的基本原则了。既然文房四宝对于我们来说，目的就在于书写，所以是否有利于书写就是我们的最高指导原则。简单说，就是四个字：运用得宜。古代书家根据实践经验有过一些很有针对性的意见。

1.毛笔

依照不同的分类标准，毛笔可以被分成不同的种类。以笔毫的长度分，有长锋、短颖。以笔毫的软硬程度分，有硬毫、兼毫和软毫。

硬毫的材料，主要有兔毫、鼠、黄鼠狼毫、狸毫、鹿毫、獾毫、猪鬃等，其中最主要的又是兔毫、黄鼠狼毫。兔毫是较早用来制作毛笔的，所用的是兔子遇惊时背颈上耸起的所谓"箭毫"或称"枪毫"，甚为硬利，极有弹性，制出的毛笔书写便利。黄鼠狼学名黄鼬，其毫清劲，尤其是东北山区所生黄鼬冬天的毫毛更佳。由于从唐代以后，它逐渐成为硬毫的最主要的品种，一般谈硬毫，往往就说狼毫，又因为其颜色近紫，所以也常常称紫毫。

软毫的主要用材有青羊毫、马鬃、鸡毫、鹅毫、雁翅等，其中最主要的是羊毫。它最初用作兔毫笔的副毫，后来逐渐单用，成为一个独立的种类。其弹性不如硬毫强，但韧性好，不易秃，又比较柔软，寿命长，而且易于控制，优点十分突出，一般谈软毫，往往就指羊毫。

除此之外，现在市场上还新出现一种更加适宜书写的笔，称为兼毫，是融合了硬毫和软毫的优点，更加适宜初学者的学习。

此外，判断笔头的好坏，还有一个裹扎得结实与否的问题，如果裹扎不好，则笔毫容易脱落，毛笔必定不能耐久，因此选笔时还应该用手捋一捋笔头，观察笔毫是否脱落过甚。当然，如果有人特意用粗糙的毛笔写一种粗头乱服的风格，则不必考虑毛笔的优质了，相反，倒应该特选质量低下的毛笔才好，不过，这对于初学者恐怕是不行的。

一般来讲，我们在刚刚开始练习的时候应该用好笔，因为好笔书写出来的效果最好，容易使初学者建议学习的信心。如果你真的想练习书法，不妨花点"大价钱"，买一支不错的毛笔。

2. 纸

书法主要用纸是宣纸，这已经延续了相当长的一段历史，至今依然。宣纸按原料中青檀皮和稻草的比例的差异，大体可以分成净皮、棉料、特净三类，特净中青檀皮的含量员多，纤维的弹性最佳；如果依纸的厚薄分类，则有单宣、夹宣、二层贡、三层贡等；宣纸经过加工处理，在吸水性能上会有变化，没有加工的最强，称作生宣，其次称半熟宣，吸水性最弱的称熟宣。

除宣纸外，现在常在书画创作中使用的还有皮纸、元书纸和毛边纸等。皮纸韧性比宣纸强，但质地略粗；毛边纸色黄而脆，纤维细润，纸质较薄；元书纸也是黄色，但纤维甚粗，吸水性不甚规则。一般来说，宣纸当然是书画用纸的上品，其他各种纸均无法与之抗衡，因为它纸质精良，制作考究，最有利于挥发墨。但如果排除制作工艺的优劣不论，单看书写效果的话，其他各种纸也有自己的优势。比如毛边纸很适于用来书写小楷或制作信笺；元书纸固然粗糙，但如果用来书写风格粗犷的作品，有时也有精良考究的宣纸所不能及的笔墨效果；而皮纸用来书写气势磅礴的大字，颇为坚韧。即使是宣纸本身，也不能一概而论。比如熟宣适于书写小楷，而用来书写北碑、篆隶，笔墨效果就不易发挥，反之，如果用生宣来书写蝇头小楷，可能就比用熟宣要吃力得多；薄纸书写流利的行草，较为适宜，而厚纸用来书写厚重沉劲的篆隶北碑，较为便利，如果反其道而行，则可能就要受一些阻碍。当然，如果是对各种纸张都能极好地驾驭的大师，这些就都是相对的，甚至是无足轻重的了，而初学者则还是适当重视的好。

还有一种更为环保的方法就是使用报纸，而且写完之后的报纸还可以扎捆回收，既经济又环保。但是注意在选用报纸的时候最好不要用彩色印刷的纸张，以免损坏毛笔。

3. 墨块

现在日常用墨，一般都不再研磨，而直接使用墨汁，但在一些比较特殊的情况下，仍然要使用墨铤，因而也需要适当了解一些选墨的常识。

一般来讲，墨铤的颜色应当黝黑发亮，质地应该坚硬结实，用手轻扣声音应当比较清脆，胶不能重，否则易变形或胀裂，墨的颗粒应当比较细润，不能混有杂物。至于选择松烟、油烟还是油松墨，则各有所长，不必强求一律。

如果是平常使用，则现在比较有影响的一些墨汁厂出产的墨汁基本就可以满足了，比如"一得阁""中华""曹素功""墨宝"等，都是品质不错的墨汁。选择墨汁时，主要注意其生产日期，由于墨汁中胶质较一般墨铤重，时间一长容易沉淀结块，难以化开，而且可能变质。

4.砚台

随着墨汁的普遍使用，砚的主要功能之一———研磨的作用也逐渐弱化，在日常情况下，它主要还是起贮墨拣笔的作用，因而，如无特殊需要，选择一块普通的、石质尚好的砚台就可以敷用了，其他材质的砚台也有质量甚好的，比如瓷砚等。如果条件允许，可以选择好砚，则主要应当注意其发墨效果，发墨细腻而快的为优。此外，贮墨效果也应当注意，好的砚台，贮墨能够保持较长时间不干，有的甚至冬天不冻。

用绘画直抒胸臆

国画欣赏

秀娟和秋菊一起去艺术博物馆参观，因为最近这里举办特展，有一批珍贵的明清书画，她们有幸能领略其风姿。只不过，秋菊比秀娟懂得更多一些，秀娟对此却是一无所知。

走进展厅，他们两个人在一起看一幅幅的书画，不知道秋菊都在看些什么，反正秀娟只是在看热闹而已。

秀娟觉得自己是对艺术一窍不通的人，看这些画——混个脸熟就算了。

秋菊拉着秀娟的手，突然对她说："秀娟，你看，那幅画是郑板桥的。"

顺着秋菊手指的方向，秀娟看到了一幅黑白相间带有题字的画，可是上面画的却是一块石头，秀娟笑着说："不对，你一定是弄错了。郑板桥是画竹子的，这点常识我还是知道的。"

"不是，这个一定是郑板桥的。"秋菊固执地坚持自己的意见，"因为我是从画旁边的字来判断的，郑板桥写字的特点是'乱石铺路'，以前爸爸给我讲过，你看这上面的字写得歪歪扭扭，忽左忽右，但是，在歪歪斜斜之间有一道中轴线，无论字写得再歪，始终和这条中轴线是对称的，这就是郑板桥写字的风格。"

"哦，"听到秋菊这么肯定的讲述，秀娟想一定是自己弄错了，结果她们找了一位旁边的讲解员叔叔询问，果然这幅画的作者是郑板桥。

"秋菊，我太崇拜你了。"秀娟由衷地赞美了她一句。

"呵呵，没有，我只是以前听爸爸说过，所以就记住了。"秋菊特别谦虚。

妈妈告诉我

秀娟，美术是人类创造的一种精神产品，它有别于听觉艺术的音乐、语言艺术的文学，是具有造型性、可视性、静态性、物质性的一种空间艺术。正因为有以上基本特征，美术作品首先应该是可以被人感知的，它能引起人们感官注意的空间艺术形式；其次，它通过其物质媒介向人们展现一个静止状态的相对理想的客观世界，进而触发人们二次创造特定的情感情绪。

青春期时期的女孩提升美术的素质是大有必要的。一个懂得欣赏绘画作品的年轻女孩，不一定有出众的外表，但绝对有超凡脱俗的魅力，这种魅力源自那行云流水般的神态，以及那雍容华贵的美感。若能将绘画的神韵融入自己的言谈举止中，定能焕发出与众不同的光彩。下面，简单介绍中国的美术。

中国画（亦称国画）是我国特有的画种，由于民族性格、历史文化传统、审美以及绘画材料和工具的不同，是经过无数画家的努力形成的、带有民族特色的画种，是世界艺术中的重要组成部分。要想了解中国画，首先要记住八个入门常识。

1. 中国画是我国传统造型艺术之一，简称中国画。

2. 中国画讲究形式美，要求作品有"形神兼备""气韵生动"的艺术效果。同时还十分重视用笔、用墨，构图不受时间、空间的限制，也不受焦点透视的束缚，画面空白的运用独具特色。中国画强调诗、书、画、印所构成的完美的艺术整体效果。

3. 中国画从题材上分为人物、山水、花鸟三类，从表现形式上可分为工笔、写意两种。

4. 中国画的工具有笔、墨、纸、砚。

5. 中国画用具有生宣纸、毛笔、衬纸、笔洗、调色盘、书画墨汁、国画或水彩颜色。

6. 中国画的用笔主要以下几个方法：中锋、侧锋、逆锋。此外，还有藏锋、露锋、散锋、聚锋等多种用笔方法。

7. 墨分五色：焦、浓、重、淡、清。中国画用墨有"墨分五彩"之说，即焦墨、浓墨、重墨、淡墨、清墨。

8.从笔含水分的多少，又有干湿之分，归纳为干、湿、浓、淡四个字。

了解了中国画之后，我们知道了中国画无论是从材料上还是从绘画技法上都不同于其他绘画种类，有着独特的神韵。那么，如果想要学会如何来欣赏中国画，也需要了解八个重点：

1.画工：画家的作品可表现出作者的成就。画面的形象，就是画工的具体体现，我们往往主观批判该画的好与坏，就是受画工的影响最大。

2.布局：布局看来似是画面的设计，其实是作者胸怀中的天地，从画面布局中表现出来。中国画与西方绘画不同的地方甚多，最明显之处就是"留白"，国画传统不加底色，于是留白甚多，而疏、密、聚、散称为留白的布局。在留白之处，有人以书法、诗词、印章等来补白。亦有让其空白的，故从布局可见作者独到之处。

3.书法：中国画与西方绘画不同之处，其中一项就是书法。国画画面上常伴有诗句，而诗句是画的灵魂，有时候一句题诗如画龙点睛，使画生色不少，而画中的书法，亦影响画面至大。书法不精的画家，大多不敢题字，虽然仅具签署，亦可窥其功底一二。

4.诗句：字画中的诗词，往往代表主人的心声。一句好诗能表现作者的内涵和学识，一句好诗，亦能起到画龙点睛的作用。

5.学识：功力及布局可以从画面窥其一二，至于作者的学识，对其作品影响很大，故中国有"文人画"之称。著名文人，其作品与众不同，就是一种"书卷气"。画家于画匠之别，学识是条件之一。

6.人品：西方画家往往浪漫不羁，游戏人间。而欣赏者只观其画而不理画家的私德。中国人不同，画家或书家如行为不检、道德败坏、声名狼藉、大奸大恶者，即使其作品十分精美，亦无人问津。

7.功力：从事书画修养越久的人，他表现出的功力，是初学者无法掌握的。尤其是书法，老手多苍劲有力，雄浑生姿。在国画方面，其线条、设计、意境亦表现出作者的功力。所以人生经验丰富的艺术家，其作品往往较年轻画家有不同的表现，这就是功力。

8.印文：无论字或画，常有"压角"的闲章出现。所谓闲章就是画面或书法留白的角落。而印上的文字，有时影响字画甚大。从印文中也可看到作者的心态，或当时的环境。好的印文，配以好的雕刻刀法，盖在字画上，使作品更添光彩。

涂鸦很好玩

瑞娟在网上上传了一张自己的新照片，并且邀请她的好友们发表评论。

转天来上学，媛媛诡异地来到瑞娟身边，告诉她说："瑞娟，你看看你的照片，鼻子变成匹诺曹了。”

嗯？怎么会？瑞娟一时没有反应过来媛媛的话。

回到家，瑞娟迫不及待地打开了电脑，看到自己的相片果真变成了“匹诺曹”，下面还有媛媛做出的一个胜利的手势。

“媛媛，你是怎么做出来的？害我出丑！”瑞娟忙不迭地打电话问她。

“哈哈哈哈！”电话那一头的媛媛笑开了花，“瑞娟，你不知道了吧，这个叫涂鸦，是网络的新玩法，我把你的图片修改了一下，你看怎么样，效果不错吧。”

听了媛媛的话，瑞娟感到又气又好笑，原来这个就是涂鸦，她才明白过来。

不行，瑞娟决定要报复媛媛一下。

她打开电脑的photoshop软件，选了一张她喜欢的埃及狮身人面像的图片，从中间剪开一个孔，把媛媛一张噘嘴的照片放了上去。将照片合成之后，瑞娟看看自己的劳动成果，满意地笑了。

“媛媛，你再看看我的照片。”瑞娟连忙给媛媛打电话。

“你又放新照片了？是不是还想等着我给你加工一下？哈哈。”媛媛笑着去开电脑了。

妈妈告诉我

瑞娟，你们所说的涂鸦，只是网络上的一种简单玩法。真正的涂鸦作为一种街头艺术，与街舞、RAP、DJ并列为街头文化的四大重要元素。最早的涂鸦，出现在20世纪60年代中后期的美国，当时社会上有人在地下铁的车厢内外作画，借着地铁传播他们的声音和想法。1971年，《纽约时报》专门刊文介绍涂鸦以及一位留下“TAKI183”标志的年轻人，由此，纽约城的涂鸦运动大肆蔓延，成群的涂鸦者涌现，多是低下阶级的年轻人、西班牙裔或是黑人。他们借喷漆宣泄不忿，导致纽约地铁遭到严重破坏，不过，涂鸦也因此成为纽约地铁史的一个部分。直到1972年，一群涂鸦艺术家成立涂鸦艺术家联盟“UGA”，邀请各区涂鸦高手在大学的一面披覆着纸的墙上作画，涂鸦才真正开始第一次被视为是一种合法的艺术。

世界各地的政府要员对待涂鸦大多持反对意见，认为涂鸦会破坏城市景观，但另外一方面，他们不得不采取一些平和的措施来使涂鸦合法化，例如德国的政府部门会和一些涂鸦组织合作，开辟一定的场地、发放执照给爱好者进行创作，同时每年举行“涂鸦比赛”，从思想、乐趣、艺术等方面进行评比，提高涂鸦的艺术性。对于其他乱写乱画者，会罚他为社区服务。涂鸦爱好者们认为：“只要有计划性的、选择适合的场地、物品，涂鸦并不会是一种污染！”

涂鸦爱好者一般把作品分为两种：bombs和pieces。前几年是以“bombs”为主，意即在地铁通道、建筑物外墙等公众场合玩的涂鸦，以四五人为一组，一些人负责把风，另一些涂鸦作画，在短短几分钟甚至几十秒内完成涂鸦，迅速收起工具逃离现场。因为作画时间短，涂鸦者抱着"爽一把"的心态，一般都只是画团队标志，图案大而简单。由于这种涂鸦属于违章行为，有碍市容，画作很快会被洗刷掉。当时，"Mig""FBL"等自由组合的小团体，在"街仔"当中都颇有影响。现在，涂鸦艺术渐渐为人所知，一些商家或者院校都会举办涂鸦比赛，或在店面以涂鸦作为宣传画。由于举办者提供足够大的墙面，涂鸦画作以 pieces（整幅墙）的形式为主，涂鸦爱好者也就欢呼着涌出地面了。其实，涂鸦是一种很好玩的游戏，但是并不是在所有的场合都适宜，如果你也想过过瘾玩把涂鸦的话，建议你用以下三种玩法：

1. 模拟"墙壁"

涂鸦多以墙壁、拉闸为介质，但是我们不可以随意在公共场合进行涂鸦，于是涂鸦者们用木板、帆布、墙纸等作为替代品。因为这些介质吸水性不同，如帆布吸水、吸涂料，底子又软；木板容易附着尘埃，为求仿真，最好提前一天涂上一层乳胶漆，风干为止。最简单的方法，是用报纸或者画纸覆盖住墙壁来涂，但底色会有所欠缺，色彩也会偏暗。

当然，最有质感还是在墙壁上涂鸦。有的人会把自己的房间贡献出来，供朋友们一起涂鸦实战。

2. 贴纸涂鸦

用"bomb"的手法来涂鸦，要求迅速，质量常常保证不了，所以不少爱好者先在家里用电脑设计或者预先"涂"出来，制作成小贴纸，贴在自己的物品或者宿舍门口等"小众"地方，供人欣赏。

3. 网络涂鸦

早期的网络涂鸦板是通过人机交互的方式，直接在屏幕所显示的画板上用鼠标或手写板涂画，而且，程序还会记录绘画时间和使用的工具次数，并提供绘画过程的回放，不过只能画线、填色，而且画出来的东西没法保存。发展到今天，主流涂鸦板 Oekaki 有比较杰出的有功能，绘画功能经接近 Photoshop 等主流图像软件，甚至有一种结合了网络聊天室程序，支持多人同时在线绘画，可即时看到对方的作品，连 MSN 里的手写板，也都算是网络涂鸦的一部分。

手绘，创意新生活

悦悦的妈妈快过生日了，悦悦想和同伴一起，去给妈妈挑选生日礼物。

到了礼品屋，里面琳琅满目的商品让两个人眼花缭乱，不知道应该给妈妈买些什么好了。

小屋里的主人见状，连忙过来帮助她们："小同学，你们想买什么样的礼物？送给谁呢？"

悦悦告诉这位店主人说："我想买礼物给妈妈。"

"哦，"店主人思考了一番说道，"那你应该给妈妈买对她而言实用的，而且最好是每天都用得上的，你想想，送什么好？"

悦悦想了又想，妈妈每天都用杯子喝水。干脆，送给妈妈一个小瓷杯好了，让她每天都可以用到。

"呵呵，小同学，你想的太好了。"店主人高兴地说道，"我们这里新到了一批彩绘水杯，都是手工画上去的。你帮妈妈选一个吧。"

悦悦看到这些手绘的水杯，一下子就喜欢上了，她挑选了一个暖色调的杯子，想给妈妈带去温暖……

"妈妈，这是您的生日礼物。"悦悦高兴地把水杯递给妈妈。

"呵呵，悦悦真懂事，谢谢你。"妈妈高兴地接过悦悦的礼物，"还是手绘的啊。"

"妈妈，你也知道手绘啊？我是今天去买杯子，才知道有的。"悦悦好奇地问妈妈。她怎么什么都知道呢？

"嗯，悦悦。如果你也喜欢手绘的话，也可以自己试着画呢，挺有意思呢。如果你想画的话哪天我带你去买工具。"妈妈对她说。

"真的？我也可以画？那我一定要试试。"不经意间，妈妈也送给了悦悦一个礼物。

🚢 妈妈告诉我

悦悦，手工绘画，简称为"手绘"，在中国应该算是近些年新起的一个新鲜事物，其实早在台湾香港等地"手绘服饰"已经是家喻户晓了，而街头手绘服饰店也相当的多。现在可以手绘的东西很多：比如服装、靠垫、抱枕、帆布鞋等。所以如果喜欢绘画的女孩，可以通过手绘来施展才华我们可以在家具上、杯碗或是杯罩上来画。不同的手绘颜料，可以画在不同的物品上。

手绘的流程有哪些呢？如果你想尝试一下手绘的话，妈妈来一步一步介绍给你吧：

第一步：当然是购买必备用品。

如果是制作普通的手绘，只要两种主要颜料就足够了：一种是丙烯，一种是纺织颜料。丙烯颜料可以用来在棉质的衣服上来绘画，不会褪色。纺织颜料适合画一些简单颜色的图案，而且价格也不会是特别贵。

第二步：购买画笔。

用于手绘的笔千万不要买羊毫或者是狼毫笔，因为手绘颜料不像一般的颜料，当它在笔上干了之后，会有气球状的膜裹在笔上。所以买大中小号的尖头毛笔各一只就可以了，如果不够用，还可以买刷子头的水粉笔大小号各两支，足够用了。

第三步：准备衣服。

如果是准备自己画的话，就拿自己的棉质衣服就 OK 了，牛仔质地的也不是不可以，布面的靠垫也可以。衣服最好是单色的或者是不复杂的彩色，如果衣服的颜色过于复杂，就不能够突出绘画的效果了。

第四步：做好准备工作，开始画。

1. 如果你的绘画功底不够好，你就应该自己用铅笔在衣服上打草稿了，可以打得细一些，用以在后面描好边上好颜色。最好是用铅笔轻轻地上颜色，以后的颜色足以把铅笔道盖上。

2. 手绘的颜料很容易干，所以最好将其放到小格的颜料盒之内，并且用什么颜色就倒什么颜色，不要全部倒掉。

3. 下笔开始画的时候一定要仔细，而且也要考虑清楚，因为如果有一笔画错了，那基本上没有办法补救，所以一笔也不能画错。上色的时候可以用颜料粘上稀释液一起画出来的效果会更加自然。当然如果你想画简单的图案，直接上什么颜色都可以。

第五步：完工总结。

衣服画好之后晾在那里不要动，让它自然放干就好，趁这个时候可以把其他东西先收拾好。需要注意的是毛笔一定要及时清洗干净，因为上面完全是膜状物，要不及时清洗以后就不好办了。

创办一份《家庭画报》

"美娜你看，我自己做的画报。"敬澜拿出一张彩色的纸向美娜炫耀。

"是什么东西？画报？"美娜拿过敬澜手里的画报看了起来，这张画报还是敬澜自己打印出来的呢，上面的内容是关于她的服饰和首饰。

"嘿嘿，我们家里新买的打印机，想试试好用不好用，所以就自己做了一份画报。"敬澜得意地向美娜说道。

"我说你怎么有着闲情呢，呵呵"美娜看着敬澜笑着说，"不错不错，还挺高科技呢。"

看到敬澜的画报，美娜心里不觉冒出了一个想法，她也可以做一份类似的家庭画报，把自己从小收集的扑克牌编辑成一份报纸，还可以把自己亲手做的小手工编辑成一份报纸，再把我家里所有的布娃娃备个档案，再拍张全家福，编辑成一份报纸……最后把所有的报纸装订成册，那是多么有意思的一件事啊。

回到家美娜把自己的小想法和妈妈说了说，没想到妈妈居然也很赞成。

"美娜，这个想法不错的，可以收集起来，成为你少年时代美好的回忆。"妈妈对她说。

"嗯，我从现在开始思考一下我的《创刊号》怎么做吧。"

"呵呵，好。"妈妈摸摸美娜的头，"美娜的小想法越来越多了。"

🚢 妈妈告诉我

美娜，画报有很多种形式，除了我们在日常经常接触到的《周末画报》等刊物之外，其实我们完全可以自制画报，在我们小的时候这种情况特别的普遍，虽然现在市场上各种报纸杂志很多，如果能做一份属于自己的画报，无论是手工绘制还是电子排版，不都很好吗？

我想也许你对画报这种形式还没有特别清晰的认知。如果说的严格一些，画报是指以刊登图画和照片为主的期刊或报纸，可以用画来表达文字所表达不出的意思。其实，画报中的图画和文字是相得益彰的，只是比起一般的报纸，它的图片更加丰富，文字更为简约。这也是大势所趋啊，不是说，我们已经进入了"读图时代"吗？

但是，我猜你每天除了要完成老师布置的作业之外，可能从来没有想过主动去做一份画报，尤其是家庭画报，这在中国的家庭中本来就是比较少见的现象。

其实，为什么不呢？创办家庭画报，可是好处多多的。

首先，它能够活跃家庭的气氛，现在的生活节奏很快，爸爸妈妈忙于工作，你忙于学习，本来交流的时间就很少，除了过年过节，更是没有什么机会搞家庭活动了。而你利用自己的所学，办一份画报，写一写家庭新闻、生活感悟，画一画辛劳的爸爸妈妈、慈祥的外公外婆，用幽默的画笔画出生活中的趣事，这本是就是一件有意义的事啊。

而且，它还能让你自己的能力得到锻炼，用图来表情达意，是一项本领，因为图画更直观、更有冲击力，能够引起人们丰富的想象。而配图的文字又要求高度简洁，这对一个人的提炼能力也是一种考验。搜集查阅资料、动手动脑的能力等也能得到相应的提高。更重要的是，他能锻炼我们从生活中发现趣味的能力，这能够丰富我们的精神世界。

想要办好家庭画报，首先必须在生活中有所发现，不能将每一件生活琐事都照原样画到画报里，我们要对它们进行筛选和甄别，发现其中有乐趣、有意义的内容。并根据其进行艺术创作。

栏目的设计、板块的安排、图画的制作、文字的搭配，这些就是具体的安排了，同时也是最能体现一个女孩子的慧性灵心之处，这是一个纯粹私人化的作品，所以不要有所顾忌，大胆地按照自己的想法去做就好了。哪怕只用蜡笔或水彩笔在一张朴实无华的白纸上涂鸦，只要能够体现自己的真情实感，同样是优秀的作品，因为我们进行这项活动的本意就在于此。

如果想要把这份画报做到更出色，最好多精通一些电脑技能，比如 word 等，如果你有兴趣，还可以尝试使用 photoshop 等软件，这样一些高难度的图片就不难画出了，当然了，更重要的是画画的基本技能，画报里面最好不全是打印的电子画作，缺少了手画的美图，也会让整个画报看起来缺乏自然亲切之感。

试着享受音乐和舞蹈

独处时，享受天籁之音

小艺新买了一个 MP4，从此以后听音乐上了瘾。走路在听，课间在听，就连上自习的时候也在听。

"很奇怪小艺都听些什么？这么着迷？"荣荣特别想知道所以然，于是蹑手蹑脚地走到小艺身后，趁小艺没有防备，冷不丁地就把她的一个耳机拔了出来。

"你听的都是什么啊！"荣荣把耳机放在耳朵旁边不到 5 秒钟，就把耳机塞给了小艺。

小艺看到荣荣过来了，笑着摘下她的 MP4，对荣荣说："我在听古筝。"

"哎哟——"荣荣阴阳怪气地说，"那么慢性子的音乐，亏你也听。"

"呵呵，我就是喜欢古筝。"小艺说，"《沧海一声笑》，特别好听。"

"小艺，你一边听音乐，一边写作业，这样能保证质量吗？如果是我的话，只要听音乐，就没有办法做题了。"荣荣向小艺"取经"，问问她有没有听音乐不耽误写作业的好方法。

小艺说："我是这样的，如果在思考问题的时候循环播放同一种音乐，就会好些。一般说来，如果我在思考数学题，我就会放单音或者是节奏简单的音乐，不会影响我的思考，如果是做英语题目，那就听一些轻快的音乐活跃思路，如果是做抄试卷之类的体力活，那就听节奏超级快的音乐，这样可以让自己写得更快一点，嘿嘿。"

呵呵，没想到，小艺还真有一套。

小艺接着说："如果晚上失眠了，也可以用听音乐来缓解，我试过，还挺管事呢。如果心情烦乱不能做事情，最好也听一听音乐，可以调节情绪。其实，听音乐的好处可多呢。"

妈妈告诉我

小艺，音乐绝不仅仅是一串单纯的音符，而是一种深蕴着人的精神的文化现象。无论在我国传统的音乐中，还是西方古典音乐，浪漫音乐中，我们都可以感受到音乐的精神"脉搏"。音乐大师们在五线谱间发出的对天、地、人的畅想，对命运的慨叹，对未来的展望给懂得欣赏的人们带来心灵的震颤。

音乐是一道美丽的风景，但只有少数人有幸欣赏，因为这道风景不是用眼睛看的，而是用心去体会的。春秋战争时期，伯牙与钟子期"高山流水觅知音"的故事千古流传，令人交口称赞。音乐就是这样，有着无穷无尽的、无法用语言描述的"魅力"，你可以在它的世界里，尽情放纵自己的欢笑，自己的泪水，在流动的音符中寻找往昔生活的印迹，编织你七彩的梦，获得心灵超越无限的自由之境。

现代的生活日益紧张忙碌，音乐就显得更加重要，那是上帝赐给世人的声音，紧绷了一天的神经将会在音乐中得到松弛，压抑了数天的悲愤情绪将会在音乐中得到宣泄，发自心底的快乐也能在音乐中获得飞扬。音乐还能在咖啡牛奶浓浓的香气中带走你的思绪，给创作者以灵感，给奋斗者以希望。因此，音乐不仅能调整状态，还能陶冶情操。

音乐是用来享受的，所以不一定要听完整的大型交响乐，因为那太沉闷太累，对于为工作奔忙了一天的身心有害而无益。但一定要听听巴赫、莫扎特、肖邦的作品，而且经常听莫扎特的音乐有助于开发智力。安特里奥的音乐是小资们的首选，因为他的音乐既不特别高雅也不完全通俗，而是属于"有分寸的另类"，这与小资自身的风格不谋而合。

一些经典老歌听起来更是别具一番风味，像老鹰乐队，还有爵士乐。对于追求生活格调的女性来说，在艺术欣赏上，怀旧永远都不会错。当代歌星中，恩雅和席琳·迪翁已经过时，现在要重点推荐的是意大利盲人歌唱家勃塞里和英国少女歌星夏洛特·邱奇，他们都给歌曲加入了一些流行元素。罗大佑和蔡琴是永远不会过时的流行歌手，他俩是经过几代人检验经久不衰的。崔健、刘欢、田震也可以听听。歌曲欣赏的下限是王菲，也就是说到她为止，比她再低就与"欣赏"二字无缘了。

下面推荐一些乐曲，供大家在朝霞微露的清晨和灯火阑珊的夜晚，细细品味：

古琴曲《梅花三弄》

琵琶曲《十面埋伏》

筝曲《渔舟唱晚》

二胡曲《二泉映月》

管弦乐曲《春节序曲》

小提琴协奏曲《梁山伯与祝英台》

贝多芬《第九交响曲》

舒伯特《未完成交响曲》

威柏《邀舞》

柏辽兹《幻想交响曲》

约翰·施特劳斯《蓝色多瑙河》

柴可夫斯基的《如歌的行板》《第六交响曲》

穆索尔斯基《图画展览会》

拉威尔《波莱罗舞曲》

奥涅格《太平洋 231》

中国古典音乐中的十大名曲

"亚亚，考考你，知不知道中国古代的十大名曲有哪些？"雅正故意难为亚亚一小下，嘻嘻嘻。

"这个……中国古代没有音乐吧，我从来没有听过中国古代的音乐。"亚亚如此这般回答。

雅正晕倒中……

"难道不是吗？"亚亚振振有词地质问雅正，"我听过的最早的中国音乐好像就是国歌。"

雅正再次晕倒中……

雅正决定不问了。

这十大音乐，是雅正今天刚刚从别人那里淘来的消息，跑到亚亚这里现囤现卖啦。

对于中国古典音乐的魅力，雅正早有耳闻，据说是这样的情况：爱听这种音乐的人，可以沉醉其中不能自拔，而不爱听这种音乐的人，连 5 秒钟都坚持不过去。故此，可以打一个形象的比喻：古典音乐如同臭豆腐。爱吃的人越吃越上瘾，不爱吃的人连闻都不愿意闻。大略如此吧。

🚢 妈妈告诉我

雅正，妈妈想告诉你的是，古典音乐是优雅的。经常坚持听古典音乐，会使女孩的气质发生完全的变化，变得更加端庄优雅。如果你不相信的话，可以去试一试的。我国传统音乐的代表作品如《广陵散》《春江花月夜》《二泉映月》《十面埋伏》等。其中以《广陵散》最为传奇。

1.《广陵散》

"广陵"是扬州的古称，"散"是操、引乐曲的意思，《广陵散》是一首流行于古代广陵地区的琴曲。它萌芽于秦、汉时期，到魏晋时期它已逐渐成形定稿。随后曾一度流失，后人在明代宫廷的《神奇秘谱》中发现它，再重新整理，才有了我们现在听到的《广陵散》。琴曲的内容据说是讲述战国时期聂政为父报仇，刺杀韩王的故事。

2.《高山流水》

《高山流水》是中国十大古曲之一，关于这首音乐，有一个广为流传的故事。

传说先秦的琴师伯牙一次在荒山野地弹琴，樵夫钟子期听完他的演奏，感叹"巍巍乎志在高山"，后来伯牙又奏了一曲，钟子期说"洋洋乎志在流水"。伯牙惊讶地说道："善哉，子之心而与吾心同。"从此与钟子期成为至交和知己，并且相约明年此时再见。但是到了第二年，钟子期没有出现。伯牙就去寻找他，没有想到，钟子期已经去世了。伯牙痛失知音，就将心爱的琴摔在钟子期的墓旁，终身不再演奏，而他当年遇见钟子期时弹奏的音乐和这个故事，就被编为高山流水之曲。

3.《十面埋伏》

《十面埋伏》是一首琵琶曲，也是中国十大古曲之一，但是它的创作年代，至今无法考证，白居易的名篇《琵琶行》中就有"嘈嘈切切错杂弹，大珠小珠落玉盘"这样的形容，可见白居易是曾听过有关表现激烈战斗场景的琵琶音乐的。《琵琶行》正是以历史为题材的大型曲目。

《十面埋伏》又名《淮阳平楚》，乐曲描写了公元前202年，楚汉在垓下决战的故事。十面埋伏是刘邦的阵法，楚军大败，项羽自刎于乌江，还有相关的一首曲子叫作《霸王别姬》，就是这时候的故事。

明末清初，曾有文献记载了琵琶演奏家汤应曾演奏《楚汉》一曲时的情景，也是两军决战，声动天地，屋瓦若飞坠。金鼓、剑弩、人马之声不绝于耳……这个景象与今天的《十面埋伏》就近似。

4.《胡笳十八拍》

《胡笳十八拍》是古乐府琴曲歌词，共有十八章，所以称为"十八拍"。这首曲子讲的是"文姬归汉"的故事。

汉末战乱中，文学才女蔡文姬流落到南匈奴，达十二年之久。她十分思念故乡，当曹操派人接她回内地时，又不得不离开两个孩子。还乡的喜悦与骨肉分离的痛苦交杂，心情非常矛盾。于是她写下了著名长诗《胡笳十八拍》，叙述了自己一生不幸的遭遇。

琴曲中有《大胡笳》《小胡笳》《胡笳十八拍》琴歌等版本。曲调虽然各有不同，但都反映了蔡文姬思念故乡而又不忍骨肉分离的极端矛盾的痛苦心情。音乐委婉悲伤，撕裂肝肠。

唐代的琴家黄庭兰就是凭借此曲走红的，在琴曲中，文姬移情于声，借用胡笳善于表现思乡哀怨的乐声，融入古琴声调之中，表现出一种幽怨矛盾的情绪，让人听之动容。

5.《梅花三弄》

通过梅花的洁白芳芬和耐寒等，来赞颂具有高尚节操的人。曲中泛音曲调在不同的徽位上重复了三次，所以称为"三弄"。

6.《雁落平沙》

通过时隐时现的雁鸣，描写雁群稳降前在空中盘旋顾盼的景象。

7.《夕阳箫鼓》

这是一首抒情曲，旋律优美流畅。1925年前后，上海大同乐社根据此曲改编成丝竹曲乐《春江花月夜》。

8.《渔樵问答》

乐曲表现渔樵在青山绿水之间自得其乐的情趣。

9.《汉宫秋月》

意在表现古代受压迫宫女的幽怨悲泣情绪，唤起人们对她们不幸遭遇的同情。

10.《阳春白雪》

阳春白雪不仅是中国古典十大名曲，而且也是十大名曲之一。相传这是春秋时期晋国的乐师和齐国的乐师共同所作。现存琴谱中的《阳春》和《白雪》是两首器乐曲。现在也有人用"阳春白雪"比喻高深的、不通俗的文学艺术。

以乐会友，享受一种乐器

可能是受到了古装电视剧的影响，丽丽最近迷上了吹横笛。伙伴们经常可以看到她一个人拿着横笛吹奏，噪音相当之大。

"丽丽的笛声可以起到治疗便秘的效果——让旁人憋得很难受。"某同学说道。

众人付之一笑，却不想打扰丽丽的雅兴。

而丽丽却对之不以为然，依旧是我行我素。不仅如此，她还经常向大家汇报她的进展。

"我今天找到了一张简谱，你们猜是什么曲子？哈哈，《彩云追月》。等我练习好了，吹奏给你们听吧。"

"我发现我的乐感越来越好了，今天我自己随着感觉把《采蘑菇的小姑娘》的曲调用简谱写了出来。"

"你们看我新买来一个原生纸浆制成的高级笔记本，我要把我会吹的曲子的简谱都抄在上面。"

有自己的爱好，不管从什么样的角度来讲，都是有益的。丽丽的生活较之以往充实了很多。

妈妈告诉我

曾经有一位小提琴教授说过："他所接触过的琴童，文化课学起来都不吃力，在班上差不多都是班干部或是三好学生。这种情况不是偶然，而是有很深的道理的。艺术教育比较注重个性，有利于完善人格，益于智力的开发。

通过学习一种乐器，可以改善我们原本封闭的性格，变得更加开朗，并且能够陶冶一个人的性情。不仅如此，学习音乐的孩子一般都是性情开朗、活泼、大方，妈妈以前也接触过一些原本性格内向的女孩通过学习音乐后，性情得到了极大的改善，处事待人、热情大方，更加喜欢与人沟通聊天。

懂得乐器，懂得音乐的女孩和一般的女孩相比起来更有气质，也更加有自己的品位。其实在生活中，处处都可以展现出艺术的品位和价值，而喜爱乐器，喜欢音乐的女孩会比一般的女孩能够更好地感受到品味和艺术，因此生活质量也绝对要远远超过一般的孩子，在所有艺术形式里音乐是最能给女孩带来气质和品位的，因为音乐是从心灵深处唤醒女孩的气质和灵感，使女孩对世界对人生有更深刻的感受和体会。

所以，丽丽，妈妈也希望你能找到自己喜欢的乐器，成为一个懂得感受生活的人。

在学习音乐的道路上一定会遇到种种问题和困难，我们还要懂得如何来解决和克服。聪明的女孩会在老师的引导下，找到适合自己的办法来渡过难关，因此每个爱好音乐的女孩，都有一个共同的特点，那就是懂得学习方法、善于总结经验、理解活学活用、知道举一反三的道理。这就是我们所说的本来聪明的女孩变得更聪明的原因了。反过来说，通过学习音乐也使得女孩掌握到更好的学习方法。

为什么学习乐器可以帮助人变得更加聪明？这其中有什么样的科学道理吗？

人的大脑分为两个部分，左半球专管对语言的处理和语法表达，比如词语、句法、阅读、写作、学习记忆等。而右半球负责对空间的感受，如对三维形状的感知，以及空间定位、自身打扮能力、音乐欣赏及歌唱等。用一句话来概括就是：左半球负责科学性的工作，而右半球负责艺术性的工作。简单一点说就是左脑管思维方面的活动多一些，右脑管运动和艺术的活动多一些。而乐器的学习必须要全面动用脑的两个部位。想想看，在练习乐器的时候，右手要动，左手也要动，眼睛要看着乐谱，耳朵要听音高，脑子里还要记乐谱背乐谱，可以说是真正的一心多用。在此时，大脑的左右两个半球都被调动起来了，左脑和右脑同时工作，既调动思维又要协调动作。这难道不是对于脑部动能的最好锻炼和平衡吗？在这种一心多用的状态下，也很难再分心干别的事情，对于培养人的集中注意力也是大有好处的。

将来等你学习乐器到了一定的水平，建议你最好参加一些有关表演乐器的社团活动。因为在乐团演奏是需要和别人配合的，对于你们这些独生女孩来说，最缺乏的可能就是合作的意识和团队精神，现在，参加一些乐团活动，对于提高演奏水平、提高合作和团体意识肯定是大有益处的。

舞动是张扬的青春

丽丽永远像是一个万花筒，不停地在变。自从她看了碟片的 MV 之后，把笛子甩在了一边，口口声声说自己要练习舞蹈。

"其实练习舞蹈没有什么可难的。我可以按照 MV 上的动作，从简单的做起。"

丽丽一派雄心勃勃的样子，引来了某些同学在私下里对她的再次漠视："但愿她跳的不是老年迪斯科。"

从此之后，在楼道间多了一个隽秀的身影，是丽丽在那里不停地旋转。

同学们都笑谈说："练习舞蹈可以使小脑更加发达，平衡能力增强。不信可以看丽丽，居然没有倒在那里。"

任何人都不会相信丽丽可以学成什么，因为她天生就是一个三分钟热度的女孩，今天看到吹笛很有趣，就练练吹笛，明天看到别人跳舞很好看，于是也想学。可是，任何的才艺都不是付出一朝一夕的努力就可以取得成就。而像丽丽这样的女孩，应该在生活的别处也不在少数，只要她们能够玩得开心就好吧。

以前丽丽曾经欣赏过一个傣族女孩跳她们家乡的民族舞蹈，她从小就练习这种家乡的舞蹈，那种舒展的姿势和轻盈的动作给人无限美丽的遐想。其实那个女孩长得并不是很漂亮，但是很多人在看过她的舞蹈之后都觉得她很美。

妈妈告诉我

丽丽，无论什么样的舞蹈，首先是一项才艺，可以给人增加气质和魅力，再有就是舞蹈对于形体的塑造也有很大的帮助，对于女孩来说，练习舞蹈，既可以让自己多掌握一种技能，同时还可以使身材更加健美，何乐而不为呢？

在练习舞蹈的时候，随着音乐翩翩起舞，那种轻盈的动作伴随着轻盈的心情，会让人感到无比愉悦，同时会为你带来体态美。舞蹈对于塑造形体究竟有哪些好处呢？

1.锻炼肌肉。舞蹈可以对肌肉进行全面性、综合性的刺激，它的动作可以兼顾到头、颈、胸、腿、髋等部位。舞蹈还同时具备了有氧运动的效果，使练习者在提高主肺功能的同时，达到减肥的目的。

2.和其他体育运动形式相比具有较强的趣味性。相对于跑步、游泳的枯燥来说，通过练习舞蹈更能带给女孩无尽的吸引力和新鲜感，还有更加良好的健身效果。

3.练习舞蹈可以增强身体的协调性，并培养良好的节奏感。舞蹈自身都有一整套的连贯动作，流畅而轻快，整齐而有韵律感，对于乐感以及灵巧度的锻炼有很大帮助。而它的趣味性也更容易让人集中和专注，忽略掉运动疲劳。

4.练习舞蹈有助于培养气质。由于舞蹈是一种极具表现力的运动，所以通过练习的过程中，表现自己的同时培养了优雅的气质并增强自信心，让人心情愉悦是缓解情绪的好方法。

很多人把健身舞蹈形象地比喻为"带着笑容去训练的项目"。在舞蹈课中，人们更关注的是能否在练习中愉快和尽兴，所以练习舞蹈对于心理放松有很大的意义。

练习舞蹈，不仅对人的形体塑造有很大帮助，同时也有助于强壮体质。

首先，舞蹈锻炼能够锻炼身体，有益健康。对于不同年龄的女孩来说，跳舞都是一项非常好的运动，坚持舞蹈练习不仅可以强身健体，增强抵抗能力，而且可以使自身的关节和肌肉得到锻炼，减慢身体骨骼的衰老。

其次，跳舞可以使心肺功能得到增强，促进血液循环，有一个舞友说："当伴随着音乐翩翩起舞的时候，我忘记了一天的疲劳和工作的烦恼。虽然气喘吁吁，汗流浃背，但却可以使全身得到放松。现在我的精神面貌有了很大的改观，体质也增强了许多，感觉浑身充满着活力，心里充盈着快乐"。

最后，跳舞可以陶冶情操，丰富业余生活，增加脂肪消耗，也就是减肥！

通过学习舞蹈，不仅使女孩得到良好的形体训练，而且对于心灵更是一种美的陶冶。多年的实践证明，学习舞蹈的女孩经过长期地训练之后，她们的身体外形通常会变得更加曼妙。身材更加挺拔，举手投足间处处表现优雅的感觉，无疑就是长期练习舞蹈的结果。

创造一个展示的舞台

"咱们配合丽丽一起在旁边伴舞。怎么样？"

同学中有一个叫璇璇的淘气女孩不知怎的脑子里冒出这么一个歪主意。

"璇璇，怎么可以开这样的玩笑？还是让丽丽一个人在那里跳，比较好。"宁宁及时表态，毕竟，她可不喜欢那种被人瞩目的感觉。

"哈哈，逗你玩呢。"璇璇豪爽地一笑，"今天在路上我收到了一张传单，是关于舞蹈培训的，你们要不看？"

"好啊，好啊，我看我看。"宁宁很想知道社会上都流行什么样的舞蹈。

街舞、爵士、探戈、肚皮舞、钢管舞、普拉提、有氧拉丁……哇，原来舞蹈的种类可以这么丰富！

看了那张传单之后，宁宁的心里居然有点痒痒了，不知自己是否也适合学学跳舞呢？

"你看这上面还写着：免费试听，包教包会。"璇璇补充说明，"只要交钱，一定周到服务。"

嗯……宁宁不知道这些舞蹈，哪一种才是适合自己的呢？对于舞蹈，宁宁毕竟没有任何概念，还是先在私下学习一下舞蹈发展史比较好。

🚢 妈妈告诉我

宁宁，可能你很想学习舞蹈，但是不知道舞蹈究竟是一个什么概念，到底什么样的舞蹈是适合你的，对吗？如果是这样，我们可以一起来了解舞蹈的基本分类和最粗浅的常识知识。

舞蹈作为艺术的表现形式之一，却包含着丰富的形式，有不同的种类、不同的样式、不同的风格。根据舞蹈的作用和目的，舞蹈可分为生活舞蹈和艺术舞蹈两大类。生活舞蹈源于生活的需要而衍生出来的；艺术舞蹈则完全出于艺术享受，是为了表演给观众欣赏的舞蹈种类。具体说来，有以下几大种类：

习俗舞蹈：又可以称为节庆舞蹈或是仪式舞蹈，是由我国许多民族在婚配、丧葬、种植、收获等场合的群众舞蹈演变而来。在这些舞蹈活动中，表现了各个民族的风俗习惯、社会风貌、文化传统和民族性格特征。

祭祀舞蹈：这种舞蹈是表现宗教和祭祀活动的舞蹈形式。主要用于祈求神灵庇佑、除灾去病、逢凶化吉，或是答谢神灵的恩赐，是一种礼仪性的舞蹈形式。过去的古人用这种方式表示对先祖的怀念或是希望先祖保佑自己的家族。

社交舞蹈：这种是人们进行社会交往，以联络感情的舞蹈活动。一般最常见的是在舞会中跳的各种交际舞。

体育舞蹈：是用舞蹈的形式来表现体育活动，以艺术审美的方式来锻炼身体，使身心全面健康发展。体育舞蹈的形式很多，比如各种健身舞、韵律操、冰上舞蹈、水上舞蹈，以及我国传统武术中的舞剑、舞刀和象征模拟各种动物、特定形象的象形拳、五禽戏等。

教育舞蹈：是指学校、幼儿园进行审美教育的舞蹈活动，是针对特定年龄学生开设的舞蹈课程，用来陶冶和美化学生的思想感情、道德情操，对于加强礼仪，以及增进身心健康、都能起到潜移默化的作用。

艺术舞蹈：专业或业余舞蹈家，可以通过对社会生活的观察、体验、分析、集中、概括和想象，进行艺术的创造，从而创作出主题鲜明、情感丰富、形式完整的舞蹈，是由少数人在舞台表演给广大人群观赏的舞蹈作品。

由于艺术舞蹈品种繁多，根据各个不同的艺术特点，又可以大致可为古典舞蹈、民间舞蹈、现代舞蹈、当代舞蹈和芭蕾舞。

古典舞蹈：是在民族民间舞蹈基础上，经过历代专业工作者提炼、整理、加工创造，并经过较长期艺术实践的检验，流传下来的，被认为是具有一定典范意义和古典风格特点的舞蹈。世界上许多国家和民族都有各具独特风格的古典舞蹈。欧洲的古典舞蹈，一般都泛指芭蕾舞。

民间舞蹈：是广大人民群众在长期历史进程中集体创造，不断积累、发展而形成的一种舞蹈形式。直接反映了广大劳动人民的思想感情。由于各个国家、各个民族、各个地区人民的历史文化、风俗习惯不同，以及自然环境的差异，因而任何一种民间舞蹈都具有独特的民族风格和地方特色。

现代舞蹈：是欧美地区的一种舞蹈流派，形成于19世纪末和20世纪初。这种舞蹈最主要的美学观点是反对当时古典芭蕾的因循守旧和单纯追求技巧的形式主义；主张以合乎自然运动法则的舞蹈动作自由地抒发人的真实情感，反映最真实的现代社会生活。

新创作舞蹈：是根据表现内容和塑造人物的需要，在借鉴和吸收各舞蹈流派的各种风格的基础之上创作出的具有独特新风格的舞蹈。

芭蕾舞：是源于欧洲宫廷的剧场舞蹈。当时法国宫廷的舞蹈师为实现融诗歌、音乐和舞蹈于一体的戏剧理想，创造出了"芭蕾"这样一种融舞蹈动作、音乐伴奏、哑剧手势、面部表情、戏剧服装、文学台本、舞台灯光和布景等多种成分于一体的舞剧形式，在西方剧场的主流舞蹈艺术中占据统治地位300余年，至今已历四个多世纪。

第七章

自信 & 乐观——给独一无二的你

善于发现美好的生活

寻找生命中的阳光

一天早晨，天气凉爽，阳光也很好。槐槐和好伙伴们一起骑车到郊外的山上去玩。

一路上大家都是有说有笑，偶尔凉风吹了过来，惬意极了。大家都在憧憬山上一片杏花的景色，不知现在山上的杏花开得怎样了。

就在路口转弯的地方，槐槐看到了惊险的一幕：有一辆大卡车和一辆小汽车相撞，人已经被撞出有5米远。

这样的景象被槐槐的一个同伴渺渺看到之后，她当场就晕倒了。

"不好，渺渺晕倒了，我们赶快拨打120。"槐槐赶快招呼周围的几个人，"要赶快告诉叔叔阿姨。"说着就往渺渺家里打电话。

槐槐断定渺渺一定是被这场车祸吓住了，送到医院之后，经过医生的救助总算从昏迷中醒了过来，但是面部表情看上去异常狰狞，而且一时感到很难接受自己。

看到渺渺的状况已经稳定了，槐槐她们几个人很想进去看看她，可是她不想见大家。

无奈之下，槐槐只好给渺渺递去一张小小的卡片，上面写着：渺渺，我们在外面都很惦念你，听医生说你很快就会康复了。心情一定要好一些，这样才能早日恢复。

槐槐记得妈妈曾经告诉过她：人的一生当中会遇到很多的苦难，不管是幸福还是不幸，别人都没有办法代替你。因此无论怎样，我们都要学会与自己好好相处，掬一捧阳光给自己，多想想生活中的美好，那么痛苦就会减少很多。

槐槐希望渺渺能多回忆一些生活中美好的片段，这样她就能很快好起来了，也许那个时候她肯定会比现在更漂亮吧。

妈妈告诉我

槐槐，很多人一生都在寻找快乐，而学习的压力、父母的期望以及对未来的不确定让我们觉得生活中仿佛会有吃不完的苦。

快乐是什么？快乐是血、泪、汗浸泡的人生土壤里怒放的生命之花。正如惠特曼所说："只有受过寒冻的人才感觉得到阳光的温暖，唯有在人生战场上受过挫败、痛苦的人才知道生命的珍贵，才可以感受到生活之中的真正快乐。"

托尔斯泰在他的散文名篇《我的忏悔》中讲了这样一个故事：

一个男人被一只老虎追赶而掉下悬崖，庆幸的是在跌落过程中他抓住了一棵生长在悬崖边的小灌木。此时他发现：头顶上那只老虎正虎视眈眈，低头一看，悬崖底下还有一只老虎，更糟的是，两只老鼠正忙着啃咬悬着他生命的小灌木的根须。绝望中，他突然发现附近生长着一簇野草莓，伸手可及。于是，这人揪下草莓，塞进嘴里，自语道："多甜啊！"

无论在困境中还是顺境中，激情都是鞭策和鼓励我们奋进向上的不竭的动力。只有对生命充满激情，才能使自己对现实中所有的困难和阻碍毫无畏惧。激情，是一种能把全身的每一个细胞都调动起来的力量。

在所有伟大成就的取得过程中，激情是最具有活力的因素。每一项改变人类生活的发明、每一幅精美的书画、每一尊震撼人心的雕塑以及每一部让世人惊叹的小说，无不是激情之人创造出来的奇迹。最好的劳动成果总是由头脑聪明并具有工作激情的人完成的。

一位女孩曾讲述过自己的难忘经历，让我们深知在生活中保持旺盛的激情是多么的重要。下面且让我们来听听她的自述：

经历了黑色七月，我并没有取得自己梦想中的好成绩，尽管分数上还说得过去，但只能进一所不起眼的大学。经过半个年头，我终于放了寒假。在家里的时候，父亲向我问起了大学生活，我告诉他说："其实真的很没劲。"

我的父亲是个铁匠。他听了我的话后，脸上一直很惊愕，沉默了半晌之后，转过身用他那粗壮的手操起了一把大铁钳，从火炉中夹起一块被烧得通红通红的铁块，放在铁垫上狠狠地锤了几下，随之丢入了身边的冷水中。

"滋"的一声响。水沸腾了，一缕缕热气向空中飘散。

父亲说："你看，水是冷的，然而铁却是热的。当把热热的铁块丢进水中之后，水和铁就开始了较量——它们都有自己的目的，水想使铁冷却，同时铁也想使水沸腾。现实中，又何尝不是如此呢？生活好比是冷水，你就是热铁，如果你不想自己被水冷却，就得让水沸腾。"听后，我感动不已，朴实的父亲竟说出了这么饱含哲理的话，让我真的感动不已。

第二学期开始了，我反省自己，并且不断地努力，学习终于有了一点起色，内心也开始一天天地丰富充实起来。

如果你不想被平庸无色的生活冷却了你的斗志，你就得用生命的激情与辛勤的汗水让这盆冷水沸腾。不是吗？

罗曼·罗兰说："痛苦像一把犁，它一面犁破了你的心，一面掘开了生命的新起源。"不知苦痛怎能体会到快乐？痛苦就像一枚青青的橄榄，品尝后才知其甘甜，但这需要品尝的勇气！其实，人在青少年时要让自己快乐非常简单，那就是少一点欲望，多一点自信，在身处绝境时，也能看到希望的光芒。当然，我们更要学会在痛苦中寻求快乐的音符，保持对生活的激情，这才是人生的真谛。

这个世界本来不公平

试卷的成绩已经公布了，竹君只听见馨馨在那里一个劲地抱怨：

"我赶上的是 B 卷，如果是 A 卷的话成绩肯定会更高一些。哎呀，那个 B 卷上面的题恰好我不会，为什么要分 A、B 卷呢？这样做不公平，就算是排名次也不能说明问题，大家做的卷子不一样嘛。"

原来，为了防止同学考试的时候作弊，老师在举行考试的时候分别做的 A、B 两套试题，这样相邻的同学就没有办法抄袭了，保证了试卷分数的含金量。

可是这样的一个制度引来了馨馨的抱怨，因为她偏巧赶上的是 B 卷，而那上面的几道题她又恰好不会做，这使得馨馨大为恼火。

回到家之后，竹君和妈妈无意中谈到了这件事，妈妈笑笑问竹君："如果换作是你，你会怎样认为呢？"

"如果我复习得很到位，无论考什么都难不倒我。"竹君说道。

"竹君说的对。"妈妈很赞同地说，"在考试的时候，我们任何人都无法预料会出什么样的试题，所以不能有任何的侥幸心理，只能是踏踏实实把该准备的知识点都摸清熟透，以不变应万变，才能保证取得好成绩，哪有寄希望于老师出的题目呢？"

听妈妈这样一开导，竹君也觉得馨馨做得不对，甚至有点不讲道理。原本是自己没有复习好，反而怪老师出的题目不对她的胃口。

妈妈继续说道："什么事情，都不会是绝对的公平的。只要分了 A、B 卷，肯定难易程度不一样。所以我们无法改变外在的条件，最好的方法只有做好自己。"

"嗯。"竹君点点头，发现妈妈越来越有哲理了。

🚢 妈妈告诉我

竹君，命运并不是对每个人都公平，有的人天生聪明绝顶，而有的人却是残疾。然而造物主创造世界万物时，他相信每一件事物都具有其存在的价值。如果我们只是空抱怨"一切都不公平"，那么做任何事情都注定不会有进展。在这个世界上只要找对了自己的位置，哪怕你只是一块不起眼的石头，总有一天也会发光、发亮。你要有足够的信心和毅力，并且要坚信"天生我才必有用"。

实际上，成功往往离你只有半步之遥。然而这半步，有时却要你为之付出几年、十几年，甚至几十年的努力才能跨越。并不是说你没有能力，而是你很难相信自己有这个能力。在我们身边有很多女孩生活在自卑中，周围写满了不自信，总拿自己的弱点与别人的强项相比，却不愿对自己大喊一声"我能行"！

李海龙生下来的时候没有两个手臂，在他 5 岁时的一场车祸又夺走了他的左腿。就这样，他的四肢只有一条右腿幸存。但父母从不让他因为自己的残疾而感到不安，积极培养他各方面的兴趣。

在一次收看残奥会转播节目时，他看到美国有个游泳运动员没有了一个手臂，却以近乎完美的表现夺得了冠军。顿时，小海龙萌生了学游泳，进残奥队，为国争光的念头。那年，小海龙才 8 岁。

但是教练却尽量婉转地告诉他，说他"不具备做游泳运动员的条件"，因为他只有一条腿，完成复杂的游泳运动近乎天方夜谭。最后他申请加入地方残联游泳队，并且请求教练给他一次机会。教练虽然心存怀疑，但是看到这个男孩子这么自信，对他有了好感，因此就收了他。

两个星期之后，教练对他的好感加深了，因为他似乎已经克服了自身的身体缺陷，可以在游泳池中做一些常规的动作，并且做得很到位。小海龙一直坚持刻苦训练，别人练半小时，他就练一小时，因为他知道自己的先天条件太差，只能靠后天努力来弥补，而且他的目标是残奥会。

他一生最伟大的时刻到来了。那是残奥会的现场。在游泳比赛场馆里，各国选手一一就位，等待着发令哨响。海龙在工作人员的帮助下，站在起跳台上，面对着碧色的池水，他仿佛看到了五星红旗冉冉升起，《义勇军进行曲》在耳边回荡，他微笑了。

出发了！只见海龙如一条梭鱼敏捷地跃入水中，奋力向前游。唯一的一条右腿掌握着平衡，由于没有手臂不能压水，他只能加快将头探出水面的频率，既为呼吸，也是用头与肩部代替了手臂，起到压水的作用。

海龙终于如愿以偿，他夺得了冠军。当他站在最高的领奖台上，残奥会主办方代表将金牌戴到他脖子上之前，他请求代表将奖牌放在自己唇边，他要吻一吻它。

"真令人难以相信！"有人感叹至深。李海龙只是微笑。他想起他的父母，他们一直告诉他的是他能做什么，而不是他不能做什么。他之所以创造这么了不起的纪录，正如他自己说的："天生我才必有用，我相信我能行。"

海龙是好样的，他不只为残疾人，同时也为普通人树立了一个好榜样。"身残志不残"，这是他常挂在嘴边的话，也是支持他坚持不懈的一个理念。

也许在日常的生活中我们总是会听到有人在耳边抱怨"生不逢时""千里马好找，伯乐难寻""现在的工作不能体现自己的价值"。而实际上，这些人总是忽略一些问题，他们是否将自己放在了正确的位置上？是否为自己创造了被伯乐相中的机会？还是仅仅总安慰自己"天生我才必有用"而不去做出努力以改变现状？

我知足，我快乐

病来如山倒，病去如抽丝。昨天贝贝已经请假一天，在家里休息，没有想到今天照样高烧不退。

早上醒来贝贝发现自己浑身无力，说话都有些张不开嘴，一想起自己要落下这么多功课，心里不禁有些着急。

"妈妈，我要什么时候才能去学校啊？"贝贝问妈妈。

"贝贝，你烧得太厉害了，需要恢复两三天的时间，这些都是人体的正常反应。难道这点小痛苦你承受不了吗？"妈妈温和地说。

"嗯，总之生病让人心情不爽。"贝贝只管自己嘟嘟囔囔。

"贝贝，人的一生难免会遇到一些疾病的困扰，我们只要坦然去面对就好了。面对痛苦我们要乐观，要知道痛苦和快乐是一对孪生兄弟。难道一个小小的发烧就能把你打倒吗？"

"可是很难受啊。"贝贝很委屈地对妈妈说。

"体力的恢复是需要时间的，只要你保持心情愉快，多吃点东西，很快就会康复的。最重要的是要保持一颗快乐的心。生活中只有懂得在痛苦中寻找快乐的人，才会过得有意义。这个时候就是锻炼你的时候，你要学会在这种病痛中找到快乐，才能更快地成长。"

"嗯，妈妈我知道了。有你的陪伴我很高兴，你温暖的胸怀可以让我倚靠。"听了妈妈的话，贝贝心里感到暖暖的，觉得自己其实是很幸福快乐的。

"这就对了，贝贝。"妈妈很高兴地对她说，"懂得让自己快乐，能够让自己在痛苦中找到快乐，这是人生寻找的真谛之一。"

妈妈告诉我

贝贝，其实幸福本没有绝对的定义，许多平常的小事往往能撼动你的心灵。能否体会幸福，只在于你的心怎么看待。想要拥有幸福的生活，就要怀有一颗感恩的心。

有的时候我们会觉得自己拥有的一切不值得感恩，因为我们并不知道自己到底拥有哪些东西。朋友不值得感恩，因为他们并没有为我们做什么让我们感恩戴德的事情。老师不值得感恩，因为我们是交了学费的。身体健康不值得感恩，因为我们还小，本来就不该有什么疾病纠缠。

卡耐基的著作中有这样一个十分感人的故事。故事的主人翁是一位名叫波姬儿的女教授，她是一位充满勇气、坚强乐观的女性，她写过一本自传体的书，书名叫《我希望能看见》。

小时候，她渴望和小朋友做游戏，但苦于看不清地上画的线。当别的孩子回家后，她趴在地上认准地上的线，等下次再和小伙伴玩。

她在家里看书，把印着大字的书靠近她的脸，达到眼睫毛都碰到书页上。她得到两个学位：先在明尼苏达州立大学得到学士学位，再在哥伦比亚大学得到硕士学位。

她开始教书的时候，是在明尼苏达州双谷的一个小村子里，然后渐渐升到南德可塔州奥格塔那学院的新闻学和文学教授。她在那里教了13年，也在很多女性俱乐部发表演说，还在电台主持谈书本和作者的节目。"在我的脑海深处"，她写道，"常常怀着一种怕会完全失明的恐惧，为了要克服这种恐惧，我对生活采取了一种很快活而近乎戏谑的态度。"

1943年，波姬儿已是52岁的老妇，奇迹出现了！著名的"美友医院"为她做了一次成功的手术。她看得见了，比她以前所能看到的还要清楚几十倍！

一个崭新的、令人兴奋的可爱世界呈现在她眼前。现在，她甚至在厨房水槽洗碗的时候，都会有战栗的感觉。

"我开始玩着洗碗盆里的肥皂泡沫，"她写道，"我把手伸进去，抓起一大把小小的肥皂泡沫，我把它们迎着光举起来。在每一个肥皂泡沫里，我都能看到一道小小彩虹闪出来的明亮色彩。"

在常人看来，波姬儿是不幸的，然而她自己却觉得自己是一个很幸福的人，甚至在厨房洗碗的时候，也会因兴奋而战栗，所有这一切都是因为她是一个懂得感恩的人，总是努力享受自己已经拥有的东西，而不去想自己没有或者已经失去的东西。

懂得知足，懂得感恩，不仅感谢帮助我们的人，更要感谢曾经以及还在拥有的一切。

世界无限大，而我们能够拥有生命、健康的体魄，享受食物、阳光，拥有家人的爱，不是值得感激的吗？

将快乐变成习惯

妈妈从花市买来了三株蝴蝶兰，很是好看。摆放在阳台上，在众多的花花草草中显得秀丽挺拔，而那粉色的花朵，从远处乍看，还真的很像是只蝴蝶呢。小夏和妈妈都很喜欢。

这天妈妈有事要出去，临走时吩咐小夏说："小夏，听天气预报说今天会有阵雨。如果变天了，刮风下雨的话，你要记得把阳台外面的那几棵蝴蝶兰拿到屋里来。"

"好的，没问题。"小夏信誓旦旦地向妈妈保证。

妈妈走了之后，屋里只剩下小夏一个人了。她安安静静地在屋里面写作业。以至于外面刮起狂风居然毫无察觉。

当小夏算好了一道题目，伸个懒腰的时候，她突然发现，天阴沉沉的，要下一场大雨的样子。

"蝴蝶兰。"小夏的第一反应就是去阳台外面，可是当她跑过去的时候，发现那盆花已经没有了踪影。

哪里去了呢？小夏站在阳台上往下张望，原来那盆蝴蝶兰已经被风卷到楼下，摔个粉身碎骨。

这下完了，怎么向妈妈交代呢？小夏一下傻眼了。要知道这个花的价钱比较贵呢。

晚上妈妈回到家，小夏把事情原原本本地向妈妈交代一遍，已经做好了挨批评的准备。

"掉到楼下去了，没有砸到别人吧？"妈妈很关切地问。

"那倒没有，就是花都碎了。"小夏小声地说道。

妈妈听小夏沮丧的样子，安慰她说："以后记得小心啊，反正也已经摔坏了，算了吧。"

"妈妈，你不生气吗？"小夏试探着问。

"我怎么会生气，我们买花是为了观赏，为了陶冶心情的。为什么要因为它生气呢？只是你今后做事要小心，知道吗？"妈妈安慰小夏道。

"嗯，以后我一定保证把花照看好。"小夏再一次信誓旦旦地保证，不会再失误了吧。

妈妈告诉我

小夏，很多人经常对已经发生的事情追悔莫及，这其实是一种很正常的现象，人多多少少都会有这样的体验。

从某种角度上来看，这未尝不是一件好事，你可以从中吸取经验教训，避免下次重复出错，但不能一味地追悔感伤，沉浸于此。事情已经发生，局面已经形成，再也无法挽回，你应该学会放下过去，这样才能重新开始。

安东尼·罗宾就经常以愉快的方式来结束每一天。他告诫我们说："时光一去不返。每天都应尽力做完该做的事。疏忽和荒唐事在所难免，尽快忘掉它们。明天将是新的一天，应当重新开始，振作精神，不要使过去的错误成为未来的包袱。以悔恨来结束一天，实在是不明智之举。"

罗宾鼓励我们做一个关门的人，就好像英国前首相的劳仑·乔治一样。

乔治有一天和朋友在散步，每经过一扇门，他便把门关上。朋友疑惑地说："你没必要把这些门关上。"乔治却说："哦，当然有必要。我这一生都在关我身后的门，你知道，这是必须做的事。当你关门时，也将过去的一切留在后面。然后，你又可以重新开始。"

你想成为一个快乐的人吗？其中最重要的一点就是要学会将过去的错误、罪恶、过失全部忘记，然后坚定地向前看。只有忘记过去的事，努力向着未来的目标前进，才能使自己不断走向辉煌。

有位企业家做了一个错误的决定，这个决定让他蒙受了巨大的损失。在这之后，他拒绝承认自己的失误，拒绝接受不可避免的事实，结果，他失眠了好几夜，痛苦不堪，但问题一点也没解决。更严重的是，这件事还让他想起了以前很多细小的挫败，他在灰心失望中折磨自己。这种自虐的情形竟然持续了一年，直到他向一位心理专家求救后，才彻底从痛苦中解脱出来。

事实上，如果我们研究一下那些著名的企业家或政治家，就会发现，他们大多都能接受那些不可避免的事实，让自己保持平和的心态，过一种无忧无虑的生活。否则，他们中的大部分人被巨大的压力压垮。

道理很简单：当我们不再反抗那些不可避免的事实之后，我们就能节省下精力，去创造一个更加丰富的生活。如果你的内心为此不断痛苦和挣扎，就仿佛在拧麻花，两股力量互不相让，那最终深陷泥沼的只有你自己。要知道你只能在两者中间选择其一：可以选择接受不可避免的错误和失败，并抛下它们往前走；也可以选择抗拒它们，变得更加苦恼。

当然，你可以尝试着不去接受那些不可避免的挫败，但这样势必使人产生一连串的焦虑、矛盾、痛苦、急躁和紧张，你会因此整天神经兮兮、不知所终。

有一句古老的犹太格言这样说："对必然之事，轻快地加以接受。"在今天这个充满紧张、忧虑的世界，忙碌的你比非常需要这句话。

所以，请接受不可避免的事实吧，然后以一种乐观的态度轻松地生活下去！

健康是最好的储蓄

时针已经指向了午夜十二点钟，可是小珍的作业还没有写完。这时妈妈推开了小珍的房门。

"珍珍，已经这么晚了，你怎么还不睡觉呢？"妈妈过来想看看小珍究竟在干什么。

"妈妈我的作业还没有写完。"小珍只好如实回答。

"白天还看到你一直在玩啊，我以为你的作业都已经写完了啊。"妈妈很诧异地问小珍，"看看你啊，白天不抓紧时间学习，深更半夜的努力起来。"

"没事，我就熬夜一小会儿，写完之后就睡觉。"小珍跟妈妈解释道。

"可是珍珍，你知道熬夜的坏处吗？"妈妈跟她说，"你生病的时候有多难受，你都忘了吗？现在你年纪小，也许认识不到健康的重要性。平时的生活中也需要多注意才行啊。"

妈妈的一片好心，小珍不想辜负，她向妈妈保证以后也要多注意健康、合理作息，以免让父母担心。

妈妈告诉我

珍珍，很少有人能够彻底明白健康对于一个人的重要性，于是在身体健康的时候不停地挥霍健康，而等到身体出现不适的时候才追悔叹息。

一个人无论做什么事，身体健康永远都是最基本也最重要的前提。在人生的路上，需要你每天都能以精力饱满的身体去应对一切。尤其是对一些重大的事情，更需要你付出你的全部力量才能成功。如果你发挥出你的一小部分能力进行学习或做事，那一定是干不好的。你应该用你旺盛的斗志以及健康的身体投入，但倘若你因生活不知谨慎而造成精疲力竭，那么再去学习和做事时，你的效率自然要大减。在这种情形之下，成功是难以得到的。

这就如同一架机器，在毫无故障的情况下，自然可以正常运行，但倘若出现破损或其他故障，便会严重地影响做事效率。

我为什么就做不到呢？我并不笨啊！

你清楚地知道自己绝对有这个实力，于是你下定决心一定要考取第一名，并为之努力，甚至把休息的时间也用进去，可是你却发现这个目标对你而言还是难以达到，于是你为此感到非常困惑。

你认清了自己的实力，你也付出了努力，但结果却事与愿违，生活中这样的例子很多。很多人不是能力欠缺，也不是没有付出努力，也不是缺少机遇，他们的失败往往就集中在一点上，那就是体力不支。纵使意志再坚定，你糟糕的身体还是无法帮助你走向成功。事实证明，一个活力低微、精神衰弱、心理动摇、情绪波动的人，永远不能成就什么了不起的事业。这就像一匹有"千里之能"的骏马，倘若食不饱、力不足，那么在竞赛时恐怕也要败给最普通平常的马。

聪明的将军绝不会选择在军士疲乏、士气不振时，统率他们应付大敌。他一定要秣马厉兵，充足给养，然后才肯去参加大战。同样的道理，如果想在我们人生的这场战役中取得胜利，你能否保重身体，能否保持你的身体于"良好"的状态。因为，一个具有一分本领的体力旺盛的人，可以胜过一个体力衰弱有十分本领的人。

健康的体魄可以增强人们各部分机能的力量，而使其效率、成就较之体力衰弱的时候大大增加，也使人在学习和工作上处处取得成效、得到帮助。

所以，凡是有志成功、有志上进的人，都应该爱惜、保护体力与精力，而不使其有稍许浪费于不必要的地方，因为体力、精力的浪费，都将可能减少我们成功的可能性。

生活中有很多有志于成就大事的人，却因没有强健的体魄为后盾，而导致壮志未酬身先死。然而世间又另有大批的人，有着强壮的身体却不知珍惜，任意浪费在无意义、无益处的地方，而摧毁了珍贵的"成功资本"。

美国总是罗斯福曾说："我从小就是一个体弱多病的孩子。但我后来要决意恢复我的健康，我立志要变得强健无病，并竭尽全力来做到这点。"倘若罗斯福不对身体加以注意与补救，他的一生，恐怕很难像现在如此辉煌了吧？

也许你会说即便拥有健康的身体也并不等于拥有所有，诚然，但是如果你失去了健康，那却意味着你失去了所有，因为健康始终是一个人最必需的，所以，从现在开始牢牢地守护你的健康，不要等到它溜走了你才追悔感伤。挑战，不仅仅要挑战智力、情商，还有健康。

永远为自己叫好

善待自己

佩文像是童话里面的神奇公主，无论走到哪里，都能给人带来春天。

不知道为什么，班上的同学们都喜欢佩文，称她是"开心果"。

最近，佩文又有一个新的绰号——快乐天使，这个绰号是同学融融给她起的。

融融发现，那些过得快乐的人，他们总是会给自己找快乐。就好比佩文，她总是能为自己找到快乐的理由。在旁人的眼里，她就像是天使一样。

融融把这个重大的发现告诉了妈妈。

"对，融融你说得很正确。快乐是发自内心的，它不是争来的东西，也不是应得的报酬，而是自己给予自己的最好礼物。如果你想拥有美好的生活，不妨在给予他人爱心和关怀的同时，也给自己些温暖和快乐。如果你的心里装满了别人，而没有给自己留一个位置，那么当幸福经过你身边时，是不会停下脚步的。"妈妈为了进一步给融融说明这个道理，还给她讲了一个故事：

有一对双胞胎，他们虽然长相极其相似，但秉性却迥然不同。若一个觉得下雪天太糟糕了，另一个会觉得下雪天可以堆雪人了。若一个说电视声音太大，另一个则会说根本听不到。一个是极端的乐观主义者，而另一个则是不可救药的悲观主义者。

一日，父亲为了观察双胞胎儿子们的反应，就在他们的生日的时候，在悲观的儿子的房里堆满了各种各样新奇好玩的玩具及电子游戏机，而在乐观的儿子的房里则堆满马粪便。

晚上，他们的父亲走过悲观儿子的房间，发现他坐在一大堆新玩具中间伤心地哭泣。"好儿子，怎么了，你为什么哭呢？"父亲不解地问道。"我现在有这么多的玩具，那些伙伴们肯定嫉妒得要死，我还要读那么多的使用说明才会玩这些玩具，另外，这些玩具总是不停地要换电池，而且最后全都会坏掉的！"

走过乐观儿子的房间，父亲发现他正在马粪堆里快活地手舞足蹈。"咦，你屋里都是大粪，你高兴什么吗？"父亲惊奇地问道。这位乐观的儿子兴奋地答道："我能不高兴吗？你瞧瞧这马粪，我敢说附近肯定有一匹俊俏可爱的小马！"

融融听了这个故事之后，恍惚间明白了妈妈要讲的内容：善待自己，为自己的生活添加快乐，才会得到最有色彩的生活。

🚢 妈妈告诉我

融融，"爱自己"听起来很简单，也是一个老生常谈的话题，但真正完全、理性地爱自己的人其实并不多，也就是说现实生活中，很多人实际上是缺乏"爱"的能力的。虽然我们知道这严重影响了我们原本应当更加灿烂的人生。

要懂得人间有爱、世界有爱，首先得从爱自己开始，爱自己是一切爱的基础。

是不是足够爱自己，你可以试着自问以下几个小问题：

（1）你喜欢自己的父母以及他们给你取的名字吗？

（2）你喜欢自己的才干或学历吗？

（3）你喜欢自己的气质、谈吐、微笑和习惯性的小动作及打喷嚏的声音吗？

在现实生活中，有许多给出这样的答案："不""还好吧""已经这样了，能怎么办呢"等，这些答案不免使人感悲哀：为什么我们总是只会"发现"并且难以原谅自己的错误？

或许有人说，爱自己岂不表明一个人过于自恋？这种想法其实是错误的。我们必须清楚爱自己其实既是一种孩童般的天真无邪，又带有一种哲人般的知性豁达；既包含着一种"要进取才有前途"的智慧，又有着"自己并没有那么重要"的襟怀和勇气。总之，就是热爱自己一切与生俱来或亲手打造的东西，并努力发扬光大其中的长处。

然而，"爱自己"却并不容易做到。简单点，在一件细小的事情中可以体现，复杂点，要用一生的过程去打造。因为在这个世界上没有人是完美的，身为凡人，我们的缺陷更是成箩成筐，如果较起真儿来我们干脆别活了。所以如今，只要我们尚拥有一颗热爱美好的心，并为此孜孜努力着，我们就应该以为自己是个可爱的人。

还有人说爱自己是一种自私的行为，这同样也是不正确的。

爱自己不是一种自私行为，我们这里所说的爱并不是虚荣、贪婪、傲慢、自命不凡，而是一种善待自己，对自己无条件接受的做法。如果你能够认识到自己是一个有自尊心的综合体，如果你能够注意养生，保持自己的身心健康，那你就已经学会爱自己了。如果你拥有了这种爱，那你也就可以把它奉献给别人了。

爱，非常像花散出的香气，无论有没有人去闻它，香气都是存在的。那些有爱的天性的人们，无论走到哪里，都会辐射出爱。而且，他们把爱撒播给别人并不是通过压制自己的欲望、牺牲自己的需要来实现的。而是由于他们十分充实地享受生活，所以非常希望别人也能分享这种快乐。他们在友善地对待他人的过程中，发现自己能够获得一个愉悦的心情，这种愉悦正是他们的爱产生的源泉。因此，为了更好地爱自己，不妨做如下尝试：

在你比较轻松、事情比较少的日子里，专门空出一天时间。在这一天中，做你自己最要好的朋友，满怀感情地对待自己，为自己祝福，你可以放声歌唱，你可以尽情地舞蹈，用一整天的时间来爱自己。

通过友善地对待自己，你会逐渐地觉得自己的状态开始好转，觉得生活是美好的，而且你还会对自己的身体和思想产生感激之情。

因为不敢爱自己，不会爱自己，没有爱过自己，因此没有养成爱自己的习惯，结果在"爱他"的过程中自卑产生了，自信消失了，随之消失的还有志气、理想、信念、追求、憧憬、主见和创造的精神。

也许你担心自己过于平凡，你既没有非凡的智慧，也没有一技之长，你更没有惊人的力量，甚至是财富和地位……哪怕你一无所有，你仍然有理由珍爱自己。我们始终都在走一条路，一条属于自己的路；我们始终都在营造一处风景，一道涂抹着个性色彩的风景。路在延伸，风景依然亮丽，我们把朝霞走成了夕阳，把暖春走成了寒冬……我们为什么不能爱自己呢？

我们有足够的理由爱自己，一是只有自己才是属于自己的；二是只有热爱自己，才能热爱他人；三是只有热爱自己，才能出现和巩固这个不断延长爱的世界。

要相信，每个人都有自己的位置，每个人都能找到自己的位置，发出自己的声音，踏出自己的旅途，做出自己的贡献，我们应该相信：正因为有了千千万万个"我"，世界才变得丰富多彩，生活才变得美好无比。

学会爱自己，只有爱自己，生命之花才能馨香芬芳。

我可以原谅自己的缺陷

妈妈希望娜娜能够成为一个有礼貌的孩子，所以每当有长辈来到家里，无论娜娜正在房间里做什么，都会放下手中正在进行的事，从里面走出来叫一声"叔叔好""阿姨好"。

这个时候，长辈们总会对妈妈说："你家的孩子真懂事，真乖。"得到了长辈的表扬，娜娜就会很满足，美滋滋地离开。看到妈妈高兴的样子，娜娜也觉得自己的表现没有为妈妈丢脸。

但有的时候，娜娜和妈妈一起出去做客，她表现得并不自然。

如果有人问话，娜娜总是小心翼翼地回答，生怕什么说错了不恰当。回到家，娜娜总会问妈妈，今天自己是否有表现不好的地方？今天是否说了不该说的话？只有得到了妈妈的肯定和表扬，娜娜才会放心。

不过这样时间久了之后，娜娜发现自己变得敏感了很多，每做一件事情，说一句话都很担心这样是否合适，是否伤及别人，所以发现自己渐渐的都不敢说话了。

妈妈告诉我

娜娜，实际上你的这种担忧是多虑了。

"呀！刚才是不是说错话了，她看来有些不高兴！"刚才和一个好久不见的朋友打招呼，你似乎说错了什么，因为对方的神情明显有些不悦。

"我觉得你应该不会拒绝。"你在猜测别人的想法。

"我知道你是世界上最聪明的人，你做得棒极了！只有我就像个丑小鸭！"你的奉承因为你夸张的动作和表情让人觉得很不真诚，虽然夸奖了别人，但诋毁自己的做法并不可取。

在与人交往的过程中，难免会出现这样那样的行为，很多时候，当事情结束了，再回过头想一想，或许你会为自己的行为而感到懊恼，因为在你看来，那些行为并不完美。

事实上，人的行为并非一成不变，因此，你可以通过本身的努力对此加以改善，不妨从现在开始就试着改变它们。

1. "我从小身体就不好，妈妈说小时候我经常吃药打针，而且妈妈居然帮我准备这双鞋！这双鞋一直很挤脚，跑起来就更疼了！"体育课上，你使劲力气也跑不快，你觉得很难堪，于是你向人这样解释着。

千万不要因为烦恼就责怪任何人或事。实际上，根本不要谈到你的困难，更不要在进入下一个步骤之前提到它们。因为任何寻求怜悯，企图使你自己当时感觉好些的措施，都会确实削弱你个人的力量，如此更会使你自己成为可怜虫或受害者。

2. "这是表姐向我推荐的学习资料，她说很好的！"

也不要将你的选择归罪他人，不要引据他人的意见。你去哪个补习班或用哪套学习资料，不要说是别人极力推荐的，要为自己的构想负责。引用别人的意见通常不会造成损害，但如果你的自我意识非常薄弱，就会使情况恶化。因此，数周内不要引据他人的意见，然后再看看这种扩大效果的方法是否奏效，你是否觉得好些？或没什么不同？或若有所失？

要记住，一旦做了就不要逃避责任，纵然是采纳别人的意见而大祸临头。

3. "我们一起去游泳吧！"

还要避免使用"我们"。你拒绝了一项邀请，就说你很累，不管你的同伴是否也有同感，尽量使用第一人称单数的说法。

4. "这首歌我觉得你肯定喜欢！"

还要注意不要告诉别人他们的感觉。"我相信你不会喜欢的。""我知道某某使你不悦，所以我不邀请他。"别人的想法和你一样经常会改变。你可以问问他自己的感想，但不要越俎代庖，告诉别人，经常企图预测别人想听的话，这正是好好先生典型的翻版。结果会增加了你对平凡的自我和一些被激怒朋友的恐惧感。

5. "我应该照你说的去做？"

有的人游移不定，这时也要注意：不要让他人左右你的思想。提醒他们"态度宜温和"，你当时的感觉是基于本能而生，无论如何这都是你的权利。永远不要为了维持和平而向他人道歉。

另外，当你向朋友或陌生人谈到自己时，不要只叙述事实。在这几周内，尽量少把事实平铺直叙地说出来，而代之以意见和反映。不要提到有关身份地位的象征，以免使陌生人铭记在心。同时避免机械式的对白，就好像细数你那天从早上六点开始的所作所为一样。如果你已经知道一个故事会按照什么方式讲，就不要把它说出来，因为背诵式的说明将会增加你在毫无准备的情形下对于说错话的恐惧感。

如果能够按照以上意见去做，你一定会发现，改变行为原来一点也不难。

缺陷也是一种优势

这天，宁宁在英语杂志上翻到了一个不认识的生词，就问妈妈："perfect 是什么意思？"

"去问问你的无声老师吧。"妈妈笑着对宁宁说。

宁宁明白了妈妈的意思，于是翻开了桌上的那本《牛津英语大词典》，对着客厅里的妈妈说，"找到了，是完美的意思。"

不过，宁宁好像从来都没有看到过什么真正完美的事物，生活中任何事情都不像想象中的那样尽如人意。

妈妈想了想说："完美是一种美好的东西，有了它，那些知道自己有缺点的人会感到惭愧，也会更加努力，以使自己成为一个完美的人。但是在生活中的完美是不存在的，人的世界中本来就有诸多的缺憾，不完美才是完美，太完美了就是缺陷。"

为了说明这个道理，妈妈还给宁宁讲了一个故事：

从前有一个圆，被弄掉了一个边，它总想找到那个小边，好让自己变成一个完美的圆。可是，由于它的不完整而滚动得非常慢，也因而领略了沿途鲜花的美丽，它和虫子们聊天，它充分享受阳光的温暖。它找到许多不同的碎片，但都不是原来那一块。

它坚持着找寻……直到有一天，它实现了自己的愿望。然而，成了一个圆以后，它滚得太快了，错过了花开的时节，忽略了虫鸣……当它意识到这一切时，它毅然放弃了历尽千辛万苦找回的碎片。

当听妈妈讲到这里时，宁宁若有所悟，"妈妈，生活中很难有完美存在，我也应该学着来接受这个不完美的世界和生活。而我，也并不是完美的，我也一定会有自己的缺陷和弱势，这是自然的必然，对吗？"

"是啊，宁宁。"妈妈很赞同她的说法，"所以，不可以为了追求完美而浪费了大好时光，顺其自然原本不是坏事。"

🚢 妈妈告诉我

"我个子那么矮，以后只能穿高跟鞋了！"

"就像放风筝，家境好的人一出生就等于站在了楼顶，而我只能站在楼底，这样他们的风筝一开始就飞得比我高！"

"我的声音一点都不像女孩子的声音，别人的声音都是柔柔的，而我的声音很沙哑，像是风吹过树叶的声音，沙沙的。"

宁宁，也许你为相貌、身高抱怨过，为家庭条件、学习环境发过牢骚，但只要你乐观、积极、充满智慧地去面对，就能扭转自己的人生劣势，出奇制胜。

当日本成为世界上屈指可数的现代化强国之时，在这个岛国的一个偏僻小山村却几乎与世隔绝，十分落后，生活极为困苦。

一天，村里一位智者召集全村人，语重心长地说："如今，都是什么年代了，咱村的人还过着和原始人差不多的生活，我深感内疚和痛心！不过，大都市里的人过着现代化生活的时间长了，一定会感到乏味。咱不妨走点回头路，干脆过原始人的生活，利用咱的'落后'出卖'落后'，也许会招徕很多城里人。咱们呢，也可以借此机会做生意赚钱。"

这一计谋博得全村人的喝彩。从此，全村人开始模仿原始人的生活方式，在树上搭房，穿树叶做的衣服……

不久，日本新闻媒介惊奇地发现并报道了这个过着"原始人生活"的小山村。此后，成千上万的人慕名而至，参观者络绎不绝，众多的游客为山村带来了可观的财富。有经营头脑的人也来了，他们来这里修路、造宾馆、开商店，将这里开辟为旅游点。小山村的人趁机做各种生意，终于富裕起来了。过了若干年，这里的居民白天上树成为一种职业，晚上回到地面，脱掉兽皮树叶做的衣服，穿上现代时髦服装，住进建筑在景点外围的水泥结构的宿舍里，过上了现代化生活。

其实，有时劣势和缺点不一定是件坏事，如果引导得好，就会转化为优点。把自己弱的部分转化为优势，对任何人都非常重要。

李小龙曾在海外华人中声誉很高，但很少有人知道李小龙练武本来是有先天缺陷的。

他是近视眼，必须戴着隐形眼镜。

对此，李小龙坦诚地说："从小我就近视，所以我从咏春拳学起，因为它最适合进行贴身格斗。"

美国总统罗斯福天生长了一张难看的大嘴，嘴唇又厚又黑，牙齿也极不整齐。后来有人精心为其制作了一个大烟斗，每次讲演时，他都将那个大烟斗轻轻托于嘴旁，这不仅遮掩了他那张大嘴的难堪，而且使他那别具一格的演讲家气质显得更加动人潇洒。

周总理也是一位很会利用缺陷的人。战争年代，他的右臂不幸负了伤，伤愈后难以伸直。以后他顺其自然，每每出入于社交场合，他总是把右臂轻轻放在胸前，形成他一种特有的不失风雅的习惯姿势。

这对我们是一个很好的启发，从他们那里我们可以学到如何，化不利为有利，走向成功。

格兰恩·卡宁汉自小双腿因烧伤无法走路，但是他却成为奥运会历史上长跑最快的选手之一。他认为，一个运动员的成功，85％靠的是信心及积极的思想。换句话说，你要坚信自己可以达到目标。他说："你必须在三个不同的层次上去努力，即生理、心理与精神。其中精神层次最能帮助你，我不相信天下有办不到的事。"

所以，我们要拥有积极的心态，这样就能使一个人将自己的弱点转化为优势。你可以根据下列步骤，把自己的弱点转化为优点。

1. 孤立弱点，将它研究透彻，然后设计一个计划加以克服。

2. 详细列出你期望达到的目标。

3. 想象将你自己的弱势变成强势的景象。

4. 立即开始，努力成为你希望成为的强人。

5. 在你的最弱之处，采取最强的步骤。

6. 请求他人的帮助。

自己给自己鼓掌

勤勤的学校要组织一次以"爱护绿地，爱护公共设施，争做文明市民"为主题的教育活动，勤勤被光荣地选为学校的形象标兵。

要知道，勤勤还是第一次参加这样的活动，而且还被评选为标兵，真是让她的内心有点忐忑不安。

虽然学校已经进行过集体培训了，但是明天活动就要正式开始了，对于明天的表现，勤勤没有十足的把握，似乎也不像之前的那段日子信心满满了。

"哎呀！关键时刻不要掉链子啊。"勤勤在心里暗自犯嘀咕。

晚上回到家，勤勤和妈妈打了声招呼，也没有说什么，就直接钻进了卧室。

而妈妈似乎观察到了勤勤有点小异常，轻轻推开房门来到她的屋里。

"勤勤，你怎么了？"妈妈问道。

"妈妈，我是学校的形象标兵，全校也就这几个人。明天我们就都要登台亮相了，但是现在我就显得很没有底气，不知道自己明天的表现会怎样。"

"哦，原来是因为这件事情啊。"听了勤勤的解释，妈妈如释重负，"勤勤，让妈妈来给你讲个历史故事好吗？"

接下来，妈妈就告诉了勤勤这样一个故事：

战国时期，毛遂在四公子之一平原君门下做一名门客。公元前257年，秦国军队包围了赵国都城邯郸，赵惠文王派平原君出使楚国请求援助。但楚王不是个容易对付的角色，于是平原君带了二十个门客前去，如果能通过谈判达成协议，固然最好，万一不行就用武力强迫楚王同意。可是，他挑来挑去还缺一个人。

这时，有个人站起来，对平原君说："主公，我自认为符合去的条件。"

平原君觉得他眼生，便问他："你叫什么名字，到我门下多长时间了？"

门客说："我叫毛遂，来三年了。"

平原君说："有才德的人，就像锥子在口袋里一样，很快就会显露出来。你在我门下这么久了，却从未听到有人称赞过你，可见你才能一般。这次任务关系重大，我看还是免了吧。"

毛遂说:"正因为您没有把我放在袋子里,所以才没有冒尖儿。"平原君听他出言不凡,刚好又找不到更为合适的人选了,就决定让他跟着一同去。

到了楚国,楚王果然没有合纵抗秦的打算。众门客束手无策,只见毛遂不慌不忙,拿了宝剑,来到平原君与楚王面前,楚王命他退下,毛遂按着宝剑说:"你用不着仗着人多势众,如此呵斥我。如今我离你只有十步之遥,我主公在这里,你发什么火!"

楚王看他拿着宝剑,便和气地说:"那我倒要听听先生的高见了!"接着,毛遂向楚王详细分析与赵国结盟有百利而无一害,楚王听了当即与平原君歃血为盟,并派春申君黄歇为大将,率领八万大军,浩浩荡荡地前去援助赵国。毛遂也因此赢得了平原君和其他门客的尊重,一举成名。

讲完这个故事之后,妈妈舒了一口气,温和地对勤勤说:"孩子,毛遂出使楚国是凭借自信争取的机会,然后让自己一举成名,获得了成功。你被选中成为全校的形象标兵,是一种幸运,更是对你自身的肯定。很多同学都没有争取到机会,所以你要珍惜这次机会,相信自己能够做得很好,做得很漂亮。"

"嗯。"听了妈妈的鼓励,勤勤信心满满的,"那我明天要好好表现。"

妈妈听了很高兴:"孩子,不要让他人的言论左右了你的思想,要相信自己内心的想法,努力去实现它,这样,你才能够取得人生的胜利。孩子,妈妈相信你是最棒的。妈妈等着你的好消息。"

🏯 妈妈告诉我

勤勤,自尊是建立在自重和自爱的基础之上。一个尊重自己的人,能够正视自己的价值,既不妄自菲薄、自暴自弃,也不会随意放任自己,降低对自己的要求。

有一个小男孩在孤儿院长大,他常常为自己的出身而自卑。有一次他悲观地问院长:"像我这样没有人要的孩子,活着究竟有什么意思呢?"院长笑眯眯地对他说:"孩子,别灰心,谁说没有人要你呢?"

有一天,院长亲手交给男孩一块普通的石头,说道:"明天早上,你拿着这块石头到市场去卖,但不是真卖。记住,无论别人出多少钱,绝对不能卖。"

男孩一脸迷惑地接下了这块石头。

第二天,他忐忑不安地蹲在市场的一个角落里叫卖石头。出人意料的是,竟然有许多人要向他买那块石头,而且一个比一个价钱出得高。男孩记着院长的话,没有卖掉。回到院内,他兴奋地向院长报告,院长笑笑,要他明天拿着这块石头到黄金市场去叫卖。在黄金市场,竟然有人出比昨天高出十倍的价钱要买那块石头,男孩拒绝了。

最后,院长叫男孩把那块普通的石头拿到宝石市场上去展示。结果,石头的身价比昨天又涨了十倍。由于男孩怎么都不卖,这块石头被人传扬成"稀世珍宝",参观者纷至沓来。

男孩兴冲冲地捧着石头回到孤儿院，他眉开眼笑地将一切情景禀报给院长。院长亲切地望着男孩，说道："生命的价值就像这块石头一样，在不同的环境下会有不同的意义。一块不起眼的石头，会因你的惜售而提升它的价值，而被说成是稀世珍宝。你不就像这块石头一样吗？只要自己看重自己，自我珍惜，生命就有意义、有价值。"

一个人只有珍惜和看重自己，生命才会有意义、有价值。每个人的生命就像故事中的石头一样，只有你先珍视和看重自己，别人才会看重你。

我们的价值不是取决于别人对我们的态度，也不会因为我们遭受挫败而贬值，无论别人怎么侮辱你、诋毁你、践踏你，你的价值依然存在。

因此，任何时候都要正视自己的价值，不要因为别人对自己的评价和态度而改变对自己的看法，无论别人怎么说，你的价值都不会因之而改变。

常言道，天生我材必有用，但这个有用的前提就是将个人价值与社会价值统一起来，做一些对他人有用的事，这样我们才能充分施展自己的才华，实现自己的理想。

杰克是一位黑人青年，从小在一个环境很差的贫民窟中长大，由于缺乏教育和引导，他跟别的坏孩子学会了逃学、破坏财物和吸毒。他刚满12岁就因抢劫一家商店被逮捕；15岁时因为企图撬开办公室里的保险箱，再次被逮捕；后来，又因为参与对邻近的一家酒吧的武装打劫，他作为成年犯第三次被送入监狱。

一天，监狱里一个年老的无期徒刑犯看到他在打垒球，便对他说："你是有能力的，你有机会做些你自己的事，不要自暴自弃。"

杰克反复思索着老囚犯的这席话，突然意识到，虽然他还在监狱里，但他具有一个囚犯能拥有的最大自由：他能够选择出狱之后干什么；他能够选择不再成为恶棍；他能够选择重新做人，做一个对社会有价值的人。

5年后，杰克成了明星赛中底特律老虎队的队员。底特律垒球队当时的领队马丁在友谊比赛时访问过监狱，由于他的努力使杰克假释出狱。不到一年，杰克就成了垒球队的主力队员。

储存你的领导才干

莉莉写完作业从房间走出来，本来打算要去看会儿电视的，却发现妈妈在台灯下聚精会神地看报纸，莉莉走到妈妈身旁，说道："妈妈，你在读报纸啦。"

妈妈看到莉莉过来了，对她说："是看到了关于范文程的一些历史事迹。"

"范文程是谁？我都没有听说过的啊。"莉莉一脸疑问地看着妈妈。

"不知道范文程，你知道努尔哈赤吧。"妈妈问道。

"嗯，知道，知道。他是清朝的开国皇帝。"

"范文程就是这个开国皇帝的辅佐大臣，是中国历史上的十大谋士之一。"妈妈说道。

"就是和诸葛亮一样的英雄吗？他都有什么事迹，说给我听听吧。"原来范文程是这样的一个大人物，莉莉怎么会错过了解的机会呢？

于是，妈妈就把她刚才看到的关于范文程的事迹给莉莉讲了一遍：

范文程的曾祖父曾任明朝的兵部尚书，努尔哈赤攻下抚顺时，范文程去拜见努尔哈赤，表达了投效之意。努尔哈赤和他谈话之后，见他见识过人，机智多才，十分爱惜，还对各贝勒说："夺取天下，范文程这样的才俊当有大用。他不以我等为叛逆，说明他独具慧眼；我等征服中原，也不能视明人都是逆贼了，绝不能滥用武力，这样才能争取民心。这个道理，是范文程教我的，你们都要善待他。"

皇太极即位后，对范文程更为器重，让他随侍左右。1631年，清军招降了守城的明官兵，其中已投降的蒙古兵又起叛心，想要杀害他们的将领，事情未果。皇太极震怒之下，想要把那些蒙古兵一律诛杀，范文程在旁边提醒说："陛下以武力让他们暂时屈服，他们不真心归降也是意料之中的事。他们再次叛乱，早将死亡置之度外，陛下杀他们泄了私愤，对收取人心却害处太多，此事不可以做啊。"

皇太极听了连连点头，赦免了那些蒙古人的死罪。消息传出，坚守西山的明军斗志瓦解，范文程单枪匹马去劝他们投降，结果他们全都放下了武器。

清世祖即位之后，睿亲王多尔衮率领大军讨伐明朝。范文程担心多尔衮残忍好杀，于是连忙上书说："中原百姓以为我大清为叛逆，势必拼死反抗。王爷如果以暴制暴，以杀为能，中原就难以平定。如果今后不加约束，统一天下的大业就难以完成。王爷应该严明纪律，秋毫无犯，让明朝官吏担任原职，恢复百姓的家业，录用有才能的人，抚恤那些处境艰难的人。用大公传达我朝的仁念，用行动解除世人的疑惑，这样安定了百姓，叛乱的人才有心归顺，我们遇到的抵抗才会减少。"

明朝都城被清军攻克后，多尔衮采纳了范文程的建议，为崇祯帝办丧事，安抚战乱中的百姓，起用废弃的官吏，搜求隐藏和逃逸的名士，重新制定法令。这些措施和举动在收取民心上起了相当大的作用，为清朝最后平定天下奠定了基础。

听妈妈讲完范文程的事迹之后，莉莉不禁赞叹道："很佩服范文程啊，他做了三代皇帝的辅臣，并且一直受到器重。"

妈妈听了莉莉的话之后说："这正是他的魅力之所在啊。"

莉莉真希望有一天自己也能成为像范文程那样杰出的人物。

妈妈告诉我

莉莉，你想想你在小学的时候，有很多同学都特别羡慕那些胳膊上佩戴"横杠"

的人，有的是一条，有的是两条，还有的是三条，不管是几条，在他们的眼里都是荣誉的象征，似乎表示着只有这些人才能够有领导权。

到了中学，胳膊上虽然不再佩戴"横杠"，但每节课喊起立的人仍然成为很多人羡慕的对象。这些人深受老师的喜爱，深受同学们的拥护，不管是学习、劳动还是学校组织的大小比赛，他们总是班级甚至年级和学校的活跃分子，他们一喊口号，往往应声不断。他们领导着整个班级，带领着整个团体，他们的身上无不凸显着领导者的魅力。

走上社会之后，这部分人往往有更强的学习能力、组织能力和人际交往能力，他们更有远见更能顾全大局，更值得信任，他们更善于组织团队，齐心协力地向着目标进发！

成功似乎更眷顾他们。

很多人有着"领导梦"，"领导"对他充满了诱惑，因为领导不单单只是荣誉那么简单，它更是对自我能力的挑战。有些人埋怨自己没有天生当领导的才干，其实大可不必，才干不是先天有的，是可以后天培养的，我们可以利用各种条件为自己储藏这些资本，其中包括：

1. 拥有语言魅力

中国自古以来崇尚辩术，战国时期苏秦与张仪仅凭一张嘴，说服各国合纵连横，苏秦还身系六国相印，叱咤风云。这都是因为他们有一副好口才，能说服别人。可见，领导者必须具有强有力的语言表达能力，有一副好口才。

2. 宽广的胸怀

正所谓"宰相肚里能撑船"，领导者必须有宽广的胸怀。

春秋战国时代，齐桓公依靠管仲最先称霸。

齐桓公名小白，是齐国公子。管仲原来是小白的皇兄公子纠的师傅。齐国的君主僖公死后，诸位王子相互争夺王位，到最后就只剩下小白与公子纠争夺。管仲为了替公子纠争王位，还曾用箭射伤公子小白。最终还是小白回到齐国继承了王位，这就是齐桓公。帮助客居鲁国的公子纠争王位的鲁国在与齐国交战中大败，只得求和。齐桓公要求鲁国处死公子纠，并交出管仲。

消息传出后，大家都同情管仲，因为回齐国他无疑是要被折磨致死。于是有人说："管仲啊！与其厚着脸皮被送到敌方去，不如自己先自杀。"但是管仲只是一笑了之，他说："如果小白要杀我，当初就该和主君一起被杀了，既然还找我去，就不会杀我。"就这样，管仲被押回齐国。

出人意料的是，齐桓公马上任用管仲为宰相，这连管仲也没有想到。

3. 独立性

独立性表现出一个人自己有能力做出重要的决定并执行这些决定，有责任并愿意对自己的行为所产生的结果负责，相信自己的行为是可行的，能产生积极的成果。有这样一个胸怀也是一个领导者领导魅力的体现。

4. 果断性

果断表现为善于迅速地明辨是非，及时地采取措施处理一些事情，尤其是一些恶性突发事件。李・雅科卡曾经说过："如果要我用一个词来概括优秀领导者的特点，那我就会说是果断。"当断不断，就可能将自己处于不利的境地。与果断相反的是优柔寡断，这是缺乏勇气、缺乏信心、缺乏主见、意志薄弱、逃避责任的表现。作为领导者，这是万万要不得的。

5. 强烈的自制能力

自制力是指能够统御自己的意愿的能力。在失败、恐惧、压力、倦怠的情况下，领导者需要振作精神，消除由于这些不利因素带来的一连串的连锁负效应。在成功的时候，需要戒骄戒躁，警惕成功之后随之而来的放松和自满。钢铁大王卡内基在没有资金、没有背景、没有接受高等教育的情况下发迹，他把自己的成功归功于最重要的一条是自律。能驾驭、运用自己心智的人，可以轻易地获得他梦想的东西。领导者不能被胜利冲昏了头脑，也不能被挫折压弯了腰。在荣誉面前不能飘飘然，在困难面前更应卧薪尝胆。

从容地独立于世

推销独特的自己

在凌凌的家庭成员中，姐姐是她的"偶像"，因为凌凌的姐姐萌萌不仅是一个成绩优异的学生，而且还是一个很有办事能力的班干部。

凌凌经常分析萌萌姐姐如此强势的原因，这也许和她是白羊星座有关的缘故吧。

凌凌还记得当时萌萌姐姐还在上学的时候，班主任老师对她说："你是个女孩，所以请你来当副班长好不好，我们再选一个男同学当正班长。"

没有想到的是，萌萌姐姐很果断地对班主任老师说："如果要我当班长，我一定就当正班长，不要当副的。"

老师看到萌萌姐姐的态度如此肯定，那种自信让老师不得不相信萌萌姐姐是个有能力的学生，最后还是选择她任班长。而且，姐姐从一进校就当上了班长直到毕业，没有人能够取代她。

凌凌很为自己的姐姐叫好。

如果要问萌萌姐姐有什么"成功秘诀"没有，她一定会说："自己相信自己，让别人相信自己，然后努力去做就 OK 了。"

这就是凌凌的姐姐，凌凌真希望有一天也能像她一样如此"强悍"。

🚢 妈妈告诉我

凌凌，不管是参加班干部竞选还是进行社会实践，要想脱颖而出，每个人都必须有自我推销的能力。

也许当你看到"推销"这个词时会觉得诧异，因为在很多人看来，推销似乎针对的只是商品，而推销只是成人的"活计"，其实，事实上并非如此。

你想做班长，你就要列出你认为你可以当班长的优势，你想社会实践，你就要表明你的诚意，你的责任心、学习能力等。我们现在是学生，而有一天总会走上社会，你如何在这个竞争激烈的社会立足，让它接纳承认你。首先，你自己要能肯定自己，自己能够推销自己。

生活中，我们往往可以看到很多人的能力并不强，可是他却获得了一份很好的工作，有的人虽然满腹才学，却呆板木讷，碌碌无为，这并不难理解，前者之所以能获得不错的工作往往是因为他善于推销自己。而如果你认识不到自己的价值所在，推销又从何谈起呢？生活本身就是一个不断推销自己的过程，这也就要求我们必须学会推销，掌握推销技巧。

1960 年，美国大选到了剑拔弩张的时候，在两位主要候选人约翰·肯尼迪和查理·尼克松之间展开了一场非常关键而激烈的电视辩论。

辩论前，很多政治分析家都一致认为肯尼迪处于劣势，因为他年纪轻，名气比较小，而且是一位天主教徒，虽然非常富有但是说话的时候操着浓重的波士顿口音。但是，实际上，美国观众在荧屏上看到的却是一个心平气和、说话很轻松又富有幽默感的肯尼迪先生，面孔十分讨人喜欢。坐在旁边的尼克松却显得饱经风霜，紧张而不自在，据说，就是通过这次电视辩论的对比，肯尼迪因为借机很好地推销了自己，从而赢得了美国大众的喜欢，最终打败了强劲对手尼克松。

如果想了解自己的价值，以至于能够成功地推销自己，我们应该做些什么准备工作呢？

第一，要了解自己的具体情况。比如通过问自己一些"我是什么样的人""我有什么优点和缺点""我能满足他人什么需要""我最擅长的事情是什么"等问题来了解自己。

第二，要充满自信心。在推销自己的时候，只有充满自信，才具有感染力，才能让对方相信自己的优秀，让对方明白接受你的推销才是当前他最好的选择。

第三，要有沟通表达能力。出众的口才和沟通能力更容易让别人相信你所说的每一句话，从而达到你的目的。平常你可以多和他人沟通，并通过辩论来提高自己的口才。

第四，注意外在形象。你不一定要拥有美丽的外表，但是务必要给人以清爽的感觉。

第五，认识对方。一个人要想成功地推销自己，还要弄清楚对方是谁，判断对方的看法和观点。再根据具体情况见机行事，不能盲目乱来。

此外，还需要掌握推销的要领：

1.要善于面对面推销自己，并注意遵守下面的规则：依据面谈的对象、内容做好准备工作；语言表达自如，要大胆说话，克服心理障碍；掌握适当的时机，包括摸清情况、观察表情、分析心理、随机应变等。

2.要有灵活的指向。萝卜青菜各有所爱，对人才的需求也是这样。有时你虽然针对对方的需要和感受去推销自己。仍然说服不了对方，没有被对方接受，那么你就应该重新考虑自己的选择。倘若期望值过高，就应适时将期望值降低一点；还可以到与自己专业技术相关或相通的行业去推销自己。美国咨询家奥尼尔这样说："如果你有修理飞机引擎的技术，你可把它变成修理小汽车或大卡车的技术。"

3.要有自己的特色，这样才能引起别人的注意。

4.应以对方为导向。要注重对方的需要和感受，并根据他们的需要和感受说服对方，并被对方接受。

5.要注意控制情绪。人的情绪有振奋、平静和低潮等三种表现形式。在推销自己的过程中，善于控制自己的情绪，是一个人自我形象的重要表现方面。情绪无常，很容易给人留下不好的印象。为了控制自己开始亢奋的情绪，美国心理学家尤利斯提出三条忠告：低声、慢语、挺胸。

没有人天生就是自我推销的高手，也许你胆小害羞，也许你不善言谈，而自我推销无疑是对你自己的一个巨大挑战，勇敢地向自己挑战吧！

我不是世界的中心

再过几天就是晓白的生日了，爸爸妈妈说今年要给晓白过一个"豪华级别"的生日——举办生日晚会，请了很多的人过来陪她一起过生日，除了爸爸妈妈的一些比较要好的朋友、同事之外，晓白也想请她班上的同学过来。

晓白兴冲冲地抓起了电话听筒，给所有能想到的人都打了电话，最后她想起了班上有一个最不爱说话的男生张亮，晓白也想邀请他过来，让他和同学们关系更加融洽一些。

"张亮，下个周六的晚上，我要在家里举行一次生日晚会，我和爸爸妈妈都希望你能够参加，你有时间吗？"

"我还是不去了吧，路途太远了，怕晚上回来之后不方便。"

其实晓白心里清楚，张亮是害怕见到许多的陌生人，于是晓白安慰他说："没事的，咱们班上有很多同学都来了，我还和妈妈说了，你的口琴吹得特别好，给你安排一个节目。如果你不来的话大家会感到遗憾的。"

"这样……那好，周末我过去吧。"电话那头的张亮终于大大方方地答应了。

妈妈在晓白后面一直听她打电话，她表扬晓白说："晓白做得不错，你能够让别人感觉到他在你心目中的重要地位，这是一个很好的习惯啊。每一个人都有被尊重的需要，我们要满足人们的这种需要，这样很多事情都会迎刃而解。"

"嗯，那我们怎样才能让别人感觉到自己很重要呢？"晓白想进一步请教妈妈。

"其实很简单，只要在生活中不吝啬自己对他人的由衷赞美和认可，能尊重他人的兴趣爱好，在你的尊重和认可中让对方认识到自己的价值就可以了。这也是发挥你影响力的一种重要途径。"

嗯，晓白明白了，在生活中要懂得尊重别人，赞美别人，因为自己并不是这个世界的中心。

🚢 妈妈告诉我

晓白，很多人都会有类似的体会：当被别人夸奖学习成绩好时，你的心里顿时觉得美滋滋的。当别人说你很懂礼貌时，你的笑容顿时绽放如花，当有人夸你漂亮，你会一整天心情愉悦，卡耐基也曾说：姓名是最甜蜜的语言，当你与有交往时，提出他的名字，并真诚地赞美他时，往往这样的人更容易走向成功……

而当你由衷地赞美对方时，你会发现，对方的反应也会同你一样。甚至是两个陌生人之间，也会因为一句赞美而迅速地拉近了距离。

每个人都渴望得到别人及社会的肯定和认可，尤其在付出了必要劳动和热情之后，都期待着别人的赞美。所以，不妨把自己需要的东西先慷慨地奉献给别人，而这无疑是在给你的人际交往添加润滑剂。

世界上的人大都爱听好话，没有人打心眼里喜欢别人来指责他，就是相濡以沫的朋友，你批评几句，对方往往脸上也有挂不住的时候。

美国哈佛大学的专家斯金诺通过一项实验研究证明，连动物的大脑，在收到鼓励的刺激后，大脑皮质的兴奋中心也会开始起劲调动子系统，从而影响它行为的改变。同样的道理，人作为万物的灵长，期望和享受欣赏是人类的基本需求之一。

林肯有一次在写信时，开门见山地说："任何人都喜欢受人奉承。"美国著名心理学家威廉·詹姆斯也说："人性深处最大的欲望，莫过于受到外界的认可与赞美。"

人类正是因为有这种渴望与价值的冲动，才会有人在一文不名、帮人打杂的情况下，仍不惜花掉仅有的微薄工资，去买法律书来看，充实自己、提高自己。

这个可怜的杂工绝非虚构，他就是美国前总统林肯。

人类大部分的成功和失败都源于对这种需求的满足。许多在事业上卓有成效的伟人正是因为他们懂得这种取人之术——真诚地赞美他人。

罗斯福的才能，就表现在对正直人给予恰当的称赞上。毛泽东也不例外，更是赞美别人的专家，他赞美刘胡兰"生得伟大，死得光荣"；赞美张思德"为人民利益而死重于泰山"；赞美解放战争中的彭德怀"谁敢横刀立马，唯我彭大将军"。毛泽东真可谓是用赞美的手段推动社会进步的第一人。

然而，现实生活中，我们却往往忽略了赞美。通常情况下，我们不惜一切也会去供给我们的家人、朋友生理所需的养分，但却从未注意到他们的自尊一样需要细心的灌溉、滋养，适度的赞美和鼓励将会像一首优美的乐章一样，在他们心中萦绕不去。

当然，如果赞美并非发自内心，而是流于一种肤浅、做作的巴结或谄媚，将是毫无意义的。那种虚假的并非发自内心的赞美，就像假钞一样，胡乱使用，早晚会惹来一身麻烦。

人一生中，除非碰上了什么重大问题；否则，至少有95%的时间都花在想自己的事情上。如果我们肯稍歇片刻，试着去想想别人的优点，唯有如此，我们才有可能真诚地赞美别人，而不至于口是心非，纯为外交辞令式的恭维谄媚了。

只要给予他人由衷的认可和毫不吝惜地赞美，人们自会感怀在心，牢记着你的每一句话，甚至在你早就忘掉自己的赞美之后，他们仍将视同珍宝般反复地在记忆中取出，慢慢地品味、咀嚼。

赞美的力量是巨大的，所以，在面对别人的时候，发现对方的优点，并给予真诚的赞美吧！

亮出我的智慧

今天波波遇到一件让自己十分为难的事情。放学回到家之后，波波把书包往沙发上一扔，一个人坐在沙发上一句话也不说。

妈妈从厨房里走出来，看到波波这个样子，轻轻地问了她一句："波波，你是什么时候回来的呢？"

"妈妈，我遇到了障碍。"波波一边说，一边做为难状。

"是怎么啦？看你的小驴嘴撅得这样高。有什么不高兴的事情可以和妈妈说，也许妈妈能够帮助你出主意。"

波波跟妈妈说道："妈妈，上个周末的时候班主任让我办一期以学习为主题的黑板报，可是周一英语老师要进行英语单词的考试，我很想利用这个周末的时间复习功课的。"

"我还以为是什么事情呢。"妈妈听波波说完之后，总算舒了一口气，"这点小事居然能把波波愁成这个样子，真是出乎我的意料啊。"

看到妈妈的表情，波波觉得很奇怪。

"孩子，有的时候我们做事情也要讲究一定的策略和方法。周末有两天的时间，如果采用得当的方法，你完全可以把板报办好，而且还会留出复习的时间。不过，这要看你如何安排了。"

真的是这样吗？

妈妈告诉我

波波，很多人在机会到来时满是畏惧和怀疑，这样的人在生活中不可能会有成就，因为他们害怕前进，只能停留在原地。相反，有的人对自己充满了自信，他们知道自己天生就是个胜利者、成功者，于是一步步迈向成功。这两种人唯一不同的地方在于，前者没有意识到自己内在潜藏的巨大力量，而后者能够发现并加以利用，于是便可以成就所向往的一切。

"潜能？怎么证明每个人身上都有潜能？"也许你并不能够立刻接受，于是你会这样问。

这里一个实验会让你信服：

将一个体力平常的人催眠，然后把他的头和脚搁在两把椅子的边上，而身体悬空，这时让六七个人站在他身上，他竟能支持得住。后来在他的身上搁一块木板，让一匹马站上去，他竟然也能支持得住。按照一个人平均的体力绝不能支持一千多磅的重量，但是在催眠状态下，他竟然毫无困难地做到了。

你一定会想，这种巨大的力量源自哪里？是不是来自于催眠家？事实上，催眠家的作用仅仅在于把被催眠者的力量从身体里激发出来，这种力量不是来自外部，而是来自他的身体内部，这便是潜伏在他自己身体里的巨大潜能。

在每个人的潜意识深处，都有着无限的智慧和力量，它们无不在等待着你去发现并开发。只要你愿意开放你的心灵去接受，你潜意识中的无限智慧就会在任何时间、空间为你提供所需的每一样事物。你可以接受新的思想和观念，使你能够提出新的发明、新的发现，或写出新书和新剧本；你潜意识中的无限智慧，甚至可以把各种奇妙的知识，原原本本地传授给你。它可以指引你，为你打开道路，使你在生活中能够完美地发展自己，并达到你真正应该达到的水平。

既然潜能对一个人的影响如此之大，那么该如何去开发它呢？

1.使用已经具备的能力。只有使用能力，能力才能产生实际效用。很多没上过专门学校的推销员比那些专门学营销专业的大学生的推销能力高得多，正是他们在使用中开发潜能的缘故。

2.面对五花八门、种类繁多的各种潜能，并不需要对每一种潜能都投入精力去开发，这样容易分散有限的精力。而应该根据自己的优势，集中力量，选准一种关键潜能进行开发，取得突破。

3.根据自身的天赋和资质来确定应当着重开发的潜能。只有这样，才能使潜能的开发事半功倍。

4.承受适当的压力。人往往都有惰性，只有在一定的压力下，才能最大限度地开发自身的潜能。压力是促使进步的最好动力。当然，压力不能过大，压力过大，就会把人给压怕了，压垮了。压力适度，不但是行动的最好保障，而且往往能把潜能发挥到极点，创造出令人震惊的奇迹。

识别体内的金矿，然后不断开发，相信它会让你得到意想不到的收获！

不要犹豫不决，当断不断

几天前，宣萱收到了一个邮寄错误的包裹，上面写着"晨曦收"，但是宣萱根本就不认识这个人。邮递员叔叔告诉她："没错，你看地址就是这里。"

当时含含糊糊的宣萱只好留了下来。

后来妈妈知道了之后开始责备她："宣萱，这个东西不是寄给我们的，你应该给邮局退回去，这有什么可犹豫呢？"

"嗯，我现在就去打电话。"听了妈妈的训斥，宣萱也觉得是自己错了。

过了一会儿，妈妈又问她："宣萱，你打邮寄电话了吗？"

宣萱回答："打电话了，邮局的人说过两天才来取。还好邮局的人比较负责，要不然的话我就没有办法收场了，那个叫晨曦的人也一定会很生气的。"

"是啊，以后对待这样不明不白的事情一定要谨慎啊。"妈妈再一次嘱咐宣萱道，"宣萱，妈妈给你讲个故事吧。"接下来，妈妈就讲开了。

哥斯特朗夫小时候住在芝加哥。一天，他在一家杂货店看到一块手表，这块表的价格是一美元。他没有钱，而且也不可能很快筹集到一笔钱，所以问店主能不能先把这块表给他，以后再分期付款。店主同意了。

第二天，哥斯特朗夫偶然对母亲提起了这件事，母亲坚决反对他的这种做法。在她看来，他利用了别人的信任。她把钱付给店主后，回家找到儿子。

"难道你不明白吗？"她说，"你想买一块手表是无可非议的，但是你完全不明白该怎样挣这笔钱。尽管这里面不存在撒谎和欺骗，可是在这个事情上你显得太轻率了。这是一件不明不白的事。孩子，你应该注意：不明不白地处理事情，结果会把事情弄得一塌糊涂。"

母亲把手表拿走了，直到哥斯特朗夫挣到这笔钱，才能从她那儿把手表买来。

多年来，哥斯特朗夫一直记着母亲的教诲。作为新闻评论员，他必须始终警惕着不明不白的事情。对半真半假的报道避而远之，对听来很真实却又有声有色的故事置若罔闻。

一些投机商愿意给哥斯特朗夫一大块土地，他们没有建议他在广播中谈论他们的资产，只是让他报道他在他们的地区拥有土地。但是哥斯特朗夫认为这是一件不明不白的事情，所以，拒绝接受他们赠给自己的土地。

听了妈妈的故事之后，宣萱说："将来我也要像哥斯特朗夫学习，对一些模棱两可的事情要养成慎重处理的习惯。"

"嗯，这就对了，现在的社会很复杂，如果一些事情没有搞清楚就会不明不白地处理了，不仅会给自己和他人的生活带来不便，甚至会被居心不良的人利用，所以为了保持自己人格的完整和独立性，要避免模棱两可的事情。"

宣萱听了之后羞愧得没有再说话。

🎏 妈妈告诉我

宣萱，挑战自己，有时意味着要改变，尤其是在不好的习惯上。"你能不能快点做决定啊，老是考虑来考虑去，到底在犹豫什么呢？真急人！"朋友等着你做决定，可是你却迟迟给不了答复，这让他焦躁不安。

"到底选哪个答案呢？"考场上，犹豫间，时间不知不觉地溜走了，等到交卷子的时候，你才惊呼，"我还没做完！"

"这两个都好看，我都喜欢，可是到底哪个更好呢？"仅仅为了两件相同款式，不同颜色的衣服，你就能站着盯上半天，本来计划好的事情也全都泡了汤。

……

生活中，这样的人不在少数，不管是在学习上还是日常生活中，他永远都是一幅不紧不慢的模样，用他的话就是，"我还要考虑一下"，他一直都在犹豫。

兵家常说："用兵之害，犹豫最大也。"实际上，日常做事也是如此。犹豫不决，当断不断的祸害，不仅仅表现在战场上，现代社会的每个角落都处处展现着。

比如在学习上，你很可能因为犹豫而浪费了时间，最后交上一份不完整的答卷，而与梦寐以求的学校擦肩而过；比如在与人交往时，你与一个好朋友发生了误会，而你一直犹豫着是否要和对方重归于好，你的犹豫最后很可能是你们之间的友谊出现破裂；比如在商场上，你很可能因为犹豫就错过了绝好的机遇。

机不可失，时不再来，犹豫不决，当断不断，最后在商场上你将注定只会一败涂地，无立身之处。

因此，不管什么时候，一定要斩钉截铁、坚决果断。当然，这里的坚决果断并不等同于武断，而是要在认真分析判断，认准形势、深思熟虑下所做出的决定，这也绝不是心血来潮或凭意气用事。

宋人张泳说："临事三难：能见，为一；见能行，为二；行必果决，为三。"当机立断的另一方面，并非仅仅指进攻和发展。有时，按兵不动或必要的撤退也是一种果敢的行为，该等待观望时就应按兵不动，该撤退时就要撤退，这也是一种当机立断的行为。

你一定知道"夜长梦多"这一俗语吧。它指的是做某些事，如果历时太长，或拖得太久，就容易出问题。"夜长"了，"噩梦"就多，睡觉的人会受到意外的惊吓，反而降低了睡眠的效果。同样的道理，做事犹犹豫豫，久不决断，也会错失良机。

《史记》中有"兵为凶器"的说法。意思是说，不在万不得已时，不得出兵；但是，一旦出兵就得速战速决。"劳师远征"或"长期用兵"，注定结局都会是失败。

拿破仑穷兵黩武，征战欧洲，不可一世，于是后来有了"滑铁卢"之悲剧；希特勒疯狂侵略他国，得到的是国破身亡，主权不保。这都是由于他们没有认清战争的害处他们不懂得"夜长梦多"的真正外延。

中国人向来讲究从容自若，慢条斯理的做事态度。即便是大难临头，"刀架脖子上"也能泰然处之。能够做到如此者，才算得上气宇大度的君子。但是，这并不是表明中国人做事就喜欢拖拉，或不善于抓住战机。事实上，中国人在追求和谐、宁静、优雅的同时，无时不在潜心于捕捉机遇。

有一种"无为而治"的政治哲学。从表面上看，它似乎也是优哉游哉的处世信条，但就其内涵，远非字面那么浅显。所谓"无为"并不是单纯的"不为"，而是"阴谋诡计"之极为，它无时不在宁静的外表下进行频繁的权谋术数的操作。打个比方，一个车轮，以无限的速度旋转，似乎就看不到它在旋转了，抑或看到的是倒转，"无为"就是这种状态，"无为"才能"无不为"。

因此，做事不能太犹豫不决，而应快速决断；不要再徘徊、踌躇，做事快而敏捷者才能够成就大事业。

生活百味都需要品尝

孤单值得享受

铭铭因为生病了，不能去学校上课，所以只好一个人闷在家中。

下午的时候，铭铭闲着感觉无聊，想起了和小伙伴们有说有笑的场景。可惜现在只有自己一个人，不觉有点孤独了。

一个人的下午，该怎样度过？

睡过去吗？不困。

看电视吗？无聊。

写作业吗？不想。

那一个下午做点什么好呢？简直把铭铭愁坏了。

一个人的时光真的这样难熬？心情一下低落了很多，铭铭的眼泪不禁啪嗒啪嗒地落了下来，真希望自己能够赶快回到学校，能和小伙伴们在一起。

铭铭很想给妈妈打个电话诉诉苦，于是拨通了她的手机号："妈妈，你什么时候回来啊。我在家里无聊死了。"

妈妈在电话的那一头安慰铭铭说："铭铭你的病都好了吗？好好休息，妈妈晚上会准时回家的。"

"妈妈，我已经不难受了，一个人待着觉得没意思，不知道做点什么。"铭铭对妈妈说。

"难道一个人就不能做些有意思的事情吗？怎么会觉得没有意思呢？"妈妈问铭铭说，"如果你不难受了，可以做点自己喜欢做的事情，又没有人打扰你，不是很难得的时间吗？对了，你以前不是说想找个清闲的时间自己做多面相框吗？现在就弄吧，等你做好了妈妈也到家了。"

"嗯。"铭铭从床上爬了下来，终于找到属于自己的快乐时光了。

🚢 妈妈告诉我

铭铭，心情在一个人的生活中是无比重要的，然而，不是每个人都能带着好心情来度过每一天。人们常常会遇到不愉快的事情，从而背负上坏的情绪。

一个人一天早上醒来，发现她刚刚装修好的地下室被水淹了，她惊慌得不知所措。

"我第一个反应，"她报告说，"是想坐下来大哭一场，为自己的损失号啕。但是我没有这样，我问自己，最坏的情形会怎样？答案很简单：家具可能全泡坏了，嵌板可能给泡得弯曲不平，还留下水渍，地毯也报销了，而保险公司可能不会赔偿这些。

"第二，我问自己，我能做什么来减轻灾情？我先叫孩子把所有可以拿得动的家具搬到没有水的车房里去。我向保险公司经纪人报告，并且用电话请地毯清洁工带吸尘器来。然后我和孩子向邻居多借些除湿机，使地下室能加速干燥。等到我丈夫下班回家的时候，一切都已经整理就绪了。

"我考虑了可能发生的最坏情形，想出怎样做些补救，然后动手忙起来，做了我必须做的事。我根本没有时间忧虑。当做完这一切时，我的心里轻松多了。"

每个人都希望"一帆风顺"，可是生活也有酸甜苦辣。面对人生烦恼和时代变化所带来的困惑，面对疾病的纠缠追求的失落、奋斗的挫折、情感的伤害、学习的压力等困扰，人们的不良情绪就会油然而生。这时你必须努力让自己快乐起来。

高山流水、鸟语花香都是天籁之音，可以让人心旷神怡，让人感受到大自然的亲切。海浪声、滴水声、下雨声、蝉鸣声、鸟啼声，都是大自然的优美音乐，非常悦耳动听，能够镇静人的情绪，松弛人的身心。

而人类自己创作的优美音乐，都是从大自然的天籁之音获得灵感的，因此具有同样的功能。特别是在都市中生活的人，尤其应多听一些优美舒缓的传统音乐，因为那才是充满灵性的作品。

美国科学家也做了类似的实验：在不同的温室里播放不同音乐，如欧洲经典音乐、印度音乐和摇滚乐等。实验结果表明，效果最好的一组是欧洲经典音乐，植物长得很茂盛，并按着音乐来源的方向生长。离音乐源最近的植物都会绕着扩音器生长。印度音乐、爵士音乐效果也很好，而效果最差的是摇滚乐，植物生长得不好，经过两个星期，有些植物竟然枯萎了。

以此类推，音乐对人也能发生良性影响。科学研究证明：与身体节奏相一致的音乐会使脑电波更有规律，使之达到大脑思维的最佳状态，让左脑与右脑同步协调，使上下脑增加沟通，最后让整个大脑的潜能逐渐地发挥出来。

因此，听音乐的时候，尽量不要去想不高兴的事情。在音乐的作用之下，脑电波会减慢或协调起来，使整个大脑处于放松的状态。潜意识对正面暗示比较容易接受。而此时的脑海里，最好浮现一些美好的景象，以避免负面暗示的不良影响。

当一个人听到自己喜欢的音乐时，呼吸就会加深，神经就会松弛，疲劳便会得以消除。欣赏音乐可以使人浮想联翩，随着音乐的优美旋律去"云游"四方。这样就可以通过音乐尽情享受自由的心境。

给心情放假，也是要你不要乱给自己定性，自寻烦恼。有很多女孩，她们常用"放牛班、劣等生……"等名词套在自己身上，造成自我否定的现象。她们会说，"我在别人面前会脸红""我在学校的功课不比别人好"……医生们发现：她们只是在异性面前才会脸红，或功课只有某一科不好而已。她们用一些负面的词造成了自己负面的心理暗示，进而造成自己吓自己的负面形象。

使用肯定句，这一点极为重要。如果你说，"我不要挨穷"，虽未言"穷"，但这种消极的语言会将"挨穷"的观念印在你的潜意识里。因此，你要正面地说："我越来越富有。"

当你有比较大的内心冲突和烦恼时，安慰自己"一切都会过去"。遇到挫折时，不妨先坐下来理一理头绪，看一看问题究竟有多少，切不可让它充塞在头脑里而成为一堆乱麻。应该时刻想道："我能胜任！"

或者"我可能会失败，但是失败是成功之母！只要坚持下去，一定会成功！"不论遇到什么样的阻力，要保持自己的精神状态，要坚信："别人能办到的，我也能办到！"慢慢地，你就会被自己所鼓舞，心情就会好起来的。

德山禅师在尚未得道之时曾跟着龙潭大师学习，日复一日地诵经苦读，这让德山有些忍耐不住。一天，他跑来问师父："我就是师父翼下正在孵化的一只小鸡，真希望师父能从外面尽快地啄破蛋壳，让我早一天破壳而出啊！"

龙潭笑着说："被别人剥开蛋壳而出来的小鸡，没有一个能活下来的。鸡的羽翼只能提供让小鸡成熟和有破壳力量的环境，你突破不了自我，最后只能胎死腹中。不要指望师父能给你什么帮助。"

德山撩开门帘走出去时，看到外面非常黑，就说："师父，天太黑了。"

龙潭便给了他一只点燃的蜡烛，他刚接过来，龙潭就把蜡烛吹灭。

他对德山说："如果你心头一片黑暗，那么，什么样的蜡烛也无法将其照亮啊！即使我不把蜡烛吹灭，说不定哪阵风也要将其吹灭啊。只有点亮了心灯一盏，天地自然一片光明。"

德山听后，如醍醐灌顶，后来果然青出于蓝，成了一代大师。

其实，像德山开悟成佛一样，一个人想拥有快乐的心境，自己要学会清除心理垃圾，下意识地为心灵松绑，点亮自己的心灯。否则，你快乐的梦想只能"胎死腹中"。

心灵就是一座炼金的熔炉，快乐就在其中，只要将其熔炼，快乐就会闪闪发光。

给你的心情放个假，让它在轻松的氛围中呼吸新鲜的空气，你会拥有一份更美好的生活。

放弃是一种智慧

金秋时节，瑶瑶和同学们相约来到农村乡下，此时正值捉蚂蚱的最佳时机。

"瑶瑶，你看，这只蚂蚱有些与众不同，它的头顶上有两个橘红色的点，你看到没有？"听到好伙伴媛媛的呼唤，瑶瑶凑了过去，果然发现一只与众不同的蚂蚱，尤其是它头上的两个橘红色斑点与绿色的外衣配在了一起，特别的惹眼。

"媛媛，快把它捉住吧。"瑶瑶赶快提醒媛媛。

"好。"媛媛朝那只蚂蚱下手过去。

不过这只聪明的蚂蚱似乎发现了媛媛的企图，它从一只草叶急忙跳向另一只草叶，还险些滑了下来。

而媛媛也不会善罢甘休。最终这只蚂蚱终于落到了媛媛的手里，媛媛是利用它长腿的弱点把它捕获的。

她手里紧紧抓着蚂蚱向我炫耀："瑶瑶，你看我抓到了。"

"媛媛，你手里根本就没有啊。"瑶瑶过去看媛媛的手中，分明只有两只后腿。

"蚂蚱跑了，它居然丢掉了自己的两只腿。"媛媛看到那两条腿，想到蚂蚱为了逃命居然会硬生生地把自己的后腿扯掉，不免有点心疼，"我只是想把它抓过来玩一玩，并不想弄死它啊。"

瑶瑶和媛媛不禁一起为这只蚂蚱感叹：真是一只懂得生存智慧的蚂蚱，在面临生死存亡的关头，能够理智地做出最有利于自己的选择。

🚢 妈妈告诉我

瑶瑶，在你做出选择的那一刻，也就意味着你放弃了一些东西。放弃一个对自己的成长不利的坏习惯，放弃一个带自己步入歧途的"朋友"，甚至放弃一个很不错但不适合自己的工作，都并不是你的损失。相反，去除一个坏毛病、绝交一个坏朋友，可以使青少年朋友很好地保护自己不受到伤害；而放弃一个看似不错的发展机会，会激励你继续学习、不断进步。

柏林爱乐乐团素有"世界第一交响乐团"之称，而它的首席指挥也素有"世界第一指挥"之称，因而，柏林爱乐乐团首席指挥的位置几乎是所有指挥家所梦想的。然而，当柏林爱乐乐团决定聘请英国著名指挥家西蒙·布特尔担任首席指挥时，布特尔却出人意料地拒绝了。许多人都对布特尔的放弃感到不可理解。对此，布特尔说："柏林爱乐乐团是以演奏古典音乐而闻名于世的，而我对于古典音乐的理解还不够透彻，如果我接受了邀请，恐怕不能带领柏林爱乐乐团迈上一个台阶，反而会起到阻碍作用。再好的机会，如果你没有能力把握，那么还是放弃为好。"这之后，布特尔默默地学习研究古典音乐。经过10年的努力，布特尔以对古典音乐的不懈追求和透彻理解及自己精湛的指挥和表演一次次取得了成功，令听众为之倾倒。当他再一次接到柏林爱乐乐团的邀请时，布特尔没有丝毫惊讶，也没有丝毫犹豫，毅然接受了邀请。他以自己出色的指挥，创造了音乐史上一个又一个奇迹。

生命有涯，而以有限的生命去追求现实世界那无限美好的万事万物，必须加以选择，学会放弃。放弃是一种智慧，一样东西再好，如果客观条件不成熟或者主观上还没有能力把握，那么还是放弃的好。布特尔第一次拒绝出任首席指挥就是如此。懂得放弃的人，知道什么该放弃，什么不该放弃；他们既不盲目追求不属于自己的东西，也不轻易放弃属于自己的东西。放弃该放弃的，那是勇气；不该放弃的不放弃，那是豪气；该放弃的不放弃，那是怄气；不该放弃的放弃，那是傻气。

放弃是一种智慧，放弃不等于抛弃。抛弃是一种妥协，是一种让步，是一种彻底的失败。放弃是一种超脱，是一种激励，更是一种策略——是为了腾出空间来接纳其他更多、更好的东西。布特尔第一次的放弃，使他有更多的时间去学习研究古典音乐，为他再次接受柏林爱乐乐团的邀请，担任首席指挥，创造音乐史上一个又一个奇迹奠定了基础。正是他第一次的放弃，成就了他最后的成功。

放弃是一种智慧。在忙碌的生活节奏中，放弃一些东西，可以让你有时间享受另外一些轻易不能够得到的东西。正如父母经常会放弃聚会，选择陪你在家里过周末，这是他们对你的爱的表示。你与父母在一起，深深地体会到这份爱，也会将这份爱以另一种方式反哺给父母。学会放弃，放弃一些东西，有时你会发现一种不一样的美丽。

放弃，其实并不是完全让你去以消极的态度去面对人生。相反的，是让你真正的学会放弃。用正确的判断力去学会放弃一些东西，从而不再去做那些"明知不可为而为之"的事情。

学会放弃，面对现实。其实，一生中有着很多的事情需要你去做，但是你并不能使自己把每件事情都做好。所以，你就必须学会放弃，去把那些你认为该去做的事情做得更好。

生活就是如此，很多看似美好的东西会使你失去另外一样东西，而这样东西往往才是你真正喜欢的。懂得放弃，才能让你得到适合自己的东西，这是一种人生智慧，希望青少年朋友能够慢慢体会。

假如三毛放弃悲伤

"妈妈，我回家了。"霞霞放学回来，不忘向妈妈问好。

"霞霞回来了，今天白天都学了些什么？"妈妈关切地问霞霞。

"嗯，今天，我们学了三毛的一篇文章。妈妈您说三毛这个人是不是精神有问题，要不然的话她怎么会写出那么多与众不同的作品呢？而且最后还自杀了，真是可惜啊。"

"嗯，是啊。三毛的作品中总是免不了带点忧郁的气质，这和她本人的个性有很大的关系。"妈妈说道，"你有没有读过三毛的《为了梦中的橄榄树》？在她的笔下，流浪成了一种流行。有的时候我也会感叹，这样一位有才华的女性为什么会选择结束自己的生命？如果她好好地活下去，是不是可以创造出更多的好作品呢？"

"她总是悲伤，一点都不积极，怎么能够勇敢地面对人生呢？"霞霞了自己的看法，"除非，在她活着的时候就放弃悲伤，做一个快乐的人，那该有多好啊。"

哎，在霞霞看来，三毛真是一个又可怜又可惜的名字。

🚢 妈妈告诉我

霞霞，我想你此时的想法会和我的不谋而合，你一定想说：如果她总是能保持一种积极的心态，事情就不会发展成为悲剧，对吗？

有一位禅师曾经说过：心态就像对待握在我们手中的小鸟，如果它是积极、温和的，就可以放飞它，任它在天际飞翔；如果它是消极、冷酷的，就可以掐紧它，将它捏死在手中，就看你怎样选择。

可以选择积极、乐观、愉快地过每一天，也可以选择消极、悲观和闷闷不乐。

可以选择堂堂正正，踏踏实实，也可以选择违法犯纪，偷奸耍滑。

可以选择积极上进的朋友，也可以选择自甘堕落的朋友。

凡此种种，我们都有选择的自由。

不管你是选择积极，还是选择消极，下决心时所费的力气没有太大的区别。只是结果有天壤之别。

选择积极，你将跨入成功的快车道。

选择消极，你将陷入失败的污泥潭。

罗伯特博士在哈佛大学主持了一系列有趣的实验，实验对象是三群学生与三组老鼠。

他对第一组学生说："它们很幸运。你们将和天才小白鼠在一起。这些小白鼠相当聪明，它们会到达迷宫的终点，并且吃许多干酪，所以要多买一些喂它们。"

他告诉第二组学生说："你们的小白鼠只是普通的小白鼠，不太聪明。它们最后还是会到达迷宫的终点的，并且吃一些干酪，但是不要对它们期望太大，它们的能力与智能都很普通。"

他告诉第三组学生说:"这些小白鼠是真正的笨蛋。如果它们能找到迷宫的终点,那真是意外。它们的表现自然很差,我想你们甚至不必买干酪,只要在迷宫终点画上干酪就行了。"

以后6个星期,学生们都在精确的科学情况下从事实验。天才小白鼠就像天才人物一样行事。它们在短期间内很快就到达了迷宫的终点。你期望从一群"普通小白鼠"那里得到什么结果呢?它们也会到达终点,但是在这个过程中并没有写下任何速度记录。至于那些愚蠢的白鼠呢?那更不用说了。它们都有真正的困难,只有一只最后找到迷宫的终点,可以说是一个明显的意外。

有趣的事情是,根本没有所谓的天才小白鼠和愚蠢小白鼠之分,它们都是同一窝小白鼠中的普通小白鼠。这些小白鼠的成绩之所以不同,是参加实验的学生心态不同而产生的直接结果。简而言之,学生们因为听说小白鼠不同才采取了不同的心态,而不同的处理导致不同的结果。

用积极的心态解决问题,可以引导问题向有利的方向发展,最后往往能够取得不错的成绩。学生的积极心态如何决定了他们采取的措施和投入的精力,而最后的结果可以从他们训练出的小鼠的能力上体现出来。

学习和工作也是如此,将学习与工作看作是任务,是负担,那么它会越来越重,直到压得我们喘不过气;如果能够以积极的心态去主动寻找学习和工作中的乐趣,在快乐中学习和工作,在学习与工作中快乐着,那么,无论做什么事情,都能有很好的成效。

没有完美的选择

晚上甜甜的妈妈有收听广播的习惯,在所有妈妈收听的节目中,甜甜最喜欢的是安然主持的《财富星空》。

晚上甜甜要回房间写作业了,临走之前不忘告诉妈妈:"妈妈,等《财富星空》开始的时候,您一定要叫上我。我们一起听吧。"

"好啊。你也喜欢安然的这个节目。"妈妈笑着说。

"当然,她的声音和妈妈的声音很像。"甜甜说道。

这次在《财富星空》节目中,主持人讲述了一个比尔·盖茨的故事:

在比尔·盖茨读中学的时候,他接到全国最大的国防用品合同商 TRW 公司的电话,要他南下面试。为了实现自己的梦想,比尔·盖茨征得学校的同意,做了三个月的"临时工作"。

三个月后，比尔·盖茨回到学校。他补上三个月中落下的功课，并参加期末考试。对他来说，电脑当然不在话下，他毫不担心。

其他功课他也很快赶上了。结果他的电脑课老师只给了他一个"B"，原因当然不在于他考试成绩不佳——他考了第一名——但他从不去听这门课，在"学习态度"这条标准中被扣了分。但比尔·盖茨并没有抱怨什么，而是接受了这种不公平的现实，并把这种得失置之度外，集中精力做数据的编码工作。他成了名副其实的电脑程序员，具备了坚实的编程基础和丰富的经验，最终成就了自己。

节目结束了之后，比尔·盖茨接受生活中不公平的故事还在甜甜的脑海中回荡。

甜甜真是有点搞不明白："妈妈，这种不公平，为什么要接受？如果社会到处都是公平的，我们的生活该有多幸福啊。"

"实际上，不公平是一种正常的存在，在这个世界上，贫穷、战争、疾病、犯罪、吸毒等不平等的现象不是仍旧存在吗？"

在这个不公平的世界，甜甜不明白要怎样适应才行？

"是这样的，生活中会有很多不公平的事情出现，承认生活中的不公平并不是要求我们不尽力去改变这个世界，正好相反，而是在不公平的面前激发自己的潜能，让自己生活得更好。"妈妈说道。

哈！甜甜明白了妈妈的话，在成长的道路上又前进了一步。

🚢 妈妈告诉我

一位教育专家说："五天的学校教育往往抵不过社会两天的晕染。"学校德育侧重于正面教育，灌输的是真、善、美的东西，而现在的孩子在家庭、社会却耳闻目睹了许多光怪陆离、纷繁复杂的社会现象，所以，一旦走出校园感受到多姿多彩的社会时，便感到学校老师灌输的思想信念、道德情操显得那么单薄、那么脆弱。

达尔文有一句经典的理论："适者生存。"适者生存也就是随着社会的发展趋势解决遇到的问题。一个人不能左右社会发展的趋势，社会更不能按照一个人的意愿发展。我们每个人都不能脱离人群，脱离社会而生活，如果不适应社会的变化，就会被社会所遗弃。只有适应别人，适应社会，我们才能长大，变得成熟。

有这样一个故事：

很久很久以前，人类都还赤着双脚走路。

有一位国王到某个偏远的乡间旅行，因为路面崎岖不平，有很多碎石头，刺得他的脚又痛又麻。回到王宫后，他下了一道命令，要将国内的所有道路都铺上一层牛皮。他认为这样做，不只是为自己，还可造福他的人民，让大家走路时不再受刺痛之苦。

但即使杀尽国内所有的牛，也筹措不到足够的皮革，而所花费的金钱、动用的人力更不知要多少。虽然根本做不到，甚至还相当愚蠢，但因为是国王的命令，大家也只能摇头叹息。

一位聪明的大臣大胆地向国王提出建议："国王啊！为什么您要劳民伤财，牺牲那么多头牛，花费那么多金钱呢？您何不只用两小片牛皮包住您的脚呢？"国王听了很惊讶，但也当下领悟，于是立刻收回成命，采取这个建议。据说，这就是"皮鞋"的由来。

故事告诉我们这样的道理：想改变世界，很难；要改变自己，则较为容易。与其改变全世界，不如先改变自己——"将自己的双脚包起来"。

当遇到事情不是那么尽如人意的时候，最好的方法是改变自己的某些观念和做法，以抵御外来的侵袭。当自己改变后，眼中的世界自然也就跟着改变了。如果你希望看到世界改变，那么第一个改变的必须就是自己。

适应需要坚强的意志和顽强的耐心。有时就像婴孩从母体里脱离，要适应到外面的世界生存一样，挣扎是痛苦的，但痛苦后的啼哭又是十分幸福的。

适应是对你智慧技能的一种消耗。所以，在适应中我们还需不断加强知识的积累和体能的锻炼，储备良好的智慧、体能等竞技食粮。

学会适应生活、适应社会，是一个深思熟虑的过程。切忌在摸清目标背景的实质前盲目行动。适应的过程，是一道精确的算术题，你的内心必须有 2 ～ 3 个熟练的解题公式。这样，你才会立于不败之地。

生活中，又应该如何去适应种种变化呢？

首先，加强自我认识能力的培养。要对自己有一个客观的了解，知道自己的优势和不足，有优点不要骄傲，有缺点不必自卑，当遇到困难时才不至于产生心理失衡。

其次，训练良好的自控能力。培养自己的自控能力，学会用友好的方式解决问题，当产生矛盾时，避免出现攻击行为。

再次，提升自我解压能力。由于生活经验不足，承受能力有限，在遇到困难和矛盾的时候可能不会调整和控制自己的情绪，这时要让自己学会缓解精神压力，懂得宣泄和放松，才能保持心理平衡和良好的心态，才能冷静地处理遇到的困难，并保持愉快的心情。

最后，增强有效解决问题的能力。当矛盾和冲突无法回避时，需要学会应对的技巧和方法。此时应该自主寻求解决问题的突破口和方法步骤，学会主动适应环境，从遇到的问题中解脱出来。

在今天这个世界中，唯一不变的就是变化，而计划也总是赶不上变化。而人们依然要好好地生活在这个世界上，这就需要人不断地转变自己的观念，积极地应对。如果脚下真的不平，而土地短时间内又没有办法改变，那就用一块布把自己的脚裹起来吧，那样自己依然能走得很好。

试着寻找这么一块布，寻找适应变化的方法吧！

教你排解来自四面八方的压力

再过几天，期末考试就要开始了，尽管莲莲已经做好了充分的考前准备，可是，心里还是有点忐忑不安，总是担心还有什么地方没有复习到位。

这次考试对莲莲而言是非常重要的，因为，学校会以这次考试的成绩作为分班的基本依据，老爸老妈也对莲莲寄予很大的期望。所以，无论如何都要考出最好的水平来。

唉，越是紧张，越是进入不了状态，莲莲手里面虽然捧着课本，可心里总是惦记着考试，担心如果万一考砸了，那可怎么办啊？

这时，老妈经过了莲莲的房间，兴许是看见了女儿心神不宁的样子，便叫道："莲莲……"

刚开始，莲莲没有听到妈妈的叫声，直到妈妈走过来拍了拍她的肩膀，莲莲这才回过神来，心不在焉地问道："妈妈你在叫我吗？"

老妈微笑着说："呵呵，你是在担心即将开始的考试吧。"

莲莲点点头，愁眉苦脸地说道："是呀，我很担心自己会考不好。我现在非常的紧张，要是这次考得不好，影响到我分班的分数就糟了。"

妈妈听莲莲这样一说，握着她的手，鼓励她说道："这没有什么可害怕的，只要把这次考试当作一次很普通的测验就好了，只要是尽自己最大的努力就行。我相信你能够发挥自己最大的水平，只要能够放下包袱，轻松上阵，以平常心来对待，一定可以发挥好的。知道吗？"

经过妈妈的鼓励，莲莲觉得轻松了很多，而且信心大增：这次考试，相信自己一定行。

妈妈告诉我

莲莲，如果感到压力大，那生活将是一件痛苦的事情。你们所面对的压力，一般有来自学习上的，生活中的，社会的压力。那么，如何来排解这些压力呢？妈妈想逐个帮你提出建议，让你不再感到有压力。

1. 排解来自学习上的压力

（1）找出压力的原因。

导致学习上产生压力的因素是多种多样的，例如，学过的东西很快就忘，以至于怀疑自己"天生就不是学习的料";上课时精力不集中,学习的时候则不自觉地陷入"白日梦"中;学过的知识像一堆到处乱放的砖石,无法条理化;考试成绩总是不理想,而"苦心人,天不负"的古训在你身上却不起作用;听了很多别人的学习经验,看了很多介绍学习方法的书,但是学习效率依然没有提高……

（2）用正确的心态去看待学习压力。

当别人如鱼得水般轻松地在学海中遨游时,你却总是慢半拍,担心掉队的压力也就油然而生。如果你真的把压力看成压力,把烦恼当成烦恼,那么,你离掉队的时刻也就不远了。有的人会因为承受不了这种压力,便自暴自弃,终日沉浸在苦恼的深渊,结果成绩如坐滑梯一样,越滑越低。而有些人则在压力的推动下,更加积极向上,勤奋刻苦,最终硕果累累。

（3）带着愉快的心情去学习。

真正的学习是快乐的,它不仅是指学有所获及学会某事的成就感,而且还指学习过程本身是令人感到快乐的。

因此,你应该确立学习是快乐的信念,应带着喜悦的期盼开始学习,而学习结束时应感到意犹未尽、恋恋不舍。快乐的学习能够使整个学习过程都变得津津有味,充满乐趣,让我们越学越想学,并乐此不疲。

（4）有规划地学习。

没有规划,一团乱麻,连自己掌握哪些,没掌握哪些,都不能区分开来,这会导致大量的无效学习,并造成畏难情绪,进而生出种种烦恼。

如果在学习上只有看到自己该学些什么,能学些什么,理出一条脉络来,那才可能做到有规划。建议你可以按照系统学习法画出系统树,这样,对知识点就能够一目了然了。

（5）不断给予自己肯定和鼓励。

在学习时要把目光盯住那些积极的东西,要能够看到自己的进步,并认为,这就是自己的成功。

（6）劳逸结合。

绝不能一天到晚泡在书堆里,那样只会让自己头昏脑涨,压力也会更大。

2．排解来自生活的压力

（1）拥有一颗平常心。

平静地看待身边之事,遇事不必大喜过望,也不要怨天尤人。人生中许多事都难以预料,你要做的就是以平常心待之,把握好每一天,才能迎来更美好的明天。人生最高境界莫过于宠辱不惊,笑看庭前花开花落。

（2）多读好书，用知识开阔眼界。

很多时候，我们觉得自己"苦"，是因为对自己"关心"太多，却不曾想到世界上有很多人可能比我们还"苦"。能成大事者无一不是"吃得苦中苦，方为人上人"的。读书会让我们更理性地思考问题，在理性中成熟，在成熟中长大。

（3）学会冷静处事。

任何时候冲动都是做事的大敌，因为冲动就会导致凭感觉去做事，其后果往往是很难预料的。

（4）"苦"时要挺住。

在许巍《每一刻都是崭新的》文章里，有这样一段话："在最寂寞和不得不流泪的晚上，即使连自己都在笑自己傻时，依然拔出怀中的长剑，刺痛自己，提醒自己，勇往直前，直到现在。"

在这个世界上生存，就意味着要遇到种种不如意之事，不论是父母的不理解、误会，还是人际关系的紧张，抑或是考试的失败甚至是面临种种"绝境"，所有的这些都会带给我们"苦涩"的味道。

但是，世界"没有绝望的处境，只有绝望的人"，品味"苦"的时候要挺住，不能向命运低头，要与命运顽强抗争，如同在沙漠中长途跋涉，要耐得住干渴、饥饿之"苦"，才能迎来到达沙漠绿洲时的喜悦。

生活中充满苦，因此，要学会吃一点苦。吃苦不仅可以使自己增加生存经验，而且还能得到进步。

第八章

打扮 & 服饰——给渴望美丽的你

让皮肤净白无瑕

走出保护皮肤的误区

外面的太阳越来越大，天气也越来越热了。空气中到处可以感觉到浮躁两字。

上课的时候有些同学就受不了这气温，拿着作业本或者笔记本不停地扇着。

因为上课开风扇声音太大，会影响大家听课，所以老师规定上课谁也不许开风扇。并且还给了大家一个望梅止渴的办法，说是："心静自然凉。"

"凉什么凉？大自然明明是热的！"芊芊在那边小声嘀咕着，"要实事求是！老师！"

小玮拉了拉芊芊："'忍'字头上一把刀，老师也是为你好……"

"哼……"芊芊不满地从鼻子里发出声，也不作声了。

大家都那样，抱怨归抱怨，真正敢对着老师干的可没几个。

这不，一到下课，大家都嚷着要开风扇。

"你干吗啊？不会走慢点啊！"小玮生气地大叫起来，"我的唇膏都被你碰到地上了！"

"大夏天的，还涂什么唇膏啊。"芊芊从地上捡起唇膏，立刻赶着去开风扇去了。

这边小玮的脸已经由白变成红色了，战争一触即发。

"先别生气，看看坏了没。"旁边的同学马上叫住了小玮，"还好，还好。还盖着呢，没坏！小玮，你怎么夏天也涂唇膏啊。"

"唇部护理可不分夏天冬天！我这个唇膏可是有防晒功能的。"小玮得意地说。

妈妈告诉我

芊芊，小玮说得没错。唇部护理和肌肤护理一样，是不分春夏秋冬的。认为唇膏只能在冬天用，那是对皮肤保护的误区之一。

其实啊，唇部皮肤特别容易受到损害。在炎热的夏天，直射的太阳很容易会把唇部肌肤烤伤，使它变得薄、脆而干燥。这样进入冬季后更容易受冷而脱皮。所以即使是夏天也不能忽视唇部的保养，并且最好选择有防晒功能的润唇膏。

一般来说，女孩子可以从18岁就开始护肤了。这个时候可以只做做简单的补水等项目，之后随着年龄增长和皮肤状况再增加相应的项目。

那么在护肤上一般有哪些误区需要注意呢？

第一个误区，素面朝天型。认为不做任何保养对肌肤较好。有些女生对自己的皮肤相当有自信，认为保持自然就是最好的。但是你要知道，现在我们的皮肤每天要面临大量空气中的污染物和强烈的紫外线、冷空气等造成的干燥等，为了提高肌肤对抗越恶劣的环境的能力，适时地给予它水分和保护是非常必要的。所以即使皮肤再好的女生，还是要做些基本的保湿护理，否则不久之后，引以自傲的好皮肤也会跟你说拜拜的。

第二个误区，资源节约型。与家人合用护肤品。有些女孩子会觉得，母女之间或姐妹之间共用护肤品没什么问题，反而显得更亲密。其实这是大错特错了。每个家庭成员之间肤质虽说的确会比较相似，但是由于年龄和生活习惯不同，肌肤的状态肯定会有有所不同。比方说，妈妈使用的化装水、乳液营养性比较高，如果让青春期的女儿用了则容易造成青春痘。所以针对全家人的肌肤护理一定要分工明确分开使用，这样才能做到专业。最好是按照各自的肤质有各自的洗面奶和化妆水等。

第三个误区，糊涂乱抹型。将洗面奶直接涂在脸上，边洗脸边搓出泡沫。有些人女生贪图方便或赶时间，经常将洗面奶直接涂在脸上，然后再在脸上搓出泡沫来。事实上，泡沫型的洗面奶必须要先在手中充分起泡后才能涂抹到脸上，这样才不会伤害肌肤角质。如果洗面奶还没有完全起泡就放在脸上搓洗，会伤害到肌肤的角质层，并使肌肤越来越脆弱敏感。所以不要贪快偷懒，不如早一两分钟起床，用在洗脸上的时间多一些。

第四个误区，粗枝大叶型。经常忽略细小部位。你可以检查一下自己上化妆水和面霜时的方式，是不是做到了面面俱到，有没有忽略了一些细微的部分。比如，看看眼睛下方、嘴角四周是不是显得比较干燥。如果很干燥，就证明你在平时的保养中并没有好好照顾到它们。所以做保湿护理工作时一定要仔细认真，对于细小的部位更是要多几分注意，因为脸上的肌肤问题多是从最细微的地方出现的。

第五个误区，花钱买放心型。觉得美容品越贵越好。有些女孩子化妆品也好，护肤品也好，总喜欢买贵的，觉得似乎越贵就一定越好。不是这样的。选择护肤品不在于价钱是否昂贵，而应选择你的皮肤喜欢、感觉舒适的。护肤品的挑选原则是：不选贵的只选对的。价格昂贵的护肤品在成分和技术方面当然有它们的优胜之处，但不一定代表适合所有的皮肤。

第六个误区，一劳永逸型。在使用防晒产品时，认为防晒产品度数越高越好，用高度数的一整天都不用再涂抹了。事实上，高度数的防晒产品固然防晒、隔离效果更为理想，但并不是每种场合都适用高度数的防晒品。对于皮肤来说，度数越低的防晒品负担越少。如果你大部分都在室内活动，防晒系数为25就已经足够，没必要用度数更高的产品，让你的肌肤负担更重。即使你使用高度数的防晒品，也会因为汗水、脸部分泌的油脂等原因，随着时间而失效。因此，每隔三小时补充一下防晒品，无论度数低或高都是有必要的。

第七个误区，天然最好型。有些女孩子喜欢直接把生鸡蛋、柠檬片等放到脸上敷，认为成分天然，最好不过了。其实，并非天然就是好的。柠檬酸是果酸的一种，的确可以起到清理皮层的作用，但如果你拿来敷脸，美白的作用微乎其微。特别是柠檬有感光的作用，如果你敷了柠檬再晒太阳，反倒会让肌肤变黑，还会有色斑爬出来，效果适得其反。而敷用生鸡蛋等，则存在卫生的问题。因为生鸡蛋中有可能含有寄生虫或细菌等，这样可能会引发皮肤炎症。

第八个误区，坚持到底型。认为开始使用护肤品后便一定不能停，要一直用下去。事实上，护肤品用久了皮肤也会觉得腻，会醇化。挑选个不外出的休息日，停用一下护肤品，你会发现，只要有足够的睡眠，即使不用护肤品，肌肤的状态也并不是你所想的糟糕。趁此机会锻炼一下你的肌肤，不要让你的肌肤对护肤品产生依赖。而当你再使用原来的护肤品时，它们又回到最初使用时的明显效果。

所以，看来好好护理自己的皮肤还是很有讲究的。大家一定要多多注意，避开误区，合理保护，才能有更好的肌肤。

我要当"水嫩娃娃"

"盈盈！你现在忙不忙？"艾艾神神叨叨地走到盈盈桌前，好像有什么重大事情要宣布的样子。

"有什么事吗？"盈盈正拿着镜子在梳头发。

"你先停停！看看我的脸！"艾艾一把抢过盈盈的镜子。

"君子动口不动手——"盈盈作势要去抢回来。

"好了，我承认，我不是君子，是女子，行了吧？"艾艾一副可怜兮兮的模样把盈盈也逗乐了。

"到底怎么了？"盈盈也不抢镜子了。

"你摸摸这儿，还有这儿……"艾艾拿着镜子不停地晃着，"干得都跟冬天里堆着的枯草一样了，你给我想想办法吧。"

妈妈告诉我

艾艾，皮肤到了冬天，常常会变得比其他季节干燥，所以不必惊慌。只要做好保湿措施就照样可以做"水嫩娃娃"。

那么我们应该选择什么样的保湿品呢？春天的保湿品与冬天使用的保湿品常常有所不同。冬天的气候比起春天更加干燥，水分蒸发得更快，所以使用的保湿品油性要大；而在春天，皮脂分泌开始变得旺盛，身体内部不再缺少油分，而是缺少水分，所以要选择油分低的补水性保湿品。

此外，可以轻度去角质，让肌肤绽放光彩。在整个冬天，身体的新陈代谢会放慢，肌肤表面的老化角质不易脱落，而是容易贴在皮肤表面，使皮肤没有光泽。如果能适度采取温和轻量的磨砂，这将对恢复皮肤的光滑柔细很有好处。这个季节，轻量的磨砂或去死皮是必要的，但要注意的是，要使用非常温和的细粒磨砂膏，磨砂后紧接着敷上保湿面膜，补充肌肤中的水分，这会使保湿效果加倍。

另外，平时一定要注意饮食。

第一，清晨补水要慎重。不是每个人都要一大早起来喝一杯凉水的。许多女生把起床后饮水视为每日的功课，觉得它润肠通便，降低血黏度，让整个人看上去水灵灵的。早上起来后喝一大杯水是没有错。可是早晨怎样补水才更健康呢？

其实，没有一定之规，早餐补水也要因人而异。消瘦、肤白、体质寒凉的人，早晨不适合饮用低于体温的牛奶、果汁或冷水，可以换作温热的汤或者粥。早晨空空的肠胃，不适合喝鲜榨果汁，即使是在夏季也要配合早餐一起饮用。

早晨补水忌咸。煲得浓浓的肉汤、咸咸的馄饨汤等都不适合早晨喝，这只会加重早晨身体的饥渴。

第二，多喝看不见的水。有的人看上去一天到晚都不喝水，但身体却并不缺水，肌肤还是白白嫩嫩的，那是因为她们从食物中摄取的水分已经足够应付身体所需。

我们平时吃得很多食物也含有丰富的水。比如米饭，其中含水量达到 60%；而粥呢，就更是含水丰富了。

翻开食物成分表不难看出，蔬菜水果的含水量一般超过 70%，即便一天只吃 500克果蔬，也能获得 300 ~ 400 毫升水分。加之日常饮食讲究的就是干稀搭配（也可以理解成我们常说的"三菜一汤"），所以从三餐食物中获得 1500 ~ 2000 毫升的水分并不困难。因此，我们可以充分利用三餐进食的机会来补水，并且多选果蔬和不咸的汤粥，补水效果都不错。

第三，记住利水的食物。所谓利水食物是指能增加身体水分排泄的食物，如西瓜、咖啡、茶等。这些食物含有利尿成分，能促进肾脏尿液的形成。还有粗粮、蔬菜水果等往往含有膳食纤维，能在肠道结合大量水分，增加粪便的重量。而有些辛辣刺激的成分，如干辣椒等则会促进体表毛细血管的舒张，让人大汗淋漓，使体表水分流失。补也好，利也好，都是身体使水分达到平衡的手段。

第四，畅饮与美容无关。人的身体如果缺少水分，皮肤看上去就会显得干燥而没有光泽。喝的水太少还容易发生便干，甚至便秘，皮肤也容易生小痘痘。即便这样，单单补充水分对肤质和肤色的影响毕竟是有限的。而现在很多饮料打出了美容牌，申明它们由于添加了某种维生素，就能达到某种神奇的护肤等美容效果。比如有种含乳饮料里面含有维生素 B_6，它们的产品声称"能令皮肤润滑细嫩"。

其实，正统的营养学专著中并没有提到它的美容作用。好在摄入一些维生素没有什么危险，而且还可以预防冠心病的发生，虽然广告中的美肤美容作用被夸大了，但也算有益无害吧。

第五，爱运动的人更要会补水。运动补水要掌握以下原则：

不能渴了才补。因为你感到口渴时，丢失的水分已达体重的 2%，这个时候补水已经太迟正确的补水时间应该是：运动前、中、后都要补水。具体做法是：运动前 2小时补 250 ~ 500 毫升；运动前即刻补 150 ~ 250 毫升；运动中每 15 ~ 20 分钟补120 ~ 240 毫升；运动后按运动中体重的丢失量，体重每下降 1 千克需补 1 升水。

另外，在夏天的时候，要做好防晒工作。出门必带防紫外线辐射的太阳伞，还要抹上防晒指数适当的防晒霜。防晒指数常常用 SPF 来表示。

一般来说，最低等防晒品的防晒指数为 SPF2 ~ 6，中等防晒品为 SPF6 ~ 8，高等防晒品为 SPF8 ~ 12，SPF 值在 12 ~ 20 范围内的产品为高强防晒产品，SPF 值在20 ~ 30 之间的产品为超高强防晒品。但是在国外由于喜欢在日光下曝晒的人很多，所以设计的防晒产品指数相对要高，有的甚至达到 SPF80。

对于我们黄种人来说，一般黄种人的皮肤平均能抵挡阳光 15 分钟而不被灼伤，那么使用 SPF15 的防紫外线用品，便有约 225 分钟的防晒时间。客观上讲，防晒指数的高低反映出防晒产品紫外线防护能力的大小。SPF 指数越高，所给予的保护越大，但 SPF 值的增长与屏蔽紫外线的能力并不成正比。如何选择合适的 SPF 值呢？

1. 一般类型皮肤的人，SPF 值以 8～12 为宜；

2. 对光敏感的人，SPF 值以 12－20 为宜；

3. 只在上下班的路上接触阳光的上班族，SPF 值在 15 以下即可，以脸部防晒为主；

4. 在野外游玩、海滨游泳时，防晒品的 SPF 值要在 30 以上。游泳时最好选用防水的防晒护肤品。

5. 敏感性皮肤应挑选植物配方的防晒品或是含有二氧化钛的物理性防晒霜。

最好的办法是：避开一天中从上午 10 点至下午 2 点紫外线最强烈的一段时间外出。

"黑姑娘"的烦恼

"哎呀，最近怎么都变得这么黑了？我都天天打伞了，还这么黑啊？"淘淘对着镜子喊起来，不知道什么时候开始连这家伙也开始关心自己的肤色了。

"你什么时候白过啊？奇怪了，我怎么没印象。"平平在一边打趣。

"你白！还不是擦防晒霜擦的！"淘淘没好气地说。

"光擦防晒霜就能白了？观念不对，神仙都救不了你，更别说照镜子反省了。"平平也不是省油的灯。

"呵呵，知道平平是美容专家，不妨给我们大家补补美白的知识吧。"旁边有一个同学听着她们俩越说越有火药味，连忙放下手里正在看的《新概念作文选》上前打岔，"这夏天到了，我也觉得自己被晒黑了不少呢？听说，要想白，一年四季都要注意，而且要区别对待，是这样吗？"

妈妈告诉我

淘淘，如果要想美白，从"黑姑娘"变成"白雪公主"，是需要随时都关注的。而且不同的季节有不一样的应对方法。只要方法得当，一般来说，我们号称炎黄子孙的黄种人也能让自己的肤质有所改善，达到一定的美白效果。

春天的阳光常常是温暖而不晒人的。不过不要以为这样的阳光就可以随便晒晒，无所谓防晒不防晒了。其实在春季，皮肤美白也是有很多工作要做的。

如果你的 T 区比较油腻，有可能因为化妆品与皮脂混合在一起导致皮肤暗黄，不够白皙。这时首先要做的是：扫除脸上的油光。这一步就是要把皮肤清洗干净。

一般要求做到，入睡前必须把皮肤清洗干净。这时，尽量选择香料少的洗脸香皂，用中指和食指在脸部由上往下，由内往外（靠近鼻子为内，靠近耳朵为外）轻轻按摩。

油性的皮肤使用面刷可获得更好的效果。按摩后则要记得，一定要用清水洗干净。

你也可以在温热的洗澡水中加适量的醋。睡前，有条件的话，人们通常会洗个热水澡。那么，不妨在温热的洗澡水中加适量的醋，洗浴后会格外舒服。将醋与甘油以5：1混合，经常擦用，能使粗糙的皮肤变得细嫩。

除此之外，还可以在饮食中多多摄入可促进新陈代谢的维生素A。含有丰富维生素A的食物主要有：动物肝脏、蛋黄、乳制品、黄绿色蔬菜和鱼类食物。

也有可能在颧骨高处为中心的周围部位出现特别暗沉的现象。这往往是因为一年四季的紫外线，让黑色素变得更浓了的原因。如果是这样，要记得定期进行美白护理和去角质护理，同时无论晴天阴天，都要不忘防晒。冬春两季是一年四季中全球臭氧层含量最少的季节，缺少了臭氧层这件"防护外衣"，紫外线便会乘虚而入，伤害我们的肌肤。因此，为了避免黑色素积聚，春季一定要坚持防晒。

夏天日照强烈，防晒更是很必要的。那么具体需要注意些什么呢？其实也不难：

第一，避免在早上10点至下午2点外出。如果不是一定要外出，避免在早上10点至下午2点出去，因为此时阳光中的紫外线最强，对肌肤的伤害也最厉害。

第二，坚持使用防晒产品。每次曝晒于阳光下，应及时使用防晒产品，而且每隔2～3小时再擦一次。此外，即使在水中一样也会晒伤，所以喜欢游泳或潜水的人，需使用防晒系数高且具防水效果的防晒品。

第三，只要从事过户外活动，无论日晒的程度如何，回家后应先将全身冲洗干净。以轻松的动作擦拭身体之后，以温水将泡沫冲洗干净，再以冷水冲淋，并可抹些身体的护肤品。或用毛巾包裹冰块，冰镇在发热的肌肤上，减缓燥热不舒服的感觉。

第四，将西瓜皮冰敷在晒红的皮肤上。天然西瓜皮含有维生素C，可以镇定、温润皮肤；天然芦荟也具有同样效果，取出中间芦荟质敷在肌肤上，有消炎作用，又具有凉快清爽功用，改善肌肤发红现象。

第五，日晒前避免服用某些含糖精比较多的东西，比如某些冰激凌。因为在接触紫外线后，这些糖精会引起皮肤黑色素加深。

第六，日晒前最好避免用柠檬、芹菜、黄瓜等蔬菜敷脸。因为这些蔬果含有某些成分，很容易在吸收阳光紫外线的同时引起色素沉淀。

到了秋天，肌肤往往会发生一定的改变。夏季的美白保养品相对轻薄，甚至具有控油的功效，而一到秋季，是否延续夏日所使用的美白保养品，要根据自己的具体肌肤状况决定。

因此，进入秋季，你首先需要检查自己的肌肤发生了哪些变化，比如可能出现这种情况：涂过乳液2小时后肌肤开始感觉紧绷，斑点变得明显（不一定是晒斑，这时出现的斑点也可能是肌肤缺水的表现)，肤色不匀。

有上述变化是正常的，不要害怕。你可以继续使用夏季的美白保养品，但相对减少使用次数和强度范围。比如夏季每周使用2次的美白面膜，现在可以每周用一次，甚至可以只在有斑点和肤色不匀的局部肌肤上使用；同时添加一瓶够分量的保湿霜。如果你是混合性肌肤，也可以选择保湿乳液或者保湿精华液。

到了冬天，要想继续美白，还是得遵循一个基本准则：远离阳光。同时要涂一定的美白防晒产品。美白＋防晒，才是真正的美白。因为美白是一个深层导入的过程，防晒则是对肌肤表层加以保护。如果一款产品既要美白又要防晒，取各自的最大功效则往往不可能同时发挥好。先涂美白品，再涂防晒品，才是美白肌肤的基础。专家强调不要怀疑美白产品的功效，尤其是在用了不到两个月的时候。

真正能看出效果的美白保养一般需要持续45～60天，为求肌肤白嫩，这是一段绝对值得投资且尚不算长的等待时间。美白不是一朝一夕的事，最重要的就是要坚持，而且要选择适合自己的美白产品。

我们说了这么多美白要注意的事项，但是最后别忘了最最重要的一点：肌肤美白的最高境界是拥有健康、洁净、明亮的肌肤。在这里，健康是第一位的。对肌肤最好的保护也体现在日常健康的饮食作息中。

每天洗脸的同时，不要忘记清洁颈部；涂抹颈霜或滋润型的颈霜、晚霜，因为护肤产品通常都能让颈部紧致。

早睡早起，告别熬夜、烟酒，健康的生活会让大家的肌肤皱纹减少，保持水分，整天容光焕发。

牛奶有催眠的神奇功效。容易失眠的人睡前不妨喝一杯新鲜牛奶，这会放松你的神经，使你轻松入眠。优质的睡眠让皮肤也能充分休息，比任何护肤品都来得有效。

正如越来越多的美容专家所提出的警告，我们追求的不是苍白，而是美白的最佳境界，不能脱离实际地想让自己的黄皮肤变成欧洲人的白皙肤色。所以要记住，美白的标准应该是健康、洁净、明亮的肤色。而关于社会上说的美白针，妈妈不提倡大家去医院打。

试试排毒养颜

"哎哟，肚子好痛……"雯雯趴在桌上呻吟。

"你怎么了？雯雯？"丛丛关切地过来问，"是不是那个……"

"什么啊，不是啦。我这几天又便秘了，都三天没上大厕了。现在好像想上厕所，可是肚子拼命痛……"雯雯说到这，又开始去捂住她叫肚子的地方——其实是大肠所在的位置。

"痛得很厉害吗？要不，干脆去厕所蹲着算了……"丛丛看雯雯额头的汗都快出来了，也急得没了主意。

"才不去厕所呢，我怕又像昨天一样，蹲了二十分钟，一点收获都没有，结果还把我熏了个半死。而且，我现在疼得哪都不想去。你让我在座位上蹲蹲好了……"雯雯说完，还真的蹲到课桌下去了。

丛丛也是束手无策，不知道怎么办才好。

正在这时，班上的一个女生华华从外面进来了，一看雯雯在地上蹲着，立刻过来问："雯雯，你这是怎么了，是不是觉得蹲着重心下降，比较安全啊？"

"你还取笑人家！她都便秘两三天了，这会儿正肚子疼呢！"丛丛责怪地说。

"这样啊，难怪我看你最近皮肤干燥，脸上又冒逗了痘——原来是毒素太多了！为什么不试试排毒呢？"华华偏着脑袋看了看蹲在地上的可怜的雯雯。

🚂 妈妈告诉我

雯雯，华华说得很对。便秘的时候最容易皮肤干燥了，而且还容易生出青春痘。严重的甚至会有口臭、体臭等。

为什么会这样呢？这是因为积存在肠道内的粪便如果不能被及时排出体外，宿便就会累积在肠壁中。宿便累积于大肠之后就会形成毒素，然后被让人体大量吸收。

一般来说，人应该每天大便一次，而是时间上基本在同一个时间段。如果一星期有超过三天至五天不能排便，就叫作便秘现象。这时，宿便就会累积在肠壁中形成毒素。

这些毒素若被人体吸收后，就会降低人体的抵抗力和免疫力。毒素一旦便被人体通过血液二次或多次吸收后就会随血液一起在体内循环，从而使整个身体都受到严重污染，皮肤质量变差就是其表现之一。

有了毒素，还影响到我们的容颜，那么自然要排毒养颜了。

那么该怎么做呢？你当然可以吃一些排毒的胶囊，但这往往是治标不治本的做法。最好的办法还是有一个良好的饮食和作息习惯。

首先，在饮食方面要特别注意。第一件要注意的是要会"喝水"。换句话说，就是有正确的喝水习惯。如今，重视喝水的人，越来越多了；但真正会喝的人，却为数不多。不挑时间地喝、不计较内容地喝、不动脑筋地喝……都只能证明你只是喝水，却不一定是喝对了水。

这里，我们提倡餐前喝水。餐前喝水的好处很多，有提高人的注意力等六大好处。

根据实验结果，专家们认为餐前喝水主要有六大好处：

第一，提高注意力：能帮助大脑保持活力，把新信息牢牢存到记忆中去。

第二，提高免疫力：可以提高免疫系统的活力，对抗细菌侵犯。

第三，抗抑郁：能刺激神经生成抗击抑郁的物质。

第四，抗失眠：水是制造天然睡眠调节剂的必需品。

第五，抗癌：使造血系统运转正常，有助于预防多种癌症。

第六，预防疾病：能预防心脏和脑部血管堵塞。

当然了，一天什么时候喝水是最适宜的呢，这里有一个专家提供的排毒养颜喝水日程表，我们可以参考参考。

早上起床的之后喝一杯水，大概是6点或者6点30分左右。经过一整夜的睡眠，身体开始缺水，起床之际先喝250毫升的水，可帮助肾脏及肝脏解毒。

上第一节课前，也就是大概8点钟左右可以再喝一杯。清晨从起床到学校的过程，时间总是特别紧凑，情绪也较紧张，身体无形中会出现脱水现象，所以到了教室后，先别急着拿教科书，给自己一杯至少250毫升的水。

上完两节课后，也就是大概10：00左右，可以喝一杯。学习了一段时间后，可以趁做广播体操的时候，再给自己一天里的第三杯水，补充流失的水分，有助于放松紧张的学习情绪。

12：50，也就是用完午餐半小时后，喝一些水，可以加强身体的消化功能。

下午15：00左右，也就是上完下午的第一节课的时候，可以喝一杯健康矿泉水，这样能够提神醒脑。

17：30放学前，再喝一杯水，增加饱足感，待会吃晚餐时，就不会暴饮暴食了。

最后一次是22：00左右，也就是睡前1至半小时再喝上一杯水。这样你一天已摄取2000毫升水量了！不过晚上这次别一口气喝太多，以免晚上上洗手间过于频繁，而影响睡眠质量。

那么除了喝水，还有什么吃的要注意的呢？还有些食物对排毒养颜也有很好的功效。这些食物主要有：黄瓜、荔枝、木耳、蜂蜜、胡萝卜、苦瓜、海带、茶叶、冬菇和绿豆。这些食物有很好的解毒功效，可以解除多种毒素。

除了以上的食物，含纤维素丰富的食物也要多吃。纤维素具有很强的吸收性，有了适量的纤维素的吸收，食物营养素在消化、吸收过程中就不会缺少水的润滑作用，从而达到清理肠道与维护营养的功效。所以，不妨多吃燕麦、花生仁等具有高纤维素的美食。而现如今含有天然纤维素的保健品也往往是取自苹果、柑橘、燕麦等果树纤维素和草本精华，在循序渐进间可以改善胃肠道运作功能，以保证肠道通畅。肠道一旦通畅无阻，毒素自然无处藏。

另外，除了吃的东西，睡眠的时间也很重要。

最好能在 11 点以前就寝，并睡够 8 个小时。为什么说要在 11 点以前就寝呢？原因是晚上 10 点到凌晨 2 点使细胞代谢最旺盛的时候，这也是排毒的黄金时间。如果在这段时间睡觉，皮肤能够卸下白天时抵挡外界伤害的武装，让皮肤能够专心的代谢和修复。皮肤再生能力好，状况自然就好。所以，夜间 11：00～2：00 这个时间段要熟睡。如果你要熬夜不睡觉，排毒效果差，脸色当然灰灰的。养颜也就无从谈起了。

展现美丽的部位

美丽从"头"开始

"葱头！你什么时候把头发给烫了？"洛洛看着葱头像"方便面"一样的头发，不知道说什么好。

"怎么样？还好吧？"葱头得意地甩了甩头，完全没注意到洛洛脸上的表情和语气后暗藏的话外之音。

"你这烫得是一次性的还是永久性的啊？"洛洛心想，要是永久性的，我就说好看。

"一次性的。呵呵，最近不是流行卷发吗？我想试试效果，所以先让理发师给我弄了临时的，要是好呢，我周末就去烫个定型。你觉得这个怎么样？"看来葱头新奇劲把她的审美观给临时屏蔽了，以致让她忘记了自己偶尔吃的方便面其实和她现在的头发是多么的像。

"这个……嗯……啊……"洛洛看葱头一副美滋滋的样子，不忍心直接拿心里想的"方便面"的比喻去打击她。

"算了，看你那样子，吞吞吐吐的，肯定是不好了。"葱头有点失望，"不过真有那么差吗？"

"你还是再考虑考虑吧。"洛洛委婉地笑了笑，"不是说美丽要从'头'开始吗？"洛洛一语双关。

葱头沮丧地从书包里拿出一面小镜子，边照边嘀咕："从头开始？"

🚢 妈妈告诉我

葱头，洛洛真是个心思细腻的孩子。很顾及朋友的面子和情绪。

确实，要想有一个美丽的形象，头发是不可忽略的部分。

头发是另一种气质的投影，健康、亮丽的秀发往往吸引不少目光，也能衬托出美丽的容颜，散发出与众不同的神韵与气质。

如何才能拥有一头富有弹性、活力且乌黑亮丽的秀发呢？针对不同发质的需求，每个人每天如果都能确实执行正确的头发美容方法，那么秀发就可能做到天天亮丽、神采飞扬。

专业的美发师往往会根据不同的顾客的脸形建议她们留不同的发型。

要想有一头飘逸的头发，做头发护理是必需的。

最基本的头发护理就是洗头了。头发的清洁是发质健康的基础。也许有人要说："洗头谁不会？倒上洗发水，用热水洗洗不就行了吗？"如果你这么简单的对付你的头发，那么头发自然也会简单地应付你：爱长什么样就长什么样。至于你想要达到有一头满意的美发的效果，那可就不一定了。

那么，洗发有什么要注意的呢？

首先，洗发前须了解自己的发质属于哪一种，这就如皮肤保养一样。头发的类型由头发的天然状态决定，即由身体产生的皮脂量决定，不同的发质有不同的特性。了解头发的性质，是护理头发的第一步。

一般来说，人们把发质分为以下几种：

第一种，油性发质。油性发质的特征是：发丝油腻，洗发后第二天，发根就会出现油垢。头皮如厚鳞片般积聚在发根，容易头痒。

油性发质由于皮脂分泌过多，而使头发油腻。这种发质的形成大多与荷尔蒙分泌紊乱、遗传、精神压力大、过度梳理以及经常进食高脂食物有关。这些因素可使油脂分泌增加。一般来说，发质细的人，油性头发的可能性较大。这是因为每一根细发的圆周较小，单位面积上的毛囊较多，皮脂腺同样增多，故分泌皮脂也多。如果你的头发细长、油腻，第一天洗完后，第二天清晨起来就发现整个头发黏糊糊的，像抹了一层油似的，那么那么你的头发是油性发质，需要经常清洁。

第二种，干性发质。干性发质的特征是：油脂少，头发干枯、无光泽；易缠绕，且容易打结；头发松散，头皮干燥，容易有头皮屑。特别在浸湿的情况下难于梳理，通常头发根部颇稠密，但至发梢则变得稀薄，有时发梢还开衩。这样发质的头发往往很僵硬，弹性较低。其弹性伸展长度往往小于25%。干性发质的形成常常是由于皮脂分泌不足或头发角蛋白缺乏水分造成的，经常漂染或烫发，天气干燥也是形成干性发质的原因。

第三种，中性发质。中性发质的的特征是：不油腻，不干燥；柔软顺滑，有光泽，油脂分泌正常，只有少量头皮屑。如果没有经过烫发或染发，保持原来的发型，总能风姿长存。如果你的头发不油腻，不干燥，那么你的头发是中性发质。

第四种，混合性发质。混合性发质的特征是：头皮油但头发干。这种发质的头发靠近头皮 1 厘米左右以内有很多油，越往发梢越干燥甚至出现开叉。处于行经期的女性和青春期的少年多为混合型头发。这种发质的形成可以因为体内的激素水平不稳定造成，并由此出现多油和干燥并存的现象。此外，过度进行烫发或染发，再加上护理不当，也会造成发丝干燥但头皮仍油腻的发质。

认清自己的发质，选用真正适合的洗发、护发方法，对头发的健康美观很重要。对比上面四种不同发质的特点，看看你的头发属于哪一种类型。然后再对照下面的护理要诀区别对待自己的头发。

第一种，油性发质的护理要诀：

a.注意清洁头皮；

b.不要用过热的水洗发，以免刺激油脂分泌；

c.护发素只宜涂在发干上，不要抹在头皮上；

d.不要经常用发梳擦头，最好用梳代替发刷，并只梳理发丝。

第二种，干性发质的护理要诀：

a.用营养丰富的洗发水；

b.每星期做两次焗油；

c.避免暴晒在阳光下，宜用有防晒成分的护发产品和补湿产品

第三种，中性发质的护理要诀：

a.注意头皮保养，洗发时多进行头皮按摩，以保证血液循环良好，养分可以输送到发尾；

b.定期修剪，保持秀发营养充足。

第四种，混合性发质的护理要诀：

a.集中修护发干，避免头发开叉或折断；

b.停止电发染发，修剪干枯发干，让头发得到休养；

c.选用保湿型护发素，注意头部按摩；

d.改善个人饮食，少食油腻食品，增加黑色食品的摄入量。

事实上，头发是耐洗的，所有的发质都需要经常清洗。但是经常清洗并不等于要求你一天洗两三次，或者每天一次，经常清洗的概念是脏了才洗。一般有相对正确合理的洗发次数。那么正确的洗发次数是多少呢？

由于四季更迭，环境各异，所以，洗发的次数也应有所不同。一般来说：

干性发皮脂分泌量少，洗发周期可略长，一般 5～7 天洗一次。

油性发皮脂分泌多，洗发周期略短，一般 2 ～ 3 天洗一次。

中性发皮脂分泌量适中，一般 3 ～ 5 天洗一次。

洗好了头发是美发的第一步。接下来就是发型的问题了。

发型和脸形关系密切。举例来说：如果一个圆脸的女生，烫了大卷，颧骨两边的头发向两旁翘着，这样会显得颧骨更高，反而失去了美感。而如果将颧骨翘翘的头发向下延伸一下，避开脸形最宽的位置，则会起到比较好的效果。所以说，脸形与发型的关系是很密切的，从某种程度上甚至可以说，脸形决定了发型。

至于修什么发型，最好的办法是去比较专业的美发院，那里有优秀的美发师，他们会给你很好的建议。

怎样保养明亮的双眸

"乐乐，黑板最左边那一竖行是什么字啊？给我念念。"程程眯着眼睛，还是看不清，最后只好求助乐乐。

"你自己不会看啊？"乐乐头也没抬，"我正写作文呢！"

"看不清呢！好像最近视力有所下降。不知道怎么回事，不仅黑板左边的字有时候变得模糊，人远了也有点看不清鼻子和嘴巴。"程程决定站起来伸长脖子去看。

"不会是快要成近视眼了吧？"乐乐停了停笔，看程程一副水鸭的模样又好笑，又觉得担心。

"不是吧？我可不想戴眼镜。"程程被吓到了。

"你平时总在光线不足的地方写作业，我提醒你还不注意，现在知道害怕了吧？"乐乐越说，程程越觉得紧张。

"我该怎么办啊？"

妈妈告诉我

程程，你们这个年龄啊，眼睛确实要好好保护。因为你们学习的负担比较重，就更要讲究用眼的方法了。

据中国、美国、澳大利亚合作开展的一项防治儿童近视调查显示，我国近视眼人数已近 4 亿，居世界第一，近视发生率已经达到世界平均水平的 1.5 倍，青少年近视发生率更是高达 50% 至 60%。近视人数连年攀升，已经成为影响我国人民健康的重要问题。

所以，怎样避免成为近视眼就变得越来越重要了。毕竟，再明亮有神的眼睛戴上一副眼镜也失色不少。

那么，什么是近视眼呢？近视眼又是怎么形成的呢？万一不小心成了近视眼，又该如何正确对待呢？这些常识我们最好能有个大致的了解。这样才能防患于未然，尽量做到不戴眼镜或者降低眼镜佩戴度数。

近视眼也称短视眼，因为这种眼只能看近不能看远。用专业的术语可以这样解释：近视眼处在休息状态时，从无限远处来的平行光经过眼的屈光系折光之后，在视网膜之前集合成焦点，在视网膜上则结成不清楚的象，这时远视力明显降低，但近视力仍然正常。说得通俗点，就是看远处的东西，正常视力范围内别人能看清的，近视眼患者却看不清，而看近处的东西时，则和视力良好的人没有什么差别。

近视眼一般分为假性近视和真性近视两种。假性近视具有治疗（含休息）则消失，不治又复发的特点。虽然治疗时各种方法可能都有一定效果，但所有效果都不能持久。不过，不管怎样，假性近视还是有治愈的可能和希望的。

成为真性近视前常常有一段时间是假性近视期。

而如果一旦成了真性近视，则往往不通过一定的手术就不能再恢复到以前的好视力了。

从近视发生的原因来考虑，主要有体质因素和环境因素。

体质因素也叫遗传因素。根据群体调查，已证明各民族之间近视眼的发病率差别很大，亚洲人中以中国人和日本人多发近视。欧洲犹太人较英、德等国本地人的近视眼为多见。在这些因为遗传形成的近视中，又可大致分为高度近视和单纯近视。

第一类：高度近视。患高度近视的人父母的近视程度有以下几种情况：

1. 双亲均有高度近视，这样的子代均为高度近视（100%）。

2. 双亲之一有高度近视，这样的子代又有人发病者的常常略超过 50%。

3. 双亲表现正常，没有高度近视。这样的子代有人发病的概率大概为 25%。

这三种情况均符合常染色体的隐性遗传规律，但也可受环境因素的影响使其表现程度减轻或外显不全。

第二类：单纯近视：即低、中度近视，指屈光度在 6.0D 以下的近视或近视散光。一般无明显的眼底变化，矫正视力可以正常，这是最常见的一种屈光不正。

由这两类遗传引起近视的人，大多数在很小的时候就需要佩戴眼镜了。

除了体质因素外，就是环境因素了。据相关科学调查结果发现：90% 以上的近视的孩子都属于环境因素引起的近视。

现在的孩子从 2～3 岁开始便入学接受学校教育。随着近距离用眼时间的逐渐增大，孩子眼睛的望远能力就逐渐弱化，慢慢地就会出现睫状肌麻痹，视物成像在视网膜前，形成近视，也就是所谓的"学校近视"，再加上年级越高、度数越深的现状，有人甚至戏称说：今世"进士（大学生）"尽是近视。

　　既然大多数的近视是由环境因素导致的，那么减少近视的发生率，可以从控制环境上来下功夫。

　　那么，什么样的环境容易导致孩子近视呢？

　　第一是用眼距离过近。据有关资料报道，青少年近视眼以长期用眼距离过近引起者为多见。青少年眼睛的调节力很强，当书本与眼睛的距离达7～10厘米时仍能看清物体，但如果经常以此距离看书写字，就会使眼睛的调节异常紧张，从而可形成屈折性（调节性）近视，所谓的假性近视。如果长期调节过度，使睫状肌不能灵活伸缩，由于调节过度而引起辐辏作用加强，使眼外肌对眼球施加压力，眼内压增高，眼内组织充血，加上青少年眼球组织娇嫩，眼球壁受压渐渐延伸，眼球前后轴变长，超过了正常值就形成了轴性近视眼，所谓真性近视。正常阅读距离应是30～35厘米。

　　第二是用眼时间过长。有的青少年看书写字做作业或者看电视等连续3～4个小时都不休息，甚至到深夜才睡觉休息，这样不仅影响身体健康，而且使眼睛负担过重。眼内外的肌肉由于长时间处于紧张状态而得不到休息，久而久之，看远处时，眼睛的肌肉不能放松而呈痉挛状态，看远处就感到模糊而形成近视。有的学生过了一个暑假视力就明显下降就是这个原因。

　　一般主张连续看书写字或看电视40～50分钟就应休息片刻或向远处眺望一会。

　　第三是照明光线过强或过弱。如果光线太强，如阳光照射书面等，会引起强烈反射，刺激眼睛，使眼睛不适，难以看清字体，所以，千万不要再眼光下看书。

　　相反，光线过弱，书面照明不足，眼睛不能清晰地看清字体，头部就会向前，凑近书本。这样也容易导致眼睛疲劳，使得眼睛的调节过度或痉挛而形成近视。

　　第四是在车上或走路时看书。有的青少年充分利用时间，边走路边看书或在行走的车厢里看书，这样对眼睛很不利。

　　因为车厢在震动，身体在摇动，眼睛和书本距离无法固定，加上照明条件不好，加重了眼睛的负担，经常如此就可能引起近视。

　　第五是躺着看书。许多青少年喜欢躺在床上看书，这是一种坏习惯。

　　因为人的眼睛应保持水平状态看书，使调节与集合取得一致，这样才能减少眼睛的疲劳。而如果躺着看书，两眼不在水平状态，眼与书本距离远近不一致，两眼视线上下左右均不一致，书本上的照度就会不均匀，这会使眼的调节紧张而且容易把书本移近眼睛，无形中可加重眼睛负担2～3倍，日子久了就形成近视。

　　第六是睡眠不足。当睡眠不足时，第二天精神不振，头昏脑涨，大脑没有充分休息，疲劳未能消除，就会加重眼睛负担，促使近视发生。

　　睡眠不足是近视眼的形成原因中很重要的一条。

第七是课桌不符合要求，写字姿势不正确。

若桌椅太低，头就容易前倾，脊柱弯曲，胸部受压，眼睛调节相对紧张。

若桌椅过高，双脚悬空，下肢容易摆动，不能保持正确姿势，也能使眼睛发生疲劳，久而久之容易发生近视。

第八是空间射线的影响。这里主要指看电视、玩电子游戏和长时间上网的情况。

经常看电视，尤其是信号不足，接收率不高的农村地区，没有公用天线，屏幕不清晰，雪花点也多，很易使眼肌疲劳。

经常玩电子游戏机的同学更易损坏视力。商场出售的各种学习机，也能直接引起学生近视。

当今计算机是一门不可缺少的课程，但是长时间操作容易引起眼的干燥和疲劳，从而引起近视。所以这些时间都需要适当控制。

眼科专家指出：环境因素引起的近视是具有可控性的。因为青少年正处于生长发育期，眼球的可塑性很强，睫状肌的弹性恢复的余地很大。

只有平时多注意，多多关心爱护自己的眼睛，才有可能成绩也优秀，眼镜也明亮。

小妙方：让牙齿洁白如玉

最近一段时间以来，燕燕一直在四处打听怎么让自己的牙齿变得更白。

这家伙成天瞎折腾。

据说她试了很多方法，但好像都不怎么管用。

不过燕燕在追求美丽上从不泄气，打着"将牙齿美白到底"的旗号到处搜罗奇招妙术，问她你不觉得累吗，她居然说："一白遮百丑！"

真是服了她了，把美肤的话都用到牙齿上来了。

不过，牙齿真的能变白吗？有什么好的方法呢？

妈妈告诉我

燕燕，牙齿当然能通过一定的办法变白了。因为它们变黄是有一定原因的。

那么，为什么我们的牙齿不够白呢？首先因为我们看到的牙齿的颜色不仅是牙齿表面的颜色，还包括透过牙齿表面的牙釉质显现出来的牙本质的颜色。

牙釉质的颜色是白色半透明的，一般偏淡黄色。当你觉得你的牙齿颜色不够白的时候，很多情况下是因为你的釉质矿化的程度比较高。其实这样的牙齿反而比较坚固。

当然了，造成牙齿着色发黄的原因有很多，一般来说分为内源性和外源性两种：

外源性着色是指由于牙齿表面存在着多种细菌，它们在牙齿表面分泌许多黏性物质，日常饮食中的茶垢、烟渍，以及饮用水中的某些矿物质和人们唾液中的矿物质吸附在这些黏性物质上形成菌斑和牙石，从而逐渐使牙齿变黄或变黑。

内源性着色是在牙齿发育过程中形成的，如四环素沉积在牙本质内，就会使得牙齿变成黄色、棕色或暗灰色，称为四环素牙；如果饮用水中含氟过多，也可能导致氟斑牙，牙面呈白垩色、棕褐色斑块；如果牙髓坏死后，细菌分解牙髓的代谢物，以及牙齿本身的脱水也会让牙齿变色。外源性的着色通常通过洁牙就可以还原牙齿原本的色泽。而内源性着色，往往就需要通过化学漂白或者遮盖美白来完成。牙齿美白的方法本质上讲只有两种，一种是化学漂白，另一种是遮盖美白。常见的美白牙齿的方法：冷光牙齿美白法、牙托美白法、牙帖美白法、专业型牙膏美白等都属于化学漂白类，而市场上比较流行"烤瓷美白"则属于遮盖美白。

这些美白往往要花费相对比较高昂的费用。那么，有没有既省钱又美白的小妙方呢？

还是有的。这里有几种方法可以用在日常生活中，方便而实用。

第一，用小苏打美白。刷牙时在牙膏上加上一点小苏打，刷三次后牙齿洁白如玉，牙锈自然脱落。

第二，用醋美白。陈醋、白醋都可以，但是不可以是醋精。将其含在嘴里1分钟到3分钟，然后吐掉去刷牙。

这种效果非常好。但是，牙齿会觉得非常酸、麻，并且酸麻的感觉可能会持续2分钟左右。而且这种方法不能连天天做，大约2个月左右做一次就好了。否则对牙齿不利。不过有紧急情况的时候，可以成为救急的方法。比如出门约会前，发现牙齿好黄，可以含一口醋，还可以顺便用来除口臭哦。

第三，把橘子皮晒干，磨成粉，和牙膏混在一起刷牙，牙齿很快就可以白。

第四，在刷牙的时候，在牙刷上用点酵母粉可以帮助牙齿变白的。

第五，刷完牙后，沾柠檬汁，擦拭每一颗牙齿。柠檬的洗净力强，又有洁白作用，且含有维生素C，能强固齿根。

第六，把生花生嚼碎，但是不要吞下去，拿花生屑当牙膏刷牙，也可以让牙齿变白。

第七，把墨斗鱼的骨头碾碎放在牙刷上当牙膏使用。墨鱼，也叫乌贼，它身体有块大骨头，是白色的，用指甲刮一刮，能出来很多白色粉末，把这些粉末当牙膏用，可使牙齿变白。

第八，每次刷牙时在牙膏上撒点盐。这个方法可谓最为省事易做。

另外，也许你经常听到别人说洗牙。洗牙就是人们的俗称，医学术语称为"洁治"。所谓"洁"，就是去掉牙面的细菌、牙石、色素等牙垢；而"治"则指它是治疗牙周病的基本方法之一。

通过洗牙可以减轻牙龈炎、牙周炎的炎症状况，但靠单纯洗牙是不能治愈牙周病的。所以显而易见，洗牙的主要目的是为了防治口腔疾病，而不是单纯为了好看，也就是说不是为了美白。不过，牙医建议，为了牙齿健康，一年一次的洗牙是必不可少的。

不过，不管美白牙齿的方法有多少，牙齿健康才是最基本最重要的。所以每天两次的刷牙习惯一定要坚持，而且，专家建议，牙刷最好三个月一换，牙膏呢，最好也不要总是使用同一个品牌，要换着用，这和洗发水、沐浴露的要求是一样的。

打造纤纤玉手

"阳阳！昨晚看没看那个什么电视节目？"榕榕一惊一乍地说着——她每每出现这种表情和语气，那就意味着可能又有什么新发现。这个时候，朋友们最好马上放下所有的正在做的事，竖起耳朵全神贯注地听，不然，下次你怎么问她，她也可能不理你。

"什么电视节目那么好看啊？"阳阳笑嘻嘻地，颇感兴趣的样子。其实她昨天因为写英语试卷写得太累，9点钟就睡了，根本没看什么电视。

"就是一个娱乐节目。名字我一下给忘了。不过里面邀请了好多模特啊。你们知道不？居然有手模这种模特！"榕榕见有人听，越加高兴起来。

"手模是什么啊？"阳阳还真的感兴趣了，"听说过T台走秀的模特，也听说过平面模特，还真不知道有什么手模呢。"

"其实啊，手模就是凭着漂亮的手来当模特。"榕榕煞有介事且带着无比羡慕的口气说，"看过电视里的戒指广告吧？那些广告就是请的手模做的。还记得我们有乐府古诗《孔雀东南飞》里面的指如削葱根不？完全可以用来形容这些手模们的手！不知道，什么时候我们也能有手模那样的纤纤玉手啊。"

阳阳没说话，只是捂着嘴笑。

🚢 妈妈告诉我 ───────────────────

阳阳，其实手模们的手，很多是天生的。她们的手形常常比普通人的要漂亮一些。而且那些手模的肤质往往也是晶莹剔透的。

不过，即使常人有一双漂亮如玉的手，如果不好好加以保护，最后手部老化也是很快的。

有句俗话说："手是女人的第二张脸。"这句话从某种意义上来说是有道理的。现在大家都越来越多地注重自己的面部容颜了，不过，如果一个美女长着一张20岁的脸，却有一双40岁的手，那也是比较恐怖的。

手部护理做得好，即使手不能美得像手模，时间久了，也一定会和从不做手部美容的人的手拉开差距的。

那么手部美容需要做些什么呢？

首先，一定要保持手部卫生。说得通俗点，要把手洗干净。

洗好手不仅是手部美容的第一步，也关系到我们的健康。有一项关于洗手的调查指出，78% 的人是有饭前便后洗手的习惯的。可是 19% 的人对于洗手的态度很随意，想起来才会洗，而 2% 的人则根本没有洗手的习惯。

事实是，人们每天都用手做很多事情，人的一只手上就大约黏附有 40 多万个细菌。

可能在小学的卫生书上就是这样告诉我们：饭前便后要洗手。不过对于怎样洗却没有更为详细的说明。所以，虽然很多人都知道洗手的重要性，但是用怎样的方式洗手才是正确的却知道得并不清楚。

首要问题是，什么时候需要洗手？一般认为以下情况需要洗手：

第一，在接触眼、鼻及口前应该洗手。

第二，进食及处理食物前、如厕后和手被呼吸道分泌物污染时，如打喷嚏及咳嗽后应该要洗手。

第三，触摸过公共物件，例如电梯扶手、升降机按钮及门柄后应该洗手。

第四，为幼童或病人更换尿片后应该洗手。

第五，处理被污染的物件后，比如扔完垃圾后应该洗手。

洗手时，对于水流的选择是有讲究的。最好的当然是选择流动的水来洗手。因为用流动的水洗手有助于更好的保证手部的清洁，防止"二次污染"。所谓用流动的水就是指打开水龙头边搓手边让水淋到手上，而不是用一个盆接好水后再在盆里洗手。

很多人为了更好的清洁手部，常常会用洗手液，香皂等洗涤用品。在抹洗手液或者其他清洁剂时，虽然时间不长，但是要养成节约的好习惯，此时应该把水龙头拧紧。

关于洗手液的选择常识问题，我们应该知道洗手液一般可因分两大类。一类是普通洗手液，另一类是消毒型洗手液。前者起到清洁去污的作用，后者才含有抗菌、抑菌或杀菌的作用。不管是哪类洗手液，里面应该要无磷、铝、碱、烷基苯磺酸钠等成分，而是采用温和去污的配方，这样容易被皮肤接受。

关于洗手的姿势，其实正确的洗手姿势应该是将手指间向下，双手下垂，然后让水顺手指冲下。之所以用这样的姿势来洗手，主要因为下垂的手臂能让水流顺势流下，让污垢随着水流冲走，而又不会弄到手臂上。

洗手要洗多久呢？正确的时间，专家建议，最好能控制在 30 秒钟以上，在这个时间底线以上，才能达到一个很好的清洁效果。也就是说，最少要洗 30 秒，不然时间就太少了。

正确的洗手步骤应该是怎样的呢？

先用水将双手打湿，然后加入洗手液，再用手擦出泡沫。最少用二十秒时间揉擦手掌、手背、指隙、指背、拇指、指尖及手腕，揉擦时切勿冲水，揉擦后才用清水将双手彻底冲洗干净。

揉搓时可以分六步完成。

第一步：掌心相对，手指并拢，相互揉搓。

第二步：手心对手背沿指缝相互揉搓，交换进行。

第三步：掌心相对，双手交叉指缝相互揉搓。指尖在掌心中揉搓。

第四步：弯曲手指使关节在另一手掌心旋转揉搓，交换进行。

第五步：右手握住左手大拇指旋转揉搓，交换进行。

第六步：将五个手指尖并拢放在另一手掌心旋转揉搓，交换进行。

最后用干净毛巾或抹手纸彻底抹干双手。双手抹干净后，不要再直接触摸水龙头。不然，可能又白洗了。可以先用抹手巾包裹水龙头，或者泼水将水龙头冲洗干净（这个方法有点浪费水资源），或者请他人帮忙——不过这个办法不太好，建议用第一个办法，自己的事还是自己做得好。

另外，需要特别提醒的是，最好不要烘干，因为表面水的快速挥发会导致皮肤部分失水，造成皮肤发干，变得粗糙。还有，绝对不要与别人共用毛巾或纸巾。抹手纸用后应扔到垃圾桶里。而抹手毛巾则应放置妥当，并每日至少彻底清洗一次，如能预备多条毛巾供替换，则更为理想。在没有洗手设备的情况下，可用含65%～95%酒精的洗手消毒剂对双手进行消毒。

每天洗手的次数因生活习惯、工作环境、工作性质不同而有很大的差别。一般来讲，当我们双手被脏的东西污染或怀疑可能被污染时，或我们在进行需要清洁程度较高的活动（如进餐等）前，应洗手。也就是我们上文提到的"该洗手时便洗手"。

但是，洗手的次数也不宜太多，因为每个人手上都有一定种类和一定数量的对人体无害的"细菌"，若洗手次数太多又不注意保护手部皮肤，容易破坏手本身的保护屏障，增加感染机会。

洗干净了手，下面再介绍一下一些简单可行的手部美容方法。

第一，手指的捏拉美容法。具体做法是：用大拇指与食指将另一只手的每根手指从指尖部位往外拉，停留于指甲根部附近，用力下压1～2秒钟，这算是第一遍。然后每根手重复5～6次。如果能在热水中稍微浸泡后再做效果会更好。

第二，对手指关节的进行按摩。具体做法是：用大拇指与食指从指根的部位朝指尖方向拉，至指甲末梢时再一口气"啪"的放开。也是各手指重复5～6次。这个动作能够促进血液循环，帮助脂肪达到容易分解的状态。若手指拉拨不易，可涂抹些按摩霜滋润。

第三，对手背进行按摩。将按摩霜或护手霜涂抹于手背上，然后两手背互相摩擦，由手腕处延伸到指尖部位，有规律地来回做 10～20 次。

第四，对手腕进行按摩磨。手腕至手肘间用按摩霜或护手霜涂抹后，用另一只手如握住，然后从手腕朝手肘方向摩擦。分别以手的内外侧为中心各重复 10～20 次。在做好手的按摩护理之后，如果能做到让手适当的运动，如将手朝前伸展，效果将更加显著，手部的肌肤必然会变得光滑柔嫩，倍增光彩。

另外，拥有一双纤纤玉手，是许多女性朋友的梦想。白皙的手指，细嫩的肌肤，可是精心养护出来的。选用一款合适的护手霜，是拥有惊艳手指的关键。

护手霜根据其不同成分可分为防护型、保湿型、活肤型等几种类型，选用时要注意不同的人需要不同的类型。

经常做家务的人，手会接触洗洁精、皂液等碱性物质，手部肌肤因此受到腐蚀而变得粗糙，可涂抹标有"天然果油"类配方的护手霜。这类护手霜，含有天然胶原以及维生素 E 等修复性元素。

如果手部比较干燥，则需要天然营养物质的滋润。可选用含草本物质的护手霜，这类护手霜主要靠保湿因子深入滋润双手，而保湿因子正是保持双手柔嫩的关键所在。

工作比较少或自身皮肤较好的女性，比如青少年学生，可以选用标有植物蛋白且具保护功效的护手霜，可以防止洗手及季节变化带来的干燥或不适。这一类的护手产品富含天然植物蛋白，能让双手四季如一、美丽如一。

让脖颈像天鹅一样伸展

"同学们安静了！开始做头部运动！"体育老师在前排大声地喊着，"一二三四，二二三四……"不过作用似乎不大，每每做预备动作的时候都几乎是老师在上面喊口号，大家在下面讲小话。

好像大家一上体育课就格外兴奋，一兴奋就免不了要多讲话。

"丢丢！你说咱老师为什么上课前总让我们这些啊？扭完脖子扭屁股的……"娜娜边扭动头部边开小差。

"老师以前说过原因，不过我忘了。"丢丢笑嘻嘻地说着，还不忘伸伸舌头做个鬼脸，"反正跟着做就好了呗，也挺好玩的。记得那首《健康歌》不？脖子扭扭屁股扭扭，早睡早起咱们来做运动……"

"我说你们怎么回事儿？说着说着怎么还唱起来了？要不要到前面来给全班同学唱一个啊？"体育老师终于忍不住了。

这一声吓得大家立刻全安静下来。

丢丢吓得一句话都不敢说，马上扭过头看远处，好像老师说的不是她一样。

体育老师看有效果了，也就不多计较，笑了一声，开始说："你们女同学啊，尤其要做好头部运动，让脖子多动动，可以美容呢！"

人群中有人发出了笑声，娜娜更是捂着嘴看丢丢脸上红一阵白一阵的样子。

🚢 妈妈告诉我 ......

丢丢，体育老师说得没错。颈部的线条和姿态，在女性人体美中常常起到独特的作用。可以说，人体的所有姿态中，没有哪一部分是独立存在的。一个缩头缩脖的女生肯定谈不上是什么好形象，一个脖颈粗短的女生也很难看。前伸、后仰、左右歪斜都是不美的体态。我们常说"亭亭玉立"，它就是一种美的体态。这种美的体态首先就取决于脖子的挺直。脖子最好挺直柔细，扭转方正自然，不萎缩，不操切，不鲁莽，温文尔雅。

细心的你也许会注意到，凡弯腰驼背、臀部后坐的人，他／她的头颈一定是向前倾的，因为这样才能保证重心落在双脚，以保持身体的稳定。这些难看的形体姿势其实是可以通过形体训练加以改变的。不过，即使你没有受过任何的形体训练，甚至已经形成不太良好的体态，只要你有意识地挺直脖颈，必然连带着挺直腰杆和胸膛，以至整个躯体都为之一振。

让脖颈像白天鹅般柔美，因为美丽是一个整体。美颈的重要性不可忽略。

其实要拥有天鹅美颈，方法也很简单。

首先我们可以考虑一些物理动作疗法，只需三步，就可以让你的颈部变修长。

第一步：盘腿坐在垫子上，腰背挺直，双手轻轻放在膝盖上，深吸一口气，将双肩向上耸起，颈部向下缩，凸显出锁骨后，保持5秒。呼气，慢慢将肩膀下沉，挺直颈部。很多青少年经常坐着，颈部肌肉很少得到锻炼，总是很僵硬，这样脖子怎么会好看呢？做这个动作可以有效地放松颈部肌肉，大家不妨多练练。

第二步：双手合十放在胸前，深吸一口气，慢慢向后仰头，待感觉到颈部前方的肌肉被充分拉伸时，保持5秒，然后慢慢向前低头，闭上双眼，放松颈部。这个动作可以活化颈椎，只要勤加练习，脖子就会灵活自如。

第三步：弯曲右膝，将膝盖对着正前方，再弯曲左膝，放在右膝上，两个膝盖相叠，双手十指交叉，慢慢向上举高过头顶，再翻掌，掌心朝向天空。这样保持5秒，就会感觉肩膀拉动颈椎向上伸展，此时缓缓低头，尽量用下巴去靠近颈部。这个姿势可以让颈部变得更加挺拔、更加修长。

上面这三个动作相对比较简单，现在流行的瑜伽美体法中也有美颈的体式，不过难度就要大一点儿了，但是美颈效果更好。人体的任何美好姿态，其实都是透过训练才得以拥有的，所以不要惧怕困难。这里主要介绍三种体式。

第一式：仰卧婴儿式。

第一步：仰卧在垫子上，做几次腹式呼吸，双肩、臀部和脚跟都要紧贴垫面，脚背要绷直。

第二步：吸气，弯曲右腿，用双手抱住，呼气，用力将腿拉向胸腹部，停顿5秒后，轻缓地抬起头部，尽量将下巴靠近弯曲的膝盖，最好能让鼻尖触碰到膝盖。保持一会儿后，吸气，慢慢恢复至仰卧状态，调整呼吸，换左腿做同样的动作。这个体式不仅能拉伸颈部肌肉，还能提高颈部的柔韧性，经常练习，颈部的线条会变得柔和、流畅。

第二式：眼镜蛇式的加强版。

第一步：吸气，伸直手臂，从腰部开始抬起上半身，脚背放平，臀部夹紧，靠后背的力量使上身一节一节地离开地面，髋骨紧贴地面。

第二步：双臂夹紧身体两侧，眼睛盯住天花板，拉伸脖子的前侧，双肩下沉，保持均匀的呼吸。

第三步：将头部还原，再慢慢转向左后方，双眼看向左脚后跟，保持几秒后，转向右侧做同样的动作。

第三式：半莲花脊柱扭转式。

第一步：坐在垫子上，上身挺直，双腿向前伸直，弯曲左膝，将左脚放在右腿根部，脚心朝上。呼气，右臂向前伸，抓住右脚脚尖，如果抓不到的话，握住右脚的脚踝也可以。

第二步：将上身转向左边，左臂收向背部，尽量用左手抓住左脚大脚趾。头部和上身努力向左转，保持背部挺直，坚持20秒左右，换腿做另外一边的动作。这个体式同样可以拉伸颈部肌肉、美化颈部线条，而且它还有很多额外功效，比如可以提高脊柱的柔韧度，缓解肩背疼痛等。

除了这些物理动作美颈法，现在也有大量的美容产品用以维护女人的脖子。因为同脸部一样，脖子常年暴露在外，极易衰老。

所以，在坚持做颈部伸展动作的同时，每天应该坚持使用护颈产品。除了基本的清洁外，也要像脸部一样用保养品对脖子进行呵护。

第一，每天使用颈霜或紧致产品。用专业颈霜来护理颈部，护理程序与面部一样，先用温和的洁面乳清洗，随后拍上不含酒精成分的爽肤水，再抹上颈霜。在擦拭颈霜过程中可进行适当的按摩。

第二，定期使用颈膜。一个星期左右做一次颈膜也是必需的。专门为颈部设计的颈膜很少，如买不到，可用面膜或面膜布代替，也可选择目前市面上面部和颈部连体的面膜。此外，还可以自己调制面膜：鸡蛋清配上淀粉、蜂蜜调成糊状，均匀涂在颈部，30 分钟后洗掉，有收紧肌肤的作用。

另外，在冬天和有风的季节，应该做好颈部的防护，尽量少让颈部直接暴露在空气当中。冬天最好多穿高领内衣，春秋季也多用丝巾挡风，这样我们才可能在需要袒露脖颈的时候，有一个好的皮肤质感，才有可能呈现光洁动人的效果。如果需要参加一些社交场合，可以用一轻透的蜜粉装饰颈部，这样既可以同面部妆容有效衔接，也可大大改善颈部线条的视觉效果，让颈部线条看起来显得格外柔和。修长的脖子能迅速提升气质，而脖子上娇嫩、柔滑的肌肤则会让女人看上去更年轻。除了精心维护脖子的肤质，使之少生皱纹，少露青筋之外，更重要的还是把对脖子的姿态训练融进我们的日常维护之中。

多仰头，多伸展，想象自己就是一只天鹅，骄傲地挺立着。只要平时多注意进行有益的颈部美容和坚持健美锻炼，那么俊俏的脸蛋配上颀长白皙的脖颈一定会使你如出水芙蓉，气质倍增。

选择合适的服装

这样穿最合适

"喂！你们有谁看了前段时间网上流行的犀利哥没？"杜杜又开始八卦了。

"什么犀利哥？"玲玲听说什么"网上流行"的字眼就已经十分感兴趣了，再加上有个什么"哥"的，她就更感兴趣了，"是不是就是那个打扮时髦、穿得像巴黎时装秀的身份不明的男乞丐？"

"玲玲，你的话有逻辑错误啊。什么叫打扮时髦的乞丐？乞丐还有打扮时髦的说法吗？"旁边有一位同学被玲玲一长串的修饰词语弄得有点丈二和尚摸不着头脑。

"呵呵，你还别不信人家玲玲的话，我特意从网上下了两张图片。一张是街头犀利哥的，一张是正在走秀的时装男模的，你看看他们穿的，风格太像了。"杜杜变戏法似的从书包里拿出两张照片。

玲玲认真地看了两秒钟，说了句让大家都喷鼻血的总结语："我说，怎么从来没看见有人穿得像 T 台的模特儿，原来乞丐穿着才合适啊……"

大家当场笑晕。

妈妈告诉我

杜杜，玲玲还真幽默。不过，她说的话确实值得我们大家思考：怎样穿着是最合适的？是不是像 T 型台的模特或者电视里的演员们一样就是漂亮的呢？

很显然不是的——弄不好就成"犀利妹"或"犀利姐"了。

那么，什么才是适合自己的穿着打扮呢？穿衣服有没有特别需要注意的地方呢？

答案是肯定的。穿衣服要分季节、场合和面向的对象。一般来说，像你们这样的青少年，由于在学校和家里的机会比较多，而面对社交场合的情况比较少，所以最合适的莫过于各系列的休闲服了。

休闲服是我国继双休日的实施之后兴起的一种新型服装，它主要是在工作之余，休闲时间非正式场所所穿的服装。它的特点总的来说是：简单，舒适。

休闲服是一种比较随意的服装，在色彩搭配上比较活泼，没有特别的限制和要求，在面料的选择、搭配上同样也有很大的包容性，随意而自然，与职业服装相比，具有多样化和简单化的特点。现代休闲服主要包括职业休闲服、运动休闲服、娱乐休闲服和居家休闲服四大风格。

职业休闲服一般是上班族穿的便装。这样职业休闲服与正式职业装不同，它不讲究严格的搭配方式，而是依据着装者喜好，在随意的搭配中显出不同的韵味。款式以修长为主，如衬衫与长外套、裙的搭配，同时还可以加纱巾、胸针、胸花点缀，起到画龙点睛的效果。色彩以流行色为主，款式上以短小及灵活的搭配方式为主，如内长外短的着装方式，还有马甲与针织衫、长袖衬衫相配，再加上一条窄窄的直筒裤或小 A 字裙，背上时髦的双肩背包，或者将一件上衣扎在腰间，性格外向、好动的年轻人可选择牛仔裤和 T 恤衫来装扮，很有几分青春的气息。

运动休闲服与运动服相比，像运动服但又不完全是运动服，是带有一些运动趣味的便装，一般是在与运动有关的场合穿戴，如去看体育比赛，或参加一些运动类的社交活动就可以穿运动休闲服，这种服饰的款式的双臂部分一定要活动自如，不能有被束缚住的感觉。学生们上体育课时很多时候就穿运动休闲服。

娱乐休闲服，这是指参加娱乐活动所穿的服装。因为娱乐休闲活动是分门别类的，与之相适应的娱乐休闲服同样各具特色，如参加舞会，女孩子们可穿上下摆较大、修长、旋转时可以撒开变成一个圆圈的华尔兹舞裙。如服装的色彩较深，可加一条靓丽的丝巾，或在胸前、领口加一些首饰，打破色彩沉闷的感觉，一般来讲，出席这类场合一般大摆比直裙要好，长裙比短裙好，裙装比裤装好。不过，中国的青少年参加这样的舞会机会不是很多。

家居休闲服多种多样，品种繁多，一般以舒适为主，色彩趋向于暖色。如外出购物，适当披上一件色彩相宜的外套则又成了购物休闲装；如外出旅游则在色彩上要求更加鲜艳、明快，鞋子要便于行走，服装款式要便于攀登，睡衣类则可多采用棉织品。

穿什么衣服合适通常还和人的体型相关。

说到体型，人们往往将其归纳为标准型、葫芦型、运动员型、梨子型、腿袋型和娇小型六种类型。

第一种：标准型。西方女性理想身高为170厘米，东方女性为162厘米，当然，稍高一点也是可以的。这种体型要求颈部、肩膀、躯干、胸部、腰部、臀部、大腿、臀边肉和小腿等，都要有完美的比例。如果你属于标准体型，那么穿什么衣服都好看，不过有这样体型的人十人中仅一人而已。我们不必奢望有一天会变成像她们一样，那只是浪费时间毫无意义的妄想。绝大多数的人都是属于下列五种体型的人。

第二种：葫芦型。身材就像葫芦一样，胸部、臀部丰满圆滑，腰部纤细，曲线玲珑，十分性感。这种身材的女生适宜穿着低领、紧腰身的衣服，质料以柔软贴身为佳。葫芦型身材如果穿宽大蓬松的服装，会减损许多魅力。但是如果你认为这种身材是一种缺点的话，则应穿着直统式洋装或长衬衫，以便遮掩腰部过细的曲线。

第三种：运动员型。这种身型身材苗条、胸部中等或较小、臀部瘦削扁平，没有腹部及大腿边的赘肉。这种体型，应该是比较容易穿衣的，但要避免紧身衣裤或低腰长裤。适合的穿着有舒适飘逸的罩衫、打褶的裙子、宽松的洋装、宽松打褶的长裤等。

第四种：梨子型。这种身型上身肩部、胸部瘦小，下身腹部、臀部肥大，形状就像一粒梨子。由于腹部肥大的关系，往往形成腰线提高，也就是变成上身较短。宽松的洋装和伞装是适合的衣着，目的是要避免对腰部的注意力。其次，上衣要宽松，长度以遮住臀部为宜。

第五种：腿袋型。这种体型臀部和大腿边有许多赘肉，看上去就像在大腿旁边挂上了两个袋子一样。如果是这样的体型，要绝对避免穿紧身裤子，那样只会暴露缺点。穿样式简单的打褶裙子或长裤，颜色也最好选择明度和彩度较低的暗色。尽量把注意力放在上身，佩戴色彩鲜艳的丝巾、围巾等装饰物。此外，这种体型不适合的服装还有：及膝靴子、紧衬衫、大花格子、粗横条纹或背后有口袋的长裤。

第六种：娇小型。这种体型指身高在155厘米以下的女生。由于受到身高的限制，服装可变化的范围相比高大、健壮的体型要少得多。娇小型的人如果以为穿上很高的高跟鞋或梳高耸的发型，就能使得身材瘦高，那是白费心机的。而且这样做可能只会显得滑稽或格格不入。最佳的穿着是朝向整洁、简明、直线条的设计。垂直线条的褶裙、直统长裤、从头到脚穿同色系列或素色的衣服、合身的夹克都会使得娇小型的人显得轻松自然。大型印花布料、厚布料、太多的色彩、松垮垮的衣服、大荷叶边、紧身裤等，都应避免。

不过对于青少年朋友，还是不建议穿过于高跟的鞋子。因为直到25岁前，身体都一直在生长的过程中。另外，也不提倡花过多的心思在漂亮的穿着上。说来说去也还是一句话：怎么舒服怎么合适。

我在乎穿衣的形象

"哇！赛赛！你这件立领的风衣真是太漂亮了！"莫莫从赛赛穿着新风衣进教室的那一刻就一直盯着她，在赛赛到莫莫课桌边时，终于忍不住喊起来。

"是吗？谢谢！"虽然赛赛表现得什么也没发生似的，不过得到莫莫这个时髦小专家的夸赞，心里还是美滋滋的。

当然了，赛赛知道，要镇定。最近有个词不是十分地流行吗？正好可以很好地形容我此时的表情：装！

"你什么时候这么会买衣服了？和以前的大不一样啊！"赛赛心里美着呢，没想到没心没肺的莫莫开始乱说话，"越来越能装了哈……"

心里的想法被人看穿有时候不是一件很爽的事，因为感觉自己有点像透明人，没有秘密、没有安全了。

"我以前的衣服怎么不一样了？"赛赛只能继续装。

"你的脸形吧，有点圆圆的，像个小孩子……"

"什么叫像个小孩子，人家本来就是！"赛赛立刻打断莫莫的话。

"好吧，赛赛小朋友——"莫莫看她故意嘟着嘴，也跟着打趣，"你以前那些衣服啊，圆领的多，再加上你的脸也圆，结果从远处看，我总觉得有两个圆圈向我滚过来……"

"什么！你这家伙！"赛赛故意作生气的样子，过去假装要掐莫莫的脖子，"不想活了吧……"

"啊！一个圆圈滚过来……两个圆圈滚过来……哈哈。"

妈妈告诉我

赛赛，莫莫那孩子还真有想象力，呵呵。虽然损是损了点，不过话倒是没错。衣领的形状如果和脸形配合得好，衣服的形象都会大大改观呢！

生活中，我们常看到的女生们的脸形主要有以下七种：椭圆形、倒三角形、三角形、四方形、长方形、菱形和圆形。

脸中的五官，可借着化妆来修饰，但是脸形的长短宽窄，却不是那么容易用化妆来改变的。最好的办法，就是用衣领来美化。领子影响脸形最大，更左右着一袭服装的实际效果。

现在就按脸形的大致分类，提供几个相应的适合的衣领式样：

第一，椭圆形：这是最完美理想的脸形，通常称为瓜子脸或蛋形脸，又叫作第一美女脸形。因为这种脸形没有什么缺陷，不需加以掩饰，所以任何领子都适合。

第二，倒三角形：类似心形，上额宽大、下颚狭小，也算是属于理想的短形脸之一，所有的领子都适合。

第三，三角形：好像梨形，下颚宽大、上额狭小，穿 V 字形的领子看起来脸形柔和些。

第四，四方形：这种脸形大多属于宽大形，给人很强的角度感，如穿圆形衣领，反而突出了宽大的感觉。用 U 字形领口可缓和这种脸形。方形而不显大的脸，很富有个性，应该强调个性美。这种脸形的人要注意，不宜穿方形领口的衣服；不宜戴宽大的耳环。适合穿 V 形或勺形领的衣服；可戴耳坠或者小耳环。

第五，长方形：此种脸形，梳刘海儿可减少其长度感，船形领、方领、水平领都适合。

另外，这种脸形的人，不宜穿与脸形相同的领口衣服，更不宜用 V 形领口和开得低的领子，不宜戴长的下垂的耳环。适宜穿圆领口的衣服，也可穿高领口、马球衫或带有帽子的上衣；可戴宽大的耳环。

第六，菱形：这种脸形尖锐狭长，其下颚上额皆显狭小，利用刘海将上额遮盖住，而且两鬓的头发要梳得较蓬松，如此就可增加上额的宽度，使脸形形成倒三角形，衣领的选择也就没有限制了。

第七，圆形：圆形脸，显得宽大、饱满，宜增加长度感，减少圆的感觉。以 V 字形的领口来缓和最为恰当。穿圆领口时，领口需大于脸形，这样脸形将显得较小。就好像有两个大小相同的圆形，其中一个四周围绕着无数个小圆，中心那个圆，当然就被衬托得显大了。另一个圆四周配置了差不多大的几个圆，就感觉不到中间这个圆有多大了，这就是视觉上的错觉。所以大的方型脸、大圆脸一定避免穿紧贴颈子的衣领，领子要低些，且不能太狭小。矮瘦娇小的人，衣领不能太过于宽大，衣领大小与脸形比例务必调和。

圆脸的人除了不宜穿圆领口的衣服外，也不宜穿高领口的马球衫或带有帽子的衣服，不适合戴大而圆的耳环，戴耳坠或者小耳环比较好。

除了脸形外，有时候衣领的形状也要照顾脖子和肩膀的形状。

比如粗颈的女孩子就不宜穿关门领式或窄小的领口和领型的衣服，也不宜用短而粗的紧围在脖子上的项链或围巾。适合用宽敞的开门式领型，当然也不要太宽或太窄，粗颈的女生适合戴长珠子项链。

而短颈的女生则不宜穿高领衣服，也不宜戴紧围在脖子上的项链。适宜穿敞领、翻领或者低领口的衣服。

如果颈很长，那么最好不要穿穿低领口的衣服，也不要戴长串珠子的项链。比较适合长颈女孩的是高领口的衣服，系紧围在脖子上的围巾和戴宽大的耳环。

如果你的肩膀特别窄的话，也不宜穿无肩缝的毛衣或大衣，窄而深的 V 形领最好也能避免。比较适合的是穿开长缝的或方形领口的衣服，或者穿宽松的泡泡袖衣服也可以；然后加点垫肩类的饰物。

对于宽肩的女孩子来说，则不宜穿长缝的或宽方领口的衣服，也不宜用太大的垫肩类的饰物，不要穿穿泡泡袖衣服，最好穿无肩缝的毛衣或大衣，用深的或者窄的 V 形领。

平时买衣服的时候就应该多多注意，最好买的时候就买适合自己的衣服，这样穿的时候才能穿出好的形象。

我的"着装四大要领"

"喂！奕奕，你这衣服上黑黑的是什么啊？"媛媛扯着奕奕衣服的一角，看了又看。

"不是吧？墨水！"奕奕经过媛媛这么一提醒，极度沮丧起来，"什么时候弄上去的！我的可怜的衣服……"

"是不是你那支'英雄'笔又不出水儿了？你又甩它了吧？"媛媛无奈地看着奕奕，"我说趁早扔了吧，你还不信，看看，这位'英雄'妒忌'红颜'咯……"

"我想起来了！肯定是昨晚写作文写着写着没有墨水了，我心里一怒，就——"奕奕马上从文具袋里翻出那支倒霉的英雄牌钢笔，"现在就让你'光荣'下垃圾桶！"

啪叽一声，英雄笔应声而落。

"我这漂亮的红衬衣怎么办？上个月才买的！"奕奕低头看满是小黑点的衣服，无比难过。

"也许可以拿到干洗店试试。要是还不行，估计就只能扔了。"媛媛有点幸灾乐祸，"穿衣服最重要的是整洁干净。"

"怎么能扔呢！妈妈买给我的生日礼物！"奕奕没好气地说。

"啊——"大家都没办法了。

🚢 妈妈告诉我

奕奕，媛媛说得没错，衣服最重要的是整洁干净。现在的孩子，人人都赶时髦，讲时尚，常常会忘了穿衣服的一切基本原则和要领。

妈妈认为啊，着装主要有四大要领：

整齐清洁、质地优良、适合需要和舒适满意。

整齐清洁是着装的第一大要领。俗话说："人要衣装，佛要金装"。服饰在仪表中具有重要的地位，凡是要留给人一个外表美的形象，着装是不可忽视的。

不过，不管多么新款的时装若不够整洁，将大大影响穿着者的仪容，无论是上班还是普通上街的便服，都应该以整齐清洁为原则。

质地优良是着装的又一大要领。衣服和皮肤亲密接触，如果质地不好，比如有些衣服起毛球，或者脱毛掉色，就会大大影响着装的美观。其实，有时不仅影响美观，还会影响身体健康。

一般来说，贴身的衣服都要求是纯棉的为最好，当然了，如果有钱，纯丝的也是不错的。

再者，可能大家也注意到了，冬天穿的衣服如果不是纯棉或者纯丝的，而是有化学成分的或者纤维的，就会产生静电。

那买衣服的时候要怎么样才能知道衣服的质地是什么呢？

常见的服装面料的特性又是什么呢？到底该如何鉴别呢？这里简单介绍一下，以方便大家买衣服时注意看商标上的面料构成，决定要不要买那件衣服。

第一类，棉布。棉布是各类棉纺织品的总称。它多用来制作时装、休闲装、内衣和衬衫。它的优点是轻松保暖，柔和贴身、吸湿性、透气性甚佳。它的缺点则是易缩、易皱，外观上不大挺括美观，在穿着时必须时常熨烫。

第二类，麻布。麻布是以大麻、亚麻、苎麻、黄麻、剑麻、蕉麻等各种麻类植物纤维制成的一种布料。一般被用来制作休闲装、工作装，目前也多以其制作普通的夏装。它的优点是强度极高、吸湿、导热、透气性甚佳。它的缺点则是穿着不甚舒适，外观较为粗糙，生硬。

第三类，丝绸。丝绸是以蚕丝为原料纺织而成的各种丝织物的统称。与棉布一样，它的品种很多，个性各异。它可被用来制作各种服装，尤其适合用来制作女士服装。它的长处是轻薄、合身、柔软、滑爽、透气、色彩绚丽，富有光泽，高贵典雅，穿着舒适。它的不足则是易生折皱，容易吸身、不够结实、褪色较快。

第四类，呢绒，又叫毛料。它是对用各类羊毛、羊绒织成的织物的泛称。它通常适用以制作礼服、西装、大衣等正规、高档的服装。它的优点是防皱耐磨，手感柔软，高雅挺括，富有弹性，保暖性强。它的缺点主要是洗涤较为困难，不大适用于制作夏装。

第五类，皮革。皮革是经过鞣制而成的动物毛皮面料。它多用以制作时装、冬装。又可以分为两类：一是革皮，即经过去毛处理的皮革。二是裘皮，即处理过的连皮带毛的皮革。它的优点是轻盈保暖，雍容华贵。它的缺点则是价格昂贵，贮藏、护理方面要求较高，故不宜普及。

第六类，化纤。化纤是化学纤维的简称。它是利用高分子化合物为原料制作而成的纤维的纺织品。通常它分为人工纤维与合成纤维两大门类。它们共同的优点是色彩鲜艳、质地柔软、悬垂挺括、滑爽舒适。它们的缺点则是耐磨性、耐热性、吸湿性、透气性较差，遇热容易变形，容易产生静电。它虽可用以制作各类服装，但总体档次不高，难登大雅之堂。

第七类，混纺。混纺是将天然纤维与化学纤维按照一定的比例，混合纺织而成的织物，可用来制作各种服装。它的长处，是既吸收了棉、麻、丝、毛和化纤各自的优点，又尽可能地避免了它们各自的缺点，而且在价值上相对较为低廉，所以大受欢迎。

鉴别服装面料成分的最简易的方法是燃烧法。做法是在服装的缝边处抽下一缕包含经纱和纬纱的布纱，用火将其点燃，观察燃烧火焰的状态，闻布纱燃烧后发出的气味，看燃烧后的剩余物，从而判断与服装耐久性标签上标注的面料成分是否相符，以辨别面料成分的真伪。

第一类，棉纤维与麻纤维都是刚近火焰即燃，燃烧迅速，火焰呈黄色，冒蓝烟。二者在燃烧散发的气味及烧后灰烬的区别是，棉燃烧发出纸气味，麻燃烧发出草木灰气味；燃烧后，棉有极少粉末灰烬，呈黑或灰色，麻则产生少量灰白色粉末灰烬。

第二类，毛纤维与真丝。毛遇火冒烟，燃烧时起泡，燃烧速度较慢，散发出烧头发的焦臭味，烧后灰烬多为有光泽的黑色球状颗粒，手指一压即碎。真丝遇火缩成团状，燃烧速度较慢，伴有唑唑声，散发出毛发烧焦味，烧后结成黑褐色小球状灰烬，手捻即碎。

第三类，锦纶与涤纶。锦纶学名聚酰胺纤维，近火焰即迅速蜷缩熔成白色胶状，在火焰中燃燃滴落并起泡，燃烧时没有火焰，离开火焰难继续燃烧，散发出芹菜味，冷却后浅褐色熔融物不易研碎。涤纶学名聚酯纤维，易点燃，近火焰即熔缩，燃烧时边熔化边冒黑烟，呈黄色火焰，散发芳香气味，烧后灰烬为黑褐色硬块，用手指可捻碎。

第四类，腈纶与丙纶。腈纶学名聚丙烯腈纤维，近火软化熔缩，着火后冒黑烟，火焰呈白色，离火焰后迅速燃烧，散发出火烧肉的辛酸气味，烧后灰烬为不规则黑色硬块，手捻易碎。丙纶学名聚丙烯纤维，近火焰即熔缩，易燃，离火燃烧缓慢并冒黑烟，火焰上端黄色，下端蓝色，散发出石油味，烧后灰烬为硬圆浅黄褐色颗粒，手捻易碎。

第五类，维纶与氯纶。维纶学名聚乙烯醇缩甲醛纤维，不易点燃，近焰熔融收缩，燃烧时顶端有一点火焰，待纤维都融成胶状火焰变大，有浓黑烟，散发苦香气味，燃烧后剩下黑色小珠状颗粒，可用手指压碎。氯纶学名聚氯乙烯纤维，难燃烧，离火即熄，火焰呈黄色，下端绿色白烟，散发刺激性刺鼻辛辣酸味，燃烧后灰烬为黑褐色不规则硬块，手指不易捻碎。

第六类，氨纶与氟纶。氨纶学名聚氨基甲酸酯纤维，近火边熔边燃，燃烧时火焰呈蓝色，离开火继续熔燃，散发出特殊刺激性臭味，燃烧后灰烬为软蓬松黑灰。氟纶学名聚四氟乙烯纤维，ISO 组织称其为萤石纤维，近火焰只熔化，难引燃，不燃烧，边缘火焰呈蓝绿碳化，熔而分解，气体有毒，熔化物为硬圆黑珠。氟纶纤维在纺织行业常用于制造高性能缝纫线。

第七类，粘胶纤维与铜铵纤维。粘胶纤维易燃，燃烧速度很快，火焰呈黄色，散发烧纸气味，烧后灰烬少，呈光滑扭曲带状浅灰或灰白色细粉末。铜铵纤维俗名虎木棉，近火焰即燃烧，燃烧速度快，火焰呈黄色，散发醋酸味，烧后灰烬极少，仅有少量灰黑色灰。不过，在服装店，可能店主不会让你抽他们的衣服上的丝线去燃烧。也许买回家后可以试试。

说到适合需要和舒适满意，前者是指穿着要和身体、体形相协调，根据自己的体形特点做到扬长避短。而且饰物佩戴和配件使用等方面，必须适应具体的时间、地点和目的的要求；后者则是说要根据自己的爱好、情趣、个性和审美观，按照着装的基本要求选择合意的服装，穿出自己的风格和魅力。

风格是必要的信仰

"涵涵！你有没有觉得，我有必要改一下长久以来我的穿衣风格啊。"闹闹又开始折腾了。

"你现在是什么风格？"涵涵一头雾水，不知道闹闹又想说什么。

"古典美女风格！你看不出来吗？"闹闹边说边扭了一下腰，还夸张地用食指从眉头上划过，"柳叶眉，水蛇腰——说的不正是我吗？"

"你有腰吗？不好意思，还真没看出来。"涵涵上下打量了一番，说了句令闹闹喷血的话。

"喂！涵涵同学！我的抗打击能力是很强的！"闹闹故意吼起来，"你没腰别以为别人也没有好不？"

"那你现在想变成什么风格？"涵涵看闹闹搞笑地拼命扭腰，忍不住加了一句。

"前卫少女型，你看怎么样？"

在一旁一直听她们说话的同学中有一个实在忍不住了，大笑着说："小心变成'街头小太妹型'……"

"哈哈——"大家都笑起来。

妈妈告诉我

闹闹，其实不管穿成什么风格，最适合自己的才是最有风格的。

一般来说，这和女生的性格很相关。有什么样的性格一般决定你在人前呈现出什么样的服饰风格。

大体来说，女生的服饰风格有以下几种。

第一，自然型风格，又称运动型风格、随意型风格。无论在学校，还是在日常生活中，总会看到这样一类女生，她们给人以潇洒、活力、健康的印象，这类女生往往神态亲切，直线的身材颇有运动感，性格随和大方，在不刻意的修饰中表现着洒脱的魅力。她们比较适合宽松的、不需要太多装饰感的服装，中性打扮、自然型人打扮需要有品位，一般不用化妆。回避华丽、可爱，突出自然、休闲。

第二类，前卫少女型。前卫少女型风格又称为可爱型风格、甜美型风格。一些女孩看起来比实际年龄年轻，当她们穿上成熟的服装后，往往会出现与自身个性不符的情况，这是因为她们甜美的面部及可爱的身材造成的，只有那些轻盈柔美的少女服饰，才能把她们甜美可爱的魅力表现出来，她们属于前卫少女型。这一类女生的服装款式追求圆润感，在平常的款式上加以甜美可爱的因素，穿裙子比穿裤子漂亮。

第三类，浪漫型，浪漫型风格又称为华丽型风格、性感型风格。五官甜美、女人味十足、眼神妩媚、身材圆润，适合华丽高贵的女性化服饰，给人大气、夸张的感觉。这一类女生适合穿做工华美的服装，华丽、光泽感强、细腻的面料，曲线感强、夸张的女性化图案，戴华丽、醒目、夸张的饰物，也可以选择较为饱和、华丽但不过于深暗的色彩，最好用类似色彩搭配。可以强调腰部和臀部曲线，贴身而合体才能尽现浪漫型人的妩媚性感，在所有场合穿衣服的度都可以略夸张。要回避锋利、坚硬、理性和平庸感。

第四类，古典型。古典型风格又称为传统型风格、保守型风格。一丝不苟的古典型女生，往往五官端庄、面容高贵，有一种都市成熟职业女性的味道，她们需要选择一些精致而正统的服饰来衬托自己。选择服装时，应该整体应遵守严谨端庄的风格，适合做工精良、剪裁合体的套装，直线剪裁，服装剪裁要简洁大方，忌夸张，越简单的款式越好，适合穿职业装，用丝巾做套装领部的点缀。

第五类，前卫少年型。前卫少年型风格又称俊秀型风格、男孩型风格。这一类型的女生穿上正统的职业套装，会让少年型人看起来拘谨，蕾丝也与她们无缘。在生活当中，她们常常被我们俗称为"假小子"，活泼、可爱，整个五官氛围给人以帅气的感觉，她们适合时尚化的中性服装。适合穿直线裁剪的衣服，裁剪多用尖角、直线、分割线，口袋也应简洁利落，多用分割线，传递年轻和前卫的感觉。

第六类，前卫型。前卫型风格又称现代型风格、个性型风格、革新型风格、摩登型风格等。她们往往有明亮的眼睛、个性的五官、骨感的身材。白天可以穿短裤与有个性的T恤，晚上又可以穿带有金属装饰物的服装。适合短小精悍的服装，款式突出新颖、别致，不对称斜裁风格，打破传统，可大胆采用不对称的裁剪。

第七类，戏剧型。戏剧型风格又称夸张型风格、艺术型风格。这类女生全身充满了鲜明的个性，打扮入时、引人注目。戏剧型人脸部轮廓线条分明、存在感强、五官夸张而立体，身材看起来比实际身高显高。标准戏剧型女生整体总给人以夸张大气的印象，存在感强，性格大胆、极端、有个性、与人较有距离感。她们适合穿包身、性感的衣服，曲线的鞋，夸张的饰品，夸张的青果领、大褶皱的连衣裙，中间收腰，下摆很宽的上衣；枪驳衣领、大尖领、方领，双排扣，适合有光泽感的面料，各种呢料、丝绒、皮革和闪光面料，软硬适宜，避免尼龙。要注意的是，要回避小孩化、小家子气的风格，切记要突出个性，拒绝平庸。

第八类，优雅型，优雅型风格又称为小家碧玉型风格、温柔型风格。这类人脸部轮廓柔美、圆滑，五官精致，有曲线感，身材圆润，走起路来很优雅，给人以小家碧玉的感觉。优雅型女生，无论身材和面庞曲线，都给人女人味的印象，因此，柔软的布料和曲线裁剪的服装都很适合她们。轻柔而流畅的款式最能表现她们优雅的气质。衣服也不强调垫肩，腰部和臀围要收得很合体，连衣裙穿起来往往最漂亮。颜色分四季，风格分八种，完全掌握自己适合的"色"和"款"后，不仅让您在各种场合都能最大限度地展现自己的美，在以后选择服饰的过程当中也能为您更省时、省钱、省力，还能成为搭配高手！

选对适合我的色彩

"同学们！认真听了！这节美术课我们讲颜色搭配。"美术老师又在上面唱独角戏了。

每次上美术课大家都不怎么听，有的拿出笔自己画，有的干脆拿出其他科目的作业来做。

不过美术老师很强悍，他说："只要有一个人听，我都会坚持讲课。"

到后来，这话变成了："就算没一个人听，我也会坚持讲课。"

果然，大家又开始准备做自己的事。

"女孩子们不可不听哦。因为要想穿得漂亮，颜色搭配很重要。"美术老师不知道是不是咨询过心理老师了，貌似很清楚女生想听什么。

"穿衣服真的要看颜色吗？"铭铭转过头问花花。

"应该是要的吧。"花花说，"我还没见人穿一件大红外套，然后配一条绿色裤子的呢。"

"那我们听听吧。"铭铭立刻收起正要做的英语试卷。

妈妈告诉我

花花，你们美术老师说得一点儿都没错。穿衣服，不管款式如何，质地怎样，风格是什么，颜色绝对是不容忽视的重中之重。

中国人也有很多表示颜色的词，常见的分类是红、橙、黄、绿、蓝、靛、紫、黑、白、褐等。服装颜色大致可分为三类：

红、黄、橙及相近的色彩为暖色，给人以热的感觉；

青、蓝色是冷色，给人以寒冷的感觉；绿、紫色是中间色。

一般来说，冬天选暖色，夏天选冷色是选择服装色彩的原则。

服装的色彩要用得调和，服装才会显得大方端庄。

东方人的皮肤属于黄色，那么芥末黄和绿色会把皮肤里的青色和土黄色衬托出来，显得肤色更黄更青。依照色彩学的原理，黄色皮肤的人，穿着白色、灰色、酒红色、黑色、蓝色、咖啡色等与肤色能够配合的衣服看上去比较优雅、古典。当然，这并不意味着别的颜色就不能穿，只是相比较而言这些色彩不容易出差错。

撇开肤色不讲，常见的配色方式有哪些呢？

一，红色配白色、黑色、蓝灰色、米色、灰色。

二，粉红色配紫红、黑色、灰色、墨绿色、白色、米色、褐色、海军蓝。

三，橘红色配白色、黑色、蓝色。

四，黄色配紫色、蓝色、白色、咖啡色、黑色。

五，咖啡色配米色、鹅黄、砖红、蓝绿色、黑色。

六，绿色配白色、米色、黑色、暗紫色、灰褐色、灰棕色。

七，墨绿色配粉红色、浅紫色、杏黄色、暗紫红色、蓝绿色。

八，蓝色配白色、粉蓝色、酱红色、金色、银色、橄榄绿、橙、黄色。

九，浅蓝色配白色、酱红色、浅灰、浅紫、灰蓝色、粉红色。

十，紫色配浅粉色、灰蓝色、黄绿色、白色、紫红色、银灰色、黑色。

十一，紫红色配蓝色、粉红色、白色、黑色、紫色、墨绿色。

在服装方面，色彩搭配基本要主要有：

第一，服装的色调以温和者为佳，极深色与特浅色不好。

第二，上装的颜色要相近搭配，属同一色系，反差太大，对比太强烈都不好。

第三，皮带与衣服的颜色应协调，颜色反差不能太大，皮带也不能太宽。

在配色时，必须注意衣服色彩的整体平衡以及色调的和谐。通常浅色衣服不会发生平衡问题，下身着暗色也没有多大问题，如果是上身暗色，下身浅色，鞋子就扮演了平衡的重要角色，它应该是暗色比较恰当。

饰品搭配有学问

鞋子是搭配的重头戏

"小冬冬！你怎么西装裤搭了个运动鞋就出来了？"姗姗往小冬冬脚上一瞥。

"怎么啦？有什么问题吗？"小冬冬觉得自己被指责地有点不明所以。

"没见人这样穿的啦！"姗姗又看看她说，"你不觉得很奇怪吗？就像有人扎了个麻花辫还绑个大红花！"

"不是吧？你不是说了今天周末，大家一起逛街吗？所以我就套了双运动鞋啊，不然，穿双高跟皮鞋，你想累死我啊？"小冬冬倒是无所谓，反正看姗姗大惊小怪早都看习惯了，"况且也没你形容的那么糟吧？"

"不然你以为呢？"姗姗看小冬冬一副孺子不可教的样子，有点气急败坏。

"顶多算绑个小红花吧，呵呵。"小冬冬厚着脸皮说道。

大家都彻底无语了。

🚢 妈妈告诉我

小冬冬，逛街时穿运动鞋是没错的，不过既然和好朋友们一起出去玩，又要走很远的路，不如干脆把衣服也换成休闲装，这样，姗姗看着就不会觉得"大惊小怪"了。

因为运动鞋加西装裤的搭配确实是有点不伦不类，看着很不搭调。

别小看了鞋子的作用，以为它们在脚上，别人可能注意不到，事实是，鞋子与衣饰若搭配得当，可穿出别具一格的美感来。反之，则让人感觉滑稽。有时候若没搭配好，可能会让你的整体形象都大打折扣呢！所以，从某种意义上说，鞋子也是搭配的重头戏。

要想弄清楚鞋子该怎么搭配，首先有些关于鞋子的常识应该要知道。比如说鞋子的分类，颜色的分类等。

这里主要讲讲鞋子的分类。鞋有多种分类方法。按不同的分类方法，同一双鞋可以归为不同的类。主要分类法有以下几种：

1. 按穿用对象分，有男、女、童等鞋。

2. 按季节分，有单、夹、棉、凉等鞋。

3. 按材料分，有皮鞋、布鞋、胶鞋、塑料鞋。

4. 按工艺分，有缝绱、注塑、注胶、模压、硫化、冷粘、粘缝、搪塑、组装等鞋。

5. 按款式分，头型有方头、方圆头、圆头、尖圆头、尖头；跟型有平跟、半高跟、高跟坡跟；鞋帮有高、低，中统、高统。

6. 按用途分，有日常生活鞋、劳动保护鞋、运动鞋、旅游鞋等。

在与服饰相搭配时，主要考虑到款式和材料两方面的性质。下面重点就女生们可能常见的几种鞋子的款式与日常穿着的搭配技巧来谈。

第一款：靴子。靴子一般分为长筒靴，中筒靴和短筒靴，适合与牛仔裤、窄筒裤这类式样紧瘦的裤子搭配，不宜与西裤、宽筒裤搭配。另外，装饰较多且时髦的高筒靴只适合个高腿长的女性，对于腿形好看者，短裙搭配中筒靴最为洒脱，而短筒靴对中年女性及职业女性尤为适合，不论穿裙子还是裤子，短筒靴都显得较稳重成熟。

第二款：轻盈便鞋。圆头或小方头的便装皮鞋舒适清朗，一般由牛皮、小牛皮、磨砂皮等质料制成。如果你崇尚潮流，又不想失去淑女风范，它将是你最佳的选择。

第三款：木屐式便鞋，那三公分高的粗跟在木质地板上可踏出犹如筝般的乐声，若配以双肩吊带中式长裙，像是典型的东方美人款款而来。

第四款：经典女鞋。具有经典感觉和各款女鞋，深受都市成熟女性的青睐，比较确切地对应了她们虽然丰满但依然曲线玲珑的身材，也对应了她们以精巧的饰品和精美和服装构成的那份精致和美丽。在此类鞋款中，色彩一般以黑、灰等暗色为主，皮革以质地细腻、柔软、光亮的小牛皮为首选，偶尔也尝试翻毛皮与鳄鱼皮。

第五款：厚底女鞋。厚底女鞋看上去又厚又笨又重，许多女性之所以对它情有独钟，原因之一恐怕是此鞋可以帮助她们获得物理意义上和高度，使他们在人群中"出类拔萃"。

确实，厚底鞋若搭配得当，可穿出别具一格的美感来，但身材娇小的人若穿上厚底鞋，则可能会使原来的玲珑、纤巧、细弱的美感荡然无存，给人滑稽之感，而身材本来就高大的女性，厚底鞋会令她们处于高耸入云的境地。所以对这款鞋子的选择要慎重。

第六款：休闲运动鞋。它会让你在闲暇时段感受到生活的轻松。休闲运动鞋多采用聚集胺脂类新型材料，轻便透气，便捷自如。高帮复古球鞋于前卫中透出古典之美，可与简洁优雅的裙相配新款的鞋，橡胶鞋底向前延伸上翘至鞋尖，若与T恤相配，青春亮丽之美无法言说。

当然，在青少年中，女孩子穿牛仔裤的越来越多了。那么，牛仔裤与鞋子之间的搭配方法有哪些呢？下面来细细介绍一下。

牛仔裤的裤型主要有三种：直筒型牛仔裤、喇叭形牛仔裤和小裤脚型牛仔裤（也叫弹力型牛仔裤）。

第一型：直筒型牛仔裤。此类型牛仔裤最好配低帮的皮鞋、休闲鞋和旅游鞋，注意皮鞋最好是圆头或大头型的。颜色方面的搭配，如果是黑色或深色的牛仔裤，建议配黑色、褐色的皮鞋、休闲鞋和旅游鞋；淡色的牛仔裤配淡色的相对应的鞋子，这样做尽量使颜色对比度平衡而不失调。

第二型：喇叭形牛仔裤。此类型牛仔裤尽量选择长一点，最好能盖住脚踝，选择尖头形的低帮皮鞋为最佳，颜色搭配参照第一条方法。

第三型：小裤脚型/弹力型牛仔裤。此类型牛仔裤也是最时尚、最前卫的穿着法。裤子建议不要太长，因为所要搭配的是皮靴、高帮皮鞋、高帮休闲鞋或高帮旅游鞋，颜色搭配方面也参照第一条方法。

最后，稍微说一下颜色选择。一般来说，黑白色为万搭颜色，褐色也是不错的选择。不过，最万无一失的做法是：选择和衣服同色系的鞋子。

学会穿高跟鞋

自从被姗姗当街批评以后，小冬冬穿西装裤的时候，就再也没穿过运动鞋了，而是顶着她那双一成不变的高跟鞋，叮叮咚咚地响，每次都引得大家低头行注目礼。

不过没过几天，小冬冬连裤子带鞋都换了！

姗姗忍不住问："怎么不穿你那叮咚作响的高跟鞋了？"

"脚疼啊。再穿，我的脚就要叮咚作响了！"小冬冬打趣道，"看看我可怜的脚踝给磨得……"

"大小姐！你不会打算在教室秀你的美腿吧？！"姗姗马上制止。

"呵呵，本小姐一时忘记了，以为我们学校是女校呢。"小冬冬一副嬉皮的样子，"不过，我的脚不臭的，你要不要闻闻？"

姗姗再次无语。

🚢 妈妈告诉我

姗姗，看来小冬冬还不大会穿高跟鞋。

的确，对大多数女孩子来说，穿高跟鞋是迟早的事。因为高跟鞋能够增加人的身高，使身材显得苗条、秀丽。

所谓高跟鞋，是指鞋跟特别高的鞋，穿这种鞋的人脚跟明显比脚趾来得高。高跟鞋有许多种不同的款式，尤其是在鞋跟的变化上更是非常多，如细跟、粗跟、楔形跟、钉型跟、槌型跟、刀型跟等。

高跟鞋除了增加高度，更重要的因素是可以增进诱惑力。高跟鞋使女人步幅减小。再加上穿高跟新会使重心后移，这样腿部就相应挺直，并造成臀部收缩、胸部前挺，使女生的站姿、走姿都富有风韵，袅娜的韵致也就应运而生。

那么高跟鞋的正确穿法和走路方法是什么样的呢？有什么特别需要注意的吗？

首先我们要弄清楚，日常生活中人们对高跟鞋的分类。一般大家按鞋跟的高度将高跟鞋分为三大类，一种是前高后高的厚底鞋，另一种是一般高度的高跟鞋，这种鞋的后跟在四厘米以内，最后一种是特高高跟鞋，这类鞋跟往往在七厘米以上。

每一种高度的走法都略有不同。下面就一一说明。

第一类，前高后高厚底鞋。

这类有点像踩高跷的厚底高跟鞋，因为与地面接触不灵敏，穿着时要注意有摔倒的危险。当然，也不能因为它看起来休闲就把它当球鞋穿。那将是非常不安全的穿法。

穿这类高跟鞋走路时，整个前脚（先走的那一只脚）跨出踏地后，抬起脚跟，身体前倾，另只一脚再踏出第二步。因为底厚，所以鞋底弯曲度不大，走起来方式有点像是大象踏步。又因为鞋跟高，要保持行进中的稳定，这时膝盖可稍稍弯曲。至于穿这种鞋仍想要保持走直线的美姿，则会有点难度。不过如果这时的直线行进维持在身体的 2/3 宽度，那还是可以接受的。

第二类，普通高跟鞋（4cm ～ 7cm）。

普通高跟鞋可说是既想美丽，又想有行动力的美女最合适的选择。穿这类鞋时，为了走起路来可以摇曳生姿，选鞋时要注意：鞋脚背带最好可以覆盖脚背一半以上的面积。这样可以防止附着力不够，走起路来鞋跟拖拖拉拉的，那就很破坏美感了。

走路时，踏出第一步时脚掌先着地，然后立刻将重心往前移至脚尖，身体自然向前移动。另一脚的脚跟先离地，随后跨出步伐。此时上身背部挺直，缩小腹，双手自然摆动。这样走路不仅看起来变得有精神了，腿也加长了好几厘米呢！

第三类，特高高跟鞋（7cm 以上）。

虽然说鞋跟越高，越可以让女生的躯体自然挺立摆动，可是过高的鞋跟，加上不当的走姿，往往也更容易扭伤脚。而且为了屈就不适人体工学的高度，走姿也可能变得很怪异，这样也许反而破坏了穿高跟鞋的美感。

穿这种高度的鞋子，走路时脚掌先着地，然后迅即将重心往前移至脚尖，身体自然向前移动，和穿上一类鞋子走路时不同的是，这时为了保持稳定度，走路时膝盖可以稍稍弯曲，并同时利用大腿及腰部的力量摆动双腿，背部椎自然挺立，避免着地时脚跟先着地，重心摆后，因为那样的话很容易造成脚部扭伤。

另外，在穿高跟鞋的时间长短上也要注意：切不可长时间，比如说整天都穿着同一双高跟鞋。因为总穿相同高度的高跟鞋，脚部的同一处就会经常受到挤压，就可能引起一些脚病。一旦对脚部造成一定的伤害，久而久之脚部就会变形，这样反而违背了高跟鞋当初为了塑造美的初衷。

当然了，我们平时若能稍加注意，是可以预防脚病的发生的。可以免去那些因为穿高跟鞋而带来的不必要的麻烦，因此穿高跟鞋要注意：

1. 选购新高跟鞋一定要稍微紧一些，不要太大，否则会因为高跟鞋不跟脚而导致扭伤，或者因为磨脚而起泡。但注意也不宜太紧，导致最后买了不能穿，最好在试鞋的时候多走走。另外，穿新鞋都有一定的磨合期，所以新的高跟鞋一开始不要长时间穿，最好在家里，等过一段时间再外出穿着。

2. 平时端坐时，应先弯曲双脚，然后轻轻将双腿伸展，维持此姿态30分钟，不要抬起双腿，可使脚部放松。

3. 穿着高跟鞋走路时应挺胸收腹，自然大方，稳步而行，不宜弯腰曲背，也不宜疾走快跑，更不能上山爬坡。

4. 平时多注意脚部的保养，养成热水泡脚的习惯，并适当的按摩一下。

5. 如果穿鞋跟比较高的高跟鞋，要注意场合，不要在平时挤车或不平整的马路上穿，因为这种鞋是为特殊场合设计的，如舞会等。

6. 有些特别高的高跟鞋的设计并不是为了来走路的，而是在特定时候穿的，比如模特走T台时，这类鞋在平时就没有必要穿了，要特别注意。

7. 平时穿高跟鞋走路应注意不断地休息，休息时可以把脚尖翘起，活动一下小腿。

8. 最好不要赤脚穿皮鞋，这样会伤害脚部的皮肤。

9. 穿尖头的高跟鞋时，要注意有时间活动一下脚趾，这样可以舒缓一下，防止同一部位过分受到挤压。

10. 平时修剪指甲不宜太狠，防止指甲发炎。

11. 穿高跟鞋走路，脚跟一定要不时向后移，不要因为高跟而导致脚趾受力过大，要给脚趾一定的空间，哪怕是很小的。脚趾使劲往前冲，看上去也不美观。

12. 如有时间时，可站在距一堵墙一米处，将上半身抵向墙壁，而下半身伸展向外保持脚跟平放地上，重复做几次，每次伸展20秒，常做以上练习，有助于防止脚部不适。

不过，穿高跟鞋对女性的身体健康有时候是不利的，尤其对于青春发育阶段的少女更是有害无益。因为处于青春期的女生身体正处于生长发育阶段，而女性的足骨发育成熟在 15～16 岁，过早穿高跟鞋使足骨按高跟鞋角度来完成骨化过程，易发生畸形。

除此之外，骨骼结构中软骨成分较多，柔软且富有弹性，可塑性较大，骨组织内含水分和有机物多，无机盐少，这样就极易变形。过早穿高跟鞋容易引起腰椎形态变化，因为穿高跟鞋的时候，全身重心都必须移在脚掌上，而足趾则被挤压在鞋子的尖端，这就会使骨盆的负荷量增加。加之骨盆两侧被迫内缩，压迫神经和牵拉肌肉，就很容易发生腰酸腿疼。因为穿高跟鞋时，为了使重心得到平衡，身体自然而然地需要向前倾，背部就要稍弯曲，臀部也需稍突出，膝关节被动僵直，长期下去可致骨盆和脚部变形和弯曲。而骨盆一般到 25 岁才定型，骨盆是人体传递重力的重要结构，未定型的骨盆负荷加重，会导致骨盆口狭窄，直接影响成人后的分娩。

所以，专家建议，最好的穿高跟鞋年龄是等成年后再穿。

怎样选择饰品

"菲菲！你快看前面那个小姑娘！"梅子有时候也挺八卦的，开始关注别人了。

"有什么好看的？花花绿绿的。"菲菲看了一眼，觉得梅子每次都做些莫名其妙的事，或者说，没用的事。

"哎，你说对了，就是花花绿绿才叫你看滴……"梅子得意极了，觉得终于有一次菲菲能和自己站在同一战线了，"看见她头上的头花没？红的！再看发卡，蓝的！再看小耳环，黄的！项链，绿的！对了，还有手镯，银白的！天啊，整个一'五颜六色'啊！"

"哈哈！也许今年是人家小姑娘本命年呢！"菲菲看梅子那么夸张的表情笑得不行。

妈妈告诉我 ┄┄

梅子，女孩子佩戴饰品的时候确实要特别注意，不仅要注意颜色不能弄得像雨过天晴的彩虹般七彩斑斓，也要注意不能一次戴太多饰品，不然不仅自己戴着累得慌，别人眼睛看着也累得慌。

选择好的饰品时，首先要知道它们哪些属于通常意义上的饰品。

现代饰品分类的标准很多，但最主要的不外乎按材料、工艺手段、用途、装饰部位等来划分。

第一，金属类。这类饰品包括贵金属、黄金（按 K 金成色高低可以表示为如下等级：足金 24K、22K、18K、14K、10K、9K、8K，K 是混色金的成色的一种表示方式，24K 黄金的含金量 99.998%，基本视为纯金，22K 黄金含量为 91.665%，依此类推，k 前数字越小，含金量越低）、铂、银等。

另外还有铁、镍合金、铜及其合金、铝镁合金、锡合金等常见金属。

第二，非金属类。主要有皮革、绳索、丝绢类；塑料、橡胶类；动物骨骼（象牙、牛角、骨等）、贝壳类；木料（沉香、紫檀木、黄杨木、枣木、伽南木等）、植物果核类（山核、桃核、椰子壳等）；宝玉石及各种彩石类。

其中宝石类又可以分为：

1.高档宝玉石类，如钻石、翡翠、红蓝宝石、祖母绿、猫眼、珍珠等；

2.中档宝玉石类，海蓝宝石、碧玺、丹泉石、天然锆石、尖晶石等；

3.低档宝玉石类，石榴石、黄玉、水晶、橄榄石、青金石、绿松石等；

最后是玻璃、陶瓷类，如景泰蓝、琉璃等。

现实生活中，人们多根据首饰造型和戴法的不同分类。

一般将首饰具体划分为戒指、耳环、项链、手镯、别针、袖扣、领针、发夹、腰链、脚环等品种及一些较难命名的头饰、臂饰、脚饰、胸饰、腰饰等和日常实用装饰首饰，如手表、打火机等。

饰品的佩戴是一门大学问，很多时候它甚至比服装本身还重要，佩戴得宜，有如画龙点睛。

如何发挥饰品的这种内在魅力和功能呢？首先应该知道什么场合戴什么首饰以及什么场合可以戴首饰。

饰品的种类这么多，那女生该如何正确地选择呢？

爱美的是人的天性，特别是女孩子，都想把自己打扮得美丽妖艳，除了发型服装外，饰品也是很重要的东西。一件搭配得当的小配饰，往往能起到意想不到的作用，可谓点睛之笔。

卖饰品的店铺很多，无论是实体店还是网店，多如过江之鲫。每个店铺里的饰品更是琳琅满目，让人眼花缭乱，无从选择。但女孩们，记住这句话，适合自己的才是最好的。

选择饰品一定要根据自己的身型和性格气质来定位。

第一，根据自身体型来选择饰物。体型小巧的女孩子，就不宜搭配体积大的饰品。这样会给人一种不和谐的感觉，也可以讲是反差太大。比如耳饰类，体型小巧的女孩子应该搭配耳钉、长度稍短的耳坠，如果搭配大型的耳环或长线耳坠的话，很容易把别人的注意力引向耳饰的长度与自身身形的比较之中，扩大了自身的缺点，实非明智之举。

第二，根据自己的性格特点选择饰物。不同的人，在性格方面也有很大的差异，有的女孩子温文尔雅，有的女孩子活泼可爱，在饰品选择方面，也不能光追求新鲜。佩戴饰品是为了好看的，为了提升自身的气质与形象，不根据自身性格特点选择饰品，盲目搭配，往往不能体现其应有的价值，花钱不说，而且费力又不讨好。

那么该怎么选择呢？人因为脸形、身材、性格、气质的不同，而具有不同的风格倾向，而人本身具有的风格倾向往往决定了她适合哪一种款式风格的服装和首饰。

第一类，优雅型首饰：富于曲线美，有易碎感，如小花排列的手链、精雕细刻的戒指等，适合线条圆润、气质优柔文雅、极富女人味的人。优雅风格的人可用有飘逸感的轻质面料的裙装来搭配透明、娇贵的仿真首饰，如琼瑶小说中清丽脱俗的女主角。

第二类，古典型首饰：正统、精致、高贵，适合面部端正、气质高雅的都市女性型的人。紧贴颈部的珍珠项链、一分硬币大小的扣式耳环等都能与古典型的质地高档、直线裁剪的服装相配，完全可以体现出传统的闺秀风范。

第三类，自然型首饰：粗犷、自然，多用树叶等形状做别针、坠子造型，适合身材高挑、具运动员风格的人。自然风格人的装扮应力求线条简捷，质朴大方、不留豪华设计痕迹。整体风格闲适、潇洒。

第四类，戏剧型首饰：大胆、夸张、有个性，适合身材高大、脸部棱角明显、走到哪儿都引人注目的人。戏剧型人的着装及配饰设计应有强烈的时代感和时尚感，适合大胆造型的耳环、成串的手镯、宽大的戒指等装饰型饰品。通身忌平凡。

第五类，前卫型首饰：造型小巧、新奇、别出心裁，极具个性，适合小巧玲珑、活泼好动、有俏皮少女或男孩儿气质的人。前卫风格的人可用奇特质地的面料做超短设计打扮自己，定能独树一帜。

第六类，浪漫型首饰：多采用蝴蝶结、花瓣、花心型造型，线条流畅柔美。适合身材适中、圆润、性感、有着洋娃娃般迷人双眼的人。浪漫风格的人最好穿紧身、性感设计的服装，多用大波纹的蕾丝做装饰，配上花型设计的耳环，细细的、有漂亮坠子的项链。

不管选择你属于哪一类，戴了什么风格的饰品，最后要特别提醒的是：饰品的搭配不要多，一两件算是精巧的装饰和点缀，而多于三件就显得庸俗不堪了。永远记住：饰品只是点缀作用，主要用于调节着装，使之与自己所要展现的气质更为合拍的。别搞得自己身上像卖杂货的杂货架就不好了。

体形与首饰搭配的"密语"

"小静！你穿毛衣怎么还戴着项链啊！"媛媛不解地问。

"这个你就不懂了吧。那个不叫'项链'，准确地说叫'毛衣链'。最近日韩流行的搭配：时尚毛衣链＋长款毛衣！"小静笑着解释，"如果外面再套个风衣，就更拉风了！"

"不一定要多么正式的场合哦，平时也可以穿。走路走得快的话，一阵一阵的风刮过，很有'风度'呢！"

🚢 妈妈告诉我 ─────────────────────────────────

　　小静子，在人们的以往观念中，通常认为只有正式和庄重的场合才可以佩戴珠宝首饰，别的场合是不适合佩戴首饰的。其实，这是一种认识的偏差，只要佩戴合适，任何场合均可以佩戴饰品。下面我们就日常生活中人们常见常用的一些饰品的戴法做出说明。

　　第一，项链。项链要与脸形相搭配。脸部清瘦且颈部细长的女性，戴单串短项链，脸部就不会显得太瘦，颈部也不会显得太长了。脸圆而颈部粗短的女性，最好戴细长的项链，如果项链中间有一个显眼的大型吊坠，效果会更好。椭圆形脸的女性最好戴中等长度的项链，这种项链在颈部形成椭圆形状，能够更好地烘托脸部的优美轮廓。颈部漂亮的女性可以戴一条有坠的短项链，突出颈部的美丽。

　　就项链的选择而言，价格并不是主要的因素，不管是什么样的款式，与年龄、肤色、服装的搭配协调才是主要的。一般来说，青年人应选用质地优良、色好、款式新的项链为佳。如骨质、珍珠质项链等。

　　第二，耳环。身材短小的人，戴蝴蝶形、椭圆形、心形、圆珠形的耳环，显得娇小可爱。

　　方形脸适宜佩戴圆形或卷曲线条吊式耳环，可以缓和脸部的棱角。

　　圆形脸戴上"之"字形、叶片形的垂吊式耳环，在视觉上可以造成修长感，显得秀气。心形脸宜选择三角形、大圆形等纽扣式样的耳环。三角形脸的女生最好戴上窄下宽的悬吊式耳环，使瘦尖的下颌显得丰满些。

　　戴眼镜的女生不宜戴大型悬吊式耳环，而贴耳式耳环则会令她们更加文雅漂亮。

　　另外，耳环与肤色的配合也不容忽视。

　　肤色较白的人，可选用颜色鲜艳一些的耳环；若肤色为古铜色，则可选用颜色较淡的耳环；如果肤色较黑，选戴银色耳环效果最佳；若肤色较黄，以古铜色或银色的耳环为好。

　　第三，手镯与手链。

　　手镯与手链是一种套在手腕上的环形装饰品，它在一定程度上，可以使女性纤细的手臂与手指显得更加美丽。

　　选戴手镯时应注意，如果只戴一个手镯，应戴在左手上；戴两个时可每只手戴一个，也可都戴在左手上，这时不宜戴手表；戴三个时应都戴在左手上，不可一手戴一个，另一手戴两个。手链一般只戴一条。

　　另外要注意，手镯与手链不是必要的装饰品，青少年朋友戴得相对多一些，到了正式的场合，最好不要戴。

第四，戒指。又叫指环，它佩戴于手指之上，男女老少皆宜。

戴戒指时，最好仅戴一枚，至多可戴两枚。不过，戴在不同的手指上有不同的讲究。按照我国的习惯，订婚戒一般戴在左手的中指，结婚戒指戴在左手的无名指，未婚姑娘则戴在右手的中指或无名指。

这和国际上的有所不同。国际上比较流行的戴法是：

戴在拇指代表自我、率性，切表示正在寻觅对象。戴在食指表示已有情人，但是想结婚而尚未结婚。戴在中指表示处于热恋之中，或者已经订婚了。戴在小指则表示单身，或离婚，或决心独身。拇指通常不戴戒指。

所以佩戴戒指的时候，还真不能乱戴呢。

戴两枚戒指时，可在一只手上戴在两个相连的手指的，也可以戴在两只手上对应的手指上。另外，一个指头上不应戴多枚戒指。

从造型上讲，年轻人戴的戒指则应小巧玲珑，注重艺术化。

第五，胸针。这是不可或缺的配饰，无论是艳丽的花朵襟针或是细闪烁的彩石胸针，只要花点心思配上简洁服饰，就足以令人一见难忘。

粉红色花胸针，其形态或娇艳欲滴或清丽脱俗，代表着不同气质的妩媚。襟花扣在线条明朗的毛绒大衣或柔软的针织毛衣上，女性的温婉娇媚油然而生，令人心花怒放。

镶彩石蝴蝶型胸针，闪亮的银白、娇俏的粉红及柔和的天蓝拼合成缤纷璀璨的光华，跃动于蝴蝶的一双翅膀上，充满活泼动感，配件素色上衣，或为黑色连衣裙作点缀，倍显高贵大方。

不过，颜色怎么选，总来说，还是要看服饰的颜色，以与服饰的对比色或者同色系为最佳。

第六，挂件。又叫项链坠，多与项链同时配套使用。其形状、大小各异，常见的有文字、动物、鸡心、锁片、元宝、花篮、十字、吉祥图案、艺术造型，等等。

选择挂件，要优先考虑它是否与项链般配，要力求二者在整体上协调一致。另外，在正式场合不要选用过分怪异或令人误解的图形、文字的挂件，也不要同时使用两个或两个以上的挂件。

第七，脚链。即佩戴于脚踝部位的链状饰物。它是时下新兴的一种饰物，多为青年女孩子所喜爱，主要适用于非正式场合。

佩戴脚链，意在强调脚腕、小腿等相关使用部位的长处，若此处无美可陈，或是缺点较多的女生切勿使用。

脚链一般只戴一条，戴在哪一只脚腕上都可以。若戴脚链时穿丝袜，则应将脚链戴在袜子外面，以便使其更为醒目。把脚链戴在袜子里面，不仅使其作用不能发挥，而且还会令人误以为自己脚腕"静脉曲张"。

另外，专家提醒，一些小饰品，比如耳环，比如戒指，常戴就要常清洗，最好用医药的杀菌酒精进行杀菌处理。因为，不管你多想借助这些可爱的小饰品变得更漂亮，健康是第一位的。也就是说，不要选择容易引起皮肤过敏等不良症状的劣质饰品。

有品位的女孩最美丽

"思思，最近你怎么变了个人似的，天天捧着书看，也不给我们讲穿着打扮了。到底看什么好书呢？"媛媛看思思最近变得一有空就捧着书本，有点不理解。

"打扮就那么点东西，我都讲完了。平时你们自己多多注意就好啦。"思思笑了笑，"从现在起，我要多花点时间阅读，成为一个外表美和内心美同时兼备的最美的人！"

"你说的就是让自己变得更有品位吧？"媛媛凑过脑袋，翻了翻思思手里的《美学史》，"早该这么做了……"

"你什么意思？话里有话啊？难道我以前没品位吗？"思思急了。

"别急啊。我是说'更'有品位，说明你以前还是有一定的品位的，只是还不够……"媛媛说着说着就觉得，自己怎么越解释越乱啊。

"总之，你看书吧，我支持你！更支持你的'最美说'！"媛媛一边说着，一遍挠后脑勺。

🚢 妈妈告诉我

思思，对一个女生来说，穿得干净清爽是最基本的要求，如果懂得服饰仪容当然更好，不过最好的，还是有文化内涵，做一个由内而外的有品位的美女。也只有这样的女生，美丽才不会因为年龄而褪色，反而会因为智慧而越发让人觉得光彩亮丽。

做一个有品位的美女要修炼那些内功呢？

第一，要养成看书的习惯。无论什么时候，书都是最好的老师。

女孩到了二十几岁后，就已经开始慢慢地接触社会了，在与别人交往的过程中，谈吐与修养是最能征服别人的。你读过的每本书都可能成为社交的资本。书籍里常常暗藏着很大的乐趣。当遇到一本自己感兴趣的书时，你会发现心情是愉悦的。而且每本书也都有着很大的智慧。一个不喜欢看书的女孩，是不会充满智慧的。可以毫不夸张地说，没有人会喜欢与一个肤浅的女孩交往。

所以，没事的时候，去到书店逛逛吧。认真地挑几本可以提升自己的书籍买回家阅读，不管是名著，还是理财的，又或者是励志的，都有值得我们学习的地方。

书，可以让人们的生活丰富，也可以让人们的思想改变。选择阅读一本好书，胜过跟随一名优秀的导师；选择一本合适的书，可以学到人生的哲理，学会以一种平和的心态去迎接生活里的痛苦或快乐。有时候，在人生迷茫时，选对了一本书，甚至可以改变你的人生轨迹。

第二，要有一双发现美的眼睛，一种感受生活中的美的心态。

女孩要学会远离那些灰暗的小说，因为它们只会让大家与悲伤越贴越近。很多时候，生活并不是小说里情节的翻版。

不要总是用心理暗示自己遇到的不幸。要知道在这个世界上，有着很多人比你还不幸，只要能够抬头看到阳光就是幸运的。那些生活里的挫折，比起一个人的人生它只不过是一个再小不过的插曲。

想在这个社会上立足，就要有平和的心态，在患得患失的人生里，我们时刻都在选择着，也被别人选择着，不管怎样，痛苦与快乐的生活都是我们自己的选择，所以，有什么理由要让自己沉溺在痛苦中呢？

不管做什么事情都先想着成功。并在这种一定会成功的积极心态下，乐观地、实实地去努力奋斗。因为悲观永远都是成功的阻碍，只有积极向上的情绪才有可能让生活变得美好。要相信明天一定比今天会好，不要报怨生活，因为抱怨有时候只是证明自己没有真正地去努力而已。

第三，跟有思想的优秀人交朋友。朋友在精不在多。

女孩应该有选择性地交朋友，尽管大家常说人脉非常的重要，那也不意味着你就需要广开人脉之源，要知道，交的朋友越多，你要应酬的事也相对越多，烦恼也随着越多。

其次，你选择什么样的朋友圈也会对你的人生有着很大的影响。如果你的朋友都是一些积极向上乐观的人，你也会被他们感染的，如果你的朋友一个一个都是悲观主义者，整天只知道报怨生活，却不会脚踏实地地学习，时间久了，你同样会被感染的。

但是，结交朋友时，你应该对她们付出真诚，不要只是为了想利用她们的优点们才与她们交往。因为没有人是傻子，你对别人好与不好，别人也都清楚得看得到。用自己的真诚与那些有思想的优秀人交朋友吧！

第四，学会忍耐与宽容。也许你说，我是公主，大家都应该宠着我。要知道，总有一天，你会面向社会，而社会并不是一个任性的地方。你的大小姐的脾气要迟早要吃亏。

因为可能有些时候就因为你的计较，会让你失去自尊，成为被人指责的没有教养的女生。也许你会觉得我为什么要忍耐，这是懦夫的行为。而事实是，忍耐并不是懦弱，也不是伤自尊，而是宽容美。有时候，我们需要放下理直气壮的坏脾气，在适当的时候让一步，这不仅可以体现出你的涵养，而且还会让你成为受人欢迎的女孩。

生活中总会遇到很多不公平的事情，也会遇到很多让你无法接受的人，我们不能总想着去改变别人。

所以，这时候，与其非常愤怒地大声指责别人的行为，不如怀着理解的心态给对方一个微笑，任何一个人都不会去伤害一个善良的人。声嘶力竭的与别人争论并不能赢得所谓的自尊，反而让你丢掉自尊。

第五，重视自己的身体。女孩不仅要学会调节自己的心态，也要好好保护自己的身体。身体是最重要的，相信每个人都知道，但是在真的做起来时，并不是一件简单的事情。在饮食方面要多多注意，多看一些关于健康饮食的书。

任何一个女孩，千万不要为了这样或那样的理由，比如盲目减肥，不照顾自己的身体健康。不管明天有多么美好，你总是一副病态，估计也不会感觉到。《红楼梦》里就算贾宝玉再怎么爱林黛玉，那个瘦弱多病的林妹妹估计享受幸福人生的日子也不会长。没有健康的身体和足够的时间，还空谈什么幸福？

第六，远离泡沫偶像剧。女孩要特别提防那些虚假的偶像剧。电视里的白马王子与灰姑娘都是生活里的男孩或女孩向往的，但是遗憾的是，它们并不是真实存在的，而往往是超越了生活的，女孩子如果一味地沉溺于这种造假的童话氛围里，时间久了可能会被幼稚化，觉得生活处处不美好。如果真有那么的空余时间，还不如多看一些能够帮助自己的节目呢。

要知道生活中，一夜暴富或是一夜之间一贫如洗或许会有，但不会像电视剧里播放的那些简单而直接。爱情和亲情也没有影片里的那样决绝与残忍。有些偶像剧会严重影响人们对社会的判断能力，所以，请远离泡沫偶像剧。相信一个优秀的女孩，应该不会花大把的时间沉溺在偶像剧里的。

最后，大家一定要多笑。就像很多人喜欢晴天一样，你的笑容就是晴天里的太阳，会带给人温暖和力量。

第九章
形象 & 气质——给逐渐成熟的你

寻找一种持久的美丽

公主，我想永远都是

"霜霜，你的头发该洗洗了，实在是太脏了。"妈妈善意地提醒霜霜。

霜霜照了一下镜子，确实是该洗了，不过还好，可以再撑一天，霜霜笑嘻嘻地对妈妈说："可以再忍一天，明天再洗吧。"

妈妈无可奈何地看着霜霜说道："咳！真拿你小孩没有办法。"

到了学校，同学兰兰看着霜霜的头发，打趣地说道："霜霜的头发上都是油，你赶快回家洗洗吧，都可以炒菜了。哈哈哈哈。"

气！兰兰的这张刁嘴真是够可以的。霜霜心想就冲她，今天晚上一定要洗头发。

有的时候霜霜觉得妈妈说话有点前后矛盾，妈妈有时会说："女孩最重要的应该是内在美，而不是外在美。"霜霜确实很听话，不重视外在美啊，谁知妈妈又说："霜霜你太邋遢，一点都不重视形象，这怎么可以！"

霜霜纳闷了，怎么总是自己不对啊！

🚢 妈妈告诉我

霜霜，古代哲人穆格发曾说："良好的形象是美丽生活的代言人，是我们走向更

343

高阶梯的扶手，是进入爱的神圣殿堂的敲门砖。"

同是女孩，有的女孩富有魅力，人见人爱，而有的女孩却哀叹自己满腹才学，无人赏识；有的女孩能够展现真我，活出精彩，也有的女孩却怨苍天无眼，命运不济。为什么同样的人生，却有着不同的境遇、不同的结果呢？

生活经验告诉我们，虽然每个女孩都想追求完美的人生，但很少有人真正去注意自己在生活中、社会交往中的形象。一个注意自身形象并自觉保持好形象的女孩，总能在人群中得到信任，总能在逆境中得到帮助，也必定能在人生的旅途中不断找到发挥才干的机会，最终做到时刻用自己的风采魅力影响别人，活出自我真正精彩的人生。

所以说，好形象是女孩一生的资本，充分利用它不仅能给你的日常生活添色加彩，更有助于提升你的个人魅力及影响力。

宋庆龄女士是全世界人民公认的伟大女性，她除了拥有崇高的品质、高尚的人格外，还具有很好的仪表形象。

美国作家艾斯蒂·希恩曾在作品里这样描写她："她雍容高贵，却又那么朴实无华，堪称稳重端庄。在欧洲的王子和公主中，尤其年龄较长者的身上，偶尔也能看到同样的影响力。但对这些人而言，这显然是终生培养训练的结果，而孙夫人的雍容华贵与众不同，这主要是一种内在的影响力。它发自内心，而不是伪装出来的。她的胆略见识之高，人所罕见，从而能使她在紧要关头镇定自若，同时，端庄、忠诚和胆识又使她具有一种根本的力量，这种力量能够消除人们由于她的外表而产生的那种柔弱羞怯的印象，使她具有坚毅的英雄主义的影响力。"

女孩具有好形象，除了展示个人的气质风度外，更有助于提升自己的魅力及影响力。宋庆龄女士的一生就印证了这个观点。

每个人的形象，无论好坏，也都是充满着独特影响力的。因此，形象是每个人向世界展示自我的窗口，向社会宣传自我的广告，向别人介绍自我的名片。别人从我们的形象中获取对我们的印象，而这个印象又影响着他们对我们的态度和行为。同时，每个人都在这个最基本的互动过程中追逐着自己人生的梦想，实现着生命的价值。

有人说："形象是女人的招牌，坏形象会毁了女人一生，而好形象令女人的魅力迅速提升。"

妈妈认识的有位主管曾说起她同事的故事：

李兰工作能力很强，与同事相处也都很融洽，唯一美中不足的一点是：她的外表实在是有点邋遢。不喜欢化妆，也似乎对自己的不修边幅毫不在意，而且说话粗声大气，给人的感觉实在是很粗鲁。她常常搞不懂为什么自己工作认真努力，升迁却总也轮不到她。

　　这位主管说："其实，旁观者都看得出来，这是因为她的外表实在是很吃亏，而不是工作能力的问题，可是谁又能开口告诉她呢？每每遇上重要的事情欲让她接洽，却总会担心客户以貌取人，认为这是一家不注意形象、不专业、不敬业的公司，毕竟公司要注意自身的形象。"

　　很多追求成功的女孩只注重培养能力，而忽略了对自身形象的塑造，结果必定会影响自己成功的速度。如果她们能静下心来，认真地树立起自己的好形象，那就好比给自己的人生打造了一块金字招牌，能够让你在风高浪险的生命历程中从容地经营人生，从容地成就人生。

　　每个人都应该明白：好形象如果能够充分运用，将有助于提升你的魅力，促进你的成功。

自然——这是化妆的最高境界

　　"小玉，你的脸怎么弄的，边上有一道红。"细心的薇薇看到了小玉脸颊边上有一道红的颜色。

　　"哎呀，糟了，昨天没有洗干净。"小玉下意识地抹抹自己的脸，"我试着化化妆，效果不是很好，等我弄好了再给你们看吧。"

　　说到化妆，薇薇总是对此敬而远之，因为这实在是一个高难度的技术活，懂得化妆的女孩首先一定要懂得审美才好，因为一旦弄巧成拙，就会像马戏团里的小丑一样——让人看了就会忍不住发笑。

　　"我一辈子都不会化妆，没有艺术细胞。"薇薇很抵触化妆这样的事情。

　　"我正在学习中，等我学会了，我来教你们吧。"小玉对此表现得很热情，不过薇薇对此没有一点反应。

　　在薇薇看来，学生时代化妆总归是不太妥当的，回家请教一下老妈再说。

　　"妈妈，你说我们现在有必要学习化妆吗？"薇薇很想了解妈妈的态度。

　　"你们现在还都是学生，如果是上课的话，进行化妆就十分的不妥。不过，适当地了解一点，也是有必要的，因为你们可能会接触到其他的场合，也许用得上。比如要上台演出啦，不化妆的话，从台上看人的脸就像是死灰一样的暗淡，还有比如你们想利用假期的时间到社会上进行一些商业的宣传活动，适当地化妆也是适宜的。"

　　看来，妈妈并不是特别反对化妆，她继续说："化妆是一种需要，而并不是通过她来使自己变得漂亮。你们现在的皮肤正娇嫩，过多的化妆反而掩盖了最天然纯真的美丽。况且有些化妆品又会伤害到皮肤，所以如果不是特殊情况，妈妈是不赞成你们化妆的。至于小玉的做法，就更不可取了，她把心思都用在化妆打扮自己，那肯定不会专心学习。薇薇，你相信一个没有内涵和女孩是美丽的吗？"

"嗯，妈妈说得对。"薇薇得到了满意的答复，高兴地跳着回到屋里去了。

多亏老妈的权威解释，让薇薇能够辩证地看待化妆。

🚢 妈妈告诉我

薇薇，女孩在遇到某些特殊的场合，确实需要因时因地打扮一下。那么香脂淡粉会恰到好处地突出女孩的优点，让女孩熠熠生辉，信心百倍。所以掌握各种场合的化妆技巧，就会让你轻松应对。

一、零缺点的脸

要去照相啦，毕业照、Party 照，甚至个人写真集，你可不想照片上的自己晦暗无光吧。是不是很羡慕杂志上的模特总是一张零缺点的脸？试试下面的方法，你会发现，美丽也是可以用心打造出来的。

1．开始化妆了，先从基础的粉底开始，在面部凹陷部位上抹上浅一号的粉底。不到 20 岁的女孩肤质都不错，但如果长了烦人的痘痘，遮瑕就是不能缺少的。只有拥有一张完美无瑕的脸，才会有一个好的妆容。

2．眉毛如果修剪得很清晰，只需要再修饰一下眼部就可以了，在眼睑上涂上明亮的颜色，再刷上睫毛膏，整个眼部就化好了。

3．在脸颊处轻轻扑上一层腮红，粉色让人在灯光下看起来非常健康，只要淡淡一层若有似无地泛着粉红色就可以了。

4．整个彩妆的最后一步就是唇部了，唇部不需要太鲜艳，但要突出亮泽饱满，涂上时下最流行的果冻唇彩，会得到令人满意的效果，而且还有好吃的味道。

二、5 分钟速变小女人

一头碎碎的短发，如何打造出淑女风范？其实只需 5 分钟，野蛮女友就变成小女人啦。

1．头发：2 分钟。

取适量摩丝抹在全部头发的表面，将头发卷在发梳上，吹风机风嘴紧贴着发梳移动，塑造出柔和圆润的发型，让脖颈后面的头发有弹性地轻盈翘起。

2．面庞：1 分钟。

好的气色是淑女不可缺少的，打造一张水灵灵、粉嫩嫩的脸庞就要靠粉底了。

3．眼睛：1 分钟。

"刻意的"成熟造型，让孩子气的发型兼具女性的妩媚，冷色系眼影让双眼更迷人，再涂上睫毛膏，整个双眼充满温柔迷离。

4．双唇：1分钟。

用亮丽的颜色突出性感饱满的双唇。不到5分钟，一个温柔平和的小女人诞生了。

三、艳冠群芳 Party 妆

想成为 Party 女王，就要配上最 IN 的彩妆，在陆离的灯光下，你的电眼和娇唇就是全场的焦点！

1．眼妆：晶莹闪烁的光泽和浓密纤长的睫毛让你在 Party 上成为最时髦的美艳女郎。

在 Party 上，你可以尽情选择浓艳的绿色。如果担心翠绿色眼影看起来太过突兀，你可以在眼线处加上一些灰色，同时在眼睫毛梢刷上较浅的颜色。

对于那些即使在 Party 上也喜欢清淡眼妆的女孩来说，在上眼睑和睫毛的根部之间窄窄地画上条状的明亮颜色是值得推荐的简单办法。在简化处理眼影之后，眼线和睫毛就不能马虎了。

2．唇妆：只有粉嫩的、水汪汪的娇唇，才配得上迷人的微笑。

纯正的桃子色唇彩非常适合 Party，它让你看上去娇艳无比，又温柔妩媚。不过大部分唇彩都有不能持久的问题，对于一整夜的狂欢，你可以在擦上唇彩前先使用一支唇线笔涂满整个嘴唇（不过千万不要涂出你本来的唇线范围）。

超级闪亮的嘴唇是 Party 妆的游戏规则。选择一支不仅光泽度惊人、着色力也同样超群绝伦的唇彩，你就可以轻而易举地让唇妆更加持久。或者，在你最心爱的唇膏上扫上一层干净、透明的唇彩，也是一个好办法。

妆容动人，气质华贵，与甜美的笑容相映衬，时尚感十足的"花仙子"便诞生了。

善良——好女孩先从内心"美"起来

小玉的化妆研究终于到了一个境界，这一天薇薇看到了她的精彩亮相。

"不会是美白加烟熏妆吧。"薇薇匪夷所思地看着小玉的那张脸，"你脸上涂的什么呀，涂的太白了就不是人类的颜色了，不好看。还有你的那个眼睛画得太粗太黑了，一点也看不出眼睛大来。"

薇薇的直言不讳让小玉十分不爽："你懂什么，这叫美，这叫艺术，你知道吗？一点都不懂还乱发表意见，我不理你了。"

看来薇薇真的是把小玉惹毛了。小玉执意要和薇薇一起去逛街——就顶着这张脸出去，薇薇也不好说些什么，只得遵命。

在繁华的商业街上，薇薇和小玉看到了远处有一所大学的学生在组织一个公益展卖活动，两个人好奇地走过去观望。

原来事情的经过是这样的，这个学校里有一个家庭环境并不富裕的同学不幸患了白血病，无疑是为这个家庭雪上加霜。班上的同学很同情她，于是在这里为她举行展卖活动。

薇薇对他们的商品很好奇，呵呵，都是学校里的学生们自己捐出来的吧，有各种各样的图书，有八成新的衣服，有成套的学习用品，有漂亮的工艺品，还有各种有趣的日常生活用品和一些小物件，甚至还有学生自己的笔记（连这都有啊）。

活动的规则是这样的，如果有想参加活动的行人可以拿走自己想得到的物品，然后随意捐钱，没有固定的数额。这样做呢，一是可以让路人不白捐钱，还可以把聚集爱心的物品带回家，二来就是可以吸引更多人来为这位同学筹钱。

小玉看到这个活动之后，兴味盎然地要去参加，还一个劲地鼓动薇薇："大家一起去吧，太有意义了。"她说着就跑了过去，挑出一个自己喜欢的小相框，居然给了他们50元。

薇薇在一旁看呆了：平时还真是小瞧了小玉，看她还是挺仗义的孩子，殊不知，她的心比她的脸要好看一百倍。

"呵呵，昨天我买到了打折的化妆品，便宜了好多钱，所以就多捐一点。所以我不吃亏啊。"小玉还觉得自己占了一个大便宜，很满足的样子。

看到小玉是这样，薇薇也过去捐钱了。其实，这样的活动就是很有意义的啊。

🚤 妈妈告诉我

"我为什么要奉献爱心啊？即使不奉献爱心也不是我的错，没有谁必须要这样做啊！"

有人说："爱和帮助不仅让别人快乐，也是让自己快乐起来的绝妙方法。"但在生活中，我们总是会听到冷冰冰的声音，声音里的冷漠让人感到彻骨的寒冷。其实这些人在封闭了自己对别人的爱的同时，也封闭了别人对自己的爱，拒绝了快乐的体验。

所以说，善良的女孩永远心中有爱，怎么会得不到众人的喜爱和赞美呢？打开心门，传递内心的爱，相信它一定像股股暖流，不仅带给别人温暖，还有快乐、尊重和满足。

1878年冬天，一个衰弱不堪、嘴唇冻得发青的乞丐在街上拦住了匆匆经过的屠格涅夫。乞丐伸出一只通红的、肿胀的、肮脏的手，向作家乞讨。作家掏遍了身上所有的口袋，但什么都没找到。

他窘极了，便紧紧地握住乞丐颤抖的手："别见怪，兄弟，我身上一无所有。"乞丐也紧紧地握了握作家的手，"哪里的话，兄弟，"乞丐口齿不清地慢慢说道，"就这也该谢谢您啦。这也是周济啊，老弟。"

乞丐感受到了屠格涅夫的关爱，也许在那一刻，他不仅仅震撼，还有深切的感动，也许在那一刻，他更加确定了自己生命的意义。而正如屠格涅夫对于此事的描写："我懂了，我也从我的兄弟那里得到了周济。"他也体验到了爱，体验到了幸福的感觉。

真正的爱是一种能力，它具有一种伟大的力量，即便是对素不相识的陌生人，爱也能让陌生人之间充满感激和温情。

二战中的一天，欧洲盟军最高统帅艾森豪威尔乘车回总部，参加紧急军事会议。

那天大雪纷飞，天气极冷，车一路奔驰。忽然，他看到一对法国老夫妇坐在路边，冻得发抖。他立即命令身旁的翻译官下车去问问。一位参谋急忙说："我们得按时赶到总部开会，这种事还是留给当地的警方处理吧！"艾森豪威尔坚持说："等警方赶到，这对老夫妇可能早冻死了！"

原来，这对老夫妇是去巴黎投奔儿子，车抛锚了，前不着村后不着店，正不知如何是好。艾森豪威尔立即请他们上车，特地绕道将老夫妇送到巴黎，才赶回总部。

曾经有一位哲学家这样问他的学生们："世界上最可爱的东西是什么？"

学生们听了，便争先恐后地站起来回答。

最后一个学生回答道："世界上最可爱的东西，是善。"

哲学家说："的确，你所说的'善'这个字中包含了他们所有的答案。因为善良的人，对于自己，他能够自安自足；对于别人，他则是一个良好的伴侣、可亲的朋友。"

善良、诚恳、坦率、慷慨，都是宝贵的财富，这种财富要比千万的家产有价值得多。

如果一个人能够大彻大悟，尽力去为他人服务，他的生命将来也必定会有惊人的发展。人生的美德再没有比和气、善良来得更宝贵的了。

一个有爱心的人一定是满足而快乐的，因为关爱别人所得到的快乐必定将他的心填得满满的，充满爱心的人一定更平和，他更热爱生活。

智慧——这是传说中不老的美貌

吃过晚饭，南南和妈妈聊起了今天家长会上的情况。

南南问妈妈道："今天来的那么多的家长，哪位家长给您的印象最深刻呢？"

妈妈想了一会儿说："坐在第三排靠左边墙的那位。"

南南想了一下："哦，您说的是方小晴的妈妈呀？她是一位单亲妈妈，家里的情况可惨了。小晴的爸爸前年出车祸去世了，留下他们母女过日子，生活得很拮据。小晴还是我们班的贫困生呢？"

妈妈很惊讶地说："是吗？这个我不知道。但是小晴的妈妈给人感觉很积极，特别是在家长会上的发言让我很佩服。她家的生活是那样的拮据，还让小晴上舞蹈学校，真的很难得啊！妈妈还得向她学习啊！"

看到妈妈可爱的样子南南笑了："您是最好的妈妈，不需要跟她学习。"

妈妈说道："你忘记了吗？上次记者采访马云时的那句话你还记得吗？"

"记得啊，当然记得了。时刻要向站在你身边的人学习。"南南明白了妈妈的意思。

"对啊，我们要学习小晴妈妈的这种精神气啊？咱们在物质上比他们富有，但是缺乏他们的那种精神气啊！也许艰难的生活使她无法给自己买漂亮的衣服，使她无法好好打扮自己，可是看上去依然很美，让人心生欢喜。"

南南说："嗯，我也很喜欢小晴，她的衣服普普通通，吃的用的都很俭省，可是每天仍旧是高高兴兴的，我们都特别喜欢她。"

"是啊，南南，所以我们要珍惜现在的生活啊！虽然她们生活在一种物质贫穷的状态中，但是能给你一种积极向上的精神气质，是很难得的。一般来讲，贫困和潦倒往往是会在一起的，但是当在贫穷中的人被一种积极的精神左右着，那么即使再贫困，也不会是一个潦倒的人。"

"呵呵，怪不得你们在离开学校的时候，那么多的家长在谈论小晴的母亲呢？原来大家都很喜欢她，都被她的这种精神所吸引了呀！"

🚢 妈妈告诉我

女孩选择美貌还是智慧？这个问题很多人都在问，却没有满意的答案。"外表美不重要，只要内在美"。

这句话是经久不衰的真理，因为一个女孩如果她的内心真的很善良，很完美，那么她会随着心态的平和和宁静而日益变得美丽的。当今社会，美女的含义也不仅仅局限于外貌。

美丽观点一：美貌女生更容易赢得爱情。当美女多好啊，老是有护花使者围着转，被人宠爱、被人呵护，不管什么时候都是人们聚焦的中心，即使不会煮饭也照样有帅哥鞍前马后地效劳。

美丽观点二：美女可以通过后天努力培养智慧。美女就算智慧不高也没有问题啊，正常就好了，美女在这个社会上毕竟有太多的优势。智慧是后天的，可以慢慢培养。相反的，一个有智慧的丑女却很难成为让人赏心悦目的美女。

美丽观点三：美丽是人生的敲门砖。女孩子有了美貌，就如船儿张开了帆，很多事情上都会一帆风顺，万事皆通。

智慧观点一：在爱情上，智慧女子更有主动权。美貌女子虽然更容易受到异性追求，但通常很多人追你也许不是真的爱你。美女对男人期望也过高，反而不容易找到幸福。智慧女子则不然，她们懂得如何扬长避短，懂得如何辅佐男人，通常会成为备受丈夫称赞的贤内助。

智慧观点二：智慧女子在工作上能力更强。美女虽然在求职中更有优势，但一旦进入工作状态，美女不及相貌平平的女子那样专注工作。相比之下，美女更容易受到外界的干扰，比如帅哥送花、讲究穿着打扮什么的，因此业绩上通常不如相貌平平的女子出色。

智慧观点三：智慧是花钱买不到的。因为一个人的美貌是可以改变的，现在科技那么发达，只要花钱随便一整容就可以了。而智慧是你花钱买不到的，是人的一种内在美，表现着这个人的内在品质。

智慧观点四：智慧是一生的财富。美女再美，也总有人老珠黄、鲜花凋谢的时候。而有智慧的才女则不然，相由心生，腹有诗书气自华。人不是因为美丽而可爱，而是因为可爱而美丽，智慧是可以伴随一辈子的财富。南南，我相信在你的心中肯定已经有了答案，因为美丽与智慧常常会是并肩的，聪明的女孩一定会让自己变得越来越漂亮。

内涵——优雅的一种积淀

琪琪小区中的张老师简直可以称得上是一部"百科全书"，尤其熟悉很多的科普知识，听说还在天文台办过青少年讲座呢。她几乎无所不知。琪琪和楼下邻居的小伙伴只要有什么不明白的问题，只要问她，一切便迎刃而解了。

不仅如此，张老师还精通绘画、雕塑、古典音乐……甚至还自己试着写过小说！

她看上去文质彬彬，虽然年逾花甲，但看上去依然精神矍铄，举手投足间有着一种独特的优雅气质。孩子们从来都不会觉得张老师和他们有代沟，反而都乐于接近她。因此，她是社区里孩子们争相崇拜的"明星"。

有一次，琪琪和妈妈在无意地闲聊中提起了张老师，琪琪说："妈妈，您说张老师为什么这么了不起呢？她既有学识又很漂亮，我们都把她作为学习的榜样呢。"

妈妈回答说："当然是因为她爱读书的原因了。读书使她储藏了大量的知识，而这些知识积淀成为一种内涵，又使她变得既睿智又有气质。世界上很多由于成就的人大多是爱读书的人。"

琪琪说："嗯，将来我要像张老师学习，成为一个有内涵的人，从里到外都不一样。"

妈妈接着说："有内涵的人不仅仅是只有知识，还很懂礼貌、很优雅，内心也很美好。妈妈希望将来你能成为一个有内涵的女孩，好吗？"

说真的，琪琪也希望自己有一天也会像张老师那样受人爱戴。

🚢 妈妈告诉我

琪琪，一个人如果没有丰富的内涵，再高超的技巧，也只会显得苍白无力。

撒上香水的塑料玫瑰永远不会吸引蜜蜂，假装出来的高雅外表同样得不到别人的真正尊敬。真正能打动人心的，是发自内心的真情实意。

古人说静若处子，说的就是女子的沉思状。沉思对于人的一生有十分重要的意义，一个懂得沉思的女孩一定是个智慧型的女孩。

养成勤于思考的良好习惯，对于深化一个人的思想，丰富一个人的内在涵养，从而提高其外在形象，有着重大作用。

一个人要想变得有智慧，只有一种方法，那就是经常思考。如果不通过思考，那些存在于不同知识之间的表面矛盾，就无法得到理解，即使读书万卷，也仍然看不懂生活本身的奥秘。

所以说，常读书，可以使自己丰富；常思考，可以使自己深刻。思考就像是知识的催化剂，可以使满脑子杂乱无章的信息融会成一个有机的整体。这个有机的知识整体经过长期的思考，会逐渐变成人的思维能力，这种能力就是洞察力、判断力乃至解决困难的能力的基础。如果用一句话来加以概括，那么这种通过思考而获得的思维的能力就是智慧，所以有人说："智慧是知识的结晶。"

一个人的智慧，既不是靠钱买来的，也不是从书本里得到的，而是从生活中通过思考领悟得到的。智慧是一种能力，也是一种内在素养，就像我们在前面说到的，有之于内，必发之于外。一个人是否具有智慧，多多少少会反映在他的脸上。

我是仅有且独有的风景

我自信，我快乐

今天放学回到家，海子看到妈妈正在和她的老同学王阿姨在门口聊天，海子已经很长时间没有见到王阿姨了，赶快跑过去与阿姨打招呼。

"王阿姨好。"海子快步走上前。

"海子，你好。很长时间不见面，听妈妈说你最近的进步不小啊。"阿姨看到海子也很高兴。

"谢谢阿姨夸奖。"海子为了不打扰阿姨和妈妈说话，直接回到屋里去写作业。

王阿姨走了之后，海子就跑了出去找妈妈："妈妈，王阿姨有很长时间不来我们家了，她还都好吗？"

妈妈看看海子，说道："王阿姨和我是从小最要好的朋友了，不过我现在看到她有点伤心难过了。"

"发生了什么事情吗？"听妈妈这样一讲，海子便很好奇地想知道个究竟。

"王阿姨因为工作上的原因，陷入了困境之中。你也知道王阿姨是做翻译工作的，她做的尽管很出色，但是这却不是她自己最想做的工作，她喜欢的是报社记者。"妈妈向海子娓娓道来。

"不喜欢就可以换个工作啊。为什么在自己不喜欢的地方一直待着呢？"海子不等妈妈讲完，发表起自己的意见。

"其实刚开始我也是这样和王阿姨讲的，可是她对于自己在报社是否能有出色的表现比较不自信。你想，她做了五年的翻译，已经多少有了资历。如果是换了工作，她很担心自己会适应不了，会做不好。而且目前的工作环境她也比较熟悉，如果再进入一个新环境的话，她也担心自己会接受不了。因为她对于自己没有十足的把握，所以才陷入了两难的境地。"

"哦！是这样啊。"看来王阿姨也挺不容易的。

妈妈继续说："其实，在两年前她本来有机会去做报社记者，就是由于她的胆怯和自卑，失去了一个很好的机会使得自己与喜欢的工作失之交臂，也不能让自己的专长得到发挥。这种失落和挫败感让她十分难过。海子，王阿姨这样的心情，你能理解吗？"

"嗯，如果王阿姨当时对自己更自信一些就好了。"海子小声地说道。

"是啊。"妈妈意味深长地说道，"我们不要因为出身和境遇感到自卑，只要我们能战胜内心的胆怯，勇敢地去做自己喜欢做、想做的事情，就能获得成功。当我们能享受成功的喜悦时，幸福就悄悄降临了！"

"嗯，"海子点点头，"相信王阿姨能勇敢地面对困难，战胜内心的胆怯，积极去争取，一定能得到属于她自己的幸福的。"

🚢 妈妈告诉我

拿破仑曾经说过："只要有信心，你就能移动一座山。只要坚信自己会成功，你就能成功。"

哈佛大学哲学系的一名教授一次上课时，为大家讲述一个小故事，故事的主角是一名著名学者的助手，故事是这样的：

风烛残年之际，一个学者知道自己时日不多了，就想考验和点化一下他的那位平时看来很不错的助手。他把助手叫到床前说："我需要一位最优秀的承传者，他不但要有相当的智慧，还必须有充分的信心和非凡的勇气……这样的人选直到目前我还未见到，你帮我寻找和发掘一位，好吗？"

"好的，好的。"这位助手很认真、很坚定地说，"我一定竭尽全力去寻找，不辜负您的栽培和信任。"于是，这位忠诚的助手就开始想尽一切办法为自己的老师寻找继承人。

然而他领来一位又一位，都被学者婉言谢绝了。有一次，病入膏肓的学者硬撑着坐起来，拍着那位助手的肩膀说："真是辛苦你了，不过，你找来的那些人，其实还不如你……"

半年之后，学者眼看就要告别人世，最优秀的人选还是没有眉目。助手非常惭愧，泪流满面地坐在病床边，语气沉重地说："我真对不起您，令您失望了！"

"失望的是我，对不起的却是你自己，"学者说到这里，很失望地闭上眼睛，停顿了许久，又哀怨地说，"本来最优秀的人就是你自己，只是你不敢相信自己，才把自己给忽略、给耽误、给丢失了……其实，每个人都是最优秀的，差别就在于如何认识自己、如何发掘和重用自己……"话没说完，学者就永远离开了这个世界。那位助手非常后悔，甚至整个后半生都在自责。

在一个人的心态与性格中，有非常重要的一点，那就是如何看待自我。如果一个人对自我没有一个清醒的认识，那也很难谈到客观地对待外部世界。自信是在客观地认清自己的现状之后仍保持的一种昂扬斗志。自信就是成功者必须依赖的精神潜能。

在当代许多世界名人中，有些人是相当自信的，有时甚至给人一种说大话、吹牛皮的感觉，但是，他们确实做到了，或者仍在努力做。但无论如何，自信都给他们一种前进的动力，使他们敢于去攀登人迹罕至的事业高峰，创出一番骄人的业绩。

有人说过："人生最大的损失，除丧失人格之外，就要算失掉自信心了。"一个人可以没有金钱，没有美貌，没有洋车洋房，但是，只要你拥有自信，那么，成功就不会将你拒之门外。何必一直羡慕别人、模仿别人呢，每个人走向成功的路都是不一样，但是那些成功的人一定拥有一个共同点，那就是相信自己一定能行。其实，成功就是自信地走属于你自己的路。

孩子，你要记住，自信的人最美丽，也最容易得到成功老人的青睐。好好握紧自信，不要将它轻易丢掉，因为那是属于灵魂的青春！

我是独一无二的

爬山之美，美在不走寻常路。

每次当蕾蕾和爸爸妈妈一起爬山的时候，大家早已都习惯于走铺好的石阶板路，从来没有想到过爬山还有别的路可以走。

不过，这一思维惯性到了蕾蕾的好朋友佳佳那里得到了彻底的颠覆：爬山，佳佳从来不走石阶板路，只走土路。佳佳的老家有很多山，她从小就是爬山长大的，所以对于爬山的熟悉莫过于走平地。

这一天，蕾蕾和佳佳相约去爬山，佳佳跟蕾蕾说："蕾蕾，今天咱俩爬坡，怎么样？"

啊！蕾蕾可不敢，如果摔下来怎么办？还是走台阶比较稳当。

蕾蕾不答应，连连摇头。

"不用害怕，我在你后面，保证你不会出事的。你爬一次就知道了，走台阶其实很累的。"佳佳一个劲地鼓动蕾蕾。

既然如此，蕾蕾只好尝试一下，反正有佳佳帮她，也不用太害怕，只要紧紧跟着她就好。

就这样，两个人上路了。佳佳带着蕾蕾走到别人都不会去的地方，看了很多别人看不到的风景，蕾蕾感到很兴奋。

"蕾蕾，你看，那边有个人背着一个袋子，估计是在摘果子吃啦。"佳佳根据经验判断，"我看看去，如果是的话我摘过来几个你也尝尝。"说完就一溜烟地跑下去了。

蕾蕾一个人站在那里等她，看到周围的树木和远处道路上熙熙攘攘的人群，突然觉得走一条别人都不曾走过的小路感觉居然这么好。不一会佳佳上来了，原来那个人在摘花种子，她正好顺了一些，也好拿回去种。

这一天蕾蕾玩得很开心，因为她找到了一个和以往不一样的玩法，真的是别有滋味。

妈妈告诉我

不走寻常路，多一些独辟蹊径的勇敢和智慧，你会做得更好，离成功更近。

人们惯于模仿，既出于一种惰性，更出于对先贤圣哲的追捧。但是对好的东西的模仿很容易堕落成一种媚俗，失去自我，而且在先贤们和周围人的压力下，大概没有人敢喊出自己的声音。

莎士比亚曾经说过："你是独一无二的。"一个人只懂得模仿他人，最终的结果只有一个——失去个性。而个性是人之为人的最基本因素，没有个性便没有独立的人格，没有深邃的思想，更没有创造力。

洛克菲勒有句名言："如果你想成功，你应辟出新路，而不要沿着过去成功的老路走……即使你们把我身上的衣服剥得精光，一个子儿也不剩，然后把我扔在撒哈拉沙漠的中心地带，但只要有两个条件——给我一点儿时间，并且让一支商队从我身边经过，要不了多久，我还会成为一个新的亿万富翁。"

创新作为一种最灵动的精神活动，最忌讳的就是呆板和教条，任何形式的清规戒律，都会束缚其手脚，使其无法大展所长，只有敢于挑战传统、打破常规之人，才能真正有所作为，才能敞开胸怀拥抱成功。毫无疑问，你们是最具有创新精神的群体，是具有保守思想最少的群体，是最勇于开拓进取的群体，是最勇于打破常规的群体，是创新思维最为活跃、精力最充沛、最好动脑筋、创造欲最旺盛的群体。

李大钊曾说："青年之字典，无'困难'之字；青年之口头，无'障碍'之语。青少年，一言以蔽之——敢为天下先！"所以，这是一个属于你们的时代，而要占领这个时代的首要条件，就是张扬自我个性，用"离经叛道"去打破所有过于迷信的经验、传统、权威和规则！

要想成功，就必须走出自己的路来，老跟在别人屁股后面，最后只能落个"跟屁虫"的臭名，所以一定要有自己的个性，个性是区别大众的，大多数成功的人都是有个性的，他们都是根据自己的个性去思考自己的未来，去设计成功的路线和方法。

创新之路犹如春草，是置之死地而后生的产物，会带来阵痛，也会有牺牲。但是，只要我们学会冷静地思考，用"天下之事，因循则无一事可为，愤然为之，亦未必难"来启迪自己，用"智者不袭常"来引导自己，那么，我们所看到的就会是另一番全新景象。当我们面对学习和生活中一些比较简单的问题时，传统与规则确实能起到提高工作效率的作用，但是，在一些较为复杂的问题上，传统与规则不但不能使问题得到圆满解决，而且还很容易让我们自设陷阱、自设障碍，从而误入死胡同，迷迷糊糊转不过弯来，以致常常做出一些糊涂事来。

这时候，请把你的个性展现出来吧！

个性是魅力的源泉

这个周末的曼曼做了很多事情：很早写完了暑假作业，和小伙伴们发明了橡皮筋的新玩法，还用一个下午的时间背起画架子，到小花园写生。

不过，曼曼最喜欢的事情，还是和妈妈说话。妈妈有点爱唠叨，不过这唠叨让曼曼又爱又恨，甚至有的时候觉得妈妈的唠叨还是蛮宝贵的。

曼曼的妈妈特别会讲故事，这是其他同学的妈妈所不及之处。说到这里，曼曼想起来同学朗朗的典故。朗朗小的时候对妈妈说："我要听故事。"于是她妈妈就很为难："从前有一只青蛙……"朗朗不耐烦了，怎么又是这一段，于是说："我要听历史故事。"她的妈妈只得改口讲："在宋朝的时候，有一只青蛙……"记得那次朗朗说到这里，曼曼在一旁都要笑翻了。

晚上吃过晚饭，曼曼在妈妈身旁不走了，她真的又给曼曼讲了一段故事：

从前，有两位很虔诚、很要好的教徒，决定一起到遥远的圣山朝圣。两人背上行囊，风尘仆仆地上路了，誓言不到达圣山，绝不返家。

两位教徒走了两个多星期后，遇见了一位白发年长的圣者，圣者看到这两位如此虔诚的教徒千里迢迢要前往圣山朝圣，十分感动地告诉他们："从这里距离圣山还有十天的脚程，但是很遗憾，我在这十字路口就要和你们分手了。而在分手前，我要送给你们一个礼物！什么礼物呢？就是你们当中一个人先许愿，他的愿望一定会马上实现；而第二个人，就可以得到那愿望的两倍！"

此时，其中一个教徒心里一想："这太棒了，我已经知道我想要许什么愿，但我不要先讲，因为如果我先许愿，我就吃亏了，他就可以有双倍的礼物！不行！"而另外一个教徒也自忖："我怎么可以先讲，让我的朋友获得加倍的礼物呢？"

于是，两位教徒就开始客气起来。"你先讲嘛！""你比较年长，你先许愿吧！""不，应该你先许愿！"两位教徒彼此推来推去，"客套地"推辞了一番后，渐渐两人就不耐烦了，气氛也变了。"你先讲啊！""为什么我先讲？我才不要呢！"

两人推到最后，其中一人生气了，大声说道："喂，你真是个不识相、不知好歹的人，你再不许愿的话，我就把你的狗腿打断，把你掐死！"

另外一个人一听，没有想到他的朋友居然变脸，竟然恐吓自己！于是想："你这么无情无义，我也不必对你太有情有义！我没办法得到的东西，你也休想得到！"于是，这一教徒干脆把心一横，狠心地说道："好，我先许愿！我希望我的一只眼睛瞎掉！"

很快，这位教徒的一只眼睛瞎掉了，而与他同行的好朋友，两只眼睛都瞎掉了！

听了这个故事，曼曼不禁一声叹息。这两个所谓"虔诚"的教徒，居然在利益的面前失掉了自己修行多年的那份善。他们变得狭隘、自私、贪婪，对彼此充满了厌恶与仇恨。许愿原本是一件很好的事情，原本可以拥有双赢，这下变成了"双输"。

"曼曼，如果你遇到这样的人，你会高看她一眼吗？"妈妈问她道。

"不会，我会很瞧不起她。"曼曼很坚定地回答。

"为什么呢？"

"因为连一点人格魅力都没有，完全为自己的利益着想，这样的人有什么可爱的呢？"曼曼头头是道地帮妈妈分析。

"嗯，曼曼说的对。"妈妈肯定曼曼的回答，"将来你如果走在了人生的路上，也会遇到类似的情况，你会把握自己的人格吗？"

"嗯！"曼曼使劲地点头。

"一个有风骨的人，一定是有人格魅力的人，走到哪里都会备受欢迎的。曼曼，你也一样，只要是对的，应该去做的，就要毫不犹豫。走你自己认为正确的路就好。"

🚢 妈妈告诉我

曼曼，人格魅力是指一个人具有较为完美或独特的人格并由此而对他人产生感召力、亲和力、吸引力。而人格，则由思想、修养、道德、意志、气质、情感及性格等诸多元素综合而成。妈妈向你推荐一个人作为榜样吧，她就是特蕾莎修女。

特蕾莎修女的个人魅力，让世界震撼。很多与她接触过的人都有一个共同的感受，那就是，她身上有一种神奇的魅力，只要与她接触，你就会不由自主地被她抓住，被她吸引。这就是特蕾莎修女的感召力所在。这种感召力并不是因为她所讲述的天堂，而是因为她的简朴、真实、自然，因为她在真诚的微笑之中所流露出的适度的批评，因为她毫不做作、毫不掩饰地表现出来的人性。当然还有一个重要的原因，那就是上帝无所不在的慈爱，像瑰丽的玫瑰花瓣一样撒落在她羸弱的身上，并成了一种让人感受得到的光芒。

科索沃与南斯拉夫发生内战，在战区还有一些女人、儿童没有逃离出来。特蕾莎修女请求指挥官停火："你们这些男人要打到什么时候？战区的女人与小孩逃不出来。"指挥官很无奈地表示，"我想停火，可对方不停呀，我也没有办法！"特蕾莎说："那只好我走进去了。"当特蕾莎走进战区以后，双方发现伟大的特蕾莎走进战区，立刻停火！当特蕾莎带着女人与儿童离开战区后，双方又开始激烈交火。这事传到联合国秘书长安南的耳朵里，安南深深地叹了口气说道："这件事，是我无论如何也办不到的呀！"联合国为南斯拉夫与科索沃之间的内战曾调停斡旋了几次都无法让双方停火。而特蕾莎走进战区，双方停止交锋。

也许你会觉得不可思议，但特蕾莎修女凭借着自己的个人魅力让这件不可思议的事情发生了。她的魅力就连同样备受世界女人爱戴的戴安娜王妃也感到羞愧。

戴安娜王妃去印度访问时约见过特蕾莎修女，回国后她说：当我与特蕾莎修女握手时，才发现特蕾莎没有穿鞋，而我却穿了一双白色的高跟鞋，真羞愧呀！

1997年，戴安娜的葬礼正吸引世人目光的时候，特蕾莎去世的噩耗传来，引起了全世界更大的震动：在印度，成千上万的普通人冒着倾盆大雨走上街头，悼念他们敬爱的"特蕾莎修女"，政府宣布为她举行国葬，全国哀悼两天，总统为此宣布取消官方活动，总理亲自往加尔各答敬献花圈，发表吊唁演说；从新加坡到英国，从新西兰到美国，各国元首和政府首脑纷纷发表讲话，为这位"仁慈天使"的逝世感到悲痛；联合国教科文组织专门发表声明向她致敬，罗马教廷专门举行弥撒为她追思！

由此可见，个人魅力是何等重要，一个人如果拥有极强的个人魅力，就算没有官衔，人们仍然会尊敬他、崇拜他。

别人的眼光，与我无关

早上雨爽快要去上学的时候发现书包背带坏掉了，怎么办？总不能抱着书包去上学吧！雨爽一时不知道该怎么办，情急之下，妈妈对她说："雨爽，我们家有一个很老很老的军绿色背包，还是十年前妈妈背的，实在不行你先将就一天，妈妈把你的书包拿去修，好不好？"

话说雨爽也没有别的好办法，只好倚靠妈妈的"救援"了，等妈妈把她的书包拿出来，雨爽一看就傻了：那是什么时代的包啊，妈妈真有趣，居然还把这样土得掉渣的包留下来。

可是如果不背这个书包的话，今天就没有办法去上学了，雨爽想到这里，也只好硬着头皮把它背到学校里来。

到了学校，雨爽看到了同学米米异样的眼光，不由得把头低了下来。

"雨爽，你的新书包是在哪里买的？真够时髦啊。"米米一声惊叹。

什么？不会听错了吧？时髦？雨爽感到不可思议，米米在故意取笑自己吧。

"没有，我的书包坏掉了，这是妈妈的书包，我先用着。"雨爽急忙向米米解释，希望她不要介意。

"哈！那真巧啊。雨爽，你可能还不知道吧，现在市场上有一股复古风，就像你这样的几十年前的老样式又流行回来了。哈哈！原来是你家的古董啊，我以为你赶潮流特意买的呢。"米米边说边笑。

听米米这样一说，雨爽不禁也乐了，再看看这个包包，好像没有那么土了。

晚上回到家，妈妈跟雨爽说："我帮你把书包修好了，明天你就可以换过来了。"

"不用，妈妈，这个书包我想多背几天呢。"雨爽认真地告诉妈妈。

"为什么？你不是嫌那个式样很老吗？怎么突然又不换了。"妈妈一脸疑惑地问雨爽。

雨爽把白天米米说的话原原本本地向妈妈又复述了一遍。

妈妈听了之后也开心地笑了起来："没想到，那个年代留下来的东西，现在居然会流行，呵呵。"

是啊！人们的审美眼光啊！究竟什么是美的？什么是丑的？什么是新潮的？什么是过时的？还真不好说呀！

🚢 妈妈告诉我

雨爽，好好想想自己是不是一个有主心骨的人？你在做事时是按照自己的想法做决定，还是听从别人的话摇摆不定？你会不会因为有人说你新买的裙子太花哨而闷闷不乐一整天？你会不会因为别人说你不行就不再去努力？很多时候，我们在通向成功的奋斗之路上常常被一些人和事所干扰，最终失去了真实的自我，在歧路上越走越远，找不到回头的路。

白云守端禅师有一次和他的师父杨岐方会禅师对坐，杨岐问："听说你从前的师父茶陵郁和尚大悟时说了一首偈，你还记得吗？"

"记得，记得。"白云答道，"那首偈是：'我有明珠一颗，久被尘劳关锁，一朝尘尽光生，照破山河万朵。'"语气中免不了有几分得意。

杨岐一听，大笑数声，一言不发地走了。白云怔住了，不知道师父为什么笑，心里很烦，整天都在思索师父的笑，怎么也找不出师父大笑的原因。

那天晚上，他辗转反侧，怎么也睡不着，第二天实在忍不住了，大清早就去问师父为什么笑。杨岐禅师笑得更开心，对着因失眠而眼眶发黑的弟子说："原来你还比不上一个小丑，小丑不怕人笑，你却怕人笑。"白云听了，豁然开朗。

很多时候我们就是陷于别人给我们的评论之中而迷失了真实的自己。别人的语气、眼神、手势等都可能搅扰我们的心，使我们丧失往前迈进的勇气，甚至让我们成天沉迷在愁烦中不得解脱，在前进的道路上迷失自我。事实上，别人怎么说、怎么做，那是别人的事情，是别人的生活态度，而你怎么说、怎么做、怎么想，才是你的生活态度。不要因为身边的一些事和人，而受到影响；不要因为别人的一句本非善意的话，而受到伤害；不要因为别人做的一些无关紧要的事情，而否定自己。但丁说："走自己的路，让别人去说吧！"我们都有自己的生活方式、自己做人的原则，太在意别人的看法、盲从他人，便会丧失主见、失去自我，这样的人生，还有什么意义呢？我们不能如矮子观戏，人云亦云。

上帝曾把1、2、3、4、5、6、7、8、9、0十个数字摆出来，让面前的十个人去取，说道："一人只能取一个。"

人们争先恐后地拥上去，把9、8、7、6、5、4、3都抢走了。

取到2和1的人，都说自己运气不好，得到很少很少。

可是，有一个人却心甘情愿地取走了0。

有人说他傻："拿个0有什么用？"

有人笑他痴："0是什么也没有呀，要它干啥？"

这个人说："从零开始嘛！"便埋头不言，孜孜不倦地干起来。

他获得1，有0便成为10；他获得5，有0便成了50。

他一心一意地干着，一步一步地向前。

他把0加在他获得的数字后面，便十倍十倍地增加。终于，他成为最成功、最富有的人。

其实，你的生活是你自己的，不是别人的。在这个世界里，每个人都是一道彩虹，是一道别人永远无法再次演绎的彩虹。这个世界多姿多彩，每个人都有属于自己的位置，有自己的生活方式，有自己的幸福，何必羡慕别人？放开自己，挣脱别人对我们的束缚，不要被别人的言论所左右，找到属于你自己的天空，你才能活得更洒脱，才能在充满坎坷的人生道路上走得更踏实。

我才是自己的中心

期末考试临近了，紧张的学习气氛压得人喘不过气来。方方很不想复习，甚至开始讨厌学习了，并且讨厌一切与学习有关的东西，为什么人一定要学习呢？为什么人一定要考试呢？为什么考试就一定要争取高分呢？唉！算了，不去争取了。

这些天，方方处于极度的低潮期，觉得自己快要不能呼吸了。

晚上，方方把自己的情况告诉了老妈，要是再不找人说话，方方觉得自己会疯掉。

妈妈听了方方的一番牢骚之后，很理解地拍拍她的肩膀鼓励道："放轻松，不要把学习当成一种任务来完成，学习应该是快乐的。如果你现在讨厌学习的话，那就不要勉强自己了。这个周末，我们一起出去玩好不好？"

"出去玩？"方方有点不相信自己的耳朵，"妈妈，还有两周我们就要考试了呢？"

谁知妈妈却回答说："我知道的啊，但是我觉得你现在的状态不在学习上，不如先出去玩一玩，调整调整，回来之后重整旗鼓。要玩就开开心心地玩，要学就专心致志地学，这样不是很好吗？"

"嗯。"方方很感慨还是老妈了解自己。

"不过，方方你要相信自己，不可以动不动就轻言放弃，这样可是不允许的啊。"

妈妈语重心长地跟方方说，"当你在学习或是在生活中遇到了困难，应该能够很好地调整自己的状态，自己把握住自己，你说是不是呢？"

"嗯。"方方使劲地点点头，决心要用剩下的时间抓紧复习功课，争取考出好成绩。

方方现在知道了，她不单是为了学习而学习，而是因为学习也可以给人带来成就感，带来快乐。

🚢 妈妈告诉我

方方，相信你一定听过"自甘堕落""自暴自弃""破罐子破摔"诸如此类的话，这些都是在描述一个人有不好的境遇，然后自我放弃，结果把自己推向失败颓废的人生境地。

仔细想想，每一个人，都难免会犯以上的错误，只不过是程度轻重的差别。无怪乎有句话形容"自己才是自己最大的敌人"，因为我们总是不断地放弃一些本该坚持的东西。

有一个女孩子穿着干净的鞋子，踮着脚尖小心翼翼地走在泥泞的路上，为了保持鞋子干净，她走走停停，特意挑比较高和硬的地面。可是一不小心，她还是踩到了烂泥里，干净的鞋子霎时脏了一大片。她懊恼极了，于是便不管不顾，两只鞋随意踩在泥路上，走得非常快。

这种场景是不是也曾经发生在我们身上？既然脏了，那么就让它更脏好了；既然坏了，那么就毁了它……心理学家指出，其实，在我们每一个人的内心深处，多少都隐藏了一些"自毁"的倾向，这种内在情绪的冲动常常会驱使一个人做出不利于自己发展的事情。譬如，有人整天絮絮叨叨，看什么事都不顺眼，动不动就抱怨这个、抱怨那个，好像所有的人都做了对不起他的事；还有的人，生活漫无目标，整日无所事事，只会嫉妒别人的成就，自怨自艾，认为任何好运气都不会落在自己的头上。此外，还有的人嗜酒如命、好赌成性、饮食不知节制、消费成癖、纵情声色，等等，这些都是自毁行为。

其实每个人都有失意的时候，比如经济窘迫、错失爱情、事业不顺等，面对这种情况，人们往往有两种选择：悲观的人整天长吁短叹，认为自己无可救药，就此颓废不振，结果人生变得更加暗淡和闭塞；乐观的人一笑置之，从头开始，坚持不懈，生活越来越精彩。事实上，人生成败完全取决于自己的内心。

在一次讨论会上，一位著名的演说家没讲一句开场白，手里却高举着一张 20 美元的钞票。面对会议室里的 200 个人，他问："谁要这 20 美元？"一只只手举了起来。他接着说："我打算把这 20 美元送给你们中的一位，但在这之前，请准许我做一件事。"他说着将钞票揉成一团，然后问："谁还要？"仍有人举起手来。

他又说："那么，假如我这样做又会怎么样呢？"他把钞票扔到地上，又踏上一只脚，并且用脚踩它。然后他拾起钞票，钞票已变得又脏又皱。"现在谁还要？"还是有人举起手来。

"朋友们，你们已经上了一堂很有意义的课。无论我如何对待那张钞票，还是有人想要它，因为它并没贬值，它依旧值 20 美元。人生路上，我们会无数次被自己的决定或碰到的逆境击倒、欺凌甚至碾得粉身碎骨。我们觉得自己似乎一文不值。但无论发生什么，或将要发生什么，在上帝的眼中，你们永远不会丧失价值。在他看来，肮脏或洁净、衣着齐整或不齐整，你们依然是无价之宝。生命的价值不依赖我们的所作所为，也不仰仗我们结交的人物，而是取决于我们本身，也就是说，完全属于你的内心所想！你们是独特的——永远不要忘记这一点！"

生命的价值取决于我们自身，除了自己，没有人能让你贬值。不要因为自己的普通、贫穷或暂时的失意而自怨自艾，无端地贬低、自毁自己。只要你承认自己、肯定自己，给自己足够的自信和勇气，总能发现自己的价值。事实证明，在贫贱与困境中保持着内心昂扬和人格完整的人，能赢得人们的尊重和敬佩。

优雅从切磋琢磨处得来

为了形象，也要在乎"小节"

"哇！饿死俺了，总算有饭吃了。"安安和同伴们在外行走了一天，找到一家吃饭的小地方，就是因为如此，把安安高兴坏了。

当饭菜端上桌，安安不顾一切地抓起筷子，把食物大口大口地往里送，看她那个样子，原本感觉不到饥饿的同伴们也被她勾起了食欲。

安安吃饭的样子是如此的香喷喷，还不时地发出"吧唧吧唧"的声音，周围的几个人都齐刷刷地看着她。

可能是由于先前安安吃得太过于投入，没有意识到周围人的表现，待会她好不容易抬起头抹抹嘴巴，看到很多双眼睛都在看她，感到了有点诧异："你们快吃饭啊，怎么一直都在看我，我有那么好看吗？"

安安的同学柔柔最先发言："安安你一直在发出'吧唧吧唧'的声音，自己都不知道吗？一点淑女的样子都没有。"

安安大大咧咧地说："我本来也不是淑女啊，装什么斯文啊。"

柔柔不客气地说："听你吃饭的声音，感觉像只小猪。"

安安一听乐了："呵呵，在家我妈有时也这么说我。"

可怜的安安，因为一个吃饭的小节不注意，都被人当成猪了。

有的时候，这个小节也挺重要呢。其实安安以前听妈妈讲过的，很多有见识的人在观察别人的时候，都是从一个毫不起眼的小节来观察的。

妈妈告诉我

安安，仪态美是指人的仪表、姿态所显示出来的外在美。仪表，主要是指装饰装束；姿态，主要是指行为举止的姿势形态，表现在日常生活的小节当中。

大哲学家培根说："形体之美胜于颜色之美，而优雅的行为之美又胜于形体之美。"

如果一个女孩拥有优雅端正的体态，敏捷协调的动作，优美的言语，行之有效而又大方的修饰、甜蜜的微笑和具有本人特色的仪态，即使是容貌平平，也会给人留下美好的印象。

所以说，一个受人尊重的女性，并不是最美丽的女性，而是仪态最佳的女性。

一、吃的仪态美

吃的仪态可看出一个女性的家教修养。

1.在公共场合吃饭时切忌高谈阔论，影响邻桌的客人，更不可因小孩不听话而动怒打骂。

2.在饭桌上切忌谈论一些不雅的事情。

3.切忌吃饭时发出吧嗒嘴声。

4.要注意拿筷子的样子、喝汤的姿态、嚼饭菜的口形、拿碗的动作等，均应以自然为主，千万不可为了"美"而做作。

二、立的仪态美

1.正式站姿

这种站姿一般适合于在正式场合，肩线、腰线、臀线与水平线平行，全身对称，目光直视，所表达的是一种坦诚的、谦和的、不卑不亢的形象。

2. 随意站姿

这种站姿要求头、颈、躯干和腿保持在一条垂直线上，或两脚平行分开，或左脚向前靠于右脚内侧，或两手互搭，或将一只手垂于体侧。表达了淑女的含蓄、羞涩、收敛。微微含胸、双手交叉于腹前，手微曲放松，则表达了一种性感女性的曲线之美。倾斜的肩、分开的脚、突出的胯无论从哪个方向来看都具有一种动感。有时又表达了一种健壮的肢体美。

3. 装扮站姿

这是一种具有艺术性和表现欲望的站姿，在表达情感上最为生动，有时甚至会感到夸张。在 T 型舞台上、艺术摄影中常可以见到这种站姿。头斜放，颈部被拉得修长而优美，一手叉在腰上，脚左右分开，重心在直立腿上，向人们在展示一种自信的美，一种艺术的美。

三、坐的仪态美

优美的坐姿，要求上身挺直，两眼平视，下巴微收，脖子要直，挺胸收腹，脖子、脊椎骨和臀部成一条直线。另外，一切优美的姿态让腿和脚来完成。

上身随时要保持端正，如为了尊重对方谈话，可以侧身谛听，但头不能偏得太多，双手可以轻搭在沙发扶手上，但不可手心向上。双手可以相交，搁在大腿上，但不可交得太高，最高不超过手腕两寸。左手掌搭在大腿上，右手掌搭在左手背上，也很雅致。

不论坐何种椅子，何种坐法，切忌两膝盖分开，两脚尖朝内，脚跟向外。翘大腿坐时，尤其是一脚着地，一脚悬空时，悬空的一只脚尽量让背伸直，不可脚尖朝天。女孩子最忌两脚成“八”字伸开而坐。

四、行的仪态美

走路时要想保持良好姿态，可遵循以下原则：

1. 上半身挺直，下巴微收，两眼平视、挺胸收腹、两腿挺直、双脚平行。

2. 迈步时，应先提起脚跟，再提起脚掌，最后脚尖离地；落地时，应脚尖先落地，然后脚掌落地，最后脚跟落地。

3. 一脚落地时，臀部同时做轻微扭动，但幅度不可太大，当一脚跨出时，肩膀跟着摆动，但要自然轻松。让步伐和呼吸配合成有韵律的节奏。

4. 穿礼服、长裙或旗袍时，切勿跨大步，显得很匆忙。穿长裤时，步幅放大，会显出活泼与生动。但最大的步幅不超过脚长的两倍。

5. 走路时膝盖和脚踝都要富于弹性，否则会失去节奏，显得浑身僵硬，失去美感。

五、衣的仪态美

爱美是女孩的天性，但并不是每个女孩都懂得如何打扮自己，有些人花了不少钱买贵重的衣服，但穿在身上却总是缺那么一点完美感；而有的人却能花很少的钱把自己打扮得漂亮又大方，这就是个人审美观的问题了。

一个有穿着品位的女孩，绝不会一味地追求昂贵和时髦的衣服。比如一个身材矮胖、腿部粗短的女性，穿流行的窄腿裤或超短裙是肯定不合适的，她应当选择色泽较深，花纹单纯或直条纹的稍宽裤管的长裤或长及小腿以下的长裙，裙摆遮住粗壮的小腿肚为宜，脚下可穿高跟鞋，使裤管遮住鞋跟，这样可使身材看起来修长一些。

此外，衣料的质地也很重要，身材丰满或个性活泼的女性，宜穿软料的衣服，而硬料则比较适宜瘦小的女性穿。

服装的式样对女性的仪态美也有很大影响。短的衣服，适于身材高挑的女性，而身材矮小的女性衣服最好长一些；丰满的女性式样应力求简单，有时不妨戴一条长项链，也可起到拉长身材的作用。身体瘦小的女性，式样还可以有些变化，如可在小圆领上加些飘逸的荷叶边，但切忌衣服不合身。

六、笑的仪态美

对女性来说，笑也很有讲究。在日常生活中，常看到有些女性不注意修饰自己的笑容，而影响了自己的仪态美。笑有很多种，如拉起嘴角一端微笑，使人感到虚伪；吸着鼻子冷笑，使人感到阴沉；捂着嘴笑，给人以不大方的印象。

要想笑，嘴角翘。这是公认的美的笑容，达·芬奇的名画《蒙娜丽莎》中的微笑被誉为永恒的经典微笑。美丽的笑容，犹如三月桃花，给人以温馨甜美的感觉，发自内心的笑是快乐的，但切忌皮笑肉不笑，或无节制的大笑、狂笑。

愿你讲究笑的艺术，修饰笑的仪容。

现代女性要学会运用美的微笑、美的肢体语言、美的表情、美的仪态来展现你的风采，让你美在容颜上，美在言行举止上，进而美在思想上，美在心灵上，从而让你成为有气质、有修养、有风度、有魅力的新女性，以赢得他人的尊重，获得事业和人生的成功！

时时不忘展示自己

"这道题全班三分之二的同学都做错了，谁现在会做了，到黑板上来写，并且给大家讲讲。"老师把一道很"迂回"的题目写在黑板上，请会做的同学上来做。

英子偷偷地瞄了敏敏一眼，这么难的题目，想必也只有敏敏会做了吧。没想到，敏敏一本正经地坐在位子上，也不曾抬头。难道她也不会做吗？

"敏敏，这道题你能上来给大家讲讲吗？"老师郑重地问她。

"不会。"她小声说了一句，然后又低下头去。

"试卷上你做对了啊。"老师看看试卷，又看看她。

敏敏只管摇头，一句话不说。

呵呵，英子暗自笑道，这个敏敏也有腼腆的时候啊。

下了课，英子跑去找敏敏："刚才那道题你肯定会做，为什么不上去呢？"

"太张扬了，怕同学说我是臭显呗，遭人嫉妒怎么办？"看到敏敏这样的一本正经，英子"扑哧"一声就笑了，没想到这个小家伙还有这等歪心眼啊，以前小瞧她了，哈哈。

妈妈告诉我

在日常的生活中，有些女孩并不愿展示最棒的自己，认为展示才华是一种炫耀，是虚荣的表现。实际上，这种想法是大可不必有的。人生是一个大舞台，每个人都是舞者，将最精彩最优美的舞姿奉献给观众，一定会博得热烈的掌声和美丽的鲜花。

在有一年的春节联欢晚会上，全国亿万观众同时被一个节目深深地感动了。这是个群舞，叫作"千手观音"。表演者动作分配有序，节奏感很强。全场演出，观众只看到了一张生动美丽的面孔，而其他演员只扮作"千手"的角色，只让观众看到了他们的手臂。这场演出是精美的，是成功的。而更加令人感到震惊和感动的是：这个舞蹈的所有演员全部是聋哑人。他们听不到一点声音，也无法利用有声语言进行交流，他们在表演时对音乐节奏的把握完全取决于舞台旁几位聋哑老师手语的指导和平时的训练。

舞台上，这些舞者是光彩照人的，他们的每一个动作都精确到位，优美异常，让观众切切实实地感受到了"千手观音"般的神圣。舞者们在舞台上将自己最美的一面展示给了观众，他们赢得的不只是鲜花和掌声，还有观众们的喜爱和尊敬。

展示并不等同于炫耀，同样，炫耀也不是完美的展示。每个人都有表现自己才华的权利，而且应该鼓励这种展示。但是，如果拿自己的才华作为炫耀的资本，这种行为是大大不可取的。

某位影视明星上大学时的一段经历，会对青少年朋友有所启示：他在北京电影学院学习表演专业，学习认真，成绩优异。刚刚大三就已经上演了几部电影，并在其中一部担当主演。导演很看好他，老师很欣赏他，同学也很羡慕他。他渐渐地感觉飘飘然了。逢人便谈自己演的电影，自己塑造的角色，连课堂发言也如此。老师让分析角色，他说着说着便又扯到了自己的电影上，一来二去，同学觉得没有新意，颇有不满之词。

"是老师的一番话让我开了窍，"他说，"那天我又不自觉地谈到了我原来参与的电影，这时，我们的教授抬手示意我先停一下，老师在讲台上踱着步子，向左走五步回来，再向右走五步，再回来，反复几次之后，停在了他原来站的那个位置上，对大家（可我感觉到目光是直视我的）说：'你们都是优秀的。也许今天你们为能在北影读书感到骄傲，可北影总有一天会为你们感到自豪。这，需要你们经历过无数次的锻炼与打磨。如果你们只满足于自己目前的状态，为现有的一点点小成绩而沾沾自喜，那么只能像我刚才在讲台上踱步一样，最终回到原点，没有突破。'老师的话只有几句，只讲了不足一分钟，却在我耳边回荡了近三十年，直到现在。"

他说老师的这段话造就了他今天的成绩。他从此明白了，作为演员，就要大胆地去展示，尝试塑造各种不同的人物造型，但这只能是在银屏上，退下银屏，就要有所收敛，昨日再辉煌的成就也不足以成为今日炫耀的资本。在生活中，要谦和，才能搞好家庭内部和邻里之间的关系；在学习中，要谦虚，才能学到真才实学并能够博采众长。

在需要展示你的才华时，就充分地去展示，做到热情洋溢、落落大方；在不适宜展示自己时，就要做到韬光养晦，含而不露。如此收放自如，既展示了自己的风采，又有效地保护了自己，这是你应该学会的。

擦亮我的气质招牌

在婷婷身边有很多朋友，不同的人有不同的气质，在别人的眼中一目了然。每个人都有自己的气质特性和招牌动作。

黛黛：

招牌气质：大大咧咧的粗线条

招牌口碑："什么事情不必太计较，乐和乐和就行了。"

招牌行动：过火地热情助人

花花：

招牌气质：自恋＋臭美

招牌口碑："哎呀！你这样做我不满意。"

招牌行动：在一切事物中挑挑拣拣

媛媛：

招牌气质：善解人意的活泼女孩

招牌口碑："大家好才是真的好。"

招牌行动：不会干扰别人

这就是婷婷的朋友，她们每个人都有不同的气质名片。婷婷觉得自己应该也有独特的一面，因为她不和她们任何一个人相同。至于自己的招牌是什么，叫别人去评判吧。

不过婷婷相信，当女孩有一个好的招牌，一定会受到很多人的爱戴和青睐。

妈妈告诉我

婷婷，女孩的美丽，已经被人们无数次地讴歌和赞美，文人骚客为此差不多穷尽了天下的华章。其实，在美丽面前，诗歌、辞章、音乐都是无力的。无论多么优秀的诗人和歌者，最后都会发出奈美若何的叹息！美丽的女孩人见人爱，但真正令人心仪的永恒美丽，往往是具有磁石般魅力的女孩。那么，什么样的女孩才具有魅力呢？三个字：气质美。

气质是女孩征服世界的利器，就如同一座山上有了水就立刻显现出灵气一样。一个女孩只要插上了气质的翅膀，就会立刻神采飞扬、明眸顾盼、楚楚动人起来。

著名化妆品牌羽西的创始人靳羽西说过："气质与修养不是名人的专利，它是属于每一个人的。气质与修养也不是和金钱权势联系在一起，无论你是何种职业、任何年龄，哪怕你是这个社会中最普通的一员，你也可以有你独特的气质与修养。"

那么，现代的女性应具备哪些气质呢？

1.人格之美

女性气质的魅力是从人格深层散发出来的美，自尊、自爱、端庄、贤淑、善解人意、富于同情心等都是美好的人格特征。相反，轻浮、自私、叽叽喳喳和鼠肚鸡肠的女人，即使容貌长得再漂亮、惹人喜爱也只是过眼云烟。

2.温柔的力量

说到温柔，人们自然会想到圣母的画像，想起在极其柔和的背景中圣母玛丽亚温柔而圣洁的微笑。这微笑向人们展示了她的善良、无邪、温柔和博爱，她巨大的艺术魅力亘古不衰。男人们最喜欢的大概不是女人的外貌，而是女人的阴柔之美。

3.腹有诗书气自华

读书和思考可以增加一个人的魅力。知识和修养可以令人耳聪目明，也会给一个女孩增添不凡的气质。学识和智慧是气质美的一根支柱，有了这根支柱，完全可以弥补容貌上的欠缺。

4.可贵的坚韧

柔的温情并不是主张女孩子一味地顺从、依赖、撒娇，女性也要有个性、有主见、有行为的自由。这种独立性是一种情感中的柔韧和追求中的坚定，是一种意志上的自持和克制力，是一种既不流于世俗又深深地蕴含着理性的行为。那些见异思迁、毫无主张、遇到挫折便哭哭啼啼的女孩，即使长得再漂亮也不会有人喜欢的。相反，对美的事物毫不动摇，坚持不懈追求的精神，完全可以使丑姑娘变得美丽。

在现实生活当中，所有的男人和女孩都喜欢与这样的女孩相处，因为这种女孩使你既有眼球上的好感，还有一种吸引人的特别力量，能不断地感染你，使你羡慕，让你追随。

气质是一种灵性，一个女性如果只靠化妆品来维持，生命必定是苍白的。

气质是一种智慧，一点点地雕琢着一个人，塑造着一个人，一个不经意的动作，就能吸引所有人的目光。

气质是一种个性，蕴藏在差异之中，只有不断创新，才能拥有与众不同的韵味，成为一个让人一见难忘的人。

气质是一种修养，在城市流动的喧嚣中，洗练一种超凡脱俗的"宁"与"静"，面对人间沧桑，才会嫣然一笑。

对女孩而言，气质是一种永恒的诱惑，因为气质不仅仅靠外貌就能获得，而且还要拥有丰富的智慧与常识，拥有傲人的气度与素质。

在生活水平日益提高的今天，用来美化包装女孩的手段可谓层出不穷。皮肤不白可以增白，五官不正可以再造，脂肪过剩可以吸除，形体不美可以训练，但至今还没听到有"女孩气质速成"之类的技术面世。

事实上，女孩的气质首先是先天的或者说是与生俱来的，其次，后天长期的潜心修养也很重要。而刻意模仿、临时突击则是难以从根本上改变气质的，弄不好"画虎不成反类犬"，成为效颦的东施，反为不美。

真正高贵脱俗、优雅绝伦的气质，需要的是全方位的修养和岁月的沉淀。像一抹梦中的花影，像一缕生命的暗香，渗透进女孩的骨髓与生命之中，让她们能够在面对岁月的无情流逝时，仍然能够拥有一份灵秀和聪慧，一份从容和淡泊……

完美女孩一定要遵守的准则

雅静的学校社团要举行"完美女孩大评比"，要求每班推选一位可以算得上是"完美"的女孩参加全校的评比。虽然大家都觉得这样的评比实在是八卦，不过还是饶有兴味地积极参与。

"我眼中的完美女孩就是媛媛，我给媛媛投票。"雅静首先表态。

"这种活动完全就是换汤不换药嘛，就是评比三好学生的翻版，要求是德智体美劳全面发展的好同学呗！"

"或者是自立、自强、自尊、自爱、自理的五'自'好学生吧。"

"其实就是在综合评比分数最高的意思啦。"

对于这种评比所赋予的内涵，大家都给予各自不同的诠释。

所谓的完美女孩，就是让人看着最舒服、无可挑剔的女孩吧。这个完美女孩，并不是每个女孩都当之无愧，比如雅静觉得自己就有很多的缺点：粗心，有时不够理智，没有什么特长，脾气也不是特别好。无论是从外观上还是从内在的涵养上好像都算不上是，呵呵。距离完美女孩有很大的一段差距。

那么完美女孩应该符合的基本准则是什么呢？雅静很想听听妈妈的意见。

🚢 妈妈告诉我

雅静，一个完美的女孩一定具备哪些准则呢？我想，以下的若干要点是每个好女孩都不可以缺少的。

1. 健康

在当今的时代，林妹妹的模样已经不再招人喜爱。从生下来就被医生打过各种预防针的女生，基本上是大小感冒百毒不侵，加上后天的父母高营养食品哺育，应该说健壮的如同春天阳光里蹦出来的小鹿，活力逼人。整天病恹恹的是一种病态。

2. 善良

以前曾经看到过一则新闻，有一位民工晕倒在了大街上，起初所有的人都是不闻不问，直到一个长相并不很出众的女生走上前去扶起了这位素不相识的人。这一女生的义举带动了路上的很多人围过来。在此时此刻，这位女孩微带忧虑的眼睛里闪烁着天使般的慈爱光芒。关爱身边的每一个人，关爱身边的每一个弱者，哪怕是素不相识，我们都应该伸出友爱之手。

3. 自爱

一个不懂得自爱的女孩，如何叫别人来喜欢你呢？一个女孩需要的是人格独立、经济独立，对自己的身体和灵魂自爱，只有自爱的人才会美丽，也才会被人所爱。

4. 理智

一个涉世未深的女孩，身边一定是充满了各种诱惑，而抗拒这种诱惑的唯一有效武器就是理智。一个完美的女生会懂得在适当的时候说"不"，一个柔弱的外表下应该有一颗爱自己的坚强的心，理智打造了一副不受伤害的防御盔甲，不在眩晕的时候阴错阳差。

5. 聪慧

一个满分的女孩不应该只有漂亮的外表就够了，如果连嘲讽都会听成赞美的女孩，再风姿绰约也显得奇丑无比。并不是说会写字的就是才女，也并不是说不愚蠢就叫聪慧。我们不可以用秀外慧中来形容抄袭高手，也不可以用聪慧练达来形容花言巧语。

6. 纯净

所谓的纯净并不是说一个女孩要像娃哈哈矿泉水，需要经过多层过滤。但是如果世俗的颜色太多，纯净往往就像背道而驰，纯净看似是天生的通透，实则是一种品质。一个女孩保持着青春的原始性是美好的。

7. 信用

俗话说人无信不立，而女孩更应该如此。千万不要以为迟到是女孩的特权，说话不算数是女孩的专利。女孩调皮固然可爱，但是只要在大是大非上面讲信用，怎么胡闹都可以。

8. 独立

现在是一个男女平等的时代，学习独立、生活独立、经济独立，独立的女孩才有自信的骄傲。还记得有句古诗吗？套用在这里正好——北方有佳丽，绝世而独立。

9. 有追求

追求，就是理想。我们的一生都在求索中度过，不断打掉性格和思想上的渣滓，才能越来越优秀，变得出类拔萃起来。一个没有追求的女孩是可耻的，她们只是日显平庸。

10. 才艺

无论是什么才艺，多少会一点：说说流离的英语，演段小品，唱唱歌，背背古诗，弹吉他……完美的女孩懂得藏拙，自己留一手，在最关键的时刻展示最拿手的才艺，学名叫：一舞剑器动八方。

11. 勤劳

俗话说，没有丑女孩，只有懒女孩。难以想象一个女生：懒睡日高匆匆起，洗脸刷牙梳妆迟，蓬头垢面就跑去听课。

12. 温柔

任何一个女孩，缺了柔顺的性格、温情的话语都变成了小男生。火候刚好的温柔惹人喜爱。那种大大咧咧、凶声恶气、动不动就要踢人的女同学，并不能将一块钢铁化为绕指柔。

13. 善解人意

善解人意并不是一种不可或缺的睿智，出现在女孩的身上尤为光华夺目，能理解人的女孩，可以称之为完美。难道你不喜欢这样的女孩吗？那就试着做这样的女孩吧。

14. 孝心

孝心是一切美德的根源，一个有孝心的女孩能给人一种稳定的安全感，似乎持重、从容、包容、信任这样的品质都是建立在小心的基础之上。

15. 美丽

美丽包括生理上的和心理上的，外貌的美丽与生俱来，不能选择，青春就是最美。但是我们也不可以肆无忌惮地盯着满脸的痘，说这是青春的探照灯，适当的修饰非常必要。修饰最讲究一个度，千万不要过分浓妆艳抹，拿面霜粉刷自己，而是恰如其分地张扬自己的青春。

真诚并不等于要说实话

"佩佩，已经十一点多了，你怎么还不睡觉啊？"妈妈进来催促佩佩赶快休息，"是不是白天又没有抓紧时间，再不睡觉的话明天又该起不来了。"

"妈妈，我一会儿再睡，我要想出一个作文思路再睡。"佩佩对妈妈说。

"你思考的是什么作文题目呢？"妈妈好像对佩佩的思考很有兴趣，饶有兴味地问她。

"是一个话题作文，关于狼来了的故事。这是一个很老套的故事，但是命题要求需要从一个新颖的角度来写。我想了很多，还是觉得不够新颖，这些题目都落了俗套。"

佩佩说着把自己想出来的题目给妈妈看：不要做撒谎的孩子、撒谎会让我们陷入困境、撒谎的孩子不可爱。

"嗯，确实一般般，这样的作文不会得高分的。"妈妈直言不讳地跟佩佩说，"因为你在思考命题的时候没有跳出一个圈，那就是你的思维一直局限在撒谎不可取这个观念中，所以就跳不出来了。"

听了妈妈的话，佩佩好像觉得妈妈有思路了，于是满怀希望地问道："妈妈，您认为呢？"

"难道撒谎就全是错的吗？你可以想想，有些撒谎是正确的啊。"妈妈启发佩佩。

啊？撒谎还有正确和不正确之分吗？在佩佩的观念中，只要是撒谎就都是不正确的。妈妈的想法一定是错了吧？

"佩佩，其实在生活中也有很多善意的谎言，也许你现在还小，体会不到的缘故吧。我来给你讲讲关于这方面的感人故事吧。"

"嗯，好的，我特别想听。"佩佩拖着小脑袋，一下子忘记了睡意。

🚢 妈妈告诉我

佩佩，我们先从一个故事讲起吧。

一天中午，克米里太太刚到厅门，就听见楼上的卧室有轻微的响声，那响声对于她来说太熟悉了，是阿马提小提琴的声音。

"有小偷！"克米里太太急忙冲上楼。果然，一个大约11岁的陌生少年正在那里摆弄小提琴。他头发蓬乱，脸庞瘦削，不合身的外套里面好像塞了某些东西，毫无疑问他是一个小偷。克米里太太用自己的身躯挡在了门口。

这时，克米里太太看见少年的眼里充满了惶恐、胆怯和绝望。那是一种非常熟悉的眼神。刹那间，让她想起了往事……愤怒的表情顿时被微笑所代替。她问道："你是克米里先生的外甥琼吗？我是他的管家。前两天，克米里先生说你要来，没想到来得这么快！"

那个少年先是一愣，但很快就回应说："我舅舅出门了吗？我想先出去转转，待会儿再回来。"克米里太太点了点头，然后问那位正准备将小提琴放下的少年，"你也喜欢拉小提琴吗？"

"是的，但拉得不好。"少年回答。

"那为什么不拿着琴去练习一下呢？我想克米里先生一定会很高兴听到你的琴声的。"她语气平缓地说。少年疑惑地望了她一眼，但还是拿起了小提琴。

临出客厅时，少年突然看见墙上挂着一张克米里太太在歌德大剧院演出的巨幅彩照，身体猛然抖了一下，然后头也不回地跑远了。克米里太太确信那位少年已经明白是怎么回事，因为没有哪一位主人会用管家的照片来装饰客厅。

那天黄昏，回到家的克米里先生察觉到异常，忍不住问道："亲爱的，你心爱的小提琴坏了吗？"

"哦，没有，我把它送人了。"她缓缓地说道。"送人？怎么可能！你把它当成了你生命中不可缺少的一部分。"克米里先生有些不相信。

"亲爱的，你说的没错。但如果它能够拯救一个迷途的灵魂，我情愿这样做。"看见丈夫一脸的迷惑，她就将事情经过告诉了他，然后问道："你觉得这么做有什么不对吗？"

"你是对的，希望你的行为真的能对这个孩子有所帮助。"丈夫说。

五年后，在一次音乐大赛中，克米里太太应邀担任决赛评委。最后，一位叫里特的小提琴选手凭借雄厚的实力夺得了第一名！评判时，她一直觉得里特似曾相识，但又想不起在哪里见过。

颁奖大会结束后，里特拿着一只小提琴匣子跑到克米里太太的面前，脸色绯红地问："太太，您还认识我吗？"克米里太太摇了摇头。"您曾经送过我一把小提琴，我一直珍藏着，直到有了今天！"里特热泪盈眶地说："那时候，几乎每一个人都把我当成垃圾，我也以为自己彻底完了，但是您让我在贫穷和苦难中重新拾起了自尊，心中再次燃起了改变逆境的熊熊烈火！今天，我可以无愧地将这把小提琴还给您了……"

里特含泪打开琴匣，克米里一眼瞥见自己的那把阿马提小提琴正静静地躺在里面。她走上前紧紧地搂住了里特的手，五年前的那一幕顿时重现在她的眼前，原来他就是"克米里先生的外甥琼"！克米里太太眼睛湿润了，少年没有让她失望。

佩佩，撒谎确实不是一个好习惯，但并不是所有的谎言都会给我们的生活带来痛苦，有些谎言之所以美丽是因为它建立在善意的基础之上的。如果善意的谎言用得恰到好处，会为我们的生活增添更多的感动。

淑女潜质必备

女人味是什么味

丽丽近来看韩剧看多了，所以经常和同伴们谈论"女人味"的问题。

在丽丽的眼中什么样的才是女人味十足呢？

"头发一定是香的，这样的女孩才算有女人味。"

"如果只是头发香还不行，一定要用香水。让自己走到哪里都散发香的味道。"

"不穿高跟鞋，那还算是女人吗？女人味的浓淡和高跟鞋的鞋跟长度是成正比的。"

"这个年头，还有谁穿件衣服把脖子都包起来呢？适当地裸露一点，毕竟我的皮肤白皙而又富有弹性。"

大家都早已经习惯了丽丽的唠叨，只是不敢苟同她的观点，所谓的女人味，一定要有香味才算有味吗？

"丽丽要小心，香水不要抹多了，否则会让人感到刺鼻而栽个跟头。"有一个同学这么不长眼，竟说丽丽不喜欢听的话。

实际上，女人味，所指的不是香味，而是回味吧。

妈妈告诉我

丽丽，所谓女人味，指的是一种人格、一种文化修养、一种品位、一种美好情趣的外在表现，当然更是一种内在的品质。简而言之，女人的味道就是女人的神韵和风采。有味道的女人，三分漂亮可增加到七分；没味道的女人，七分漂亮可降低到三分。没味道的女人，即使她有着如花的脸蛋、傲人的身材，但只要她一开口便足以暴露出她贫瘠的内心和空荡荡的精神。因此说，漂亮并不代表女人味。

做女人一定要有女人味，那样才能吸引众人的目光，尤其是来自异性赞赏的目光。最有资格评价女人的是男人，那么，在男人眼中，到底什么才是女人味呢？

1. 矜持

不管你是白领还是蓝领，也不管你待字闺中还是已为人妻，作为女人，永远不要大大咧咧、风风火火。要记住，凡事有度，矜持永远是女人的最高品位。

2. 智慧

外表漂亮的女人不一定有味，有味的女人却一定很美。因为她懂得"万绿丛中一点红，动人春色不需多"的规则，具有以少胜多的智慧；她懂得凭借一举一动、一言一语、一颦一笑的优势，尽现自己的至善至美。

3. 有度

再名贵的菜，它本身是没有味道的。譬如"石斑"和"鳜鱼"，虽然很名贵，但在烹调的时候必须佐以姜葱才能出味。女人也是这样，妆要淡妆，话要少说，笑要微笑，爱要执着。无论在什么样的场合，都要好好地"烹饪"自己，使自己秀色可餐。

4. 品位

前卫不是女人味，切不要以为穿上件古怪的服装就有味了。当然这也是味，但却是"怪味"。

5. 情调

有钱的女人不一定有女人味。这样的女人铜臭有余而情调不足，情调不足就索然无味。

女人味，如果叫你真正说说其内涵，大多又很难说清楚。很多男人认为，一个充满女人味的女人至少要有以下六大特征：

(1) 举止斯文，声音悦耳，说话节奏不快也不慢。

(2) 善良，有一点点不做作的天真。

(3) 独立自主，保持本色，独具个性。

(4) 善解人意，不强人所难，与人为善，有理也让人三分。

(5) 穿着得体，不传统守旧也不夸张，但绝对干净清爽。

(6) 大方，但不张扬，让人乐意与她相处或共事。

要学会包容

婕婕有时觉得，在她的同伴中，如果缺少了关键的人物，往往大家都热闹不起来。比如说，在她的朋友圈中，如果缺少了春春和乐乐就热闹不起来了。因为她们两个人特别喜欢唱反调，而且春春的论调在大多数的时候和乐乐是相反的，而乐乐也擅长用很绅士、很高雅的话语讽刺春春两句，想想也怪有趣的。

在婕婕看来她们两个人拌嘴就像是在说对口相声，配合得相当的好。

虽然总是在一起有点小吵吵，不过却不伤害彼此的情谊，大家一样还都是好朋友，要不然的话她们两个人吵了几百回，居然没有翻脸，还能把周围的人逗乐了。

"嗯，人嘛，没有什么事情可值得认真的，乐和乐和就行了。"豪爽的乐乐经常会说出这等波澜壮阔的话来。

"有时想想乐乐还真不错呢，我想发泄一下脾气，找不到合适的人，只有乐乐能帮得上我。"这可是春春的肺腑之言了吧！

正是因为大家在一起彼此关心，彼此包容，生活才会是如此丰富，充满欢笑。

妈妈告诉我

婕婕，你的这几个朋友，妈妈都很喜欢。你认为得不错，懂得包容的人都会是活得愉快而充实的。

城堡里住着一个富翁，他有3个儿子，当他知道自己不久将离开人世时，他便决定把自己的财产全部留给3个儿子中的一个。可是，到底要把财产留给哪一个儿子呢？富翁于是想出了一个办法：他给3个儿子每人一年时间去游历世界，回来之后，看谁做了最高尚的事情，谁就是财产的继承者。

一年时间飞快地过去了，3个儿子陆续回到家中，富翁要3个人分别讲一讲自己的经历。大儿子得意地说："我在游历的路上，遇到了一个陌生人，他十分信任我，把一袋金币交给我保管，可是那个人却在几天后意外去世了，我就把那袋金币原封不动地交还给了他的家人。"二儿子自信地说："当我旅行到一个贫穷的村庄时，看到一个可怜的老人不幸掉到湖里了，我立即跳下马，从河里把他救了上来，并留给他一些钱。"三儿子犹豫地说："我，我没有遇到两个哥哥碰到的那种事，在我旅行的时候遇到了一个人，他很想得到我身上的钱袋，于是一路上千方百计地害我，而我也确实差点死在他手上。可是有一天我经过悬崖边，突然看到那个人正在悬崖边的一棵树下睡觉，当时我只要抬一抬脚就可以把他踢到悬崖下，我想了想，觉得不能这么做。正打算走，我又担心他一翻身掉下悬崖，就叫醒了他，然后继续赶路了。跟两位哥哥的经历相比，这实在算不了什么有意义的事情。"富翁听完3个儿子的话，点了点头说道："诚实、见义勇为都是一个人应有的品质，称不上是高尚。有机会报仇却放弃，反而帮助自己的仇人脱离危险的宽容之心才是最高尚的。我的全部财产都是老三的了。"

在故事中，富翁认为宽容之心是最高尚的，这不无道理。安德鲁·马修斯说："一个脚跟踩扁了紫罗兰，而紫罗兰却把香味留在那脚跟上，这就是宽容。"

生活中，我们因为理解而宽容，因为宽容而舒适。正像人们常说的那样："宽容是人间最大的美德。"

　　人活一世，难免会出现这样那样的过错和失误。这个时候，一句宽慰和谅解的话，也许就能扫除心理的障碍，走出失败的阴影。相反，如果在别人最需要你谅解的时候你却恶语讥讽，那对对方而言无疑是雪上加霜。如果你处在对方的立场，当你需要别人的宽容时，你希望得到哪种结果？相信一定是前者。既然这样，那就学着多宽容人，多体谅人，这会让你拥有更宽广的心胸，也拥有更多的朋友。

　　由此看来，宽容确实是一种高贵的品质、崇高的境界，是精神成熟、心灵丰盈的体现。有了这种品质、这种境界，人就会变得豁达，变得成熟。宽容是一种仁爱的光、无上的福分，是对别人的释怀，也是对自己的善待。有了这种光芒、这种福分，人就会远离仇恨，避免灾难。

　　因此，对于初涉人世的青春期女孩来说，不要过分纠结于身边朋友可能出现的错误或失误，试着用宽容的心态来看待，你会成长很多、成熟很多，同时也会收获更多的从容与快乐。

温柔是一种武器

　　这天，大家一起骑车出去游玩。"砰——"半路上，源源的车胎突然爆了，她看到在桥的对面有家修自行车的地方，但是看着近，却要绕过桥才能到达，大家只好停了下来想想办法。

　　"我们拦辆出租车，捎我们一路吧。"文文出个主意，"我去拦车。"

　　不一会，一辆出租车停了下来。

　　但是文文在价钱上和出租车司机产生了争执："我们只是要找一个附近修理自行车的地方，所以您不可以多找我们要。"文文很强势地要求司机。

　　"我们都是打表计费，起步价就是十块钱。你觉得不合适，就不要乘出租车，自己走着去算了。"出租车司机不甘示弱。

　　文文气不打一处来："哼！出租车司机有的是，偏偏要找你吗？一点都不会做生意。"

　　就在这时，源源及时上前解围，很客气地对司机说："叔叔，我们只是要绕过桥去修理自行车，如果要收十元钱的话确实有点贵了。您看便宜一点好吗？"

　　司机看看她，顿时消气了："好吧，你给五块钱，我把你拉过去算了。"

　　文文看到源源三言两语就把事情搞定了，觉得很惊诧："源源，你真是人见人爱、花见花开、车见车爆胎啊。"

　　大家一笑，高高兴兴地去修理车子，然后继续前行。

🚤 妈妈告诉我

　　文文，你看，因为源源说话柔和，所以司机叔叔才愿意帮助她，对不对？

温柔是一种境界，是女孩别致的风情。

女人的温柔是民族遗风、文化修养、性格培养三者共同凝练所致。一个女人，善于在纷繁琐事忙忙碌碌中温柔，善于在轻松自由欢乐幸福中温柔，善于在柳暗花明时温柔，善于在负担和创造中温柔，更善于填补温柔、置换温柔，这些是走向"魅力女人"的不可轻视的艺术。

无论是一言一行、一颦一笑、一举足一抬头……温柔的手会时时光顾。于人，温柔能折射出一个女孩的兴趣情调、品质修养，于社会，温柔能折射出一个社会的时代风尚、文明程度。

不说容貌体肤，单就可爱女孩的气质情致而论，那千种娇媚，万般风情，谁又能说得尽呢？

你尽可以潇洒、聪慧、干练、足智多谋，但有一点不能少，你必须温柔。女人存在的理由就是因为她具备男人所缺乏的温柔。

"温柔"这两个字很自然地和关心、同情、体贴、宽容、细语柔声联系着。温柔有一种无形的力量，能把一切愤怒、误解、仇恨、冤屈、报复融化掉。在温柔面前，那些吵闹吼叫、斤斤计较、强词夺理、得理不饶人，显得那么可笑可怜。

温柔是一场无风无雷的小雨，淋得你干枯的心灵舒展如春天的枝叶。

女人，最能打动人的就是温柔。温柔像一只纤纤细手，知冷知热，知轻知重。只这么一抚摸，受伤的灵魂就愈合了，昏睡的青春就醒来了，痛苦的呻吟就变成甜蜜幸福的鼾声了。

温柔是女人特有的武器，温柔有一种绵绵的诗意，女人把它缓缓地、轻轻地放射出来，飘到你的身旁，扩展、弥漫，将你围拢、包裹、熏醉，让你感受到一种放松、一种归属、一种美。所以，温柔，是属于女人的一种风情。

看一个女人善良不善良，就看她是不是温柔。人总是以善为本，可善良是看不见摸不着的，温柔不温柔是显而易见的。如果说善良是平静的湖泊，温柔就是从这湖上吹来的清风。

一个不温柔的女人根本谈不上善良，就算她有倾城倾国的美貌再加上一百条优点和一千种特长，也绝不是可爱的女人。

温柔是一块磁石，只要你进入它磁场之内，你就不知不觉被它吸引，想躲也躲不开。

温柔里面包含着深刻的东西，不是生硬地表演出来的，而是生命本体的一种自然散发。只有生长于生命内部的这种本性，才经得起考验，历久不衰，一直相伴到生命的终结。

温柔不是娇滴滴、嗲声嗲气，这里有真假之分。娇滴滴、嗲声嗲气是假惺惺，是故作姿态；而温柔是真性情，是骨子里生长出来的本能的东西。

温柔是人人都能感觉到的。一个女人站在面前，说上几句话，甚至不用说话，你就能感觉出这个女人是温柔还是不温柔。

如今，女性也已经承担重要的社会责任，与男性一分高下。不得不承认，作为群体，如今女性的温柔明显减少，多了些咄咄逼人。这种温柔的减少，多少有点不正常。调查显示，男性如今在家做饭洗衣的比例逐年上升，甚至不少男性学会了织毛衣，这种反差不能不说明一些问题。

很多女孩在谈到温柔时，会这样说，都什么时代了，还谈什么温柔？

应当指出，女性在追求独立人格的同时，也不应放弃温柔的一面，何况温柔与追求独立人格并不矛盾。温柔是美德、是理解、是关怀，只有懂得温柔的女孩，才会给人如沐春风的感觉。

温柔如风，可拂去心里的烦恼与忧愁；温柔似雨，可滋润心里的干渴与浮尘；温柔像虹，能映照自暴自弃之人重新扬帆的锦绣前程；温柔也似利剑，剽悍粗犷的人会在这利剑前垂下高傲的头颅。温柔，最是女人本色。

自己的情绪自己做主

悦悦最近迷上了玩数独，每当闲暇的时候，她就会捧着一本厚厚的数独来做些思维游戏。这种思维游戏很有难度，每做出一道题都要花很长的时间去想，而且最后想出来的结果也未必就是正确的，所以有的时候比较令人懊恼。但是即便如此，悦悦仍然很喜欢玩这种游戏。

这一天，当悦悦正陷入思索的时候，好朋友素素来找她玩。可能当时是因为悦悦太过着迷，以至于素素喊她的名字，她竟然没有听见。

素素可能觉得很纳闷吧，便顺手把悦悦手里的数独书抢了过来，开玩笑地说道："让我看看悦悦在研究什么，这么入迷？"

书被素素这么一抢，悦悦的思路完全被打断了，顿时气恼万分，生气极了，朝着素素大喊："你怎么偏偏这个时候来呢，真讨厌！"

素素被悦悦的异常举动吓了一跳，什么也不说了，闷闷不乐地回家了。

正在厨房里的妈妈听到了屋里的动静，过来问："悦悦，你怎么了？"

"刚才我正在思考题目，素素过来打断了我的思路。我就按捺不住地对她发脾气了，其实我也不是故意的，只是一下子控制不住自己了。"

"哎，悦悦。你能想象到素素心里有多难过吗？让妈妈给你先讲个故事吧。"

有一个男孩脾气特别坏，于是他的父亲就给了他一袋钉子，并且告诉他，每当他发脾气的时候就钉一根钉子在后院的围篱上。

第一天，这个男孩钉下了 50 根钉子，慢慢地，天天钉下的数量减少了。

他发现控制自己的脾气要比钉下那些钉子来得容易些。

终于有一天这个男孩再也不会失去耐性乱发脾气，他变得平和多了。他告诉父亲这件事，父亲告诉他，现在开始每当他能控制自己的脾气时，就拔出一根钉子。

一天天过去了，最后男孩告诉父亲，他终于把所有钉子都拔出来了。

父亲握着他的手来到后院说："你做得棒极了，我的好孩子。但是看看那些围篱上的洞，这些围篱将永远不能回复成从前。你生气的时候说的话永远都收不回，就像这些钉子一样留下疤痕。假如你拿刀子捅别人一刀，不管你说了多少次对不起，那个伤口将永远存在。他或许会永远记恨，话语的伤痛就像真实的伤痛一样令人无法忍受。"

悦悦听了妈妈的那个故事，心里更觉得惭愧了："乱发脾气确实是不好的。"

妈妈抚摸着她的头说："悦悦，冲别人乱发脾气，只会伤害到别人，并且这些令人讨厌的话是收不回来的。"

"嗯，是我错了。"

妈妈见悦悦已经承认了错误，微笑着对她说："你能认识到自己错了就已经很难得，我想你以后可以渐渐控制自己的情绪，对吗？以后记得要对人好一些，别让坏脾气像洪水一样一触即发！"

"嗯，妈妈，我明白了。现在我就去找素素。"悦悦说完之后，欢快地朝素素家跑去。

🚢 妈妈告诉我

炎炎夏日，老和尚正在给小和尚讲佛理。

老和尚说，心头火烧毁的往往是自己的心，所以要制怒。

"心静自然凉啊！"老和尚讲。

老和尚的佛理刚讲完，小和尚便虔诚地向老和尚请教："师父，刚才你最后一句说了什么？"

"心静自然凉。"老和尚说。

"心静之后是什么？"

"自然凉。"

"什么自然凉？"

"心静。"

"哦，心静自然凉。"小和尚小声念道，忽又问，"师父，自然凉前面是什么？"

"是心静。"

"心静前面是什么？"

"心静前面已经没有了。"老和尚说。

"哦，心静后面是什么呢？"

"自然凉。"

"自然凉？那自然凉前面是什么呢？"小和尚不停地问。

"混账！你这哪里是讨教，分明是在胡闹！"老和尚气不打一处来，额头净是汗。

每个人都难免有不易控制自己情绪的时候，只是有的人成功地给自己的情绪上了把锁，有的人沦为情绪的奴隶，于是喜怒无常。

情绪是一个人内心深处的一种思想情感，每个人都是自己情绪的主人，但有时会受各种因素的影响，情绪往往变得无法控制，如果你能够驾驭自己的情绪，你的人生一定要比别人精彩得多。

应该怎样控制自己的情绪呢？

你也许会因为朋友不守信而生气，你可能因为解题不顺利而烦恼不已，这时你应该尽力抹掉这些在盘旋在头脑中的令人讨厌的、不健康的情绪。在每一个清晨，告诉自己今天是一个全新的自己。迅速地抛开所有不快的记忆。

如果你觉得沮丧、气馁或绝望，一定不要计较，不妨痛快淋漓地洗个澡，然后一个人静静地思索、顿悟。请记住：此时，你必须忽略一切令你沮丧的想法和念头，还有一切困扰你的东西。不要让自己纠缠于每一件令人不快的事，不要继续纠缠于过去所犯的错误和令人不快的往昔。你要做的是全副武装地对抗这些情绪，将它们驱逐出去。相信几次之后，你便能和他们告别，让你的心灵沐浴阳光。

转移注意力，也是抚平烦躁、根治不安情绪的一剂良药。当你觉得不快时，试着将你的注意力转移到与这种情绪完全相反的方面上，并树立快乐、自信、感激和善待他人的理念。这样，你就会惊奇地发现，那些困扰你许久的情绪在转眼之间便无影无踪了。

如果你感到疲惫不堪，感到沮丧、郁闷时，你不妨试着去分析原因，你也许会发现，之所以出现这样的情况，主要是因为精力不支，而精力不支的原因或者是由于学习过度、暴饮暴食，在某种程度上违背了消化规律的缘故，或者是由于某种不合常规的习惯在作祟。

你还应该尽可能地融入社会环境中去，多多参与一些娱乐或体育活动。有的人通过听音乐消除了疲惫、沮丧的情绪；有的人则在剧院里，在愉快的谈话中，或者在阅读使人愉快、催人奋进的书籍时，使自己从疲惫、沮丧中恢复过来。

时刻准备着给自己的情绪上把锁吧！千万不要让那些不悦的情绪像心上的暗影紧紧追随着你！

第十章
礼仪 & 交往——给细心周到的你

懂礼仪的我更受欢迎

礼仪就像是优雅的瑜伽

泉泉还记得有一次和妈妈一起去听音乐会，在她们的旁边坐着一位雍容典雅却丑陋不堪的老太太。

她气宇轩昂地坐在椅子上，仿佛是高贵的女王，但老人扶在椅子把上的左臂不停地抖动，从袖口伸出的则是一只干枯如同树皮的大手。无法否认的是，她打扮得极尽精致：发髻梳理得有条不紊，戴着两只银光闪动的大耳环，穿着光滑如水的裙子，连指甲都精心修剪过。

这么丑的一个人，却打扮成这样，乍一看还真有点像个老妖婆。

不过这个老婆婆脾气却很开朗，她表情愉悦地和泉泉谈话，虽然很丑，但是却很和善："我患有帕金森氏综合征，已经三年了。"

"啊！"泉泉和妈妈都很吃惊，这样一个身患绝症的病人，居然笑起来如此从容，更加难得的是她的彬彬有礼使得她看上去更加自然，完全不像是病人的样子。

不知为什么，对这个老婆婆，泉泉产生了一丝崇敬之情。

走出音乐厅，妈妈对我说："你看，这个老奶奶其实很坚强，她打扮不是为了自己，而是让别人感受到她对生活的信心。这是对别人的尊敬，也是一种礼仪，一种优雅。"

"嗯。"泉泉对妈妈说,"我将来也要对别人彬彬有礼,让别人都能感受到我的优雅。"妈妈笑着点点头。

妈妈告诉我

泉泉,人们常用"她真是风度翩翩""她真是秀外慧中"等类似的话来赞美一个人,这指的都是一个人的风度。

风度是一个人性格、气质、文化水平、道德修养的外在写真,是人自身所具有的较为稳定的行为习惯的外在表现方式,即一个人在言谈举止中自然表现出的各种独特的语气、语调、手势、动作等。

由于每个人的性格、气质不同,内在修养不等,行为习惯各异,所以每个人的风度也就不尽相同。良好的风度是众人所追求的,而它是以个人良好的文化素养、渊博的学识、精深的思辨能力为内核的。那些胸无点墨、不学无术的人,任凭其仪表怎么美丽,也不可能具有美好的风度。

良好的风度需要较长时间的培养与修养,要加强自身内在的涵养,使自己心灵美,然后这种内在美才可能转化为良好的风度。在展示自己的风度的同时,礼仪必不可少。

小赵是个很有上进心的青年,他一直希望能有机会和成功人士交往,向他们学习。在一次聚会上,经朋友介绍,有幸结识了一位地位显赫的企业家,他很庆幸能和这样的人结识。双方握手之后,小赵竟连一句主动的话都没有。结果是人家问一句他答一句,本来很轻松的场面,一下子变得像个考场。对方大失所望,找了个理由就离开了。

没有人愿意和毫无风度、不懂礼貌的人交往。如果不懂怎样和人交往,必将是孤立的。可以说,人际关系的好坏是决定人生成败的重要因素。所以,我们必须注重自身礼仪,随时随地给别人留下良好印象:说话有尺度,交往讲分寸,办事重策略,行为有节制,别人就很容易接纳你、帮助你、尊重你,满足你的愿望。

生活中,一些人能像磁石吸引铁屑一般,自然而然地吸引周围的人,做事则得心应手、顺心如意,这是因为他们拥有磁铁般富有吸引力的风度和个性。尽管看起来他们似乎没有那些不怎么成功的人努力,但机遇围绕着他们打转,朋友们称他们为"幸运儿"。如果我们进一步分析他们,会发现他们有着迷人的风度且彬彬有礼,这就是他们赢得人心的原因所在。

培养受人欢迎的风度是很有必要的,它能使成功的机遇倍增,能够发展人际关系,塑造良好形象。有什么方法可以帮助我们打造自己的翩翩风度呢?这里有很多小的细节，不妨将之变为自己的习惯，你会在不经意间成为一个有风度的人。

1．懂得幽默。以轻松的心态处世，人生将充满光明，也会使与你接触的人受到感染。

2．时常微笑。笑容会使你显得和蔼可亲、平易近人。

3．注意你的声音。讲话的语调镇定、平稳的人最受人喜爱。

4．刚见面时握手，谈话中找时机轻拍一下对方的肩，都是热情的表现。

5．注意自己的身姿，抬头挺胸，让大家知道你充满自信。

6．不要吝啬赞美的话，如果你对谁有好感，就该向他说出来。要对别人有兴趣，谁都觉得，只关心自己的人很乏味。

7．不要急于求成。懂得保持一定的距离，懂得适可而止，才更有吸引力。例如，参加聚会不做第一个到和第一个走的人，给朋友打电话不要不知道结束。

8．兴趣广泛、关心时事，这样才有丰富的谈话资料。难以想象有谁对每天只知道上班、下班、吃饭、睡觉的人有兴趣。

9．能相信别人。爱猜疑的人不会给人以温暖和关怀，而温暖和关怀是魅力不可或缺的要素。

10．要有自己的原则。让人知道你也会生气，也会对某些事看不惯，不是一个"好好先生"。

其实，只要大家在生活中多留意，一定能发现很多可增加魅力的细节和方法。发现之后，试着将这些变成自己的优点，那么你离成功就不远了。

大文豪兼大哲学家伏尔泰曾经说过："美只愉悦眼睛，而气质的优雅使心灵入迷。"如果想让别人打心底里欣赏自己，就尝试着成为一个有气质、有风度的人吧！

微笑，时刻准备的"见面礼"

楚楚和妈妈谈话，脑瓜里突然冒出来一个问题："我们上美术课，老师说蒙娜丽莎的微笑流传了几百年，征服了很多人，她的微笑很美。老师还说，我们也应该经常微笑，微笑是世界上最美的语言，真的是这样吗？"

妈妈看着楚楚，笑笑地说："的确如此，你想想，你是喜欢一个整天微笑的伙伴呢，还是喜欢一个整天愁眉不展、从来都不笑的伙伴呢？"

"当然是整天微笑的伙伴了。"楚楚不假思索地回答。

"对啊。"妈妈继续楚楚的思路延续下去，"别人和你一样，也会这么想。只有经常微笑的人才会吸引更多的人喜欢他。"接下来，妈妈讲给楚楚一个故事：

从前有一个小女孩，天生容貌丑陋，她有着严重的自卑情结，别人很少能够从她脸上见到笑容，她也没有什么朋友。幸福女神决定帮助这个小女孩，使她不再孤独。

幸福女神就带她去参观两座玫瑰园。当她们走进第一座玫瑰园时，里面阳光明媚，鸟语花香，随处可以听到爽朗的笑声。在里面遇到的每一个人，都会热情地跟她们招呼，并且送给她们一个真诚的微笑。之后，幸福女神就问小女孩道："你喜欢这里吗？"

小女孩点了点头说："喜欢。这里的人非常热情亲切。"

随后，幸福女神又带小女孩走进第二座玫瑰园。那里面死气沉沉的，天空阴郁，地上长满了杂草，玫瑰花也开得无精打采，她们见到的每一个人，都面带忧郁，没有一个人主动跟她们打招呼。

从第二座玫瑰园里出来之后，幸福女神又问小女孩道："现在你把这两座玫瑰园比较一下，你愿意生活在哪一座玫瑰园里呢？"

小女孩毫不犹豫地回答道："当然是在第一座玫瑰园里了，因为他们每个人的脸上都有着灿烂的笑容。"幸福女神抚摸着小女孩的头说："是啊，当你笑的时候，也就拥有了一座健康的玫瑰园。同时，你也就把自己的幸福分享给了身边每一个人，他们也会被你引入第一座玫瑰园。"

小女孩恍然大悟。她开始经常微笑地面对他人和生活。从此，她变成了一个人见人爱的小女孩。

听了妈妈讲过的这个故事，楚楚决定要练习微笑，一会儿抿着嘴，嘴角上扬，稍有笑意，一会儿露出几颗牙齿，眼睛眯成月牙状。

妈妈看到楚楚的各种鬼脸造型，忍俊不禁。

"其实楚楚，你根本没有必要刻意练习微笑的表情，只有发自内心的微笑才能准确无误地表达你的友好，缩短你和朋友的距离，使你更具有无人可敌的魔力。微笑是一种智慧的体现，善于恰如其分地展现自己微笑的人，绝对是一个聪慧而有修养的人。"

🚢 妈妈告诉我

微笑无声，却传达着"我喜欢你""我表示欣赏、赞同""你很受欢迎"等丰富的含义。微笑，是为人处世中最有价值、最富有吸引力的面部表情。行走在不同民族不同地域，也许肤色不同语言不同，但是，只要微笑，一定能够打开一扇沟通的大门。

微笑能给对方良好的第一印象；微笑可以表示对他人的尊重和友好；微笑能打破僵局，解除人的心理戒备；微笑能表示对他人赞许、理解、谅解等态度。

不要小看微笑的力量，它能够让人以令人舒服的方式收获成功。

一天，美国旅馆大王希尔顿在新旅馆营业员工大会上问大家："现在我们旅馆新添了第一流的设备，你们觉得还应该配上哪些第一流的东西，才能使顾客更喜欢希尔顿旅馆呢？"员工们纷纷提出自己的意见，但希尔顿并不满意，他说："你们想想，如果旅馆只有第一流的设备，而没有第一流服务员的微笑，顾客会认为我们提供了他们最喜欢的全部东西吗？如果缺少服务员美好的微笑，能使我们的上帝有回家的感觉吗？"

稍停片刻，希尔顿又接着说："我宁愿走进一家设备简陋而到处充满服务员微笑的旅馆，也不愿去一家装饰富丽堂皇但不见微笑的旅馆。"

正是这微笑，让希尔顿旅馆赢得了不少顾客，给希尔顿带来了信誉和成功。的确，微笑是人际沟通的通行证。微笑能给人以温暖，令人愉悦和舒畅。

有人把微笑称为一种有效的"交际世界语"，这是十分恰当的。正如罗杰·E·艾克斯泰尔所指出的："有一个世界通用的动作，一种表示，一种交流形式，它存在于所有的文化与国家中，人们不分国别、不分种族地使用它，并理解它的含义。它可以帮助你与各种关系的人交往，不论是业务伙伴，还是朋友，它是人们交流中唯一最有用的形式。那就是微笑。"

与人初次见面，面露微笑，就好像具有一种磁力，使人顿生好感；见到老朋友，点头微笑，打个招呼，会使人感到你不忘旧情，是个重礼仪的人。服务人员自然地面露微笑，则会给人一种宾至如归的感觉。一家百货公司的经理曾说过，在录用女店员时，小学未毕业却能经常微笑的女子，比大学毕业而满脸冰霜的女子机会大得多。

要提醒你的是，在微笑时，要发自内心、发自肺腑，无任何做作之态，防止虚伪地笑。只有笑得真诚，才显得亲切自然，与你交往的人才能感到轻松愉快。切不可"皮笑肉不笑"或笑过了头，给人傻乎乎之感。

你知道吗，微笑其实是可进行技术性训练的。因为人们微笑之时，口角两端向上翘起。练习时，为使双颊肌肉向上抬，口里可念着普通话的"一"字音。还得训练眼睛的"笑容"。取厚纸一张，遮住眼睛下边部位，对着镜子，回忆过去的美好生活，使笑肌提升收缩，嘴巴两端做出微笑的口型，随后放松面部肌肉，眼睛随之恢复原形。还可以在多人中间，讲一段话，讲话时注意自己的笑容，并请同伴给予评议，帮助矫正。

微笑，可以化解人际交往过程中可能存在的一块块坚冰，并能够使自己的亲和力增值不少。

既然这样，那就微笑吧，因为太阳每天都是新的！

"第一印象"至关重要

这天早上，寒寒和妈妈一早就起来了，因为妈妈要带寒寒去参加一个交流会，所以早早起来做准备。

寒寒洗漱完毕，妈妈把她唤到桌子旁边吃早点，她却一个人进屋里了。

"妈妈，您不吃饭吗？"寒寒一边狼吞虎咽地咀嚼食物，一边问妈妈。

"呵呵，寒寒你先吃，我要进去化个淡淡的妆。"妈妈话音未落就走了。

寒寒暗自觉得好笑，不过是一个简简单单的会议，也不是多么隆重的场合，没有必要化妆啊。等寒寒吃完饭，妈妈也出来了，寒寒看看她，很直接地问道："妈妈，我们不过是去参加一个小小的聚会，又不是大的场合，没有必要化妆啊。"

妈妈说道："这个你就不懂了吧。化妆不仅仅是让自己好看，更多的是对别人的一种尊重。"接着，妈妈给寒寒讲了一个故事：

我国东北盛产大豆，以其粒大、油多、脂肪丰富而闻名全国。近年来，一大批农民企业家迅速崛起，陈志贵就是其中一个。他以当地特产的优质大豆为原料，创办了一家豆粉饼加工厂。由于经营有方，业务很快就做大起来，还发展到了东南亚地区。

一天，陈志贵收到一张来自中国香港的大订单，他亲自带领工人连夜加班，终于在规定的时间内完工，将货物发往了香港。但几天之后，香港公司打来电话，说货物"有质量问题"，要求退货。

陈志贵十分纳闷，自己的产品一向以质量过硬而赢得卓越信誉，况且，这批产品由自己亲自监工生产，怎么会出现质量问题呢？一定是其他环节出了问题！他立即飞往香港想要看个究竟。

当西装革履、风度翩翩的陈志贵出现在香港公司的总经理面前时，对方竟然惊讶地张大了嘴巴。虽然还不明白退货的问题出在哪里，但感觉敏锐的陈志贵已从对方的细微变化中捕捉到了什么。

在之后两天的相处中，陈志贵不卑不亢、侃侃而谈，充分表现出一个现代企业家应有的气质和风度，最终不仅"质量问题"烟消云散，还和那位总经理成了好朋友，成为长期的商业伙伴。但是"质量问题"始终是陈志贵心中的一个疑团。

原来，这批货是香港公司的一个部门经理向陈志贵订的货，但在向总经理汇报后，总经理得知这批货是由农民家庭加工生产的，脑海里凭空臆想出了一个土得掉渣的农民形象。他顾虑重重，对那批货看也不看，就做了退货的决定。但当形象良好、个性十足的陈志贵突然出现在他面前时，他才知道自己犯了多么可笑的错误。

听了这个故事之后，寒寒才意识到原来形象有这么重要。

"那当然了，"妈妈说道，"良好的形象会增强我们的影响力，如果我们仪态端庄，穿着整齐，就会吸引更多人的目光，从而给人留下一种很美好的印象，也会给人带来一种愉悦的享受。没有一个人喜欢不修边幅的人。"

既然如此，寒寒也想换件漂亮的衣服再和妈妈出去吧。

妈妈告诉我

形象，并不是一个简单的穿衣、外表、长相、发型、化妆的组合概念，而是一个综合的全面素质，一个外表与内在结合的、在流动中留下的印象。形象的内容宽广而丰富，它包括你的穿着、言行、举止、修养、生活方式、知识层次以及和什么人交朋友等。它们在清楚地为你下着定义——无声而准确地在讲述你的故事——你是谁、你的社会位置、你如何生活、你是否有发展前途……形象的综合性和它包含的丰富内容，为我们塑造成功的形象提供了很大的回旋空间。

一个成功的形象，展示给人们的是自信、尊严、力量、能力，它并不仅仅反映在对别人的视觉效果中，同时它也是一种外在辅助工具，它让你对自己的言行有了更高的要求，能立刻唤起你内在沉积的优良素质，通过你的穿着、微笑、目光接触、握手，一举一动，让你浑身都散发着一个成功者的魅力。

追求"成功"实际上是人生的一场最重大、最复杂、最有挑战性、最激动人心、最有趣、只有运用智慧才能取胜的游戏。正如同我们生活中任何游戏的取胜都有其固定的规则和策略一样，只有遵循一个最佳规则，你才能取胜。谁不遵循这个规则，谁就要失败！

英国反对党领袖伊恩·邓肯·史密斯在 2002 年 9 月接受 BBC 电视台记者采访。他面色茫然、毫无生机，他用有气无力的、贫乏的语调攻击了托尼·布莱尔首相及其政党的政策。记者问道："你认为自己能出任下一届首相吗？"他犹豫了一下，目光下垂，语气不坚定地说："是的，我可以，但我需要努力争取。"几分钟之后，电视台出现不满意的观众的电子邮件及电话录音："他自己都不相信自己能成为首相，让我们如何相信他可以做我们的首相？""他看起来根本就不像个英国首相！""难道保守党再找不到别人做领导者吗？"

这是英国反对党在认为前领袖威廉姆·休不能展示给英国选民一个良好的形象后，在 2001 年新换的领袖。前领袖威廉姆被英国人戏称为"小老头"，他只有四十多岁，却像个走入暮年的老人，神色、语气缺乏朝气和自信，这位新换的领袖和威廉姆如同孪生兄弟。再看看劳动党领袖，英俊的托尼·布莱尔，总是满面春风地带着笑容，走路和说话浑身都散发着朝气和热情，他看起来就能够鼓舞他人，看起来就像个出色的领袖。也难怪很多英国选民虽然不支持劳动党的政策，却投给了托尼·布莱尔一票，至少从领袖的外在魅力上托尼还值得这一票。一位英国朋友说："保守党的领袖让我对这个党已经失望，他们这两届的领袖看起来就不像能成为首相的人。"一位英国朋友甚至激进地宣称："除非保守党能够找出一个长着头发的领袖，否则他们永远只能够坐在反对党的座位上！"由于竞选人"看起来不像个领袖"，让保守党一次次失去了驻守唐宁街的机会。

对于经常出现在媒体上的政治家来说，他们的形象对于选票的影响能够千百次地证明"看起来就像个成功的人"的重要性。政治家们只有经得起千千万万个选民的百般挑剔才能够走向自己的成功大道。因此，"看起来像个领袖"对于政治家们来说，是获取选民信任的第一个至关重要的条件。正是"看起来像个领袖"的魅力，使里根、克林顿、肯尼迪、希拉克、撒切尔夫人等人满足了选民对领袖形象的要求而连任。

如果看起来不像个领袖，无论你的政治观点多么深入人心，也会失去很多追求"魅力领导人"的选民。这样的例子在西方的商业界也数不胜数。因为他们深刻理解"看起来像个成功者"的形象对事业的促进作用。由此可见形象是多么的重要。

人也如产品，需要有成功形象，辅佐自己事业成功。每个人都有每个人的长处，你不能向这方面发展，可以向另一方面发展，只要凭借你的长处打造自己的成功形象，你就一定会与众不同，超凡脱俗！

所以寒寒，希望你能找对了自己的长处，切合自己的特点，改造自身的形象，那每个人都会散发出与众不同的迷人光彩，使自己成为名牌！

口才决定我的未来

曾经有一位国学大师说过："人才不一定有口才，而有口才的人一定是人才。"

有的时候，蓝蓝很想锻炼自己的口才，却无从下手。

不得不承认，蓝蓝没有勇气在众人面前讲话，如果要在人前讲话、发言，她总是不敢正视听众的目光，当大家的目光注视到蓝蓝的时候，蓝蓝会感到如芒在背，心跳加快，脑中一片空白。

其实，对此蓝蓝自己也是颇为苦恼，但是却不知如何是好。

"练练说相声吧。"好朋友向蓝蓝提议，"说相声的人都有口才，或者你先学学说快板也行。"

"练习绕口令，是不是也能让人变得有口才呢？"蓝蓝自己也拿不准主意。

在英语的扩展阅读中，老师会向同学们介绍很多关于著名演讲家的演讲词，他们讲话时能言善辩、口若悬河的气势让蓝蓝叹为观止。

口才啊口才，蓝蓝做梦都希望自己有副好口才。

妈妈告诉我

在生活中常常会有这样一种情形，如果你对一件事情或一个人产生了一种想法之后，再继续思考，你会发现，你很容易按照原来的思考的方向继续下去。

其实这是因为一个人的思维具有惯性：当你朝某一个方向思考问题时，你就会倾向于一直考虑下去。这就是为什么有些人一旦沉醉于某些消极的想法之后，就一直难以自拔的道理。

在与人相处的过程中，如果你试图说服他人，这时就需要懂得运用这一原理了。

你要知道，与人讨论某一问题时，不要一开始就将双方的分歧亮出来，而应先讨论一些你们具有共识的东西，让对方不断说"是"，然后再逐渐地提出你们存在的分歧，这时对方也会习惯性地说"是"，一旦他发现之后，可能已经晚了，只好继续说下去。

促使对方说"是"的方法有很多，你可以尝试着用以下几个最简单的方法，促使他人对你说"是"。

1. 当你与别人交谈时，不要先讨论对方——而且不停地强调——对方所同意的事。因为你们都在为同一结论而努力，所以你们的相异之处只在方法，而不是目的。

2. 让对方在一开始就说"是，是的"。假如可能的话，最好让对方没有机会说"不"。

3. 使对方说"是"，其实比想象中的要容易。任何问题的答案只有两种——"是"与"不"。

开始时，这两者各占一半的机会，因此只要稍加努力，那么否定的一半也会变成肯定的了。

看到这里，也许你会觉得"是"的反应其实并不难，它甚至是一种很简单的技巧，然而它却为大多数人所忽略。只要你留心，你会发现懂得说服技巧的人，会在一开始就得到许多"是"的答复。这可以引导对方进入肯定的方向，就像撞球一样，原先你打的是一个方向。只要稍有偏差，等球碰回来的时候，就完全与你期待的方向相反了。

也许有些人会认为，在一开始便提出相反的意见，这样不正好可以显示出自己的重要而有主见吗？但事实并非如此，在现实生活中，这种"是"的反应很有用处。

詹姆斯·艾伯森是格林尼治储蓄银行的一名出纳，他就是采用这种办法挽回了一位差点失去的顾客。艾伯森先生向我们讲述了他的经历。

"有个年轻人走进来要开个户头，我递给他几份表格让他填写，但他断然拒绝填写有些方面的资料。

"在我没有学习人际关系课程以前，我一定会告诉这个客户，假如他拒绝向银行提供一份完整的个资料，我们是很难给他开户的。但今天早上，我突然想，最好不要谈及银行需要什么，而是顾客需要什么。所以我决定一开始就先诱使他回答'是，是的'。于是，我先同意他的观点，告诉他，那些他所拒绝回答的资料，其实并不是非写不可。

"但是，假定你碰到意外，是不是愿意银行把钱转给你所指定的亲人？

"'是的，当然愿意。'他回答。

"那么，你是不是认为应该把这位亲人的名字告诉我们，以便我们届时可以依照你的意思处理，而不致出错或拖延？

"'是的。'他再度回答。

"年轻人的态度已经缓和下来，知道这些资料并非仅为银行而留，而是为了他个人的利益。所以，最后他不仅填下了所有资料，而且在我的建议下，开了一个信托账户，指定他母亲为法定受益人。当然，他也回答了所有与他母亲有关的资料。

"由于一开始就让他回答'是，是的'，这样反而使他忘了原本存在的问题，而高高兴兴地去做我建议的所有事情。"

捕捉住人性的弱点，在人际交往中会让每一个人都受益无穷。中国有句格言最能反映东方人的智慧，"以柔克刚。"所以，如果你要说服他人，就要请记住这个原则：设法使对方开口说是。

言谈中展现我的美丽

"晶晶，昨天我们去动物园了，你没有去，真可惜啊。"乐乐在学校里看到了晶晶，便滔滔不绝地讲了起来："你知道那天有多有趣吗？"

没等晶晶反应过来，她继续说："你肯定想象不到，特别好玩。从别的地方弄来了几只企鹅巡展，你没有看到。你知道企鹅走路是什么样子吗？我给你学一学吧。"乐乐一边说一边自己摆起姿势来，晶晶坐在那里无动于衷，而乐乐自己把自己却逗笑了。

"唉，真是烦死了。"要知道晶晶当时正对着一道解析几何题苦思冥想，这个乐乐跑过来打乱自己的思路。

"乐乐，帮我看道题吧。我已经想了半天了，都不会做。"晶晶想乐乐一定会有办法。

"晶晶，咱们待会再说题目的事情，我还是先给你讲企鹅吧，你知道企鹅吃什么东西吗？我们买了带鱼专门喂企鹅，它们吃东西的样子……"

乐乐自顾自地在那里说个没完，晶晶的心里越发恼火，越来越烦。

这个该死的家伙，现在哪有心思听你讲企鹅呀！晶晶只好坐在那里一言不发，想耐心地听乐乐讲完之后再请她给自己讲题目。

好容易等乐乐讲完了企鹅，晶晶心里想这下她应该没有话说了吧，谁知她话锋一转："晶晶，从动物园出来，我们还有一个大的发现——找到了一家便宜又好吃的饭馆，菜量还给的很多。下次我带你过去吧。我们中午走到那里之后都是又累又饿又渴，在那里大吃了一顿。我看那里的菜价真便宜，你猜不到，一大碗牛肉拉面才4块钱，味道还很鲜美……"

天啊！乐乐有点亢奋，这堆话像拉火车一样，怎么都说不完了。眼看着半个小时过去了，她还在那里不停地说说说，晶晶只好一个人装深沉……

忍不了，想扬长而去……算了，还是忍了吧。

痛苦啊。

妈妈告诉我

乐乐，每个人的内心都有一种要表达自己的欲望，于是，你很希望别人能够听你说，但是，你惊讶地发现，似乎别人并不愿意听，问题出在哪里呢？

你应该知道，不仅你愿意表达，别人也同样如此，但倘若自始至终都是你自己在口若悬河，别人会有怎样的心理反应？换个角度来思考，如果对方一直说个不休，你会怎样想，而如果对方一直耐心地听你讲，你是否有一种被尊重的感觉？你是否会觉得内心很舒畅？

所以，想让别人听你说，就必须要先学会倾听，这样你不但可以得到了解对方的想法，在一定程度上还可以让你掌握主动权，让你的说服更具感染力。

乌托从商店买了一套衣服，很快他就失望了，因为衣服会掉色，把他的衬衣领子染上了色。他拿着这件衣服来到商店，找到卖这件衣服的售货员，想说说事情的经过，可没做到。售货员总是打断他的话。

售货员声明说："我们卖了几千套这样的衣服，您是第一个找上门来抱怨衣服质量不好的人。"他的语气似乎表明："您在撒谎，您想诬赖我们。等我给您点厉害看看。"

吵得正凶的时候，第二个售货员走了过来，说："所有深色礼服开始穿时都会褪色，一点办法都没有。特别是这种价钱的衣服，这种衣服是染过的。"

乌托先生叙述这件事时强调说："我气得差点跳起来，第一个售货员怀疑我是否诚实，第二个售货员说我买的是二等品。我快气死了。我准备对他们说：你们把这件衣服收下，随便扔到什么地方，见鬼去吧！"正在这时，这个部门的负责人克拉出来了，他及时制止了这场无休止的争吵。

首先，克拉一句话没说，而是耐心地听乌托把话讲完；其次，当乌托把话讲完，那两个售货员又开始陈述他们的观点时，克拉开始反驳他们，帮乌托说话，他不仅指出了乌托的领子确实是因为衣服褪色而弄脏的，而且强调说商店不应当出售使顾客不满意的商品。后来，他承认他不知道这套衣服为什么出毛病，并且直接对乌托说："您想怎么处理？我一定按照您说的办。"

9分钟前乌托还准备把这件可恶的衣服扔给他们，可现在乌托回答说："我想听听您的意见。我想知道，这套衣服以后会不会再染脏领子？能否想点什么办法？"克拉建议乌托再穿一星期。"如果还不能使您满意，您把它拿来，我们想办法解决。请原谅，给您添了这些麻烦。"他说。

乌托满意地离开了商店。7天后，衣服不再掉色了，乌托完全相信这家商店了。

堀场雅夫告诉我们："许多人没能给人留下好印象是由于他们不善于注意听对方讲话。他们如此津津有味地讲着，完全不听别人对他讲些什么。"

事实证明，许多知名人士都是重视注意倾听的人，而不是只管说的人。

所以，适当地关闭"嘴巴"这扇门，适当地竖起耳朵听一听吧，这对你将大有益处。

在坐姿中表现优雅

雨轩一个人坐在沙发上，塞着耳机陶醉于音乐中，这时妈妈推门进来看到她的样子："雨轩，你看看你的两个脚丫子都要翘到天上去了，快放下来吧。"

听妈妈这样一说，雨轩才注意到自己，原来自己的脚翘起了"二郎腿"，竟浑然不知。

"妈妈，您如果不说的话我都没有意识到啊。"雨轩不好意思笑笑，和妈妈解释道。

"所以，良好的坐姿要在平时就训练好。不要觉得是在自己家里就可以随便，因为一个人在家中的表现，到了外面可以自自然然地在不经意间流露出来。如果你到了社交场合，也是这样的坐姿，那就失掉了威仪，也会受到别人的轻视。"

"嗯，妈妈言之有理，我马上就改。"雨轩谢谢妈妈的好意提醒。

"呵呵，雨轩可以平时在家中就训练自己良好的坐姿，习惯成自然之后，无论走到哪里都会有优雅的表现了，对不对？"妈妈和蔼地说。

"嗯，嗯，妈妈，良好的坐姿都需要有哪些注意的地方呢？您教我吧。"雨轩决定要向老妈请教。

"好啊，没问题。"妈妈痛快地答应了。

妈妈告诉我

雨轩，坐姿是一种艺术，坐姿不好，直接影响到一个人的形象。对于女孩来说，这一点尤为重要。因为它决定着你是一位高贵优雅的"女神"，还是一个缺乏教养的人。

在各种场合，都要力求坐得端正、稳重、温文尔雅，这是坐姿的最基本要求。

坐姿如何，是影响社交的一大要素。虽然，对于一般女性不宜用"坐如钟"来一律强求，但坐姿不端，在别人的心目中会留下一个不好的印象。

坐是以臀部作支点，借此减轻脚部对人体的支撑力。坐能使人们较长时间的工作，也是人们日常生活、社交中常用姿势之一。因此，端庄、优雅、舒适的坐姿很重要，而且良好的坐姿对保持健美的体型也大有益处。

那么，什么样的坐姿可使女性稳重、端庄、落落大方呢？

1．面带笑容，双目平视，嘴唇微闭，微收下颌。

2．立腰、挺胸、上身自然挺直。

3．双肩平正放松、两臂自然弯曲放在膝上，亦可放在椅子或沙发扶手上，掌心朝下。

4．双膝自然并拢，双腿正放或侧放，双脚并拢或交叠。

5．谈话时，可以有所侧重，此时上体与腿同时转向一侧。

正确的坐姿关键在于腰。不论怎么坐，腰部始终应该挺直，放松上身，保持端正姿势。在社交场合中，坐姿要与场合、环境相适应。

1.自然坐姿

平时坐在椅子上，身体可以轻轻贴靠于椅背，背部自然伸直。腹部自然收紧，两脚并拢，两膝相靠，大腿和臀部用力产生紧张感。与客人谈话时椅子坐得很浅，就显得你比较拘束。以脚用力着地来平衡身体，时间稍长就会觉得酸，这样的坐姿背部微驼，下巴突出，体态也不美。不妨一开始你就坐得深一些，然后背部保持直立，膝盖并拢，这会使你显得优雅而又从容。

很多人坐下来的时候喜欢将脚架起来，在社交场合，这一般被认为是不礼貌的坐法。如果是积习难改，那一定要注意架腿方式：收拢裙口，遮掩到膝盖以下部分。支撑的脚不要倾斜，双腿内侧靠近，大腿外侧收紧。双手自然搭在腿上。这样显得美观，能产生自然的美腿效应。

2.坐沙发的坐姿

一般沙发椅较宽大，不要坐得太靠里，可以将左腿绕在右腿上，两小腿相靠，双腿平行，显得高贵大方。但不宜翘得过高，不能露出衬裙，否则有损美观与风度。也可双腿并拢，让双膝紧靠，然后将膝盖偏向与你讲话的人。偏的角度视沙发高低而定，但以大腿和上半身构成直角为原则，以表现女性轻盈、秀气的阴柔之美。

3.曲线坐姿

双膝并拢，两腿尽量偏向后左方，让大腿和你的上半身构成90度以上的角度，再把左脚从右脚外面伸出使两脚的外线相靠，这样，你的身形便成一个S型，雅致而优美。以这种姿态而坐的女性一般是完美主义者，极重视自我的完美，追求每一部分、每一细节都显优雅，无懈可击。

4.正式坐姿

膝盖与脚跟都并起，双面垂直向下，背脊伸直，头部摆正，视线向着对方。这种坐姿可用于面谈之类的正式场合，可给予对方诚恳的印象。但也不要双膝并得太紧，一动不动，这会给人产生一种紧张感，一种不安全感。

5.进退坐姿

在交往时对入座和退座也都有一定要求。入座时，应轻、缓、稳，动作协调柔和，神态从容自如。人应走到椅子前，转身背对椅子平稳坐下，若离椅子较远，可用右脚向后移半步落座。女子入座，要娴静、文雅、柔美，若穿裙子则应注意收好裙脚。一般应从椅子左边入座，起身时也应从椅子左边站立，这是一种礼貌。如要挪动椅子的位置，应当先把椅子移到欲就座处，然后坐下。坐在椅子上移动位置，是有违社交礼仪的。落座后，应双目平视，嘴唇微闭，面带微笑，挺胸收腹，腰部挺起，重心垂直向下，双肩平正放松，上身微向前倾，手自然放在双膝上，双膝要并拢。亦可双脚一脚稍前，一脚稍后；两臂曲放桌子上或沙发两侧的扶手上，掌心向下。坐椅子时，一般只坐满椅面的三分之二，脊背轻靠椅背。端坐时间过长，可以将身体略为倾斜，头面向主人，双腿交叉，足部重叠，脚尖朝下，斜放一侧，双手互叠或互握，放在膝上。若是着西装裙的女子，最好不要交叉两脚，而是并靠两脚，向左或向右一方稍倾斜旋转。起立时，右脚先向后收半步，然后站起。

坐时应克服不雅的坐姿。包括半躺半坐，前仰后倾，歪歪斜斜，两腿伸直跷起或双腿过于分开，跷二郎腿并颤腿摇腿，将两手夹在大腿中间或垫在大腿下，用脚勾着椅子腿，脚放在沙发的扶手上等。不雅的坐姿给人轻浮且缺乏修养的印象，是失礼及不雅之举动。

容貌和身材是天生的，但坐像却是可以更改的，坐像不佳就能直接削减气质的效应。因此，生活中的女性在社交场合中，只要意识到自己的一举一动都在别人的"监督"之下，就能时时注意约束自己，在潜移默化之中渐渐养成优雅的坐姿。

魅力女孩必知的社交礼仪

"几位，今天你们跟我去吃饭吧，有局。"玲珑兴奋地向伙伴们炫耀道。

"啊？你要请客吗？"方方没有听明白玲珑的意思。

"不是，我爸爸要请客户吃饭，想带上我也去。这是私人性质的，没关系，我想把你们也都带过去吧。"玲珑向大家解释清楚。

"是爸爸和客户谈生意吧，那我们去合适吗？"方方问了一句。

"没事的，不要紧，去吧去吧。"几个伙伴架不住玲珑的盛情邀请，只好一路随行。

到了那家提前预约好的饭店，爸爸和客人都还没有来。

"我们进来坐吧。"玲珑推门而入，毫不犹豫地坐在了主位上。

"玲珑，那个位置给客人留着的吧，我们坐在边上就好。"方方提醒她。玲珑听她这样一讲，溜到了一边。

待会客人都来了，爸爸看到这一群小孩子，表情有点诧异，对玲珑说："这是你的同学吗？"

"嗯，"玲珑得意扬扬，"看我的势力大吧。"

爸爸觉得比较抱歉，就对客人说："我的女儿把同学带了来，没事，大家干脆一起吧。"

大家坐好，该点菜了。为了照顾客户是湖南人，爸爸特意点了一些比较辣的菜。

等端上了菜，还没有等客户拿起筷子，见玲珑已经夹菜放到嘴里了，还不住地："辣死了，真难吃。"

爸爸的脸色稍稍有些不好看，就对玲珑说："有不辣的菜在后面，你先喝点饮料吧。"然后又继续招呼几个同学和客户一起吃饭。

还好那位客户性格随和，和大家有说有笑的，气氛没有过于尴尬。

等吃过饭，爸爸把客人送走之后，对玲珑说："你啊，要多向你的同学学习，就你没有规矩，将来走到社会上怎么得了。"

玲珑自己感到很委屈，不知错在了哪里。

🚢 妈妈告诉我

玲珑，你的表现，在旁人都看得很清楚，只有你自己不知道，足见是多么的缺乏礼仪常识。女孩如果要想将来幸福，要想有一份自己的事业，就需要和不同的人打交道，处理各种事务，所以精通各种礼仪为成功的交往打下良好的基础。

完美的礼仪是可以培养的。经常出入社交场合的女性，应该熟练地掌握一些经常使用的社交礼仪，这样对于你的社交活动会有很大的帮助。

一、见面礼仪

在中国主要有：

1. 握手礼

握手姿势是：伸出右手，以手指稍用力握住对方的手掌持续 1 ～ 3 秒钟，双目注视对方，面带笑容，上身要略微前倾，头要微低。

2. 拱手礼

拱手礼是我国民间传统的会面礼。即两手握拳，右手抱左手。行礼时，不分尊卑，拱手齐眉，上下加重摇动几下，重礼可作揖后鞠躬。

3. 鞠躬礼

鞠躬礼就是弯身行礼，是表示对他人敬重的一种礼节。"三鞠躬"称为最敬礼。行礼时，应脱帽立正，双目凝视受礼者，然后上身弯腰前倾。女士的双手下垂放在腹前。

另外，流行于国外的见面礼仪主要有吻手礼、合十礼、接吻礼、拥抱礼等。

二、交谈礼仪

一个善于交谈的女孩，她不但在社交场中到处受人欢迎，获得别人的好感，而且将来在个人事业上也会获得意想不到的成就。

要想与别人愉快地交谈应注意的是：

第一，选择一个适宜的话题。例如对方喜闻乐道的事情、健康与医药、轰动一时的社会新闻、运动与娱乐等。同时要注意回避对方忌讳的话题。

第二，与人交谈时要有好态度。即谦虚有礼、对别人的谈话表现得有兴趣并且能够适应别人。

第三，交谈要恰到好处。既要不卑不亢，又要热情、谦虚、富有幽默感，这样的谈吐才能给别人留下深刻的印象。

第四，注意说话过程中的礼节。

（1）谈话超过三人时，不要冷落了某个人。

（2）谈话时要温文尔雅，不与人抬杠，也不要打破砂锅问到底。

（3）谈话时要注意自己的气量。

（4）谈话时目光平视，轻松柔和地注视对方的眼睛，不要直愣愣地盯住别人不放。

（5）谈话中要善于聆听，不要随意打断别人的谈话。

三、宴会礼仪

1. 中式宴会的礼仪

入座之后，首先将餐巾打开平放在膝上，席间若奉上毛巾，多半是为了方便你擦去吃螃蟹、炸鸡等食物时手上所留的油渍，千万不能用作他途。

至于餐具的使用，须注意的原则是：尽量用筷子夹取，不方便用筷子的才用汤匙，最好先将菜置于自己的碗碟中，然后再慢慢吃。

用餐时，通常以右手夹菜盛汤，左手则扶碗、端碗，切忌右手拿筷，左手持汤匙，更不可一手兼持筷子和汤匙。

在宴会中，主人敬酒时，你也必须回敬一杯。敬酒时，身子要端正，双手举起酒杯，待对方饮时即可跟着饮。如果是大规模的宴会，主人只能依次到各桌去敬酒，每一桌可派出代表到主人桌去向主人回敬。敬酒时，态度要从容大方。

用餐时，切忌狼吞虎咽、呼噜出声；骨头、鱼刺等不可吐在桌布上，而应置于盛装骨头的专用碟中；取菜时也不可拨弄盘中食物，或是站起来取用远处的食物。

吃完之后，应该等到大家都放下筷子，以及主人示意可以散席，才可离座。

向主人告辞，你照例得和主人握手，握手要用力一点，以表示诚恳。如果多人轮候与主人握手告别，你只要和主人握手道别便可，不宜耽搁主人的时间。

2. 西式宴会的礼仪

参加西式宴会，首先应该向女主人打招呼，然后才轮到男主人。

宴会中的席位，主人事前大多有安排，在入席前，你要先看你的名卡在哪里，然后入席，如果没有排定座位，而你又不属于主宾，那你可以坐在远离主人的席位。

如果你迟到了，你应该走近主人所指定的位置，向主人打招呼，然后坐下来，用点头方式和宾客们打招呼。而在你的座位右边的一个男宾客，他就应该站起来，替你拉开椅子，你向他致谢后再坐下。

上菜时，也是女性优先，而且要等到女主人招呼吃菜时，客人才可吃。在非正式的场合中，有时不必等到每个人都上了菜才吃，但必须是你左右两人的菜已经上来，才可以动手吃。

正式的宴会，通常是由服务员用大盘盛着食物托到你的面前，由你自己取食物到碟子里。在这种情况下，通常在你的前面有一张餐单，你可以看餐单内容而考虑你的食量，不要取得太多。

在宴会进行中，你应该和左右两侧的人轻轻说话，不可以隔着他们和另外的客人大声说笑。口中咀嚼食物时不要说话。如果你需要一些酱料，而它们又不在你的面前，应该请邻座递给你。用完餐后，要等到主人宣布散席才可轻轻地离开座位。更重要的是，餐后必须逗留一段时间才可告辞回家，以示礼貌。

在西式宴会中，有几个细节要特别注意：

（1）凡事由侍者代劳。如倒酒、整理食具、捡起掉在地上的刀叉等事情，都应让侍者去做。

（2）聊天切忌大声喧哗。

（3）中途离席时将餐巾放在椅子上。

给人赞美，给人认同

"绿树阴浓夏日长，楼台倒影入池塘；水晶帘动微风起，满架蔷薇一院香。"眼下正值盛夏的午后，楼下的小区花园里的景色便如同诗中的境界。粗粗的柳树投下斑驳的影子，正好遮挡了秋千，池塘里的鱼活蹦乱跳，满墙的蔷薇争先恐后地开着，处处弥漫着沁人心脾的花香，整个花园一派生机勃勃的气象。

奇奇和几个小伙伴正在楼下嬉戏玩耍，闲聊着别的同学的事情，其间也少不了造谣：卡卡喜欢上了阿蒙，他们在一起牵手逛街呢；悠悠是个小偷，偷了很多同学的东西；露露不是亲生的，她的爸爸妈妈从来都不管她；洋洋的爸爸是做轮椅的……

这时，妈妈听到了几个孩子的谈论，她摇了摇头。过来对奇奇说："奇奇，跟我上楼来吧。"奇奇感到事情不妙，只好乖乖地跟了上来。

回到家之后，妈妈并没有和奇奇讲大道理，而是先讲了个故事给她听：

清朝的时候，清河县有一位非常睿智的老人，无论是富人还是穷人都非常爱戴他，都追随他，喜欢他，这一切都是因为他的善解人意。

有一次，一位邻居的年轻女孩来到他面前倾诉自己的苦恼。他明白了这个孩子的缺点，其实她心地倒不坏，只是她常常说三道四，喜欢说些别人的闲话。这些闲话传出去后就会给别人造成许多伤害。

老人说："你不应该谈论他人的缺点，你明知这样做不好，可就是控制不了。我知道你也为此苦恼，现在我命令你做一件事情。你到市场上买一只母鸡，走出城镇后，沿路拔下鸡毛并四处散布。你要一刻不停地拔，直到拔完为止。你做完之后就回到这里告诉我。"

女孩觉得这是一件非常奇怪的事情，但为了消除自己的烦恼，她没有任何异议。她买了鸡，走出城镇，并遵照老人的吩咐一路不停地拔下鸡毛。然后她回去找老人，告诉他自己按照他说的做了。老人说："你已完成了这件事情的第一部分，现在要进行第二部分。你必须回到你来的路上，捡起所有的鸡毛。"

女孩为难地说："很难做到吧？在这时候，风已经把它们吹得到处都是了。也许我可以捡回一些，但是我不可能捡回所有的鸡毛。"

"没错，我的孩子。你脱口而出的愚蠢话语就如同这些鸡毛，一旦拔下，就很难收回。你给别人所造的谣言，在你想收回的时候能收回来吗？"女孩说："不能。"

"那么，当你想说别人的闲话时，请闭上你的嘴，不要让这些羽毛散落路旁。"老人语重心长地对她说。

听妈妈讲了这个故事之后，奇奇明白了妈妈的意图："妈妈，我以后不会再随便背后议论别人了。"

妈妈对她说："奇奇，其实说一些闲话去恶语中伤别人，这对于自身是没有什么好处的，只会使自己失去越来越多的朋友，让越来越多的人讨厌你。作为一个有修养的孩子，这样做是不恰当的，倒不如多去赞美别人。谁都喜欢被别人赞美，哪怕你一句简单的赞语，都会使别人感到无比温馨。而赞美者在鼓励别人的同时，也会改善自己与周围的关系，丰富自己的生存智慧，使得自己更有涵养。"

🚂 妈妈告诉我

奇奇，当你得到父母、老师、朋友的一句赞美或表扬时，心底一定非常舒适、欣慰，浑身似乎积聚了许多力量吧！

有人说："良言一句三冬暖，恶语伤人六月寒。"我们要学会适时地给他人一句赞美，因为赞美的力量是无穷的。

台湾作家林清玄青年时代做记者时，曾写过一个小偷作案手法非常细腻，犯案上千起，却第一次被捉到的特稿。他在文章的最后，情不自禁地感叹："像心思如此缜密，手法那么灵巧，风格这样独特的小偷，做任何一行都会有成就的！"林清玄不曾想到，他20年前无心写下的这几句话，竟影响了这个青年的一生。如今，当年的小偷已经是台湾几家羊肉炉的大老板了！在一次邂逅中，这位老板诚挚地对林清玄说："林先生写的那篇特稿，打破了我生活的盲点，使我想，为什么除了做小偷，我没有想过做正当事？"从此，他脱胎换骨，重新做人。回头想想，如果没有林清玄当年对小偷的一句赞美，恐怕也不会有青年今天的事业与成就。

赞美就像浇在玫瑰上的水。赞美别人并不费力，只要几秒钟，便能满足别人内心的强烈需求。看看我们所遇到的每个人，寻觅他们值得赞美的地方，然后加以赞美，并把赞美他人变成一种习惯吧！

每个人都喜欢听赞美的话，被赞美时，心情会自然地轻松起来。如果说得好，会有利于双方的下一步交流；如果说得不好，则会适得其反。

恰到好处的赞美与违心的拍马屁，往往只有一步之遥，要让赞美话在别人听来不是令人反感的拍马屁。

在赞美他人时，要注意以下几点：

1. 真诚而得体

对别人的赞美需要真诚，而真诚离不开真实，要恰如其分地赞美对方，必须符合事实。如果要在一些细微的地方赞美的话，更需要对对方的工作、生活经历做一个大致的了解，以便准确地提出别人没想到你会提及的细小之处，这样往往能收到"润物细无声"的效果。

1971 年 7 月 29 日，基辛格率代表团秘密访华，进行打破中美中断 20 年外交僵局的谈判。来华前，尼克松总统曾不止一次为他们设想这次会谈的情形，以为中方会大拍桌子叫喊打倒美帝国主义，勒令他们退出台湾，滚出东南亚。为此，基辛格一行非常紧张。但事实出乎他们的意料。周恩来总理在钓鱼台国宾馆亲切会见了他们。周总理微笑着握着基辛格的手，友好地说："这是中美两国高级官员二十几年来第一次握手。"

当基辛格把随行人员一一介绍给周总理时，周总理的话更出乎他们的意料，他握着霍尔德里奇的手说："我知道，你会讲北京话，还会讲广东话。广东话我都讲不好。你是在香港学的吧！"又对斯迈泽说："我读过你在《外交季刊》上发表的关于日本的论文，写得非常好，希望你也写一篇关于中国的。"最后他握着洛德的手，说："小伙子，好年轻，我们该是半个亲戚，我知道你的妻子是中国人，在写小说。我愿意读她的书，欢迎她到中国来访问。"

一席赞美的话下来，基辛格一行的紧张心理已经被赶到九霄云外了，剩下的只有对中国领导人的刮目相看和油然而生的敬意。

周总理简短的欢迎词里蕴涵了高超的赞美技巧。他认识到基辛格一行的紧张，在严肃的外交场合，他有意淡化其政治角色，而是抓住细微之处，像在跟对方拉家常似的，分别对其语言才能、论文水平、家庭成员进行了巧妙的赞美，既亲切又得体。

2．赞美用词要得当

赞美的形成，在于一般双方都是面对面的，所以，内容上要具体，对象上要分明，有时尽管不直接涉及你所要赞美的客体，但对方早已心照不宣地知道你所指的是什么了。

3．赞美不可过分夸张

赞美需要修饰，但是过分、太夸张的赞美就会变成阿谀奉承，让人感觉不到真诚，只留下虚浮和矫揉造作。

4．少说陈词滥调

一些人的赞美言辞中，充满了陈词滥调。如久仰大名、百闻不如一见、生意兴隆、财源广进等。一些人在社交场合赞美别人时，只会鹦鹉学舌，说别人说过的话。

5．在背后赞美

有时你当面称赞一个人时，他极可能认为那是应酬话、恭维话。而在背后说人好话，他会认为那是认真的赞美，毫不虚伪，于是真诚接受，并对你感激不尽。

6．不可冲撞别人的忌讳

几乎每个人都有自己的忌讳，每个国家和民族都有自己的忌讳。忌讳仿佛是永不结疤的伤痕，每个人都不允许别人侵犯它。赞美别人千万不可触及对方的忌讳，否则，极易造成交际的失败，引起他人的反感。

经常真诚地称赞他人的人，也一定能经常得到他人的称赞。如果你想成为一个受欢迎的人，那就不要吝啬自己的称赞，带上自己的真心，收获对方的真诚。

我有我的社交圈

我喜欢结交更多的朋友

悠悠赖在家里和妈妈聊天，妈妈喝了杯水，对悠悠说道："悠悠，在生活中，个性的魅力是最能吸引他人注意的，通过自己的个性最能够彰显一个人的影响力，这种影响力实质上是通过得到别人的喜欢而发挥出来的。"

悠悠好奇地问妈妈："我希望自己有更多更多的好朋友，怎样才能得到别人的喜欢呢？"

妈妈笑而不答，却反过来问悠悠："你认为怎样做才好呢？"

悠悠想了一下，并没有得到合适的答案，妈妈就给悠悠讲了一个故事：

美国总统西奥多·罗斯福不仅是政界耀眼的明星，在日常的生活中他同样是一个异常受欢迎的人，不管是政府官员还是他的亲戚朋友，就连仆人都喜爱他。他的那位黑人男仆詹姆斯·亚默斯，写了一本关于他的书，取名为《西奥多·罗斯福，他仆人的英雄》。在那本书中，亚默斯说：

"有一次，我太太问总统关于一只鹑鸟的事。她从没有见过鹑鸟，于是他详细地描述了一番。没多久之后，我们小屋的电话铃响了。我太太拿起电话，原来是总统本人。他说，他打电话给她，是要告诉她，她窗口外面正好有一只鹑鸟，又说如果她往外看的话，可能看得到。

"他时常做类似的小事。每次他经过我们的小屋，即使他看不到我们，我们也会听到他轻声叫出：'呜，呜，呜，安妮！'或'呜，呜，呜，詹姆斯！'这是他经过时的一种友善招呼。"

有一天，罗斯福到白宫去拜访，碰巧塔虎脱总统和他太太不在。他喜欢卑微身份者的情形全表现出来了，因为他向所有白宫的仆人打招呼，都叫出名字来，甚至厨房的小妹也不例外。当他见到厨房的亚丽丝时，就问她是否还烘制玉米面包。亚丽丝回答说，她有时会为仆人烘制一些，但是楼上的人都不吃。

"他们的口味太差了，"罗斯福有些不平地说，"等我见到总统的时候，我会这样告诉他。"亚丽丝端出一块玉米面包给他，他一面走到办公室去，一面吃，同时在经过园丁和工人的身旁时，还跟他们打招呼……他对待每一个人，就同他以前一样。他们仍然彼此低语讨论这件事，而艾克胡福眼中含着泪说："这是将近两年来我们唯一有过的快乐日子，我们中的任何人，都不愿意把这个日子跟一张百元大钞交换。"

"你知道罗斯福为什么受到那么多的人的喜爱吗？"妈妈讲完故事后问悠悠。

"是因为罗斯福对每一个人都真正关心。"

"对他人的关心让他赢得别人对他的敬爱，这是罗斯福成功的秘诀之一，也让他成了一个很有影响力的总统。悠悠，其实我们每一个人都希望得到别人的喜欢，罗斯福的成功告诉我们一个真理，只有真正喜欢别人的人才能得到别人的喜欢。"妈妈说。

"妈妈。我明白了。我们要关心他人，一个只会关心自己的人很难得到他人的喜欢，过度喜欢自己的人，把精力都放在了关心自己身上，别人无法从他那里得到关心，当然也不会注意他。"

妈妈说："对，就是这个道理。要想得到别人的喜欢，我们就要先去喜欢别人。"

🚢 妈妈告诉我

悠悠，友爱是人在一生中最值得珍藏的一笔财富。当你取得了巨大的成绩，他像你一样沉浸在幸福之中；当你遭遇困境厄运，他同你一样悲痛忧伤。不论你遇到什么事情，你时刻都会感觉到在这个社会上你不是一个人在孤立无助地生活，你时刻都在另一双眼睛的视野里，你时刻都在另一颗心灵的关怀中。

真正的友情是我们最宝贵的财富，为了友情，我们甚至可以放弃生命。

在越南有这样一个故事：

几发炮弹突然落在一个小村庄的一所由传教士创办的孤儿院里。传教士和两名儿童当场被炸死，还有几名儿童受伤，其中有一个小姑娘，大约8岁。

村里人立刻向附近的小镇要求紧急医护救援，这个小镇和美军有通讯联系。终于，美国海军的一名医生和护士带着救护用品赶到了。经过查看，这个小姑娘的伤最严重，如果不立刻抢救，她就会因为休克和流血过多而死去。

输血迫在眉睫，但得有一个与她血型相同的献血者。经过迅速验血表明，两名美国人都不具有她的血型，但几名未受伤的孤儿却可以给她输血。

医生用掺和着英语的越南语，护士讲着仅相当于高中水平的法语，加上临时编出来的大量手势，竭力想让他们幼小而惊恐的听众知道，如果他们不能补足这个小姑娘失去的血，她一定会死去。

他们询问是否有人愿意献血。一阵沉默做了回答。每个人都睁大了眼睛迷惑地望着他们。过了一会儿，一只小手缓慢而颤抖地举了起来，但忽然又放下了，然后又一次举起来。

"噢，谢谢你。"护士用法语说，"你叫什么名字？"

"恒。"小男孩很快躺在草垫上。他的胳膊被酒精擦拭以后，一根针扎进他的血管。

输血过程中，恒一动不动，一句话也不说。

过了一会儿，他忽然抽泣了一下，全身颤抖，并迅速用一只手捂住了脸。

"疼吗，恒？"医生问道。恒摇摇头，但一会儿，他又开始呜咽，并再一次试图用手掩盖他的痛苦。医生问他是否针刺痛了他，他又摇了摇头。

医疗队觉得有点不对头。就在此刻，一名越南护士赶来援助。她看见小男孩痛苦的样子，用极快的越语向他询问，听完他的回答，护士用轻柔的声音安慰他。顷刻之后，他停止了哭泣，用疑惑的目光看着那位越南护士。护士向他点点头，一种消除了顾虑与痛苦的释然表情立刻浮现在他的脸上。

越南护士轻声对两位美国人说："他误会了你们的意思，以为自己就要死了。他认为你们让他把所有的鲜血都给那个小姑娘，以便让她活下来。"

"但是他为什么愿意这样做呢？"护士问。

这个越南护士转身问这个小男孩："你为什么愿意这样做呢？"

小男孩只回答："因为她是我的朋友。"

故事让人震撼！这个越南小男孩为了救他的朋友，甚至甘愿献出他自己的生命。由此我们可以看出，有的时候，友爱是无价的，它甚至可以超越生命。

无须更多的语言，做一个辛勤的耕耘者吧，去耕种那一片友谊的花园。

我要改变一下自己

文文还记得自己在上小学的时候，从来不喜欢和别人主动说话，就连见到阿姨都不打招呼。就因为这个原因，妈妈没少批评过她："文文这个毛病可不好，不要说和别人打声招呼，如果能对人笑一下就不错了。这以后长大怎么得了？"

后来一次偶然的机会，文文听说有一个人做过一项试验：把一只狗放到四面都是镜子的地方。这只狗看到周围都是凶恶的狗，于是不停地冲着这些狗狂吠，而镜子里的狗也冲着这只狗狂吠。这只狗就一直狂吠不止，直到最后累死了。

但是这只狗并不清楚事实真相：他所狂吠的对象恰恰是它自己。

这个故事的意思就是告诉人们：自己的态度可以决定外界的环境。

看过了这个故事之后，文文明白了之前为什么别人不喜欢找自己来玩，因为一切都是作用力与反作用力的关系。如果自己不喜欢主动和别人打招呼，怎么可以奢求别人友善地对待自己呢？

从此以后，文文就开始试着慢慢改变自己，多与人沟通，才发现原来生活比之前美好得多。

妈妈告诉我

有一条鱼在很小的时候被捕上了岸，渔人看它太小，而且很美丽，便把它当成礼物送给了女儿。

小女孩把它放在一个鱼缸里养了起来。每天，这条鱼游来游去总会碰到鱼缸的内壁，心里便有一种不愉快的感觉。

后来鱼越长越大，在鱼缸里转身都困难了，女孩便为它换了更大的鱼缸，它又可以游来游去了。可是每次碰到鱼缸的内壁，它畅快的心情便会暗淡下来。它有些讨厌这种原地转圈的生活了，索性静静地悬浮在水中，不游也不动，甚至连食物也不怎么吃了。

女孩看它很可怜，便把它放回了大海。

它在海中不停地游着，心中却一直快乐不起来。

一天它遇见了另一条鱼，那条鱼问它："你看起来好像闷闷不乐啊！"

它叹了口气说："啊，这个鱼缸太大了，我怎么也游不到它的边！"

我们是不是就像那条鱼呢？在鱼缸中待久了，心也变得像鱼缸一样小了，不敢有所突破，有一天到了一个更为广阔的空间，已变得狭小的心反倒无所适从了。

其实，心有多大，世界就有多大。如果不能打碎心中的四壁，你的翅膀就舒展不开，即使给你一片大海，你也找不到自由的感觉。

打开自己，需要开放自己的胸怀。

开放，是一种心态、一种个性、一种气度、一种修养；是能正确地对待自己、他人、社会和周围的一切；是对自己的专业和周围的世界都怀有强烈的兴趣，喜欢钻研和探索；是热爱创新，不墨守成规，不故步自封、不固执僵化；是乐于和别人分享快乐，并能抚慰别人的痛苦与哀伤；是谦虚，勇于承认自己的不足，并能乐观地接受他人的意见，而且非常喜欢和别人交流；是乐于承担责任和接受挑战；是具有极强的适应性，乐意接受新的思想和新的经验，能够迅速适应新的环境；是坚强，敢于面对任何的否定和挫折，不畏惧失败。

不打开自己，一个人就不可能学会新东西，更不可能进步和成长。开放的胸怀，是学习的前提，是沟通的基础，是提升自我的起点。在一个组织里，最成功的人就是拥有开放胸怀的人，他们进步最快，人缘最好，也容易获得成功的机会。

具有开阔胸怀的人，会主动听取别人的意见，改进自己的工作。比尔·盖茨经常对微软的员工说："客户的批评比赚钱更重要。从客户的批评中，我们可以更好地汲取失败的教训，将它转化为成功的动力。"比尔·盖茨本人就是一个心态非常开放的人，他鼓励公司里每个人畅所欲言，当别人和他有不同意见时，他会很虚心地去听。每次公开讲演之后，他都会问同事哪里讲得好，哪里讲得不好，下次应该怎样改进。这就是世界巨富的作风，也是他之所以能成为巨富的潜质。

开放的心自由自在，可以飞得又高又远；而封闭的心像一池死水，永远没有机会进步。如果你的心过于封闭，不能接纳别人的建议，就等于锁上一扇门，禁锢了你的心灵。要知道褊狭就像一把利刃，会切断许多机会及沟通的渠道。

花草因为有土壤和养分，才会茁壮成长、美丽绽放，人的心灵也必须不断接受新思想的洗礼和浇灌，否则智慧就会因为缺乏营养而枯萎死亡。

拥有开放的心，你才能充分利用成功的第一原则：一个人只要对自己的信念坚定不移，就没有做不到的事情。打开你的心，让想象力自由翱翔，让你成功的希望越飞越高。

精心营造自己的社交圈

媛媛和花花都是梦秋的好朋友，但是她们两个人的性格却是截然不同的。

媛媛看上去非常的阳光灿烂，脸上的笑容总是如升起的太阳一般有朝气。而且只要是有她在的地方，总能给大家带来快乐。她特别喜欢笑，即使是生病或是受伤了，她也很少哭鼻子。她还是一个很热心的女孩，乐于帮助别人解决问题。

而花花是一个喳喳呼呼说话有时会很尖刻的小女生，有的同学会对她退避三舍。

最近花花不知怎么了，身上总是带有一种青春期特有的伤感，仿佛一朵忧郁的兰花，总是莫名其妙地皱眉，和往常相比，好像更不合群了。如果单单是变得忧郁了那也是个不错的进步，关键是脾气反而变得更大了，除了和这几个合得来的朋友之外，她都不怎么和其他的人相处。在大多数同学的眼中，她成了一个"冰美人"。

那天花花一反常态地跟大家说："我想转学，到贵族学校去积累点人脉。"

花花一定是大脑发烧了吧。梦秋看到她坚定的表情，感到匪夷所思：积累人脉就一定要去贵族学校吗？这是否有必然的联系呢？

梦秋想：花花一定是大脑先浸的水，然后又发炎了。

记得很早之前，妈妈就和梦秋说过："你想拥有什么样的生活，完全是自己可以决定的。如果以快乐的心情看待周围的人和事，就会觉得生活很美好，如果以忧伤的心情看待周围的人和事，那么你会觉得自己是最委屈的人。"

梦秋真希望花花要珍惜眼下的生活。

妈妈告诉我

梦秋，在现在这样的一个社会，我们不得不提到一个词就是"人脉资源"。亚里士多德说，一个生活在社会之外的人，同他人不发生关系的人，不是动物就是神。很多同学可能会说："人脉不就是互相帮忙吗？如果我帮不上别人的忙，人家凭什么要来和我打交道呢？"这是对人脉的一种误解。我们在这里要谈一个关于非权力感召力的概念。非权力感召力是一种对他人的感召力，是在与他人的交往中，在人际关系的互动中产生的。与他人建立真诚美好的关系是非权力感召力的源泉。

卡耐基曾经指出：一个人的成功有时并不在于他有多强的能力，当一张无所不至的人际关系网撒下时，就已经成功了一半。

他又指出，人们在事业和生活中的成功，15%靠的是专业知识，85%靠的是人际关系。作为一种人脉感召力，非权力感召力的获得依赖人脉的因素，可能要高达90%以上。

非权力感召力作为一种感召力有时候通过单独行动来影响别人是有难度的，你需要他人的帮助，所以拥有这种感召力的人总是拥有良好的人际关系。他们广交朋友，在遇到困难的时候，他们依靠朋友的关系网，总能化解眼前的困难。即使这些成功者智商并不高，但他们在事业上也能超人一等。

《射雕英雄传》里的郭靖就是这样的一个典型例子。

都说郭靖是个笨人，但是他却成了天下人人佩服的大英雄。看看靖哥哥周围的人，他怎么可能不成功呢？郭靖的师傅不下十位，既有以侠义自称的江南七怪、擅长内功心法的马钰道长，又有武功盖世的洪老帮主、童心未泯的周伯通，更不用说聪明过人的奇女子蓉儿，等等。

正是这"多元化"的师资组合，站在人尖的肩膀上，"笨"得像木头一样的郭靖终成一代大侠。郭靖虽然脑子反应比较慢，但他深深懂得，独腿走不了千里路，要真正在江湖上闯出一条路来，必须兼收并蓄，集众家之长。

学校是我们汲取知识的重要场所。在学校里，有老师，有同学，有校友。这些人都将是使你日后学业有成、事业发展的资源，如果我们从现在就开始好好把握这些资源的话，他们终将会发挥出更加巨大的能量。

有一首歌唱得好，"千金难买是朋友，朋友多了路好走"。还有一句类似的俗语，"在家靠父母，出门靠朋友"，说的都是人脉。人脉就是人际关系网，就是你结交的好人缘，就是你在需要时，可以毫不犹豫开口求助的那些人。这是一个 Teamwork 的年代，谁都不可能成为鲁滨孙那样的孤胆英雄，而应该是站在巨人肩膀上的英雄。

自己制定一个交友的标准

妞妞总是觉得自己的好朋友太少了。自己曾经分析过原因，但是还是找不到原因。

后来，妈妈提示给妞妞一个答案："妞妞，你对待别人的态度反差太大了。你仔细想想自己平时的表现，对待你的好朋友，你会有说不完的话，可是对那些和你不熟的人，你会一句话都不说，这样的话，你怎么会有更多的朋友呢？你应该平等地接纳更多的人，才会获得更多的朋友啊。"

"可是，当我遇到了和自己不熟的人，我就觉得不好交流，怎么办？"妞妞把为难之处告诉了妈妈。

"如果是这样的话，那让妈妈给你一个关于对待朋友的禁忌吧，如果你把这些记住了，就不会在和朋友交流的时候犯错了。"妈妈的话，犹如是一颗定心丸，让妞妞心里踏实了许多。

"那，妈妈，您把那份宝贵的禁忌告诉我吧。"妞妞迫不及待地向妈妈哀求。

"嗯，我会告诉你的，不过，妞妞，妈妈还想告诉你的是，交朋友最宝贵的在于真诚，不要因为不敢和人说话而禁锢住自己，只要让人感受到了你的真诚，语言再笨拙都不会影响你们交流的效果，真的。"

妈妈告诉我

妞妞，人际关系需要维护与和谐，没有和谐的人际关系你怎能无忧无虑的去办事，所以人际交往要时时注意和谐，在与人交往的时候，需要注意一些禁忌，可以保证你在与人交往的过程中不会犯错：

1. 忌言谈举止轻浮

与人交往时，语言要文明，举止要礼貌，说话有条理，言简意赅。别人谈话时，要虚心倾听，不打断对方谈话，不做心烦意乱的动作，不搔首、抓腮、挖耳、抠鼻、剪指甲、跷着二郎腿等，更不要随便翻阅别人的东西。

2. 忌分等级待人

对别人一视同仁，不卑不亢，不论对方地位高低，资历深浅，条件优劣，自己都要热情谦虚，既不巴结讨好，也不傲慢自居。

3. 忌自以为"什么都懂"

对不知道的事不说，别人不了解的也不要牵强附会、东拉西扯，让对方反感，交往必然失败。

4. 忌过分打扮

与人交往时，衣着要与身份相符，整洁大方。当然，也要考虑被交往对象的生活习惯。如不修边幅或过分修饰，难免使对方产生误解或给人一种浮华轻薄、华而不实的感觉。

5. 忌随便误解对方

对别人谈论的事，要正确理解。如果是出于无心，就不要过于认真，想入非非，甚至造成误解，使人感到不雅。

6. 忌花言巧语，虚伪客套

在交往中，态度要诚恳，实事求是，讲心里话，不用虚伪的客套话骗人。当然，讲话也要注意分寸。

7. 忌显示自己有恩于人

在交往中，不要多谈自己的好处，不要认为自己足够对得起人家，别人太对不起自己了。应该常提受人恩德的事，使对方心中也感到舒服。

8. 忌了解自己不应该知道的事情

在交谈中，不可多嘴多舌，贸然打听别人的秘密或对方难以启齿的事情，使对方受窘。忌有意无意揭穿他人的秘密。

9. 忌幽默过度

朋友之间，熟人之间开开玩笑是免不了的。它不但可以活跃气氛，融洽关系，增进友谊，还可以使开玩笑的人具有幽默感。但是，凡事都有个"度"，超越了这个"度"，不但达不到预想的目的，还会弄巧成拙，适得其反，开玩笑也是如此。

开玩笑的"度"，没有固定的衡量标准。它是因人、因时、因环境、因内容而定。具体如下：

要看对象。由于人的性格、秉性各不相同，使得他们的承受能力也有所不同。有的人开朗活泼，有的人寡言少语，也有的人生性多疑。因此，同样的玩笑对有的人可以开，对有的人就不能开。

要看时间。同一个人，在不同的时间里会有不同的心境和情绪。有时情绪好，有时情绪低落。同样一句玩笑，在对方心情开朗时，他不会计较，而当他心情坏时，就可能耿耿于怀。因此，开玩笑最好选择在大家心情都比较舒畅时。

开玩笑还要看场合和环境。一般来说，在安静的环境中；在庄重、紧张的场合；在悲哀的环境中，不应该开玩笑；在大庭广众之下，应少开或不开玩笑。要看内容。开玩笑要讲究内容健康高雅，注意情调。

10. 忌随便发怒

喜怒哀乐，本是人之常情，也是人的内心世界的真实表现。俗话说"气大伤身"，发怒者会给自己的身体带来不良的影响自不必说，还要影响发怒者的自身形象。因为人们常会认为发怒者缺乏修养，不宜深交。

11. 忌口出恶语

俗语说："良言一句三冬暖，恶语伤人六月寒。"在社交活动中应极力避免恶语的出现。语言本是人们交流思想、传递信息和沟通情感的工具，但恶语却是损害别人尊严，刺痛别人神经和破坏相互关系的祸根，是社交之大忌。但是，只要我们每个人都从我做起，不断提高自身素质和修养，注意语言美，充分认识到尊重别人，就是尊重自己，伤害和侮辱他人的同时也贬低了自己，那么，在社会交往中就不会出现恶语伤人之事了。

12. 忌搬弄是非

所谓飞短流长，意思就是说长道短，评论他人的好坏是非。这同样是社交之大忌。常言道，人与人交往贵在真诚，要以诚相见。那种当面是人背后做鬼，私下议论别人是非的做法，是不利团结的，而且会伤害朋友之间的感情，最终使你失去朋友。

对朋友的过失不能幸灾乐祸。人非圣贤，孰能无过！一个人在工作和生活中出现差错和过失是在所难免的。对待朋友的错误不能熟视无睹，更不应幸灾乐祸，而应积极相助，指点迷津。这才称得上是真正的朋友。只有这样的人在社会交往中才会赢得朋友的信赖，交到更多更好的朋友。

13. 忌言而无信

社会交往中，信用二字至关重要。自古就有"一诺千金，一言百系"，"一言既出，驷马难追"的说法。因此，要让别人相信你，尊重你，你就必须要言而有信。

古人云："人无信，不可交"。如果言而无信，在社交场合中就不会有自己真正的朋友。

广交朋友的几条途径

今天默默在杂志上读到一个特别有趣的故事，觉得很可笑，就跑过去讲给妈妈听：

从前有一个人，他准备了一桌丰盛的晚餐，请他的三个好朋友前来就餐。快到开饭的时间了，只来了两个人，另一个却没有来。主人等得心里很着急，于是就说：

"哎！该来的人怎么还没有来。"

这一句话说者无意，而听者却有心。其中一个等候的客人听到主人这样一句话，就心里想：可能我是不该来的，于是找个理由就走了。

这个朋友走了之后，主人心情更加郁闷，说了一句：

"哎！不该走的又走了。"

主人无心的一句话却把最后一个留在这里的人惹急了，他心里想：我既不是该来的，也不是那个不该走的，我留在这里还做什么？于是，他也找借口告辞了。

可惜的是，这一桌丰盛的晚餐，最后就只有主人独自享用了。

妈妈听了这个故事之后说道："默默，这不仅仅是一个笑话，也有很深的道理。交朋友也是一门学问，如果你能了解这门学问，你就会在朋友之间自如的交往，使气氛融洽，如果你不懂这门学问，那你就会把朋友之间的关系弄僵。"

"妈妈，活跃人际关系都有哪些招数，我想您一定知道的。"默默试探着问妈妈。

"嗯，是啊，让妈妈来讲给你听吧。"

🚢 **妈妈告诉我** ⋯⋯⋯⋯⋯⋯⋯⋯⋯⋯⋯⋯⋯⋯⋯⋯⋯⋯⋯⋯⋯⋯⋯⋯⋯⋯⋯⋯⋯⋯

默默，如果你想在人际交往中给别人一个好的印象，就应该学会如何去活跃气氛，怎样活跃气氛呢？妈妈现在就出招：

1．以诚相待

在很多人的眼中，欺骗、说谎话是一种有利的勾当。他们以为欺骗的手段是很值得使用的。许多声誉很好的商店，也往往为了掩饰自己的商品的缺点、坏处，而登载各种欺人的广告。有些人甚至以为，在商场上，欺骗与资本同等重要，同等必需。他们的理由是，在言行诚实的同时想要在经营上得到大的成功，实在是很难的。不为利动，没有私心，在任何情形下都言行诚实——这种美誉，是人际交往中的一笔宝贵的财富。

2．赞赏并让别人觉得重要

人际交往中还有个极重要的法则，如果我们遵守这个法则，便可以得到许多友谊和永恒的快乐。但是，如果我们破坏了这个法则，就可能后患无穷。这个法则就是：衷心地赞赏他人，时时让他人感到重要。约翰·杜威说过："人类本质里最深远的驱策力就是：希望具有重要性。"威廉·詹姆士也说过："人类本质中最殷切的需求是：渴望被肯定。"人类的这种需求，使人类有别于其他动物；也正是这种需求，使人类产生了文化。

3．重信用，赢取信任

除了以诚相待之外，要想赢得人际关系，还应当具备的品质或者说应当遵守的法则是：重信用。只有这样，才可能赢取信任。

一个年轻人如果希望闻名世界、流芳百世，他首先要获得人家对他的信任。一个人如果学会了如何获得他人信任的方法，那么他就可以很好地在人际中生存。任何人都应该懂得：人格是一生中最重要的资本，而糟蹋自己的信用无异于在拿自己的人格做典当。

罗赛尔·赛奇说："坚守信用是成大事者的最大关键。"个人要想赢得别人的信任，一定要下极大的决心，花费大量的时间，不断努力才能做到。

4．引发共鸣

成功的社交应是众人畅所欲言，各自都表现出最佳的才能，做出最精彩的表演，最忌一个人唱独角戏，大家当听众。为达到这一目的，就必须寻找能引起大家最广泛共鸣的内容。有共同的感受，彼此间才可各抒己见，互相交流看法，气氛才会热烈。所以，你若是社交活动的主持人，一定要把活动的内容同参加者的好恶、最关心的话题、最擅长的拿手好戏等因素联系起来，以免出现冷场。

5．夸张般的赞美

和朋友久别重逢见面后不免寒暄一番，你完全可以借此发表一番高论，把每个人的才能、成就、天赋、地位、特长等做一种夸张式的炫耀与渲染，并会让朋友们感到你深深地了解、倾慕他们。这种把人抬得极高，但没有虚伪、奉承之感的介绍，会立即使整个气氛变得异常活跃，友情会加深一层。

6．寓庄于谐

社交需要庄重，但长时间保持庄重气氛会使人精神紧张。寓庄于谐的交谈方式比较自由，在许多场合都可以使用。用幽默、诙谐的语言，同样可以表达较重要的内容。

7．给一个无痛苦的伤害

有时候，那些毕恭毕敬的夫妻未必就没有矛盾，而平日吵吵闹闹的恋人可能会更亲热。社交也是如此，若彼此开句玩笑，互相攻击几句，打一拳、给两脚，反倒显得亲密无间、无拘无束。

8．善意的恶作剧

有分寸地、善意地取笑别人并不是坏事。善意的恶作剧具有出人意料的效果，它能引起众人的欢笑。人们在捧腹大笑之际，超脱了习惯、规则的界限，享受不受束缚的"自由"和解除规矩的"轻松"。

9．带些小道具

朋友相聚，也许在初见面时因打不开局面陷于窘境，也许在中间出现冷场。这时，你随身携带的小道具便可发挥作用。一个精致的钥匙链可能引发一大堆话题；一把扇子，既可用来遮阳光，又可在上面题诗作画，也可唤起大家特殊的兴趣。小道具的妙用不可小瞧。

10．制造悬念

在相声里，悬念是相声大师的"包袱"。有意制造悬念，会使人更加关注你的一举一动。当大家精力集中、全神贯注时抖开"包袱"，人们发觉这是一场虚惊，都会付之一笑，报以掌声。

11．怪问怪答

交谈中，不时穿插一些意想不到的、貌似荒谬而实则有意义的问题，是一种很好的活跃气氛的形式。那些一本正经的人会给人古板、单调、乏味的感觉。也许会有人时常问你一些荒谬的问题，如果你直斥对方荒谬，或不屑一顾，不仅会破坏交谈气氛、人际关系，而且会被人认为缺乏幽默感。

12．耐一时

忍耐，不是懦弱的表示；忍耐，是勇者的象征。一个人能够忍耐一时，坚持下去，纵使有一时的不如意，也终将成为过去，逆境也能转为顺境。

13．忍一句

古德说："喜时之言多失信，怒时之言多失礼。"一个人在盛怒时所说的话，容易伤害别人，也容易造成摩擦。所以，如果我们能忍一时之气，就不会造成无谓的纷争。

14．退一步

人生的旅途上，能退一步想，海阔天空。凡事退一点，留给别人一点余地，也是自己的一种修养。

15．饶一着

禅家有首偈语说："何必争强来斗胜，百千浑是戏文场；顷刻一声锣鼓歇，不知何处是家乡。"在人生的舞台上没有什么值得争强好胜的，有时候让人一步就是自己的胜利，所以你要有"得饶人处且饶人"的涵养与心量。

谁说万人迷就一定虚伪

别人都夸我"人缘好"

"好，先这样，有时间我们常联系。"妈妈放下了电话，反而笑眯眯地看着旭旭。

"旭旭，杨阿姨刚才一直都在表扬你。说你既聪明又懂事，走到哪里都招别人喜欢。"听妈妈这样一说，旭旭心里乐开了花。

"杨阿姨自己也有个女儿啊。"旭旭想起来了。

"杨阿姨总是说，如果她的孩子能像旭旭一样活泼开朗、懂事大方就好了。"妈妈说道。

杨阿姨家有个小女孩是和旭旭同岁的，可是她为人比较冷漠，而且对别人都不感兴趣，很难和大家融在一起，别的人也很难走入她的内心世界。确实，连旭旭都不太喜欢和她玩，因为旭旭一看到她冷漠的表情，就不想和她接近了。这样的女孩首先是不懂得如何尊重别人，在与人交往中总是处于被动的境地，如果不主动找她说话，她就不会搭理任何人，谁会总主动找她呢？

一个浑身上下透着亲和力的人，和一个整天板着脸神情严肃的人相比，相信绝大多数的人都会选择前者作为自己的交往对象。因为只有他身上具备这种爱人的气质，他才会表现得对他人有很大的兴趣，就能吸引人们与他交往。

由此旭旭得到了一点体悟：如果要想让别人不冷落自己，要想让自己在一个圈子中更具有影响力，最好的方法是提升自己的亲和力，多一点对他人的关心和尊重，这样才能在人际交往的舞台上更具魅力。

🚢 妈妈告诉我

旭旭，首先和妈妈一起分享这个故事吧：

黄牛看见狐狸在树下呜呜地哭，就问它为什么悲伤。

狐狸抹了一把眼泪，说："人家都有三朋四友，唯独我孤零零的，心里难受哇……"

黄牛问："花猫不是你的朋友吗？"

狐狸叹了口气，说："花猫与我交友一载，没请过我一次客，这算什么朋友？我早跟它散伙了。"

黄牛问："山羊不是你的朋友吗？"

狐狸摇摇头，说："山羊与我结拜半年，从未给过我一分钱的好处，还有啥朋友味？我早跟它断绝来往了。"

黄牛长叹了一声，问："听说你曾经跟大黑猪的关系还可以。"

狐狸气得直跺脚，说："我早把它给踢了！你想想，大黑猪能帮我什么忙？当初我根本就不该认识那个蠢家伙。"

黄牛戏谑地一笑，调侃地说："狐狸先生，我送你一样东西吧。"

狐狸眼睛一亮，心想这下可以讨到便宜了，立刻止住哭，问道："什么东西？"

黄牛扭过头，扔下一句"贪鬼"，说完头也不回地走了。

对朋友不能付出真诚的人永远得不到真正的友谊，他们将是可怜的终生孤独者。

有人曾说："有求于人才会去找朋友，很快就没有朋友。如果你愿意要朋友，先做别人的朋友。"交朋友贵在真诚，一个只肯为自己打算盘的人，到处受人鄙弃，他一辈子都很难交到朋友。

古希腊政治家伯利克里说过："我们结交朋友的方法是给他人以好处，而不是从别人那里得到好处。"只有真心对朋友好，以真心换真心，这样你会取得朋友的信赖和帮助，你的朋友也就会越来越多，这才是真正的交友之道。希望有所收获的付出的友谊不是友谊，而是交易。懂得付出的人是真正拥有财富的人，尽管他拥有的财富并不变，但只要他能帮助朋友，只要还有朋友需要他的帮助，那么他就是一个真正富有的人。

与人交往，可圆可方

慧慧在小区里看到几个小朋友在墙上乱涂乱画，跑过去对他们说："你们不可以在这上面乱画，快别画了，快别画了。"

可是奇怪的是，这些小孩子好像并不把慧慧的话放在心上，无所谓地依旧在那里乱涂乱画，而且涂得越来越乱了，还有小朋友在那里朝慧慧做鬼脸。

"你们这些坏小孩，太不道德了。一会保洁员过来肯定会说你们的。"慧慧很生气。

这时妈妈走了过来："慧慧，发生了什么事情。"

"这些小朋友在乱涂乱画，我要他们马上停下来，他们却都不理我，我很生气。"慧慧向妈妈"告状"。

"是吗？让妈妈过去试试。"妈妈说着就走了过去。

"小朋友，你们在做什么？"妈妈走过去热情地和他们打招呼。

"我们在画画。"

"哦，画得真好。"当妈妈表扬他们的时候，这些小孩显得很高兴。

"不过，这么漂亮的画，你们却把它放错了地方。墙上的画都是不会保存很长时间的，只要过一段时间，就会有叔叔过来把墙粉刷一遍，那你们不就白画了吗？而且，这面墙原本是白色的，你们却把它涂得这样脏，那要辛苦保洁员阿姨来清理，对不对？"妈妈耐心地开导他们。

好像妈妈的说教很有效，那些小朋友站在那里，听妈妈说话。

"所以，你们应该把漂亮的画都画在纸上，带回家给爸爸妈妈看看，对吗？"妈妈这样问他们。

其中有几个小朋友点点头。

"嗯，那回家拿纸，在纸上画吧。这面墙，让我们共同爱护它好吗？"

慧慧真服了老妈了，她这样一说，那帮小孩都特别服帖。

"妈妈，您玩的是什么手段，真高啊！刚才把我气的，他们怎么就不听我说呢？"

"他们都是小孩子，你说话有那么多的棱角，他们怎么会接受呢？"妈妈一语点破了慧慧的疑问，"我在说服他们之前，要先夸奖他们，肯定他们，后面的话他们才会接受啊。说话也是需要圆融的。"

看来，慧慧还需要再修炼一段时间了。

妈妈告诉我

每个人都有自己的想法，但并不是每个人都会将自己的想法暴露，在与人交往时，面对不同的人，你会有不同的态度，有的人你愿意亲近，你觉得他值得做朋友，而有的人则相反，所有的这些，你如何迅速地判断和识别呢？

其实，要想了解他人并不难，你不是想猜测出别人的内心活动、选择可以交往的朋友吗？那就需要从对方的一言一行中去捕捉一点一滴的信息，以此来判断对方的想法。这其实也是人际交往时必须具备的能力，这样不但能使沟通交流变得畅通，而且还会为你提供切实的帮助。

要想了解他人，首先要学会察言观色。一个人的想法往往会通过他的态度及动作流露出来，只要我们仔细地观察他人，即学会察言观色，便可以了解他人的想法。

春秋时期的齐国宰相管仲深明察言观色之道，等到适当的时机再从旁进谏。但是有一次，他稍不小心，还是触到齐桓公的"逆鳞"。

当管仲审核国家预算支出的情况，发现宴客费用居然高达三分之二，其他部门的经费只有三分之一，难怪会捉襟见肘、效率不高。他认为这太浪费，此风断不可长。于是，管仲立刻去找桓公，当着众臣的面说："大王，必须要裁减执行费用，不能如此奢侈……"

话未说完，没想到桓公面色大变，语气激动地反驳说："你为什么也要这样说呢？想想看，隆重款待那些宾客目的是使他们有宾至如归的感觉，他们回国后才会大力地替我国宣传；如果怠慢那些宾客，他们一定会不高兴，回国后就会大肆说我国的坏话。粮食能够生产出来，物品也能制造出来，又何必要节省呢？要知道，君主最重视的是声誉啊！"

"是！是！主公圣明。"管仲不再强争，即刻退下。

管仲的机智与聪明就在于他善于察言观色。如果换作是其他忠义顽强好辩的人士，继续抗争下去，可以想象会有什么后果。

从桓公的脸色和语气中管仲察觉到此时桓公心情不佳，不会接受劝谏，自己应做到该进则进、该退则退、当止则止，于是他不再继续损害君主的尊严，而是在后来的工作中慢慢影响桓公，使问题逐步加以改善。

事实上，我们在与人交往也应这样，要注意顺着对方的心意，不可逆犯对方的忌讳。否则非但达不到目的，反而会使自己处于非常尴尬的局面。所谓"出门观天色，进门看脸色"，尤其是在求人办事时，只有善于从对方面部表情做出准确判断，再付诸行动，才会有成功的可能。

其次，可以通过语音洞察人心。

说话速度是一种特征，是一个人与生俱来的气质及平日与人交往中锻炼所形成的。但是异常的说话速度常常与内心的思想有很密切的联系。比如，平时能言善辩的人，突然变得口吃起来，或者相反，平时说话不得要领的人，突然说得头头是道，这就要注意是否发生了什么事情，影响他们，以致使他们的心里发生了重大变化。

这是因为一般情况下，人在有烦恼不安或恐惧等感情时，说话速度都会快得异乎寻常，以此自欺欺人，缓和内心的不安与恐惧，但是，由于没有冷静地思考，所以，即使说得滔滔不绝，内容却空洞无物。

同样，如果是一个平时总是沉默寡言的人，突然间话多得令人感到不自然，此人一定有了不愿他人知道的秘密。

与说话速度一样，声调也是语气的特征之———人的思想处于激动状态时，声调往往会提高。某位作曲家也曾说："要提出与对方相反的意见时，最简单的办法就是提高音量。"

如果你做一个生活的有心人，仔细留心他人的语速和声调，就可以轻而易举地探知他人内心的想法。心中的巨人一旦唤醒，就可以产生神奇的力量。

幽默地"笑傲江湖"

南南的个性大大咧咧，不仅如此，还很会说笑话，有的时候，即便她没有讲笑话给大家听，大家看到她还是想发笑。也许是因为这个原因吧，大家都很喜欢南南。

南南的幽默感，是有特点的：首先，南南模仿能力超强。如果和同学一起在电视上看到好看的片段，南南一定可以给大家再"倒带重来"一遍。如果在学校中遇到比较搞笑的人或事，南南也会利用她的模仿能力再给大家表演一番，甚至到了出神入化的地步。

其次，南南这个孩子，还是有点贫的。她对于不熟的人还可以比较正经对待，不过看到了这些熟悉的朋友，就忍不住想多说几句没用的废话。再有呢，就是南南很大咧，不像一般的女孩那样拘小节，有的时候看上去也很搞笑呢。她会像绅士一样蹲下来帮助同学修理自行车，总是乐呵呵的样子，谁会不喜欢她呢？

总之，南南的幽默也许是天生的。大家确实喜欢幽默的人，她能给大家的生活带来不少欢乐。

🚢 妈妈告诉我

南南，能成为一个幽默的人，那肯定会为人际交往能力加分不少。

在社会生活中，幽默是无处不在的。幽默是语言的润滑剂，如果你善于灵活运用，必将为你的生活带来无穷的轻松和乐趣。

幽默是人际交往中的磁石，可以将你周围的人吸引到你身边来；幽默也是转换器，可以将痛苦转化为欢乐，将烦闷转化为欢畅。每个人都喜欢与机智幽默的人做朋友，而不情愿与忧郁沉闷、呆板木讷的人交往。

首先，幽默可以缓解冲突。

人际交往中，磕磕碰碰在所难免，遇到棘手的问题或尴尬的场面，恰当地运用幽默，能产生神奇的效果。

小镇上一家酒馆老板脾气暴躁，听不得半句坏话。一次，一个过路人在此喝酒，刚喝一口，就忍不住叫起来："酒好酸。"老板听后大怒，吩咐伙计操起棍子打人。这时又进来一位顾客，问："老板为什么打人？"老板说："我卖的酒远近闻名，这人偏说我的酒是酸的，你说他该不该打？"这个人说："让我尝尝。"刚尝一口，那人眼睛、眉毛都挤在一起，脱口说道："你还是把他放了，打我两棍子吧。"大家哄堂大笑，一句诙谐的话语平息了一场纠纷。

公共汽车上，一位女乘客不停地打扰司机，车子每行一小段，就要司机提醒她，她要在哪里下车。司机一直很耐心地听，直到她大叫："但是我怎么知道我要下车的地方到了没有？"司机却幽默地说："你只要看我脸上笑开了，就知道了。"

其次，幽默还可以帮助你拥有成功的社交。

在中国内地素有"巴蜀鬼才"之称的魏明伦到我国台湾做文化访问时，与闻名海内外的台湾奇才李敖相见。

李敖："欢迎魏先生，我是李敖。"

许博允（音乐家，李魏会面的牵线人）："你们两位都是鬼才，这次会面，真可说是'鬼'撞'鬼'了，哈哈。"

魏明伦："不敢当，不敢当，李敖先生是大巫，我是小巫，今天是小巫见大巫。"

李敖："巫山在四川，魏先生从四川来，大巫自当是魏先生。"

许博允打趣李魏见面是鬼撞鬼，而魏明伦更正说是"小巫见大巫"，这样，魏明伦既回应了许博允的打趣，又表达了自谦，可谓一举两得。而李敖的表现，出言也是相当俏皮，他以魏明伦来自四川的原因，谦称"大巫自当是魏先生"。这么一来，三人会谈的场景仿佛就在眼前，不由得使我们感受到一股春风拂面般的欢畅。而这，自然要归功于三人幽默风趣的谈吐。

语言幽默的人在社交中往往大受欢迎。最能聚集人脉的人常常是颇具幽默的人。我们都喜欢幽默的人，但并不是每个人都会使用幽默。相反，许多人认为幽默是上帝赋予的先天禀赋，后天无法获得。其实，幽默是可以后天获得的。

对生活丧失信心的人不可能再运用幽默的资源，整天垂头丧气的人也无法体会幽默的妙用。因此，能够幽默的人首先应该对生活充满期望和热爱，自信地对己对人，即使身处逆境，也是快乐的。

要使自己变得幽默，快乐是幽默的源泉，保持快乐，不仅可以带给自己幽默，还可以让别人幽默起来。怎样才能保有"快乐"呢？秘方之一是自娱自乐。这一点每个人都会，但最好不要应付了事。即使心情忧郁时，也找点自己愿意做的事，给情绪添点欢乐的色彩。

幽默是可以学习的，因此为了开发自己的幽默资源，必须先进行"投资"。多读些民间笑话、讽刺小说，多看一些喜剧，多听几段相声，随时随地收集幽默笑话。你可以将幽默、有趣的文章剪贴，并加以分类归档。

周围世界中充满了幽默，你要睁大眼睛，去观看，并且竖起耳朵，去倾听。幽默来源于两个世界，一个是你真诚的内心世界，一个是生活中周围的客观世界。当你用智慧把两个世界统一起来，并有足够的技巧和创造性的新意去表现你的幽默力量时，你会发现自己置身于趣味的世界中，人际关系也由此顺畅起来。另外，在运用幽默口才时应注意以下几个问题：

1. 要注意场合

在不适当的场合展示所谓的幽默，会造成不良的影响，甚至是严重后果。

美国前总统里根有一次在国会开会前，为了试试麦克风是否好用，张口便说："先生们请注意，五分钟之后，我将宣布对苏联进行轰炸。"一语既出，众皆哗然。里根在错误的场合、时间里，开了一个极为荒唐的玩笑。为此，苏联政府提出了强烈抗议。

2．其次要区别对象

就像音乐是给会欣赏音乐的人听的，绘画是给会品味画的人看的一样，找错对象的幽默难免会造成双方的难堪。

3．与残疾人开玩笑要注意避讳

俗话说："不当着和尚骂秃子，瞎子面前不谈灯。"拿他人的缺陷、不足开玩笑，会伤害对方。

4．内容要健康，格调应高雅。

5．态度要友善。冷嘲热讽地开玩笑，别人会产生反感。

6．和异性、不同辈分的人开玩笑要适当，"荤段子"不可说。

7．不可板着脸开玩笑。

8．不要以为捉弄他人也是幽默。别人会误以为你是恶意的而令你祸从口出。

9．不可总大大咧咧地开玩笑，让人觉得你不够成熟、踏实、庄重。

正如一位名人所说："幽默是生活波涛中的救生圈。"幽默能够营造一种轻松、诙谐的谈话和交往氛围，能让人在紧张的环境中得以放松，能愉悦人的心情，也能够抚平生活中出现的波涛和褶皱。既然幽默有这么多的好处，青少年朋友何不学着成为一个能带给身边人快乐的幽默大师呢？

我要成为"万人迷"

含之的学校里有一位出名的生物老师，所有的同学——即便是再不喜欢学习生物的学生，都喜欢听他讲课，因为这位老师讲课实在是幽默，不知不觉地就在讲课的过程中插段笑话，把同学们逗得哈哈大笑。

记得有一次，这位老师带领大家到山上做校外实习，沿途看到许多不知名的植物，学生好奇地一一发问，老师都详细地回答解说。

一位女同学忍不住停下了脚步，对着老师赞叹地说："老师，您的学问好深广呀，什么植物都知道得那么清楚！"

老师则回头眨了眨眼，笑道："这就是我为什么故意走在你们前头的原因了，只要一看到不认识的植物，我就'先下脚为强'，赶紧踩死它，以免漏底！"学生们听了个个笑得合不拢嘴，这次实习之旅是一趟充满了欢乐的丰富之旅。

含之也曾经慕名前去听这位老师讲课，确实很能够吸引人。含之甚至羡慕他的口才，梦想着如果有一天自己也变得特别会讲笑话，能把所有的人逗得哈哈大笑该有多好啊，那肯定会成为"万人迷"。

妈妈告诉我

含之，你想的不错。说话是人的一种能力，一种本领，一种功夫，也是一门游刃有余的艺术。大凡艺术创作都有其基本原理，说话这门学问也概莫能外。

在人类说话发展史上，话语及其效能是有等级的。文采非凡的人说的话叫雅言，反之叫做白话、粗话。做奴隶被看作是会说话的牲畜，说与不说没什么区别；做奴才被看做是会说话的工具；做帝王被认为是金口玉言，一言九鼎的圣人，写在纸上的话便叫作圣旨，随口骂人的话叫作圣训，说的话叫做圣谕。话本身就有这么多种类，自然而然也就要看对象说话了。

战国时期著名的纵横家鬼谷子曾经经典地总结出与各种各样的人交谈的办法："与智者言依于博，与博者议论依于辩，与辩者言依于要，与贵者言依于势，与富者言依于豪，与贫者言依于利，与卑者言依于谦，与勇者言依于聚，与愚者言依于锐。""说人主者，必与之言奇，说人臣者，必与之言私。"

上面两句话意思是说，和聪明的人说话，必须见闻广博；与见闻广博的人说话，要有灵活的辨析能力；与地位高的人说话，态度要敬仰；与有钱的人说话，言辞要大大咧咧；与穷人说话，要给予优惠或实利；与地位低下的人说话，要谦逊有礼；与勇敢的人说话，要敢作敢当；与愚笨的人说话，可以锋芒毕露；与领导说话，须用奇特的事打动他；与下属说话，须用切身利益说服他。

俗话说，"看碟下菜，量体裁衣"，见什么人说什么话，这倒不是要求我们"曲意逢迎""溜须拍马"，而是要灵活机动，具体对象具体对待。

见什么人说什么话，不光要注意对方的身份，还要从心理上进行分析、地域上划分，年龄、性质、职业、性格、文化修养、兴趣爱好等都是我们需要注意的点。

1. 看清对方的身份地位

比如，与领导说话或是探讨工作，就应该尽量用"请教"的语气让领导多指导工作，多讨教办事经验，他会觉得你尊重他，看重他，所以，在工作中，在办事过程中即使你全都懂，也要装出有不明白的地方，然后主动去问领导："关于这事，我不太了解，应该如何办？"或"这件看来这样做比较好，领导还有什么指教的吗？"

领导一定会很高兴地说："嗯，就照这样做"或"这个地方你要修改一下！"或"大体这样就好了！"如此一来，不但会减少错误，还会在领导面前呈现自身的价值，有了他的帮助和支持，后面的事情就好办多了。

2. 看对方的性格和心理状态

性格外向的人善于言谈，乐于交往；性格内向的人多半沉默寡言。同性格开朗的人谈话，你可以侃侃而谈；同性格内向的人谈话，就应注意分寸，小心用词。一次，孔子的学生仲由问："听到了，就去干吗？"孔子说："不能。"又一次，另一个学生冉求又问："听到了，就去干吗？"孔子说："干吧！"公西华在旁听了疑惑，就问孔子："两个人的问题相同，而你的回答却相反。我有点儿糊涂，所以来请教。"孔子说："求也退，故进之；由也兼人，故退之。"意思是说，冉求平时做事好退缩，所以我给他壮胆；仲由好胜，胆大勇为，所以我劝阻他。所以，谈话也要看对方的性格和心理状态。

不同的人在不同的情况下有不同的心态，有时候不会从外部表现上明显地表露出来，这时作为表达者就应当洞察对方的心理，以便进行有效的交流。

言语交流中还经常会有"言者无意，听者有心"的情况，说话不注意洞察对方的心理状态，往往会发生意想不到的问题。《红楼梦》第八十三回写到大观园中一个婆子教训自己的外孙女："你这不成人的小蹄子！你是个什么东西，来这园子里头混搅！"这话正好被黛玉听到，她误认为婆子在骂她，于是大叫一声道："这里住不得了！"真气得"两眼反插上去"。婆子的话本来是不让外孙女到大观园中来，但黛玉却不这么想。她那种寄人篱下的特定处境和心态使她产生误会。所以同样一句话，不同的人听来感受是完全不同的。

所以，我们说话一定要看对象，注意对方的心理状态，观察对方的性格特点，尽量避免说话时伤了人。

3. 细节上的注意，关于细节上的注意有很多，我们这里就不一一指出。

除了上面明显的三点注意外，下面的也不可忽视，总概起来有6小点。

（1）根据性别的差异。对男性，需要采取较强有力的语言；对女性，则可以温柔一些。

（2）根据年龄的差异。对年轻人，应采用鼓动的语言；对中年人，应讲明利害，供他们斟酌自主选择；对老年人，应以商量的口吻，尽量表示尊重的态度。

（3）根据职业的差异。不论遇到从事何种职业的人，都要运用与对方所掌握的专业知识关联较紧的语言与之交谈，对方与你的互融感就会大大增加。

（4）根据性格的差异。若对方性格豪爽，便可以单刀直入；若对方性格迟缓，则要"慢工出细活"；若对方生性多疑，切忌话语连篇，应该不动声色，使其疑惑自消。

（5）根据文化修养的差异。一般来说，对文化程度低的人所采用的方法应通俗易懂，多使用一些具体的数字和例子；对于文化程度高的人，则可以采取高雅的说理方法。

（6）根据兴趣爱好的差异。凡是有兴趣爱好的人，当你谈起有关他的爱好方面的事情时，对方都会充满热情，同时也会在无形中对你产生好感。

言为心声，说话可以展现一个人独有的魅力，现代社会里，人离不开说话犹如鱼儿离不开水，在说话的领域中，学会见什么人说什么话，你的路也就会顺畅许多。

热忱提升人气

回家之后，冬冬没有了往日的吵闹，而是把书包往沙发上一撂，呆呆地坐在那里。

妈妈似乎看到了冬冬有些不对劲，从厨房里走了出来。

"冬冬，你是不是饿了呢？"妈妈关切地问。

"没有，不饿。"冬冬回答妈妈。

"那为什么显得这样无精打采呢？是不是遇到什么困难了？"妈妈坐在冬冬旁边，耐心地等她回答。

"唉！"看来，冬冬也只好和妈妈诉苦了，"老师委托我在全班收集 20 篇优秀作文汇编成一本作文选集。然后课间的时候我就让同学每个人都推荐 1 ～ 2 篇自己认为写得好的作文。可是，她们都推脱说自己写得不好，都不把作文交给我，到了今天放学，我没有收集到一篇作文。"

"嗯，是因为同学的不配合，所以你的工作陷入了僵局，对吗？"妈妈了解是怎么回事了。

"是啊。"冬冬心中很是感激，最了解自己的人莫过于老妈，接下来冬冬想请妈妈帮忙出主意，"妈妈，我该怎么办呢？"

没想到，妈妈却笑着对她说："冬冬，有时候我们在做事情的时候要讲究方法和策略。当我们说服不了别人的时候，可以用自己的行动来激发他人心中的热忱，以此来调动他人来跟我们合作，从而获得成功。我们要善于激发起他人内心深处炽热的精神特质，让他们积极活跃起来，发挥自己的能力，为圆满做一件事情而做好充分的准备。"

冬冬想了想妈妈说的话："我知道了，其实每个人心中都有一种热忱，我应该想办法把他人的热忱激发出来，对吗？"

妈妈说："你想想，怎样才能达到目的呢？"妈妈看冬冬已经有点开窍了，就回到厨房继续做饭。

晚上开饭的时候，冬冬对妈妈说："我可以强制性地要求每个同学一人交一篇，他们就不会推脱了，然后，我再把选出来的好文章贴在班级中，让同学来平定，选出最优秀的20 篇文章。您觉得这个方法好不好？"

妈妈听了这个想法，点头表示同意，她鼓励冬冬道："我相信，你的努力一定会带动起全班同学的热忱，相信你们一定能够编出一本优秀的作文集。到那时候你们的积极行动就会得到报偿，你们就会被成功的喜悦和幸福所包围。"

🚢 妈妈告诉我

冬冬，妈妈想先给你讲一个故事：

哈佛毕业生汤米·德赖佛最近在加州一家公司找到了一份业务员的工作。按照公司历来的做法，公司会交给德赖佛一份很难缠的潜力客户名单。其中有一家公司以前是考尔佛公司的大客户，但是在多年前断绝往来了。

德赖佛说："我决定把跟他们做成生意当作是我个人的一项挑战。这表示我得先说服老板我可以把这家公司扳回来。他本来不太肯定，但是他不想泼我的冷水。于是他允许我去拜访那家客户。"

德赖佛把赢回这家客户当作自己的使命，于是，他提供了保证价，缩短交货期，并允诺更好的服务。他向那位采购处长表示公司"将会做一切令你们满意的事"。

当德赖佛第一次与采购处长面对面地谈话时，他的热忱就扮演了重要的角色。他面带微笑地走进会客室，并说道："很高兴能再回来，让我们一起来共同合作。"

德赖佛从来没有想过他可能无法成交，他完全忽略他的公司已经丢掉了这个客户的事实。他以最高昂、热忱的态度说服他的客户，公司已准备好再为他们服务。

"后来，采购处长告诉我们老板，他们考虑我们的唯一理由是因为我的热忱。他们的订单后来一年有50万美元。"德赖佛说。

"热情比怨恨更得人心"这句在哈佛校园流行已久的格言几乎被每一个哈佛学子牢记。热忱可以看成是人的一种性格，但同时也不要忽略了，热忱也是人的才能中很重要的一个因素。也许有时候两个人在技术和能力方面不相上下，但是在做同一件事情时，热忱的那个人一定会比略微冷淡的人容易成功。为什么呢？因为拥有热忱，你身边的人便会感受到你的热情与真诚，他们也就容易与你形成情感和理智上的认同，这在无形中提升了你的人气。

聪明的人是懂得抓住契机、谋求优势效应来提高自己人气的。

有一次，情歌王子张信哲到合肥进行演出。偏巧那天下起了淅淅沥沥的雨。场内等待张信哲到来的观众的热情并没有丝毫减弱。这时，张信哲站在敞篷车上慢慢驶入演出场地，并热情地与歌迷打着招呼，一点都没有明星大腕的架子。音乐响起，他很投入地深情演唱着，并不时地与台下的歌迷互动，丝毫不顾初冬凉凉的雨水。本来名气就很响的他用尽职和真诚赢得了台下无数人的感动，他的人气也自然一路飙升。

这就是抓住了契机，营造出了一种优势效应，而这种优势效应又很好地提升了张信哲的人气。

并不是每个人都能像张信哲那样登上闪亮的舞台，但是你依然可以利用身边可能的契机来提升自己的人气。如在班级的联欢晚会上，你可以大方地唱首歌，或跳支舞，这样能够让台下的人感觉到你的热情和活泼。你也可以在一些比较关键的场合从容镇定地表现自己，这样也能给他人留下与众不同的好印象。提升自己的人气，机会很多，只要你用心，就一定能够达到目标。

所以，要想获得成功的奖赏，你就必须拥有将梦想转化为现实的热忱和冲劲。只有这样，你才能使自己得到巨大的发展，进而把事情做好。

找啊找啊找朋友

没有知心朋友怎么办

这天放学之后是莎莎的值日，莎莎把教室打扫干净之后，发现后排的一位同学还没有回家，就跑过去看看她："我要锁门了，你怎么还不回家呢？还有什么事情吗？"

那个同学抬头看了看莎莎，这时莎莎才发现她的眼圈红红的，吓了一跳："你怎么了？为什么哭？有什么困难吗？我可以帮你吗？"

也许莎莎的问话太过于温暖，触动了她的缘故吧，她一下哭得更厉害了，还断断续续地说道："我没有朋友！她们都不理我了。"

啊！为什么？听到了她的哭诉，莎莎就把赶快回家这事抛在了脑后，连忙坐下来安慰她。

原来，中午她和她的好伙伴因为一点鸡毛蒜皮的事情吵了起来，她的伙伴拉拢其他的同学把她孤立起来，所以她的心里很难过。

"没关系，反正都是自己的同学，她们虽然把你孤立了起来，其实他们心中也很不舒服。你找个机会跟她好好说说就行了。"莎莎帮她出主意。

"呜呜……"她痛苦地在那里哭。

莎莎想到了自己的好朋友，从不会因为一些话而闹别扭，正因为有了她们才使莎莎的生活更加快乐。莎莎从内心感激她们，真正的好朋友是多么的宝贵。

🚢 妈妈告诉我

莎莎，听到你那位同学的遭遇，妈妈心里很替她感到难过。其实，这位同学之所以没有知心的朋友，一方面是由于不懂得体谅别人，所以让人感觉与之很难相处，再一方面就是说话尖酸刻薄，让人无法接受。面对你同学的困惑，我们在给予同情的同时还应该是抱着"有则改之，无则加勉"的态度，在日常与人交流接触方面，还需要在某些方面提起注意：

1.在与人交谈的过程中尽可能的少说话。给别人诉说的机会，而自己要做一个好的听众。

2.记住不说任何人的坏话。如果找不到什么好话说，那就保持沉默。

3.和人发生冲突之后要尽快宽恕别人，不要记仇。

4.无论何时何地，当我们在想到对方的时候，都要给予最美好的祝愿！

5.尽可能不要随意地批评别人，不得不批评的时候也最好要采取间接的方式，记住一个原则就是始终对事而不对人。在合适的时候要向对方表明，你真心喜欢他也愿意帮助他。

6.任何时候保持面带微笑。

7.懂得赞叹周围所有的人。称赞如同阳光和空气，如果缺少它我们就没有生长的养分。不论什么样的称赞永远都不会多余。

8.当你犯了错误的时候，要及时道歉；当你要受到指责的时候，最好的调和方法是主动负荆请罪。

9.不要打断别人的话，即使当他说错了的时候。在这个时候即使打断了他的话，他也是不会耐心听你述说的。

10.你要想办法使自己在每一个人以任何形式的谈话中，都让对方有一种好的感觉——首先是对他自己，然后是对你的行为，最后是对你。

11.在任何时候都要给对方留足脸面。不要让任何人感到难堪，也不要贬低别人，更不要夸大别人的错误。

12.不要用有色眼镜来观察他人，那样你就会发现他做的好事。当你在赞许一个人的时候，要充分说明理由，这样就不会有谄媚之嫌。

13.在发生矛盾的时候，首先最重要的保持镇静。你首先要倾听对方的意见，还要用批评的眼光看待自己，并对他给予自己的启发表示谢意。

14.努力试着从别人的立场上来分析事情。印第安人曾经说过："首先要穿别人的鞋走上一段路。"遇到情况不要忘了问自己：他这样做是出于什么原因？理解一切意味着宽恕一切。

15.学会从对方的角度来看待事物。经常问问自己：真正需要的是什么？我如何能够让他得利？

16.你不要总是觉得自己有道理。你可以比别人聪明，但是不可以自以为是。你要承认也许是自己错了——这样可以避免一切的争吵。

17.你要经常引用别人高尚的思想和动机。每个人都希望被别人认为是宽宏而无私的，如果你想让别人有所改善的话，那么你就做出仿佛他已经拥有了这些优良品质的模样。那样，他会尽一切可能不让人失望的。

18.不可以吹嘘自己，也不要过分夸大自己的优点，而是要承认自己也有缺点。你要谦虚谨慎戒骄戒躁，如果想树立对敌，就要处处打击别人。如果你想得到朋友，须懂得得饶人处且饶人。

19.常常赠送一些小礼品给周围的人——可以是没有任何理由的，寻找让别人快乐的途径。

20.对别人可以多提建议，而不可以发号施令。这样做才可以促进合作关系，避免引发矛盾。

21.当别人发怒的时候，你要表示理解并切身感受对方的难处，因为他人的怒火常常只是为了引起你的注意，所以在这个时候需要给予及时的同情和关注。

22.最好是要表现出对别人感兴趣，并将此作为自己的口号：对别人感兴趣，而不是自己显示出有趣。你要表示自己正在思考帮助对方的方法。

23.要始终称呼对方的全名，这可以表明你对别人的尊重。每个人都愿意听到自己的名字，这比听到任何一个名字的代替品都更让人更加高兴。当然，为此你要努力记住对方的姓名。

和好朋友分离，我心里很难过

这个暑假蓉蓉的好朋友芸芸要随着妈妈到外地老家一个月。少了一个可以玩耍的同伴，这个假期的蓉蓉，心里感觉格外的空空荡荡。

妈妈看出来蓉蓉的不高兴，于是问她道："蓉蓉，最近看你怎么老打蔫呢？"

"妈妈，我想芸芸了。"蓉蓉向妈妈如实招来。

"呵呵，只要过一个月她不就回来了吗？人家总是应该要回家看看的，对吗？"妈妈对蓉蓉说。

"嗯……"蓉蓉低头不想说话。

在以往的日子里，只要蓉蓉感到孤独，只有芸芸可以随时来陪她。

这才分开一个月，蓉蓉就难过成这样，如果将来有一天真的各奔天涯了，那可怎么办啊！

🚢 妈妈告诉我

蓉蓉，在好朋友离开的时候，你很想念，这说明你们之间的友谊。妈妈很希望你们能够成为永久的好朋友，友情永远都像现在一样不会变质。

永远有多远？

让妈妈先给您讲个故事，好吗？

冬梅、夏莲、秋菊、春桃四个女孩是好朋友。从天南海北来到同一所大学后，四个好朋友便形影不离，不管缺了谁就像一只漂亮的碗缺了个口子一样地不完美。四年的时间她们不但储蓄了丰富的知识，也储蓄了深厚的感情。彼此关怀，彼此信任，彼此倾诉。生活就像一张美丽的大网，而这四个女孩就在美丽的大网里编织着精彩的人生。转眼大学毕业在即，眼看就要各奔东西，女孩们恋恋不舍。可天下无不散之宴席，四年同窗终须一别。到了临别的最后一天晚上，四个女孩决定每人写上一句祝愿的话，放在一个罐子里，埋在她们经常去学习、玩耍的那棵大树底下，等到以后四个人聚在一起的时候，再把它挖出来看看那些祝愿是否变成真实了。罐子埋好以后，怕被别人发现，女孩们又在上面铺了一层树叶，而后四人抱头痛哭了一场。

光阴似箭，一晃十年过去了。女孩们都已为人妻、为人母，同时也在各自的公司中担任着重要的角色。在这十年中，她们从没见过面。也许是生活的压力太大，工作的竞争太激烈，时间对她们来说变得尤其宝贵。在这紧张的空气中，友谊渐渐地被忽略，大树底下的祝愿也越来越模糊。

一次意外的机会又让四个女孩碰到了一起。一位海外华侨要回国内投资大笔的资金以回报祖国，准备在自己的母校召开一个竞选会，届时将会在其中挑选一个公司作为投资对象。

华侨的母校正是她们的母校，冬梅、夏莲、秋菊、春桃同时接到了这个消息，她们都对自己充满了信心，四个人带着全盘的把握与难以抑制的兴奋，踏上了去母校的路。

四个人没想到再次的重逢竟是这样的尴尬，一下子竟无所适从。眼看着离竞选会的日子越来越近，她们也顾不得重拾母校的风采与昔日的友谊，各自忙着准备材料、文件以及各种各样对自己公司有利的业绩。她们的认真、仔细、真诚也着实给华侨留下了美好的印象。可是投资的对象只有一个呀，四个人都陷入了极度的烦恼之中。

在竞选前一天的晚上，她们又聚到了一起。四人沉默不语。本来都是想来让其他三人把机会留给自己，可到了一起却怎么也说不出口。最后还是夏莲提议说："还记得当年那棵大树下的祝愿吗？不如我们先打开看看吧。"大伙都同意了。于是趁着皎洁的月色，她们又来到了那棵大树下，大树还是依旧。四个人一起动手把罐子挖了出来，打开，又把一张张纸条打开。

四个人都震惊了，因为每张纸条上写着的竟是同一句话"愿我们的友谊天长地久"。那一夜，四个女孩又抱在一起痛哭了一场。

四个好朋友做出了一个共同的决定，都放弃了这次竞选。之后，她们便分别离开了自己的公司，联合开了一个新公司，她们又重新找回了共同属于她们的友谊和生活。

英国有一位诗人赫巴德曾经说过：一个不是我们有所求的朋友，才是真正的朋友。可见，真正的友情应该具有"无所求"的性质，一旦有所求，"求"也就成了目的，友情也就变质了。让友情分担忧愁，让友情加深交流，让友情促进工作……如此这般，友情似乎成了忙忙碌碌的工具，那它自身又是什么呢？应该为友情卸除重担，也让朋友们轻松起来。朋友就是朋友，除此之外，别无所求。

有人说"友情来自共同的事业"，有人说"在家靠父母，出门靠朋友"，有人说"患难见知己，烈火炼真金"，这些其实都有些偏颇。其实，真正的友情不依靠于事业、祸福和身份，不依靠经历、地位和处境，它在本性上拒绝功利、拒绝归属、拒绝契约，它是独立人格之间的互相呼应和确认。它使人们独而不孤，互相解读自己存在的意义。朋友就是互相使对方活得更加自在的那些人。

但愿我们友情长存

花花、媛媛、果果和葱头四个人是好朋友。

"我们四个人，可以组成'四人帮'了。"花花那天突发奇想，"我们想一只能够代表我们心声的帮歌，好不好？"

还没有等其他的几个朋友反映过来，花花说道："大家都没有异议，那就这样定了。我们想想，定首什么歌呢？我想出来的是《有没有一首歌让你想起我》。以后即便是我们都各奔东西了，还一样会想起彼此吧。"

媛媛说道："我想起来的歌是周华健的那首《朋友》，多么经典，我只要听了就会很感动。朋友可是一辈子的财富啊。"

葱头说道："我没怎么听过音乐啊，这个也太难为人了。我喜欢听《最初的梦想》，可以来歌颂朋友之间的默契吧。"

"呵呵，不关怎么说，都是歌颂友情的。果果，你的呢？"媛媛等着听果果的想法。

"我，我最喜欢的是《光》，说的意思是说有梦想就有希望，好像和友情没啥关系，不过可以说我们是一个有梦想的团伙，怎么样，你们觉得可以吗？"果果歪着脑袋问他们。

最后，四个人各持己见，也没有把最后的"帮歌"定下来，不过这个"四人帮"的称呼却是毫无悬念地保留了下来。四个人相约要互帮到底。

🚢 妈妈告诉我

纪伯伦说过："你的朋友能满足你的需要。你的朋友是你的土地，你怀着爱而播种、收获，就会从中得到粮食、柴草。"

友谊对人生是不可或缺的。如果没有友情，生活将缺少悦耳的和音。在没有友情的人群中生活，那种苦闷不言而喻。心灵犹如一片荒漠，而友谊却如甘露，可令沙漠生出绿洲。

朋友使你的生活绚丽多彩。或许在生活的某些关键时刻，朋友比家庭成员更有用。部分原因是他们和你没有血缘关系，又没有契约约束，他们根本不属于你，也没有和你结为一体。你失败的时候，他们并不感到羞耻，因为没有任何人把你和朋友联系在一起考虑。甚至也没有人知道你们一直在相互来往。但是作为丈夫、家庭成员甚至恋人就不一样了，你遇到的麻烦马上就会连累他们。

从朋友身边离去时，你会感到朋友的智慧的建议对你大有帮助。对朋友来说，不管你发生什么事，他们都会使你恢复常态……不会使你失去理智，不会使你感到孤独。

朋友总是在你不在的场合毫不犹豫地代表和维护你的利益，在听到有可能对你造成不利影响的流言蜚语或无耻谎言时，坚决地予以制止和反驳……在你哭泣的时候，他们替你哀伤；在你欢乐的时候，他们为你祝福。

女人不能离开友情的滋润。友情是女人一生最珍贵的财富。

美国国家安全顾问康朵莉莎·赖斯是一位杰出的黑人女性，她不但在政坛叱咤风云，更在男性世界中从容周旋，备受媒体关注。

赖斯之所以能有今日的地位，有一个原因不容忽视，那就是她与布什及布什一家始终保持良好关系，并赢得了布什一家的友谊。周末的时候她是戴维营的常客，除了谈论政策外，她还陪布什全家去看电影。赖斯与布什有一个共同的爱好，就是体育，他们都是体育迷。布什曾拥有一个棒球队，而赖斯则曾表示希望成为国家橄榄球联盟的主席。

赖斯与布什既是亲切的朋友，又是事业上的好伙伴。布什对外访问时，赖斯会首先对出访意义进行演讲，向公众阐述布什的外交政策。访问过程中赖斯总是坚持陪着总统，随时了解事件的进展，并提供给布什总统必要的资料。

在布什对外政策受到来自国内外压力时，在布什需要人支持他时，赖斯总是坚定地站在他的身旁为他精心谋划，并为他的计划不遗余力地进行各类宣传。

赖斯今天的成功，与她本身的实力和努力是分不开的，但与总统及其家庭亲密的朋友关系也是其中的一个因素。赖斯赢得了布什的信任和尊重，在一些重大的外交问题上，布什更注重听取她的意见，有媒体称赖斯抢走了本应属于国务卿鲍威尔的光彩。

正如马克思的一句名言："人的生活离不开友谊，但要得到真正的友谊却是不容易的；友谊需要忠诚去播种，用热情去灌溉，用原则去培养，用谅解去护理。"

友谊是急需小心积累和保存的财富。

友谊需要真诚，因为真诚是架设在人心之间的桥梁，是沟通心灵的纽带，是震荡情感的波弦。

友谊需要带有真诚的宽容，这种宽容是人类友谊中最有魅力的黏合剂、润滑剂，它犹如种花，回报你的是姹紫嫣红、满园春色。

走出那扇看不见的门，把自己化作清凉的雨丝，把自己化作透明的山泉，只有拿出自己的真诚来，才能获得一份属于自己的友谊。

友谊是甘甜的佳酿；友谊是纯洁的泉水；友谊是深情的海洋；友谊是女人应当用一生去守护的财富！

我的"蓝颜知己"在哪里

今天薇薇听小颖讲了一个很感人的剧情，听罢之后，薇薇终于大彻大悟：都知道泡沫剧是垃圾，但还是有人热衷于欣赏，这是有原因的——泡沫剧实在是太感人。

女孩被一个高大帅气的男孩追求，渐渐地动了心，便要跟现在的男朋友分手。男友自然不同意，女孩便整天吵吵闹闹。没有办法，男友只好答应女孩的要求。不过，分手的条件是他想见见女孩的新男朋友。女孩很不情愿但也只得答应。第二天一大早，女孩便把一个高大英俊的男孩带到男友面前。

女孩本以为前男友一见到自己的男朋友必定气势汹汹地讨伐。可前男友没有，他很有风度地和男人握了握手。然后，他说他很想和她男朋友交谈，希望女孩回避一下。女孩只得听从前男友的建议。站在门外，女孩心里七上八下，生怕两个男人在屋内打起来。然而结果证明，她的担心完全是多余的。几分钟后，两个男人相安无事地走了出来。

送新男友回家的路上，女孩忍不住问："他和你谈了些什么？是不是说我的坏话。"男人一听，停下了脚步，他惋惜地摇摇头说："你太不了解他了，就像我不了解你一样！"女孩听完，连忙申辩道："我怎么不了解他，他木讷，缺少情趣，家庭保姆似的简直不像个男人。"

"你既然这么了解他，就应该知道他跟我说了些什么。"

"说了些什么？"女孩非常想知道前男友说的话。

"他说你心脏不好，但易暴易怒，以后，叫我凡事顺着你；他说你胃不好，但又喜欢吃辣椒，叮嘱我今后劝你少吃一点辣椒。"

"就这些？"女孩有点吃惊。

"就这些，没别的。"

听完，女孩慢慢低下了头。男人走上前，抚摸着女孩的头发，语重心长地说："你之前的那个男友是个好男人，他比我心胸开阔。回去吧，他才是真正值得你依恋的人，他比我和其他男人更懂得怎样爱你。"

说完，男人转过身，毅然离去。

自从这次风波过后，女友再也没有提过"分手"二字，因为她已经明白，她拥有的这份爱，就是世界上最好的那份。

小颖讲完之后，惋惜地对薇薇说："薇薇，我多么希望我也能有这样一个蓝颜知己啊。"看着小颖傻傻的样子，薇薇不禁笑了起来。

妈妈告诉我

爱情是一个永远也说不完的古老话题，也正因为有爱情，乾坤都被粉饰得灿烂了许多。

爱情，不是简简单单的一个名词，那是人生的一种际遇，是岁月谱写的真实的"童话"，是两个人从相互守望一直到离对方而去，是一段很长很长的故事，有开始、高潮和结尾。故事需要描述才有韵味，爱情也需要描述才有色彩，所以爱情需要慢慢经营。两个人走到一起不容易，两个人同行也不容易，两个人分开不容易，两个人结合也不容易。自己爱的人，爱自己的人，让自己明白什么是爱的人，陪伴自己一生到老的人，这不同的爱情角色，穿插了许多的故事和人情。爱情就像是在经历一次远航，迷失方向只会迷茫和伤心；心情阳光，航程才会顺畅；不在乎得失，不吝啬付出，不苛求回报，洒洒脱脱，真心真意；爱就爱了，无悔无求。爱情不单纯，爱情不简单，爱情需要经营，一路走来，多少难忘，多少感动，爱情需要两个人相互守望，扶持，一直到老。

面对一份令你刻骨铭心的爱情，发生了矛盾，当你不知道如何取舍时，你就需要想可否宽容，在爱情的世界里，在让与不让组成的圆里，我们是否需要更多的宽容呢？只有这样爱情才会长久。学会宽容既是善待自己，也是善待了对方，不要轻易说放弃，爱情是不应该轻易放弃的，有很多时候就是需要对方的那一点点宽容。

爱的结构是复杂的，它需要的是双方的互敬、互助、互谅、互让。两个人能走到一起不容易，彼此应好好珍惜。即使对方有一定的缺陷和行为失误，也应给予宽容和谅解。